CW00706794

Chiofalo/Kohal/Linke (Hrsg.)
Staatsorganisationsrecht
De Gruyter Studium

Staats-organisations-recht

—

Herausgegeben von
Valentina Chiofalo, Jaschar Kohal und Louisa Linke

Bearbeitet von
den Herausgeber:innen und von Tim Barz,
Andreas Buser, Ammar Bustami, Dorothea Heilmann,
Maximilian Herold, David Hug, Paul Anton König,
Isabel Lischewski, Hagen Lohmann, Lasse Ramson,
Julian Seidl, Johannes Siegel, Patrick Vrielmann,
Jan-Louis Wiedmann

DE GRUYTER

Team Staatsorganisationsrecht:

Tim Barz, Dr. Andreas Buser, Ammar Bustami, **Valentina Chiofalo (Hrsg.)**, Dr. Dorothea Heilmann, Maximilian Herold, David Hug, Paul Anton König, **Jaschar Kohal (Hrsg.)**, **Dr. Louisa Linke (Hrsg.)**, Dr. Isabel Lischewski, Dr. Hagen Lohmann, Lasse Ramson, Julian Seidl, Johannes Siegel, Patrick Vrielmann, Jan-Louis Wiedmann

Die Veröffentlichung wurde gefördert aus dem Open-Access-Publikationsfonds der Freien Universität Berlin.

Zitiervorschlag: Vrielmann, in: Chiofalo/Kohal/Linke (Hrsg.), Staatsorganisationsrecht, § 1.1, S.

ISBN 978-3-11-078690-3
e-ISBN (PDF) 978-3-11-078696-5
e-ISBN (EPUB) 978-3-11-078702-3
DOI https://doi.org/10.1515/9783110786965

Library of Congress Control Number: 2022936742

Bibliografische Information der Deutschen Nationalbibliothek
Die Deutsche Nationalbibliothek verzeichnet diese Publikation in der Deutschen Nationalbibliografie; detaillierte bibliografische Daten sind im Internet über http://dnb.d-nb.de abrufbar.

Einbandabbildung: © Larissa Wunderlich
Datenkonvertierung/Satz: jürgen ullrich typosatz, Nördlingen
Druck: CPI books GmbH, Leck

www.degruyter.com

Vorwort

Das Staatsorganisationsrecht ist für viele Studierende wohl das schönste, für andere das unbeliebteste der Gebiete im öffentlichen Recht. Die regen Emotionen, vielleicht etwas untypisch für den:die stereotypische:n Jurist:in, sind wohl nicht zuletzt auf die Weite der Argumentation, die Nähe zum Politischen oder die wenigen Schemata zurückzuführen. Im Kern zeigt sich im Staatsorganisationsrecht doch aber genau das, was Rechtswissenschaft ausmacht: Das juristische Handwerkszeug wird gefordert, Argumente müssen im Lichte der abstrakt formulierten Verfassung ausgelegt und interpretiert werden. Immer steht die Frage im Raum: An welche Spielregeln muss sich der Staat, der ansonsten so häufig nur als unsichtbare Entität existiert, bei der Machtausübung halten?

Das Lehrbuch soll zunächst einen ersten Einstieg in das öffentliche Recht ermöglichen. Die Autor:innen des Lehrbuches haben nicht nur den klausurrelevanten Stoff im Bereich des Staatsorganisationsrechts verständlich und übersichtlich aufbereitet, sie legen mit ihren Ausführungen zudem die Grundlagen für die weiteren Veranstaltungen im öffentlichen Recht und fördern ein Grundverständnis. Das Lehrbuch soll darüber hinaus aber vielmehr als ein Begleiter der Studierenden über das gesamte Studium hinweg bis zum Examen genutzt werden. Dabei kann es nicht nur zur Examensvorbereitung für spezifische staatsorganisationsrechtliche Klausuren dienen, sondern kann auch partiell als Nachschlagewerk während der Vorbereitung auf etwa Verwaltungsrechtsklausuren genutzt werden, etwa im Hinblick auf die verschiedenen Ausprägungen des Rechtsstaatsprinzips.

Hierfür wurde das notwendige Prüfungswissen auf das Wesentliche fokussiert und anschaulich sowie verständlich dargestellt. Die Studierenden erhalten die herrschenden Positionen kritisch aufbereitet und eingeordnet, um nicht einfach der „herrschenden Meinung" zu folgen, sondern die Meinungen kritisch zu reflektieren und die eigene Meinungsbildung zu fördern. Die Beiträge werden für ein besseres Verständnis von vielen Beispielen begleitet, um das oftmals abstrakte Staatsorganisationsrecht konkret aufzuarbeiten. Ergänzt werden die Ausführungen durch sogenanntes „weiterführendes Wissen", um sowohl das notwendige Verständnis für spezifische Regelungen zu vertiefen, als auch Sonderwissen zu kennzeichnen. Zusätzlich erhalten die Beiträge vielmals interaktive Übungen, wodurch die Studierenden in der Lage sind, das Erlernte beziehungsweise ihren Wissensstand in Vorbereitung auf die Klausuren zu überprüfen.

Kern der Lehrbücher von OpenRewi ist es, dass sie und ihre Inhalte „offen" sind. Das gesamte Lehrbuch kann zudem über Wikibooks eingesehen und soll auch kommentiert werden. Auf der Plattform finden sich Work-in-Progress-Versionen aller Beiträge, die durch jede:n in einfacher Weise – anonym, mittels Pseudonym oder unter Namensnennung – kommentiert, einzelne Passagen auch diskutiert und verändert werden können. Wir möchten die Leser:innen herzlich einladen Änderungsvorschläge zu formulieren, um eine Weiterentwicklung der Materialien insbesondere durch die Zielgruppe des Lehrbuches zu ermöglichen und das Lehrbuch für kommende Generationen noch weitergehend zu verbessern. Die Autor:innen der jeweiligen Beiträge werden sich nach Möglichkeit mit diesen auseinandersetzen, spätestens zur zweiten Auflage.

Das Team Staatsorganisationsrecht setzt sich zusammen aus Autor:innen aus ganz Deutschland. Mit einem Schwerpunkt im öffentlichen Recht finden sich diese in ganz unterschiedlichen Stationen ihrer wissenschaftlichen und beruflichen Laufbahn wieder, wodurch die fachliche Qualität des Lehrbuches gesichert ist. Bei der Erarbeitung der konkreten Inhalte profitierten die Autor:innen von eigenen Erfahrungen aus der Zeit des Studiums als auch von der „anderen Seite" nämlich des Erstellens und Korrigierens von Klausuren sowie der Mitarbeit an den einzelnen Lehrstühlen. Dadurch fokussierten sich die Autor:innen auf die für Studierenden notwendige Prüfungsrelevanz der Ausführungen. Jeder Beitrag durchlief fortlaufend ein mehrfaches Peer-Review durch andere Autor:innen.

Koordiniert und strukturiert wurde die Arbeit durch die Herausgeber:innen. Dabei haben wir aus den Erfahrungen des Grundrechte-Projektes gelernt, vielmehr noch konnten wir funktionierende Elemente frei übernehmen, wofür wir Lisa Hahn, Maximilian Petras, Nora Wienfort und Dr. Dana-Sophia Valentiner herzlich danken möchten. Sie und die gesamte OpenRewi-Community standen uns bei Fragen jederzeit mit Rat zur Seite. Insbesondere die kollegiale Zusammenarbeit von einander bis dato zumeist unbekannter Autor:innen war eine schöne Erfahrung für uns alle.

Ein herzlicher Dank gilt der Freien Universität Berlin, die eine Open-Access-Veröffentlichung gefördert hat, sowie Larissa Wunderlich für die Gestaltung des Covers. Zudem gilt unser Dank Wikimedia sowie den Freiwilligen der Wikibooks-Community, die den Weg für uns für die Erstellung der Lehrinhalte auf Wikibooks geebnet haben.

Die Herausgeber:innen im Februar 2022

Valentina Chiofalo, Jaschar Kohal und Louisa Linke

Inhaltsverzeichnis

1. Kapitel
Die Grundlagen des Staatsorganisationsrechts – Verfassung und Staat als zentrale Anknüpfungspunkte

Das erste Kapitel „Die Grundlagen des Staatsorganisationsrechts – Verfassung und Staat als zentrale Anknüpfungspunkte" ist in drei Paragrafen aufgeteilt. Zunächst sollen die beiden zentralen Begriffe „Staat" und „Verfassung" näher erläutert werden. Anschließend wird eine Einordnung des öffentlichen Rechts und des Verfassungsrechts vorgenommen. Hierbei wird auf die Trennung von öffentlichem und Privat- beziehungsweise Zivilrecht eingegangen. Im letzten Teil des Kapitels wird ein kurzer „Streifzug durch das Grundgesetz" gewagt, der einen Überblick über die prägenden Entscheidungen der deutschen Verfassung geben soll.

Für dieses Kapitel gibt es frei zugängliche interaktive Übungen auf der Open-Rewi-Homepage. Hierzu muss einfach der jeweilige QR-Code gescannt werden. Zusätzlich kann dieses Kapitel gern kommentiert und verändert werden, dafür einfach den QR-Code scannen. Gleichzeitig führt jeder Link in der PDF-Version des Lehrbuches zur Überarbeitungsmöglichkeit bei der Plattform Wikibooks.

§ 1 Der Staat und das Verfassungsrecht

A. Begriff des Staatsorganisationsrechts

Staatsorganisationsrecht bezeichnet den Teil des materiellen Verfassungsrechts, der sich mit dem **inneren Aufbau des Staates, seiner Struktur, seinen Funktionen und Aufgaben** beschäftigt. Es widmet sich also dem Verfassungsrecht im organisationsrechtlichen Sinn. Der Aufbau der Grundlagen und Strukturen ist vielfach im Grundgesetz nur angedeutet und wird durch einfaches Recht (beispielsweise das Bundeswahlgesetz) ausgestaltet. Das Staatsorganisationsrecht geht damit über den formellen Verfassungsbegriff hinaus.

Teil des Verfassungsrechtes im materiellen und formellen Sinn, aber nicht im organisationsrechtlichen Sinn, sind auch die **Grundrechte** und grundrechtsgleiche Rechte.[1] Diese sind nach herkömmlichem Verständnis nicht Teil des Staatsorganisationsrechts. Das bedeutet aber keinesfalls, dass Grundrechte und Staatsorganisationsrecht vollständig voneinander getrennt sind oder voneinander isoliert zu betrachten wären. So ist z. B. wesentliche Funktion der Gewaltenteilung der Grundrechtsschutz, wesentliche Funktion der Grundrechte die Ermöglichung der für die Demokratie essentiellen Begegnung von Freien und Gleichen.

Das Staatsorganisationsrecht richtet sich nach herkömmlichem Verständnis vor allem nach innen: Es bezeichnet den Aufbau und die Struktur der Staatsorgane. Die **äußeren Beziehungen** des Staates zu anderen Staaten sind davon **nicht umfasst.** Die Bedeutung dieser Beziehungen in der deutschen Verfassungsordnung werden im Rahmen der äußeren Beziehungen des Bundes (auch **Staatsrecht III** genannt) behandelt.[2] Vom Staatsorganisationsrecht wird auch das **Völkerrecht**[3] als eigenständige Rechtsordnung unterschieden, welches die Beziehungen von Staaten und anderen Völkerrechtssubjekten untereinander ordnet.

Die Globalisierung hat auch Auswirkungen auf die deutschen Rechtswirkungen. Unter den Stichworten **Europäisierung und Internationalisierung der Rechtsordnung** werden diese Prozesse in Bezug auf das Recht bezeichnet. Die

---

1 Siehe dazu die bereits erschienenen OpenRewi Projekte Hahn/Petras/Wienfort/Valentiner (Hrsg.), Grundrechte. Ein offenes Lehrbuch, 2022 und Petras/Valentiner, (Hrsg.), Klausur- und Examensfälle, 2022.

2 Calliess, Staatsrecht III, 3. Aufl. 2020 und Sauer, Staatsrecht III, 6. Aufl. 2020.

3 v. Arnauld, Völkerrecht, 4. Aufl. 2019 und in Arbeit das OpenRewi Projekt zu Public International Law.

Betrachtung des Staatsorganisationsrechts erfordert daher immer auch eine Reflexion dieser Bezüge.[4]

Demnach sind Staat und Verfassung eng verbunden.[5] Das führt auch in der juristischen Ausbildung dazu, dass Vorlesungen oder Lehrbücher mit äußerst ähnlichem Inhalt unterschiedliche Fachbezeichnungen tragen.

Beispiel: Staatsrecht I und Staatsorganisationsrecht sowie Verfassungsrecht.

Zu all diesen Themen möchte das Buch antworten anbieten.

B. Verlauf des Abschnitts

Nachdem geklärt ist, was es mit dem Staatsorganisationsrechts auf sich hat, will dieser Abschnitt die beiden zentralen Begriffe klären: Im ersten Schritt wird dargelegt, ab wann von einem Staat gesprochen werden kann. Das Konzept des Staates selbst sagt noch wenig über seine innere Organisation aus. Daher wird darauffolgend der Weg vom Staat zum Verfassungsstaat beschrieben, die Verfassung als Grundlage des staatlichen Handelns betrachtet.

Weiterführende Literatur
– Frei verfügbare und aktuelle Debatten zu verfassungsrechtliche Fragen werden u. a. auf dem Verfassungsblog, dem Völkerrechtsblog sowie dem JuWiss-Blog geführt.
– Die Reihe „Staatsverständnisse" des Nomos-Verlags liefert Aufarbeitungen vieler neuzeitlicher Staats- und Verfassungstheorien.

Zusammenfassung: Die wichtigsten Punkte
– Der Begriff der Verfassung wird mit unterschiedlicher Bedeutung verwendet. Es gibt zumindest einen materiellen, einen formellen und einen organisationsrechtlichen Verfassungsbegriff.

---

4 Siehe dazu Chiofalo/Siegel, § 3.4 Internationale Bezüge; Chiofalo, § 5.8 Recht auf Demokratie; Chiofalo, § 9.4 Europäische Integration; Chiofalo/Siegel, § 20 Verfassungsgerichtsbarkeit und das Bundesverfassungsgericht, C. in diesem Lehrbuch.
5 Vgl. dazu Isensee, in: Isensee/Kirchhof, Hdb. des Staatsrechts, 3. Aufl. 2003, § 15 Rn. 1ff.

Valentina Chiofalo

§ 1.1 Der Staat als Akteur

Wenn man von Staatsorganisationsrecht spricht, stellt sich schnell die Frage: **Was ist denn eigentlich dieser Staat**, der hier organisiert werden soll? Auf den ersten Blick scheint diese Frage leicht zu beantworten zu sein, weil unsere Vorstellung von den historischen Realitäten geprägt ist. Wenn wir von unserem Staat sprechen, meinen wir Deutschland. Unsere Nachbarn wie die Niederlande, Frankreich, Österreich oder Polen sind ebenfalls Staaten. Die Vereinigten Staaten von Amerika haben das Wort sogar schon in ihrem Namen. Aber sind auch schon die einzelnen Bundesländer in Deutschland Staaten? Und die Europäische Union?

Es gibt viele unterschiedliche Staatsbegriffe;[1] üblicherweise bestimmt man im juristischen Bereich nach dem „verhältnismäßig allgemeinste[n] Staatsbegriff [...] des Völkerrechts", was ein Staat ist.[2] Dieser basiert im Wesentlichen auf der sogenannten **Drei-Elemente-Lehre** von *Georg Jellinek*.[3] Danach ist für einen Staat kennzeichnend, dass auf einem Staatsgebiet unabgeleitete Staatsgewalt über ein Staatsvolk ausgeübt wird.

A. Staatsgebiet

Das **Staatsgebiet** ist „eine durch Grenzen gekennzeichnete Zusammenfassung von geographischen Räumen unter eine gemeinsame Rechtsordnung".[4] Entscheidend dabei ist, dass das Staatsgebiet die territoriale Reichweite der Staatsgewalt markiert (**Gebietshoheit** beziehungsweise **territoriale Souveränität**)[5]. Gebietshoheit ist „die ausschließliche Zuständigkeit eines Staates zum Erlass von Hoheitsakten auf dem von ihm beherrschten Territorium".[6] Negative Ausprägung der Gebietshoheit ist also, dass keine andere Hoheitsgewalt innerhalb des Staatsgebietes ausgeübt werden darf als eine vom Staat abgeleitete. Positiv gewendet ist grundsätzlich jede Person, die sich auf dem Staatsgebiet aufhält, der Staatsgewalt unterworfen.[7] Das ist weniger selbstverständlich als es auf den ersten Blick er-

---

1 Dazu beispielsweise Kriele, Einführung in die Staatslehre, 6. Aufl. 2003, § 17.
2 Kriele, Einführung in die Staatslehre, 6. Aufl. 2003, S. 60; ähnlich Thiele, Allgemeine Staatslehre, 2020, S. 47 f.; vgl. auch Art. 1 der (Montevideo) Convention on Rights and Duties of States v. 26.12.1933.
3 Jellinek, Allgemeine Staatslehre, 3. Aufl. 1914, S. 394–434.
4 Epping, in: Ipsen, Völkerrecht, 7. Aufl. 2018, § 7 Rn. 3.
5 Zur Unterscheidung Epping, in: Ipsen, Völkerrecht, 7. Aufl. 2018, § 7 Rn. 3.
6 Epping, in: Ipsen, Völkerrecht, 7. Aufl. 2018, § 7 Rn. 59.
7 Zippelius, Allgemeine Staatslehre, 17. Aufl. 2017, S. 80.

scheint: Früher war es durchaus üblich, die Herrschaftsgewalt nach dem Persona-
litätsprinzip auszuüben, sodass es vom Stamm oder Volk und nicht vom bewohn-
ten Gebiet abhängig war, welchem Recht man unterfiel.
Wegen der territorialen Bindung der Hoheitsgewalt ist der Staat als juristische
Person eine **Gebietskörperschaft.**

Weiterführendes Wissen   i

Neben der Gebietskörperschaft gibt es auch noch **Personalkörperschaften.** Die beiden Körperschaften werden darüber abgegrenzt, ob ihre Zuständigkeit territorial (alle Menschen betreffend,
die sich in einem Gebiet befinden) oder über eine Mitgliedschaft (z. B. Immatrikulation an einer
Universität) bestimmt ist.

Das Staatsgebiet umfasst auch das darunterliegende Erdreich bis zum Erdmittel-
punkt und den Luftraum darüber. In S. 2 der Präambel des Grundgesetzes wird
das **Staatsgebiet der Bundesrepublik Deutschland** auf die zusammengefassten
Gebiete der 16 Bundesländer festgelegt.

Beispiel: Das Staatsgebiet von Territorialstaaten wie Deutschland oder der Schweiz ist leicht zu
bestimmen, aber auch räumlich weit auseinanderliegende Territorien wie die Niederlande mit
dem europäischen Kernland und den Karibikinseln können ein Staatsgebiet bilden. Es reicht bereits ein sehr kleines Staatsgebiet, sodass auch Mikrostaaten wie San Marino, Monaco oder Va-
tikanstadt in der Völkerrechtspraxis als Staaten anerkannt werden.[8] Wie auch immer organisierte Nomadenvölker haben mangels Gebietshoheit keine Staatsqualität.[9]

B. Staatsvolk

„Das **Staatsvolk** ist ein auf Dauer angelegter Verbund von Menschen, über den
der Staat die Hoheitsgewalt im Sinne der Gebietshoheit und bei Aufenthalt außerhalb des Hoheitsgebiets die Personalhoheit innehat."[10] Maßgeblich ist dabei allein die **Staatsangehörigkeit**, nicht eine sprachliche, kulturelle oder sonstige Zugehörigkeit. Aus dieser Staatsangehörigkeit ergeben sich wechselseitige Rechte
und Pflichten zwischen der Person und ihrem Staat, über die der Staat die Regelungsgewalt hat (**Personalhoheit**).

---

8 Dahm/Delbrück/Wolfrum, Völkerrecht, Bd. I/1, 2. Aufl. 1989, S. 128, 241–243.
9 Dahm/Delbrück/Wolfrum, Völkerrecht, Bd. I/1, 2. Aufl. 1989, S. 127.
10 Epping, in: Ipsen, Völkerrecht, 7. Aufl. 2018, § 7 Rn. 76 (Hervorhebung durch Verfasser).

Patrick Vrielmann

Die Staatsangehörigkeit wird entweder durch Geburt oder durch Rechtsakt (Einbürgerung) erworben. Bei der Geburt bilden das Prinzip des Geburtslandes (*ius soli*)[11] und der Abstammung (*ius sanguinis*)[12] traditionelle Anknüpfungspunkte.

Die Präambel des Grundgesetzes nimmt mehrfach Bezug auf das „Deutsche Volk" und die „Deutschen". Die **deutsche Staatsangehörigkeit** ist in Art. 116 GG sowie genauer im Staatsangehörigkeitsgesetz (StAG) geregelt. Man erhält die deutsche Staatsangehörigkeit entweder, wenn ein Elternteil bei der Geburt Deutsche:r ist (§ 4 I 1 StAG), oder wenn sich zumindest ein Elternteil vor der Geburt acht Jahre rechtmäßig in Deutschland aufgehalten hat und ein unbefristetes Aufenthaltsrecht besitzt (§ 4 III 1 StAG). Die deutsche Staatsangehörigkeit kann auch nachträglich durch Einbürgerung erworben werden (§§ 8–10 StAG).

Beispiel: Vor dem Hintergrund zunehmender europäischer Einigung kann die Frage nach einem europäischen Staatsvolk gestellt werden. Das BVerfG hat diese Frage jedoch verneint.[13] Der EU-Vertrag fasst die Völker der Mitgliedstaaten weder ausdrücklich noch unausgesprochen zu einem Unionsvolk zusammen,[14] sondern spricht von einer „immer engeren Union der Völker Europas" (Art. 1 II EUV), bleibt also beim Plural und macht deutlich, dass der Integrationsprozess zu einem einheitlichen Europäischen Volk noch andauert. Die Unionsbürgerschaft in Art. 20 EUV ist keine originäre Staatsangehörigkeit, sondern abhängig von der Staatsangehörigkeit eines Mitgliedstaates (Art. 20 I 2 EUV). Die Unionsbürgerschaft soll auch die nationale Staatsbürgerschaft nicht ersetzen, sondern ergänzt sie nur um spezifische EU-Rechte (Art. 20 I 3, II EUV). Die EU ist also bereits mangels Staatsvolk derzeit noch kein (Bundes-)Staat.

C. Staatsgewalt

Die **Staatsgewalt** ist originäre Herrschaftsgewalt über das Staatsgebiet und das Staatsvolk. Dies beinhaltet die Fähigkeit, die innere Ordnung auf dem Staatsgebiet zu schaffen (**Verfassungsautonomie** oder **innere Souveränität**) und nach außen selbständig, d.h. rechtlich unabhängig von anderen Staaten, im Rahmen und nach Maßgabe des Völkerrechts zu handeln (**Völkerrechtsunmittelbarkeit** oder **äußere Souveränität**).[15] Der inneren Souveränität entspricht es, dass der

---

11 Lat., wörtlich: Recht des Bodens.
12 Lat., wörtlich: Recht des Blutes.
13 BVerfG, Urt. v. 12.10.1993, Az.: 2 BvR 2134/92 u.a. = BVerfGE 89, 155 (8. LS, 184, 186–188) – Maastricht; BVerfG, Urt. v. 30.6.2009, Az.: 2 BvE 2/08 u.a., Rn. 346–350 = BVerfGE 123, 267 (404–406) – Lissabon.
14 Epping, in: Ipsen, Völkerrecht, 7. Aufl. 2018, § 7 Rn. 77.
15 Epping, in: Ipsen, Völkerrecht, 7. Aufl. 2018, § 7 Rn. 137; die Unterscheidung wird auch in Art. 1 der (Montevideo) Convention on Rights and Duties of States v. 26.12.1933 gemacht.

Staat verbindliche, allgemeingültige Regeln und Entscheidungen im Einzelfall treffen kann. Wesentlich für die innere Souveränität des Staates ist aber auch, dass ihm das Monopol zukommt, diese Regeln und Entscheidungen mit – im äußersten Fall physischer – Gewalt durchzusetzen.[16] Das bedeutet, allein dem Staat kommt die ursprüngliche, also unabgeleitete Hoheitsgewalt zu; jede andere hoheitliche Gewalt, die ausgeübt wird, muss vom Staat abgeleitet sein.[17] Andernfalls ist der Staat nicht souverän.

Die Staatsgewalt ist **absolut** in dem Sinne, dass sie der Zustimmung weder der konkret Rechtsunterworfenen noch von anderer Seite bedarf. Im Verfassungsstaat ist die hoheitliche Gewalt dabei an für den Staat selbst verbindliche Regeln gebunden,[18] aber nur weil die verfassungsgebende Gewalt (als unabgeleitete Staatsgewalt) der verfassten Gewalt (den Hoheitsgewalt ausübenden Staatsorganen) diese Beschränkung im Rahmen ihrer Regelungsgewalt selbst aufgibt. Entscheidend ist nicht die Legalität oder Legitimität der Staatsgewalt, sondern ihre **Effektivität**, also ob sie sich tatsächlich durchsetzen kann.[19]

Beispiel: Die Palästinische Autonomiebehörde tritt seit 2013 als „Staat Palästina" (State of Palestine) auf. Palästina wurde auch von zahlreichen anderen Staaten und internationalen Organisationen als Staat anerkannt. Dennoch übt Israel in dem Gebiet nach wie vor wesentliche hoheitliche Befugnisse aus, sodass extrem umstritten ist, ob innere und äußere Souveränität Palästinas effektiv vorhanden sind und Palästina völkerrechtlich Staatlichkeit zuerkannt werden kann.[20]

Auch bei bestehenden Staaten kann eine effektive Staatsgewalt wegfallen, z. B. durch Bürgerkriege. Wenn dann eine Regierung oder funktionierende Verwaltung und damit zusammenhängend die Möglichkeit der Teilnahme am völkerrechtlichen Verkehr fehlt, spricht man von *failed states*. Aufgrund der sogenannten Kontinuitätslehre im Schrifttum sowie durch die Völkerrechtspraxis wird die

---

16 Degenhart, Staatsrecht I, 35. Aufl. 2019, Rn. 5; Zippelius, Allgemeine Staatslehre, 17. Aufl. 2017, S. 48.
17 Jellinek, Allgemeine Staatslehre, 3. Aufl. 1914, S. 430 spricht insofern auch von *Herrschergewalt*.
18 Degenhart, Staatsrecht I, 35. Aufl. 2019, Rn. 6.
19 Dazu Epping, in: Ipsen, Völkerrecht, 7. Aufl. 2018, § 7 Rn. 140; Dahm/Delbrück/Wolfrum, Völkerrecht, Bd. I/1, 2. Aufl. 1989, S. 89, 132 f., 197 ff.
20 Ablehnend Epping, in: Ipsen, Völkerrecht, 7. Aufl. 2018, § 7 Rn. 138, 178; Amicus Curiae-Stellungnahme der Bundesregierung v. 16.4.2020 zum IStGH, Rn. 24 ff.; Wissenschaftliche Dienste des Deutschen Bundestages, WD 2 – 3000 – 009/19, 4.2.2019, S. 7 f. Für eine Staatlichkeit hingegen Pitta, Statehood and Recognition: the Case of Palestine, Univ. Barcelona 2018, u. a. S. 38 ff. Sehr informativ auch Stettner, in: Konrad-Adenauer-Stiftung, insbesondere S. 2 f.

Patrick Vrielmann

Staatlichkeit und Rechtspersönlichkeit jedoch so lange als fortbestehend angesehen, bis sich auf diesem Territorium ein neuer Staat gebildet hat.[21]

Beispiel: Somalia, Syrien, Afghanistan, Demokratische Republik Kongo[22]

D. Staatsqualität bei Kooperationsverhältnissen

Die Staatsgewalt kann in Form hoheitlicher Befugnisse oder Kompetenzen auf andere übertragen werden oder verteilt sein. Je nach Verteilung der Befugnisse entstehen verschiedene Konstrukte: der Einheitsstaat, der Bundesstaat, der Staatenbund und der Staatenverbund.

Im **Einheitsstaat** liegt die volle Staatsgewalt bei diesem. Sofern es eine dezentrale Ausübung von Hoheitsgewalt gibt, leiten die ausübenden Körperschaften diese Hoheitsgewalt vom Einheitsstaat ab; sie verfügen weder über innere noch äußere Souveränität und ihnen kommt keine Staatsqualität zu.

Beispiel: Frankreich

Im **Bundesstaat** ist die Ausübung der Staatsgewalt auf den Zentralstaat und die Gliedstaaten verteilt.

Beispiel: Zentralstaat ist die Bundesrepublik Deutschland und die Gliedstaaten sind die 16 Bundesländer.

Das Spezifikum des Bundesstaates liegt gerade in der Staatlichkeit seiner Teile, also sowohl des Bundes als auch der Länder.[23]

Beispiel: Bei den deutschen Bundesländern ist die Frage nach der unabgeleiteten Staatsgewalt beziehungsweise nach der Souveränität für die Staatsqualität besonders relevant. Das Land Niedersachsen beispielsweise hat durchaus ein festgelegtes Gebiet und „die Niedersachsen" als

---

21 Epping, in: Ipsen, Völkerrecht, 7. Aufl. 2018, § 7 Rn. 141 f.

22 Vgl. für einen groben Überblick den jährlichen Fragiles States Index (ehemals Failed States Index), wobei hier neben den staats- beziehungsweise völkerrechtlichen Kriterien weitere Indikatoren einbezogen werden.

23 Grzeszick, in: Dürig/Herzog/Scholz, GG Kommentar, 95. EL 7.2021, Art. 20 Rn. 30, 33 ff.; zur staatsrechtlichen Ausgestaltung der Bundesstaatlichkeit in Deutschland Linke, § 6 Bundesstaatsprinzip in diesem Lehrbuch.

Patrick Vrielmann

Staatsvolk[24]. Nun stellt sich die Frage, ob der Bundesstaat Deutschland von den einzelnen Ländern abgeleitete Staatsgewalt ausübt oder andersherum die Länder ihre Hoheitsgewalt von der Bundesrepublik ableiten.

Durch die Formulierungen in der Präambel des Grundgesetzes „hat sich das Deutsche Volk [...] dieses Grundgesetz gegeben" und „Die Deutschen in den Ländern" wird deutlich, dass das gesamte Volk im Bundesstaat *pouvoir constituant* (verfassungsgebende Gewalt) ist,[25] sodass es naheliegender scheint, der Bundesstaat leite seine Hoheitsgewalt nicht von den Gliedstaaten ab und sei souverän. Auch kann man davon ausgehen, dass die Staatsgewalt der Länder durch das Homogenitätsgebot aus Art. 28 I 1 GG nicht unwesentlich eingeschränkt wird.

Diese Schlussfolgerung ist jedoch nicht unbedingt zutreffend: Wesentliches Merkmal des Bundesstaates ist es, dass die verfassungsrechtliche Kompetenzhoheit (sogenannte **Kompetenz-Kompetenz**), die regelmäßig als Merkmal der Souveränität herangezogen wird, weder allein beim Bund noch allein bei den Ländern liegt.[26] Grundsätzlich ist zwar der Bund für die Änderung des Grundgesetzes und damit auch der Kompetenznormen zuständig, aber die Länder müssen den Änderungen im Bundesrat ebenfalls mit einer Zweidrittelmehrheit zustimmen (Art. 79 II GG). Zudem üben sowohl Zentralstaat als auch Gliedstaaten unabgeleitete Hoheitsgewalt auf dem jeweiligen Staatsgebiet aus. Auch eine eingeschränkte völkerrechtliche Rechts- und Handlungsfähigkeit wird den Bundesländern in Art. 32 III GG zugestanden.[27]

Insofern bilden Bundesstaaten eine Ausnahme vom Grundsatz der Souveränität der Staatsgewalt. Es liegt in der Eigenart des Bundesstaates, dass die Hoheitsgewalt aufgeteilt ist und jeder Teil des Gesamtstaates gegenüber dem anderen Teil „einen selbständigen Teilbereich der Hoheitsgewalt innehat".[28] Auch das BVerfG geht ohne nähere Begründung von einer Eigenstaatlichkeit der Bundesländer aus.[29]

Der **Staatenbund** hat keine Staatsqualität, sondern leitet seine Aufgaben und Befugnisse von den Mitgliedstaaten ab. Sie werden durch völkerrechtliche Verträge übertragen. Die Souveränität verbleibt bei den Mitgliedstaaten. Zur Wirksamkeit des Bundesrechts gegenüber den Angehörigen des Mitgliedstaats bedarf das Recht einer Umsetzung in nationales Recht durch den Mitgliedstaat. Der Staatenbund grenzt sich durch eine umfassende politische Zusammenarbeit von den Internationalen Organisationen ab, in denen die Mitgliedstaaten nur auf einzelnen Sektoren kooperieren.[30]

---

24 Wenngleich es keine eigene Regelung einer niedersächsischen Staatsangehörigkeit gibt; dagegen sehen Art. 6 BayVerf und Art. 75 II RhPfVerf eine eigene Landesstaatsangehörigkeit vor, ohne dass dies praktische Rechtsfolgen hätte.

25 Vgl. Starck, in: v. Mangoldt/Klein/Starck, GG, Bd. I, 7. Aufl. 2018, Präambel Rn. 20.

26 Zippelius, Allgemeine Staatslehre, 17. Aufl. 2017, S. 58.

27 Vgl. Dahm/Delbrück/Wolfrum, Völkerrecht, Bd. I/1, 2. Aufl. 1989, S. 227 f.

28 Grzeszick, in: Dürig/Herzog/Scholz, GG Kommentar, 95. EL 7.2021, Art. 20 Rn. 38.

29 BVerfG, Urt. v. 11.11.1999, Az.: 2 BvF 2/98 u.a. = BVerfGE 101, 158 (221) – Finanzausgleich III; BVerfG, Beschl. v. 24.3.1982, Az.: 2 BvH 1/82 u.a. = BVerfGE 60, 175 (207) – Startbahn West; BVerfG, Urt. v. 23.3.1957, Az.: 2 BvG 1/55 = BVerfGE 6, 309 (347) – Reichskonkordat.

30 Epping, in: Ipsen, Völkerrecht, 7. Aufl. 2018, § 8 Rn. 17.

Patrick Vrielmann

Beispiel: Der Deutsche Bund (1815–1866) war ein solcher Staatenbund, der die „souverainen Fürsten und freien Städte Deutschlands" einte (Präambel, Art. 1 DBA). Die Staatsgewalt verblieb bei den einzelnen Staaten, während der Deutsche Bund nur völkerrechtsvertraglich vermittelte Kompetenzen ausüben konnte.[31]

In Deutschland bemächtigt Art. 24 I GG den Gesetzgeber zur Übertragung von Hoheitsrechten auf zwischenstaatliche Einrichtungen.

Eine Besonderheit in die Einordnung dieser föderalen Konzepte bildet die **Europäische Union**. Die EU ist eine supranationale Organisation. Kennzeichnend für diese ist, dass sie einen höheren Grad an Integration aufweisen als andere internationale Organisationen und Staatenbünde. Sie verfügen insbesondere über die Kompetenz Rechtsnormen auch gegen den Willen einzelner Mitglieder zu erlassen, die für ihre Mitglieder und zum Teil auch für die Bürger der Mitgliedstaaten unmittelbar bindend sind.[32]

„Die Europäische Union ist nach ihrem Selbstverständnis als Union der Völker Europas [...] ein auf eine dynamische Entwicklung angelegter [...] Verbund demokratischer Staaten".[33] Für Staatsqualität fehlt es ihr an einem Europäischen Staatsvolk und an unabgeleiteter Staatsgewalt. Die Mitgliedstaaten haben nur einen Teil ihrer Hoheitsrechte auf die EU übertragen, die EU kann ihre hoheitlichen Befugnisse nicht selbst erweitern (fehlende Kompetenz-Kompetenz). Vielmehr sind ihre Befugnisse und Kompetenzen nach dem Prinzip der begrenzten Einzelermächtigung festgelegt und eine Erweiterung ist nur nach Zustimmung der nationalen Parlamente möglich. Die einzelnen Mitgliedstaaten bleiben souverän.[34]

Andererseits haben die souveränen Mitgliedstaaten der EU aber weitgehende Hoheitsbefugnisse eingeräumt und gewähren ihr den unmittelbaren Zugriff auf Rechte ihrer Staatsangehörigen. Wegen dieser weitgehenden Integration der Staaten in das System der supranationalen Organisation wurde für sie der Begriff des **Staaten*verbundes*** entwickelt.[35]

---

31 Kotulla, Deutsche Verfassungsgeschichte, 2008, Rn. 1312–1314.
32 Kau, in: Vitzthum/Proelß, Völkerrecht, 8. Aufl. 2019, § 2 Rn. 169.
33 BVerfG, Urt. v. 12.10.1993, Az.: 2 BvR 2134/92 u. a. = BVerfGE 89, 155 (184) – Maastricht.
34 BVerfG, Urt. v. 12.10.1993, Az.: 2 BvR 2134/92 u. a. = BVerfGE 89, 155 (181, 183, 186, 189 f.) – Maastricht; BVerfG, Urt. v. 30.6.2009, Az.: 2 BvE 2/08 u. a., 1. LS, Rn. 229 ff., 298 ff. = BVerfGE 123, 267 (347 ff., 381 f.) – Lissabon.
35 BVerfG, Urt. v. 12.10.1993, Az.: 2 BvR 2134 u. a. = BVerfGE 89, 155 (LS 2, 3a, 8; 181, 184–186, 188) – Maastricht; BVerfG, Urt. v. 30.6.2009, Az.: 2 BvE 2/08 u. a., 1. LS, Rn. 229 ff., 298 = BVerfGE 123, 267 (347 f., 381) – Lissabon.

Patrick Vrielmann

Weiterführende Studienliteratur

- Grob zur Wiederholung sowie vertiefend zur Staatlichkeit Palästinas der Podcastbeitrag auf dem Völkerrechtsblog: Tuchtfeld/Schuberth/Lischewski/Eschenhagen, #7 Völkerrechtssubjektivität: Staat oder nicht Staat, das ist hier die Frage, 2.7.2021.

Zusammenfassung: Die wichtigsten Punkte

- Für einen Staat braucht es nach der **Drei-Elemente-Lehre** von *Jellinek* ein **Staatsvolk,** ein **Staatsgebiet** und eine **Staatsgewalt.**
- Die sich auf dem Territorium eines Staates befindenden Personen stehen unter der Gebietshoheit dieses Staates, sodass nur staatliche und vom Staat abgeleitete Hoheitsgewalt auf diese Personen ausgeübt werden darf.
- Die Staatsangehörigkeit begründet wechselseitige Rechte und Pflichten des Staates zu seinen Bürger:innen. Die Gesamtheit der Staatsangehörigen ist das Staatsvolk.
- Nur wenn die Staatsgewalt die höchste Gewalt innerhalb des Staatsgebietes ist, sich diese Gewalt nicht von anderen Hoheitsträgern ableitet, sich grundsätzlich tatsächlich durchzusetzen vermag und der Staat unmittelbar und effektiv in der Lage ist, als Völkerrechtssubjekt zu handeln, liegt eine souveräne Staatsgewalt vor.

Für dieses Kapitel gibt es frei zugängliche interaktive Übungen auf der OpenRewi-Homepage. Hierzu muss einfach der QR-Code gescannt werden.

Patrick Vrielmann

§ 1.2 Die Verfassung als Grundlage des staatlichen Handelns

Auf dem **Weg vom Staat zum Verfassungsstaat** ändert sich die Organisation des Staates. Dieser Wandel erfolgt regelmäßig durch einen Wechsel der Souveränität von dem:der absolutistischen Herrscher:in zum Volk. Das geschieht beispielweise dadurch, dass sich das Volk, in der Regel durch Vertreter:innen, selbst eine Verfassung gibt.[1] Dieser Prozess wird meistens von spezifischen **Schlüsselereignissen** ausgelöst: So spielten die **Französische Revolution** sowie die **Unabhängigkeitserklärung der USA** eine entscheidende Rolle für diese Entwicklung im europäischen und US-amerikanischen Raum. Beiden Ereignissen folgten erste Verfassungen. Gleichzeitig existieren Staaten, die zwar eine Verfassung haben, trotzdem **undemokratischen und/oder autokratisch** organisiert sind.

Um Studierenden einen ersten Einstieg in die Besonderheiten der **deutschen Verfassung** zu geben, ist es Ziel dieses Kapitels, zu verdeutlichen, wie sich die deutsche Verfassung historisch entwickelt hat, was „Verfassung" im deutschen Kontext bedeutet und wie mit ihr umzugehen ist.

Zusammenfassung: Die wichtigsten Punkte
- Die Geschichte eines Staats und die jeweilige Verfassung sind eng miteinander verbunden.
- Jeder Staat ist auf eine bestimmte Art verfasst, sei es demokratisch oder auch undemokratisch.

---

[1] Grimm, in: Isensee/Kirchof, Handbuch des Staatsrechts, 3. Aufl. 2003, § 1 Rn. 20. Dennoch sind auch Konstellationen aufgezwungener Verfassungen denkbar.

https://doi.org/10.1515/9783110786965-003

§ 1.2.1 Verfassungsgeschichte

Der moderne Verfassungsstaat des Grundgesetzes ist das Ergebnis einer langen Entwicklung, die geprägt war von langsamem Fortschritt und bitteren Rückschlägen. Die verschiedenen Etappen dieser Entwicklung (wenigstens im Groben) zu kennen, kann dabei helfen, die Verbürgungen unserer Verfassung zu verstehen, sie (durch historische Auslegung) richtig einzuordnen, sowie eine Wertschätzung für die Garantien des Grundgesetzes zu erlangen, die historisch eben nicht selbstverständlich waren.

A. Entwicklungen im Heiligen Römischen Reich Deutscher Nation

Dass das heutige Deutschland einst ein „Flickenteppich", bestehend aus mehreren hundert kleinen Territorialstaaten, war, dürfte aus dem Geschichtsunterricht bekannt sein. Über Jahrhunderte – genau genommen vom 9./10. Jahrhundert n. Chr. bis ins Jahr 1806 – waren die „deutschen Lande" nur in einem lockeren Herrschaftsverband miteinander verbunden, dem **„Heiligen römischen Reich deutscher Nation"** (auch: „Altes Reich"). Die **Verfassungsstruktur** des alten Reichs lässt sich nur schwer fassen. Zeitgenossen sprachen gar von einem „irregulären und einem Monstrum ähnlichen Körper".[1] Ohnehin kann von einer „Verfassung" im modernen Sinn keine Rede sein.[2] Es gab lediglich eine Reihe sogenannter **Reichsgrundgesetze**, die dem alten Reich seine Struktur gaben und sich im Laufe der Jahre auch veränderten. Für die Bürger:innen in den deutschen Landen spielte das „Alte Reich" ohnehin nur eine vergleichsweise geringe Rolle, die mit der Zeit weiter abnahm. Es verfügte weder über ein stehendes Heer, noch über einen eigenständigen Verwaltungsapparat und hatte überwiegend eine koordinierende, friedenssichernde Funktion.[3]

Die Macht lag bei den **Territorialstaaten**. Dementsprechend spielten sich auch die entscheidenden verfassungsrechtlichen Entwicklungen auf dieser Ebene ab. Die Territorialstaaten waren Staaten im heutigen, modernen Sinn,[4] in denen

---

1 Pufendorf, De statu imperii Germanicii, 1667 (zit. nach Denzer [Hrsg.], Samuel von Pufendorf, Die Verfassung des Deutschen Reiches, 1994, S. 1999).
2 Für eine präzisere Begriffsbestimmung des modernen Verfassungsbegriffs siehe Thiele, Der konstituierte Staat, 2021, S. 93 ff.
3 Thiele, Der konstituierte Staat, 2021, S. 127 f.
4 Thiele, Der konstituierte Staat, 2021, S. 127. Zu einer Begriffsklärung des „Staats im modernen Sinn" siehe auch S. 29 ff.

sich ab dem 17. Jahrhundert die **Herrschaftsform des Absolutismus** abzeichne-te. Die Herrscher:innen konnten ohne (rechtliche) Schranken – eben „absolut" – ihren Willen durchsetzen.[5] Ab dem 18. Jahrhundert ging dieser Absolutismus aber zunehmend eine Allianz mit dem Gedanken der Aufklärung ein, was erste verfas-sungsrechtliche Fortschritte mit sich brachte.

Den entscheidenden Impuls für die Verfassungsentwicklung, die in den Terri-torialstaaten ab dem 19. Jahrhundert einsetzte, gaben dann aber zwei **Entwick-lungen aus dem Ausland**: Die **Unabhängigkeitserklärung der USA im Jahr 1776** einerseits und die **Französische Revolution im Jahr 1789** andererseits. In den USA wurde wenige Jahre nach der Unabhängigkeitserklärung, im Jahr 1788, die **erste moderne nationalstaatliche Verfassung der Welt** ratifiziert.[6] Kurz darauf kam mit den zehn Zusatzartikeln („Amendments") ein umfassender Grundrechtekatalog hinzu. In Frankreich erblickte mit der französischen Revolu-tion der **Gedanke der Volkssouveränität**, also die Idee, dass alle Bürger (Frauen waren damals noch nicht mitgedacht) gleich sind und die Legitimationsgrund-lage des Staates darstellen, das Licht der Erde.[7]

Doch bis sich die Gedanken von moderner Verfassungsstaatlichkeit und Volkssouveränität in Deutschland durchsetzten, sollte noch einige Zeit vergehen. Zunächst reagierten die deutschen Herrscher:innen (und nicht nur diese) kriege-risch auf die Entwicklungen in Frankreich. Doch die sogenannten Koalitionskrie-ge, in denen sich die Herrscher:innen Europas gegen das zunächst revolutionäre, später napoleonische Frankreich richteten, gingen vorerst zu Gunsten Frank-reichs aus. Grund hierfür war wohl auch die Schwäche des „Alten Reichs", das – wie gesehen – weder über ein eigenes Heer noch über die Macht verfügte, die Ter-ritorialstaaten zu einem einheitlichen Vorgehen zu motivieren. Als im Jahre **1806** 23 deutsche Territorialstaaten dem **Rheinbund** unter Führung *Napoleons* beitra-ten und ihren Austritt aus dem Reich erklärten, war es schließlich so weit: Kaiser *Franz II.* erklärte nicht nur seine Abdankung als Kaiser, sondern auch das **Er-löschen des Reiches**. Das Heilige Römische Reich deutscher Nation war fortan Geschichte.

---

5 Vgl. Frotscher/Pieroth, Verfassungsgeschichte, 19. Aufl. 2021, § 4 Rn. 113.
6 Die Einordnung als älteste moderne Verfassung der Welt hängt natürlich vom Verständnis des Begriffs der „modernen Verfassung" ab. Die Einordnung folgt hier dem Verfassungsbegriffs *Ale-xander Thieles* (Der konstituierte Staat, 2021, S. 42ff.), der – im Anschluss an *Dieter Grimm* (Deut-sche Verfassungsgeschichte 1776–1866, 4. Auflage 2015, S. 12) – eine Verfassung darüber de-finiert, dass sie (1.) die staatliche Herrschaft erst begründet, (2.) dieselbe *umfassend* reguliert, (3.) universell gilt und (4.) autonom erlassen wurde.
7 Thiele, Der konstituierte Staat, 2021, S. 115.

Jan-Louis Wiedmann

B. Die Staats- und Verwaltungsreformen in den deutschen Staaten

Wenngleich der Einfluss *Napoleons* nur eine Übergangserscheinung bleiben sollte,[8] hatte er doch entscheidende Bedeutung für die Rechtsentwicklung in den deutschen Staaten. *Napoleon* setzte in den Rheinbundstaaten progressive Ideen, etwa die bürgerliche Freiheit und Gleichheit, um. Doch auch in den übrigen, nicht unter napoleonischem Einfluss stehenden Staaten setzte zu Beginn des 19. Jahrhunderts eine Phase der Reformierung ein. Es kam zu **umfassenden Staats- und Verwaltungsreformen.** Ein Beispiel hierfür sind die „**Stein-Hardenbergschen**" **Reformen**, die – benannt nach den Initiatoren *Karl Freiherr von und zum Stein* und *Karl August von Hardenberg* – zwischen 1807 und 1815 in Preußen umgesetzt wurden: Ausgehend von einer weiteren erschütternden Niederlage Preußens gegen das napoleonische Frankreich hatten sich die preußischen Reformer das Ziel gesetzt, die „Volkskräfte" zu mobilisieren, indem sie einen Staat schafften, mit dem sich die Bürger(:innen) identifizieren konnten.[9] So kam es zu einer umfassenden Liberalisierung der Gesellschaft: Ständische Schranken bei der Berufsausübung wurden ebenso abgeschafft wie Adelsprivilegien oder Erbuntertänigkeit. Gleichzeitig wurden das Bildungssystem, das Beamtentum und das Militär reformiert. Zudem wurde der Verwaltungsapparat effektiviert. So gehen unser heutiger hierarchischer Verwaltungsapparat, die nach Fachressorts spezialisierte Kollegialregierung (vgl. Art. 65 GG) und die kommunale Selbstverwaltung (Art. 28 II GG) auf die Verwaltungsreformen im 19. Jahrhundert zurück. Dasselbe gilt für die Trennung von Verwaltung und Gerichtsbarkeit.

C. Deutscher Bund, Norddeutscher Bund, Deutsches Reich – Die deutsche Einigung

Die weitere politische Entwicklung im heutigen Deutschland war von zwei grundlegenden Konflikten geprägt: Einerseits (1.) vom **Konflikt um den Erlass von Verfassungen**, andererseits (2.) von der **deutschen Einigungsbewegung**. Diese Entwicklung vollzog sich ab dem Jahr 1815 im institutionellen Rahmen des **deutschen Bundes** und mündete schließlich im Jahr **1871** in der ersten gesamtdeutschen Verfassung des **Deutschen Reiches**.

---

8 Im Jahr 1812 verschwand etwa sein Rheinbund einfach von der Bildfläche, Frotscher/Pieroth, Verfassungsgeschichte, 19. Aufl. 2021, § 6 Rn. 190.
9 Thiele, Der konstituierte Staat, 2021, S. 157.

Jan-Louis Wiedmann

I. Der deutsche Bund

Nachdem *Napoleon* in der Schlacht von Waterloo endgültig geschlagen worden war, wurde auf dem Wiener Kongress in den Jahren 1814/1815 über die Neuordnung Europas verhandelt. Die deutschen Territorialstaaten schlossen sich im **Deutschen Bund** zusammen. Hierbei handelte es sich – wie schon beim Alten Reich – um einen lockeren Verbund souveräner Staaten. Dass der deutsche Bund gerade kein Bundesstaat im modernen Sinne war, wird u. a. dadurch deutlich, dass das **einzige Bundesorgan, die Bundesversammlung**, nicht mit Repräsentanten des Volkes, sondern mit Vertretern der Territorialstaaten besetzt war. Die Macht lag also auch weiterhin bei den Territorialstaaten, sodass sich die verfassungsgeschichtlich entscheidenden Entwicklungen (zunächst) weiterhin auf dieser Ebene abspielten.

Das gilt insbesondere für **den Konflikt um den Erlass von Verfassungen**. Hier herrschten in den verschiedenen Staaten unterschiedlichste Vorstellungen vor: Während einige (insbesondere süddeutsche) Territorialstaaten – unterstützt durch das Bürgertum – auf den Erlass möglichst **moderner (Repräsentativ-)Verfassungen** drängten, verschlossen sich reaktionäre Kräfte – allen voran der österreichische Außenminister *Metternich* – der Forderung nach einer herrschaftsbegrenzenden Verfassung **oder** wollten allenfalls eine **altständische Verfassung** erlassen, die alte Adelsprivilegien beibehielt. Entsprechend dieser unterschiedlichen Vorstellungen kam es in einigen Staaten schon zu Beginn des 19. Jahrhunderts zum Erlass von Verfassungen, während insbesondere die Großmächte Österreich und Preußen der Forderung nach einer Verfassung erst im Jahr 1848 nachkamen. Die damals erlassenen Verfassungen waren noch keine Verfassungen im modernen Sinn und unterschieden sie sich in vielfacher Weise.[10] Dennoch lassen sich zahlreiche der heutigen Verfassungsverbürgungen auf den Konstitutionalismus des 19. Jahrhunderts zurückführen. Da im 19. Jahrhundert insbesondere die Volksvertretungen eine stärkere Rolle erlangten, stammen vor allem parlamentsbezogene Verfassungsvorgaben aus jener Zeit: Zu nennen ist das freie Mandat, der Vorbehalt des Gesetzes oder der Grundsatz der Gesamtrepräsentation.[11]

Der zweite prägende Konflikt drehte sich um die **Einigung Deutschlands**. Insbesondere die junge Generation war von der Idee eines geeinten Deutschlands begeistert und äußerte dies zunehmend offen. Die politische Forderung der deutschen Einigung wurde anfangs vor allem auf „Festen" kundgetan; zu nennen ist

---

10 Thiele, Der konstituierte Staat, 2021, S. 187 ff.
11 Thiele, Der konstituierte Staat, 2021, S. 193, 197.

insbesondere das **Wartburgfest (1817)** und das **Hambacher Fest (1832)**. Mit der Zeit organisierten sich die politischen Bewegungen aber zunehmend. Die **Entwicklung politischer Parteien** kann daher auf die 40er Jahre des 19. Jahrhunderts zurückgeführt werden. Natürlich war die Einigungsbewegung starken Repressionen ausgesetzt. Insbesondere die **Karlsbader Beschlüsse des Jahres 1819**, die die Pressefreiheit stark einschränkten und die Universitäten unter staatliche Kontrolle stellten, sind in die Geschichte eingegangen. Hierdurch konnte die Forderung nach einer deutschen Einigung zwar vorübergehend, nicht aber dauerhaft aufgehalten werden. Im März 1848 entlud sich der Unmut der Bevölkerung schließlich in einer Revolution, der **Märzrevolution**. Diese Revolution brachte nicht nur den Gedanken der deutschen Einigung, sondern auch die Forderung nach dem Erlass einer Verfassung entscheidend voran.

II. Die Märzrevolution und die Paulskirchenverfassung

Anlass für die **Märzrevolution** gab einmal mehr ein Geschehnis in Frankreich, die „Februar-Revolution" des Jahres 1848, die den dortigen König *Louis Philippe* zur Flucht nach England zwang. Der Grund dafür, dass es nun zum ersten Mal auch in Deutschland zu landesweiten revolutionären Umtrieben kam, dürfte auch darin liegen, dass große Teile der Bevölkerung in prekären sozialen Bedingungen lebten.[12] Ihren Forderungen nach der Abschaffung von Freiheitsbeschränkungen, nach einem allgemeinen Wahlrecht, der nationalen Einigung und einer modernen Verfassung, trugen sie (gewaltsam) auf die Straße.

Zunächst schien es, als würde die Revolution Erfolg haben. In vielen deutschen Staaten kam es zur Einsetzung liberaler „Märzregierungen" und zur Garantie der Pressefreiheit. In der Frankfurter Paulskirche trat schließlich im Mai 1848 eine Nationalversammlung zusammen, um eine Verfassung für das geeinte Deutschland zu entwerfen. Doch während die Verhandlungen in der Paulskirche anhielten, bereiteten die Monarchen die (militärische) Wiederherstellung der alten Ordnung vor. Als die Verfassung im März 1849 letztlich fertiggestellt wurde, war ihre Umsetzung aufgrund der wiederhergestellten Macht der alten Elite de facto bereits ausgeschlossen. Der preußische König *Friedrich Wilhelm IV.*, dem von der Nationalversammlung die Kaiserkrone angetragen wurde, lehnte ab. Die Revolution war ebenso wie die **Paulskirchenverfassung** – spätestens jetzt[13] – **gescheitert**.

---

12 Thiele, Der konstituierte Staat, 2021, S. 199 ff.
13 Vgl. Frotscher/Pieroth, Verfassungsgeschichte, 19. Aufl. 2021, § 11 Rn. 345.

Jan-Louis Wiedmann

Dennoch stellte die Entwicklung im Rahmen der Märzrevolution entscheidende Weichen für die weitere deutsche Verfassungsentwicklung. Die Paulskirchenverfassung war – auch wenn sie nie in Kraft treten sollte – die erste gesamtdeutsche Verfassung national-bürgerlicher Prägung.[14] An ihr orientierten sich alle seitdem ergangenen Verfassungen von der Bismarck'schen Reichsverfassung bis zum Grundgesetz.[15] So lassen sich neben unserem Verständnis von Föderalismus auch die starke Stellung des BVerfG und zahlreiche Grundrechte auf die Verhandlungen in der Paulskirche zurückführen. Ein weiteres Phänomen, das in der Paulskirche erstmals abzeichnete, ist der Zusammenschluss von Abgeordneten zu Fraktionen. Die Fraktionsbindung in der Paulskirche war zwar noch nicht so streng wie heute. Die Fraktionen waren vielmehr lose Zusammenschlüsse von Abgeordneten, die nach den Orten benannt waren, an denen die Mitglieder nach den Plenardebatten zusammentrafen („Casino", „Deutscher Hof", „Café Milani"). Zudem war rund ein Drittel der Abgeordneten fraktionslos. Gleichwohl lässt sich hier die Entwicklung zu einem Merkmal des modernen Parlamentarismus beobachten.

III. Der norddeutsche Bund

Doch zunächst sollte es nach dem Scheitern der Märzrevolution zu einer weitreichenden Wiederherstellung („**Restauration**") der alten Ordnung kommen, in der sich nicht der Parlamentarismus, sondern das monarchische Prinzip durchsetzte. Ein Wandel hin zu mehr Demokratie, aber auch zu mehr Verfassungsstaatlichkeit und deutscher Einheit trat erst im Jahr **1867** ein. Nachdem Österreich im Deutschen Krieg von 1866 Preußen unterlegen war, musste es der Neuordnung Deutschlands ohne eigene Beteiligung zustimmen. Mit diesem „Ausscheiden" Österreichs war eine wesentliche Voraussetzung für das Gelingen der deutschen Einigung eingetreten.

Die Neuordnung Deutschlands ohne österreichische Beteiligung („**kleindeutsche Lösung**" im Gegensatz zur „großdeutschen Lösung" unter Beteiligung Österreichs) erfolgte im Jahr **1867** mit der Gründung des **Norddeutschen Bundes**. Erstmals schlossen sich die Territorialstaaten nicht zu einem lockeren Staatenbund, sondern zu einem **eigenständigen Bundesstaat** zusammen. Dieser verfügte über eine eigene Verfassung und über ein demokratisch gewähltes Parlament, den Reichstag. Binnen kurzer Zeit sollte dieser Norddeutsche Bund – unter maß-

---

14 Huber, Verfassungsgeschichte, Bd. II, 3. Aufl. 1986, S. 821.
15 Frotscher/Pieroth, Verfassungsgeschichte, 19. Aufl. 2021, § 11 Rn. 335.

Jan-Louis Wiedmann

geblicher Beteiligung des damaligen preußischen Ministerpräsidenten *Otto von Bismarck* – zum Deutschen Reich fortentwickelt werden.

IV. Die Reichsgründung 1871

Bismarck, der seit Gründung des Norddeutschen Bundes als dessen Bundeskanzler fungierte, hatte den Bund von Anfang an nur als Übergangslösung angesehen. Sein Ziel war die Gründung eines „kleindeutschen" Bundesstaates unter Einbeziehung auch der süddeutschen Staaten. Im Dezember 1870 war es schließlich so weit: Baden, Württemberg, Hessen-Darmstadt und Bayern treten dem Norddeutschen Bund (der nunmehr „Deutscher Bund" heißen sollte) bei. Kurz darauf wurde beschlossen, den Staat fortan als „Deutsches Reich" zu bezeichnen und am 18.1.1871 wurde der preußische König *Wilhelm I.* im Spiegelsaal von Versailles zum „**Deutschen Kaiser**" gekrönt. Das Deutsche Reich war gegründet.

Dieser neu gegründete Staat besteht – jedenfalls nach überwiegender Ansicht – bis heute fort. Zwar wurde er seit 1871 mehrfach – zunächst durch die Novemberrevolution 1918, später durch den Erlass des Grundgesetzes 1949 – auf eine neue Grundlage gestellt. Dennoch *ist* die Bundesrepublik Deutschland derselbe Staat wie das im Jahr 1871 gegründete Reich.[16] Deshalb übernimmt die Bundesrepublik Deutschland auch rechtliche Verantwortung für die Verbrechen, die im Namen dieses Staates begangen wurden.[17]

D. Verfassungsentwicklung nach 1871

I. Die Verfassung des deutschen Reichs

Wenige Wochen nach der Gründung des Reichs wurden seine vielfachen Rechtsgrundlagen zu einer einheitlichen Verfassungsurkunde, der **Verfassung des Deutschen Reiches vom 16.4.1871** zusammengefasst. Es handelte sich um ein **reines Organisationsstatut**, das lediglich festlegte, welche Organe im neu geschaffenen Staat wie Entscheidungen treffen sollten.

Die Reichsverfassung von 1871 wies bereits wesentliche Parallelen zur heutigen Verfassungsordnung auf. Nicht nur entspricht das föderale Konzept – von der Hegemonie Preußens einmal abgesehen – in vielen Punkten der heutigen

---

16 BVerfG, Urt. v. 31.7.1973, Az.: 2 BvF 1/73 = BVerfGE 36, 1 (16); Waldhoff, JuS 2021, 289 (292).
17 Waldhoff, JuS 2021, 289 (292).

Jan-Louis Wiedmann

bundesstaatlichen Struktur des Grundgesetzes. Mit den drei Verfassungsorganen Reichstag, Bundesrat und Reichspräsidium, sowie dem Amt des Kanzlers war auch schon der Grundstein für die heutigen Verfassungsorgane Bundestag, Bundesrat, Bundespräsident:in und Bundesregierung gelegt. Neben kleineren Abweichungen im Einzelnen gibt es aber auch entscheidende Unterschiede zwischen der Verfassung von 1871 und dem Grundgesetz. Ein Reichsgericht (als Vorläufer des BVerfG) sah die Verfassung noch nicht vor. Auch inhaltliche Vorgaben, etwa in Form eines Grundrechtskatalogs, waren der Reichsverfassung fremd. Damit blieb die Verfassung (aus heutiger Sicht) weit hinter dem zurück, was die Paulskirchenverfassung von 1848 vorgesehen hatte.

II. Verfassungsentwicklung unter *Bismarck* und *Kaiser Wilhelm II.*

Die Reichsverfassung war wesentlich von *Bismarck* geprägt worden. Man bezeichnet sie deshalb auch als **„Bismarck'sche Reichsverfassung"**. Als Reichskanzler sollte *Bismarck* dann auch die Geschicke des neuen Staates prägen.

Doch die starke Stellung des Reichskanzlers sollte sich ändern, als im **Dreikaiserjahr 1888** der **neue Kaiser *Wilhelm II.*** seine Regentschaft antrat. Anders als sein Großvater *Wilhelm I.* legte *Wilhelm II.* wert darauf, das Land selbst zu regieren. Er wollte „sein eigener Minister und Kanzler sein."[18] Dieses gewandelte Selbstverständnis des Monarchen führte im März 1890 zur Entlassung *Bismarcks*.

Tatsächlich konnte der Kaiser seinen Selbstregierungsanspruch aber nicht verwirklichen. Nach dem Rücktritt *Bismarcks* gab es zwar keinen „starken Mann im Kanzleramt" mehr; vielmehr setzte sich zunehmend ein Regieren der Reichsleitung (Kanzler und Staatssekretäre) als Kollegialorgan durch. Vor allem aber nahm der Einfluss des Parlaments zu. Nicht nur kam es zur Jahrhundertwende zu **wegweisenden Kodifikationen**; insbesondere das **Bürgerliche Gesetzbuch (BGB)** trat zu dieser Zeit in Kraft. Es kam auch zu einer faktischen Abhängigkeit der Reichsleitung vom Parlament. So wurden zunehmend Absprachen zwischen Parlamentsfraktionen und der Regierung abgeschlossen. Zwar wurde ein parlamentarisches Regierungssystem, in dem die Regierung von der Unterstützung der Parlamentsmehrheit abhängt, noch nicht förmlich eingeführt. Dennoch war von einer faktischen „Parlamentarisierung der Reichsleitung"[19] die Rede.

---

18 Huber, Verfassungsgeschichte, Bd. IV, 2. Aufl. 1982, S. 330.
19 So der gleichnamige Aufsatz von Anschütz, DJZ 1917, 697 ff.

Jan-Louis Wiedmann

III. Verfassungsentwicklung während des ersten Weltkriegs

Zur formellen Parlamentarisierung des Regierungssystems kam es erst, als sich gen Ende des Ersten Weltkriegs, im **Oktober 1918**, eine Kriegsniederlage abzeichnete („Oktoberreformen"). Das Parlament trat so an die Spitze des Staates. Praktische Auswirkungen sollte dies zwar nicht mehr haben, wohl aber symbolische: Einerseits wurde den (demokratischen) Kriegsgegnern der Reformwille der Herrschenden unter Beweis gestellt. Andererseits übernahm das Parlament so nicht nur die Verantwortung für das gesamte Regierungshandeln, sondern auch die für den verlorenen Krieg. Die Verschiebung der Verantwortung sollte für die weitere Entwicklung in Deutschland (tragische) Relevanz erlangen.

E. Die Weimarer Republik

Zunächst aber überschlugen sich die Ereignisse. Als in Kiel und Wilhelmshafen der Marine trotz militärischer Chancenlosigkeit das Auslaufen befohlen wurde, kam es zur Meuterei (**Matrosenaufstand vom 29.10.1918**). Hiervon ausgehend brach in Deutschland die **Novemberrevolution** los, die den Kaiser am **9.11** zum Abdanken zwang. Am selben Tag kam es nicht nur zu einem Austausch der Regierung, sondern – gleich doppelt – zu einem Wechsel der Staatsform. Kurz nachdem *Philipp Scheidemann* vom Reichstag die **Republik ausgerufen** hatte, tat es ihm *Karl Liebknecht* vom Balkon des Berliner Stadtschlosses gleich. Der 9.11.1918 kennzeichnet also den Tag, an dem die **Ära der Monarchie in Deutschland endete**. Die von *Liebknecht* und *Scheidemann* an diesem Tag ausgerufene „Republik" war allerdings mit ganz verschiedenen Vorstellungen verbunden. Während *Liebknecht*, Mitglied der sozialistischen „Unabhängigen Sozialdemokratischen Partei Deutschlands" (USPD) und späterer Mitgründer der Kommunistischen Partei Deutschlands (KPD), eine Räterepublik nach dem Vorbild Russlands vor Augen hatte, schwebte dem SPD-Mitglied *Scheidemann* eine parlamentarische Republik nach westlichem Vorbild vor.

Zunächst konnten die Meinungsverschiedenheiten beigelegt werden; im „Rat der Volksbeauftragten" übernahmen SPD und USPD unter Leitung *Friedrich Eberts* gemeinsam die Regierungsgeschäfte. In diesem Gremium wurden auch wichtige Weichen für die spätere Verfassungsordnung gestellt, indem eine Reihe von Grundrechten garantiert und ein allgemeines, freies und gleiches **Wahlrecht** implementiert wurde, das erstmals auch **für Frauen** galt. Bald aber nahm die Spaltung der revolutionären Kräfte ihren Lauf. Den Konflikt konnte die SPD für sich entscheiden. Die radikalere Forderung nach einer Räterepublik setzte sich nicht durch. Vielmehr war es die SPD, die im Januar 1919 als stärkste Kraft aus den

Jan-Louis Wiedmann

Wahlen zur Nationalversammlung hervorging. Sie konnte dementsprechend den sich anschließenden Verfassungsgebungsprozess entscheidend prägen.

In mancherlei Hinsicht knüpfte die **Weimarer Reichsverfassung** (WRV) an die bisherige Verfassungskultur Deutschlands an. So wurde die **föderale Tradition Deutschlands fortgeführt**, wenngleich die Stellung der Länder und vor allem die Hegemonie Preußens abgeschwächt wurde. Andererseits brachte die WRV auch entscheidende Neuerungen, für die vielfach die Paulskirchenverfassung als Vorbild diente.[20] **Prägend war Art. 1 der WRV**, der die Staatsform der Republik und die Volkssouveränität als legitimatorische Grundlage festschrieb. Die neue Verfassung etablierte – mit Einschränkungen – ein **parlamentarisches Regierungssystem**, indem auch politische Parteien eine gewichtige Rolle einzunehmen begannen. Neben dem Parlament kam aber auch dem **Reichspräsidenten**, der direkt vom Volk gewählt wurde, eine erhebliche Macht zu. Zudem wurde die **Reichsregierung** erstmals als Verfassungsorgan etabliert. Von grundlegenderer Bedeutung ist auch die Einrichtung eines **Staatsgerichtshofs**, wenngleich dessen Bedeutung weit hinter der des heutigen BVerfG zurückblieb. Zuletzt ist als entscheidende Neuerung gegenüber 1871 der umfassende **Grundrechtekatalog** hervorzuheben, der auch soziale Grundrechte enthielt.

ℹ Weiterführendes Wissen

Die rechtliche Verbindlichkeit der Grundrechte unter der WRV kann – entgegen landläufiger Überzeugung – nicht generell abgelehnt werden[21]. Vielmehr hing der Grad der Verbindlichkeit vom jeweiligen Grundrecht ab[22] Die im Vergleich zum Grundgesetz schwächere Wirkkraft der Grundrechte in der Weimarer Republik lässt sich daher nicht mit der fehlenden Rechtsverbindlichkeit der Grundrechte, sondern vielmehr mit der schwächer ausgestalteten Verfassungsgerichtsbarkeit, insbesondere mit dem Fehlen einer Verfassungsbeschwerdemöglichkeit begründen.[23]

Doch die erste Republik Deutschlands sollte nicht lange währen. Keine 14 Jahre dauerte es, bis die Nationalsozialisten durch ihre „legale Revolution" an die Macht kamen. Vielfach wurde das Scheitern der Weimarer Republik auf (vermeintliche) **Konstruktionsfehler der Verfassung** zurückgeführt. So war eine der zentralen Schwachstellen die **Vormachtstellung des Reichspräsidenten**,[24] die es ihm ermöglichte, das Parlament mehr und mehr zurückzudrängen und gen Ende der Weimarer Republik sogar an diesem vorbeizuregieren (hierzu sogleich).

---

20 Frotscher/Pieroth, Verfassungsgeschichte, 19. Aufl. 2021, § 16 Rn. 517.
21 Thiele, Der konstituierte Staat, 2021, S. 317 f.
22 Dreier, APuZ 16–17/2019, 19 (22 ff.).
23 Thiele, Der konstituierte Staat, 2021, S. 315.
24 Frotscher/Pieroth, Verfassungsgeschichte, 19. Aufl. 2021, § 16 Rn. 532 ff.

Jan-Louis Wiedmann

Doch auch wenn es zutrifft, dass die WRV einige Mängel aufwies, so ist es doch nicht richtig, diese allein als verantwortlich für das Scheitern der Republik zu benennen. Eine monokausale Erklärung greift zu kurz; vielmehr spielten neben den Schwächen der Verfassung auch die wirtschaftliche Lage, außenpolitische Krisen und sogar schlichtes Pech (wie der frühe Tod des sozialdemokratischen Reichspräsidenten *Ebert* und des erfolgreichen Außenministers *Stresemann*) eine Rolle.[25] Der wohl entscheidendste Faktor aber war der **fehlende Rückhalt der Verfassung in der Bevölkerung und bei den politischen Eliten.**[26] Mit Reichspräsident *von Hindenburg* wurde die Republik ab 1925 von einem Mann geleitet, der sich zwar formell an die Verfassung gebunden fühlte, innerlich aber ein Anhänger der Kaiserzeit war.[27] Hinzu kamen die politischen Parteien, durch die das politische System von links und von rechts unter Druck gesetzt wurde. Der Beamtenapparat, der sich überwiegend nicht mit der jungen Republik identifizierte, tat sein Übriges.

Weiterführendes Wissen i

Damit soll freilich nicht gesagt werden, dass die Weimarer Reichsverfassung von Anfang an zum Scheitert verurteilt war. Nach einer ersten schwierigen Phase (1919–1923), die u. a. von Hyperinflation, dem als ungerecht empfundenen Versailler Vertrag und der aufkeimenden „Dolchstoßlegende" geprägt war, stabilisierten sich die politischen und wirtschaftlichen Verhältnisse in der Mitte der 20er Jahre zunächst. Doch als 1929 die weltweite Wirtschaftskrise wirtschaftlichen Abschwung brachte, erlangten die politischen Ränder wieder mehr Zulauf. Damit hatte die letzte Phase der Weimarer Republik begonnen.

In dieser Endphase traten die Konstruktionsfehler der Weimarer Reichsverfassung deutlich zu Tage. Das parlamentarische System, nach dem die Regierung vom Vertrauen des Parlaments abhängig ist, wurde durch die Praxis der **Präsidialkabinette** ausgehöhlt: Reichspräsident *von Hindenburg* setzte mit *Brüning, von Papen* und *von Schleicher* Reichskanzler ein, die keine Mehrheit im Parlament hatten. Die Regentschaft dieser Präsidialkabinette war nur deshalb möglich, weil der Reichspräsident von seiner in Art. 48 II WRV vorgesehenen Möglichkeit Gebrauch machte, sogenannte „Notverordnungen" zu erlassen. Hierdurch wurde die parlamentarische Gesetzgebung obsolet. Zwar sah Art. 48 III WRV vor, dass derlei Notverordnungen vom Parlament außer Kraft gesetzt werden konnten. Dem konnte der Reichspräsident aber dadurch entgehen, dass er das Parlament auflöste und Neuwahlen ansetzte. Auf diese Weise wurde die Bedeutung des Parlaments in den Jahren 1930 bis 1932 immer weiter zurückgedrängt.[28] Aus heutiger Sicht kann bezweifelt werden, ob die Praxis der 'Präsidialkabinette' wirklich von der WRV gedeckt war.[29] Auch schon zu Zei-

---

25 Frotscher/Pieroth, Verfassungsgeschichte, 19. Aufl. 2021, § 17 Rn. 570 ff.
26 Frotscher/Pieroth, Verfassungsgeschichte, 19. Aufl. 2021, § 17 Rn. 573 ff.; vgl. auch Thiele, Der konstituierte Staat, 2021, S. 316 f.
27 Frotscher/Pieroth, Verfassungsgeschichte, 19. Aufl. 2021, § 17 Rn. 552.
28 Frotscher/Pieroth, Verfassungsgeschichte, 19. Aufl. 2021, § 17 Rn. 561.
29 Frotscher/Pieroth, Verfassungsgeschichte, 19. Aufl. 2021, § 17 Rn. 560; Thiele, Der konstituierte Staat, 2021, S. 313. Art. 48 II WRV war als eng auszulegende Notstandsbefugnis des Prä-

Jan-Louis Wiedmann

ten der Weimarer Republik wurde dies in Frage gestellt.[30] Insoweit kann die Entwicklung nicht *nur* auf Konstruktionsfehler der Verfassung zurückgeführt werden; auch die fehlende Verfassungskultur der beteiligten Staatsorgane (und der Staatsrechtswissenschaft) spielte eine Rolle.[31]

Diese fehlende Verfassungskultur, vor allem die fehlende verfassungsgerichtliche Kontrolle zeigte sich auch beim sogenannten **Preußenschlag** des Jahres 1932. Hier wurde – ebenfalls gestützt auf Art. 48 Abs. 2 WRV – die SPD-geführte Regierung Preußens durch die Reichsregierung ersetzt. Der hiergegen angerufene Staatsgerichtshof des Deutschen Reiches entschied, dass das Vorgehen – mit wenigen Einschränkungen – rechtmäßig gewesen sei. Damit war die letzte Bastion der Opposition gefallen. Wenige Tage nach dem Preußenschlag zog die NSDAP mit 37,4 % der Stimmen als stärkste Kraft in den Reichstag ein. Das Verlangen *Hitlers*, Reichskanzler zu werden, wurde von *Hindenburg* zwar zunächst zurückgewiesen. Die stattdessen eingesetzte Reichsregierung unter *Papen* scheiterte allerdings nach knapp zwei Monaten. „Der Weg zu Hitler war frei".[32]

F. Die deutsche Katastrophe: Der NS-Staat

I. *Hitlers* Weg zur Macht

So kam es, dass *Adolf Hitler* am 30.1.1930 zum Reichskanzler ernannt wurde. Binnen kürzester Zeit gelang es ihm und seiner Nationalsozialistischen Deutschen Arbeiterpartei (NSDAP), eine diktatorische Herrschaft zu etablieren, die allein auf die Figur des „Führers" zugeschnitten war. Während die historischen Entwicklungen bis zum Jahr 1933, die in den letzten Kapiteln beschrieben wurden (Konstitutionalisierung, nationale Einigung, Parlamentarisierung etc.), vielfach als Vorbild für das Grundgesetz gedient haben, kann die **nationalsozialistische Unrechtsherrschaft** einzig und allein als abschreckendes Negativ-Beispiel gesehen werden. Das **Grundgesetz** ist daher der **Gegenentwurf zum nationalsozialistischen Terror.**[33]

🛈 **Klausurtaktik**

Zahlreiche Verfassungsbestimmungen des Grundgesetzes stehen vor dem Hintergrund der historischen Erfahrung der NS-Herrschaft. An entsprechenden Stellen empfiehlt es sich, diesen historischen Hintergrund auch in die Klausur-Bearbeitung einzuarbeiten. Auf diese Weise kann die Bedeutung der betreffenden Verfassungsentscheidung unterstrichen werden. Zu den Grundent-

---

sidenten konzipiert. Eine weitreichende Parallelgesetzgebung am Parlament vorbei hätte auf sie nicht gestützt werden dürfen.

30 Siehe Frotscher/Pieroth, Verfassungsgeschichte, 19. Aufl. 2021, § 17 Rn. 560.
31 Thiele, Der konstituierte Staat, 2021, S. 313.
32 Willoweit/Schlinker, Verfassungsgeschichte, 8. Aufl. 2019, § 38 Rn. 24.
33 BVerfG, Beschl. v. 4.11.2009, Az.: 1 BvR 2150/08 = BVerfGE 124, 300.

scheidungen des Grundgesetzes, die als Antwort auf die Gräueltaten der Nationalsozialisten beziehungsweise auf die Schwächen der WRV zu verstehen sind, gehören:
-   Die Entscheidung des Art. 79 III GG (sogenannte Ewigkeitsgarantie), einige Verfassungsgrundsätze für unverhandelbar zu erklären. Art. 79 III GG ist eine direkte Reaktion auf die von den Nationalsozialisten betriebene Aushöhlung der bestehenden Verfassungsordnung. Wenn daher in der Klausur ein zu prüfendes Gesetz Ähnlichkeiten etwa zum sogenannten Ermächtigungsgesetz der Nationalsozialisten aufweist,[34] muss auf den historischen Hintergrund des Art. 79 III GG eingegangen werden.
-   Die schwache Stellung der Bundespräsident:innen im Vergleich zum Reichspräsidenten der WRV. Bundespräsident:innen werden nach dem Grundgesetz nicht mehr direkt vom Volk, sondern von der Bundesversammlung gewählt. Mit dieser geringeren demokratischen Legitimation korrespondieren geringere Befugnisse: Das Notverordnungsrecht des Art. 48 II WRV wurde ersatzlos gestrichen. Auch bei der Ernennung der Bundeskanzler:innen und Minister:innen spielen die Präsident:innen eine untergeordnete Rolle. Insgesamt wird den Bundespräsident:innen vom Grundgesetz eine im Vergleich zur WRV neutrale Rolle zugemessen, was insbesondere beim „Klassiker-Streit" um das materielle Prüfungsrecht von Bundespräsident:innen bei der Ausfertigung von Gesetzen eine Rolle spielt.
-   Die Betonung der Regierungsstabilität als verfassungsrechtlicher Idealzustand. Das Grundgesetz kennt mit der Vertrauensfrage ein Instrument, das die (Wieder-)Herstellung von Regierungsstabilität ermöglichen soll. Auch die Beschränkung auf *konstruktive* Misstrauensvoten steht vor dem Hintergrund der Instabilität des Weimarer Regierungssystems. Die historische Entwicklung ist daher von Bedeutung für die Auslegung der Art. 67f. GG (insbesondere beim Streit um die Zulässigkeit sogenannter unechter Vertrauensfragen).
-   Auch im Rahmen der Grundrechtsprüfung kann die historische Erfahrung des NS-Regimes eine Rolle spielen. So ist etwa die Verbürgung der „Menschenwürde" als „unantastbar[es]" Grundrecht eine unmittelbare Reaktion auf das von den Nationalsozialisten begangene Unrecht. Sie bringt zum Ausdruck, dass – anders als im NS-Staat („Du bist nichts, dein Volk ist alles!") – nicht der einzelne für den Staat, sondern der Staat für das Individuum da ist. Unwürdige Behandlungen, die mit denen der Nationalsozialisten vergleichbar sind, sollen durch die Vorschrift ausgeschlossen werden.

Um die absolute Herrschaft über Deutschland erlangen zu können, mussten die Nationalsozialisten die geltende Verfassungsordnung außer Kraft setzen. Dies gelang ihnen, indem sie zunächst die Presse, später das Parlament, sodann die einzelnen Länder des Reiches und zuletzt die Zivilgesellschaft unter ihre Kontrolle brachten. Von entscheidender Bedeutung waren einerseits die sogenannte **Schubladen-**, andererseits die sogenannte **Reichstagsbrandverordnung**, durch die schon im Frühjahr 1933 wesentliche politische Grundrechte außer Kraft gesetzt wurden, andererseits das sogenannte **Ermächtigungsgesetz**, welches der Reichsregierung das Recht einräumte, Gesetze zu erlassen und die Verfassung zu

---

34 Vgl. etwa den Fall „Klimanotstand" des Hauptstadt-Fälle-Projekts der Freien Universität Berlin.

Jan-Louis Wiedmann

ändern. Mit diesem Ermächtigungsgesetz war das parlamentarische Regierungssystem faktisch wieder abgeschafft. Hinzu kamen schließlich die sogenannten **Gleichschaltungsgesetze**, die die Regierungen der Reichsländer unter nationalsozialistische Kontrolle brachten. Als im August 1934 schließlich die Ämter des Reichskanzlers und des Reichspräsidenten in der Person *Hitlers* vereint wurden, war die Machtübernahme vollbracht.

ℹ Weiterführendes Wissen

Der Prozess des nationalsozialistischen Machtausbaus wurde von der nationalsozialistischen Propaganda zwar als „legale" und „nationale" Revolution und als „Machtergreifung" bezeichnet. Tatsächlich ist aber keine dieser Beschreibungen zutreffend. Das Vorgehen der Nationalsozialisten bewegte sich weder im Rahmen des geltenden Rechts,[35] noch wusste die NSDAP die Mehrheit der Deutschen hinter sich.[36] Auch die Bezeichnung als „Machtergreifung" erweckt den Eindruck, als habe die NSDAP die Macht (gewaltsam) an sich gerissen. Tatsächlich handelte es sich vor allem zu Beginn der Regentschaft *Hitlers* eher um eine Übergabe der Macht an die NSDAP.[37] Einzig die SPD und – vor der Inhaftierung zahlreicher Abgeordneter – auch die KPD leisteten aktiven Widerstand. So ließ der Fraktionsführer der Sozialdemokraten, *Otto Wels*, am 24.3.1933 im Bundestag verlauten: „Freiheit und Leben kann man uns nehmen – die Ehre nicht!"[38]

II. Die nationalsozialistische Terrorherrschaft

Nach welchen Rechtsregeln das von den Nationalsozialisten geschaffene Regime operierte, ist bis heute nicht abschließend geklärt. Fest steht aber, dass dem nationalsozialistischen Staat die **Rassenideologie** zugrunde lag, nach der die „nordisch-arische Herrenrasse" in einem ewigen „Rassenkampf" stünde. Diese Grundüberzeugung machte es notwendig, das Volk als Ausgangspunkt jedes politischen Handelns zu machen („Du bist nichts, dein Volk ist alles"). Die politische Herrschaft war geprägt vom Gedanken der „Volksgemeinschaft". Dieses Bild eines homogenen „Volkskörpers" machte jede Beschränkung staatlicher Befugnisse obsolet; es legte zudem die Grundlage für ein zweites zentrales Prinzip, das den nationalsozialistischen Staat prägte: Das **Führerprinzip**. Hiernach war der „Füh-

---

35 Vgl. etwa für das Ermächtigungsgesetz Thiele, Der konstituierte Staat, 2021, S. 320 ff; H.A. Winkler, Der lange Weg nach Westen, Bd. II, 1. Aufl. 2000, S. 12f.

36 Tatsächlich konnten die Nationalsozialisten selbst im März 1933, als sie ihren Machtapparat schon weitgehend ausgebaut hatten, nur knapp 44 % der Stimmen gewinnen, vgl. Frotscher/Pieroth, Verfassungsgeschichte, 19. Aufl. 2021, § 18 Rn. 602.

37 Frotscher/Pieroth, Verfassungsgeschichte, 19. Aufl. 2021, § 18 Rn. 638.

38 Vgl. etwa die Zusammenstellung der Friedrich-Ebert-Stiftung, https://www.fes.de/adsd50/oto-wels.

Jan-Louis Wiedmann

rer" *Adolf Hitler* Inhaber einer Gewalt, die über Staat und Verfassung stand und durch nichts beschränkt war. *Hitler* beanspruchte Gehorsam gegenüber allen staatlichen und gesellschaftlichen Kräften. Sein Wort war Gesetz.[39] Ergebnis dieses Systems waren unvorstellbare Gräueltaten wie die „Euthanasieaktionen", bei denen Menschen mit körperlicher oder geistiger Behinderung ermordet wurden oder der **Holocaust**, dem rund sechs Millionen Jüdinnen und Juden zum Opfer fielen. Am Ende der nationalsozialistischen Herrschaft lag nicht nur Deutschland, sondern ganz Europa infolge des 2. Weltkriegs in Trümmern.

G. Verfassungsentwicklung nach dem zweiten Weltkrieg

Nach dem Zusammenbruch der deutschen Staatlichkeit im Jahr 1945 war die Zukunft des deutschen Staates zunächst ungewiss. Da das Deutsche Reich keine Staatsgewalt mehr ausüben konnte, war nicht einmal klar, ob es überhaupt noch einen deutschen Staat gab.[40] Jedenfalls lag die Zukunft Deutschlands nach der bedingungslosen Kapitulation gänzlich in den Händen der Alliierten, die Deutschland ab 1945 besetzten.

Weiterführendes Wissen
                             i

Doch auch diese fanden keine klare Antwort auf die Frage nach der Zukunft Deutschlands. Nachdem auf der Konferenz von Jalta (1945) zunächst noch die „Zerstückelung" Deutschlands in mehrere kleine Staaten beschlossen worden war, gingen die Alliierten nach Kriegsende bald dazu über, Deutschland als einheitlichen Staat in vier Besatzungszonen zu organisieren. In diesen Besatzungszonen vollzogen sich auch die ersten Schritte des staatlichen Wiederaufbaus. So wurden zunächst auf lokaler Ebene Bürgermeister eingesetzt. Bald wurden auch die späteren Bundesländer mit modernen Verfassungen ausgestattet, die allerdings stets unter dem Vorbehalt der Zustimmung der Besatzungsmächte standen. Generell lässt sich sagen, dass die Besatzungsmächte nach dem Krieg die Staatsgewalt in der Bundesrepublik innehatten; daran hat sich auch mit Erlass des Grundgesetzes zunächst nichts geändert.[41] Seine vollständige Souveränität sollte Deutschland erst mit dem Vier-Plus-Zwei-Vertrag des Jahres 1990 zurückerlangen. Doch schon vorher war die Souveränität – mit Ausnahme einiger Vorrechte der Besatzungsmächte, von denen mit der Zeit immer zurückhaltender Gebrauch gemacht wurde – mit dem Deutschlandvertrag des Jahres 1952 weitgehend zurückerlangt worden.[42] Die Gründung des west-deutschen Staates aber erfolgte schon davor, im Jahr 1949.

---

39 Frotscher/Pieroth, Verfassungsgeschichte, 19. Aufl. 2021, § 19 Rn. 644.
40 Zur Diskussion um den völkerrechtlichen Status des deutschen Reichs nach Ende des zweiten Weltkriegs siehe Frotscher/Pieroth, Verfassungsgeschichte, 19. Aufl- 2021, § 20 Rn. 697 ff.
41 Frotscher/Pieroth, Verfassungsgeschichte, 19. Aufl. 2021, § 20 Rn. 728.
42 Zum Ganzen Frotscher/Pieroth, Verfassungsgeschichte, 19. Aufl. 2021, § 23 Rn. 846 ff.

Jan-Louis Wiedmann

Der **eskalierende Ost-West-Konflikt** führte dazu, dass sich die West-Alliierten (USA, Vereinigtes Königreich, Frankreich) im Sommer 1948 darauf einigten, in ihren Besatzungszonen einen „West-Staat" gründen zu lassen. Sie machten zwar einige Vorgaben über die Verfassung des zu gründenden Staates – es musste sich um einen demokratischen und föderalen Verfassungsstaat handeln. Im Übrigen legten sie den Inhalt der Verfassung aber in die Hand des Verfassungskonvents. So wurde denn auch im Herbst 1948 auf der Herreninsel des Chiemsees ein beratender Verfassungskonvent abgehalten, der einen Entwurf für die spätere Verfassung erarbeitete („**Herrenchiemseekonvent**"). Hierauf aufbauend tagte vom 1.9.1948 bis Mai 1949 der „**Parlamentarische Rat**" als **verfassungsgebende Versammlung.**

ℹ Weiterführendes Wissen zu den Verhandlungen des Parlamentarischen Rats

Die Verhandlungen des Parlamentarischen Rats waren von einer **Patt-Situation der großen Parteien (SPD und CDU)** geprägt. Beide stellten gleich viele Mitglieder. Dies ist ein entscheidender Grund für die juristische Nüchternheit des Grundgesetzes und dafür, dass entscheidende Fragen (etwa solche über das Wirtschaftssystem der Bundesrepublik) vom Grundgesetz unbeantwortet bleiben und in die Hände des Gesetzgebers gegeben werden. Viele der Männer, die die Geschicke der Bundesrepublik prägen sollten, waren schon Mitglieder des Parlamentarischen Rates – dazu gehörten der erste Bundeskanzler *Konrad Adenauer* und der erste Bundespräsident *Theodor Heuss*. Häufig vergessen wurde in der Nachkriegszeit aber, dass mit *Friederike Nadig, Elisabeth Selbert, Helene Weber* und *Helene Wessel* auch vier „Mütter des Grundgesetzes" im Parlamentarischen Rat vertreten waren. Die Vorschrift des Art. 3 II 1 GG („Männer und Frauen sind gleichberechtigt") wurde gegen den Widerstand zahlreicher männlicher Abgeordneter von *Selbert* durchgesetzt.

Am **23.5.1949** trat das **Grundgesetz** – die Bezeichnung als „Verfassung" mied man bewusst, um den (nur *west-*)deutschen Staat als Übergangserscheinung zu kennzeichnen – in Kraft, nachdem die alliierten Besatzungsmächte einige Vorbehalte durchgesetzt und nachdem mit Ausnahme des bayerischen alle Landesparlamente zugestimmt hatten. Kurz darauf konstituierten sich die bundesrepublikanischen Verfassungsorgane (Bundestag, Bundesrat, Bundespräsident:in und Bundesregierung; das BVerfG trat erst 1951 erstmals zusammen). Die Bundesrepublik Deutschland in ihrer heutigen Form war ins Leben getreten.

ℹ Weiterführendes Wissen

Angesichts dieser Entstehungsgeschichte des Grundgesetzes wird immer wieder über die Legitimität der Bundesrepublik Deutschland gestritten. Gegen die Legitimität wird der Einfluss der Besatzungsmächte auf den Prozess der Verfassungsgebung angeführt, sowie der Umstand, dass es kein Verfassungsreferendum gab. Insoweit ist tatsächlich zuzugeben, dass der Erlass des Grundgesetzes nicht über jeden legitimatorischen Zweifel erhaben ist. Dies ändert gleichwohl nichts an der Legitimität des deutschen Staates und seiner Verfassung. Die Legitimität einer Verfassungsordnung kann nicht (nur) an den Umständen der Gründung festgemacht werden – tatsächlich kommen wohl die meisten Verfassungsordnungen unter „illegitimen" Umständen (Revolution, Krieg) zustande.[43] Entscheidender Gradmesser ist die Akzeptanz der Verfassungsordnung in der Bevölkerung.[44] Insoweit legen die Wahlbeteiligung bei den Parlamentswahlen in der Bundesrepublik Deutschland und die feste Verfassungskultur ein deutliches Zeugnis über die Legitimität der Verfassungsordnung des Grundgesetzes ab.[45]

Auch der Vergleich mit dem kurze Zeit später gegründeten ost-deutschen Staat (DDR), der weder über freie Wahlen, noch über eine intakte Verfassungskultur verfügte und schließlich im Jahr 1989 durch die „friedliche Revolution" zu Fall gebracht wurde, bekräftigt die Legitimität der west-deutschen Verfassungsordnung. Zwar verfügte auch die DDR über eine Verfassung, die – jedenfalls dem Wortlaut nach – an die Verfassungskultur der Weimarer Verfassung anknüpfte.[46] Im „real-existierenden Sozialismus" konnte die Verfassung sich aber nicht behaupten. Sie diente in erster Linie als (Schein-)Legitimation der DDR.[47]

Das **Grundgesetzt knüpft** in vielerlei Hinsicht **an die lange Tradition deutscher Staatlichkeit an.** Es greift die rechtsstaatlichen Verbürgungen auf, die im 19. Jahrhundert erkämpft wurden, schreibt die föderale Geschichte Deutschlands fort, die bis in die Zeit des „Alten Reichs" zurückreicht und führt das parlamentarische Regierungssystem fort, das durch die Weimarer Reichsverfassung von 1918 implementiert worden war. Gleichzeitig **zieht es entscheidende Lehren aus der Erfahrung des nationalsozialistischen Terrorregimes.** Dies kommt schon in seiner ersten Vorschrift zum Ausdruck, die die „Würde des Menschen" für unantastbar erklärt. Mit seiner Geltungsdauer von über 70 Jahren ist das Grundgesetz schon heute die am längsten währende Verfassung, die es in Deutschland je gab. Seit dem Beitritt der Länder Brandenburg, Mecklenburg-Vorpommern, Sachsen, Sachsen-Anhalt und Thüringen zum Grundgesetz im Jahr 1990 handelt es sich auch um eine gesamtdeutsche Verfassung. Der Schluss liegt nahe, dass sie auch die beste Verfassung ist, die Deutschland je hatte. Das sollte Motivation genug sein, die einzelnen Verbürgungen unserer Verfassung in den nächsten Kapiteln dieses Buchs näher kennenzulernen.

---

43 Thiele, Der konstituierte Staat, 2021, S. 76, 302.
44 Thiele, Der konstituierte Staat, 2021, S. 76.
45 Frotscher/Pieroth, Verfassungsgeschichte, 19. Aufl. 2021, § 21 Rn. 797.
46 Frotscher/Pieroth, Verfassungsgeschichte, 19. Auflage 2021, § 21 Rn. 804 sprechen von einer liberalen Verfassung mit starkem sozialistischen Einschlag.
47 Frotscher/Pieroth, Verfassungsgeschichte, 19. Aufl. 2021, § 21 Rn. 808.

Jan-Louis Wiedmann

Weiterführende Studienliteratur
- Thiele, Der konstiuierte Staat, 2021.
- Frotscher/Pieroth, Verfassungsgeschichte, 19. Auflage 2021.

Zusammenfassung: Die wichtigsten Punkte
- Die Verfassungsverbürgungen, die heute im Grundgesetz niedergeschrieben sind, sind Ergebnis einer langen Entwicklung. Der Stein modernen Verfassungsdenkens geriet durch die US-amerikanische Unabhängigkeitserklärung und die französische Revolution am Ende des 18. Jahrhunderts ins Rollen. In Deutschland sollte es aber lange dauern, bis die Werte von Demokratie, Rechtsstaatlichkeit und Grundrechten Anschluss fanden.
- Hierbei vollzog sich die Entwicklung mit dem Heiligen Römischen Reich deutscher Nation und dem Deutschen Bund zunächst in losen Zusammenschlüssen zahlreicher Territorialstaaten. In diesen Territorialstaaten wurden mit den Staats- und Verwaltungsreformen zu Beginn des 19. Jahrhunderts und dem Erlass erster Verfassungen aber wichtige verfassungsrechtliche Schritte genommen.
- Ein erster Versuch der nationalen Einigung unter einer liberalen Verfassung scheiterte 1849. Die damals ausgearbeitete Paulskirchenverfassung sollte das spätere Verfassungsdenken in Deutschland dennoch prägen.
- Mit der Gründung des Deutschen Reiches 1871 wurde die nationale Einigung vollzogen. Mit der Bismarck'schen Reichsverfassung erging auch eine erste deutschlandweite Verfassung, die allerdings – anders als die Paulskirchenverfassung – nicht mehr den Geist des Liberalismus atmete.
- Nach dem ersten Weltkrieg entstand mit der Weimarer Republik (1918–1933) erstmals ein liberaler und demokratischer deutscher Staat, der aber allzu bald zugrunde ging.
- Er wich der nationalsozialistischen Diktatur, in der alle rechtsstaatlichen und demokratischen Errungenschaften der Vergangenheit zugunsten eines menschenverachtenden Unrechtsregimes aufgegeben wurden.
- Nach Ende des zweiten Weltkriegs kam es 1949 – nach einigen Jahren der Herrschaft durch die alliierten Besatzungsmächte – zum Erlass des Grundgesetzes und zur Etablierung der Bundesrepublik Deutschland in ihrer heutigen Form.

Jan-Louis Wiedmann

§ 1.2.2 Begriff der Verfassung und Verhältnis zum einfachen Recht

A. Begriff der Verfassung

Das Wort **Verfassung** (französisch und englisch: constitution) wird in der Rechtssprache mit unterschiedlichen Bedeutungen verwendet. Denkbar ist zunächst eine materielle (d. h. inhaltliche) Begriffsbestimmung. Welche Eigenschaften machen eine Verfassung inhaltlich aus? Möglich ist aber auch eine eher formelle Betrachtung, die auf äußere Merkmale abstellt.

Im **materiellen** Sinn beschreibt das Wort Verfassung die „**rechtliche Grundordnung des Gemeinwesens**".[1] Umfasst sind grundlegende Normen des gesellschaftlichen und politischen Zusammenlebens und der Staatsstruktur. Als Basis für politische und gesellschaftliche Aushandlungsprozesse (Deliberation) reguliert die Einschränkung der bürgerlichen Freiheiten durch den Staat.[2] Sie organisiert politische Teilhabe durch die Einrichtung von Staatsorganen. Sie bildet die Grundlage für staatliche Herrschaft und reguliert diese umfassend, gilt für alle, die dieser Herrschaft unterworfen sind, und wird autonom beschlossen.[3] Im **formellen** Sinn beschreibt das Wort Verfassung ein **Dokument**, welches Bestimmungen enthält, „denen zufolge die in diesem Dokumente [...] enthaltenen Normen [...] nur unter erschwerten Bedingungen in einem besonderen Verfahren aufgehoben oder abgeändert werden können."[4]

Das Wort Verfassung kann darüber hinaus in einem **organisationsrechtlichen** Sinn verstanden werden: Es beschreibt die rechtliche Struktur einer Organisation oder einer Körperschaft und macht Vorgaben für die Entscheidungsfindung. In diesem Sinn hat auch die Europäische Union (Vertrag über die Europäische Union, Vertrag über die Arbeitsweise der Europäischen Union),[5] aber auch jeder Verein („Satzung"), jede Kommune („Grundsatzung") oder jede Universität („Grundordnung") eine Verfassung.

---

1 Hesse, Grundzüge des Verfassungsrechts der Bundesrepublik Deutschland, 20. Aufl. 1999, Rn. 16.
2 Siehe auch Gröpl, Staatsrecht I, Rn. 124.
3 Thiele, Der konstituierte Staat, 2021, 40 ff.
4 Kelsen, Reine Rechtslehre, 2. Aufl. 1960, S. 228 f.
5 Für die EU wird zum Teil auch vertreten, sie habe eine Verfassung im materiellen Sinn, vgl. Callies, StaatsR III, 3. Auf. 2020, § 5 Rn. 14 ff.

Das Grundgesetz der Bundesrepublik Deutschland vom 23.5.1949[6] ist sowohl im materiellen als auch im formellen wie im organisatorischen Sinn Verfassung der Bundesrepublik Deutschland. In der föderalen Bundesrepublik Deutschland haben auch die Teilstaaten („Länder") eigene Verfassungen, vgl. Art. 28 I GG.[7]

B. Verfassungsrecht und einfaches Recht

Das Verfassungsrecht im formellen Sinne ist vom einfachen Recht abzugrenzen. Da die Verfassung die Grundordnung der Gesellschaft darstellen soll, muss sich das gesamte sonstige Recht den Vorgaben der Verfassung anpassen. Einfaches Recht bezeichnet die Gesamtheit der Rechtsnormen, die im **Stufenbau** der Rechtsordnung[8] unter dem Verfassungsrecht stehen und sich an dessen Vorgaben messen lassen müssen. Die Staffelung der einzelnen Rechtsquellen zu einem Stufenbau dient insbesondere dazu, **Kontroll- und Rechtsfertigungshierarchien** zu schaffen: Durch die lex-superior-Kollisionsregel steht fest, dass nachrangige Rechtsnormen anhand des höherrangigen Rechts überprüft werden und im Falle eines Widerspruchs von Anfang an unwirksam sind.[9] Gleichzeitig schafft das höherrangige Verfassungsrecht, insbesondere das Staatsorganisationsrecht, die Bedingungen für die Produktion von einfachem Recht. Auch Rechtsnormen, die vor der Geltung des Grundgesetzes erlassen worden sind (sogenanntes vorkonstitutionelles Recht), gelten im Rahmen des Art. 123 I GG (nur) als einfaches Recht fort.

Über diesen sogenannten Vorrang der Verfassung hinaus wirkt das Verfassungsrecht auch in anderer Weise in das einfache Recht hinein. So sind die einfachrechtlichen Normen bei Unklarheiten im Sinne der Verfassung **auszulegen**. Dies kann auch dazu dienen, in einer hochgradig ausdifferenzierten und spezialisierten Rechtsordnung **Einheit** zu wahren. Aufgrund ihres hohen Abstraktionsgrades ist die Verfassung jedoch in der Regel nicht geeignet, in Detailfragen konkrete Antworten zu bieten, sondern gibt lediglich einen Rahmen vor.

Beispiel: Einzelvorschriften aus dem Umwelt-, Straf- und Zivilrecht, die sich aus ihren verschiedenen Blickwinkeln beispielsweise mit der Problematik der Entsorgung schädlicher Abfälle beschäftigen, müssen alle im Lichte von Art. 20a GG und z.B. des Eigentumsgrundrechts ausgelegt werden. Dies wird jedoch bei der Abstimmung dieser Rechtsgebiete über einen Minimalkonsens hinaus wenig konkreten Anhalt für eine Vereinheitlichung bieten.

---

6 BGBl. 1949, I, 1 ff.
7 Siehe dazu König § 22, Landesverfassungsgerichtsbarkeit in diesem Lehrbuch.
8 Kelsen, Reine Rechtslehre, 2. Aufl. 1960, S. 228.
9 Zur Normenhierarchie: Wiedmann, § 4.1 Das Recht und seine Wirkung, C. I. in diesem Lehrbuch.

Isabel Lischewski

Darüber hinaus schafft die Verfassung einen gewissen stabilen Rahmen für das Staatskonstrukt. Indem sie Veränderung erlaubt und interpretationsoffen bleibt und zugleich bestimmte Grundwerte unverfügbar stellt, schafft sie oftmals eine größere Kontinuität über die Zeit als das einfache Recht und bietet somit auch einen intergenerationalen Rechtfertigungs- und Bezugsrahmen.

Weiterführende Studienliteratur
– Christoph Degenhart, Staatsrecht I – Staatsorganisationsrecht, 36. Aufl. 2020, S. 6 f.
– Martin Morlok/Lothar Michael, Staatsorganisationsrecht, 4. Aufl. 2019, S. 36 ff.

Zusammenfassung: Die wichtigsten Punkte
– Der Begriff der **Verfassung im formellen Sinne** meint ein **Dokument**, dessen Inhalt nur aufgrund besonderer Regeln geändert werden kann.
– Das Verfassungsrecht schafft gegenüber dem einfachen Recht eine **Kontroll- und Rechtfertigungshierarchie**.

Isabel Lischewski

§ 1.2.3 Methoden der Verfassungsinterpretation

Das Grundgesetz besteht aus Rechtsnormen, die genau wie die Normen des einfachen Rechts ausgelegt werden können und müssen.[1] Allerdings gelten bei der Verfassungsinterpretation einige Besonderheiten, die aber in das System der allgemeinen juristischen Methodik integriert sind.[2]

A. Grundlagen der Verfassungsinterpretation

Wer Rechtsnormen anwendet, legt diese notwendigerweise auch aus. Denn **Auslegung** ist nichts weiter als die Ermittlung des Inhaltes und der Geltung einer Rechtsnorm. Selbst in den einfachsten Fällen muss also denklogisch stets eine Vorstellung vom Inhalt der Rechtsnorm gewonnen werden, auch wenn dies nur unbewusst geschieht. In so einem Fall besteht zwar ein geringer Auslegungs*aufwand* – eine Auslegung wird aber trotzdem vorgenommen.[3] Die Auslegung von Normen ist mithin nicht nur in schwierigen und uneindeutigen Fällen sinnvoll, sondern ist in jedem Fall der Rechtsanwendung **notwendig**.

Beispiel: Es bedarf auch dann einer (unbewussten) Auslegung des Begriffs der „Mehrheit der abgegebenen Stimmen" im Sinne des Art. 42 II 1 GG[4], wenn im Bundestag sämtliche Abgeordnete einem Gesetzesbeschluss zustimmen.

I. Interpretationsoffenheit des Grundgesetzes

Bei der Auslegung des Grundgesetzes stellen sich wegen der Knappheit, Abstraktheit und politischen Relevanz des Verfassungstextes häufig auch komplexere Auslegungsfragen.[5] Diese besondere Beschaffenheit wird oft als „**Interpretationsoffenheit**" des Grundgesetzes beschrieben. Das macht das Staatsorganisati-

---

1 Starck, in: Handbuch des Staatsrechts, Bd. XII 2014, § 271 Rn. 6; Wank, Juristische Methodenlehre, § 18 Rn. 146; Maurer, Staatsrecht I, 6. Aufl. 2010, § 1 Rn. 66. Vgl. Böckenförde, NJW 1976, 2089, für einen Überblick über die verschiedenen methodischen Ansätze zur Verfassungsinterpretation.
2 Wank, Juristische Methodenlehre, § 18 Rn. 146; Maurer, Staatsrecht I, 6. Aufl. 2010, § 1 Rn. 66.
3 Augsberg/Augsberg/Schwabenbauer, Klausurtraining Verfassungsrecht, 4. Aufl. 2021, S. 118.
4 Siehe dazu Vrielmann, § 5.3 Mehrheitsprinzip, A. II. in diesem Lehrbuch.
5 Maurer, Staatsrecht I, 6. Aufl. 2010, § 1 Rn. 52; Schoch, Übungen im Öffentlichen Recht I, 2000, S. 12.

onsrecht vor Allem für Menschen mit wenig juristischen Vorkenntnissen schwer zugänglich, weil einige wichtige Rechtsnormen nicht ohne weiteres verständlich sind.

Beispiel: Schwer greifbar sind beispielsweise das Demokratieprinzip (Art. 20 I, II 1 GG) oder das Rechtsstaatsprinzip (vgl. Art. 20 III GG). Das Problem stellt sich aber auch bei unbestimmten Rechtsbegriffen wie der „Herstellung gleichwertiger Lebensverhältnisse" gemäß Art. 72 II HS 2 Var. 1 GG[6].

Aus der Interpretationsoffenheit des Grundgesetzes und der vermeintlichen[7] Abwesenheit von Aufbauregeln in der Begründetheit darf aber nicht der Schluss gezogen werden, beim Staatsorganisationsrecht handele es sich um ein „**Laberfach**". Die Rechtsanwendung im Verfassungsrecht ist nämlich kein freier schöpferischer Prozess, an dessen Ende womöglich ein beliebiges oder subjektiv präferiertes Ergebnis steht. Allein schon wegen der **Bindung an Recht und Gesetz** (Art. 20 III GG) müssen die Rechtsanwender:innen zu einem methodisch nachvollziehbaren und hinreichend begründeten Ergebnis kommen. Daher kann nur eine strukturierte und methodisch fundierte Anwendung des Verfassungsrechts mitsamt stringenter Gedankenführung und enger Orientierung am Verfassungstext im juristischen Studium überzeugen.[8]

II. Gegenstand und Maßstab der Auslegung im Verfassungsrecht

Die Auslegung wird im Verfassungsrecht in zwei Konstellationen relevant. Einerseits kann eine Auslegung der *Verfassung selbst* notwendig werden. Dann ist die Verfassung **Gegenstand der Auslegung**. Dies ist vor Allem dann der Fall, wenn der Gehalt einer Norm des Grundgesetzes unklar ist.

Beispiel: Es ist umstritten, ob der:die Bundespräsident:in aus Art. 82 I 1 GG das Recht ziehen kann, die Ausfertigung und Verkündung eines Gesetzes zu verweigern, das er:sie aus formellen und/oder materiellen Gründen für verfassungswidrig hält.[9]

---

6 Siehe dazu Herold, § 15 Gesetzgebungskompetenzen, C. II. 1. in diesem Lehrbuch.

7 Vgl. nur Fuerst/Steffahn, JURA 2012, 90 (91 ff.); zur Prüfung von abstrakten Prinzipien Kees, JA 2008, 795 (795 f.); Kohal, § 23 Methodik der Fallbearbeitung im Staatsorganisationsrecht, C. in diesem Lehrbuch.

8 Schoch, Übungen im Öffentlichen Recht I, 2000, S. 32, 53; Augsberg/Augsberg/Schwabenbauer, Klausurtraining Verfassungsrecht, 4. Aufl. 2021, S. 118.

9 Siehe dazu Heilmann, § 13 Bundespräsident:in, D. I. in diesem Lehrbuch.

Andererseits kann eine *einfach-gesetzliche Rechtsnorm* auch anhand der Verfassung ausgelegt werden. Dann ist die Verfassung **Maßstab der Auslegung**. So ist das Grundgesetz Maßstab für die Frage, ob eine einfach-gesetzliche Rechtsnorm mit der Verfassung übereinstimmt. Das Grundgesetz kann somit in ein und derselben Klausur sowohl Gegenstand als auch Maßstab der Auslegung sein.

Beispiel: Das Gesetz zur Mietenbegrenzung im Wohnungswesen in Berlin („Berliner Mietendeckel") wird vom BVerfG so ausgelegt, dass es unter den Kompetenztitel des Bundes zum bürgerlichen Recht im Sinne des Art. 74 I Nr. 1 Var. 1 GG fällt.[10]

B. Die Verfassung als Gegenstand der Auslegung

In Anlehnung[11] an *Savigny* werden Rechtsnormen – auch solche der Verfassung – auch heute noch anhand eines Auslegungskanons von vier **Auslegungskriterien** interpretiert.[12] Dazu gehören

- der Wortsinn der Norm (Grammatik),
- die Stellung der Norm (Systematik),
- der Sinn und Zweck, der mit der Norm verfolgt wird (Telos) und
- die Geschichte der Norm (Historie/Genetik).

! **Klausurtaktik**

Es zeugt von hoher fachlicher und methodischer Kompetenz, wenn ein juristisches Problem in der Klausur mithilfe der Auslegungskriterien bearbeitet und gelöst wird. Insbesondere, wenn alle Kriterien klar benannt und der Reihe nach geprüft werden, wird dies erfahrungsgemäß von Korrektor:innen besonders mit Punkten belohnt.

Die Grenzen zwischen den Kriterien sind allerdings nicht trennscharf. Es kommt deshalb weniger auf die vermeintlich korrekte Zuordnung zu einem dieser Kriterien an, sondern darauf, dass eine Zuordnung überhaupt erst versucht wird und einigermaßen stimmig erscheint. Die bloße Zuordnung von Argumenten zu Auslegungskriterien reicht schon aus, um sich in methodischer Hinsicht auszuzeichnen.[13]

---

10 BVerfG, Beschl. v. 25.3.2021, Az.: 2 BvF 1/20 = BVerfGE 157, 223 – Mietendeckel.
11 Zu Details und Abweichungen von Savigny siehe Gröpl, Staatsrecht I, 13. Aufl. 2021, Rn. 193.
12 Grundlegend BVerfG, Urt. v. 21.5.1952, Az.: 2 BvH 2/52, Rn. 53 = BVerfGE 1, 299 – Wohnungsbauförderung.
13 Siehe hierzu beispielhaft die Ausführungen zum „Prüfungsrecht" des:der Bundespräsident:in bei Heilmann, § 13 Bundespräsident:in, D. I. in diesem Lehrbuch.

Paul Anton König

Dabei müssen die allgemeinen **Grenzen der Auslegung** beachtet werden:
- Die Auslegung darf dem möglichen **Wortsinn** nicht widersprechen.
- Zudem darf keine Auslegung gegen den eindeutigen **Willen der Normgeber:innen** vorgenommen werden. Dies verbietet eine Auslegung, die das Regelungsziel verfehlen oder verfälschen würde.[14]

Das **Ziel der Auslegung** im Verfassungsrecht ist der „objektive Sinngehalt" der Rechtsnorm und nicht der subjektive Wille der Verfassungsgeber:innen.[15] Der Wille der Verfassungsgeber:innen wird allerdings bei der genetischen Auslegung des Grundgesetzes und als Grenze der Auslegung berücksichtigt.

I. Wortsinn der Norm (grammatische Auslegung)

Die grammatische Auslegung nimmt den **Wortsinn**, also die mögliche Bedeutung („Semantik") der verwendeten Begriffe sowie den Satzbau („Syntax") in den Blick. Der Wortsinn sollte als **Ausgangspunkt** der Auslegung zu Beginn untersucht werden.[16] Der Bedeutungsgehalt der juristischen Fachsprache (beispielsweise Legaldefinitionen) ist gegenüber der Umgangssprache vorrangig. Dabei dürfen Begriffe, die im Verfassungstext stehen, nicht automatisch so ausgelegt werden, wie es das einfache Recht vorgibt. Denn sonst könnte der einfache Gesetzgeber über die Bedeutung der Begriffe der Verfassung disponieren.[17] Stattdessen muss eine **verfassungsautonome Begriffsbildung** erfolgen.

Beispiel: So kann für den Begriff der Partei im Sinne des Art. 21 GG nicht ohne Weiteres auf die Legaldefinition der Partei aus § 2 I 1 Parteiengesetz zurückgegriffen werden, obwohl diese in der aktuell geltenden Fassung mit dem Begriff der Partei im Sinne des Grundgesetzes letztlich inhaltlich deckungsgleich ist.[18]

---

14 BVerfG, Urt. v. 3.3.2004, Az.: 1 BvR 2378/98, Rn. 130 = BVerfGE 109, 279 – Großer Lauschangriff.
15 BVerfG, Urt. v. 21.5.1952, Az.: 2 BvH 2/52, Rn. 53 = BVerfGE 1, 299 – Wohnungsbauförderung; Sachs, in: Sachs, GG, 9. Aufl. 2021, Einführung Rn. 37.
16 So auch BVerfG, Beschl. v. 15.1.2009, Az.: 2 BvR 2044/07, Rn. 98 = BVerfGE 122, 248 – Rügeverkümmerung.
17 Wank, Juristische Methodenlehre, 2020, § 18, Rn. 157.
18 BVerfG, Beschl. v. 17.11.1994, Az.: 2 BvB 1/93 = BVerfGE 91, 262 – Parteienbegriff I; siehe dazu Linke, § 5.6 Politische Parteien, B. in diesem Lehrbuch.

Paul Anton König

❗ Examenswissen

Das Grundgesetz kann die gleichen Begriffe in verschiedenen Artikeln mit unterschiedlicher Bedeutung versehen.[19]

Beispiel: Die „verfassungsmäßige Ordnung" wird in Art. 2 I GG als „das gesamte objektive Recht", in Art. 9 II GG als „freiheitliche demokratische Grundordnung" und in Art 20 III GG als „Gesamtheit der Normen des Grundgesetzes" ausgelegt.[20]

Der Wortsinn wird als die **äußerste Grenze der Auslegung** angesehen. Er gibt somit dem Rahmen vor, in dem sich die Auslegung unter Berücksichtigung der weiteren Auslegungskriterien bewegen kann.[21] Der Wortsinn ist aber selten so eindeutig, dass sich eine Untersuchung anhand der weiteren Auslegungskriterien erübrigt. Allenfalls können bestimmte Auslegungsmöglichkeiten ausgeschlossen werden.

II. Stellung der Norm (systematische Auslegung)

Auch die Einbettung in ein rechtliches System kann Aussagen über den Bedeutungsgehalt einer Norm treffen. Denn eine einzelne Norm befindet sich nicht isoliert in einem rechtlichen Vakuum, sondern steht stets in Zusammenhängen, deren Betrachtung auch Aussagen über den Inhalt der Norm zulässt. Die Bedeutung der **systematischen Auslegung** ist im Verfassungsrecht besonders hoch, weil es einen immensen Harmonisierungsbedarf zwischen den verschiedenen abstrakten und vom Wortsinn her sehr weitreichenden Gewährleistungen des Grundgesetzes gibt.

❗ Klausurtaktik

Aus diesem Grund sollten auch die benachbarten Normen der auslegungsbedürftigen Norm gelesen und nach Argumentationspotential geprüft werden (**„Dunstkreismethode"**). Diese Analyse sollte vor der Entscheidung stehen, eine Norm aufwendig auszulegen. Denn aus dem Zusammenspiel mit anderen Normen kann sich die Auslegung erübrigen, weil eine ausdrückliche Regelung existiert.

---

19 Lesenswert zu derartigen „Lesefallen" Funke, JuS 2017, 983 (983 ff.).
20 Maurer, Staatsrecht I, 6. Aufl. 2010, § 1 Rn. 52.
21 Augsberg/Augsberg/Schwabenbauer, Klausurtraining Verfassungsrecht, 4. Aufl. 2021, S. 119.

Paul Anton König

Die systematische Auslegung untersucht daher den Gesamtzusammenhang, in dem die auslegungsbedürftige Rechtsnorm steht, bezogen auf ihre **Stellung** innerhalb

- der einzelnen Norm (z. B. Satz/Absatz/Artikel),
- des übergeordneten Normenkomplexes (z. B. Abschnitt), also des Grundgesetzes, und
- der gesamten objektiven Rechtsordnung (z. B. sonstiges Verfassungsrecht oder Völkerrecht/Unionsrecht).

Klausurtaktik !

Systematische Argumente können oftmals auch in das **Gegenteil** verkehrt werden: Aus einem Erst-Recht-Schluss kann zugleich auch ein Umkehrschluss gefolgert werden (und andersherum).

Im Rahmen der systematischen Auslegung sind auch verfassungsspezifische Besonderheiten zu berücksichtigen. Nach dem **Grundsatz der Einheit der Verfassung** sollen Verfassungsnormen nicht im Widerspruch zum sonstigen Verfassungsrecht ausgelegt werden. Normwidersprüche innerhalb der Verfassung sollen aufgelöst werden.[22] Denn es ist davon auszugehen, dass die Verfassungsgeber:innen ein, wenn nicht harmonisches, dann zumindest widerspruchsfreies System schaffen wollten. Die Einheit der Verfassung ist allerdings eher eine Zielvorgabe als eine Zustandsbeschreibung.[23]

Beispiel: Wer isoliert das Ressortprinzip der Bundesminister:innen in Art. 65 S. 2 GG betrachtet, übersieht die mögliche Begrenzung durch die Richtlinienkompetenz des:der Bundeskanzlers:in nach Art. 65 S. 1 GG.[24]

Neben dem BVerfG sind in der Praxis auch alle Verfassungsorgane dazu angehalten, das Grundgesetz auszulegen.[25] Dabei gilt der **Grundsatz der funktionellen Richtigkeit**. Demnach haben die Verfassungsorgane bei der Auslegung des Grundgesetzes hinsichtlich der Reichweite ihrer Befugnisse die verfassungsrechtlichen Grenzen zu beachten, die durch die Kompetenzbereiche anderer Verfassungsorgane gezogen werden. Der Grundsatz der funktionellen Richtigkeit soll einer Verschiebung der verfassungsrechtlichen Kompetenzen der Staatsgewalten entgegenwirken und somit die Gewaltenteilung bewahren. So verstanden, formuliert dieser Grundsatz schlicht ein **Verbot der Funktionsverschiebung**.

---

22 Grundlegend BVerfG, Urt. v. 23.10.1951, Az.: 2 BvG 1/51, Rn. 76 = BVerfGE 1, 14 – Südweststaat.
23 Maurer, Staatsrecht I, 6. Aufl. 2010, § 1 Rn. 62.
24 Siehe dazu Chiofalo/Vrielmann, § 13 Bundesregierung, B. I. in diesem Lehrbuch.
25 BVerfG, Urt. v. 16.2.1983, Az.: 2 BvE 1/83, Rn. 111 = BVerfGE 62, 1 – Vertrauensfrage I.

Paul Anton König

Beispiel: Das BVerfG soll sich mit seiner Rechtsprechung nicht die politische Gestaltungsmacht von Bundestag und Bundesrat (Art. 77 I 1; 78 GG) aneignen.[26]

Bestimmte völkerrechtliche Verträge werden unter der Bezeichnung **völkerrechtsfreundliche** oder **unionsrechtsfreundliche Auslegung** für die systematische Auslegung herangezogen. Sind nach der Analyse aller Auslegungskriterien mehrere Auslegungsmöglichkeiten vertretbar, von denen zumindest eines mit dem Völkerrecht beziehungsweise Unionsrecht übereinstimmt, können nur solche gewählt werden, die völkerrechtskonform oder unionsrechtskonform sind.

Völkerrechtliche Verträge besitzen zwar eigentlich den Rang eines einfachen Parlamentsgesetzes (vgl. Art. 59 II 1 GG) und stehen somit in der Normenhierarchie unter dem Grundgesetz.[27] Dennoch können bestimmte völkerrechtliche Verträge bei der Auslegung des Grundgesetzes als **Auslegungshilfe** für das nationale Verfassungsrecht betrachtet werden. So soll verhindert werden, dass die Bundesrepublik Deutschland gegen Völkerrecht oder das Recht der Europäischen Union verstößt.

Beispiel: Zu diesen völkerrechtlichen Verträgen zählen die Europäische Menschenrechtskonvention (EMRK)[28], der Vertrag über die Europäische Union (EUV), der Vertrag über die Arbeitsweise der Europäischen Union (AEUV) und die Charta der Grundrechte der Europäischen Union (GRCh)[29].

III. Sinn und Zweck der Norm (teleologische Auslegung)

Rechtsnormen sind kein Selbstzweck, sondern dienen der Verwirklichung bestimmter Ziele oder der Lösung von Konflikten. Im Rahmen der teleologischen Auslegung wird nach dem **Sinn und Zweck** beziehungsweise dem Telos einer Rechtsnorm gefragt. Diesem Auslegungskriterium misst das BVerfG eine besonders große Bedeutung zu.[30]

---

26 Gröpl, Staatsrecht I, 13. Aufl. 2021, Rn. 213a.

27 Siehe hierzu Chiofalo/Siegel, § 3 Internationale Bezüge in diesem Lehrbuch.

28 Vgl. hierzu BVerfG, Beschl. v. 14.10.2004, Az.: 2 BvR 1481/04, Rn. 32 = BVerfGE 111, 307 – Görgülü.

29 Vgl. hierzu BVerfG, Beschl. v. 6.11.2019, Az.: 1 BvR 16/13, Rn. 60 = BVerfGE 152, 152 – Recht auf Vergessen I.

30 BVerfG, Urt. v. 21.5.1952, Az.: 2 BvH 2/52, Rn. 53 = BVerfGE 1, 299 – Wohnungsbauförderung.

Klausurtaktik   !

Bei der Auslegung nach dem Sinn und Zweck einer Norm kann insbesondere auf die der Verfassungsnorm zugrundeliegenden Interessenskonflikte oder auf verfassungsrechtliche Prinzipien Bezug genommen werden.[31] Es sollte daher mit ein bisschen Übung in jeder Klausur möglich sein, auch ohne Kenntnis des konkreten Problems ein teleologisches Argument zu finden.

Eine verfassungsrechtliche Besonderheit ist der **Grundsatz der optimalen Wirksamkeit**. Dieser besagt, dass jedem Verfassungsgut zur optimalen Wirksamkeit verholfen werden muss. Das heißt: Sind nach der Berücksichtigung aller Auslegungskriterien mehrere Auslegungsmöglichkeiten vertretbar, ist dasjenige Auslegungsergebnis vorzugswürdig, das dem Verfassungsgut die größtmögliche Wirksamkeit zukommen lässt.[32]

Zudem gibt es den **Grundsatz der integrierenden Wirkung**. Danach soll solchen Gesichtspunkten bei der Auslegung besonderes Gewicht zukommen, die in der Bundesrepublik Deutschland politische Einheit herstellen oder erhalten.[33] Dazu gehört beispielsweise das Gebot bundesfreundlichen Verhaltens.[34]

IV. Geschichte der Norm (historische/genetische Auslegung)

Nicht nur die Entstehungsgeschichte (genetische Auslegung), sondern auch die Regelungstradition einer Norm (historische Auslegung) kann für die Auslegung des Grundgesetzes fruchtbar gemacht werden.

Klausurtaktik   !

In Klausuren werden historische oder genetische Argumente regelmäßig nicht erwartet. Wer sie dennoch anbringen kann, sticht unter allen Bearbeiter:innen hervor. Auch die Unterscheidung zwischen historischer und genetischer Auslegung ist in der Prüfung nicht relevant.

Zum einen kann die Regelungstradition des Grundgesetzes im Rahmen der **historischen Auslegung** analysiert werden. Bei der historischen Auslegung des Grundgesetzes sind hauptsächlich Unterschiede und Gemeinsamkeiten hinsicht-

---

31 Maurer, Staatsrecht I, 6. Aufl. 2010, § 1 Rn. 56.
32 Hesse, Grundzüge des Verfassungsrechts der Bundesrepublik Deutschland, 20. Aufl. 1995, Rn. 75.
33 Maurer, Staatsrecht I, 6. Aufl. 2010, § 1 Rn. 64.
34 Siehe dazu Linke, § 6 Bundesstaatsprinzip, B. IV. in diesem Lehrbuch.

Paul Anton König

lich des Normtextes und der Auslegung mit den Vorgängerinnen des Grundgesetzes aus der Verfassungsgeschichte[35] von Relevanz. Daraus können Rückschlüsse darauf gezogen werden, wie heutige Verfassungsnormen zu verstehen sind. Denn das Grundgesetz baut auf den Erfahrungen der früheren Verfassungen auf: Einige Vorschriften wurden inhaltsgleich übernommen oder knüpfen an eine bestimmte verfassungsrechtliche Tradition an. Diese Normen können in kontextualisierter Form zur Bestimmung des Bedeutungsgehalts der heutigen Norm beitragen. Andere Normen sollten gerade nicht Bestandteil des Grundgesetzes werden. In diesen Fällen sollte diesen bewussten Abweichungen des Grundgesetzes von seinen Vorgängerinnen mit einem Umkehrschluss Rechnung getragen werden.

Beispiel: Die Aufnahme von Elementen direkter Demokratie nach dem Vorbild der Weimarer Republik (vgl. Art. 73 WRV) in das Grundgesetz wurde im Parlamentarischen Rat diskutiert, letztlich aber weitestgehend abgelehnt, vgl. Art. 20 II 2 HS 1 GG.[36]

Zum anderen kann bei der **genetischen Auslegung** die Entstehungsgeschichte des Grundgesetzes analysiert werden. Dies betrifft insbesondere die für Dritte erkennbaren Motive der Verfassungsgeber:innen beim Erlass der Verfassungsnorm.[37] Darin können insbesondere einfließen
- die unterschiedlichen Entwurfsfassungen des Grundgesetzes,
- die eingereichten Änderungsanträge und
- die Verhandlungsprotokolle im Parlamentarischen Rat und seinen Ausschüssen.

! Klausurtaktik

In einer Klausur könnten Überlegungen zu den folgenden Fragen hilfreich sein: Weiß ich, wie dieses Problem in früheren Verfassungen (insbesondere der Weimarer Reichsverfassung) geregelt war? Gibt es Unterschiede zu den Vorschriften des Grundgesetzes? Wollten die Verfassungsgeber:innen damit bewusst von der damaligen Verfassungspraxis abweichen?

V. Rechtsvergleichung

Die **Rechtsvergleichung** ist kein eigenständiges Auslegungskriterium, sondern dient lediglich als Auslegungshilfe.[38] Insbesondere die Landesverfassungen mit-

---

35 Siehe hierzu Wiedmann, § 1.2.1 Verfassungsgeschichte, C. und G. in diesem Lehrbuch.
36 Mager, Staatsrecht I, 9. Aufl. 2021, Rn. 71; siehe auch Linke, § 5.2.2 Abstimmungen, B. in diesem Lehrbuch.
37 Hierzu ausführlich Sachs, DVBl 1984, 73 (75 ff.).
38 Maurer, Staatsrecht I, 6. Aufl. 2010, § 1 Rn. 58.

samt ihrer Auslegungen durch die LVerfG[39] können bei der Auslegung des Grundgesetzes berücksichtigt werden.

Beispiel: Im Rahmen der Frage nach der Verlängerung der Legislaturperiode des Bundestags[40] kann auf die Dauer von Legislaturperioden in den Ländern der Bundesrepublik Deutschland oder im EU-Ausland verwiesen werden.

C. Die Verfassung als Maßstab der Auslegung

Die Verfassung ist aber auch Maßstab für die Auslegung von Normen des einfachen Rechts. Bei der Auslegung des einfachen Rechts gelten die **allgemeinen Auslegungskriterien**.

Eine Besonderheit der Auslegung von einfachen Gesetzen anhand der Verfassung ist die **verfassungskonforme Auslegung**. Bei der verfassungskonformen Auslegung wird nicht das Grundgesetz ausgelegt, sondern nur das einfache Recht. Die Verfassung ist lediglich der Maßstab für die Prüfung. Das BVerfG hat mit der Methode der verfassungskonformen Auslegung neben der Kompetenz zur Auslegung der Verfassung auch die Kompetenz zur verbindlichen **Auslegung des einfachen Rechts** erhalten.[41]

Die Kompetenz und die Verpflichtung zur verfassungskonformen Auslegung obliegt dabei nicht nur dem BVerfG, sondern **jeder staatlichen Stelle**.[42] Damit ist insbesondere die Fachgerichtsbarkeit und die öffentliche Verwaltung zur verfassungskonformen Auslegung bei der Rechtsanwendung angehalten.

Nach der verfassungskonformen Auslegung müssen alle nationalen Rechtsnormen (also alle formellen und materiellen Gesetze des Bundes und der Länder) im **Lichte der Verfassung** ausgelegt werden. Das heißt: Sind nach der Berücksichtigung aller Auslegungskriterien mehrere Auslegungsmöglichkeiten vertretbar, von denen zumindest eine mit der Verfassung übereinstimmt, können nur solche gewählt werden, die verfassungskonform sind.[43] Sind alle vertretbaren Auslegungsmöglichkeiten verfassungskonform, ist eine verfassungskonforme Auslegung aber nicht zielführend.

---

39 Siehe dazu König, § 22 Landesverfassungsgerichtsbarkeit, B. in diesem Lehrbuch.
40 Siehe hierzu Chiofalo, § 5.1 Prinzip der Volkssouveränität, B. in diesem Lehrbuch.
41 Starck, in: Handbuch des Staatsrechts, Bd. XII 2014, § 271 Rn. 42.
42 Maurer, Staatsrecht I, 6. Aufl. 2010, § 1 Rn. 68; Lüdemann, JuS 2004, 27 (30).
43 Battis/Edenharter, Einführung in das Verfassungsrecht, 7. Aufl. 2022, Rn. 26.

⚠ Examenswissen

Ist keine Auslegungsmöglichkeit verfassungskonform, muss ein damit befasstes Gericht die Norm dem BVerfG mit einer konkreten Normenkontrolle gemäß Art. 100 I 1 Alt. 2, 2 Alt. 1 GG vorlegen. Umgekehrt ist die konkrete Normenkontrolle mangels Entscheidungserheblichkeit[44] unzulässig, soweit eine verfassungskonforme Auslegung möglich ist.[45]

Eine verfassungskonforme Auslegung kann aber nicht durchgeführt werden, wenn der mögliche Wortsinn sowie der Wille der Normgeber:innen diesem Auslegungsergebnis eindeutig entgegensteht.[46] Diese **Grenze der verfassungskonformen Auslegung** ist jedoch oftmals schwer zu ermitteln.

Beispiel: Der Antragsgrund bei der abstrakten Normenkontrolle ist in § 76 I Nr. 1 BVerfGG („für nichtig hält") enger gefasst als in Art. 93 I Nr. 2 GG („Meinungsverschiedenheiten oder Zweifel"). Es stellt sich die Frage, ob § 76 I Nr. 1 BVerfGG derart verfassungskonform ausgelegt werden kann, dass auch „Meinungsverschiedenheiten oder Zweifel" erfasst werden, oder ob damit der mögliche Wortsinn von „für nichtig hält" überschritten ist.[47]

Die verfassungskonforme Auslegung hat demnach drei Voraussetzungen:
1. Existenz **mehrerer vertretbarer Auslegungsmöglichkeiten** nach Berücksichtigung aller Auslegungskriterien
2. Verfassungskonformität von **mindestens einer, aber nicht aller, Auslegungsmöglichkeiten**
3. **Beachtung der Grenzen** der verfassungskonformen Auslegung
   a) Kein entgegenstehender möglicher Wortsinn
   b) Kein eindeutiger Widerspruch zum Willen der Normgeber:innen

D. Normenkonkurrenzen

In einer ausdifferenzierten Rechtsordnung kann es zur Anwendbarkeit mehrerer Rechtsnormen auf denselben Sachverhalt kommen. Wenn sich daraus unterschiedliche, sich widersprechende Rechtsfolgen ergeben, ist eine **Kollision** gege-

---

44 Siehe dazu Chiofalo, § 21.4 Konkrete Normenkontrolle, A. V. in diesem Lehrbuch.

45 BVerfG, Beschl. v. 16.12.2014, Az.: 1 BvR 2142/11, Rn. 75 = BVerfGE 138, 64 – Planungsschadensrecht.

46 BVerfG, Beschl. v. 16.12.2014, Az.: 1 BvR 2142/11, Rn. 86 = BVerfGE 138, 64 – Planungsschadensrecht.

47 Siehe hierzu Chiofalo, § 21.3 Abstrakte Normenkontrolle, A. in diesem Lehrbuch.

ben. Um diese Konfliktlage aufzulösen, gibt es allgemeine Kollisionsregeln, wie den Vorrang der spezielleren Rechtsnorm (lex specialis).[48]

Beispiel: Soweit die spezielleren Vorschriften über die Kompetenzverteilung zwischen Bund und Ländern im Bereich der Gesetzgebung (Art. 70–74 GG) und der Verwaltung (Art. 83–91 GG) dem Bund Kompetenzen verleihen, haben sie Anwendungsvorrang gegenüber dem allgemeineren Grundsatz der Länderzuständigkeit nach Art. 30 GG.

Im Verfassungsrecht existiert mit der **praktischen Konkordanz** eine spezielle Kollisionsregel. Danach setzt sich nicht eines der beiden Güter auf Kosten des anderen Gutes durch, wenn es zu einer Kollision zwischen mehreren Verfassungsgütern kommt. Stattdessen ist ein „**möglichst schonende[r] Ausgleich**"[49] herbeizuführen, was regelmäßig eine Abwägung im Einzelfall erforderlich macht. Dabei soll jedem Verfassungsgut zur optimalen Wirksamkeit verholfen werden.[50]

Weiterführende Studienliteratur
- Schoch, Übungen im Öffentlichen Recht I, 2000, S. 10–87.
- Wank, Juristische Methodenlehre – Eine Anleitung für Wissenschaft und Praxis, 2020, § 18 Rn. 134–209.
- Hesse, Grundzüge des Verfassungsrechts der Bundesrepublik Deutschland, 20. Aufl. 1995, Rn. 49–85.

Zusammenfassung: Die wichtigsten Punkte
- Staatsorganisationsrecht ist kein „Laberfach". Bei der Fallbearbeitung dürfen Struktur und Methodik nicht vernachlässigt werden.
- Die Auslegung des Grundgesetzes unterscheidet sich nicht maßgeblich von der Auslegung des einfachen Rechts.
- In der Fallbearbeitung sollte möglichst jedes Auslegungskriterium angesprochen werden.
- Die wichtigsten Auslegungskriterien sind der Wortsinn, die Systematik, der Sinn und Zweck sowie die Geschichte der Norm.
- Die Auslegung darf nicht über den möglichen Wortsinn hinausgehen oder dem eindeutigen Willen der Normgeber:innen widersprechen. Das gilt auch für die verfassungskonforme Auslegung.

---

48 Siehe dazu Wiedmann, § 4.1 Das Recht und seine Wirkung, C. in diesem Lehrbuch.
49 BVerfG, Beschl. v. 16.5.1995, Az.: 1 BvR 1087/91, Rn. 91 = BVerfGE 93, 1 – Kruzifix; Hesse, Grundzüge des Verfassungsrechts der Bundesrepublik Deutschland, 20. Aufl. 1995, Rn. 72.
50 Maurer, Staatsrecht I, 6. Aufl. 2010, § 1 Rn. 62.

- Bei der verfassungskonformen Auslegung wird das einfache Recht ausgelegt. Danach können unter mehreren Auslegungsmöglichkeiten nur diejenigen gewählt werden, die mit der Verfassung übereinstimmen.
- In Kollisionsfällen ist ein möglichst schonender Ausgleich zwischen den kollidierenden Verfassungsgütern durch Abwägung im Einzelfall herbeizuführen.

Für dieses Kapitel gibt es frei zugängliche interaktive Übungen auf der OpenRewi-Homepage. Hierzu muss einfach der QR-Code gescannt werden.

§ 2 Einordnung öffentliches Recht – Verfassungsrecht

A. Wozu dient die Unterscheidung in öffentliches und Privatrecht?

In Deutschland herrscht die rigide **Trennung von öffentlichem und Privat- beziehungsweise Zivilrecht** vor (das Strafrecht ist streng genommen Teil des öffentlichen Rechts, hat sich jedoch dogmatisch weitestgehend aus diesem herausdifferenziert und wird daher traditionell getrennt behandelt). Die Unterscheidung zieht sich durch die Gesetzestexte, die **Gerichtsbarkeiten** (bei der für die Frage des Rechtswegs immer in einem ersten Schritt zu klären ist, ob der Rechtsstreit zur ordentlichen oder zur Fachgerichtsbarkeit gehört) und insbesondere auch die juristischen Fakultäten. Diese Trennung ist historischen Ursprungs und im internationalen Vergleich durchaus nicht selbstverständlich.

Deshalb ist es für jeden juristischen Sachverhalt in einem ersten Schritt entscheidend, zu bestimmen, ob dieser öffentlich-, zivil- oder strafrechtlicher Natur ist. Danach entscheidet sich etwa, bei welchem Gericht Klage erhoben werden muss. In vielen Fällen ist die Einordnung leicht vorzunehmen und versteht sich fast von selbst, es gibt jedoch auch schwierige **Grenzbereiche**. Daher wurden von Lehre und Rechtsprechung verschiedene Theorien und Kriterien entwickelt.

Klausurtaktik !

In einer Klausur erschließt sich natürlich bereits aus dem Rechtsgebiet der Vorlesung beziehungsweise der Prüfung, in welchem Bereich der Fall spielen soll und welches Gericht im Ergebnis zuständig sein wird. Dennoch muss dies insbesondere in der Verwaltungsrechtsklausur regelmäßig unter dem Prüfungspunkt „Rechtswegeröffnung" hergeleitet und gelegentlich auch vertieft argumentiert werden!

B. Theorien zur Einordnung des öffentlichen Rechts

Das Öffentliche Recht regelt, verkürzt gesprochen, die Rechtsbeziehung zwischen dem Staat und den Bürger:innen, das Zivilrecht die Rechtsbeziehung zwischen den Bürger:innen untereinander. Somit ist zumindest klar, dass das öffentliche Recht immer dann ins Spiel kommt, wenn der Staat in irgendeiner Weise involviert ist. Das heißt umgekehrt, dass in Sachverhalten, in denen auf beiden Seiten Bürger:innen stehen, in aller Regel vorrangig das Zivilrecht greift.

https://doi.org/10.1515/9783110786965-007

Beispiel: ein erbrechtlicher Sachverhalt unter Geschwistern; ein Darlehen einer Bank an ein Unternehmen; ein Werkvertrag zwischen einem:r Handwerker:in und einer Hauseigentümer:in.

Doch bereits die Einordnung, ob es sich wirklich Private oder doch staatliche Akteur:innen handelt, ist nicht immer einfach möglich.

Beispiel: Die Bundeskanzlerin äußert sich aus ihrem Urlaub auf Twitter negativ über das Verhalten eines deutschen Unternehmens – ist das eine Äußerung der Regierung oder der Kanzlerin als Person?

Der TÜV ist zwar ein privatrechtlich eingetragener Verein, übt aber hoheitliche Befugnisse (anstelle des Staates selbst) aus (sogenannter Beliehener).

Das Justizministerium bestellt bei einem Unternehmen neue Faxgeräte und bezahlt dann nicht – muss das Unternehmen vor dem Landgericht oder dem Verwaltungsgericht klagen?

Daher haben sich verschiedene, mittlerweile schon klassische **Theorien** herausgebildet, um das öffentliche Recht leichter zu identifizieren.

I. Die Interessentheorie

Nach der von dem römischen Juristen *Ulpian* entwickelten Interessentheorie sollte danach unterschieden werden, ob ein Rechtssatz eher dem **öffentlichen Interesse** (dann öffentliches Recht) oder aber Individualinteressen (dann Privatrecht) zu dienen bestimmt sei. Bei Lichte betrachtet führt diese Theorie aber nicht zu zufriedenstellenden oder auch nur trennscharfen Ergebnissen. Denn viele klar öffentlich-rechtlichen Regelungen – z.B. der Nachbarschutz im Baurecht – dienen auch oder sogar vorrangig dem Schutz von Individualinteressen. Umgekehrt gibt es im Zivilrecht auch Vorschriften, die im öffentlichen Interesse stehen, zum Beispiel im Familienrecht.

II. Die Subordinations- beziehungsweise Subjektionstheorie

Dagegen besagt die Subordinations- beziehungsweise Subjektionstheorie, dass Rechtssätze, die ein **Über- beziehungsweise Unterordnungsverhältnis** regeln oder herstellen, öffentlich-rechtlich sind, während Regeln zu Gleichordnungsverhältnissen in das Zivilrecht fallen. Diese Theorie erfasst das Machtgefälle zwischen Staat und Bürger:innen zwar im Grundsatz treffend. Aber auch diese Einteilung stößt bei genauer Betrachtung schnell an ihre Grenzen. So kann etwa durch einen sogenannten öffentlich-rechtlichen Vertrag auch ein Gleichordnungsverhältnis entstehen. Anders herum gibt es etwa zwischen Arbeitgeber:innen und Arbeitnehmer:innen auch im Zivilrecht Beziehungen, die durch Über- beziehungsweise Unterordnung geprägt sind.

III. Sonderrechtstheorie und modifizierte Subjektstheorie

Eine weitere Möglichkeit ist, so die von *H. J. Wolff*[1] geprägte Subjektstheorie, zu fragen, ob der betreffende Rechtssatz für **jedermann gleichermaßen gilt**

Beispiel: Die Regeln für einen Kaufvertrag im BGB gelten grundsätzlich für jede:n, der:die einen Vertrag abschließen möchte – egal ob natürliche Person, Unternehmen oder Behörde.

(dann: Privatrecht) oder aber ausschließlich ein **Sonderrecht des Staates** oder sonstiger Träger öffentlicher Aufgaben, wie etwa Gemeinden begründet, das heißt ein Recht, das nur den Trägern hoheitlicher Gewalt zusteht (dann: öffentliches Recht).

Beispiel: Nur die nach Polizeirecht zuständigen Behörden dürfen etwa Versammlungen verbieten oder Identitätsfeststellungen durchführen.

Daher wurde dieser gelegentlich auch Zuordnungs-/Sonderrechtstheorie genannte Ansatz später verfeinert.[2] Eine Rechtsnorm ist demnach nur dann **öffentlich-rechtlich, wenn sie einen Hoheitsträger *als solchen*, d.h. gerade in seiner Eigenschaft als Träger hoheitlicher Gewalt, berechtigt beziehungsweise verpflichtet** (sogenannte **modifizierte Subjektstheorie**). Natürlich lässt sich nicht ganz leugnen, dass diese Herangehensweise das Problem in gewisser Weise nur verschiebt. Denn ohne ein Vorverständnis davon, was öffentlich-rechtlich ist, kann schlichtweg nicht völlig geklärt werden, wer denn nun ein Hoheitsträger ist. Auch hilft die Sonderrechtstheorie nicht weiter, wenn man nicht weiß, welche Norm die streitentscheidende ist, ob sich also etwa der vertragliche Anspruch aus § 54 ff. VwVfG oder aus §§ 131 ff. BGB ergibt. In der Rechtspraxis[3] werden die drei Abgrenzungstheorien ohnehin nicht exklusiv, sondern nebeneinander angewendet.

---

1 Wolff, AöR (1950/51), 205 ff.
2 Bachof in: Bachof/Heigl, FG BVerwG, 1978, 1 (9 ff.); Bettermann, NJW 1977, 513 (515).
3 BVerwG, Beschl. v. 26.5.2010, Az.: 6 A 5.09, Rn. 17–22 m.w.N. = NVwZ 2010, 682 (683).

C. Die Stellung des Staatsorganisationsrechts innerhalb des Verfassungsrechts

Die Theorien gelangen an erster Stelle im Verwaltungs(prozess)recht zur Anwendung, wo sie ganz entscheidend bei der Frage sein können, ob in einer Sache das Verwaltungsgericht zuständig ist. Besondere Situationen ergeben sich hierbei, sofern Normen streitgegenständlich sind, die sich mit verwaltungsinternen Fragen beschäftigen, z. B. in den landes- und bundesgesetzlichen Regelungen zur Verwaltungsorganisation

Beispiel: etwa das Landesorganisationsgesetz NRW.

und im Recht der kommunalen Selbstverwaltung. Diese Sachverhalte sind natürlich ebenfalls öffentlich-rechtlich, beschäftigen sich jedoch weniger mit dem von der modifizierten Subjektstheorie zunächst in den Blick genommenen Verhältnis Staat – Bürger:in als mit der inneren Struktur und dem Wirken einzelner Träger staatlicher Hoheit.

Gleiches gilt für das hier gegenständliche Staatsorganisationsrecht. Es regelt die **Entstehung, den Aufbau und die Funktionsweise des Hoheitsträgers Staat**. Doch auch in diesem Umfang spricht es die staatliche Gewalt *als solche* im Sinne der modifizierten Subjekttheorie an: ihr Hervorgehen aus dem Bürger:innenwillen durch demokratische Wahlen, ihre Aufgliederung in Exekutive, Legislative und Judikative sowie durch den Föderalismus, und die der Staatsgewalt auferlegten Grenzen etwa durch das Rechtsstaatsprinzip.

Weiterführende Studienliteratur
- Becker, Öffentliches und Privates Recht, NVwZ 2019, 1385.

Zusammenfassung: Die wichtigsten Punkte
- Es gibt im Wesentlichen drei Theorien zur Einordnung einer Norm in das öffentliche Recht: die **Interessentheorie**, die **Subordinations- beziehungsweise Subjektionstheorie** und die **modifizierte Subjektstheorie**, wobei letztere am ehesten zu einem adäquaten Ergebnis kommt.
- Das Staatsorganisationsrecht nimmt hier eine besondere Stellung ein, weil es sich insbesondere mit der internen Struktur der Staatsgewalt beschäftigt.

§ 3 Grundentscheidungen der Verfassung

Bevor die verschiedenen Verbürgungen (Kapitel 2 und 3) und Akteure (Kapitel 4) der Verfassung im Einzelnen vorgestellt werden, soll ein kurzer „**Streifzug durch das Grundgesetz**" gewagt werden, der einen Überblick über die prägenden Entscheidungen der deutschen Verfassung gibt. Dabei werden vor allem

- die Staatsstrukturprinzipien und Staatszielbestimmungen,
- die Grundrechte,
- die Grundzüge des Staatskirchenrechts und
- die internationale Bezüge des Grundgesetzes

in den Blick genommen.

§ 3.1 Staatsstrukturprinzipien und Staatszielbestimmungen

Eine der wichtigsten Normen des Grundgesetzes, die am Beginn dieses Überblicks stehen soll, ist **Art. 20 GG.** Sie wird als **„Verfassung in Kurzform"**[1], als „Visitenkarte" der Verfassung[2] oder als Ausdruck des „Verfassungskern[s]"[3] bezeichnet, da sie wichtige Grundentscheidungen der Verfassung trifft. Die in Art. 20 I bis III GG festgehaltenen Verfassungsprinzipien (sogenannte **Staatsstrukturprinzipien**) sind prägend für die Funktionsweise des deutschen Staates, da sie (nahezu) alle anderen Vorschriften des Grundgesetzes beeinflussen beziehungsweise deren Inhalt determinieren.[4]

Beispiel: In Art. 20 I, II GG ist das Demokratieprinzip niedergelegt. Diese Grundentscheidung des Art. 20 GG zur „Herrschaft des Volkes" wird durch viele andere Verfassungsnormen konkretisiert, die ihrerseits Ausprägungen des Demokratieprinzips sind. So bringen etwa die Regeln über die Bundestagswahl (Art. 38 GG) oder über die Wahl der Bundeskanzler:innen (Art. 63 GG) das Demokratieprinzip bereichsspezifisch zum Ausdruck.

A. Die einzelnen Staatsstrukturprinzipien

Art. 20 GG lassen sich **fünf solcher Staatsstrukturprinzipien** entnehmen. Die ersten vier, das **Demokratie-,** das **Bundesstaats-,** das **Republik-** und das **Sozialstaatsprinzip,** lassen sich ohne Weiteres aus Abs. 1 („Die Bundes*republik* ist ein *demokratischer* und *sozialer Bundes*staat") herauslesen. Das fünfte Staatsstrukturprinzip, das **Rechtsstaatsprinzip,** lässt sich nicht so eindeutig aus Art. 20 GG herauslesen, wird üblicherweise aber auf Art. 20 III GG („Die Gesetzgebung ist an die verfassungsmäßige Ordnung, die vollziehende Gewalt und die Rechtsprechung sind an Gesetz und Recht gebunden") gestützt.[5]

---

1 Bundeszentrale für politische Bildung, Strukturprinzipien des Grundgesetzes.

2 Kotzur, in: v. Münch/Kunig, GG Bd. I, 7. Aufl. 2021, Art. 20 Rn. 195.

3 Sommermann, in: v. Mangoldt/Klein/Starck, GG Bd. II, 7. Aufl. 2018, Art. 20 I Rn. 3.

4 Vgl. Sachs, in: Sachs, GG, 9. Aufl. 2021, Art. 20 Rn. 4.

5 Exemplarisch BVerfG, Beschl. v. 18.1.2000, Az.: 1 BvR 321/96 Rn. 24 = BVerfGE 101, 397 (404); w.N. bei Schulze-Fielitz, in: Dreier, GG, Bd. II, 3. Aufl. 2015, Art. 20 (Rechtsstaat) Rn. 40.

Weiterführendes Wissen   ⓘ

Die Staatsstrukturprinzipien prägen den deutschen Staat nicht nur auf der Ebene des Bundes. Über das in Art. 28 I 1 GG enthaltene Homogenitätsprinzip binden sie auch die einzelnen Bundesländer. Deren verfassungsmäßige Ordnungen müssen den Grundsätzen des republikanischen, demokratischen und sozialen Rechtsstaates im Sinne des Grundgesetzes entsprechen. Auch die Staatszielbestimmungen (hierzu unten) gelten – jedenfalls soweit die Landesverfassungen keine vergleichbaren Zielbestimmungen enthalten – für die Länder.[6]

Mit den fünf Staatsstrukturprinzipien trifft das Grundgesetz – stark verkürzt – die Grundentscheidung für eine staatliche Ordnung, die sich (1.) an Recht und Gesetz hält, (2.) vom Willen der Bevölkerung getragen ist, (3.) ihre Macht zwischen Bund und Ländern aufteilt (= Bundesstaatlichkeit/Föderalismus), (4.) sich von der Staatsform der Monarchie abgewendet hat (= Republik) und (5.) sozial ausgestaltet ist. Diese Grundentscheidungen sind natürlich noch sehr vage. Konkrete Rechtsfragen können nur selten unter Rückgriff auf die „allgemeinen" Staatsstrukturprinzipien beantwortet werden. Daher werden die Staatsstrukturprinzipien durch weitere (Spezial-)Vorschriften konkretisiert.

Beispiel: Das Bundesstaatsprinzip sagt nichts darüber aus, ob das Schulwesen von den Bundesländern oder vom Bund geregelt werden darf. Hierfür bedarf es konkretisierender Kompetenzvorschriften. Es sagt lediglich aus, *dass* Bund und Ländern verschiedene Kompetenzen verliehen werden. In gleicher Weise gibt das Demokratieprinzip keine Auskunft darüber, durch welches Gremium Bundeskanzler:innen gewählt werden. Auch hierfür bedarf es einer konkreten Regelung. Das Demokratieprinzip gibt nur vor, dass die Besetzung des Kanzler:innenamts (mindestens mittelbar) auf den Willen des Volkes zurückführbar sein muss.

In der Regel werden die *allgemeinen* Staatsstrukturprinzipien daher nur herangezogen, um (im Rahmen einer systematischen Auslegung) den Inhalt der sie konkretisierenden (Spezial-)Vorschriften näher zu bestimmen. Sie haben aber durchaus auch einen eigenständigen normativen Gehalt.[7] Dieser wird einerseits relevant, wenn es keine Spezialregelungen im Grundgesetz gibt; dann muss unmittelbar auf die Staatsstrukturprinzipien zurückgegriffen werden. Andererseits wird der eigenständige Gehalt der Staatsstrukturprinzipien bedeutsam, wenn die Verfassung geändert werden soll. Gemäß Art. 79 III GG, der sogenannten Ewigkeitsklausel, sind Verfassungsänderungen nämlich unzulässig, wenn sie die in Art. 20 GG festge-

---

6 Murswiek, in: Sachs, GG, 9. Aufl. 2021, Art. 20a Rn. 57.
7 Sommermann, in: v. Mangoldt/Klein/Starck, GG Bd. II, 7. Aufl. 2018, Art. 20 I Rn. 4.

Jan-Louis Wiedmann

haltenen Grundsätze (die Staatsstrukturprinzipien) berühren. Verfassungsänderungen sind also nur dann zulässig, wenn sie den Staatsstrukturprinzipien „im [A]llgemeinen Rechnung [tragen]"[8]. Insoweit sind die Staatsstrukturprinzipien **Maßstab der gesamten Rechtsordnung.**[9]

Beispiel: Ein (verfassungsänderndes) Gesetz, welches vorsähe, dass das Bundeskanzler:innenamt fortan nicht mehr durch Wahl, sondern durch Erbfolge erworben wird, wäre mit dem Republik- und dem Demokratieprinzip unvereinbar und daher gem. Art. 79 III i. V. m. Art. 20 I GG nichtig. Denn während das Demokratieprinzip zwar nicht vorgibt, *wie genau* das Kanzler:innenamt zu besetzen ist – diese Funktion übernimmt Art. 63 GG –, gibt es doch vor, dass die Bestimmung auf demokratischen Wege erfolgen muss (s. o.).

---

i **Weiterführendes Wissen**

Zu bestimmen, worin der eigenständige normative Gehalt der Staatsstrukturprinzipien konkret liegt, bereitet erhebliche Probleme. Denn *die* Demokratie, *den* Rechtsstaat oder *den* Bundesstaat gibt es schlicht nicht.[10] Vielmehr gibt es ganz verschiedene Verständnisse von Rechtsstaatlichkeit, Demokratie und so weiter. Gemeint sein können in Art. 20 GG daher nur das Demokratie-, Rechtsstaats-, Republik-, Bundesstaats- und Sozialstaatsprinzip *grundgesetzlicher Prägung.* Dementsprechend muss insbesondere dem überkommenen Verständnis des jeweiligen Prinzips Rechnung getragen werden. Daneben dürfen allerdings auch gesellschaftliche Veränderungen nicht außer Acht bleiben, da diese zu einem Wandel der Norminterpretation führen können.

B. Abgrenzung zu Staatszielbestimmungen

Eine gewisse Ähnlichkeit zu den Staatsstrukturprinzipien weisen die **Staatszielbestimmungen** auf. Auch hierbei handelt es sich um Bestimmungen, die von großer Bedeutung für das staatliche Handeln sind. Gleichwohl prägen die Staatszielbestimmungen die deutsche Staatlichkeit auf andere Weise. Während die Staatsstrukturprinzipien Aussagen über die Art und Weise der staatlichen Aufgabenerfüllung treffen, geben die Staatszielbestimmungen dem Staat lediglich Ziele vor, die dieser (unter Wahrung der Staatsstrukturprinzipien) zu verfolgen hat.[11] Zugespitzt lässt sich sagen: Die Staatszielbestimmungen geben dem Staat

---

8 Grundlegend BVerfG, Urt. v. 15.12.1970, Az.: 2 BvF 1/69 u. a. = BVerfGE 30, 1 (24), st. Rspr., w. N. bei Dietlein, in: BeckOK GG, 48. Ed. 15.8.2021, Art. 79 Rn. 22.
9 Zum Ganzen Sommermann, in: v. Mangoldt/Klein/Starck, GG Bd. II, 7. Aufl. 2018, Art. 20 I Rn. 4.
10 Kotzur, in: v. Münch/Kunig, GG Bd. I, 7. Aufl. 2021, Art. 20 Rn. 26.
11 Sommermann, in: v. Mangoldt/Klein/Starck, GG Bd. II, Art. 20 I Rn. 5.

Jan-Louis Wiedmann

auf, *was* er zu tun hat, während die Staatsstrukturprinzipien vorgeben *wie* er es zu tun hat.

Beispiel: Das Grundgesetz legt die Bundesrepublik Deutschland insbesondere auf den **Schutz der Umwelt und der Tiere (Art. 20a GG)**, die **Verwirklichung der Gleichberechtigung von Mann und Frau (Art. 3 II GG)** und die **europäische Integration (Art. 23 GG)** fest.

Die Staatszielbestimmungen sind zwar verbindliche Verfassungsnormen,[12] belassen dem Staat aber einen großen Spielraum bei der Erfüllung der Ziele.

Weiterführendes Wissen

Trotz dieser klaren Unterschiede zwischen Staatsstrukturprinzipien und Staatszielbestimmungen ist die Einordnung nicht immer klar. So ist etwa umstritten, ob Art. 20 I GG („*sozialer* [Staat]") ein Staatsstrukturprinzip oder ein Staatsziel der Sozialstaatlichkeit postuliert.[13] Entscheidender als die theoretische Einordnung ist letztlich aber, dass man sich den normativen Gehalt der konkreten Verfassungsvorschrift vor Augen führt. Diese werden in den nächsten Kapiteln eingehend behandelt.

Weiterführende Studienliteratur
- Kees, Die Staatsstrukturprinzipien in der Klausurbearbeitung, JA 2008, 795.
- Schladebach, Staatszielbestimmungen im Verfassungsrecht, JuS 2018, 118.

Zusammenfassung: Die wichtigsten Punkte
- Die **Staatsstrukturprinzipien** bilden die **fundamentale Grundstruktur** oder das Wesen des Staates. Sie lassen sich aus Art. 20 I–III GG herleiten.
- **Staatsstrukturprinzipien** sind das **Demokratieprinzip**, das **Rechtsstaatsprinzip**, das **Bundesstaatsprinzip**, das **Republikprinzip** und das **Sozialstaatsprinzip**.
- Auch **Staatszielbestimmungen** sind **verbindliches Verfassungsrecht**. Sie geben dem Staat aber nur bestimmte Ziele vor, bei deren Erreichung diesem ein großer Spielraum zukommt.
- Als Staatsziele sind insbesondere der Umwelt- und Tierschutzauftrag (Art. 20a GG), das Gebot der Verwirklichung der Gleichberechtigung von Mann und Frau (Art. 3 II GG), sowie der Auftrag zur europäischen Integration (Art. 23 GG) zu nennen.

---

12 So zuletzt für das Staatsziel Umweltschutz BVerfG, Beschl. v. 24.3.2021, Az.: 1 BvR 2656/18 u. a., Rn. 197 = BVerfGE 157, 30 (138).
13 Seidel, § 8 Sozialstaatsprinzip in diesem Lehrbuch.

Jan-Louis Wiedmann

§ 3.2 Grundrechte

Neben den Staatsstrukturprinzipien und den Staatszielbestimmungen dürfen die Grundrechte auch in staatsorganisationsrechtlichen Fragestellungen nicht aus dem Blick verloren werden. Das Grundgesetz gewährt natürlichen und juristischen Personen wesentliche **subjektiv-öffentliche Rechte**, die **Grundrechte**, die dem ersten Abschnitt des Grundgesetzes (Art. 1 bis 19 GG) zu entnehmen sind. Der Staat darf dabei nur unter festgelegten Voraussetzungen in diese Rechte eingreifen. Dabei kommt den Grundrechten primär eine **individualschützende Funktion** zu, sie weisen aber auch eine **objektiv-rechtliche Dimension** auf. Darüber hinaus verbirgt das Grundgesetz auch **grundrechtsgleiche Rechte**, die entsprechend den Grundrechten einzelne Rechte enthalten, aber nicht dem ersten Abschnitt des Grundgesetzes zu entnehmen sind. Als Beispiel können hier die Garantie des gesetzlichen Richters (Art. 101 I 2 GG), die Gewährung rechtlichen Gehörs (Art. 103 I GG) oder das Wahlrecht (Art. 38 I 1 GG) angeführt werden.

Vertieft werden die Grundrechte sowie die grundrechtsgleichen Rechte erst im Rahmen der Grundrechte-Vorlesung gelehrt. Dennoch können sie durch ihre grundlegende Bedeutung auch eine Relevanz im Staatsorganisations- oder Verwaltungsrecht beziehungsweise in anderen Rechtsgebieten entfalten. In staatsorganisationsrechtlichen Klausuren bietet sich dies an, da die verschiedenen Fragestellungen leicht miteinander kombiniert werden können. Als Beispiel kann hier das Wahlrecht genannt werden. Im Rahmen dieses Lehrbuches wird in den einzelnen Kapiteln noch näher auf die Kombinationsmöglichkeiten eingegangen. Für Erstsemester reicht zunächst ein allgemeiner Überblick über die Grundrechte und grundrechtsgleiche Rechte.

Weiterführende Studienliteratur
- OpenRewi Grundreche Lehrbuch: Hahn/Petras/Wienfort/Valentiner (Hrsg.), Grundrechte, Ein offenes Lehrbuch, 2022.

§ 3.3 Grundzüge des Staatskirchenrechts

Das **Staatskirchenrecht** im Grundgesetz ist formal wie inhaltlich ein Proprium des deutschen Rechts, das aus einer langen Zeit der Konflikte nach der neuzeitlichen Trennung von Staat und christlicher Kirche durch ein Neben-, Mit- und Gegeneinander von weltlicher Gewalt (*imperium*) und geistlicher Gewalt (*sacerdotium*) resultiert,[1] die mit den Grundsatzentscheidungen der Weimarer Nationalverfassung möglichst befriedet werden sollten. Schon dort waren die Regelungen im Einzelnen umstritten und im Parlamentarischen Rat konnte man sich ebenso wenig einigen, weshalb die Art. 136, 137, 138, 139 und 141 der WRV über Art. 140 GG in die Übergangs- und Schlussbestimmungen des Grundgesetzes eingefügt wurden.[2] Die inkorporierten Normen sind **vollgültiges Verfassungsrecht** und entsprechend als „organisches Ganzes"[3] im Zusammenhang mit den anderen Normen des Grundgesetzes auszulegen[4]. Diese Lösung wird als *doppelter Kompromiss* bezeichnet,[5] der aber eine **Grundentscheidung unserer Rechtsordnung** darstellt, die sogar unter dem Begriff der Verfassungsidentität diskutiert wird[6]. Gerade wegen der institutionellen Komponenten sollte das Staatskirchenrecht nicht nur als Randnotiz zu Art. 4 GG erörtert werden, sondern gehört auch zum Staatsorganisationsrecht.

---

1 Mückl, in: Isensee/Kirchhof, HStR, Bd. VII, 3. Aufl. 2009, § 159 Rn. 5 f. Vertiefend zu den geschichtlichen Wurzeln Pirson, in: Listl/Pirson, HdbStKiR, Bd. I, 2. Aufl. 1994, § 1; Hillgruber, DVBl. 1999, 1155–1178.

2 Zur Entstehungsgeschichte JöR n.F. 1 (1951), 1 (73–79, 899–907); Korioth, in: Dürig/Herzog/Scholz, GG Kommentar, 95. EL 7.2021, Art. 140 Rn. 4–7.

3 St. Rspr., BVerfG, Urt. v. 14.12.1965, Az.: 1 BvR 413/60 = BVerfGE 19, 206 (219) – Kirchenbausteuer; BVerfG, Beschl. v. 22.10.2014, Az.:2 BvR 661/12, Rn. 83 = BVerfGE 137, 273 (303) – Katholischer Chefarzt; Unruh, in: v. Mangoldt/Klein/Starck, GG, Bd. III, 7. Aufl. 2018, Art. 140 Rn. 8.

4 So schon im Parlamentarischen Rat v. Brentano, Schriftlicher Bericht über den Abschnitt XI. Übergangs- und Schlußbestimmungen, in: Parlamentarischer Rat, Drucks. 850, 854, S. 61 (73 f.); außerdem BVerfG, Urt. v. 14.12.1965, Az.: 1 BvR 413/60 = BVerfGE 19, 206 (219 f.) – Kirchenbausteuer; BVerfG, Beschl. v. 22.10.2014, Az.: 2 BvR 661/12, Rn. 84 = BVerfGE 137, 273 (303) – Katholischer Chefarzt; Smend, ZevKR 1 (1951), 4 (4): „Aber wenn zwei Grundgesetze dasselbe sagen, so ist es nicht dasselbe."; Hollerbach, VVDStRL 26 (1968), 57 (58): „nicht Weimar, sondern Bonn".

5 Erstmalig und ohne negative Wertung Hollerbach, VVDStRL 26 (1968), 57 (59).

6 Vgl. Sauer, VerfBlog, 3.5.2019.

A. Begriff des Staatskirchenrechts

Der **traditionelle Begriff** des „**Staatskirchenrechts**" entwickelte sich zur Bezeichnung des Rechts, das sich mit dem Verhältnis von Staat und Kirchen beschäftigt. Es beruht im Wesentlichen auf zwei Säulen: auf den durch Art. 140 GG inkorporierten Vorschriften der Weimarer Reichsverfassung und auf der Religionsfreiheit aus Art. 4 I, II GG. Daneben bestehen besondere bundes- oder landesverfassungsrechtliche Normen, einfache Gesetze auf Bundes- wie Landesebene und staatskirchenrechtliche Verträge sowie völkerrechtliche Regelungen,[7] die in dieser Betrachtung allesamt ausgeklammert werden sollen.

Das heutige Staatskirchenrecht ist offen gegenüber allen Religionen[8] und setzt auch die Weltanschauungsgemeinschaften mit den Religionsgemeinschaften gleich (Art. 137 VII WRV i. V. m. Art. 140 GG). Deshalb wird schon länger vorgeschlagen, den Begriff des Staatskirchenrechts durch den des „**Religionsverfassungsrechts**" oder des „**Religionsrechts**" zu ersetzen, um der zunehmenden Entkirchlichung und religiös-weltanschaulichen Pluralisierung der Gesellschaft gerecht zu werden.[9] Das BVerfG sprach anfangs nur von Staatskirchenrecht[10] verwendet mittlerweile aber beide Begriffe parallel.[11] Mit dem Begriff des Religionsverfassungsrechts wird zusätzlich eine stärkere Betonung der **grundrechtlichen Seite** des Verhältnisses von Staat und Religion verbunden, während der Begriff Staatskirchenrecht die **institutionellen Aspekte** der durch Art. 140 GG inkorporierten Normen herausstellt.[12]

---

7 Vgl. dazu z. B. Unruh, Religionsverfassungsrecht, 4. Aufl. 2018, Rn. 53–63.

8 Das Wort „Kirche" wird im Grundgesetz nur in Art. 137 I WRV („Es besteht keine Staatskirche.") und in Art. 136 IV WRV („Niemand darf zu einer kirchlichen Handlung [...] gezwungen werden.") benutzt. Ansonsten werden die gleichbedeutenden Worte „Religionsgesellschaft" und „Religionsgemeinschaft" verwendet.

9 Sehr kritisch beispielsweise Czermak, NVwZ 1999, 743 f.; vgl. auch den Sammel- beziehungsweise Konferenzband Heinig/Walter, Staatskirchenrecht oder Religionsverfassungsrecht?, 2007.

10 Beispielsweise BVerfG, Beschl. v. 13.10.1998, Az.: 2 BvR 1275/96, Rn. 86 = BVerfGE 99, 100 (122) – St. Salvator Kirche; BVerfG, Beschl. v. 28.4.1965, Az.: 1 BvR 346/61 = BVerfGE 19, 1 (8) – Neuapostolische Kirche.

11 BVerfG, Urt. v. 19.12.2000, Az.: 2 BvR 1500/97, Rn. 87 = BVerfGE 102, 370 (393) – Körperschaftsstatus der Zeugen Jehovas.

12 Unruh, in: v. Mangoldt/Klein/Starck, GG, Bd. III, 7. Aufl. 2018, Art. 140 Rn. 12, 14.

Patrick Vrielmann

B. Verhältnis zu Art. 4 I, II GG und verfassungsprozessuale Durchsetzung

Es besteht eine **starke Wechselwirkung** zwischen Art. 4 I, II GG und den Gewährleistungen durch Art. 140 GG, die bei der Auslegung zu berücksichtigen ist.[13] Art. 4 I, II GG garantiert dem Einzelnen sowie Glaubensgemeinschaften religiöse und weltanschauliche Freiheiten. Die über Art. 140 GG inkorporierten Vorschriften betreffen vor allem das institutionelle Verhältnis von Staat und Religions- beziehungsweise Weltanschauungsgemeinschaften, enthalten aber auch einzelne freiheitsrechtliche Elemente für diese, sodass Überschneidungen vorgezeichnet sind, vor allem vor dem Hintergrund der extensiven Auslegung der Religions(ausübungs)freiheit.[14]

Wegen dieser weiten Auslegung des Art. 4 I, II GG wird in der Praxis bei Verfassungsbeschwerden wegen Verstößen gegen Art. 140 GG regelmäßig die Behauptung, im Recht auf **Religionsfreiheit verletzt** zu sein, zur **Begründung der Beschwerdebefugnis** (§ 90 BVerfGG) ausreichen. Wenn die Verfassungsbeschwerde über Art. 4 GG „als Einfallstor oder als prozessualer Hebel"[15] zulässig ist, überprüft das BVerfG üblicherweise in der **Begründetheit** auf jeglichen Verfassungsverstoß, sodass auch oder sogar ausschließlich die **Gewährleistungen des Art. 140 GG** überprüft werden.[16] Eine direkte Geltendmachung einer Verletzung von Art. 140 GG wird überwiegend abgelehnt, weil die Norm nicht vom Grundrechtsabschnitt am Anfang des Grundgesetzes umfasst ist und darüber hinaus nicht in der Aufzählung der grundrechtsgleichen Rechte in Art. 93 I Nr. 4a GG genannt wird.[17]

---

13 BVerfG, Urt. v. 19.12.2000, Az.: 2 BvR 1500/97, Rn. 69f., 82 = BVerfGE 102, 370 (387, 392) – Körperschaftsstatus der Zeugen Jehovas; gestützt u.a. auf Morlok/Heinig, NVwZ 1999, 697 (700f.); BVerfG, Beschl. v. 22.10.2014, Az.: 2 BvR 661/12, Rn. 84 = BVerfGE 137, 273 (303f.) – Katholischer Chefarzt; gestützt auf Stern, Staatsrecht, Bd. IV/2, § 119, S. 1167; wiederum gestützt auf Borowski, Glaubens- und Gewissensfreiheit, S. 295; BVerfG, Beschl. v. 30.6.2015, Az.: 2 BvR 1282/11, Rn. 90f. = BVerfGE 139, 321 (349) – Zeugen Jehovas Bremen.
14 Korioth, in: Dürig/Herzog/Scholz, GG Kommentar, 95. EL 7.2021, Art. 140 Rn. 1.
15 Hollerbach, in: Isensee/Kirchhof, HStR, Bd. VI, 1. Aufl. 1989, § 138 Rn. 145.
16 BVerfG, Beschl. v. 4.6.1985, Az.: 2 BvR 1703/83 u.a. = BVerfGE 70, 138 (161ff.) – Loyalitätspflicht; BVerfG, Beschl. v. 13.10.1998, Az.: 2 BvR 1275/96, Rn. 74 = BVerfGE 99, 100 (118ff.) – St. Salvator Kirche; Korioth, in: Dürig/Herzog/Scholz, GG Kommentar, 95. EL 7.2021, Art. 140 Rn. 14.
17 BVerfG, Beschl. v. 4.10.1965, Az.: 1 BvR 498/62 = BVerfGE 19, 129 (135) – Umsatzsteuer; Jeand'Heur/Korioth, Grundzüge des Staatskirchenrechts, 2000, Rn. 158. Andererseits wird angeführt, dass die inkorporierten Vorschriften dem Grundrechtsteil der Weimarer Verfassung entstammen, Heinig, Öffentlich-rechtliche Religionsgesellschaften, 2003, S. 148f. Zum Teil wird den freiheitsrechtlich gestalteten Gewährleistungen der aus der WRV übernommenen Vorschriften

C. Verhältnis des Staates zur Religion

Weltliche und geistliche Sphäre sind im deutschen Staat nicht streng laizistisch getrennt, sondern man spricht vielmehr vom **säkularen Staat**. Man könnte es auch mit **freundlich-kooperativer Trennung** beschreiben, mit negativer Konnotation wird auch von „hinkender Trennung"[18] gesprochen. Zentral hierfür ist das **Verbot der Staatskirche** (Art. 140 GG i. V. m. Art. 137 I WRV). Eine institutionelle Verflechtung von Staat und Kirche ist grundsätzlich unzulässig. Der Staat darf nicht in die Religionsgemeinschaften hineinwirken und umgekehrt.[19] Ausnahmen von diesem Grundsatz gibt es vor allem beim **Religionsunterricht** in staatlichen Schulen (Art. 7 II, III GG), bei der sogenannten **Anstaltsseelsorge** (Art. 140 GG i. V. m. Art. 141 WRV), bei der **Kirchensteuer** (Art. 140 GG i. V. m. Art. 137 VI WRV) sowie bei den **Staatsleistungen** an die Kirchen (Art. 140 GG i. V. m. Art. 138 I WRV)[20].

Aus der Säkularität folgt zwingendermaßen ein **Gebot zur religiös-weltanschaulichen Neutralität** des Staates: „Der Staat, in dem Anhänger unterschiedlicher oder gar gegensätzlicher religiöser und weltanschaulicher Überzeugungen zusammenleben, kann die friedliche Koexistenz nur gewährleisten, wenn er selber in Glaubensfragen Neutralität bewahrt."[21] Das Gebot stützt sich neben dem Verbot der Staatskirche auch noch auf Normen der Religionsfreiheit (Art. 4 I, II, 140 GG i. V. m. Art. 136 I, IV WRV) und spezielle Gleichheitsrechte (Art. 3 III 1, 33 III GG).[22] Dem Staat ist es also strikt verboten, sich in die internen Angelegenheiten der Religionsgemeinschaften einzumischen (**Interventionsverbot**), sei es durch Rechtsakt oder durch informale Tätigkeiten. Neutralität bedeutet zudem, dass der Staat nicht für einzelne Religionsgemeinschaften Partei ergreifen, sich nicht mit ihnen identifizieren darf. Dieses **Identifikationsverbot** ist nicht sehr trennscharf. Vor allem folgt daraus nicht, dass der Staat sich Religion

---

ein grundrechtsgleicher oder grundrechtsähnlicher Charakter zugesprochen, Ehlers, in: Sachs, GG Kommentar, 9. Aufl. 2021, Art. 140 Rn. 3; Hollerbach, in: Isensee/Kirchhof, HStR, Bd. VI, 1. Aufl. 1989, § 138 Rn. 145; Heinig, Öffentlich-rechtliche Religionsgesellschaften, 2003, S. 149.

18 Zuerst Stutz, Die päpstliche Diplomatie unter Leo XIII., 1926, S. 54.

19 Mückl, in: Isensee/Kirchhof, HStR, Bd. VII, 3. Aufl. 2009, § 159 Rn. 61 f.

20 Dazu Wolff, ZRP 2003, 12 (12–14). Vgl. zur Ablösung auch die Entwürfe der Fraktionen FDP, DIE LINKE und Bündnis 90/DIE GRÜNEN vom 15.5.2020, BT-Drucks. 19/19273 sowie AfD vom 20.5.2020, BT-Drucks. 19/19649, die allesamt abgelehnt wurden, Plenarprotokoll 19/227 vom 6.5.2021, S. 29003 ff.

21 BVerfG, Beschl. v. 16.5.1995, Az.: 1 BvR 1087/91 = BVerfGE 93, 1 (16) – Kruzifix.

22 BVerfG, Beschl. v. 16.5.1995, Az.: 1 BvR 1087/91 = BVerfGE 93, 1 (16 f.) – Kruzifix; BVerfG, Beschl. v. 26.6.2002, Az.: 1 BvR 670/91, Rn. 53 = BVerfGE 105, 279 (294) – Osho.

Patrick Vrielmann

gegenüber stets indifferent verhalten müsste oder religiöse Aktivitäten seiner Bürger nicht fördern dürfte.[23]

Nicht zuletzt leitet sich aus dem Verbot der Staatskirche sowie aus dem allgemeinen Gleichheitssatz in Art. 3 I GG das Gebot für den Staat ab, alle Religions- und Weltanschauungsgemeinschaften gleich zu behandeln. Das Prinzip der **Parität** meint jedoch keine schematische Gleichbehandlung, sondern es gilt der Grundsatz der allgemeinen Verfassungsdogmatik, wesentlich Gleiches gleich und wesentlich Ungleiches ungleich zu behandeln, wenn nicht ein sachlicher Grund eine andere Behandlung rechtfertigt.[24] Demnach kann beispielsweise anhand der Größe und Verbreitung der Religionsgemeinschaft differenziert werden, keinesfalls aber anhand ihres Bekenntnisinhalts oder aufgrund von Traditionen.[25]

D. Religions- und Weltanschauungsgemeinschaften

Der Begriff der „Religionsgesellschaft" ist für das Staatskirchenrecht und die korporative Religionsfreiheit von zentraler Bedeutung. Den Religionsgesellschaften beziehungsweise -gemeinschaften **gleichgestellt** sind die **Weltanschauungsgemeinschaften** (Art. 140 GG i. V.m. Art. 137 VII WRV). Dies entspricht auch der Wertung in Art. 4 I GG. Alles was bisher und im Folgenden über die Religionsgemeinschaften gesagt wurde, gilt also ebenso für die Vereinigungen, „die sich die gemeinschaftliche Pflege einer Weltanschauung zur Aufgabe machen".

Natürliche wie juristische Personen können sich gem. Art. 140 GG i.V.m. Art. 137 II WRV frei und ohne staatliche Beschränkungen zu solchen **Vereinigungen** zusammenfinden. Ein solcher Zusammenschluss ist bereits Ausdruck der kollektiven Bekenntnis- und Religionsausübungsfreiheit aus Art. 4 I, II GG und von dieser vollständig umfasst, sodass Art. 137 II WRV kein eigener Regelungsgehalt verbleibt.[26]

Das Grundgesetz verwendet mit **Religionsgemeinschaften** in Art. 7 III GG und mit **Religionsgesellschaften** in den durch Art. 140 GG inkorporierten Vorschriften zwei unterschiedliche Begriffe, deren unterschiedliche Verwendung allein aus der Entstehungsgeschichte zu verstehen ist, die aber dieselbe Bedeutung

---

23 Zum Ganzen Mückl, in: Isensee/Kirchhof, HStR, Bd. VII, 3. Aufl. 2009, § 159 Rn. 67–72.
24 Für Art. 3 I GG erstmals BVerfG, Urt. v. 23.10.1951, Az.: 2 BvG 1/51 = BVerfGE 1, 14 (52) – Südweststaat; für das Paritätsprinzip BVerfG, Beschl. v. 28.4.1965, Az.: 1 BvR 346/61 = BVerfGE 19, 1 (8) – Neuapostolische Kirche.
25 Unruh, in: v. Mangoldt/Klein/Starck, GG, Bd. III, 7. Aufl. 2018, Art. 140 Rn. 34.
26 BVerfG, Beschl. v. 5.2.1991, Az.: 2 BvR 263/86 = BVerfGE 83, 341 (354f.) – Bahá'í; Korioth, in: Dürig/Herzog/Scholz, GG Kommentar, 95. EL 7.2021, Art. 137 WRV Rn. 11.

Patrick Vrielmann

haben.[27] Im Allgemeinen wird der neuere Begriff der Religionsgemeinschaft heute als **vorzugswürdig** angesehen.[28]

I. Voraussetzungen einer Religionsgemeinschaft

Eine Religionsgemeinschaften ist nach der „klassischen"[29] **Definition** „ein die Angehörigen eines und desselben Glaubensbekenntnisses – oder mehrerer verwandter Glaubensbekenntnisse [...] – für ein Gebiet [...] zusammenfassender Verband zu allseitiger Erfüllung der durch das gemeinsame Bekenntnis gestellten Aufgaben."[30] Bei der Frage, ob es sich um eine Religionsgemeinschaft handelt, muss vor dem Hintergrund der Religionsfreiheit und des Gebotes religiös-weltanschaulicher Neutralität des Staates das **Selbstverständnis der Gemeinschaft** berücksichtigt werden; allerdings reicht die bloße Behauptung nicht aus, „vielmehr muß es sich auch tatsächlich, nach geistigem Gehalt und äußerem Erscheinungsbild, um eine Religion und Religionsgemeinschaft handeln". Diese Frage unterliegt der staatlichen Letztentscheidung.[31]

Religionsgemeinschaften können in allen Formen des bürgerlichen Rechts (Art. 140 GG i.V.m. Art. 137 IV WRV, oft als **eingetragener Verein**) oder als **Körperschaft des öffentlichen Rechts** (Art. 140 GG i.V.m. Art. 137 V WRV) organisiert sein. Neben den geborenen Körperschaften des öffentlichen Rechts (S. 1) ist allen anderen Religionsgemeinschaften auf Antrag der gleiche Status zu gewähren, „wenn sie durch ihre Verfassung und die Zahl ihrer Mitglieder die Gewähr der Dauer bieten" (S. 2). Der öffentlich-rechtliche Status einer Religionsgemeinschaft bedeutet nicht, dass sie nicht mehr grundrechtsberechtigt und stattdessen grund-

---

27 BVerwG, Urt. v. 23.2.2005, Az.: 6 C 2.04 = BVerwGE 123, 49 (54) – Islamische Dachverbände; BVerwG, Beschl. v. 20.12.2018, Az.: 6 B 94.18, Rn. 14 = NVwZ 2019, 236 (238); Unruh, Religionsverfassungsrecht, 4. Aufl. 2018, Rn. 149; Pieroth/Görisch, JuS 2002, 937 (937); Fechner, Jura 1999, 515 (516, Anm. 5).

28 Unruh, in: v. Mangoldt/Klein/Starck, GG, Bd. III, 7. Aufl. 2018, Art. 137 WRV Rn. 15.

29 Muckel, in: Friauf/Höfling, BerlK GG, Lfg. 1/21 5.2021, Art. 137 WRV Rn. 9; Muckel, DÖV 1995, 311 (312); Muckel, DVBl. 1999, 558 (559); Wieland, Der Staat 25 (1986), 321 (342).

30 Anschütz, Die Verfassung des Deutschen Reiches vom 11. August 1919, 14. Aufl. 1933, Art. 137 WRV, S. 633; sehr ähnlich und mit Bezug auf Vorauflagen bei Heckel, AöR n.F. 12 (1927), 420, (429 f.). Beispielsweise verwendet in BVerwG, Urt. v. 23.2.2005, Az.: 6 C 2.04 = BVerwGE 123, 49 (54) – Islamische Dachverbände.

31 BVerfG, Beschl. v. 5.2.1991, Az.: 2 BvR 263/86 = BVerfGE 83, 341 (353) – Bahá'í; zur staatlichen Entscheidungsgewalt über die Frage Muckel, Religiöse Freiheit und staatliche Letztentscheidung, 1997, S. 5 ff., passim.

rechtsverpflichtet wäre. Öffentlich-rechtliche Religionsgemeinschaften sind **nicht in die staatliche Gewalt eingeordnet.** Vielmehr ist der besondere Status ein „Mittel zur Entfaltung der Religionsfreiheit", sodass ihnen dieselben Grundrechte zustehen wie privatrechtlich organisierten Religionsgemeinschaften.[32] Den öffentlich-rechtlichen Religionsgemeinschaften kommen besondere Befugnisse zu, wie das Recht von ihren Mitgliedern **Steuern zu erheben** (Art. 140 GG i.V.m. Art. 137 VI WRV), die der Staat für sie einzieht, oder wie die **Dienstherrenfähigkeit,** durch die sie öffentlich-rechtliche Dienstverhältnisse begründen können, die nicht dem Arbeits- oder Sozialversicherungsrecht unterliegen. Allein bei der Ausübung solcher hoheitlichen Befugnisse sind die öffentlich-rechtlichen Religionsgemeinschaften dann grundrechtsverpflichtet.

II. Selbstbestimmungsrecht der Religionsgemeinschaften

Jeder Religionsgemeinschaft kommt das Recht zu, ihre Angelegenheiten selbständig zu ordnen und verwalten (Art. 140 GG i.V.m. Art. 137 III 1 WRV). „Die Garantie freier Ordnung und Verwaltung der eigenen Angelegenheiten [...] erweist sich als notwendige, wenngleich rechtlich selbständige Gewährleistung, die der Freiheit des religiösen Lebens und Wirkens der Kirchen und Religionsgemeinschaften die zur Wahrnehmung dieser Aufgaben unerläßliche Freiheit der Bestimmung über Organisation, Normsetzung und Verwaltung hinzufügt".[33] Das **selbständige Ordnen** der eigenen Angelegenheiten verbietet jegliche staatliche Einflussnahme auf die kirchliche Rechtsetzung. Das Recht auf **selbständige Verwaltung** sichert die freie Betätigung der Organe einer Religionsgemeinschaft zur Bewältigung aller vom Bekenntnis gesetzten Aufgaben.[34] Hiervon sind nur die **eigenen Angelegenheiten** betroffen, also nicht allein staatliche oder gemeinsame Angelegenheiten. Das Selbstbestimmungsrecht der Religionsgemeinschaften unterliegt den „Schranken des für alle geltenden Gesetzes". Was das genau bedeutet ist höchst

---

32 BVerfG, Urt. v. 19.12.2000, Az.: 2 BvR 1500/97, Rn. 70 = BVerfGE 102, 370 (387) – Körperschaftsstatus der Zeugen Jehovas.
33 BVerfG, Beschl. v. 25.3.1980, Az.: 2 BvR 208/76 = BVerfGE 53, 366 (LS 3, 401) – Konfessionelle Krankenhäuser; gestützt auf Hesse, in: Friesenhahn/Scheuner, HdbStKirchR, Bd. I, 1. Aufl. 1974, § 9 S. 414; zuletzt BVerfG, Beschl. v. 22.10.2014, Az.:2 BvR 661/12, Rn. 90 = BVerfGE 137, 273 (306) – Katholischer Chefarzt; a.A. Listl, in: Friesenhahn/Scheuner, HdbStKiR, Bd. I, 1. Aufl. 1974, § 8 S. 364, 403–406; diesem zustimmend Heinig, Öffentlich-rechtliche Religionsgesellschaften, 2003, S. 147–152.
34 v. Campenhausen/de Wall, Staatskirchenrecht, 4. Aufl. 2006, S. 101.

Patrick Vrielmann

umstritten. Die Schranke dient dazu, zwei Rechtsgüter zu einem schonenden Ausgleich bei gleichzeitig optimaler Wirksamkeit zu bringen.[35]

Weiterführende Studienliteratur
- Komplexer Fall, aber gutes Beispiel für die Zulässigkeit der Verfassungsbeschwerde und gutes Anwendungsbeispiel: „Wem die Stunde schlägt" (aus der Reihe „Die Hauptstadtfälle" der FU Berlin).
- von Campenhausen/de Wall, Staatskirchenrecht, 5. Aufl. 2022 (im Erscheinen).

Zusammenfassung: Die wichtigsten Punkte
- Durch die **Inkorporation** der sogenannten **Weimarer Kirchenartikel** durch Art. 140 GG in das Grundgesetz werden diese zu **vollgültigem Verfassungsrecht.**
- „Religionsverfassungsrecht" betont den Schutz von **Individualrechten,** „Staatskirchenrecht" die **institutionellen Garantien.** Beide Begriffe dienen aber zur Bezeichnung desselben Rechtsgebietes, das das Verhältnis des Staates zu allen Religionen und Weltanschauungen insgesamt umfasst.
- Entsprechend besteht eine **Wechselwirkung** zwischen der Religionsfreiheit in Art. 4 I, II GG und den Gewährleistungen des Art. 140 GG. Das Verhältnis der Normen ist immer im Einzelnen zu bestimmen.
- Die Gewährleistungen des Art. 140 GG können über eine mögliche **Verletzung der Religionsfreiheit** im Zuge einer **Verfassungsbeschwerde** geltend gemacht werden.
- Staat und Religionsgemeinschaften sind **freundlich-kooperativ** voneinander **getrennt.** Deshalb hat der Staat sich **neutral** gegenüber allen Religionsgemeinschaften zu verhalten und muss sie grundsätzlich **gleich behandeln.**
- Religionsgemeinschaften können neben der privatrechtlichen Organisationsform auch den Status einer **Körperschaft des öffentlichen Rechts** wählen.
- Den Religionsgemeinschaften steht ein umfassendes **Selbstbestimmungsrecht** für ihre eigenen Angelegenheiten zu (Art. 140 GG i. V. m. Art. 137 III WRV).

---

35 Statt Vieler v. Campenhausen/de Wall, Staatskirchenrecht, 4. Aufl. 2006, S. 107 ff.

Patrick Vrielmann

§ 3.4 Internationale Bezüge des Grundgesetzes

In den bisherigen Kapiteln beschäftigten wir uns ausschließlich damit, wie das Grundgesetz das Recht im Staat selbst organisiert. Darüber hinaus kennt das Grundgesetz auch Regelungen dazu, wie die Bundesrepublik Deutschland im **internationalen** Rechtsverkehr auftreten kann und vor allem auch, wie internationales Recht seinen Weg in die deutsche Rechtsordnung finden kann. Man spricht dabei auch von der **auswärtigen Gewalt** und dem **offenen Verfassungsstaat**.[1] Damit soll die Öffnung der nationalen Souveränität zu Gunsten des **Völkerrechts** beschrieben werden. Völkerrecht ist das Recht, das die Beziehungen zwischen den Staaten beschreibt.[2] Aus dem Völkerrecht hat sich als Sonderform das **Unionsrecht**, das Recht der Europäischen Union, entwickelt.[3] Neben der Europäischen Union soll auch die **Europäische Menschrechtskonvention (EMRK)**, des streng von der Europäischen Union abzugrenzenden Europarates, dargestellt werden. Konkret spricht im Grundgesetz bereits die **Präambel** davon, dass es einem vereinten Europa und dem Frieden der Welt dienen solle. **Art. 23 GG** beschreibt die Europäische Integration, **Art. 24 I GG** ermöglicht die Übertragung von Hoheitsrechten auf zwischenstaatliche Organisationen, **Art. 25 GG** ordnet das Verhältnis der allgemeinen Regeln des Völkerrechts zum Bundesrecht, **Art. 26 GG** verbietet Handlungen, wie den Angriffskrieg, die das friedliche Zusammenleben der Völker gefährden können, **Art. 32 I GG** weist dem Bund die Zuständigkeit der Pflege internationaler Beziehungen zu, **Art. 59 I GG** erklärt weiter, dass der:die Bundspräsident:in den Bund völkerrechtlich vertritt sowie, dass gem. **Art. 59 II GG** Verträge, welche die politischen Beziehungen des Bundes regeln oder sich auf Gegenstände der Bundesgesetzgebung beziehen, der Zustimmung oder der Mitwirkung der jeweils für die Bundesgesetzgebung zuständigen Körperschaften in der **Form eines Bundesgesetzes** bedürfen.

---

1 Sauer, Staatsrecht III, 7. Aufl. 2022, § 2 Rn. 16 ff.
2 Zum Begriff des Völkerrechts siehe auch, Herdegen, Völkerrecht, 21. Aufl. 2022, § 1 Rn. 1 ff.; von Arnauld, Völkerrecht, 4. Aufl. 2019, Rn. 1.
3 EuGH, Urt. v. 5.2.1963, Az.: C-26/62 – Van Gend & Loos; EuGH, Urt. v. 15.7.1964, Az.: C-6/64 – Costa/E.N.E.L.

A. Das Grundgesetz und Völkerrecht

Das Grundgesetz regelt die **Öffnung der Verfassung** für das Völkerrecht. Dabei ist zu unterscheiden zwischen der rechtlichen Wirkung nach außen und der innerstaatlichen Willensbildung.[4]

I. Verbandskompetenz

Die Kompetenzverteilung ist im Grundgesetz selbst ausdrücklich normiert. Gemäß Art. 32 I GG liegt die Kompetenz für die auswärtigen Beziehungen beim Bund. Er ist für die Pflege internationaler Beziehungen verantwortlich[5] und hat die ausschließliche Gesetzgebungskompetenz für auswärtige Angelegenheiten (Art. 73 I Nr. 1 GG). Dennoch sind die **Länder** völkerrechtlich nicht ohne Handlungsmöglichkeiten. Gemäß **Art. 32 III GG** können sie im Rahmen der eigenen Gesetzgebungskompetenz mit Zustimmung der Bundesregierung völkerrechtliche Verträge abschließen. Wie Art. 32 III GG genau auszulegen ist, ist in der Wissenschaft weiterhin **umstritten**. Es bestehen zwei sich entgegenstehende Auslegungsmöglichkeiten. Zum einen die **föderalistische Theorie**, wonach die Kompetenz **nur** bei den Ländern liegt und zum anderen die **zentralistische Theorie**, wonach im Fall von Kompetenzfeldern der Länder diese lediglich **auch** die Kompetenz für völkerrechtliche Verträge haben. Die Rechtspraxis fand dagegen in Form des **Lindauer Abkommens** eine pragmatische Lösung.[6] Demnach muss der Bund im Rahmen der auswärtigen Gewalt in den Bereichen, in denen den Ländern eine Gesetzgebungskompetenz zusteht, diese auch am Verfahren beteiligen.[7]

II. Organkompetenz

Wenn der Bund die Kompetenz zum Abschluss eines völkerrechtlichen Vertrages hat, dann besteht weiterhin die Frage welches Organ des Bundes im konkreten Fall

---

4 Calliess, Staatsrecht III, 3. Aufl. 2020, § 3 Rn. 2.

5 Sauer, Staatsrecht III, 7. Aufl. 2022, § 4 Rn. 15.

6 Die Folge aus der pragmatischen Praxislösung ist jedoch, dass keine der beiden Auslegungsvarianten zum Zug kommt. Unter der Annahme, dass entweder die föderalistische oder die zentralistische Theorie richtig ist, ist die Lösung in der Praxis stets verfassungswidrig, da sie keiner der beiden Ansichten folgt, siehe dazu auch, Voßkuhle/Wischmeyer, JuS 2021, 735 (737 f.).

7 Siehe dazu und auch zu den Folgeproblemen des Lindauer Abkommens, Sauer, Staatsrecht III, 7. Aufl. 2022, § 4 Rn. 16 ff.; Calliess, Staatsrecht III, 3. Aufl. 2020, § 3 Rn. 55 ff.

Valentina Chiofalo und Johannes Siegel

handlungsbefugt ist. Die in Art. 59 I GG an den:die **Bundespräsident:in** übertragenen Kompetenzen beschreiben zum einen repräsentative Elemente. Zum anderen übernimmt der:die Bundespräsident:in die Rolle der:des Staatsnotar:in und muss daher formalen Aufgaben, wie der Ratifikation von völkerrechtlichen Verträgen, nachkommen.[8] Das **Aushandeln der Verträge** wird dagegen der **Exekutive** zugeschrieben.[9] Konkret für die Exekutive handelt dabei regelmäßig das Auswärtige Amt und das Bundeskanzleramt im Rahmen der Richtlinienkompetenz aus Art. 65 S. 1 GG.[10] Zu Gunsten des Bundestags besteht dagegen im Sinne der Gewaltenteilung gem. Art. 59 II GG ein Zustimmungserfordernis als Kontrollfunktion für besondere Vertragskonstellationen, wie beispielweise Verträge, die die politischen Beziehungen des Bundes betreffen.[11] Im Fall einer Übertragung von Hoheitsrechten auf zwischenstaatliche, also internationale, Einrichtungen muss gem. Art. 24 I GG ebenso der Bundestag in Form eines Gesetzes beteiligt werden.[12]

III. Handlungsmöglichkeiten

Das Grundgesetz ermöglicht somit zum einen, dass Verträge mit anderen Staaten geschlossen werden und zum anderen die Übertragung von Hoheitsrechten auf internationale Organisationen. Übertragung von Hoheitsrechten auf internationale Organisationen bedeutet konkret, dass diese im Staatsgebiet unmittelbar Hoheitsrechte ausüben können, wie beispielsweise die Europäische Patentorganisation. Jedoch ist es für eine internationale Organisation nicht konstitutiv, dass auf diese auch Hoheitsrechte übertragen werden, vielmehr fordert Art. 24 I GG nur in diesem speziellen Fall zur Umsetzung ein Gesetz. Völkerrechtliche Verträge gibt es in jeglichen Bereichen, so gibt es für Formalien die Wiener Übereinkunft über das Recht der Verträge (WVK) und auf Menschenrechtsebene den Internationalen Pakt über wirtschaftliche, soziale und kulturelle Rechte (IPwskR) sowie den Internationalen Pakt über bürgerliche und politische Rechte (IPbpR). Internationale Organisationen sind bekannte, wie die Vereinten Nationen, der Europarat, die Welthandelsorganisation (WTO) und die NATO, aber auch die Zentralkommission für die Rheinschiffart sowie die Europäische Patentorganisation.

---

8 Calliess, Staatsrecht III, 3. Aufl. 2020, § 3 Rn. 8 ff.
9 Calliess, Staatsrecht III, 3. Aufl. 2020, § 3 Rn. 14 ff.
10 Voßkuhle/Wischmeyer, JuS 2021, 735 (736 f.).
11 Siehe dazu weiterführend, Calliess, Staatsrecht III, 3. Aufl. 2020, § 3 Rn. 18 ff.
12 Sauer, Staatsrecht III, 7. Aufl. 2022, § 6 Rn. 28 f.

Valentina Chiofalo und Johannes Siegel

IV. Völkerrechtsfreundlichkeit des Grundgesetzes

Unter dem Begriff der Völkerrechtsfreundlichkeit des Grundgesetzes beschreibt man die Öffnung des Grundgesetzes zu Gunsten des Völkerrechts und der internationalen Zusammenarbeit. Sie wird bereits aus der Struktur des Grundgesetzes selbst herausgelesen. So heißt es in der Präambel, dass das Grundgesetz einem vereinten Europa und dem Frieden der Welt dienen solle, weiter besteht die Staatszielbestimmung der europäischen Integration durch Art. 23 I 1 GG. Darüber hinaus werden den allgemeinen Regeln des Völkerrechts durch Art. 25 S. 2 GG ein Vorrang vor dem einfachen Recht eingeräumt.[13] Durch die Völkerrechtsfreundlichkeit des Grundgesetzes sollen methodisch Konflikte von innerstaatlichem Recht mit dem Völkerrecht aufgelöst werden.

B. Das Grundgesetz und die EMRK

Die **Europäische Menschenrechtskonvention** (EMRK) stellt einen speziellen völkerrechtlichen Vertrag dar. Mit ihr wurde auch der **Europäische Gerichtshof für Menschenrechte** (EGMR) geschaffen, welcher gem. Art. 19 EMRK für deren Auslegung zuständig ist. Die EMRK hat somit mehrere Besonderheiten. Sie ist ein regionales Menschenrechtsabkommen, welches sich konkret nur auf den europäischen Raum beschränkt[14] und es hat ein eigenes dauerhaftes Gericht mit einem **Individualklageverfahren** gem. Art. 34 EMRK zur Wahrung der Konventionsrechte.[15] Die Konventionsrechte der EMRK sind klassische Menschenrechte und decken sich in vielen Teilen mit den Bestimmungen des Grundgesetzes.

I. Anwendbarkeit

Da die EMRK ein **völkerrechtlicher Vertrag** der Mitgliedstaaten des *Europarats* ist, müssen die Nationalstaaten sich erst dem Völkerrecht öffnen und somit der EMRK zu Anwendbarkeit und Geltung im nationalen Recht verhelfen. Aufgrund

---

13 Siehe dazu weiterführend, BVerfG, Beschl. v. 14.10.2004, Az.: 2 BvR 1481/04, Rn. 33 f. = BVerfGE 111, 307 – Görgülü.

14 Im Unterschied zu globalen Abkommen, wie dem Internationalen Pakt über bürgerliche und politische Rechte und dem Internationalen Pakt über wirtschaftliche, soziale und kulturelle Rechte.

15 Das individuelle Klagemöglichkeit für alle Bürger:innen der Konventionenstaaten stellt dabei eine weltweite Ausnahme dar, siehe dazu auch Calliess, Staatsrecht III, 3. Aufl. 2020, § 2 Rn. 82.

Valentina Chiofalo und Johannes Siegel

seiner besonderen Bedeutung als Menschenrechtskonvention wurde die EMRK durch ein Bundesgesetz gem. **Art. 59 II 1 GG** in das deutsche Recht eingeführt.[16] Das hat zwei Konsequenzen: Die EMRK ist unmittelbar anwendbar.[17] Die EMRK hat den Rang eines Bundesgesetzes.

II. Wirkung

Der Rang der EMRK hat für ihre Wirkung im deutschen Recht eine besondere Bedeutung. Als Bundesrecht steht sie im Rang unter der Verfassung. Weiter unterliegt die EMRK dem *lex posterior*-Grundsatz. Das bedeutet, dass sich im Konfliktfall das neuere Gesetz durchsetzen würde, was in Anbetracht des Umsetzungsgesetzes der EMRK von 1951 regelmäßig der Fall wäre. Deshalb bestehen aufgrund der besonderen Natur der EMRK als Menschenrechtskonvention drei Besonderheiten für deren Wirkung im deutschen Recht:[18]

1. Der *lex posterior*-Grundsatz gilt für die EMRK nur in Ausnahmefällen, da jedes Gesetz im Lichte der EMRK auszulegen ist.
2. Bei der Auslegung der Grundrechte des Grundgesetz sind die Grundrechte der EMRK zu **berücksichtigen**. Aufgrund der Völkerrechtsfreundlichkeit des Grundgesetz soll auf diese Art verhindert werden, dass sich die Bundesrepublik völkerrechtswidrig verhält.[19]
3. Bei der Berücksichtigung der EMRK soll nicht nur der Konventionstext beachtet werden, sondern ebenso dessen Auslegung durch die Entscheidungen des EGMR.[20]

Durch diese Berücksichtigungspflicht der EMRK und deren Auslegung durch den EGMR besteht faktisch eine Sonderstellung der Konventionsrechte zwischen Verfassung und dem Bundesrecht (mittelbarer Verfassungsrang).[21]

---

16 Calliess, Staatsrecht III, 3. Aufl. 2020, § 2 Rn. 110.
17 Sauer, Staatsrecht III, 7. Aufl. 2022, § 7 Rn. 20.
18 Siehe dazu allgemein Sauer, Staatsrecht III, 7. Aufl. 2022, § 7 Rn. 23.
19 BVerfG, Beschl. v. 14.10.2004, Az.: 2 BvR 1481/04, Rn. 30 ff. = BVerfGE 111, 307 (317 f.) – Görgülü.
20 BVerfG, Urt. v. 4.5.2011, Az.: 2 BvR 2365/09, Rn. 89 = BVerfGE 128, 326 – Sicherungsverwahrung II.
21 Siehe zur Berücksichtigungspflicht weiterführend, Sauer, Staatsrecht III, 7. Aufl. 2022, § 7 Rn. 24.

Valentina Chiofalo und Johannes Siegel

C. Das Grundgesetz und das Europarecht

Das Europarecht ist als Rechtsordnung „sui generis" zu verstehen[22] und genießt Anwendungsvorrang (keinen Geltungsvorrang) vor dem nationalen Recht, – auch dem Verfassungsrecht. Ein Geltungsvorrang würde vorliegen, wenn der verdrängte Rechtssatz seine Geltung verliert, das heißt außer Kraft gesetzt und damit ungültig (nichtig) wird. Verstößt ein nationaler Rechtssatz gegen primäres oder sekundäres Unionsrechts, wird dieser nicht nichtig, sondern wird nicht mehr angewandt (Anwendungsvorrang). Der Anwendungsvorrang des Unionsrechts ergibt sich, so der EuGH, aus der Eigenständigkeit des Unionsrechts. Diese Eigenständigkeit kann nur dann gesichert sein, wenn das Unionsrecht in den Mitgliedstaaten einheitlich angewandt wird.[23] Das **BVerfG erkennt den Anwendungsvorrang** des Unionsrechts grundsätzlich an, definiert allerdings auch einige eng begrenzte Ausnahmen (Kontrollvorbehalte: Identitätskontrolle, Ultra-vires-Kontrolle, Grundrechtskontrolle). Die prozessuale Kontrolle von europäischen Maßnahmen vor dem BVerfG verläuft dabei häufig über das sogenannte Recht auf Demokratie aus Art. 38 I 1 GG.[24]

Allgemein kann das Verhältnis des Grundgesetzes und des gesamten nationalen Rechts zum Europarecht nicht durch eine schematische Formel beschrieben werden. Das Europarecht ist nicht einfaches Völkerrecht, gleichzeitig wurde die Europäische Union auf Grundlage von völkerrechtlichen Verträgen gegründet. Es werden zwar Kompetenzen auf die Europäische Union übertragen, Deutschland bleibt aber ein souveräner Staat. Die EU ist eine supranationale Organisation: Sie weist einen höheren Grad an Integration auf als andere internationale Organisationen und Staatenbünde. Sie verfügt insbesondere über die Kompetenz, Rechtsnormen auch gegen den Willen einzelner Mitglieder zu erlassen.[25] Gleichzeitig besitzt die EU keine Kompetenz-Kompetenz, um die eigenen Befugnisse zu erweitern, sondern ist an das Prinzip der begrenzten Einzelermächtigung gebunden. Darüber hinaus ist die Zusammenarbeit der einzelnen Mitgliedstaaten charakteristisch für die Europäische Union: Sei es als Staatenverbund, als Verfassungsverbund oder als Verfassungsgerichtsverbund.[26]

Zwar genießt das Europarecht Anwendungsvorrang, dadurch ist allerdings noch nicht geklärt, wie das **Europarecht im nationalen Recht Wirkung entfal-**

---

22 EuGH, Urteil v. 15.7.1984, Az.: 6/64 = NJW 1964, 2371 (1. LS und 2372) – Costa/E.N.E.L.

23 Fromberger/Schmidt, ZJS 2018, 29 (30).

24 Siehe für die Kontrollvorbehalte Chiofalo, § 9.4 Europäische Integration, C. in diesem Lehrbuch und für weiterführende Informationen zum Recht auf Demokratie Chiofalo, § 5.8 Recht auf Demokratie in diesem Lehrbuch.

25 Kau, in: Vitzthum/Proelß, Völkerrecht, 8. Aufl. 2019, § 2 Rn. 169.

26 Calliess Die neue Europäische Union nach dem Vertrag von Lissabon, 2010, S. 43 ff.

ten kann. Dabei muss grundsätzlich zwischen den möglichen Gesetzgebungsakten der EU unterschieden werden: Laut Art. 288 I AEUV kann die EU zur Ausübung der eigenen Zuständigkeit auf Verordnungen und Richtlinien zurückgreifen (sekundäres Unionsrechts).[27] Dabei sind **Verordnung** solche Rechtsakte, die allgemeine Geltung haben, in allen ihren Teilen verbindlich sind und unmittelbar in jedem Mitgliedstaat gelten (Art. 288 II AEUV). Demgegenüber müssen **Richtlinien** auf nationaler Ebene **umgesetzt werden**, es braucht mithin ein nationales Gesetz. Bei der Umsetzung der Richtlinie haben die Mitgliedstaaten einen gewissen Spielraum.

Weiterführende Studienliteratur
- Voßkuhle/Wischmeyer, Grundwissen – Öffentliches Recht: Auswärtige Gewalt, JuS 2021, 735.
- Wahl, Der offene Staat und seine Rechtsgrundlage, JuS 2003, 1145.
- Cammareri, Die Bedeutung der EMRK und der Urteile des EGMR für die nationalen Gerichte, JuS 2016, 791.
- Schmahl, Das Verhältnis der deutschen Rechtsordnung zu Regeln des Völkerrechts, JuS 2013, 961.
- Schmahl, Die völkerrechtsdogmatische Einordnung internationaler Menschenrechtsverträge, JuS 2018, 737.
- Wenn sich weiterführend mit dem „Staatsrecht III" befasst werden will, wird Calliess, Staatsrecht III, 3. Aufl. 2020 und Sauer, Staatsrecht III, 7. Aufl. 2022 empfohlen.

Zusammenfassung: Die wichtigsten Punkte
- Das **Recht zwischen den Staaten** heißt **Völkerrecht**. Es ist vom nationalen Recht zu trennen.
- Für die **Europäische Menschenrechtskonvention** besteht eine besondere **Berücksichtigungspflicht**.
- Das Recht der Europäischen Union stellt einen Spezialfall als Rechtsordnung **„sui generis"** dar. Das **Unionsrechts** genießt dabei grundsätzlich **Anwendungsvorrang** vor dem nationalen Recht der Mitgliedstaaten.

Für dieses Kapitel gibt es frei zugängliche interaktive Übungen auf der OpenRewi-Homepage. Hierzu muss einfach der QR-Code gescannt werden.

---

27 In Art. 288 I AEUV werden zusätzlich Beschlüsse, Empfehlungen und Stellungnahmen erwähnt, diese sind aber an dieser Stelle zu vernachlässigen.

Valentina Chiofalo und Johannes Siegel

2. Kapitel
Staatsstrukturprinzipien – Die Fundamentalnormen des Staates

Dem Grundgesetz sind fünf Staatsstrukturprinzipien zu entnehmen: das Rechtsstaatsprinzip, das Demokratieprinzip, das Bundesstaatsprinzip, das Republikprinzip und das Sozialstaatsprinzip. Sie alle lassen sich aus Art. 20 I–III GG herleiten und bilden die fundamentale Grundstruktur und das Wesen des Staates und formen maßgeblich die Verfassung aus.

Die Staatsstrukturprinzipien sind äußerst abstrakt formuliert, zur Argumentation in der Klausur ist daher ein umfassendes Wissen notwendig, um die Konkretisierungen oder Ausprägungen, die den Staatsstrukturprinzipien Konturen geben, herleiten zu können. Erst dadurch werden diese in der Prüfung handhabbar.[1] Die jeweiligen Staatsstrukturprinzipien, die Konkretisierungen und Ausprägungen werden nachfolgend in der notwendigen Ausführlichkeit dargestellt.

Für dieses Kapitel gibt es frei zugängliche interaktive Übungen auf der Open-Rewi-Homepage. Hierzu muss einfach der jeweilige QR-Code gescannt werden. Zusätzlich kann dieses Kapitel gern kommentiert und verändert werden, dafür einfach den QR-Code scannen. Gleichzeitig führt jeder Link in der PDF-Version des Lehrbuches zur Überarbeitungsmöglichkeit bei der Plattform Wikibooks.

---

[1] Siehe für einen hilfreichen Aufsatz zu den Staatsstrukturprinzipien in der Klausurbearbeitung, Kees, JA 2008, 795–800.

§ 4 Rechtsstaatsprinzip

Als erstes **Staatsstrukturprinzip** soll im Folgenden – für ein Lehrbuch der *Rechts*wissenschaft ziemlich naheliegend – das **Rechtsstaatsprinzip** behandelt werden. Es ist historisch gesehen auch das älteste der staatsprägenden Prinzipien. Als im Deutschland des 19. Jahrhunderts an Demokratie, Republik und Sozialstaatlichkeit im modernen Sinn noch nicht zu denken war, hatten sich bereits entscheidende Grundsätze herausgebildet, die unser Rechtsstaatsverständnis bis heute prägen. In seinen Wurzeln reicht das Rechtsstaatsprinzip sogar noch weiter zurück.[1]

Der Gehalt des Rechtsstaatsprinzips kann – anders etwa als der des Demokratieprinzips – nicht mit einer knappen Formel zusammengefasst werden. Vielmehr verfügt das Rechtsstaatsprinzip über **viele verschiedene Facetten**. Sicherlich ist es ein Anliegen des Rechtsstaatsprinzips, dass **staatliche Handeln** durch rechtliche Bindung **berechenbar** zu machen und so das **Vertrauen** der Bürger:innen in das staatliche Handeln zu stärken (hierzu unter Wirkung des Rechts und Rechtssicherheit und Vertrauensschutz). Zu den klassischen rechtsstaatlichen Verbürgungen zählen aber auch **prozessuale Garantien**, die eine gerichtsförmige Durchsetzung der rechtlichen Vorgaben ermöglichen. Über dieses klassische Begriffsverständnis hinaus werden dem Rechtsstaatsprinzip heute aber auch inhaltliche Vorgaben entnommen. Zu nennen sind insoweit insbesondere der **Grundsatz der Verhältnismäßigkeit**, der auf eine Mäßigung staatlicher Handlungen abzielt[2] oder der **Grundsatz der Gewaltenteilung**, der in erster Linie auf eine Begrenzung der staatlichen Macht gerichtet ist. Auch die Grundrechte sind eine Ausprägung des Rechtsstaatsprinzips. Wegen ihrer eigenständigen Bedeutung werden sie aber in einem eigenen Lehrbuch behandelt.

---

1 Pieroth, JURA 2011, 729 (731).

2 Die Herleitung des Grundsatzes der Verhältnismäßigkeit erfolgt (auch in der Rechtsprechung des BVerfG) nicht ganz einheitlich. Überwiegend wird das Rechtsstaatsprinzip genannt, vgl. BVerfG, Urt. v. 24.4.1985, Az.: 2 BvF 2, 3, 4/83 u. a. = BVerfGE 69, 1 (35). Auch in der Kommentarliteratur wird der Grundsatz der Verhältnismäßigkeit im Rahmen des Rechtsstaatsprinzips behandelt, siehe Sachs, in: Sachs, GG, 9. Aufl. 2021, Art. 20 Rn. 145; Huster/Rux, in: BeckOK GG, 48. Ed. 15.8.2021, Art. 20 Rn. 189 f. Daneben werden aber auch die Grundrechte selbst als Geltungsgrund des Verhältnismäßigkeitsgrundsatzes genannt, vgl. BVerfG, Beschl. v. 12.5.1987, Az.: 2/bVR 1226/83 u. a. = BVerfGE 76, 1 (50 f.). Dies stellt indes keinen Widerspruch dar, da die Grundrechte einhellig (auch) als Ausprägung des Rechtsstaatsprinzips verstanden werden, hierzu sogleich.

https://doi.org/10.1515/9783110786965-013

Weiterführendes Wissen   ℹ️

Formelles und materielles Rechtsstaatsverständnis: Die einzelnen Ausprägungen des Rechtsstaatsprinzips lassen sich zwei verschiedenen Rechtsstaatsverständnissen zuordnen: Dem formellen und dem materiellen. Beide lassen sich nicht völlig trennscharf unterscheiden.[3] Sie schließen einander auch nicht aus; vielmehr ist unumstritten, dass das Grundgesetz sowohl Aspekte eines formellen als auch solche eines materiellen Rechtsstaatsverständnisses aufgreift.[4] Die beiden Kategorien geben aber einen Einblick in die **historische Entwicklung** des Rechtsstaatsverständnisses[5] und können insoweit das Verständnis für die Funktionen der einzelnen Ausprägungen schärfen.

Das klassische, **formelle Rechtsstaatsverständnis** gibt sich damit zufrieden, *dass* sich ein Staat an rechtliche Vorgaben hält. Es ist ein Kind des 19. Jahrhunderts, in dem es dem „Bürgertum" in erster Linie darum ging, **staatlicher Willkür zu entgehen.** Ein Staat, der sich dem Recht unterwirft, der Gesetze nicht rückwirkend in Kraft setzt, den Bürger:innen hinreichend klare Vorgaben macht und ihnen gerichtliche Rechtsschutzmöglichkeiten zur Verfügung stellt, wird für die Bürger:innen berechenbar. Dies ist notwendige Voraussetzung dafür, dass die Menschen Dispositionen für die Zukunft treffen und sich frei entfalten können.

Die deutsche Geschichte zeigt aber, dass die Bindung an rechtliche Vorgaben *allein* keine Garantie für Freiheit und Gerechtigkeit ist. Daher muss auch der *Inhalt* des Rechts bestimmten Mindeststandards genügen. Hier knüpft das **materielle Rechtsstaatsverständnis** an. Es macht bestimmte Vorgaben an den **Inhalt des Rechts** und soll sicherstellen, dass Recht und Gerechtigkeit nicht zu weit auseinanderdriften. Zu den materiellen Verbürgungen des grundgesetzlichen Rechtsstaatsprinzips gehören insbesondere der Grundsatz der Verhältnismäßigkeit und die Bindung des Staates an die Grundrechte.

Die beiden Rechtsstaatsverständnis können und dürfen nicht gegeneinander ausgespielt werden.[6] Das materielle Verständnis von Rechtsstaatlichkeit darf aber nicht überbetont werden. Je mehr inhaltliche Vorgaben dem Rechtsstaatsprinzip entnommen werden, desto weniger Spielraum bleibt dem demokratisch gewählten Gesetzgeber. Zudem läuft das materielle Verständnis Gefahr, den Begriff der „Rechtsstaatlichkeit" mit subjektiven (politischen) Vorstellungen „aufzuladen".[7] Daher ist Zurückhaltung geboten, wenn es darum geht, dem Rechtsstaatsprinzip inhaltliche Bindungen zu entnehmen.

Die **textliche Grundlage** des Rechtsstaatsprinzips ist ähnlich uneinheitlich wie seine einzelnen Verbürgungen.[8] Ausdrücklich ist nur in den Art. 23 I und 28 I GG vom „Rechtsstaat" die Rede. Diese beiden Vorschriften bieten sich als rechtlicher

---

3 Schulze-Fielitz, in: Dreier, GG, Bd. II, 3. Aufl. 2015, Art. 20 (Rechtsstaat) Rn. 48.

4 Zum Ganzen Gröpl, Staatsrecht I, 13. Auflage 2021, § 7 Rn. 426 ff.

5 Hierzu Huber, in: HbVerfR, 2021, § 6 Rn. 2 ff.

6 Schulze-Fielitz, in: Dreier, GG, Bd. II, 3. Aufl. 2015, Art. 20 (Rechtsstaat) Rn. 49.

7 Allgemein zur Gefahr, das „Gewünschte" in die Staatsstrukturprinzipien hineinzulesen, anstatt das „Gesollte" aufzudecken siehe Kotzur, in: v. Münch/Kunig, GG, Bd. I, 7. Aufl. 2021, Art. 20 Rn. 200.

8 Huber, in: HbVerfR, 2021, § 6 Rn. 14: „Keine kompakte Textgrundlage".

Jan-Louis Wiedmann

Anknüpfungspunkt für ein staatsprägendes Prinzip aber kaum an, da sie relativ spezielle Anwendungsbereiche (Vorgaben an die EU und an die Landesverfassungen) haben. Die einzelnen Ausprägungen des Rechtsstaatsprinzips tauchen häufig überhaupt nicht im Verfassungstext auf oder sind über das gesamte Grundgesetz verteilt, z.B. Art. 20 II 2 GG (Gewaltenteilung), Art. 19 IV GG (Effektiver Rechtsschutz), Art. 101 ff. GG (Justizgrundrechte). Auch insoweit ist keine einheitliche Niederlegung des Prinzips ersichtlich. Die Rechtsprechung zieht regelmäßig **Art. 20 III GG** als Anknüpfungspunkt für das Rechtstaatsprinzip heran. Dort ist zwar mit der Rechtsbindung des Staates nur *ein* Aspekt geregelt. Dieser ist aber immerhin so grundlegend, dass man Art. 20 III GG *pars pro toto* für das gesamte Rechtsstaatsprinzip anführt.[9] Die einzelnen Ausprägungen des Rechtsstaatsprinzips, insbesondere die ungeschriebenen, werden daher in den Art. 20 III GG „hineingelesen".

Im Folgenden werden die einzelnen Ausprägungen des Rechtsstaatsprinzips – beginnend mit dem Begriff des „Rechts" und seinen Wirkungen – näher beleuchtet.

---

9 Huber, in: HbVerfR, 2021, § 6 Rn. 17 mit dem Hinweis, dass „man sich der [...] Verkürzung [...] und der aphoristischen Dimension des Zitats von Art. 20 III GG bewusst" sein müsse.

Jan-Louis Wiedmann

§ 4.1 Das Recht und seine Wirkung

Prägende Aspekte des Rechtsstaatsprinzips sind in Art. 20 III GG geregelt. Hier findet sich nicht nur der Vorrang der Verfassung, sondern auch die Bindung von Verwaltung und Judikative an Recht und Gesetz. Doch bevor diesen Verfassungsverbürgungen im Einzelnen nachgegangen wird, müssen zwei Begrifflichkeiten geklärt werden: Was sind Gesetze und was ist Recht?[1]

A. Was sind Gesetze, was ist Recht?

Die Begriffe „**Gesetz und Recht**" hängen unstreitig miteinander zusammen. Denn was „**Recht**" ist, ergibt sich in erster Linie aus Gesetzen. Ob es dagegen auch Recht gibt, das *nicht* in Gesetzen niedergeschrieben ist, ist eine umstrittene Frage, die im Anschluss geklärt werden soll.

I. Zwei Gesetzesbegriffe

Zunächst zur Frage, was **Gesetze** sind: Hier gibt es – wie bei vielen juristischen Begriffen – zwei Herangehensweisen, eine formelle und eine materielle (**dualistischer Gesetzesbegriff**[2]). Die beiden Gesetzesbegriffe schließen einander nicht aus, sondern **überschneiden sich gegenseitig**.[3] Es gibt daher Gesetze im *nur*-formellen, im *nur*-materiellen, sowie im formellen *und* materiellen Sinn.[4] Die Unterscheidung dieser drei Kategorien hat Auswirkungen auf die Wirkung von Gesetzen und die Einordnung in der Normenhierarchie.

1. Formelles und materielles Begriffsverständnis

Nach dem formellen Gesetzesbegriff ist all das ein Gesetz, was von den zuständigen Gesetzgebungsorganen (in erster Linie vom Parlament) im verfassungsrechtlich vorgesehenen Gesetzgebungsverfahren beschlossen wurde.[5] Welche inhalt-

---

1 Zum Begriff der „Verfassung" siehe bereits Lischewski, § 1 Der Staat und das Verfassungsrecht, Begriff der Verfassung und Verhältnis zum einfachen Recht in diesem Lehrbuch.

2 Hierzu Maurer/Waldhoff, Allgemeines Verwaltungsrecht, 20. Aufl. 2020, § 4 Rn. 18.

3 Maurer/Waldhoff, Allgemeines Verwaltungsrecht, 20. Aufl. 2020, § 4 Rn. 17.

4 Gröpl, Staatsrecht I, 13. Aufl. 2021, § 7 Rn. 436 ff.

5 Degenhart, Staatsrecht I, 37. Aufl. 2021, § 3 Rn. 148; Gröpl, Staatsrecht I, 13. Aufl. 2021, § 7 Rn. 434.

liche Wirkung ein so zustande gekommener Rechtssatz hat, ist für den formellen Gesetzesbegriff unerheblich.[6] Da der formelle Gesetzesbegriff vornehmlich auf die **Beteiligung des Parlaments** abstellt, bezeichnet man die Gesetze im formellen Sinn auch als „Parlamentsgesetze".

Der materielle Gesetzesbegriff nimmt dagegen die **(inhaltliche) Wirkung von Gesetzen** in den Blick.[7] Nach dem materiellen Begriffsverständnis zeichnen sich Gesetze dadurch aus, dass sie eine abstrakt-generelle Regelung mit Außenwirkung aufstellen.[8] Die aufgestellte Regel darf also nicht für den Einzelfall, sondern muss für eine Vielzahl von Fällen (das heißt **abstrakt**) gelten. Sie muss zudem einen unbestimmten Personenkreis betreffen (**generell**). Zuletzt muss sie eine Rechtsfolge herbeiführen, die den innerstaatlichen Bereich verlässt (**Regelung mit Außenwirkung**). Liegen die genannten Voraussetzungen vor, so spricht man von einem „Gesetz im materiellen Sinn" oder (synonym) von einer „Rechtsnorm".[9]

Beispiel: Ein Platzverweis ist keine Rechtsnorm, weil er nur im Einzelfall gilt. Eine behördeninterne Weisung verfügt nicht über die erforderliche Außenwirkung. Und ein Steuerbescheid richtet sich nur an eine Person, sodass es an der erforderlichen generellen Formulierung fehlt. Die Ausgangsbeschränkungen, die während der Corona-Pandemie verhängt wurden, schränkten dagegen die Bewegungsfreiheit aller Menschen ein. Dies erfüllt die Anforderungen des materiellen Gesetzesbegriffs.

Darauf, welche staatliche Stelle (Parlament oder Exekutive) die Rechtsnorm erlassen hat, kommt es nach dem materiellen Gesetzesbegriff gerade nicht an.[10]

2. Drei Kategorien von Gesetzen

Die beiden, einander teilweise überschneidenden Gesetzesbegriffe führen – wie gesagt – zu drei Kategorien von Gesetzen: Gesetzen im nur-formellen, im nur-materiellen und im formellen und materiellen Sinn.

---

6 Kloepfer, Verfassungsrecht I, 2011, § 10 Rn. 97.
7 Kloepfer, Verfassungsrecht I, 2011, § 10 Rn. 98.
8 Maurer/Waldhoff, Allgemeines Verwaltungsrecht, 20. Aufl. 2020, § 4 Rn. 17.
9 Gröpl, Staatsrecht I, 13. Aufl. 2021, § 4 Rn. 435.
10 Gröpl, Staatsrecht I, 13. Aufl. 2021, § 4 Rn. 435.

Jan-Louis Wiedmann

a) Gesetze im formellen und materiellen Sinn

In den meisten Fällen liegen sowohl die Voraussetzungen des formellen, als auch die des materiellen Gesetzesbegriffs vor. Hier trifft das **Parlament** eine **abstrakt-generelle Regelung mit Außenwirkung.**[11]

Beispiel: Die in der Corona-Krise beschlossene Bundesnotbremse enthielt Ausgangsbeschränkungen für die gesamte Bevölkerung und wurde vom Parlament im verfassungsrechtlich vorgegebenen Verfahren beschlossen. Hier ist der formelle *und* der materielle Gesetzesbegriff erfüllt.

Klausurtaktik   **!**

Für diese Art der Gesetze wird häufig der (verkürzte) Begriff der „Gesetze im formellen Sinn" bzw. „Parlamentsgesetze" verwendet. Dies hat den Hintergrund, dass parlamentarische Regelungen fast immer auch die Voraussetzungen des materiellen Gesetzesbegriffs erfüllen, sodass dieser Aspekt schlicht weggelassen wird.

---

b) Gesetze im nur-formellen Sinn

Liegen die Voraussetzungen des materiellen Gesetzesbegriffs dagegen ausnahmsweise nicht vor, so spricht man von Gesetzen im nur-formellen Sinn.[12]

Beispiel: Das klassische Beispiel hierfür ist das **Haushaltsgesetz,** in dem das Parlament die Staatsausgaben festlegt.[13] Es wird vom Parlament im verfassungsrechtlich vorgegebenen Verfahren beschlossen, entfaltet aber gerade keine Regelungswirkung im außerstaatlichen Bereich. Vielmehr sind die darin festgelegten Haushaltsposten nur für staatliche Stellen verbindlich. Hier ist nur der formelle Gesetzesbegriff erfüllt.

c) Gesetze im nur-materiellen Sinn

Es gibt aber auch den gegenteiligen Fall, in dem nur der materielle Gesetzesbegriff erfüllt ist (Gesetze im nur-materiellen Sinn).[14] Hier wird eine abstrakt-generelle Regelung mit Außenwirkung von der *Exekutive* beschlossen (**exekutive Rechtsetzung**).

Beispiel: Vor der „Bundesnotbremse" wurden die coronabedingten Ausgangsbeschränkungen häufig von den Landesregierungen als Verordnungen verhängt. Diese Verordnungen waren für

---

11 Maurer/Waldhoff, Allgemeines Verwaltungsrecht, 20. Aufl. 2020, § 4 Rn. 17.
12 Gröpl, Staatsrecht I, 13. Aufl. 2021, § 7 Rn. 438.
13 Kotzur, in: v. Münch/Kunig, GG, Bd. I, 7. Aufl. 2021, Art. 20 Rn. 146; Sommermann, in: v. Mangoldt/Klein/ Starck, GG, Bd. II, 7. Aufl. 2018, Art. 20 Rn. 263.
14 Gröpl, Staatsrecht I, 13. Aufl. 2021, § 7 Rn. 437.

Jan-Louis Wiedmann

die Bürger:innen genauso verbindlich wie das spätere Parlamentsgesetz. Sie gingen aber gerade nicht vom Parlament, sondern von der Exekutive aus. Erfüllt waren daher zwar die Voraussetzungen des materiellen, nicht aber die des formellen Gesetzesbegriffs.

Auf den ersten Blick mag es überraschen, dass die Exekutive zum Erlass von Rechtsnormen befugt ist, wo doch die Rechtsetzung im demokratischen Rechtsstaat dem Parlament zugeordnet ist. Tatsächlich aber erfreut sich die exekutive Rechtsetzung in Form von **Satzungen und Verordnungen** in der Rechtspraxis großer Beliebtheit. So wird etwa die Straßenverkehrsordnung[15] vom Bundesverkehrsministerium als Verordnung erlassen. Der Vorteil exekutiver Rechtssetzung liegt darin, dass die Exekutive (oftmals) größere Praxisnähe aufweist und schneller auf neue Entwicklungen reagieren kann als das Parlament.[16] In der Praxis exekutiver Rechtssetzung kann auch kein Verstoß gegen das Demokratieprinzip oder den Grundsatzes der Gewaltenteilung gesehen werden.[17] Denn die Exekutive ist nur unter ganz bestimmten Voraussetzungen zum Erlass von Verordnungen und Satzungen befugt.

ℹ Weiterführendes Wissen

Exekutive Rechtssetzung: Verordnungen sind abstrakt-generelle Regelungen, die von der Exekutive erlassen werden. Die Exekutive kann aber nicht „einfach so" **Verordnungen** erlassen. Auch über den Inhalt der Verordnung kann die Exekutive nicht frei entscheiden. Vielmehr sind Verordnungen nur auf Grundlage einer parlamentarischen Ermächtigungsgrundlage zulässig, die Inhalt, Zweck und Ausmaß der Verordnung bestimmt (Art. 80 I 2 GG, **Prinzip der Spezialermächtigung**[18]). Verordnungen beruhen also nicht auf einer originären (das heißt ursprünglichen, eigenen) Rechtsetzungsbefugnis der Exekutive.[19] Vielmehr leitet die Exekutive ihre Rechtsetzungsbefugnis vom parlamentarischen Gesetzgeber ab (delegierte Rechtsetzungsbefugnis).[20] Durch das Erfordernis einer Spezialermächtigung wird sichergestellt, dass der demokratisch unmittelbar legitimierte Gesetzgeber die wesentlichen Entscheidungen selbst trifft.[21] Nur die (unwesentlichen) Einzelheiten werden dem Verordnungsgeber (das heißt der Exekutive) überlassen.

Bei **Satzungen** handelt es sich ebenfalls um abstrakt-generelle Regelungen. Sie werden nicht vom Parlament, sondern von rechtlich eigenständigen Teiluntergliederungen des Staates

---

15 Straßenverkehrsordnung vom 6.3.2013 (BGBl. I S. 367), in Kraft getreten am 1.4.2013 zuletzt geändert durch Gesetz v. 12.07.2021 (BGBl. I S. 3091) m.W.v. 28.07.2021.
16 BVerfG, Urt. v. 6.6.1999 Az.: 2 BvF 3/90 = BVerfGE 101, 1 (35); zu den Vorzügen exekutiver Spielräume siehe BVerfG, Beschl. v. 8.8.1978, Az.: 2 BvL 8/77 = BVerfGE 49, 89 (137) – Kalkar I.
17 Vgl. Maurer/Waldhoff, Allgemeines Verwaltungsrecht, 20. Aufl. 2020, § 4 Rn. 21.
18 Maurer/Waldhoff, Allgemeines Verwaltungsrecht, 20. Aufl. 2020, § 13 Rn. 6.
19 Brenner, in: v. Mangoldt/Klein/Starck, GG, Bd. II, 7. Aufl. 2018, Art. 80 Rn. 11.
20 Uhle, in: BeckOK GG, 48. Ed. 15.8.2021, Art. 80 Rn. 1f.
21 Maurer/Waldhoff, Allgemeines Verwaltungsrecht, 20. Aufl. 2020, § 4 Rn. 21.

Jan-Louis Wiedmann

(Universitäten, Krankenkassen, Gemeinden und so weiter) erlassen.[22] Gegenstand der Satzungen sind nur die Angelegenheiten dieser Untergliederungen (**Selbstverwaltung durch Satzungsautonomie**).[23] So kann beispielsweise eine Universität ihre Prüfungsordnung oder eine Gemeinde die Nutzung kommunaler Einrichtungen durch Satzung regeln. Gerade, weil durch Satzung nur die Selbstverwaltungsangelegenheiten der jeweiligen Untergliederung geregelt werden können, ist eine gesetzliche Grundlage grundsätzlich entbehrlich.[24] Etwas Anderes gilt nur dann, wenn mit der Satzung Grundrechtseingriffe einhergehen.[25]

Klausurtaktik !

Häufig werden die Gesetze im nur-materiellen Sinn – erneut verkürzt – als „Gesetzen im materiellen Sinn" bezeichnet.

Die drei Kategorien von Gesetzen

	Gesetze im nur-formellen Sinn	Gesetze im nur-materiellen Sinn	Gesetze im formellen *und* materiellen Sinn
Bedingung	vom Parlament erlassen	abstrakt-generelle Regelung mit Außenwirkung	vom Parlament erlassen *und* abstrakt-generelle Regelung mit Außenwirkung
Warum?	Betrachtung *äußerlicher* („formeller") Aspekte	Betrachtung der *inhaltlichen* („materiellen") Wirkung	
Beispiel	Haushaltsgesetz	Satzungen und Rechtsverordnungen (z. B. StVO)	Regelfall (StGB, BGB, Klimaschutzgesetz etc.)

(Quelle: eigene Darstellung von Valentina Chiofalo)

II. „Gesetz *und* Recht"

Der Begriff der Gesetze lässt sich also entweder formell oder materiell verstehen. Die Meinungen darüber, welches dieser Begriffsverständnisse Art. 20 III GG

---

22 BVerfG, Beschl. v. 9.5.1972, Az.: 1 BvR 518/62 u.a = BVerfGE 33, 125 (157 ff.) – Facharzt-Entscheidung; Maurer/Waldhoff, Allgemeines Verwaltungsrecht, 20. Aufl. 2020, § 4 Rn. 24 ff.
23 Maurer/Waldhoff, Allgemeines Verwaltungsrecht, 20. Aufl. 2020, § 4 Rn. 27.
24 Maurer/Waldhoff, Allgemeines Verwaltungsrecht, 20. Aufl. 2020, § 4 Rn. 26.
25 BVerfG, Beschl. v. 9.5.1972, Az.: 1 BvR 518/62 u. 308/64 = BVerfGE 33, 125 (157 ff.) – Facharzt-Entscheidung.

Jan-Louis Wiedmann

„meint", wenn er den Staat an das „Gesetz" bindet, gehen auseinander. Es ist also unklar, ob die Bindung an das „Gesetz" in Art. 20 III GG nur Parlamentsgesetze meint, oder auch Verordnungen und Satzungen. Dies bleibt nicht ohne Auswirkungen auf das Merkmal „Recht", das ebenfalls in Art. 20 III GG genannt ist. Denn je mehr man unter den Begriff der „Gesetze" fasst, desto weniger Raum bleibt für das Merkmal „Recht".[26]

! Examenswissen

Fasst man unter „Gesetze" nur die Gesetze im formellen Sinn, so lassen sich alle andere Rechtsnormen (z. B. Verordnungen, Satzungen und so weiter) dem Merkmal „Recht" zuordnen.[27] Versteht man den Begriff der „Gesetze" in Art. 20 III GG dagegen weit, sodass er auch die Verfassung, Verordnungen und Satzungen erfasst[28], so bleibt für den Bereich des „Rechts" nur noch ein geringer Anwendungsbereich. Hierhin gehören dann etwa ungeschriebene Rechtsquellen wie das Gewohnheitsrecht,[29] das nicht vom Staat erlassen wird, sondern durch die ständige Praxis (*longa consuetudo*) und die Rechtsüberzeugung (*opinio iuris*) der Bürger:innen entsteht.[30] Teilweise wird aber auch vertreten, dass Exekutive und Judikative über das Merkmal „Recht" auch an das überpositive Prinzip der Gerechtigkeit gebunden sind.[31]

Letztlich ist es aber nicht entscheidend, welche Rechtsnormen man dem Merkmal „Gesetz" und welche dem Merkmal „Recht" zuordnet. Im Ergebnis besteht Einigkeit darüber, dass Rechtsprechung und Exekutive umfassend an die Verfassung, die Parlamentsgesetze, exekutive Rechtsnormen, sowie an das Gewohnheitsrecht gebunden sind.

i Weiterführendes Wissen

Nur gegenüber dem teils vertretenen Ansatz, wonach der Staat über das Merkmal „Recht" an das **„Prinzip der Gerechtigkeit"** gebunden sei, ist Skepsis angezeigt.[32] Eine solche Bindung ist nur solange unproblematisch, wie die Vorstellungen über die „Gerechtigkeit" dem Grundgesetz entnommen werden.[33] Das „Prinzip der Gerechtigkeit" muss also mithilfe der Wertungen des Grund-

---

26 Gröpl, Staatsrecht I, 13. Aufl. 2021, § 7 Rn. 442.
27 So etwa Degenhart, Staatsrecht I, 37. Aufl. 2021, § 3 Rn. 142.
28 Kloepfer, Verfassungsrecht I, 2011, § 10 Rn. 106 fasst sogar das Gewohnheitsrecht unter den Begriff des „Gesetzes".
29 So etwa Kotzur, in: v. Münch/Kunig, GG, Bd. I, 7. Aufl. 2021, Art. 20 Rn. 167.
30 Gröpl, Staatsrecht I, 13. Aufl. 2021, § 7 Rn. 442.
31 In diese Richtung BVerfG, Beschl. v. 14.2.1973, Az.: 1 BvR 112/65 = BVerfGE 34, 269 (289) – Soraya; vgl. auch Sachs, in: Sachs, GG, 9. Aufl. 2021, Art. 20 Rn. 103.
32 Gröpl, Staatsrecht I, 13. Aufl. 2021, § 7 Rn. 442.
33 In diesem Sinne Schulze-Fielitz, in: Dreier, GG, Bd. II, 3. Aufl. 2015, Art. 20 (Rechtsstaat) Rn. 51; vgl. auch BVerfG, Beschl. v. 14.2.1973, Az.: 1 BvR 112/65 = BVerfGE 34, 269 (286 f.) – Soraya.

Jan-Louis Wiedmann

gesetzes mit Leben gefüllt werden. Es darf dagegen nicht zum Einfallstor für beliebige, subjektive Wertvorstellungen werden, die die (grund-)gesetzlichen Wertungen unterminieren.[34] Da alle maßgeblichen Gerechtigkeitsprinzipien im Grundgesetz positiviert sind,[35] dürfte ein Rückgriff auf den Topos der „überpositiven Gerechtigkeit" unter Geltung des Grundgesetzes ohnehin nicht erforderlich werden.[36]

B. Die Wirkungen des Rechts

Das Recht hat im demokratischen Rechtsstaat die **Funktion**, das **gesellschaftliche Miteinander** entsprechend dem demokratischen Mehrheitswillen und unter Berücksichtigung der Grundrechte der Einzelnen zu **ordnen**.[37] Es regelt nicht nur die Beziehungen der Bürger:innen untereinander, sondern auch deren Verhältnis zum Staat.[38] Hierfür trifft das Recht Handlungsanweisungen (Ge- und Verbote), die für die Adressaten verbindlich sind (**Bindungswirkung des Rechts**).

Doch die verschiedenen Akteur:innen im Staat und in der Gesellschaft sind auf verschiedene Weisen an das Recht gebunden. Während gerade der **Staat** einer **umfassenden Rechtsbindung** unterliegt,[39] sind die **Bürger:innen** mit **grundrechtlicher Freiheit** ausgestattet, die nur dort eingeschränkt werden darf, wo es (insbesondere zur Abgrenzung verschiedener Freiheitssphären) geboten ist. Man muss also zwischen der Bindungswirkung für den Staat und der Bindungswirkung für Privatpersonen unterscheiden.

Hier erteilte das BVerfG zwar einem „enge[n] Gesetzespositivismus" eine Absage und hielt fest, dass „gegenüber den positiven [Gesetzen] der Staatsgewalt [...] unter Umständen ein Mehr an Recht bestehen" könne. Dieses „Mehr an Recht" speise sich aber stets aus der „verfassungsmäßigen Ordnung in seinem Sinnganzen".

34 Huster/Rux, in: BeckOK GG, 48. Ed. 15.8.2021, Art. 20 Rn. 169.1; Gröpl, Staatsrecht I, 13. Aufl. 2021, § 7 Rn. 442.

35 Schulze-Fielitz, in: Dreier, GG, Bd. II, 3. Aufl. 2015, Art. 20 (Rechtsstaat) Rn. 50.

36 So auch das BVerfG,Urt. v. 18.12.1953, Az.: 1 BvL 106/53 = BVerfGE 3, 225 (234) – Gleichberechtigung: Die Verletzung äußerster Gerechtigkeitsgrenzen durch den Parlamentarischen Rat sei, wenn auch „nicht schlechthin unmöglich", so doch nur „schwer vorstellbar".

37 Gröpl, Staatsrecht I, 13. Aufl. 2021, § 16 Rn. 911f.

38 Vgl. Gröpl, Staatsrecht I, 13. Aufl. 2021, § 16 Rn. 912.

39 Vgl. Gröpl, Staatsrecht I, 13. Aufl. 2021, § 7 Rn. 431.

Jan-Louis Wiedmann

I. Bindungswirkung für den Staat

Für das Rechtsstaatsprinzip ist in erster Linie die **Rechtsbindung des Staates** von Bedeutung. Sie kommt allgemein in Art. 20 III GG, für den Bereich der Grundrechte gesondert in Art. 1 III GG zum Ausdruck. Schon dem Wortlaut des Art. 20 III GG lässt sich entnehmen, dass die verschiedenen Staatsgewalten in unterschiedlichem Umfang an das Recht gebunden sind. Während die **Gesetzgebung** nur an die **verfassungsmäßige Ordnung** gebunden ist, sind **vollziehende Gewalt und Rechtsprechung** umfassend an **Gesetz und Recht** gebunden.

1. Verfassungsbindung der Legislative

Begonnen werden soll mit der Verfassungsbindung der Legislative, die in Art. 20 III Var. 1 GG normiert ist. Sie besagt, dass die Gesetzgebung sich an die Verfassung halten muss. Die Verfassung hat also Vorrang vor dem Handeln der Gesetzgebung (**Vorrang der Verfassung**).[40] Das Parlament darf keine Gesetze erlassen (oder sonstige Akte vornehmen), die mit den Vorgaben der Verfassung unvereinbar sind. Verstößt ein Gesetz gegen die prozeduralen (formellen) oder inhaltlichen (materiellen) Vorgaben der Verfassung, so ist es nichtig (**Nichtigkeitsdogma**).[41] Die Nichtigkeit von Parlamentsgesetzen kann nur vom BVerfG, im Fall von Landesgesetzen auch von einem LVerfG festgestellt werden (**Verwerfungsmonopol der Verfassungsgerichte**).[42]

Beispiel: Das Berliner Mietendeckelgesetz wurde vom BVerfG für formell verfassungswidrig erklärt, weil es dem Land an der Gesetzgebungskompetenz fehlte.[43] Kurz darauf wurde das Bundesklimaschutzgesetz für (teilweise) materiell verfassungswidrig erklärt, weil es die Grundrechte nicht hinreichend berücksichtigte.[44] In beiden Fällen scheiterte das Gesetz am Vorrang der Verfassung.

Durch den Vorrang der Verfassung werden die Handlungsmöglichkeiten des gewählten Gesetzgebers beschränkt (zur Möglichkeit der Verfassungsänderung siehe aber Wiedmann, § 17 Verfassungsänderung in diesem Lehrbuch).[45] Aufgrund

---

40 Gröpl, Staatsrecht I, 13. Aufl. 2021, § 7 Rn. 446 f.; Huster/Rux, in: BeckOK GG, 48. Ed. 15.8.2021, Art. 20 Rn. 165.
41 Kloepfer, Verfassungsrecht I, 2011, § 10 Rn. 40.
42 Hierzu Maurer/Waldhoff, Allgemeines Verwaltungsrecht, 20. Aufl. 2020, § 4 Rn. 63.
43 BVerfG, Beschl. v. 25.3.2021, Az.: 2 BvF 1/20 u.a. = NJW 2021, 1377 ff.
44 BVerfG, Beschl. v. 24.3.2021, Az.: 1 BvR 2656/18 = BVerfGE 157, 30 ff.
45 Kloepfer, Verfassungsrecht I, 2011, § 10 Rn. 38.

des hohen Abstraktionsgrads der Verfassung bleibt dem Gesetzgeber aber dennoch ein großer Spielraum.

Dieser Spielraum wird grundsätzlich auch nicht durch das geltende einfache Recht beschränkt; eine allgemeine Bindung der Legislative an „Recht und Gesetz" kennt das Grundgesetz nämlich nicht. Die Aufgabe des Parlaments liegt gerade darin, die Rechtslage zu gestalten und gegebenenfalls zu verändern. Dies wäre dem Gesetzgeber aber unmöglich, wenn er *bei der Änderung von Gesetzen* an das bisherige Recht gebunden wäre. Freilich muss sich aber auch die Legislative an das geltende Recht handeln, solange sie es noch nicht verändert hat.[46]

Beispiel: Das Parlament kann die Regelungen des Abgeordnetengesetzes ändern. Solange dies aber nicht geschehen ist, ist das AbgG aber auch für die Parlamentarier:innen verbindlich.

2. Rechtsbindung der Exekutive

Die Exekutive ist dagegen **umfassend an „Recht und Gesetz"** gebunden (Art. 20 III Var. 3 GG). Dies ist der Grundsatz der **Gesetzmäßigkeit der Verwaltung**, der für das Rechtsstaatsprinzip von entscheidender Bedeutung ist. Durch diese umfassende Bindung der Exekutive an das Recht wird ihr Verhalten für die Bürger:innen berechenbar.[47] Zudem wird sichergestellt, dass sich die Exekutive stets am Willen des demokratisch gewählten Parlaments orientiert.[48] Der Grundsatz der Gesetzmäßigkeit der Verwaltung hat hierbei eine positive und eine negative Ausrichtung: Die Verwaltung darf dem Gesetz nicht zuwiderhandeln (Vorrang des Gesetzes). Sie darf grundsätzlich aber auch nicht ohne gesetzliche Handlungsermächtigung tätig werden (Vorbehalt des Gesetzes).

a) Vorrang des Gesetzes

Der Vorrang des Gesetzes verbietet der Exekutive jede Abweichung von gesetzlichen Handlungsge- und verboten. Er lässt sich somit zusammenfassen mit dem Grundsatz: **„Kein Verwaltungshandeln gegen das Gesetz"**.[49] Hierbei ist der Begriff des „Gesetzes" umfassend zu verstehen; erfasst sind sowohl Parlamentsgesetze, als auch exekutive Rechtsnormen (Verordnungen und Satzungen) und das Gewohnheitsrecht.[50]

---

46 Gröpl, Staatsrecht I, 13. Aufl. 2021, § 7 Rn. 440.
47 Kloepfer, Verfassungsrecht I, 2011, § 10 Rn. 92.
48 Kloepfer, Verfassungsrecht I, 2011, § 10 Rn. 92.
49 Kloepfer, Verfassungsrecht I, 2011, § 10 Rn. 104.
50 Sachs, in: Sachs, GG, 9. Aufl. 2021, Art. 20 Rn. 118.

Jan-Louis Wiedmann

Beispiel: §§ 136a I, 163a IV 2 StPO verbieten es der Polizei, bei der Vernehmung von Tatverdächtigen Quälerei (Folter) anzuwenden. Setzt sich die Polizei darüber hinweg, so verstößt sie gegen den Vorrang des Gesetzes. Dasselbe gilt aber auch dann, wenn sie die Vorschriften einer Verordnung ignoriert.

Der Vorrang des Gesetzes ist ein traditioneller Aspekt des Rechtsstaatsprinzips.[51] Ihm kommt auch erhebliche Bedeutung zu, da er die Exekutive an gesetzliche Verbote bindet. Er allein kann die Funktionen der Rechtsbindung der Verwaltung (Vorhersehbarkeit exekutiven Handelns, Bindung an gesetzgeberischen Willen) aber nicht erfüllen.[52] Denn er läuft ins Leere, wenn ein Lebenssachverhalt gesetzlich nicht geregelt ist. Da das Parlament nicht jedes unliebsame Verhalten des Staates ausdrücklich verbieten kann, wird der Vorrang des Gesetzes ergänzt durch eine zweite rechtsstaatliche Verbürgung: Den Vorbehalt des Gesetzes.[53]

b) Vorbehalt des Gesetzes

Der Vorbehalt des Gesetzes ist im Grundgesetz nicht ausdrücklich niedergeschrieben, wird aber von Art. 20 III GG vorausgesetzt.[54] Hiernach steht exekutives Handeln unter dem Vorbehalt einer **gesetzlichen Handlungsermächtigung**. Die Exekutive darf also nur handeln, wenn sie dazu ausdrücklich gesetzlich ermächtigt wurde. Kurz: **„Kein Verwaltungshandeln ohne Gesetz".**[55] Erst hierdurch wird für die Bürger:innen erkennbar, in welchen Situationen sich die Exekutive wie verhalten wird.

! **Examenswissen**

Der Vorbehalt des Gesetzes ist historisch gewachsen. Er stammt aus der Zeit der konstitutionalisierten Monarchie des 19. Jahrhunderts und geht ideengeschichtlich sogar noch weiter zurück.[56] Damals war das Gesetz die (einzige) staatliche Handlungsform, an der das Parlament als die Vertretung des Volkes beteiligt wurde. Bei Eingriffen des Monarchen in Freiheit und Eigentum der Bürger:innen wurde das Gesetz als Handlungsform vorgeschrieben, um eine Beteiligung der Be-

---

51 Huster/Rux, in: BeckOK GG, 48. Ed. 15.8.2021, Art. 20 Rn. 169.
52 Gröpl, Staatsrecht I, 13. Aufl. 2021, § 7 Rn. 455.
53 BVerfG, Bechl. v. 28.10.1975, Az.: 2 BvR 883/73 = BVerfGE 40, 237 (248f.) – Justizverwaltungsakt.
54 BVerfG, Beschl. v. 28.10.1975, Az.: 2 BvR 883/73 = BVerfGE 40, 237 (248) – Justizverwaltungsakt; Degenhart, Staatsrecht I, 37. Aufl. 2021, § 4 Rn. 313; Kloepfer, Verfassungsrecht I, 2011, § 10 Rn. 111.
55 Kloepfer, Verfassungsrecht I, 2011, § 10 Rn. 111.
56 Huber, in: HbVerfR, 2021, § 6 Rn. 22.

Jan-Louis Wiedmann

troffenen zu garantieren.[57] In der parlamentarischen Demokratie des Grundgesetzes hat der Vorbehalt des Gesetzes seine Funktion (teilweise) gewandelt.[58] Er soll – aus Perspektive des Rechtsstaatsprinzips – die Berechenbarkeit staatlichen Handelns sicherstellen und die Freiheit der Bürger:innen vor gesetzlich nicht intendiertem Zwang schützen. Zudem soll eine Beteiligung des demokratisch legitimierten Parlaments sichergestellt werden, sodass ein Bezug zum Demokratieprinzip (Art. 20 I, II GG) besteht.[59]

Der Vorbehalt des Gesetzes verbietet grundsätzlich jedes exekutive Handeln, das nicht ausdrücklich vom Gesetz vorgesehen ist und bindet die ausführende Gewalt damit an den Willen des Gesetzgebers. Auch insoweit gilt allerdings der **weite, materielle Gesetzesbegriff**, sodass insbesondere auch **Verordnungen als Handlungsermächtigungen** in Betracht kommen.[60]

Anders als der Vorrang des Gesetzes gilt der Vorbehalt des Gesetzes aber nicht umfassend. Vielmehr ist sein **Anwendungsbereich auf bestimmte Aspekte exekutiven Handelns beschränkt:**

– Einigkeit besteht darüber, dass für Eingriffe in grundrechtliche Freiheiten (**Bereich der Eingriffsverwaltung**) eine gesetzliche Grundlage erforderlich ist.[61] Dies ergibt sich einerseits aus den grundrechtlichen Gesetzesvorbehalten.[62] Es ist aber andererseits auch historisch gewachsen und lässt sich zudem funktional begründen: Gerade im Bereich der Eingriffsverwaltung besteht ein Bedürfnis nach der Berechenbarkeit des Staatshandelns.

Beispiel: Hausdurchsuchungen, Abgaben und Berufsverbote bedürfen allesamt einer gesetzlichen Grundlage, da sie in die Rechte der Bürger:innen eingreifen (Eingriffsverwaltung).[63]

---

57 Zum Ganzen Huster/Rux, in: BeckOK GG, 48. Ed. 15.8.2021, Art. 20 Rn. 172. 1.

58 Huster/Rux, in: BeckOK GG, 48. Ed. 15.8.2021, Art. 20 Rn. 172. 1.

59 BVerfG, B.v. 25.3.1992, Az.: 1 BvR 1430/88 = BVerfGE 85, 386 (403f.) – Fangschaltungen; Kloepfer, Verfassungsrecht I, 2011, § 10 Rn. 112; Jarass, in: Jarass/Pieroth, GG, 16. Aufl. 2020, Art. 20 Rn. 69.

60 Sachs, in: Sachs, GG, 9. Aufl. 2021, Art. 20 Rn. 118; Kloepfer, Verfassungsrecht I, 2011, § 10 Rn. 121.

61 Degenhart, Staatsrecht I, 37. Aufl. 2021, § 4 Rn. 314.

62 Kingreen, NJW 2021, 2766; Jarass, in: Jarass/Pieroth, GG, 16. Aufl. 2020, Art. 20 Rn. 70 ordnet die grundrechtlichen Gesetzesvorbehalte als „Sonderfall des (allgemeinen) Vorbehalts des Gesetzes" ein. Sachs, in: Sachs, GG, 9. Aufl. 2021, Art. 20 Rn. 113 hält die Gleichsetzung von Vorbehalt des Gesetzes und Gesetzesvorbehalt dagegen für irreführend.

63 Zu der vom BVerfG unzutreffenderweise angenommenen Ausnahme vom Vorbehalt des Gesetzes im Bereich der staatlichen Informations- und Öffentlichkeitsarbeit siehe Chiofalo/Vrielmann, § 12 Bundesregierung, B. II. 3. a) in diesem Lehrbuch.

Jan-Louis Wiedmann

- Im Bereich der **Leistungsverwaltung** gilt der Vorbehalt des Gesetzes **nach traditionellem Verständnis dagegen nicht.**[64] Bei der Gewährung staatlicher Leistungen soll die Exekutive jenseits gesetzlicher Vorgaben flexibel handeln können.[65] Dieser Grundsatz, nach dem staatliche Leistungen auch ohne gesetzliche Regelung gewährt werden können, wird allerdings zunehmend **durch die Wesentlichkeitsrechtsprechung des BVerfG relativiert.**[66] Nach dieser Rechtsprechung müssen **alle wesentlichen Entscheidungen vom parlamentarischen Gesetzgeber** getroffen werden. Das gilt auch im Bereich der Leistungsverwaltung, sodass jedenfalls die Gewährung „grundrechtswesentlicher" Leistungen gesetzlich normiert sein muss.[67]

Beispiel: Das Schulwesen wird zwar der Leistungsverwaltung zugeordnet, da es um den Zugang zur staatlichen Leistung „Bildung" geht. Gleichwohl bedarf die Einführung des Sexualkundeunterrichts einer gesetzlichen Grundlage, da sie „wesentliche" Auswirkungen auf das Erziehungsrecht (Art. 6 II GG) der Eltern hat.[68]

Da die meisten staatlichen Leistungen grundrechtssensibel und daher „wesentlich" sind, bleibt letztlich nur noch ein kleiner Bereich der Leistungsverwaltung, in dem keine gesetzliche Grundlage erforderlich ist. Der wichtigste verbleibende Fall ist die gesetzeslose Vergabe von Subventionen.[69]

Beispiel: Das Wirtschaftsministerium des Landes L möchte der X-GmbH zur Sicherung von Arbeitsplätzen eine Subvention in Höhe von 100.000 € gewähren. Nach (noch) h.M. ist hierfür keine gesetzliche Grundlage erforderlich. Vielmehr reicht es aus, wenn das Parlament im Haushaltsgesetz (das kein Gesetz im materiellen Sinn ist, siehe oben) entsprechende Mittel zur Verfügung gestellt hat. Dieser Standpunkt wird mit der notwendigen Flexibilität der Exekutive und der Gefahr der Übernormierung[70] begründet. In Form der Mittelbewilligung im Haushaltsgesetz liege zudem eine hinreichende „parlamentarische Willensäußerung" vor,[71] die die Subventionsvergabe demokratisch legitimiere. Angesichts der unmittelbaren Grundrechtsbindung der Exekutive (Art. 1 III GG) bestehe zudem nicht die Gefahr willkürlichen Handelns.

---

64 Gröpl, Staatsrecht I, 13. Aufl. 2021, § 7 Rn. 457.
65 Vgl. Kloepfer, Verfassungsrecht I, 2011, § 10 Rn. 116.
66 Degenhart, Staatsrecht I, 37. Aufl. 2021, § 4 Rn. 330; exemplarisch BVerfG, Beschl. v. 28.10.1975, Az.: 2 BvR 883/73 = BVerfGE 40, 237 (249) – Justizverwaltungsakt.
67 Degenhart, Staatsrecht I, 37. Aufl. 2021, § 4 Rn. 327 ff.; Kloepfer, Verfassungsrecht I, 2011, § 10 Rn. 116.
68 BVerfG, B.v. 21.12.1977, Az.: 1 BvL 1/75 = BVerfGE 47, 46 (78 ff.) – Sexualkundeunterricht.
69 Kloepfer, Verfassungsrecht I, 2011, § 10 Rn. 117.
70 Hierzu allgemein Kloepfer, Verfassungsrecht I, 2011, § 10 Rn. 116.
71 BVerwG, Urt. v. 21.3.1958, Az.: VIII C 6. 57 = BVerwGE 6, 282 (287 f.).

Jan-Louis Wiedmann

Weiterführendes Wissen

Gegen diesen Ansatz ist Skepsis angebracht.[72] Zunächst lässt sich die Unterscheidung von „wesentlichen" und „unwesentlichen" Leistungen kaum durchführen. Jedenfalls die Einordnung von Subventionen als „unwesentliche" Leistung kann nicht überzeugen. Das Erlangen oder Nicht-Erlangen einer Subvention hat erhebliche Auswirkungen auf die Ausübung von Freiheitsrechten, insbesondere der Berufsfreiheit.[73] Angesichts der Konkurrenz am Markt ist die staatliche Subventionsvergabe zudem gleichheitsrechtlich sensibel (Art. 3 I GG).[74] Vor diesem Hintergrund genügt die Mittelbewilligung im Haushaltsgesetz rechtsstaatlichen Anforderungen gerade nicht.[75] Denn aus dem Haushaltsgesetz können Bürger:innen keine klagbaren Rechte herleiten.

Auch die Gefahr der Übernormierung fällt nicht entscheidend ins Gewicht, da die Subventionsvergabe aktuell ohnehin durch verwaltungsinterne Verwaltungsvorschriften geregelt ist.[76] Dem Anliegen flexiblen Verwaltungshandelns kann zudem durch gesetzliche Spielräume (Generalklauseln, Ermessen) Rechnung getragen werden.[77] Dementsprechend überzeugt es, den Vorbehalt des Gesetzes auch auf die staatliche Leistungsgewährung zu erstrecken und den Gesetzgeber zu einer Regelung dieses Bereichs anzuhalten.

3. Rechtsbindung der Judikative

Neben der Exekutive ist auch die Rechtsprechung gem. Art. 20 III GG an Recht und Gesetz gebunden. Das hat einerseits zur Folge, dass sich die Judikative bei ihren Entscheidungen stets am geltenden Recht zu orientieren hat und **nicht entgegen dem Gesetz entscheiden** darf.

Examenswissen

Angesichts bestehender Ungenauigkeiten und Lücken im geltendem Recht kommt der Rechtsprechung hierbei aber ein beträchtlicher Spielraum zu. Eine Rechtsfortbildung in den Grenzen der juristischen Methodenlehre gehört zu den Aufgaben der Gerichte.[78] Hierbei haben sich die Gerichte an den „Maßstäben der praktischen Vernunft und den fundierten allgemeinen Gerechtig-

---

72 So im Ergebnis auch Kloepfer, Verfassungsrecht I, 2011, § 10 Rn. 117; Maurer/Waldhoff, Allgemeines Verwaltungsrecht, 20. Aufl. 2020, § 6 Rn. 21.
73 BVerfG, Beschl. v. 28.10.1975, Az.: 2 BvR 883/73 = BVerfGE 40, 237 (249) – Justizverwaltungsakt; Maurer/Waldhoff, Allgemeines Verwaltungsrecht, 20. Aufl. 2020, § 6 Rn. 21.
74 Vgl. Gröpl, Staatsrecht I, 13. Aufl. 2021, § 7 Rn. 457.
75 Maurer/Waldhoff, Allgemeines Verwaltungsrecht, 20. Aufl. 2020, § 6 Rn. 21.
76 Maurer/Waldhoff, Allgemeines Verwaltungsrecht, 20. Aufl. 2020, § 6 Rn. 21.
77 Dieser Weg ist dem von Maurer/Waldhoff, Allgemeines Verwaltungsrecht, 20. Aufl. 2020, § 6 Rn. 22 vorgeschlagenen „Notkompetenz" der Verwaltung vorzuziehen.
78 BVerfG, Beschl. v. 10.10.1961, Az.: 2 BvL 1/59 = BVerfGE 13, 153 (164).

Jan-Louis Wiedmann

keitsvorstellungen der Gemeinschaft"[79] zu orientieren. Das so entstandene sogenannte Richterrecht entfaltet indes keine Bindungswirkung i. S. d. Art. 20 III GG.[80]

Andererseits dürfen die Gerichte nur im Rahmen ihrer gesetzlichen Zuständigkeiten entscheiden (vgl. auch Art. 101 I 2 GG). Es darf daher **keine Entscheidung ohne gesetzliche Zuständigkeit** geben. Somit wirkt sich die Rechtsbindung der Judikative letztlich als Vorrang und Vorbehalt des Gesetzes aus, auch wenn diese Begriffe klassischerweise nur mit der Rechtsbindung der Exekutive assoziiert werden.[81]

II. Bindungswirkung für Private

Da die Gesetze das gesellschaftliche Miteinander ordnen sollen adressieren sie auch Privatpersonen.[82] Sie können die **Handlungsmöglichkeiten** der Bürger:innen entweder **erweitern oder beschränken**. Beides gilt indes nur für Gesetze i. S. d. materiellen Gesetzesbegriffs. *Nur*-formelle Gesetze (etwa das Haushaltsgesetz, das keine Außenwirkung zeigt) richten sich gerade nicht an die Bürger:innen.[83]

Vielfach stellt das Recht Handlungsge- und verbote auf, an welche die Bürger:innen gebunden sind. Diese Bindungswirkung ist vergleichbar mit dem Vorrang des Gesetzes.

Beispiel: Gemäß § 15 I 1 Bundesnaturschutzgesetz (BNatSchG) sind vermeidbare Eingriffe in Natur und Landschaft zu unterlassen. Es handelt sich um ein gesetzliches Verbot, welches sich direkt an Private richtet und deren Handlungsfreiheit beschränkt.

Ein Vorbehalt des Gesetzes gilt für Privatpersonen dagegen gerade nicht. Sie bedürfen keiner gesetzlichen Erlaubnis für ihr Handeln. Im freiheitlichen Verfassungsstaat des Grundgesetzes ist für Privatpersonen **alles erlaubt, was nicht ausdrücklich verboten wurde.**

Oftmals werden die Handlungsmöglichkeiten der Privaten durch das Recht aber auch erweitert. Dies gilt auch im Verhältnis zum Staat. Zahlreiche öffent-

---

79 BVerfG, Beschl. v. 14.2.1973, Az.: 1 BvR 112/65 = BVerfGE 34, 269 (287) – Soraya.
80 Kotzur, in: v. Münch/Kunig, GG Bd. I, 7. Aufl. 2021, Art. 20 Rn. 166.
81 Zum Ganzen Sachs, in: Sachs, GG, 9. Aufl. 2021, Art. 20 Rn. 119.
82 Gröpl, Staatsrecht I, 13. Aufl. 2021, § 16 Rn. 912.
83 Kloepfer, Verfassungsrecht I, 2011, § 10 Rn. 99.

Jan-Louis Wiedmann

lich-rechtliche Vorschriften verpflichten nicht nur den Staat, sondern gewähren den Bürger:innen auch ein **subjektives Recht** (das heißt einen Anspruch).

Beispiel: Gemäß § 71 I BauO Bln ist unter bestimmten Voraussetzungen eine Baugenehmigung zu erteilen. Hierbei handelt es sich nicht nur um eine Pflicht des Staates. Vielmehr besteht auch seitens des:der Antragsteller:in ein Anspruch auf Erteilung der Baugenehmigung.

C. Die Auflösung von Normenkollisionen

Angesichts der soeben geschilderten, vielfältigen Wirkungen des Rechts muss der Inhalt des Rechts stets hinreichend klar und bestimmbar sein. Das setzt insbesondere voraus, dass verschiedene Rechtsnormen einander nicht widersprechen (**Widerspruchsfreiheit der Rechtsordnung**[84]). Kommt es aber doch einmal zum Widerspruch verschiedener Rechtsnormen, so muss dieser aufgelöst werden.[85] Hierfür haben sich verschiedene **Kollisionsregeln** entwickelt: Der lex-superior-Grundsatz, der lex-specialis-Grundsatz und der lex-posterior-Grundsatz.

Examenswissen !

Die Kollisionsregeln gehören zum juristischen Kernwissen. Gleichwohl darf ihre Bedeutung auch nicht überschätzt werden. Sie kommen nur dann zur Anwendung, wenn zwei wirksame Normen einander widersprechen und der Widerspruch auch nicht durch Auslegung aufgelöst werden kann. Ist eine der beiden Normen bereits aus anderen (insbesondere Kompetenz-) Gründen nichtig, so besteht schon keine Normenkollision, die aufgelöst werden müsste.[86]

I. Der lex-superior-Grundsatz (Rangordnung der Rechtsquellen)

Die erste Regel zur Auflösung von Normenkollisionen ist der **lex-superior-Grundsatz** (*lex superior derogat legi inferiori*). Hiernach verdrängt die höherrangige Rechtsnorm niederrangige Rechtsnormen. Doch wonach bestimmt sich, welche Norm die ranghöhere ist? Für die Anwendung der lex-superior-Regel müssen die Rechtsnormen in eine **Normenhierarchie** gebracht werden. Man geht hierbei in zwei Schritten vor.

---

84 Kotzur, in: v. Münch/Kunig, GG Bd. I, 7. Aufl. 2021, Art. 20 Rn. 171 f.
85 Hierzu Kloepfer, Verfassungsrecht I, 2011, § 10 Rn. 100.
86 Hierzu am Beispiel des Mietdeckels Kingreen, NVwZ 2020, 737 (742).

Jan-Louis Wiedmann

1. Rangordnung der sogenannten Rechtskreise (Unions-, Bundes-, Landesrecht) untereinander

Zunächst müssen **die drei sogenannten Rechtskreise** in eine Rangfolge gebracht werden. Rechtskreise sind die „Orte", von denen eine Norm herstammen kann; es lassen sich mithin die Rechtskreise **des Unions-, des Bundes- und des Landesrechts** unterscheiden.

- Das Verhältnis zwischen Landesrecht und Bundesrecht ist in Art. 31 GG ausdrücklich geregelt: „Bundesrecht bricht Landesrecht." Der Wortlaut („bricht") bringt zum Ausdruck, dass eine landesrechtliche Vorschrift nichtig ist, wenn sie gegen Bundesrecht verstößt. Man spricht insoweit vom **Geltungsvorrang des Bundesrechts.**

Beispiel: Wenn eine landesrechtliche Vorschrift zum Schutz von Nichtraucher:innen uneingeschränkt gilt, obwohl das Bundesrecht ausdrücklich vorsieht, dass Arbeitnehmer:innen nur eingeschränkt vor Rauch am Arbeitsplatz geschützt sind, ist die landesrechtliche Vorschrift gem. Art. 31 GG nichtig.[87] Es gilt dann das Bundesrecht und der eingeschränkte Schutz der Arbeitnehmer:innen. Kein Fall des Art. 31 GG war dagegen das Berliner Mietendeckelgesetz. Hier scheiterte das Landesgesetz nach Ansicht des BVerfG schon aus Kompetenzgründen, sodass überhaupt keine Normenkollision vorlag.

- Das Verhältnis des Unionsrechts zum nationalen Recht ist dagegen weder im Grundgesetz, noch in den Europäischen Verträgen ausdrücklich geregelt. Da die Europäische Union aber eine Rechtsgemeinschaft ist, die darauf angewiesen ist, dass die gemeinsamen europäischen Regeln in allen Mitgliedstaaten angewendet werden, hat der Europäische Gerichtshof schon im Jahr 1964 den Vorrang des Unionsrechts anerkannt.[88] Anders als im Verhältnis zwischen Bundes- und Landesrecht führt ein Verstoß gegen Unionsrecht aber nicht zur Nichtigkeit der nationalen Rechtsnorm. Es besteht somit gerade kein Geltungsvorrang des Unionsrechts. Im Kollisionsfall wird die nationale Rechtsnorm schlicht nicht angewendet (**Anwendungsvorrang des Unionsrechts**). Dies ist durchaus ein erheblicher Unterschied, da die nationale Vorschrift in Fällen ohne unionsrechtlichen Bezug anwendbar bleibt.

Fest steht somit schon einmal, dass Unionsrecht über Bundesrecht und Bundesrecht über Landesrecht steht, wobei man die Vorrangsformen des Anwendungs- und des Geltungsvorrangs unterscheiden muss. Auch das BVerfG erkennt den Anwendungsvorrang des Unionsrechts grundsätzlich an, macht allerdings auch ei-

---

87 BVerfG, Urt. v. 30.7.2008, 1 BvR 3262/07 = BVerfGE 121, 317 (349) – Nichtraucherschutz.
88 EuGH, Urt. v. 15.7.1984, Az.: 6/64 – Costa/E.N.E.L.

Jan-Louis Wiedmann

nige Einschränkungen (siehe dazu Chiofalo, § 9.4 Europäische Integration in diesem Lehrbuch).

2. Rangordnung *innerhalb* der Rechtskreise

Doch auch *innerhalb* der **Rechtskreise** gibt es verschiedene Normen. Daher müssen nun auch diese in eine **Reihenfolge** gebracht werden.

– Auf der Ebene des **Unionsrechts** steht das sogenannte **Primärrecht über dem Sekundärrecht.**

Weiterführendes Wissen

Das Primärrecht besteht aus der Europäischen Grundrechtecharta (Art. 6 I EUV) und „den Verträgen" (Vertrag über die Europäische Union [EUV], Vertrag über die Arbeitsweise der Europäischen Union [AEUV]). Das Primärrecht enthält Regelungen über die Zuständigkeiten und Organe der Union, sowie über die Rechte der Bürger:innen gegenüber der EU und wird daher zum Teil als europäisches Verfassungsrecht bezeichnet.[89] Die sonstigen Rechtsakte der Europäischen Union (sogenannte Sekundärrechtsakte, vgl. Art. 288 AEUV) kommen nach Maßgabe des Primärrechts zustande und sind an dessen inhaltliche Vorgaben gebunden. Hieraus ergibt sich der Vorrang des Primärrechts vor Sekundärrechtsakten wie Richtlinien oder Verordnungen.

– Die **Rangordnung innerhalb des Bundesrechts** lässt sich unmittelbar aus Art. 20 III GG herleiten. Zunächst ist die Gesetzgebung an die verfassungsmäßige Ordnung gebunden. Hieraus ergibt sich, dass die Verfassung Vorrang vor Parlamentsgesetzen hat. Wenn eine verfassungskonforme Auslegung nicht möglich ist, ist das Parlamentsgesetz grundsätzlich nichtig. Die Exekutive ist gem. Art. 20 III GG an Gesetz und Recht gebunden. Hieraus lässt sich herleiten, dass exekutive Rechtsnormen (Verordnungen, Satzungen) normenhierarchisch unter den Parlamentsgesetzen stehen.

Beispiel: Ein Parlamentsgesetz schließt uneheliche Kinder von der Erbfolge aus. Diese Regelung verstößt gegen Art. 6 V GG. Da das Parlament an die Verfassung gebunden ist (Vorrang der Verfassung) ist das Gesetz nichtig (Nichtigkeitsdogma).

– Dieselbe Rangordnung (**Verfassung über Parlamentsgesetz über exekutive Rechtsnormen**) gilt auch auf Ebene des Landesrechts.

---

89 Zur Einordnung der Europäischen Verträge als Verfassung siehe Calliess, Staatsrecht III, 3. Aufl. 2020, § 5 Rn. 14 ff.

Jan-Louis Wiedmann

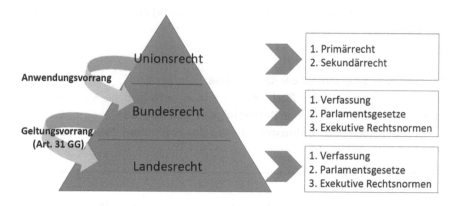

Abb. 1: Normenhierarchie
(Quelle: eigene Darstellung)

II. Der lex-specialis-Grundsatz

Stehen zwei Regelungen normenhierarchisch auf derselben Stufe, hilft der lex-superior-Grundsatz nicht weiter. In diesen Fällen kann der lex-specialis-Grundsatz (*lex specialis derogat legi generali*) zur Anwendung gelangen, nachdem das speziellere Gesetz vorrangig zur Anwendung kommt. Anders als beim lex-superior-Grundsatz führt die lex-specialis-Regel aber nicht zur Nichtigkeit der generellen Regelung. Es handelt sich vielmehr um einen Fall des Anwendungsvorrangs, sodass die generelle Regelung zwar nicht angewendet wird, im Übrigen aber wirksam bleibt.

Beispiel: Gem. Art. 52 III 1 GG schließt der Bundesrat Beschlüsse mit der Mehrheit seiner Stimmen. Für den besonderen (beziehungsweise speziellen) Fall der Verfassungsänderung sieht Art. 79 II GG aber eine Zwei-Drittel-Mehrheit im Bundesrat vor. Im Falle einer Verfassungsänderung wird die Grundregel des Art. 52 III 1 GG (absolute Mitgliedermehrheit genügt) also durch die Spezialregelung des Art. 79 II GG (qualifizierte Mitgliedermehrheit erforderlich) verdrängt.

III. Der lex-posterior-Grundsatz

Wenn die beiden kollidierenden Normen dagegen in keinem Regel-Ausnahmeverhältnis zueinanderstehen, dann kommt der lex-posterior-Grundsatz (*lex posterior derogat legi priori*) zur Anwendung. Hiernach hat das später erlassene Gesetz Geltungsvorrang vor dem früheren Gesetz.

Beispiel: Land B erließ im Jahr 2017 eine Regelung, nach der an Bahnhöfen keine Messer mit einer Klingenlänge von über 12 cm mitgeführt werden dürfen. Im Jahr 2020 wurde eine neue Regelung erlassen, nach der nicht mehr die Klingenlänge ausschlaggebend ist, sondern die Frage, ob das Messer mit einem Klappmechanismus aufspringen kann. Rentnerin U, die zu ihrer Sicherheit immer ein Küchenmesser (13 cm) bei sich trägt, wird im Jahr 2021 an einem Bahnhof in B kontrolliert. Durfte sie das Messer bei sich tragen?

Lösung: Ja, das durfte sie. Die ursprüngliche Regelung (2017) wurde durch die Neuregelung (2020) verdrängt und hat damit ihre Wirksamkeit verloren.

Weiterführende Studienliteratur
- Lepsius, Normenhierarchie und Stufenbau der Rechtsordnung, JuS 2018, 950.

Zusammenfassung: Die wichtigsten Punkte
- Während die Gesetzgebung gem. Art. 20 III GG nur an die verfassungsmäßige Ordnung gebunden ist, ist die Exekutive an Gesetz und Recht gebunden. Dies hat zur Folge, dass sie nicht *gegen* das Gesetz verstoßen darf (**Vorrang des Gesetzes**), andererseits aber grundsätzlich auch nicht *ohne* gesetzliche Grundlage handeln darf (**Vorbehalt des Gesetzes**).
- Der Vorbehalt des Gesetzes gilt insbesondere dann, wenn in die Rechte der Bürger:innen eingegriffen wird oder wenn das staatliche Handeln sonst für die Bürger:innen „wesentlich" ist. Auch die Gerichte müssen im Rahmen des geltenden Rechts und in den Grenzen ihrer Zuständigkeiten über Rechtsstreitigkeiten entscheiden.
- Wenn zwei Gesetze einander widersprechen, muss diese **Normenkollision** aufgelöst werden. Der wichtigste Grundsatz zur Auflösung solcher Normenkollisionen ist der **lex-superior-Grundsatz**, nachdem sich das höherrangige Gesetz gegen niederrangige Gesetze durchsetzt. Hierbei gilt: Unionsrecht hat Anwendungsvorrang vor nationalem Recht. Bundesrecht hat Geltungsvorrang vor Landesrecht (Art. 31 GG).
- Innerhalb dieser Rechtskreise gilt folgende Rangfolge: Das unionsrechtliche Primärrecht (AEUV, EUV, EUGRCh) hat Vorrang vor dem Sekundärrecht (EU-Verordnungen und Richtlinien). Innerhalb der deutschen Rechtskreise steht an oberster Stelle die Verfassung. Es folgen die Parlamentsgesetze (= Gesetze im formellen Sinn) und zuletzt die Gesetze im nur-materiellen Sinn (das heißt Verordnungen und Satzungen).

Für dieses Kapitel gibt es frei zugängliche interaktive Übungen auf der OpenRewi-Homepage. Hierzu muss einfach der QR-Code gescannt werden.

Jan-Louis Wiedmann

§ 4.2 Gewaltenteilung

Wenn die gesamte Macht in einem Staat bei einer Person oder Personengruppe gebündelt ist, dann liegt das Risiko eines Missbrauchs der Macht nahe. Aus diesem Grund soll das Konzept der Gewaltenteilung die Ausübung der Macht verteilen und somit dieses Risiko senken. Darüber hinaus ist es auch unwahrscheinlich, dass eine Person in allen Bereichen besonders kompetent ist. Daher kann die Aufteilung der Aufgaben im Staat auch dazu führen, dass stets die kompetentesten und spezialisiertesten Personen am Werk sind.[1]

Charles de Montesquieu (1689–1755) setzte sich, aufbauend auf *John Locke* (1632–1704), mit diesen Problemen auseinander. Er beschrieb eine Aufteilung der Macht, die heute als das klassische Konzept der Gewaltenteilung verstanden wird. Demnach gebe es im Staat **drei Gewalten**: Die **gesetzgebende** Gewalt, die **vollziehende** Gewalt und die **richterliche** Gewalt. Diese drei Gewalten, die Legislative, die Exekutive und die Judikative, seien im Staat aufzuteilen und voneinander zu trennen. Ohne eine Aufteilung drohe sonst stets eine Gefahr für die Freiheit.[2] Modernere Perspektiven auf die Gewaltenteilung sehen diese auch als Grundlage für eine demokratische Herrschaft, also dass das Recht nicht Freiheit vor der Herrschaft schaffe, sondern Freiheit durch die demokratische Herrschaft.[3]

So ist festzuhalten, dass die Gewaltenteilung unterschiedliche Ziele verfolgt. An erster Stelle soll dem **Machtmissbrauch entgegengewirkt** werden. Durch die Aufteilung soll eine **gegenseitige Kontrolle** erfolgen, die Risiken limitiert. In gleicher Weise soll durch die Schaffung spezialisierter Organe die **Effektivität** der Arbeit gefördert werden.

Auf diese Organe ist vertieft einzugehen. Der Begriff des Organs ist dabei als eine Institution oder Funktionseinheit zu verstehen. Zur Organisation des Staates wurden mehrere Organe geschaffen. Bei den Organen, die für die Grundstruktur des Staates notwendig sind und die die Verfassung vorschreibt, spricht man von Verfassungsorganen. Sie haben alle gemein, dass ihnen kein weiteres Organ übergeordnet ist. Sie stehen alle hierarchisch auf der gleichen Ebene.

Beispiel: Das Grundgesetz schreibt vor, dass es die Verfassungsorgane Bundestag (Art. 38 ff. GG), Bundesrat (Art. 50 ff. GG), Bundesregierung inklusive Bundeskanzler:in (Art. 62 ff. GG), Bundespräsident:in (Art. 54 ff. GG), Bundesverfassungsgericht (Art. 92 ff. GG), sowie die Bundesversammlung (Art. 54 GG) und den Gemeinsamen Ausschuss (Art. 53a GG) gibt.

---

1 Maurer, Staatsrecht I, 6. Aufl. 2010, § 12 Rn. 4.
2 Maurer, Staatsrecht I, 6. Aufl. 2010, § 12 Rn. 8 ff.
3 Möllers, AoR 2007, 493 (496 f.).

Diese Verfassungsorgane sind als gesamte Funktionseinheit zu verstehen. Sie sind von den Personen, die dem Verfassungsorgan vorstehen und es leiten zu trennen. Man spricht dabei von den Organwalter:innen.[4]

Beispiel: Verfassungsorgan Bundespräsident:in; Organwalter Frank-Walter Steinmeier.

Examenswissen

Die unterschiedlichen Abstufungen sind dabei in der Klausur stets auseinanderzuhalten und Abzugrenzen, sodass man nicht durcheinanderkommt. So ist das Verfassungsorgan Bundesregierung als Kollektivorgan von dem Organ Bundeskanzler:in zu trennen. Das Organ Bundeskanzler:in ist eine Behörde in Form des Bundeskanzleramtes mit zahlreichem Personal. Ihm ist beispielweise der Bundesnachrichtendienst untergeordnet. Das Organ Bundeskanzler:in wird dabei von der:dem Organwalter:in „Bundeskanzler:in" geleitet.[5]

A. Methoden zur Gewaltenteilung

Zur Bildung einer Gewaltenteilung wurden mehrere Methoden entworfen, die je nach angestrebtem Ziel divergieren. Als Gesamtkonzept, also wenn sie alle zusammenwirken, sind sie in der Lage eine Gewaltenteilung zu konstruieren. Diese Methoden werden in jeweils unterschiedlicher Intensität und Ausprägung in der Organisation von Staaten verwendet. Sie sind allgemein zu verstehen und finden sich in vielen Verfassungen wieder. Im Sinn einer **funktionalen Aufteilung** soll im Staat nach Aufgaben differenziert werden. Als klassische Aufgaben im Staat gelten die Gesetzgebung (**Legislative**), die Ausführung der Gesetze (**Exekutive**) und die Gerichte, die Streitigkeiten wegen des Rechts lösen (**Judikative**). Im Sinn einer Gewaltenteilung sollen diese drei Gewalten getrennt arbeiten.

Die drei Gewalten sollen nicht nur getrennt arbeiten, sie sollen auch in ihrer Organisationstruktur getrennt sein. Das heißt, dass sie unterschiedlichen Organen im Staat angehören sollen (**organisatorische Aufteilung**).

Schließlich soll es auch keine personellen Überschneidungen geben. Organwalter:innen sollen demnach stets nur eine Aufgabe wahrnehmen und nicht in zwei Ämtern parallel tätig sein (**personelle Aufteilung**).[6]

---

4 Maurer, Staatsrecht I, 6. Aufl. 2010, § 12 Rn. 22 ff.
5 Siehe dazu auch Chiofalo/Vrielmann, § 12 Bundesregierung in diesem Lehrbuch.
6 Voßkuhle/Kaufhold, JuS 2012, 314 (314 f.).

Johannes Siegel

i **Weiterführendes Wissen**

Die hier beschriebenen Methoden zur Erfüllung einer Gewaltenteilung beschreiben eine **Gewaltenteilung im engeren Sinn.** Dabei sind in der Regel spezifische Prinzipien, wie die dargestellten Methoden, gemeint. **Im weiteren Sinn** können jegliche gewaltenteilende Ansätze erfasst sein. Dabei ist an den **Föderalismus** zu denken. In einem föderalen Staat ist ebenso Macht auf die verschiedenen Gliedstaaten sowie den Bundesstaat aufgeteilt. Man spricht dabei von **vertikaler Gewaltenteilung.**[7] Darüber hinaus wirkt die **europäische Integration** ebenso gewaltenteilend, da durch die Übertragung von Kompetenzen auf die Europäische Union eine weitere Kontrollinstanz im Staatsaufbau existiert sowie durch die spezifischen Anforderungen an gewaltenteilende Strukturen durch das Recht der Europäischen Union.[8] Die Europäische Union als Element einer Gewaltenteilung zeigt sich auch sehr anschaulich am Beispiel der Debatten und Gerichtsverfahren rund um die Reformen der Mitgliedsstaaten Polen und Ungarn.[9]

B. Gewaltenteilung gemäß des Grundgesetzes

Auch das Grundgesetz ist über eine Gewaltenteilung organisiert.[10] Der Verfassungstext selbst erwähnt die drei Gewalten in Art. 1 III, 20 II 2, 20 III GG ausdrücklich, wenn jeweils von der Gesetzgebung, der vollziehenden Gewalt und der Rechtsprechung die Rede ist. Die Gewaltenteilung des Grundgesetzes ist jedoch als **Gesamtkonzept** zu verstehen, weshalb sie auch als **Organisationsstruktur des Grundgesetzes** bezeichnet wird.[11] Sie besteht aus vielen einzelnen Regelungen und ist nicht absolut. Das heißt, dass es **Durchbrechungen und Überschneidungen** zwischen den drei Gewalten gibt. Somit existieren in der Gewaltenteilung des Grundgesetzes Elemente aller drei zuvor beschriebenen Methoden.

Im Grundgesetz selbst wird die Gewaltenteilung nicht ausdrücklich benannt. Sie wird jedoch im Rechtsstaatsprinzips Art. 20 II 2 GG verortet.[12] Das BVerfG erklärt in Bezug auf Art. 20 II GG, dass das Grundgesetz eine organisatorische und funktionelle Trennung der Gewalten habe. Diese diene der Verteilung der politi-

---

7 Grzeszick, in: Dürig/Herzog/Scholz, GG, 95. EL. 7.2021, Art. 20 Rn. 109 ff.
8 Grzeszick, in: Dürig/Herzog/Scholz, GG, 95. EL 7.2021, Art. 20 Rn. 114 ff.
9 Siehe dazu Scheppele, VerfBlog, 24.10.2016; Sangi, VerfBlog, 14.10.2016; sowie von Bogdandy, VerfBlog, 31.3.2016.
10 Teilweise wird auch der Begriff der *Gliederung* anstatt der Trennung vorgeschlagen, da das Grundgesetz gerade keine Trennung vollziehe, vgl. Möllers, AoR 2007, 493 (501).
11 BVerfG, Urt. v. 17.7.1984, Az.: 2 BvE 11/83 u. a. = BVerfGE 67, 100 (130) – Flick-Untersuchungsausschuss.
12 Ebenso sind auch andere Anknüpfungspunkte denkbar, wie eine Ableitung aus der Gesamtstruktur des Grundgesetzes, darauf hinweisend: Sachs, in: Sachs, GG, 9. Aufl. 2021, Art. 20 Rn. 75.

schen Macht und Verantwortung sowie der Kontrolle der Machtträger:innen.[13] Als ein in Art. 20 II 2 GG verortetes Prinzip unterliegt die Gewaltenteilung dem Schutz der sogenannten Ewigkeitsklausel gem. Art. 79 III GG.[14]

I. Drei Gewalten

In der Struktur des Grundgesetzes sind die drei Gewalten wie folgt aufgeteilt:
- Legislative
  Die Legislative, die gesetzgebende Gewalt, stellt der Bundestag dar. Im Bundestag werden die Gesetze erlassen (Art. 77 I 1 GG).
- Exekutive
  Die Exekutive, die vollziehende Gewalt, stellt die Bundesregierung und die Verwaltung dar. Die Exekutive führt die Gesetze aus. Sie subsumiert das Recht im Einzelfall.

Beispiel: Die Bundespolizei (BPol) und das Bundesamt für Migration und Flüchtlinge (BAMF) unterstehen dem Bundesministerium des Innern und für Heimat (BMI). Sie sind ebenso, wie die Bundesregierung, Teil der Exekutive und führen Gesetze aus.

- Judikative
  Die Judikative, die rechtsprechende Gewalt, stellen die Gerichte dar. Sie entscheiden über Streitigkeiten wegen des Rechts, Art. 92 GG. Die Unabhängigkeit der Gerichte ist im Grundgesetz in Art. 97 I GG eigens hervorgehoben.

II. Gewaltenverzahnung

Das Grundgesetz selbst kennt keine strikte, beziehungsweise reine, Verwirklichung des Prinzips der Gewaltenteilung. Das BVerfG stellt dazu fest, dass das Grundgesetz **keine absolute Trennung** vorschreibe, denn das Prinzip der Gewaltenteilung sei nirgends rein verwirklicht.[15] Vielmehr bestehe ein System aus zahlreichen Einzelregelungen, welche im Gesamtgefüge eine **gegenseitige Kontrolle** ermögliche. Dabei ist jedoch zu beachten, dass durch die Gewaltenverzahnung

---

13 BVerfG, Urt. v. 17.7.1984, Az.: 2 BvE 13/83 = BVerfGE 68, 1 (86) – Atomwaffenstationierung.
14 BVerfG, Urt. v. 15.12.1970, Az.: 2 BvF 1/69 u. a. = BVerfGE 30, 1 (27 f.) – Abhörurteil.
15 BVerfG, Urt. v. 17.7.1996, Az.: 2 BvF 2/93 = BVerfGE 95, 1 (15) – Südumfahrung Stendal.

Johannes Siegel

kein Übergewicht zu Gunsten einer der Gewalten entstehen darf oder einer der Kernbereiche berührt werden darf.[16]

Deshalb lohnt es sich die kleinteilige Verzahnung zwischen den Gewalten anzusehen, um dabei die **Kontrollmechanismen** zu erkennen und zu verstehen. Anhand der dargestellten Beispiele zeigt sich die Anwendung der Methoden zur Gewaltenteilung im Grundgesetz. Die Beispiele zeigen anschaulich, wie es funktionale, organisatorische sowie personelle Aufteilungen zwischen den drei Gewalten gibt, aber auch die teilweise fließenden Übergänge.

1. Verhältnis Legislative zu Exekutive

Zwischen der Legislative, dem Bundestag, und Exekutive, der Bundesregierung, gibt es mehrere Überschneidungen und Kontrollmechanismen. Der Bundestag wählt gem. Art. 63 GG die:den Bundeskanzler:in und somit das Oberhaupt der Exekutive. Weiter hat der Bundestag mehrere Kontrollfunktionen gegenüber der Bundesregierung, wie die Untersuchungsausschüsse gem. 43 ff. GG. Darüber hinaus gelten der Vorrang und der Vorbehalt des Gesetzes für die Exekutive.

2. Verhältnis Legislative zu Judikative

Im Verhältnis zur Judikative gibt es dagegen weniger Verzweigungen. Lediglich die Mitglieder des BVerfG werden gem. Art. 94 I GG zur Hälfte vom Bundestag gewählt. Darüber hinaus hat der Bundestag natürlich die Möglichkeit auf ihm „ungelegene" gerichtliche Auslegungen von Gesetzen mit einer schlichten Änderung des Gesetzes zu reagieren, um die Auslegung für die Zukunft zu präzisieren oder eine andere Auslegung darzulegen.[17]

3. Verhältnis Exekutive zu Legislative

Das Verhältnis zwischen Exekutive und Legislative ist dagegen wieder deutlich enger. An erster Stelle ist festzuhalten, dass die Bundesregierung, beispielsweise in Form der Bundesminister:innen, weiterhin ihr Bundestagsmandat hält und somit Teil der Legislative bleibt. Das bedeutet, dass Bundesminister:innen gleichzeitig Teil der Exekutive und der Legislative sind.[18] Im Bundestag genießt die Bundesregierung das Recht zur Gesetzesinitiative gem. Art. 76 I GG. Darüber hi-

---

16 Sehr anschaulich dazu, BVerfG, Urt. v. 17.7.1996, Az.: 2 BvF 2/93 = BVerfGE 95, 1 (15) – Südumfahrung Stendal.
17 Maurer, Staatsrecht I, 6. Aufl. 2010, § 12 Rn. 15.

naus kann die Bundesregierung gem. Art. 80 GG auch selbst Rechtsverordnungen erlassen. Im Zusammenhang mit dem Haushaltsrecht ergeben sich gem. Art. 113 GG Zustimmungsvorbehalte zu Gunsten der Bundesregierung. Schließlich ist die Bundesregierung gem. Art. 93 I Nr. 2 GG auch im Rahmen der abstrakten Normenkontrolle befugt Gesetze beim BVerfG auf deren Verfassungsmäßigkeit zu überprüfen.[19]

4. Verhältnis Exekutive zu Judikative

Das Verhältnis zur Judikative ist dagegen deutlich stärker eingeschränkt. Es besteht lediglich gem. Art. 95 II GG eine Mitwirkung bei der Wahl der Bundesrichter:innen.[20]

5. Verhältnis Judikative zu Legislative

Im Sinne einer personellen Trennung können Richter:innen nicht Teil der Legislative sein.[21] Die Judikative kann jedoch in Form der konkreten Normenkontrolle gem. Art. 100 GG Gesetze zur Überprüfung der Verfassungsmäßigkeit dem BVerfG vorlegen. Gegen Satzungen kann vor den OVGen auch gem. § 47 VwGO direkt ein Normenkontrollantrag gestellt werden, um sie auf ihre Rechtmäßigkeit zu überprüfen. Darüber hinaus haben die Gerichte im Wege der Auslegung und richterlichen Rechtsfortbildung auch die Möglichkeit in ihren konkreten Gerichtsverfahren selbst rechtsgestaltend aufzutreten.

6. Verhältnis Judikative zu Exekutive

Ebenso, wie beim Verhältnis zur Legislative, besteht für die Judikative eine personelle Trennung zur Exekutive.[22] Die Judikative kontrolliert jedoch in Gerichtsverfahren Maßnahmen der Exekutive und kann deren Rechtswidrigkeit fest-

---

18 Das gleiche gilt für parlamentarische Staatssekretär:innen. Diese behalten ihr Bundestagsmandat und führen zusätzlich, im Rahmen eines öffentlich-rechtlichen Amtsverhältnisses, Aufgaben der Exekutive aus. Siehe dazu § 1 ParlStG.
19 Dieses Recht steht jedoch ebenso dem Bundestag zu, sofern er das Quorum von einem Viertel der Mitglieder des Bundestages erreicht.
20 Auf Landesebene erfolgt die Ernennung von Richer:innen dagegen regelmäßig durch Ausschreibungen der Landesjustizministerien und somit durch die Exekutive oder durch einen sogenannten Richterwahlausschuss (siehe dazu beispielhaft für das Land Berlin § 11 ff. RiGBln).
21 Siehe dazu die unvereinbaren Aufgaben gem. § 4 DRiG.
22 Siehe dazu die unvereinbaren Aufgaben gem. § 4 DRiG.

Johannes Siegel

stellen. Darüber hinaus besteht ein lediglich eingeschränktes Verhältnis zur Exekutive. Der Grund dafür liegt in der besonderen Unabhängigkeit der Judikative, die in der Verfassung durch Art. 97 I GG ausdrücklich hervorgehoben ist und in einfachen Gesetzen, wie § 25 DRiG, wiederholend betont wird.

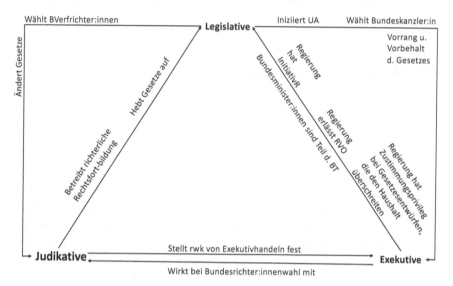

Abb. 2: Die verschiedenen Gewalten
(Quelle: eigene Darstellung von Jaschar Kohal und Johannes Siegel)

III. Grenzen zwischen den Gewalten

Das Prinzip der Gewaltenteilung ist somit ein komplexes System aus gegenseitiger Kontrolle und Verzahnung. Die Grenzen dessen orientieren sich an zwei Leitlinien: die **Gewichtung** der einzelnen Gewalten und dem **Kernbereich** jeder Gewalt.

Konkret dürfe es, laut BVerfG, zu keinem **Übergewicht zu Gunsten einer Gewalt** und zu Lasten der jeweils anderen Gewalten kommen.[23] Am Beispiel des Verhältnisses zwischen Legislative und Exekutive stellte das BVerfG fest, dass gemäß des Grundgesetzes die Staatsgewalten nicht scharf getrennt seien, sondern sich vielmehr gegenseitig zu kontrollieren haben. Auf diese Art sei die Freiheit der Einzelnen zu schützen und ein Übergewicht zu Gunsten einer Gewalt zu verhindern. Daher dürfe keine Gewalt eine andere Gewalt um die verfassungsgemäßen Aufgaben ihres Zuständigkeitsbereichs berauben. Dies liege jedoch noch nicht bei einer gewissen Gewichtsverlagerung vor, sondern **erst bei einem Einbruch in den Kernbereich einer Gewalt**. So stellte das BVerfG fest, *„[n]icht jede Einflußnahme des Parlaments auf die Verwaltung bedeutet schon einen Verstoß gegen die Gewaltenteilung. Selbst eine gewisse Gewichtsverlagerung auf Kosten der Exekutive zugunsten des Parlaments ist in der parlamentarischen Demokratie unbedenklich. Erst wenn zugunsten des Parlaments ein Einbruch in den Kernbereich der Exekutive erfolgt, ist das Gewaltenteilungsprinzip verletzt"*.[24]

Klausurtaktik   ❗

In der Klausur ist daher immer auf den Sachverhalt zu achten. Wird eine Beschränkung des klassischen Aufgabenbereichs und Kompetenzen einer Gewalt beklagt? Stellen diese den originären Kernbereich, die Haupttätigkeit der Gewalt dar? Beispielsweise die Ausführung und Durchsetzung von Gesetzen für die Exekutive, der Beschluss von Gesetzen durch die Legislative oder die Rechtsprechung durch die Judikative?

Wann ein solches **Übergewicht zu Gunsten einer Gewalt** oder ein **Eingriff in den Kernbereich** einer anderen Gewalt vorliegt, muss stets im Einzelfall festgestellt werden.

Beispiel: Ein Gesetz erlaubt der Exekutive (Bundesministerium A) Genehmigungen für Atomkraftwerke zu erteilen. Aufgrund dieses Gesetzes erteilt das Bundesministerium A eine Genehmigung für den Bau eines speziellen neuen Typs eines Atomkraftwerkes. Gegen die Genehmigung und das Gesetz wird geklagt. Dabei wird vorgetragen, dass eine so wichtige Entscheidung, wie die Genehmigung zum Bau eines so speziellen Atomkraftwerkes, vom direkt gewählten Parlament mitentschieden werden müsse. Das jetzige Vorgehen würde gegen das Demokratieprinzip gem. Art. 20 I, II GG, die Gewaltenteilung gem. Art. 20 II 2 GG und das Rechtsstaatsprinzip gem. Art. 20 III GG verstoßen. In dem hier stark vereinfachten Fall entschied das BVerfG, dass das Parlament keinen allumfassenden Vorrang bei grundlegenden, politischen Entscheidungen habe. Die Ge-

---

23 Vgl. BVerfG, Urt. v. 17.7.1996, Az.: 2 BvF 2/93 = BVerfGE 95, 1 (15) – Südumfahrung Stendal.
24 Vgl. BVerfG, Urt. v. 27.4.1959, Az.: 2 BvF 2/58 = BVerfGE 9, 268 (279-280) – Bremer Personalvertretung.

waltenteilung im Grundgesetz gebe beispielsweise der Exekutive über das Organ des:der Bundeskanzler:in gem. Art. 65 S. 1 GG ausdrücklich die Richtlinienkompetenz für politische Entscheidungen. Der Bundestag könne jedoch gem. Art. 67 I 1 GG dem:der Bundeskanzler:in das Misstrauen aussprechen und eine:n neue:n Bundeskanzler:in wählen.[25]

Anhand dieses Beispiels lässt sich der **Kernbereich der Exekutive** erklären: Die Exekutive führt die Gesetze aus, sie erteilt auf Grundlage der Gesetze Genehmigungen und vollzieht das Recht. Dabei spielt es keine Rolle, ob es sich um einen BAföG-Bescheid oder die Genehmigung zum Bau eines Atomkraftwerkes handelt. Das Argument, dass die Entscheidung besonders weitreichende Folgen habe, schlägt nicht durch. Die direkte demokratische Legitimation des Parlaments durch die Wahlen führt ebenso nicht dazu, dass es in andere Gewalten eingreifen dürfe oder höher zu gewichten sei. Daraus kann auch umgekehrt festgestellt werden, dass der **Legislative kein allumfassender Parlamentsvorbehalt** zusteht.[26]

Darüber hinaus steht der Exekutive ein **Kernbereich exekutiver Eigenverantwortung** zu. Das bedeutet, dass es Bereiche der Exekutive gibt, beispielsweise Entscheidungsfindungsprozesse und Beratungen, denen der Zugriff durch Untersuchungsausschüsse verwehrt bleibt, also die Exekutive sich dazu nicht äußern muss.[27] Für die **Judikative** regelt dagegen bereits das Grundgesetz in Art. 92 GG ausdrücklich, dass den Gerichten das **Rechtsprechungsmonopol** zusteht.[28] Daraus folgt, dass eine Gesetzesänderung, die Behörden Rechtsprechungskompetenzen übertragen würde, mit dem Kernbereich der Judikative nicht vereinbar wäre und somit gegen die Gewaltenteilung verstoßen würde. So bleibt festzuhalten, dass in den übrigen Fällen anhand der **Gesamtstruktur der gegenseitigen Kontrolle der Gewalten** stets im Einzelfall deren Grenzen auszuloten sind.

Allgemein sollte der Grundsatz der Gewaltenteilung in der Klausur vor allem als Argumentationsstütze herangezogen werden.[29]

! **Klausurtaktik**

In einer Klausur ist die Konstellation denkbar, dass ein Untersuchungsausschuss von der Regierung die Herausgabe von Dokumenten verlangt. Hier kann geprüft werden, ob die Regierung dies aufgrund des Kernbereichs der exekutiven Eigenverantwortung verweigern kann.

---

25 BVerfG, Beschl. v. 8.8.1978, Az.: 2 BvL 8/77 = BVerfGE 49, 89 (125) – Kalkar I.

26 Mit weiteren Ausführungen dazu, Sachs, in: Sachs, GG, 9. Aufl. 2021, Art. 20 Rn. 88.

27 BVerfG, Urt. v. 17.7.1984, Az.: 2 BvE 11/83 u. a. = BVerfGE 67, 100 (139) – Flick-Untersuchungsausschuss.

28 Kotzur, in: von Münch/Kunig, GG, 7. Aufl. 2021, Art. 20 Rn. 134.

29 Sachs, in: Sachs, GG, 9. Aufl. 2021, Art. 20 Rn. 93.

Darüber hinaus ist die Gewaltenteilung stets bei der Prüfung einer materiellen Verfassungsmäßigkeit eines Gesetzes heranzuziehen, um bei Kompetenzverschiebungen einen Eingriff in den Kernbereich einer anderen Gewalt zu prüfen, beispielsweise Rechtssprechungsrechte für Exekutivorgane.

Weiterführende Studienliteratur
- Möllers, Dogmatik der grundgesetzlichen Gewaltengliederung, AöR 2007, 493.
- Voßkuhle/Kaufhold, Grundwissen öffentliches Recht: Der Grundsatz der Gewaltenteilung, JuS 314.
- Schröder, Die Gewaltenteilung Teil 1, JuS 2022, 23.
- Schröder, Die Gewaltenteilung Teil 2, JuS 2022, 122.

Zusammenfassung: Die wichtigsten Punkte
- Es gibt die drei Gewalten der **Legislative, Exekutive** und **Judikative.**
- Gewaltenteilung ist als **Gesamtkonzept** der **gegenseitigen Kontrolle** zu verstehen.
- Das Grundgesetz kennt **keine absolute Trennung** der Gewalten.
- Es darf zwischen den Gewalten nicht zu einem **Übergewicht** zu Gunsten einer Gewalt kommen.
- Jeder Gewalt steht ein **exklusiver Kernbereich** zu, worauf keine Zugriffsmöglichkeiten für die anderen Gewalten besteht.

Für dieses Kapitel gibt es frei zugängliche interaktive Übungen auf der OpenRewi-Homepage. Hierzu muss einfach der QR-Code gescannt werden.

Johannes Siegel

§ 4.3 Rechtssicherheit und Vertrauensschutz (Rückwirkung)

Eine weitere Ausprägung des Rechtsstaatsprinzips stellt die Rechtssicherheit dar,[1] worin das BVerfG ein wesentliches Element erkennt.[2] Dabei meint Rechtssicherheit mehrere Dinge: Zum einen verlangt Rechtssicherheit klare und bestimmte sowie beständige Gesetze.[3] Gleichzeitig sollen Bürger:innen durch die Rechtssicherheit die Möglichkeit haben, die Rechtslage zu erkennen und sich ihr entsprechend zu verhalten. Die Rechtssicherheit wird daher grundsätzlich vom Vertrauensschutz und dem Rückwirkungsverbot flankiert.

Beispiel:

– Rechtsnormen müssen verkündet und bekanntgemacht werden.[4]
– Umfangreiche Verweise zu unterschiedlichen Normen und Gesetzen können der Klarheit einer Gesetzesregelung abträglich sein. Das gilt insbesondere in Fällen, in denen eine dynamische Verweisung erfolgt. Eine dynamische Verweisung liegt vor, wenn auf ein andere Norm eines:einer anderen Normgebers:in in ihrer jeweils aktuellen Fassung verwiesen wird. In diesem Fall kann die:der ursprüngliche Verweisungssetzer:in nicht kontrollieren auf was in der Zukunft verwiesen wird. Beispielsweise ist das der Fall, wenn die Norm, auf die dynamisch verwiesen wurde, geändert wird.[5]
– Ebenso schadet eine nicht ausreichend bestimmte Norm der Rechtssicherheit.[6]

A. Vertrauensschutz

Ausgehend von der Rechtssicherheit wird auch der Vertrauensschutz als Teil des Rechtsstaatsprinzips gem. Art. 20 III GG verstanden.[7] Demnach sollen die Bürger:innen auf die Geltung des Rechts vertrauen können. Das ermöglicht ihnen, dass sie beispielsweise in Vertrauen auf die Rechtslage Investitionen tätigen können, oder auch nur schlicht, dass sie sich rechtstreu verhalten können. Denn

---

1 BVerfG, Beschl. v. 4.7.1957, Az.: 1 BvL 23/52 = BVerfGE 7, 89 (92) – Hamburgisches Hundesteuergesetz.
2 BVerfG, Urt. v. 19.12.1961, Az.: 2 BvL 6/5 9 = BVerfGE 13, 261 (271) – Rückwirkende Steuern.
3 Grzeszick, in: Dürig/Herzog/Scholz, GG, 95. EL 7.2021, Art. 20 Rn. 50.
4 BVerfG, Urt. v. 12.3.1991, Az.: 1 BvR 1341/90 = BVerfGE 84, 133 (159) – Warteschleife.
5 Siehe dazu auch, Grzeszick, in: Dürig/Herzog/Scholz, GG, 95. EL 7.2021, Art. 20 Rn. 54 ff.
6 Siehe für das Bestimmtheitsgebot Kohal/Wiedmann, § 4.6 Bestimmtheitsgebot, A. in diesem Lehrbuch.
7 Voßkuhle/Kaufhold, JuS 2011, 794 (794); Maurer, Staatsrecht I, 6. Aufl. 2010, § 17 Rn. 114–115.

wenn man der Rechtslage nicht vertrauen kann, dann läuft man regelmäßig Gefahr sich rechtswidrig zu verhalten. Somit steht im Grundsatz jede Gesetzesänderung im Konflikt mit dem Vertrauensschutz. Das kann dazu führen, dass das Vertrauen schutzwürdig sein und eine Gesetzesänderung somit gegen den Vertrauensschutz verstoßen kann.

B. Rückwirkungsverbot

Dieser Konflikt tritt regelmäßig beim Rückwirkungsverbot auf. Daher stellt es das praxisrelevanteste Element des Vertrauensschutzes dar. Das Rückwirkungsverbot regelt, wie sich Änderungen der Gesetze auf die Vergangenheit[8] auswirken können und vor allem, ob sie es dürfen. Es wird dabei zwischen drei Arten von Rückwirkung unterschieden: Die Rückwirkung im Strafrecht auf der einen Seite und auf der anderen Seite die sogenannte **echte Rückwirkung** und **unechte Rückwirkung**. Das BVerfG verwendet bei den beiden Letztgenannten jedoch je nach Senat unterschiedliche Begrifflichkeiten. So wird die echte Rückwirkung auch als *Rückbewirkung von Rechtsfolgen* und die unechte Rückwirkung auch als *tatbestandliche Rückanknüpfung* bezeichnet.[9] Wann man im Fall einer Rückwirkung Vertrauensschutz genießt, ist im Detail umstritten und lässt sich am besten in den jeweiligen Kategorien der echten und unechten Rückwirkung selbst anhand von Beispielen erklären. Dennoch besteht in allen Konstellationen die gleiche Grundstruktur:

1. Der Staat schafft eine Vertrauensbasis, beispielsweise durch ein Gesetz.
2. Bürger:innen handeln in schutzwürdigem Vertrauen auf das Gesetz hin, beispielsweise investieren sie Geld.
3. Das enttäuschte Vertrauen der Bürger:innen muss gegen das öffentliche Interesse an der rückwirkenden Gesetzesänderung abgewogen werden.[10]

---

8 In Ausnahmefällen kann der Vertrauensschutz (dann nicht das Rückwirkungsverbot) auch für Fälle mit Wirkung in die Zukunft relevant sein. Dafür muss jedoch ein Vertrauenstatbestand vorliegen, siehe dazu auch, BVerfG, Beschl. v. 15.3.2000, Az.: 1 BvL 16/97 u.a. = BVefGE 102, 68 (96 ff.) – Krankenversicherung der Rentner.
9 Siehe zu den Begriffen auch: Lepsius, JURA 2018, 577 (578).
10 Voßkuhle/Kaufhold, JuS 2011, 794 (795).

Johannes Siegel

I. Art. 103 II GG – Rückwirkung im Strafrecht

Im Grundgesetz selbst ist das Rückwirkungsverbot lediglich in Art. 103 II GG für das Strafrecht erwähnt. Dort heißt es in Abs. 2, dass eine Tat nur bestraft werden dürfe, wenn das Gesetz die Strafbarkeit bestimmt, *bevor* die Tat begangen wurde. Demnach sind im Bereich des Strafrechts jegliche Formen einer Rückwirkung verfassungswidrig.[11] Auch die Europäische Menschenrechtskonvention verbietet in Art. 7 I EMRK ausdrücklich die Rückwirkung im Strafrecht.

Beispiel: Im Jahr 2021 wird eine Gesetzesänderung erlassen, die ein bestimmtes Verhalten unter Strafe stellt. Im Gesetz wird die Geltung bereits für die Zeit ab 2020 bestimmt. **Ein solches Gesetz verstößt gegen Art. 103 II GG.**

II. Echte Rückwirkung und unechte Rückwirkung

Für andere Bereiche als das Strafrecht kennt das Grundgesetz keine Regelung zur Rückwirkung. Das bedeutet jedoch nicht, dass im öffentlichen Recht und im Zivilrecht Gesetze stets auch rückwirkend erlassen werden dürfen. Die Rechtsprechung hat für die nicht von Art. 103 II GG erfassten Fälle Einschränkungen für den Gesetzgeber in Form der **echten und unechten Rückwirkung** entwickelt.[12] Mit der echten und der unechten Rückwirkung reagierte die Rechtsprechung auf Konflikte zwischen dem **Vertrauen** der Bürger:innen auf die **geltende Rechtslage** und dem **Interesse des Gesetzgebers neue Regelungen zu treffen.**

Die echte und unechte Rückwirkung werden regelmäßig wie folgt abgegrenzt:

---

11 Degenhart, in: Sachs, GG, 9. Aufl. 2021, Art. 103 Rn. 53.
12 Maurer, Staatsrecht I, 6. Aufl. 2010, § 17 Rn. 101; Lepsius, JURA 2018, 577 (577).

Johannes Siegel

Abgrenzung von echter und unechter Rückwirkung

	Echte Rückwirkung	Unechte Rückwirkung
Tatbestand	Wenn ein Gesetz nachträglich in bereits abgeschlossene Sachverhalte eingreift.	Wenn ein Gesetz in gegenwärtige, aber noch nicht abgeschlossene, Sachverhalte eingreift.
Beispiel	Wenn das Justizprüfungsamt nach Abschluss einer Prüfungskampagne zur ersten juristischen Prüfung die Prüfungsordnung mit Wirkung für die Vergangenheit ändert und eine weitere Klausur hinzufügt, die alle Absolvent:innen sodann nachzuholen hätten.	Wenn das Justizprüfungsamt die Prüfungsordnung während des bereits begonnenen Studiums, aber vor Anmeldung und Abschluss einer Prüfungskampagne ändert und die erste juristische Prüfung um eine weitere Klausur erweitert.
Zulässigkeit	Grundsätzlich unzulässig, aber rechtfertigungsfähig.[13]	Grundsätzlich zulässig, kann aber gegen den Vertrauensschutz verstoßen und somit unzulässig sein.[14]

1. Echte Rückwirkung

Wie bereits erklärt ist die **echte Rückwirkung grundsätzlich unzulässig**, jedoch rechtfertigungsfähig. Als Vertrauenstatbestand besteht damit in der Regel das geltende Recht. Das bedeutet, dass hier vor allem der Gesetzgeber erklären muss, weshalb das Gesetz mit Wirkung für in der Vergangenheit bereits abgeschlossene Sachverhalte gelten soll. Dennoch gibt es **Ausnahmen.** In den Fällen, in denen es keinen Vertrauenstatbestand gibt, auf den man sich berufen könnte, besteht auch kein schutzwürdiger Vertrauensschutz.[15]

Kein Vertrauensschutz besteht, wenn eine neue Regelung, also ein **neues Gesetz** bereits **absehbar** war.[16] Problematisch ist jedoch die Feststellung, ab wann eine Regelung als absehbar gilt, also ab welchem Zeitpunkt im Gesetzgebungsverfahren das Vertrauen auf das noch geltende Recht erlischt. Da ein Gesetzgebungsverfahren unterschiedlich lang sein kann,[17] ist das eine Frage des Einzelfalls.[18]

---

13 Lepsius, JURA 2018, 577 (577).
14 Lepsius, JURA 2018, 577 (577).
15 Siehe dazu m.w.N. Sachs, in: Sachs, GG, 9. Aufl. 2021, Art. 20 Rn. 134.
16 Maurer, Staatsrecht I, 6. Aufl. 2010, § 17 Rn. 119.
17 Beispiel für ein besonders schnelles Gesetz ist das *Dritte Gesetz zum Schutz der Bevölkerung bei einer epidemischen Lage von nationaler Tragweite*, welches im Zuge der Corona-Pandemie das Infektionsschutzgesetz änderte. Es wurde am 18.11.2020 innerhalb eines Tages vom Bundestag und Bundesrat verabschiedet sowie im Bundesgesetzblatt verkündet.
18 Lepsius, JURA 2018, 577 (578 f.).

Johannes Siegel

Teilweise wird jedoch vertreten, dass zumindest zum Zeitpunkt des Gesetzesbeschlusses gem. Art. 77 I 1, 78 GG das Vertrauen entfalle, auch wenn das Gesetz erst später in Kraft tritt.[19]

Beispiel: Wenn der Bundestag ein neues Gesetz beschlossen hat, welches jedoch noch nicht in Kraft getreten ist, dann kann das noch geltende Recht regelmäßig nicht mehr einen Vertrauenstatbestand schaffen, weshalb kein Vertrauensschutz besteht.

Ebenso besteht kein Vertrauensschutz, wenn die **Gesetzeslage unklar** und verworren ist. Wenn es keine klare Auslegung der Gerichte gibt oder das Gesetz einfach unverständlich ist, dann kann das keine Basis für Vertrauen darstellen. Auch, wenn das bisherige **Gesetz verfassungswidrig** und nichtig war, besteht kein Vertrauensschutz.[20]

In Fällen von **lediglich einer geringfügigen Belastung**, also sogenannten Bagatellen, überwiegt regelmäßig das Änderungsinteresse, sodass hier der Vertrauensschutz zurücktreten muss. Darüber hinaus gibt es Konstellationen, in denen es **überwiegende Gründe des Allgemeinwohls** gibt, die dem Vertrauensschutz gegenüber überwiegen, sodass es regelmäßig keinen Vertrauensschutz gib. Dennoch kann auch in diesen Fällen ausnahmsweise wiederum das Allgemeinwohlinteresse an einer Rückwirkung hinter dem Vertrauensschutz zurücktreten.[21]

Zusammengefasst besteht in diesen Fällen regelmäßig kein Vertrauensschutz:
- Neues Gesetz absehbar
- Gesetzeslage unklar
- Gesetz verfassungswidrig
- Lediglich geringfügige Belastung
- Überwiegende Gründe des Allgemeinwohls

Anhand dieser Sachverhaltskonstellationen zeigt sich, dass die echte Rückwirkung restriktiven, also strengen Anforderungen unterliegt.

2. Unechte Rückwirkung

Im Fall der **unechten Rückwirkung** wiegt der Vertrauensschutz deutlich geringer. Die Legislative kann jederzeit das Recht für die Zukunft ändern und somit Einfluss auf bereits laufende Sachverhalte einnehmen. Das BVerfG erklärte, dass

---

19 Kämmerer, Staatsorganisationsrecht, 3. Aufl. 2016, Rn. 82.
20 Siehe dazu Maurer, Staatsrecht I, 6. Aufl. 2010, § 17 Rn. 119.
21 Siehe dazu Maurer, Staatsrecht I, 6. Aufl. 2010, § 17 Rn. 119.

Johannes Siegel

insbesondere im Falle einer für die Betroffenen günstigen Rechtslage kein Vertrauensschutz darauf bestehe, dass sich die Rechtslage nicht ändern könne. Es stellte dies im Fall einer niedrigen Steuer,[22] aber auch für die damalige Zehnjahresfrist der Sicherungsverwahrung[23] fest. Problematisch ist es dagegen, wenn durch eine unechte Rückwirkung eine Rechtsposition gänzlich entwertet wird.[24] Daher wägt das BVerfG im Fall einer unechten Rückwirkung das aus dem Vertrauensschutz bestehende Interesse des:der Antragstellers:in an der Rechtslage gegen das Änderungsinteresse der Legislative ab. Das erfolgt im Rahmen einer **Verhältnismäßigkeitsprüfung.**[25] So erklärte das BVerfG zur unechten Rückwirkung, dass sich deren Grenzen im Grundsatz des Vertrauensschutzes und dem Verhältnismäßigkeitsprinzip finden. Die Grenze sei überschritten, soweit die unechte Rückwirkung zur Erreichung des Gesetzeszweckes unverhältnismäßig sei.[26]

In einer Entscheidung zur steuerlichen Entschädigung für entgangene Einnahmen erklärte das BVerfG konkret zum **Abwägungsmaßstab**, dass stets eine **Verhältnismäßigkeitsprüfung** des durch die veränderte Rechtslage **enttäuschten Vertrauens** und des **Interesses des Gesetzgebers an der Änderung** erfolgen muss. Es stellte fest, dass dem Vertrauensschutz bei künftigen Rechtsfolgen in hinreichendem Maß Rechnung zu tragen sei. Im Rahmen der Verhältnismäßigkeit sei das Interesse der Allgemeinheit an der Änderung gegen das Interesse des Einzelnen an der Fortgeltung abzuwägen.[27]

Klausurtaktik   ❗

In der Klausur kann die Rückwirkung in Form einer materiellen Prüfung eines Gesetzes auf seine Verfassungsmäßigkeit auftauchen. Hier gilt es vor allem das Problem zu erkennen. Sodann ist in der Prüfung darzustellen, woraus sich Rückwirkungsverbote ergeben, nämlich aus dem Rechtsstaatsprinzip in Form des Vertrauensschutzes. Daraufhin ist die echte und unechte Rückwirkung zu definieren, bevor im Rahmen der Subsumtion der Sachverhalt einer der Kategorien zuzuordnen ist. Danach unterscheidet sich die Prüfung je nach Einteilung. Im Fall einer unechten Rückwirkung kommt es zu einer Abwägung des Vertrauens auf den Bestand der Regelung und dem Änderungsinteresse des Gesetzgebers. Das erfolgt in Form einer Verhältnismäßigkeitsprüfung. Bei einer echten Rückwirkung muss dagegen geprüft werden, ob einer der Ausnahmefälle vorliegt,

---

22 BVerfG, Beschl. v. 17.7.1974, Az.: 1 BvR 51, 160 u. a. = BVerfGE 38, 61 (83) – Leberpfennig.
23 BVerfG, Urt. v. 5.2.2004, Az.: 2 BvR 2029/01 = BVerfGE 109, 133 (186).
24 Lepsius, JURA 2018, 577 (580).
25 Lepsius, JURA 2018, 577 (583).
26 BVerfG, Beschl. v. 10.10.2012, Az.: 1 BvL 6/07, Rn. 43 = BVerfGE 132, 302 (318).
27 Vgl. BVerfG, Beschl. v. 7.7.2010, Az: 2 BvL 1/03 u. a. = BVerfGE 127, 31 (48) – Entgangene Einnahmen.

Johannes Siegel

bei denen es keinen Vertrauensschutz gibt oder ob im konkreten Sonderfall dennoch aus zwingenden Gründen des Allgemeinwohls das Änderungsinteresse überwiegt.

! Examenswissen

Rückwirkungsprobleme können in Sachverhalten mit Bezug zum Steuerrecht auftreten.[28] Gemäß § 38 AO i.V.m. § 36 I EStG erfolgt die Steuerpflicht stets zum Ende des Jahres. Das führt regelmäßig zu Problemen um unechte Rückwirkungen, da während des Jahres Vertrauen bestand. Es geht also für die Klausur nicht darum konkrete Kenntnisse im Steuerrecht zu haben, sondern zu erkennen, dass durch diese Normen ein ständiger Konflikt mit dem Vertrauensschutz besteht.

Fallbeispiel

Fall: X betreibt mehrere Glücksspielhallen, in denen er vielerlei Möglichkeiten unterschiedlicher Angebote von Glücksspielen anbietet. Im Zuge der Bekämpfung von Sucht im Zusammenhang mit solchen Glücksspielen einigen sich die Länder im Rahmen einer Minister:innenkonferenz auf einen Staatsvertrag, nachdem Gesetze zur Regulierung erlassen werden sollen. Demnach sollen strenge Abstandsregelungen zwischen unterschiedlichen Spielhallen bestehen, sodass es keine Ballungsräume für Glücksspiel gibt. X zeigt sich davon unbeeindruckt und hofft auf die Arbeit seiner Interessensvertretungen. Er glaubt, dass die Gesetze am Ende vielleicht nicht erlassen werden oder wenn ja lediglich abgeschwächt in Kraft treten. In diesem Vertrauen investiert X weiter in seine Glücksspielhallen und baut auch neue Anlagen. Schließlich werden auch in dem Bundesland, in dem X seine Anlagen betreibt, neue Gesetze erlassen. Das führt dazu, dass X die neu gebauten Anlagen wieder schließen und rückbauen muss. Daraufhin ist X erbost und pocht auf Ersatz des ihm in Vertrauen auf die Rechtslage entstandenen Schadens. Zu Recht?

Lösung: Der kurze Beispielsfall greift mehrere Punkte zur Rückwirkung auf. Als erstes stellt sich die Frage, ob es sich um eine echte oder um eine unechte Rückwirkung handelt. Da die Regulierung Abstände vorsieht, die auch für bereits bestehende Anlagen gelten sollen, ist hier von einer echten Rückwirkung auszugehen. Das ergibt sich daraus, dass nachträglich in den bereits abgeschlossenen Sachverhalt, die Errichtung von Spielhallen, eingegriffen wird. Dennoch könnte hier trotzdem kein Vertrauenstatbestand bestehen. X hatte bereits Kenntnis über die geplanten Regulierungen, die auf der Minister:innenkonferenz durch den Staatsvertrag der Länder ausgearbeitet wurden. Auch wenn in seinem Land noch kein Gesetz erlassen worden war, musste X mit einer Änderung rechnen, weshalb sein Vertrauen bereits als deutlich herabgesetzt oder gar ganz erloschen anzusehen ist. Somit kann auch bereits vor Beginn eines Gesetzgebungsverfahren von einer *absehbaren Gesetzesänderung* ausgegangen werden, welche das Vertrauen des X erschüttert. X kann somit keinen Schadensersatz geltend machen.[29]

---

28 Siehe dazu Lepsius, JURA 2018, 577 (581).
29 Angelehnt an BVerfG, Beschl. v. 7.3.2017, Az.: 1 BvR 1314/12 u.a., Rn. 198ff. = BVerfGE 145, 20 (97ff.).

Johannes Siegel

Weiterführende Studienliteratur
- Voßkuhle/ Kaufhold, Grundwissen – Öffentliches Recht: Vertrauensschutz, JuS 2011, 794.
- Lepsius, Die Rückwirkung von Gesetzen – Teil 1, JURA 2018, 577.
- Lepsius, Die Rückwirkung von Gesetzen – Teil 2, JURA 2018, 695.

Zusammenfassung: Die wichtigsten Punkte
- Das Rückwirkungsverbot wird vom Vertrauensschutz abgeleitet. Dieser ist Teil des Rechtsstaatsprinzips.
- Es gibt **echte Rückwirkung** bei bereits abgeschlossenen Sachverhalten. Sie ist regelmäßig unzulässig.
- Es **gibt unechte Rückwirkung** bei noch laufenden Sachverhalten. Sie ist regelmäßig zulässig.

Für dieses Kapitel gibt es frei zugängliche interaktive Übungen auf der OpenRewi-Homepage. Hierzu muss einfach der QR-Code gescannt werden.

Johannes Siegel

§ 4.4 Gewährleistung effektiven Rechtsschutzes

Recht kann nur dann Wirkung entfalten, wenn effektiver Rechtsschutz gewährleistet ist. Daher ist ein Staat idealerweise derart organisiert, dass ein effektiver Zugang zur Justiz (und somit zu Recht) besteht. Der Justizgewährungsanspruch beschreibt dazu Anforderung an den Staat, sodass dieser gewisse Rahmenbedingungen erfüllt. Diese sollen den Zugang zu Justiz und die Bedingungen des Zugangs sichern. Im Ergebnis wird dadurch der Rechtsstaat verwirklicht, weshalb der Justizgewährungsanspruch aus dem Rechtsstaatsprinzip gem. Art. 20 III GG abgeleitet wird. Der Justizgewährungsanspruch zeigt sich dabei in unterschiedlichen Ausprägungen in Form des allgemeinen Justizgewährungsanspruches und der Gewährleistung des effektiven Rechtsschutzes. Der **allgemeine Justizgewährungsanspruch**[1] dient dabei der Verwirklichung des Rechtsschutzes als Gerüst für die einzelnen Komponenten, wie beispielsweise Zugang zu Rechtsschutz und einen angemessenen Zeitrahmen für eine Entscheidung.[2] Die Funktionalität der Justiz wird dagegen in der **Gewährleistung des effektiven Rechtsschutzes** konkretisiert. Dabei ist beides stark miteinander verbunden. Die strukturellen Voraussetzungen durch den allgemeinen Justizgewährungsanspruch sollen im Ergebnis zu einem effektiven Rechtsschutz führen.[3]

Dabei bestehen umfangreiche Überschneidungen mit dem Grundrecht der Rechtsweggarantie[4] aus Art. 19 IV GG. Dieses Kapitel beschränkt sich auf die strukturelle Komponente und den allgemeinen Justizgewährungsanspruch. Als Grundlage bietet es sich jedoch an als Vorwissen auch die Grundzüge des Kapitels zum Grundrecht der Rechtsweggarantie aus Art. 19 IV GG anzusehen.

A. Verfassungsrechtliche Verortung

Die Verortung des **allgemeinen Justizgewährungsanspruchs** als Teil des **Rechtsstaatsprinzips** liegt nicht auf der Hand. Das Grundgesetz kennt ausdrückliche Regelungen zu Rechtsschutz und Justizgrundrechten. Art. 19 IV GG regelt konkret **Rechtsschutz gegenüber Rechtsverletzungen durch die öffentliche Gewalt.**[5] Art. 101 I 2 GG bestimmt den Anspruch auf den **gesetzlichen Richter.**

---

1 BVerfG, Beschl. d. Plenums d. BVerfG v. 11.6.1980, Az.: 1 PBvU 1/79, Rn. 46 f. = BVerfGE 54, 277 (291) – Ablehnung der Revision.
2 Voßkuhle/Kaiser, JuS 2014, 312 (313).
3 Voßkuhle/Kaiser, JuS 2014, 312 (313).
4 Maurer, Staatsrecht I, 6. Aufl. 2010, § 8 Rn. 28.
5 Maurer, Staatsrecht I, 6. Aufl. 2010, § 8 Rn. 35.

∂ Open Access. © 2022 Johannes Siegel, publiziert von De Gruyter. (cc) BY-SA Dieses Werk ist lizenziert unter einer Creative Commons Namensnennung-Weitergabe unter gleichen Bedingungen 4.0 International Lizenz.
https://doi.org/10.1515/9783110786965-017

Art. 103 I GG gewährt den Anspruch auf **rechtliches Gehör**. Dennoch passen alle drei Anknüpfungsmöglichkeiten nicht für den allgemeinen Justizgewährungsanspruch. Während Art. 19 IV GG auf die öffentliche Gewalt beschränkt ist und somit ausdrücklich nicht allgemein gelten soll, setzen Art. 101 I 2 GG und Art. 103 I GG bereits einen Rechtsweg voraus.[6] Somit bietet sich für den allgemeinen Justizgewährungsanspruch der Rückgriff auf die allgemeinere Grundlage in Form des Rechtsstaatsprinzips aus **Art. 20 III GG** an.[7]

Anhand dieser konkreten Ausgestaltungen im Grundgesetz zeigt sich die strukturelle Funktion des allgemeinen Justizgewährungsanspruches als Teil des Rechtsstaatsprinzips. Aus ihm sind die allgemeinen Strukturen einer Justiz abzuleiten. Allgemeine Strukturen sind vor allem der Zugang und der effektive Ablauf. Das BVerfG stellte dabei fest, dass eine nicht verfassungsrechtlich rechtfertigungsfähige Verengung des **Zugangs** zu Gerichten[8] oder ein Verstoß gegen den Anspruch auf ein **faires Verfahren**[9] eine Verletzung von **Art. 2 I GG** i. V. m. dem Rechtsstaatsprinzip darstelle. Durch diese Anknüpfung an Art. 2 I GG ist es möglich, prozessual gegen solche Einschränkungen des effektiven Rechtsschutzes vorzugehen.[10] So lässt sich festhalten, dass der Zugang zu Gerichten, auch für Streitigkeiten, die über Art. 19 IV GG hinausgehen, zurecht als für den Rechtsstaat notwendig angesehen werden. Auch ohne eine ausdrückliche Benennung im Grundgesetz wird der allgemeine Justizgewährungsanspruch daher direkt aus dem Rechtsstaatsprinzip entnommen.[11]

B. Inhalt des allgemeinen Justizgewährungsanspruchs

Da das Grundgesetz in Art. 19 IV GG lediglich eine Regelung zum Rechtsschutz gegen die öffentliche Gewalt trifft, besteht eine Leerstelle für den Rechtsschutz[12] in allen übrigen Fällen, wie denen des bürgerlichen Rechts. Das BVerfG erkannte daraufhin in einer seiner seltenen Plenarentscheidungen (das BVerfG entschei-

---

6 Voßkuhle/Kaiser, JuS 2014, 312 (313).
7 BVerfG, Beschl. d. Plenums d. BVefG v. 30.4.2003, Az.: 1 PBvU 1/02, Rn. 14 f. = BVerfGE 107, 395 (401) – Rechtsschutz gegen den Richter I; BVerfG, Beschl. v. 9.5.1989, Az.: 1 BvL 35/86 = BVerfGE 80, 103 = NJW 1989, 1985 (1985); BVerfG, Beschl. v. 12.2.1992, Az.: 1 BvL 1/89 = BVerfGE 85, 337 = NJW 1992, 1673 (1673).
8 BVerfG, Beschl. v. 14.5.1985, Az.: 1 BvR 370/84 = BVerfGE 69, 381 = NJW 1986, 244 (244).
9 BVerfG, Beschl. v. 26.4.1988, Az.: 1 BvR 669/87 u.a. = BVerfGE 78, 123 = NJW 1988, 2787 (2787).
10 Jarass, in: Jarass/Pieroth, GG, 16. Aufl. 2020, Art. 20 Rn. 128.
11 Gröpl, Staatsrecht I, 13. Aufl. 2021, Rn. 465.
12 BVerfG, Beschl. d. Plenums d. BVerfG v. 30.4.2003, Az.: 1 PBvU 1/02 = BVerfGE 107, 395 (407) – Rechtsschutz gegen den Richter I.

det mit beiden Senaten als gesamtes Gericht), dass auch für **bürgerlichrecht-liche Streitigkeiten** ein Anspruch auf Rechtsschutz bestehe.[13] Es leitete aus dem Rechtsstaatsprinzip einen Anspruch auf wirkungsvollen Rechtsschutz ab. Somit beginnt der Anwendungsbereich des allgemeinen Justizgewährungsanspruchs dort, wo Art. 19 IV GG endet. Inhalt dieses Anspruchs sei grundsätzlich eine umfassende **tatsächliche** und **rechtliche Prüfung**. Das bedeutet, dass das Gericht zum einen zu bewerten habe was tatsächlich passierte, also welcher Sachverhalt dem Rechtsstreit zu Grunde liegt und zum anderen, wie dieser Sachverhalt rechtlich zu bewerten sei. Abschließend bestehe ein Anspruch auf eine **verbindliche Entscheidung des Gerichts**.[14] Dieses Verfahren sei weiter innerhalb einer **angemessenen Dauer** abzuschließen.[15]

Folglich fordert der effektive Rechtsschutz in Form des allgemeinen Justizgewährleistungsanspruchs die notwendige Struktur zur Erfüllung dieser jeweiligen Teilrechte zu erschaffen und zu erhalten. Es obliegt somit der Legislative dieses Gerüst zu schaffen.[16]

! **Klausurtaktik**

Für die Klausur ist es wichtig vor allem zwischen zwei Punkten zu differenzieren. Es ist zum einen zwischen dem Rechtsschutz gemäß Art. 19 IV GG in Bezug auf öffentliche Gewalt und dem allgemeinen Justizgewährungsanspruch für die übrigen Fällen zu trennen. Man kann daher auch davon sprechen, dass der allgemeine Justizgewährungsanspruch für den effektiven Rechtsschutz eine **Auffangfunktion**[17] hat. Daher sollte in der Klausur auch in dieser Reihenfolge geprüft werden, sodass das Verständnis über dieses Verhältnis auch dargestellt werden kann. Zum anderen ist die **strukturelle Funktion** zu beachten. Diese betrifft nicht den Einzelfall sondern beispielsweise allgemein den Zugang zu Gericht, das faire Verfahren und auch angemessene Gerichtskosten.[18]

---

13 BVerfG, Beschl. d. Plenums d. BVerfG v. 11.6.1980, Az.: 1 PBvU 1/79 = BVerfGE 54, 277 (291) – Ablehnung der Revision.
14 BVerfG, Beschl. v. 12.2.1992, Az.: 1 BvL 1/89 = BVerfGE 85, 337 = NJW 1992, 1673 (1673).
15 Maurer, Staatsrecht I, 6. Aufl. 2010, § 8 Rn. 28; BVerfG, Staatgebender Kammerbeschl. v. 30.7.2009, Az.: 1 BvR 2662/06, 1. LS = NJW-RR 2010, 207; BVerfG, Beschl. v. 16.12.1980, Az.: 2 BvR 419/80 = BVerfGE 55, 349 (369) – Hess-Entscheidung.
16 Voßkuhle/Kaiser, JuS, 2014, 312 (312); BVerfG, Beschl. d. Plenums d. BVerfG v. 30.4.2003, Az.: 1 PBvU 1/02 = BVerfGE 107, 395 (408).
17 Maurer, Staatsrecht I, 6. Aufl. 2010, § 8 Rn. 28.
18 Grzeszick, in: Dürig/Herzog/Scholz, GG, 95. EL 7.2021, Art. 20 Rn. 137.

Johannes Siegel

C. Grenzen des allgemeinen Justizgewährungsanspruchs

Der effektive Rechtsschutz steht in einem Spannungsverhältnis zu rechtsstaatlichen Prinzipien, wie der Rechtssicherheit in Form einer abschließenden Entscheidung zu Gunsten des Rechtsfriedens.[19] Aus dem allgemeinen Justizgewährungsanspruch wird daher ein effektiver Rechtsschutz *durch* Richter:innen abgeleitet, aber nicht *gegen* Richter:innen.[20] Diese Unterscheidung ist elementar. Das BVerfG stellte dazu fest, dass Art. 19 IV GG eben nicht den Rechtsweg gegen richterliche Entscheidungen öffne.[21] Daran ist die Grenze des allgemeinen Justizgewährungsanspruchs zu messen. In einer weiteren Plenarentscheidung erkannte das BVerfG an, dass zum **Rechtsschutz gegen Richter:innen** der **Zugang** zu Gericht erfasst sei, jedoch **kein Rechtsmittelzug**.[22]

Weiterführende Studienliteratur
– Voßkuhle/ Kaiser, Grundwissen – Öffentliches Recht: Der allgemeine Justizgewährungsanspruch, JuS 2014, 312.

Zusammenfassung: Die wichtigsten Punkte
– Als Teil des Rechtsstaatsprinzips muss ein allgemeiner Zugang zu Justiz durch faire Verfahren in angemessener Dauer bestehen.
– Die strukturelle Ausprägung des allgemeinen Justizgewährungsanspruches ist von dem Grundrecht aus Art. 19 IV GG zu trennen.

---

19 Maurer, Staatsrecht I, 6. Aufl. 2010, § 8 Rn. 30.
20 Maurer, Staatsrecht I, 6. Aufl. 2010, § 8 Rn. 30.
21 BVerfG, Beschl v. 7.7.1960, Az.: 2 BvR 435/60 u. a. = BVerfGE 11, 263 = NJW 1960, 1563 (1563).
22 BVerfG, Beschl. d. Plenums d. BVerfG v. 30.4.2003, Az.: 1 PBvU 1/02 = BVerfGE 107, 395 (401 f.).

Johannes Siegel

§ 4.5 Verhältnismäßigkeitsgrundsatz

Ein zentrales Element des Rechtsstaatsprinzips ist der Grundsatz der Verhältnismäßigkeit. Greift staatliches Handeln in Rechte der Bürger:innen ein, so muss es einen legitimen Zweck verfolgen und sich gemessen daran als verhältnismäßig erweisen. Als **Übermaßverbot** dient der Grundsatz der Verhältnismäßigkeit dazu, Eingriffe in den Rechtskreis der Bürger:innen zu beschränken und einen sachgerechten Ausgleich zwischen widerstreitenden Interessen herzustellen.

Dabei ergeben sich die Grundsätze der Verhältnismäßigkeit und des Übermaßverbots nach Ansicht des BVerfG als „übergreifende Leitregeln allen staatlichen Handelns" zwingend aus dem Rechtsstaatsprinzip des Art. 20 III GG, wodurch ihnen ihrerseits Verfassungsrang zukommt.[1]

Der Verhältnismäßigkeitsgrundsatz bindet alle drei Staatsgewalten – wenn auch in unterschiedlich intensiver Ausprägung. Der parlamentarische Gesetzgeber hat mehr Freiheiten dabei, den Zweck des von ihm zu erlassenden Gesetzes zu bestimmen und zwischen verschiedenen Mitteln zur Erreichung dieses Zwecks zu wählen.[2] Ihm kommt ein weiter Spielraum zu, um die Geeignetheit und Erforderlichkeit einer Maßnahme einzuschätzen (sogenannte **Einschätzungsprärogative des Gesetzgebers**). Demgegenüber wird der **Verwaltung** das Ziel ihres Handelns regelmäßig durch das Gesetz vorgegeben. Sie kann nur dort zwischen verschiedenen Mitteln wählen, wo ihr Ermessen eingeräumt wird.[3] Maßnahmen der Verwaltung sind vollständig auf ihre Geeignetheit und Erforderlichkeit überprüfbar.[4]

A. Anwendungsbereich der Verhältnismäßigkeitsprüfung

Als Ausprägung des Rechtsstaatsprinzips ist der Verhältnismäßigkeitsgrundsatz im gesamten Öffentlichen Recht von Bedeutung. Besonders klausurrelevant ist er als Schranken-Schranke im Rahmen der Rechtfertigung von Grundrechtseingriffen.

Im Staatsorganisationsrecht wird der Grundsatz der Verhältnismäßigkeit bei der Prüfung der Wahlrechtsgrundsätze herangezogen, welche der Grundrechtsprüfung strukturell ähnelt.

---

1 BVerfG, Beschl. v. 5.3.1968, Az.: 1 BvR 579/67 = BVerfGE 23, 127 (133) – Zeugen Jehovas.
2 Michaelis, JA 2021, 573 (574).
3 Degenhart, Staatsrecht I, 36. Aufl. 2020, Rn. 423.
4 Voßkuhle, JuS 2007, 429 (430).

Beispiel: Prüft man beispielsweise die Vereinbarkeit eines Gesetzes zur paritätischen Besetzung von Wahllisten mit Art. 38 I 1 GG, wird man zunächst eine Beeinträchtigung der passiven Wahlrechtsgleichheit feststellen. Im nächsten Schritt ist dann zu prüfen, ob eine solche Beeinträchtigung der Gleichheit der Wahl verfassungsrechtlich gerechtfertigt werden kann. Hierbei bietet sich eine Verhältnismäßigkeitsprüfung an, um den mit dem Paritätsgesetz verfolgten legitimen Zweck (Erhöhung des Frauenanteils im Parlament) mit der Beeinträchtigung der Gleichheit des passiven Wahlrechts abzuwägen.[5]

Im Verwaltungsrecht findet der Verhältnismäßigkeitsgrundsatz insbesondere bei der Kontrolle behördlichen Ermessens Anwendung. Führt die Ermessensausübung zu unverhältnismäßigen Belastungen für die betroffenen Bürger:innen, so liegt ein Ermessensfehler in Gestalt einer Ermessensüberschreitung (vgl. § 40 VwVfG) vor.[6]

Zu beachten ist, dass der Grundsatz der Verhältnismäßigkeit nur **im Verhältnis von Staat und Bürger:innen,** nicht jedoch zwischen Hoheitsträgern Anwendung findet.[7] Ihm kommt ausschließlich die Funktion zu, den Rechtskreis der Bürger:innen gegenüber staatlichem Eingriffshandeln zu schützen. Demgegenüber lässt sich der Verhältnismäßigkeitsgrundsatz nicht heranziehen, um die Kompetenzen verschiedener Verfassungsorgane abzugrenzen, wie es etwa in einem Organstreitverfahren der Fall ist. Allerdings hat das BVerfG jüngst in einem Organstreitverfahren auf den Grundsatz der Verhältnismäßigkeit zurückgegriffen, als es einen Eingriff in das freie Mandat der Abgeordneten (Art. 38 I 2 GG) durch eine polizeiliche Maßnahme der Bundestagspräsident:in zu prüfen hatte.[8]

B. Die vier Stufen der Verhältnismäßigkeitsprüfung

Die Prüfung der Verhältnismäßigkeit erfolgt üblicherweise in vier Schritten. Zunächst ist der **Zweck** der Maßnahme zu benennen. Anschließend ist anhand des jeweiligen Zweckes zu untersuchen, ob sich das gewählte Mittel als **geeignet** und **erforderlich** erweist. Abschließend erfolgt in der **Angemessenheit** eine strukturierte Abwägung der widerstreitenden Interessen, auf welche in Prüfungsarbeiten regelmäßig ein Schwerpunkt zu legen ist.

Im Folgenden sollen die vier Schritte der Verhältnismäßigkeitsprüfung lediglich in ihren Grundzügen dargestellt werden. Für ausführliche Erläuterungen und

---

5 Vgl. etwa die Falllösung bei Gröpl/Becker/Heck, JuS 2020, 961 ff.

6 Voßkuhle, JuS 2007, 429 (430).

7 Voßkuhle, JuS 2007, 429 (430).

8 BVerfG, Beschl. v. 9.6.2020, Az.: 2 BvE 2/19 = BVerfGE 154, 354 (369 Rn. 48) - Betreten von Abgeordnetenräumen; kritisch dazu: Linke, NVwZ 2021, 1265.

Julian Seidl

weitergehende klausurtaktische Hinweise wird auf die Darstellung im Grundrechte-Lehrbuch verwiesen.[9]

I. Legitimer Zweck

In einem ersten Schritt ist herauszuarbeiten, welche Zwecke das in Rede stehende staatliche Handeln verfolgt. In Klausuren gilt es an dieser Stelle, den Sachverhalt gründlich auszuwerten. In der Praxis lassen sich die Ziele des Gesetzgebers meistens der Gesetzesbegründung entnehmen. Sofern der in Rede stehende Zweck an Rechtsgüter von Verfassungsrang (z. B. Schutzpflichten aus den Grundrechten oder Staatszielbestimmungen) anknüpft, sollten die einschlägigen Bestimmungen des Grundgesetzes auch an dieser Stelle in der Klausurbearbeitung aufgeführt werden.

Beispiel: Der Bundestag erlässt ein Gesetz, welches das Töten männlicher Küken verbietet. Der hierdurch verfolgte Zweck des Tierschutzes ist als Staatszielbestimmung in Art. 20a GG in besonderer Weise verfassungsrechtlich verankert.

Klausurtaktik

Verfolgt eine Maßnahme mehrere Zwecke, sollten alle in Betracht kommenden Zwecke sauber herausgearbeitet und im weiteren Verlauf der Prüfung unterschieden werden. Es ist durchaus denkbar, dass dieselbe Maßnahme zur Verfolgung eines Zweckes ungeeignet ist, sich aber im Hinblick auf einen anderen legitimen Zweck als geeignet, erforderlich und angemessen erweist.

II. Geeignetheit

Auf der Ebene der Geeignetheit ist lediglich zu prüfen, ob das gewählte Mittel zur Erreichung des angestrebten Zwecks dienlich ist.[10] Dies ist bereits dann der Fall, wenn das Mittel grundsätzlich in der Lage ist, den angestrebten Zweck zu fördern.

Hierzu ist eine **Prognose** über die Wirkungen der jeweiligen Maßnahme anzustellen. Insbesondere im Vorfeld von Gesetzesvorhaben mit komplexen Wir-

---

9 Milas, § 7 Grenzen der Einschränkbarkeit – Schranken-Schranken in Grundrechte Klausur- und Examenswissen.
10 Michaelis, JA 2021, 573 (576).

Julian Seidl

kungszusammenhängen erweist sich eine solche Prognose als schwierig. Dem parlamentarischen Gesetzgeber ist daher ein weiter Spielraum zuzugestehen, um die Geeignetheit der von ihm gewählten Maßnahme einzuschätzen. Eine solche **Einschätzungsprärogative des Gesetzgebers** stellt sicher, dass Gerichte ihre eigenen Wertungen nicht an die Stelle der Entscheidungen des unmittelbar demokratisch legitimierten Gesetzgebers setzen.[11] Demnach beschränkt sich die verfassungsgerichtliche Überprüfung der Geeignetheit von Gesetzen darauf, ob das gewählte Mittel „schlechthin ungeeignet" ist.[12]

Beispiel: In der Entscheidung zu den sogenannte „Hartz IV-Sanktionen" hat das BVerfG klargestellt, dass der ansonsten weite Einschätzungsspielraum des Gesetzgebers bei der Beurteilung der Geeignetheit einer Maßnahme beschränkt ist, wenn Betroffenen existenzsichernde Leistungen gekürzt werden. Im Hinblick auf das gesetzgeberische Ziel, Leistungsempfänger:innen in Arbeit zu vermitteln, ergibt sich bei der Frage der Geeignetheit der Sanktionen ein gemischtes Bild. Während teilweise positive Effekte für die Arbeitsmarktintegration der Betroffenen festzustellen sind, besteht andererseits das Risiko, dass Betroffene den Kontakt zum Jobcenter infolge der Sanktion abbrechen. Auf Grundlage des derzeitigen Kenntnisstandes hat das BVerfG lediglich eine dreißigprozentige Sanktion für geeignet befunden. Die sechzig- und hundertprozentigen Sanktionen im SGB II hat das BVerfG mangels tragfähiger Erkenntnisse zu ihrer Geeignetheit, Erforderlichkeit und Angemessenheit für unverhältnismäßig erachtet.[13]

III. Erforderlichkeit

Kann das gewählte Mittel den angestrebten Zweck zumindest fördern, stellt sich im nächsten Schritt die Frage, ob auf ein milderes Mittel zur Erreichung des Zwecks zurückgegriffen werden kann. Das gewählte Mittel ist dann erforderlich, wenn es das mildeste aller gleich wirksamen Mittel darstellt. Die Prüfung der Erforderlichkeit erfolgt demnach in zwei Gedankenschritten: Zunächst ist danach zu fragen, ob ein milderes Mittel in Betracht kommt; im nächsten Schritt, ob ein etwaiges milderes Mittel gleichermaßen effektiv ist.

Beispiel: Sind beispielsweise einzelne Personen innerhalb einer ansonsten friedlichen Versammlung gewalttätig, wäre eine Auflösung der Versammlung zwar ein geeignetes Mittel, um diese Störungen zu unterbinden. Allerdings ließe sich der angestrebte Zweck ebenso wirksam durch ein zielgerichtetes Vorgehen gegen die Störer:innen (etwa durch die Aussprache eines Platzverweises) erreichen. Steht ein solches gleichermaßen wirksames, aber milderes Mittel zur

---

11 Michaelis, JA 2021, 573 (574).
12 Vgl. etwa BVerfG, Urt. v. 20.7.1954, Az.: 1 BvR 459/52 u.a., Rn. 46 = BVerfGE 4, 7 (21) – Investitionshilfe.
13 BVerfG, Urt. v. 5.11.2019, Az.: 1 BvL 7/16 = BVerfGE 152, 68 – Sanktionen im SGB II.

Julian Seidl

Verfügung, ist die Auflösung der gesamten Versammlung nicht erforderlich. Anders liegt es, wenn die Lage so unübersichtlich ist, dass einzelne Störer:innen nicht identifiziert werden können oder die Versammlung insgesamt einen unfriedlichen Verlauf nimmt. Hier kann ein derart einschneidendes Mittel wie die Auflösung der Versammlung erforderlich sein.

Bei Legislativakten ist auch auf Ebene der Erforderlichkeit die Einschätzungsprärogative des Gesetzgebers zu beachten.

> **⚠ Klausurtaktik**
>
> In Klausuren ist der Prüfungspunkt der Erforderlichkeit regelmäßig ausführlicher zu thematisieren als die Geeignetheit oder der legitime Zweck. In aller Regel wird von den Bearbeiter:innen erwartet, dass sie mindestens ein milderes Mittel nennen und in einigen Sätzen untersuchen, ob dieses gleichermaßen geeignet ist. Wirft der Sachverhalt alternative Maßnahmen auf, sollten diese unbedingt auch im Rahmen der Erforderlichkeit thematisiert werden. Darüber hinaus empfiehlt es sich, bei der Lösung einer Klausur eigene Gedanken über in Betracht kommende mildere Mittel anzustellen. Prüfer:innen werden solche eigenen Überlegungen honorieren, solange derartige Ausführungen nicht zu lang geraten oder abwegig sind.
>
> Nicht selten kommen Klausurkonstellationen vor, in welchen sich bereits an der Erforderlichkeit einer Maßnahme zweifeln lässt, es aber in jedem Fall an einer angemessenen Zweck-Mittel-Relation fehlt. Hier kann es klausurtaktisch sinnvoll sein, die Erforderlichkeit im Zweifelsfall noch zu bejahen, um sich die Prüfung der Angemessenheit nicht abzuschneiden. Denkbar ist es auch, die Erforderlichkeit zu verneinen und im nächsten Schritt darzulegen, dass die betrachtete Maßnahme überdies nicht angemessen ist. Eine solche „Überdies-Argumentation" vermeidet den Gang ins Hilfsgutachten und stellt gleichzeitig sicher, dass ein etwaiger Schwerpunkt in der Angemessenheitsprüfung nicht ausgelassen wird. Wählt man diese Vorgehensweise, so hat man die im Anschluss geprüfte Angemessenheit zwingend zu verneinen.

IV. Angemessenheit (Verhältnismäßigkeit im engeren Sinne)

Der Schwerpunkt der Verhältnismäßigkeitsprüfung liegt regelmäßig auf der Angemessenheit. Hier ist die **Zweck-Mittel-Relation** in den Blick zu nehmen, das heißt die Intensität des Eingriffs ist mit der Bedeutung des verfolgten Zweckes abzuwägen. Dabei bedingen sich die genannten Kriterien gegenseitig: Je schwerwiegender der Eingriff in den Rechtskreis der Bürger:innen ausfällt, desto gewichtigere Ziele sind durch die Maßnahme zu verfolgen.[14]

Daneben können abhängig von den Gegebenheiten des Sachverhalts weitere Kriterien in die Angemessenheitsprüfung einfließen. Besteht der Zweck der Maßnahme darin, eine Gefahr abzuwehren, so bildet die Wahrscheinlichkeit des Ge-

---

14 Daiber, JA 2020, 37.

Julian Seidl

fahreneintritts ein Kriterium für die Prüfung der Angemessenheit.[15] Darüber hinaus trägt das Vorhandensein von Übergangs- oder Härtefallregelungen dazu bei, die Angemessenheit einer gesetzlichen Regelung zu wahren.

Klausurtaktik !

Die Prüfung der Angemessenheit ist regelmäßig ein Schwerpunkt in Klausuren und lädt zu ausführlichen Ausführungen ein. Dennoch sollten sich Bearbeiter:innen nicht zum „Schwafeln" verleiten lassen, sondern ihre Prüfung klar strukturieren. Hierzu bietet es sich an, zunächst die Schwere des Eingriffs und die Bedeutung des verfolgten Zwecks herauszuarbeiten, um diese anschließend zueinander in Relation zu setzen und gegebenenfalls auf weitere Gesichtspunkte (z. B. das Vorhandensein von Härtefallregelungen) einzugehen.

V. Prüfungsschema

Zusammengefasst ergibt sich das folgende Schema der Verhältnismäßigkeitsprüfung:

Klausurtaktik !

Grundsatz der Verhältnismäßigkeit
1. Legitimer Zweck
Zweck der Maßnahme präzise herausarbeiten; bei Zwecken von verfassungsrechtlicher Relevanz (z. B. Staatszielbestimmungen) die einschlägigen Normen des Grundgesetzes nennen!

2. Geeignetheit
Ein Mittel ist geeignet, wenn es grundsätzlich in der Lage ist, den angestrebten Zweck zu fördern.

3. Erforderlichkeit
Das gewählte Mittel ist dann erforderlich, wenn es das mildeste aller gleich wirksamen Mittel darstellt.

4. Angemessenheit
Die Maßnahme ist angemessen, wenn die Schwere des Eingriffs in den Rechtskreis der Bürger:innen nicht außer Verhältnis zu den mit dem Eingriff verfolgten Zwecken steht (**Zweck-Mittel-Relation**).

---

15 Daiber, JA 2020, 37 (38) unter Hinweis auf BVerfG, Beschl. v. 12.1.2016, Az.: 1 BvL 6/13, Rn. 69 ff. = BVerfGE 141, 82 (106 ff.).

Julian Seidl

C. Aktuelle Anwendungsfälle

Zuletzt wurde die Frage der Verhältnismäßigkeit der zur **Eindämmung der Verbreitung des Coronavirus** ergriffenen Maßnahmen in Politik und Rechtswissenschaft kontrovers diskutiert.

Besonderes Augenmerk ist zunächst darauf zu legen, den Zweck der jeweiligen Maßnahme präzise herauszuarbeiten. Zu denken sind hier insbesondere an den Schutz von Leben[16] und Gesundheit (sowohl auf die konkreten Adressaten der Maßnahme als auch auf eine Vielzahl von Personen bezogen), die Nachverfolgbarkeit von Infektionsketten durch die Gesundheitsämter oder die Aufrechterhaltung der Funktionsfähigkeit des Gesundheitssystems. Die Bestimmung des Zwecks stellt entscheidende Weichen für die weitere Verhältnismäßigkeitsprüfung. Beispielsweise setzen Maßnahmen mit dem Ziel, die Nachverfolgung von Infektionen sicherzustellen, weitaus früher an als solche Maßnahmen, die das Ziel verfolgen, den Verlust der Funktionsfähigkeit des Gesundheitssystems abzuwenden.

In der Pandemiesituation stehen Entscheidungsträger:innen vor der Schwierigkeit, oftmals nur mit **unvollständigem Wissen** über die Verbreitungswege des Virus und die Effektivität von Schutzmaßnahmen handeln können.[17] In Anbetracht der schwer vorhersehbaren Dynamik der Pandemie hat das BVerfG dem Gesetzgeber einen **weiten Einschätzungsspielraum** hinsichtlich der Geeignetheit und Erforderlichkeit der Maßnahmen zugestanden.[18] So hat es die Prüfung der Geeignetheit der im Zuge der sogenannten „Bundesnotbremse" getroffenen Kontaktbeschränkungen auf eine verfassungsgerichtliche Vertretbarkeitskontrolle der gesetzgeberischen Prognose beschränkt.[19]

Darüber hinaus enthält der Verhältnismäßigkeitsgrundsatz eine **zeitliche Komponente**, die für die Bestimmung der Eingriffsintensität im Rahmen der Angemessenheit von Bedeutung ist: Freiheitsbeschränkungen wie die Schließung von Gastronomie, Kultur- und Freizeiteinrichtungen wiegen für die Betroffenen umso schwerer, je länger sie andauern. Mit zunehmender Dauer der Maßnahme wachsen auch die Anforderungen an ihre Rechtfertigung.[20] Gleichzeitig verlangt das von einer hohen Dynamik geprägte Pandemiegeschehen, die Lage fortlaufend neu zu bewerten.

---

16 Skeptisch hierzu: Lepsius, VerfBlog, 6.4.2020: „Lebensschutz ist mittelbarer Effekt, aber nicht Ziel der Eingriffe."

17 Vgl. Kersten/Rixen, Der Verfassungsstaat in der Corona-Krise, 2. Aufl. 2021, V.1.

18 BVerfG Beschl. v. 19.11.2021, Az.: 1 BvR 781/21, Rn. 204 Bundesnotbremse I.

19 BVerfG Beschl. v. 19.11.2021, Az.: 1 BvR 781/21 u.a., Rn. 187 = NvwZ-Beilage 2022, 7 (19) – „Bundesnotbremse" I.

20 Kingreen, VerfBlog, 20.3.2020; Kingreen, Jura 2020, 1019 (1028 f.).

Julian Seidl

Dem **Zweck des Lebens- und Gesundheitsschutzes** ist im Rahmen der Angemessenheitsprüfung ein **hohes abstraktes Gewicht** beizumessen. Dies darf nicht zu dem Trugschluss verleiten, dass sämtliche Belange in der Abwägung dem Gesundheitsschutz unterzuordnen sind.[21] Vielmehr sind die konkrete Maßnahme und ihr Nutzen im Hinblick auf das Ziel, die Ausbreitung des Virus einzudämmen, zu betrachten.

Im Rahmen der Angemessenheit ist auch die **Entschädigung** wirtschaftlicher Einbußen von Bedeutung. So wiegt die zeitweilige Schließung von Gastronomie und Einzelhandelsbetrieben im Frühjahr 2020 besonders schwer, da die betroffenen Gewerbetreibenden regelmäßig keine Entschädigung erhielten.[22] Umgekehrt tragen die im sogenannten „Lockdown light" ab November 2020 geleisteten staatlichen Entschädigungszahlungen dazu bei, die Angemessenheit der Maßnahmen zu wahren. Dabei darf nicht außer Acht gelassen werden, dass eine finanzielle Entschädigung die erlittenen Freiheitseinbußen nicht vollständig kompensieren kann.

Weiterführende Studienliteratur
- Daiber, Verhältnismäßigkeit im engeren Sinne, JA 2020, 37.
- Klatt/Meister, Der Grundsatz der Verhältnismäßigkeit, JuS 2015, 193.
- Michaelis, Der Grundsatz der Verhältnismäßigkeit – Gebrauchsanweisung für die Waage der Justitia, JA 2021, 573.
- Voßkuhle, Grundwissen – Öffentliches Recht: Der Grundsatz der Verhältnismäßigkeit, JuS 2007, 429.

Zusammenfassung: Die wichtigsten Punkte
- Staatliche Eingriffe in den Rechtskreis der Bürger:innen müssen einen **legitimen Zweck** verfolgen und sich gemessen daran als **geeignet, erforderlich** und **angemessen** erweisen.
- Eine Maßnahme ist angemessen, wenn die Schwere des Eingriffs in den Rechtskreis der Bürger:innen nicht außer Verhältnis zu den mit dem Eingriff verfolgten Zwecken steht (Zweck-Mittel-Relation).
- Dem Gesetzgeber kommt bei der Beurteilung der Geeignetheit und Erforderlichkeit einer Maßnahme eine sog. Einschätzungsprärogative zu.
- Der Schwerpunkt der Verhältnismäßigkeitsprüfung liegt auf der Angemessenheit. Hier ist die Intensität des Eingriffs mit der Bedeutung des mit der Maßnahme verfolgten Zweckes abzuwägen.

---

21 Vgl. Hofmann, VerfBlog, 13.4.2020; Kingreen, VerfBlog, 20.3.2020.
22 Vgl. Antweiler, NVwZ 2020, 584 (587 f.).

Julian Seidl

Für dieses Kapitel gibt es frei zugängliche interaktive Übungen auf der OpenRewi-Homepage. Hierzu muss einfach der QR-Code gescannt werden.

§ 4.6 Bestimmtheitsgebot

Jedes rechtliche Handeln des Staates muss hinreichend bestimmt sein.[1] Dieses **Bestimmtheitsgebot** dient der Rechtsklarheit und Rechtssicherheit und ist insoweit eine wesentliche **Ausprägung des Rechtsstaatsprinzips**.[2] Dabei können verschiedene Funktionen unterschieden werden:

- Zunächst wird durch das Bestimmtheitsgebot die Freiheitssphäre der Regelungsadressat:innen geschützt: Nur, wenn der Inhalt einer staatlichen Regelung bestimmbar ist, können die Bürger:innen ihr Verhalten daran orientieren und so negative Konsequenzen abwenden.

- Soweit es um die Bestimmtheit von Parlamentsgesetzen geht, sichert das Bestimmtheitsgebot aber auch den Gewaltenteilungsgrundsatz ab: Eine zu unbestimmte Norm würde es der Exekutive ermöglichen, beliebige Sachverhalte unter die Norm zu subsumieren und damit den Machtbereich der Exekutive in unzulässiger Weise vergrößern.[3]

- Insoweit hängt das Bestimmtheitsgebot auch sehr eng mit dem Demokratieprinzip zusammen (siehe zu diesem Zusammenhang die Ausführungen zum Parlamentsvorbehalt). Indem es vom Parlament eine hinreichend bestimmte Regelung fordert, stellt es die Verantwortlichkeit des Parlaments sicher.

Beispiel: § 15 HochschulG des Bundeslandes X (fiktiv!) gestattet die Exmatrikulation bei „grobem Unfug in der Vorlesung". Was „grobe[r] Unfug" sein soll, kann nicht zuverlässig definiert werden. Die Auslegungsmethoden führen hier zu keinem greifbaren Ergebnis. Eben deshalb hat die Exekutive, in diesem Fall die Hochschule, die Möglichkeit, nahezu jeden Sachverhalt unter die Norm zu subsumieren. Entsprechend ist die Freiheitssphäre der Studierenden unzulässig beschränkt, der Machtbereich der Exekutive vergrößert und die parlamentarische Verantwortung unzureichend.

A. Anforderungen des Bestimmtheitsgebots

Die **Anforderungen des Bestimmtheitsgebots** sind im Detail schwierig zu bestimmen. Einigkeit besteht darüber, dass die Regelung nicht so bestimmt wie nur irgend möglich sein muss.[4] Vielmehr reicht es, wenn sich der parlamentarische Wille durch Auslegung ermitteln lässt (***hinreichende* Bestimmtheit**).[5] Das

---

1 Gröpl, Staatsrecht I, § 7 Rn. 470.
2 BVerfG, Urt. v. 10.2.2004, Az.: 2 BvR 834, 1588/02, Rn. 112 = BVerfGE 109, 190 (220).
3 Brocker, NVwZ 2020, 1485 (1486).
4 BVerfG, Urt. v. 19.9.2018, Az.: 2 BvF 1, 2/15, Rn. 203 = BVerfGE 150, 1 (101) – Zensus 2011.
5 BVerfG, Urt. v. 19.9.2018, Az.: 2 BvF 1, 2/15, Rn. 201 = BVerfGE 150, 1 (101) – Zensus 2011.

gilt für *alle* staatlichen Rechtsakte, auch für Einzelfallregelungen und Gesetze im nur-materiellen Sinn (Verordnungen und Satzungen).[6] Praktische Probleme bereitet das Bestimmtheitsgebot aber vor allem im Kontext von Parlamentsgesetzen.

Für diesen Bereich hat das BVerfG die Formel der „hinreichenden Bestimmtheit" näher konkretisiert:[7] Der Bundestag muss der Exekutive ein „Programm" an die Hand geben, nach dem dieses vorgehen soll (sogenannte **Programmfestsetzungspflicht**). Er muss zudem das Ziel und die Grenzen der exekutiven Befugnisse selbst festlegen (sogenannter **Selbstentscheidungsvorbehalt**). Zuletzt müssen die Vorgaben so konkret sein, dass das Verhalten der Exekutive für die Bürger:innen vorhersehbar wird (sogenanntes **Vorhersehbarkeitsgebot**). Von der vermeintlichen Klarheit dieser Vorgaben sollte man sich indes nicht täuschen lassen. Auf den zweiten Blick zeigt sich, dass die Konkretisierungen ihrerseits wertungsabhängig sind (Wie konkret muss das „Programm" sein? Wie präzise muss das Ziel vorgegeben werden? Wie genau muss das Exekutivverhalten vorhersehbar sein?).[8] Auch das BVerfG betont, dass es sich letztlich um eine Wertungsfrage handelt, die insbesondere von den **Besonderheiten der geregelten Materie** abhängt. Ein Indiz für *gesteigerte* Bestimmtheitsanforderungen ist die Grundrechtsrelevanz der Materie.[9] Dagegen kann es bei dynamischen Geschehen oder unsicherer Tatsachengrundlage geboten sein, der Exekutive einen größeren Spielraum einzuräumen.[10] Auch die Möglichkeiten des Gesetzgebers sind zu berücksichtigen. Insoweit kommt vor allem dem **Faktor Zeit** Bedeutung zu.[11] Beim Auftreten neuer Herausforderungen *kann* der Gesetzgeber nicht unverzüglich eine detaillierte Regelung treffen.[12] Um die Handlungsfähigkeit des Staates dennoch sicherzustellen, *muss* also der Exekutive ein größerer Spielraum gewährt werden. Es ist daher verfassungsrechtlich auch unbedenklich, dass in zahlreichen Gesetzen Generalklauseln zu finden sind, auf die in atypischen Situationen zurückgegriffen werden kann.[13] Je mehr

---

6 Tiedemann, in: BeckOK VwVfG, 54. Ed. 1.1.2022, § 37 Rn. 3.

7 BVerfG, Urt. v. 19.9.2018, Az.: 2 BvF 1, 2/15 Rn. 202 = BVerfGE 150, 1 (101) – Zensus 2011.

8 Wallrabenstein, in: v. Münch/Kunig, GG, Bd. II, 7. Aufl. 2021, Art. 80 Rn. 42.

9 Jarass, in: Jarass/Pieroth, GG, 16. Aufl. 2020, Art. 20 Rn. 79.

10 BVerfG, Urt. v. 19.9.2018, Az.: 2 BvF 1, 2/15 Rn. 204 = BVerfGE 150, 1 (102) – Zensus 2011.

11 VGH München, Beschl. v. 29.10.2020, Az.: 20 NE 20.2360 (LS); Kalscheuer/Jacobsen, DÖV 2021, 633 (637); Greve, NVwZ 2020, 1786 (1787).

12 Kingreen/Poscher, Polizei- und Ordnungsrecht, 11. Aufl. 2020, § 5 Rn. 18 m. w. N.; Kalscheuer/Jacobsen, DÖV 2021, 633 (633).

13 Degenhart, Staatsrecht I, 36. Aufl. 2020, § 4 Rn. 333; Gröpl, Staatsrecht I, 11. Aufl. 2019, § 7 Rn. 478

Wissen dem Gesetzgeber über den Regelungsgegenstand aber zur Verfügung steht, desto eher steht er in der Pflicht, eine detaillierte Regelung zu treffen.[14]

Klausurtaktik

Innerhalb der Klausurpraxis gehört der Bestimmtheitsgrundsatz zu den klassischen Themen, die oftmals abgefragt werden. Dabei kann insbesondere das Verständnis der Auslegungsmethoden abgeprüft werden. Da es oftmals schwierig zu entscheiden ist, ob nun tatsächlich ein Bestimmtheitsproblem vorliegt oder nicht, werden im Sachverhalt in der Regel Probleme bezüglich der Bestimmtheit sehr eindeutig erwähnt. Bearbeiter:innen werden damit auf das Problem „gestoßen". Sofern dies nicht geschieht, werden weitreichende Ausführungen zur Bestimmtheit eher nicht verlangt.

B. Unbestimmte Rechtsbegriffe, Ermessen und Generalklauseln

Unbestimmte Rechtsbegriffe sind nach dem vorher Gesagten nicht grundsätzlich verboten. Das BVerfG zieht hier neben den klassischen Auslegungsmethoden zum Teil auch die ständige Rechtspraxis heran, um den Inhalt einer Norm zu bestimmen. So werden etwa höchst unbestimmte Tatbestandsmerkmale wie die „öffentliche Sicherheit und Ordnung" für verfassungskonform gehalten, weil sie in jahrzehntelanger Rechtspraxis hinreichend konturiert wurden. Ebenfalls grundsätzlich unproblematisch sind Ermessensspielräume.

Examenswissen

Eher von theoretischer Natur ist die Frage, ob unbestimmte *Verfassungs*vorschriften an Art. 79 III GG scheitern. Hierbei ist zu beachten, dass die Normen der Verfassung im Regelfall keine unmittelbare Anwendung als Akte öffentlicher Gewalt nach außen hin finden. Weitergehend liegt es in der Natur der Verfassung, dass jene Normen eher weit formuliert sind, um ein hinreichendes Maß an Flexibilität zu garantieren.

C. Besondere Bestimmtheitsgebote

Das Grundgesetz kennt unterschiedliche Ausprägungen des Bestimmtheitsgebots. Einerseits findet sich der **allgemeine rechtsstaatliche Bestimmtheits-**

---

14 Vgl. Volkmann, NJW 2020, 1353 (1356).

Jaschar Kohal und Jan-Louis Wiedmann

grundsatz nicht explizit im Grundgesetz normiert; er ergibt sich aus dem Rechtsstaatsprinzip. Andererseits normieren **Art. 103 II GG** sowie **Art. 80 I 2 GG** besondere Bestimmtheitssätze, die nur auf ganz spezifische Sachverhalte anwendbar sind. Die Differenzierung erfolgt sinnvollerweise über eine Negativabgrenzung zu den besonderen Normen.[15]

I. Art. 103 II GG

Sofern die zu untersuchende Norm eine Norm aus dem Strafrecht ist, liegt ein Fall des Art. 103 II GG vor. Das allgemeine Bestimmtheitsgebot tritt dann als generelle Norm zurück und muss auch keine weitere Erwähnung finden. Der Maßstab des Art. 103 II GG ist besonders streng.

Eine Strafnorm liegt jedenfalls dann vor, wenn die fragliche **Norm ein soziales Unwerturteil über eine bestimmte Verhaltensweise ausspricht.** Umfasst werden auch Ordnungswidrigkeiten, nicht dagegen Maßnahmen der Besserung der Sicherung.[16]

! Klausurtaktik

Die Anwendung von Art. 103 II GG in Fällen, in denen gerade keine Strafnorm vorliegt, ist ein klassischer und leider häufig auftretender Klausurfehler. Andererseits wäre es fehlerhaft, das allgemeine Bestimmtheitsgebot zu prüfen, wenn eine „Bestrafung" im Sinne des Art. 103 II GG vorliegt.

II. Art. 80 I 2 GG

Art. 80 GG regelt explizit den Fall, dass der parlamentarische Gesetzgeber die Exekutive zum Erlass von **Rechtsverordnungen** ermächtigt. Die hierzu erforderliche gesetzliche Ermächtigungsgrundlage muss dabei die Bestimmtheitsanforderungen des Art. 80 I 2 GG erfüllen: Inhalt, Zweck und Ausmaß der erteilten Ermächtigung müssen im Gesetz bestimmt werden. Die genauen Voraussetzungen des Art. 80 GG werden im Kapitel zu Rechtsverordnungen näher erläutert.[17]

---

15 Voßkuhle/Kaufhold, JuS 2010, 116 (117).
16 Radtke, in: BeckOK GG, 49. Ed. 15.8.2021, Art. 103 Rn. 19f.
17 Bustami, § 18 Rechtsverordnungen in diesem Lehrbuch.

Jaschar Kohal und Jan-Louis Wiedmann

III. Allgemeiner Bestimmtheitsgrundsatz (Art. 20 II, III GG)

Sofern die zu untersuchende Norm keine Norm des Strafrechts und keine Ermächtigung zum Erlass einer Rechtsverordnung ist, muss sie sich trotzdem am allgemeinen Bestimmtheitsgrundsatz aus dem Rechtsstaatsprinzips messen lassen. Entsprechend ist hier eine Einzelfallprüfung vorzunehmen. Dagegen ist zu beachten, dass im intrastaatlichen Verhältnis, also im Verhältnis zwischen Staatsorganen, das Bestimmtheitsgebot grundsätzlich keine unmittelbare Anwendung findet.

Klausurtaktik   !

Hinsichtlich der Prüfung des Bestimmtheitsgebots bietet sich folgende **Prüfungsfolge** an:

1. Welches Bestimmtheitsgebot ist anzuwenden?
Es sollte stets eine **gedankliche** Abgrenzung erfolgen. Schriftliche Ausführungen zur Abgrenzung der Art. 103 II GG, 80 I 2 GG und des allgemeinen Bestimmtheitsgebots sind nur erforderlich, wenn eine Anwendung der besonderen Bestimmtheitsgebote denkbar erscheint.

2. Anwendung auf den Fall
a) Welche Prüfungsdichte ist anzuwenden?
Der Maßstab der Bestimmtheit hängt sodann von der konkreten Konstellation ab. Wie beschrieben, ist bei strafrechtlichen Normen (Art. 103 II GG) ein besonders hohes Maß an Bestimmtheit zu erwarten. Auch beim allgemeinen Bestimmtheitsgebot ist der Maßstab dynamisch (siehe hierzu oben). Hierbei kann auch die Frage relevant werden, welche Personen von der Regel betroffen sind. Eine weniger strenge Bestimmtheit ist beispielsweise für das interne Dienstrecht (z. B. bei der Bundeswehr) anzulegen.[18]

b) Auslegung der Norm
In der Fallbearbeitung gilt es nun, die Norm mit den bekannten Auslegungsmethoden hinreichend zu konkretisieren. Da der Wortlaut in Fällen, in denen die Bestimmtheit der Norm problematisch ist, in der Regel nicht sehr ergiebig ist, sollte besonderes Augenmerk auf die systematische und die teleologische Auslegung gelegt werden. Auch an eine verfassungskonforme Auslegung ist ggf. zu denken. In jedem Fall sind die Möglichkeiten, der Norm einen hinreichend bestimmten Inhalt zu entnehmen, umfassend auszuschöpfen. Möglichkeiten, die Norm hinreichend zu bestimmen und damit zur Verfassungsmäßigkeit zu bringen, sind umfassend auszuschöpfen.

Weiterführende Studienliteratur
- Schäufler, Fallbearbeitung „Ostern in der Pandemie, JuS 2021, 332.
- Gassner, Bestimmtheitsgrundsatz und Parlamentsvorbehalt, DÖV 1996, 18
- Grefrath, Der Grundsatz der Normenklarheit in der Fallbearbeitung, JA 2008, 710.

---

18 Voßkuhle/Kaufhold, JuS 2010, 116 (118).

Jaschar Kohal und Jan-Louis Wiedmann

Zusammenfassung: Die wichtigsten Punkte

– Nach dem Bestimmtheitsgebot muss jedes rechtliche Handeln des Staates hinreichend bestimmt sein. Das **Bestimmtheitsgebot** dient den Geboten der Rechtsklarheit und Rechtssicherheit und ist insoweit eine wesentliche **Ausprägung des Rechtsstaatsprinzips.**

– Die Anforderungen des Bestimmtheitsgebots sind im Detail schwierig zu bestimmen. Unstrittig bestehen **gesteigerte** Bestimmtheitsanforderungen bei **grundrechtsrelevanten Materien.**

– Das Grundgesetz kennt unterschiedliche Ausprägungen des Bestimmtheitsgebots. Einerseits findet sich der **allgemeine rechtsstaatliche Bestimmtheitsgrundsatz** nicht explizit im Grundgesetz normiert; er ergibt sich aus dem Rechtsstaatsprinzip. Andererseits normieren **Art. 103 II GG** (bei Strafnormen) sowie **Art. 80 I 2 GG** (bei Rechtsverordnungen) besondere Bestimmtheitssätze, die nur auf ganz spezifische Sachverhalte anwendbar sind.

Für dieses Kapitel gibt es frei zugängliche interaktive Übungen auf der OpenRewi-Homepage. Hierzu muss einfach der QR-Code gescannt werden.

Jaschar Kohal und Jan-Louis Wiedmann

§ 5 Die parlamentarische Demokratie

Als zweites Staatsstrukturprinzip soll im Folgenden das **Demokratieprinzip** betrachtet werden. Das Demokratieprinzip ist gemeinsam mit dem Rechtsstaatsprinzip sicher das klausurrelevanteste der Prinzipien und sollte von allen Studierenden sicher beherrscht werden. Dass Deutschland ein demokratischer Staat ist, wird unmittelbar in **Art. 20 I GG** festgelegt. In der Verfassung gibt es zusätzlich unterschiedliche Konkretisierungen, die das demokratische Prinzip näher ausgestalten. Besondere Relevanz haben dabei **Art. 20 II, Art. 21 und Art. 38 I GG.**

Davon ausgehend beginnt dieses Lehrbuch mit den ersten **prägnanten Konkretisierungen des Demokratieprinzips durch Art. 20 II GG: dem Prinzip der Volkssouveränität,** wonach alle Staatsgewalt gem. Art. 20 II 1 GG vom Volk ausgeht. Dieser Grundsatz wird über Art. 20 II 2 spezifiziert: Die Legitimation der Staatsgewalt findet über **Wahlen** statt. Die Anforderungen an den Wahlvorgang als solchen sind überwiegend in **Art. 38 I 1 GG** verankert. Gleichzeitig werden gem. Art. 20 II 2 GG **Abstimmungen** als direkt demokratisches Element ermöglicht.

Nachdem demokratische Vertreter:innen im Sinne der im Grundgesetz festgesetzten Grundsätze gewählt wurden, steht die Volksvertretung im Spannungsverhältnis zwischen dem **Mehrheitsprinzip** (Art. 42 II GG) und **parlamentarischem Minderheitenschutz.** Im Parlament müssen nach der **Wesentlichkeitstheorie beziehungsweise nach dem Parlamentsvorbehalt** alle „wesentlichen" Entscheidungen selbst getroffen werden und können nicht an die Exekutive ausgelagert werden. Innerhalb des demokratischen Willensbildungsprozesses stellen **politische Parteien** ein verfassungsrechtlich notwendiges Instrument dar. Rechtlicher Anknüpfungspunkt der politischen Parteien ist **Art. 21 GG,** der deutlich macht, dass die Demokratie des Grundgesetzes als Parteiendemokratie zu begreifen ist.[1] Um die Ausübung von Mandatsbefugnissen zu erleichtern, schließen sich die Abgeordneten zu **Fraktionen** zusammen. Zum Schluss wendet sich das Kapitel dem sogenannte **Recht auf Demokratie** zu, welches vom BVerfG aus Art. 38 I 1 GG abgeleitet wird.

---

1 Grzeszick, in: Dürig/Herzog/Scholz, GG Kommentar, 95. EL 7.2021, Art. 20 Rn. 13.

§ 5.1 Prinzip der Volkssouveränität

Das **Prinzip der Volkssouveränität aus Art. 20 II 1 GG** füllt das Staatsstruktur-prinzip der Demokratie (Art. 20 I, II GG) mit Leben aus und legt fest, dass **alle Staatsgewalt vom Volk** ausgeht. Demnach ist **Anknüpfungspunkt aller staatli-cher Gewalt** immer das Volk, das mithin über sich selbst herrscht. Daraus kann allerdings nicht geschlussfolgert werden, dass die Verfassung sich vorliegend auf eine unmittelbare und direkte Demokratie festgelegt hat. Vielmehr muss von ei-ner **repräsentativen und mittelbaren Demokratie** gesprochen werden: Art. 20 II 2 GG spezifiziert nämlich, dass die Volkssouveränität durch Wahlen und Ab-stimmungen und durch besondere Organe der Gesetzgebung, der vollziehenden Gewalt (Exekutive) und der Rechtsprechung (Judikative) ausgeübt wird.[1]

ℹ Weiterführendes Wissen

Anknüpfungspunkt des Art. 20 II 1 GG ist das „Volk", das sich nach überwiegender Auffassung auf Grundlage des Art. 116 GG bildet. „Volk" i.S.d. Art. 20 II GG sind somit alle Deutsche i.S.d. Art. 116 GG.[2] Als Begründung wird einmal der systematische Zusammenhang zwischen der Prä-ambel und Art. 33, 56, 64 II, 116 und 146 GG angeführt, zum anderen die grundlegende Verknüp-fung zwischen Rechten und Pflichten, die in einer Demokratie bestehen.[3] Im Ergebnis sollen nur solche Bürger:innen an der demokratischen Legitimation beteiligt sein, die dauerhaft der Gewalt des Staates unterworfen sind – nach h.M. umfasse das nur Staatsbürger:innen.[4] Diese Aus-legung des Begriffs des „Volks", das alle ausländischen Personen, die in Deutschland leben, grundsätzlich vom Bundeswahlrecht ausschließt, stößt mitunter auf Kritik.[5]

Durch **Wahlen** werden auf Bundesebene die **Repräsentant:innen** (Abgeordnete) im Bundestag ausgewählt, die dann die Sachentscheidungen stellvertretend für die Bürger:innen treffen. Unter Abstimmungen sind direkt-demokratische Ele-mente zu verstehen. Die Staatsgewalt vom Volk wird immer nur mittelbar, das heißt durch die Organe der Gesetzgebung (Legislative), der Verwaltung (Exekuti-ve) und der Rechtsprechung (Judikative) ausgeübt.

Um der Volkssouveränität als Rechtsprinzip mehr Konturen zu verleihen, kann die demokratischen Legitimation der Organe anhand von Legitimationsket-

---

1 Grzeszick, in: Dürig/Herzog/Scholz, GG Kommentar, 95. EL 7.2021, Art. 20 Rn. 62ff.
2 Huster/Rux, in: BeckOK GG, 47. Ed. 15.5.2021, Art. 20 Rn. 66.
3 Grzeszick, in: Dürig/Herzog/Scholz, GG Kommentar, 95. EL 7.2021, Art. 20 Rn. 79.
4 So beispielsweise BVerfG, Urt. v. 31.10.1990, Az.: 2 BvF 2, 6/89 = BVerfGE 83, 37 (50f.) – Auslän-derwahlrecht I; Karpen, NJW 1989, 1012 (1013ff.); Grzeszick, in: Dürig/Herzog/Scholz, GG Kom-mentar, 95. EL 7.2021, Art. 20 Rn. 79.
5 Zuleeg, KritV 1987, 322 (324ff.).

ten betrachtet oder die zeitliche Dimension unter dem Stichwort der Periodizität der Wahl untersucht werden.

A. Demokratische Legitimation der Organe

Teil der Volkssouveränität ist, dass alle staatliche Gewalt auf den **Volkswillen zurückzuführen** ist. Somit muss bei jedem staatlichen Akt ein demokratischer Legitimationszusammenhang zwischen Volk und staatlicher Gewalt bestehen: Nur, wenn in **personeller und/oder sachlich-inhaltlicher Hinsicht die Legitimation** auf das Volk zurückzuführen ist, kann von einem effektiven Einfluss des Volks auf die Staatsgewalt gesprochen werden (Legitimationsniveau). Die Entscheidung des Grundgesetzes hin zur repräsentativen Demokratie hat demnach nicht nur Auswirkungen für die Staatsform, sondern auch für die Regierungsform.[6] Davon abzugrenzen ist die funktionelle (oder institutionelle) Legitimation.

I. Allgemeine Anforderungen

1. Personelle und sachlich-inhaltliche Legitimation

Laut BVerfG ist in „**personeller Hinsicht** eine hoheitliche Entscheidung legitimiert, wenn sich die Bestellung desjenigen, der sie trifft, durch eine ununterbrochene Legitimationskette auf das Staatsvolk zurückführen lässt."[7] Demnach müssen alle Organe und Vertretungen, die Staatsgewalt ausüben, personell legitimiert sein.[8] Das bedeutet allerdings nicht, dass die Personenauswahl immer unmittelbar auf das Volk durch Wahlen zurückgeführt werden muss – unmittelbar demokratisch legitimiert ist alleine das Parlament. Vielmehr müssen die Personen, die staatliche Handlungen ausführen, über die **personelle Legitimationskette nachvollzogen** werden können. Dabei ist ebenso notwendig, dass im organisationsrechtlichem und funktionsrechtlichem Sinne die jeweilige Funktion (Aufgabe) klar bestimmt ist.[9]

---

6 Grzeszick, in: Dürig/Herzog/Scholz, GG Kommentar, 95. EL 7.2021, Art. 20 Rn. 61.
7 BVerfG, Urt. v. 18.1.2012, Az.: 2 BvR 133/10, Rn. 167 = BVerfGE 130, 76 – Vitos Haina; Grzeszick, in: Dürig/Herzog/Scholz, GG Kommentar, 95. EL 7.2021, Art. 20 Rn. 121.
8 BVerfG, Beschl. v. 1.10.1987, Az.: 2 BvR 1178, 1179, 1191/86 = BVerfGE 77, 1 (40) – Neue Heimat.
9 Veil, Volkssouveränität und Völkersouveränität in der EU, 2007, S. 238.

Valentina Chiofalo

Beispiel: Die Ernennung eines:einer Beamt:in erfolgt durch die Übergabe einer Ernennungsurkunde (siehe § 8 II 1 BeamtStG, § 10 II 1 BBG)[10]

- Die Ernennung erfolgt durch eine:n Vorgesetze:n, der:die ebenso ernannt wurde;
- die Ernennungs„kette" kann bis zum:zur zuständigen Bundesminister:in zurückverfolgt werden;
- der:die Bundesminister:in wurde selbst auf Vorschlag des:der Bundeskanzler:in eingesetzt (Art. 64 I GG);
- der:die Bundeskanzler:in wurde gem. Art. 63 GG vom Bundestag gewählt;
- der Bundestag wird nach der Wahl gem. Art. 38 I 1 GG gebildet und ist somit auf das Volk zurückzuführen.

Die **sachlich-inhaltliche Legitimation** liegt vor, wenn das Volk auf den Inhalt der Ausübung der Staatsgewalt hinreichenden Einfluss hat. Dabei kann auf zwei Elemente abgestellt werden: Zum einen wird über eine **Gesetzesbindung** eine sachlich-inhaltliche Legitimation vermittelt, da Gesetze durch das vom Volk direkt gewählte Parlament einen ausreichenden Einfluss gewährleisten. Zum anderen kann die sachlich-inhaltliche Legitimation über die **Bindung an Aufträge und Weisungen** der Regierung vermittelt werden.[11]

2. Legitimationsniveau

Insgesamt soll über die sachlich-inhaltliche und die personelle Legitimation sichergestellt werden, dass dem Volk genug **Einfluss auf die Ausgestaltung der Staatsgewalt** zugesprochen wird. Die Effektivität der demokratischen Legitimation in Bezug auf das staatliche Handeln wird oft als **Legitimationsniveau** bezeichnet.[12]

Dabei stehen die personelle und sachlich-inhaltliche Legitimation derart „in einem **wechselbezüglichen Verhältnis,** dass eine verminderte Legitimation über den einen Strang durch verstärkte Legitimation über den anderen ausgeglichen werden kann, sofern insgesamt ein bestimmtes Legitimationsniveau erreicht wird."[13] Es muss allerdings beachtet werden, dass das vollumfassende **Legitimationsniveau** umso **höher** sein muss, **je intensiver Grundrechte berührt** wer-

---

10 Beispiel aus Morlok/Michael, Staatsorganisationsrecht, 4. Aufl. 2019, § 5 Rn. 135.

11 BVerfG, Urt. v. 18.1.2012, Az.: 2 BvR 133/10, Rn. 167 = BVerfGE 130, 76 – Vitos Haina; Grzeszick, in: Dürig/Herzog/Scholz, GG Kommentar, 95. EL 7.2021, Art. 20 Rn. 122.

12 Grzeszick, in: Dürig/Herzog/Scholz, GG Kommentar, 95. EL 7.2021, Art. 20 Rn. 126.

13 BVerfG, Urt. v. 18.1.2012, Az.: 2 BvR 133/10, Rn. 167 = BVerfGE 130, 76 – Vitos Haina; vgl. BVerfG, Urt. v. 31.10.1990, Az.: 2 BvF 3/89 = BVerfGE 83, 60 (72) – Ausländerwahlrecht II; Grzeszick, in: Dürig/Herzog/Scholz, GG Kommentar, 95. EL 7.2021, Art. 20 Rn. 122.

den.[14] Insgesamt kann eine schwächere sachlich-inhaltliche Legitimation durchaus durch eine starke personelle Legitimation **ausgeglichen** werden (und umgekehrt). Ob sich ein Legitimationsstrang durch den anderen auch vollkommen **ersetzen** lassen kann, ist allerdings **strittig**. Allgemein wird eine vollständige Ersetzung jedoch abgelehnt.[15] Eine personell legitimierte hoheitliche Entscheidung ohne jegliche sachliche Eingrenzung widerspricht dem grundlegenden Verständnis der zweigliedrigen Legitimation.

3. Funktionelle (oder institutionelle) Legitimation

Häufig wird die funktionelle (oder auch institutionelle) Legitimation im Zusammenhang mit der personellen und sachlichen Legitimation erwähnt. Die Frage nach der funktionellen Legitimation wird allerdings auf einer **anderen Ebene** gestellt: Es geht nicht unmittelbar darum, die Ausübung von Staatsgewalt auf das Volk zurückzuführen, sondern das **Verhältnis der einzelnen Gewalten untereinander** zu beschreiben. Als einziges direkt demokratisch legitimiertes Organ hebt sich das Parlament (Legislative) durchaus von der Exekutive und Judikative ab – trotzdem üben aber eben auch die Exekutive und Judikative Hoheitsrechte im umfassenden Maße aus. Dabei legt die Verfassung genau fest, welche Aufgaben der Exekutive und Judikative zugewiesen werden, um die fehlende direkte personelle Legitimation auszugleichen. Die funktionelle Legitimation beschreibt mithin die **Gewaltenteilung**[16] und die damit einhergehende **Funktionsteilung** der Organe.[17]

II. Privatisierung und Beleihung

1. Allgemeine Ausführungen

Ein besonderes Problem innerhalb der Frage nach der ununterbrochenen Legitimation kann unter dem Stichwort der **Privatisierung** zusammengefasst werden. Es ist mithin grundsätzlich möglich, dass öffentliche Aufgaben durch **private Akteur:innen** erfüllt werden. Jedoch kann dadurch sowohl die personelle wie auch die sachlich-inhaltliche Legitimation gefährdet sein.

---

14 BVerfG, Urt. v. 18.1.2012, Az.: 2 BvR 133/10, Rn. 167 = BVerfGE 130, 76 – Vitos Haina.
15 BVerwG, Urt. v. 30.3.1999, Az.: 9 C 22.98 = NVwZ 1999, 870 (873 ff.); VerfGH R.-P., Urt. v. 18.4.1994, Az.: VGH N 1/93, VGH N 2/93 = NVwZ-RR 1994, 665 (668); Grzeszick, in: Dürig/Herzog/Scholz, GG Kommentar, 95. EL 7.2021, Art. 20 Rn. 129 m.w.N.
16 Siehe dazu Siegel, § 4.2. Gewaltenteilung in diesem Lehrbuch.
17 Grzeszick, in: Dürig/Herzog/Scholz, GG Kommentar, 95. EL 7.2021, Art. 20 Rn. 123 f.

Valentina Chiofalo

Der Begriff der **öffentlichen Aufgabe** ist in Art. 30 GG verankert: Eine öffentliche Aufgabe ist eine solche, deren Erfüllung – durch den Staat oder Private – im öffentlichen Interesse liegt. Dabei hat der Staat kein Monopol auf die Förderung des öffentlichen Gemeinwohls.[18] Prinzipiell steht es dem Gesetzgeber frei, zu entscheiden, wie die staatliche Aufgabenwahrnehmung durchgeführt wird.[19] Der Staat hat grundsätzlich die Möglichkeit, die Wahrnehmung öffentlicher Aufgaben an Private (juristische oder natürliche Personen) zu übertragen.

Allgemein kann die Privatisierung in **drei unterschiedliche Formen** eingeteilt werden: die materielle, die formelle und die funktionale Privatisierung.[20]

Formen der Privatisierung

Form	Träger/ Eigentümer	Form der Aufgaben- erfüllung	Tatsächliche Aufgaben- erfüllung	Gewährleis- tung der Aufgaben- erfüllung	Bedeutung
Klassische staatliche Ausführung	Staat	staatlich	Staat	Staat	–
Formelle Privatisierung (Organisationsprivatisierung)	Staat/Privat	privat- rechtlich	Staat	Staat	Ein Unternehmen wird gegründet, bleibt aber in staatlicher Hand; ein Verwaltungsträger übernimmt die öffentlich-rechtliche Aufgabe; Beispiel: die Autobahn
Funktionale Privatisierung (Erfüllungsprivatisierung)	Staat und Privat	privat- rechtlich	Staat (und Privat)	Staat	Der Staat bedient sich Privater zur Aufgabenerfüllung – häufig in Form der Beleihung (siehe Fallbeispiel)
Materielle Privatisierung (Aufgabenprivatisierung	Privat	privat- rechtlich	Privat	Privat/Staat	Die weiteste Form der Privatisierung; die Aufgabe wird vollkommen aus der Hand gegeben; Beispiel: das Telefonnetz

(Quelle: eigene Darstellung)

---

18 Korioth, in: Dürig/Herzog/Scholz, GG Kommentar, 95. EL 7.2021, Art. 30 Rn. 14.
19 BVerfG, Urt. v. 29.7.1959, Az.: 1 BvR 394/58 = BVerfGE 10, 89 (102) – (Großer) Erftverband.
20 Gröpl, in: Dürig/Herzog/Scholz, GG Kommentar, 95. EL 7.2021, Art. 90 Rn. 43 – 45.

Valentina Chiofalo

2. Grenzen der Privatisierung

Unstrittig ist, dass es einen gewissen Bereich **hoheitlicher Aufgaben** gibt, dem sich der Staat nicht durch Privatisierung entledigen darf.[21] Das ergibt sich bereits aus dem Gewaltmonopol des Staates.[22]

a) Hoheitliche Aufgaben

Die privatrechtliche Ausführung von öffentlichen Aufgaben muss von der Erfüllung **hoheitlicher Aufgaben abgegrenzt** werden: Hoheitliche Aufgaben sind solche Tätigkeiten, die dem Staat kraft öffentlichem Recht zugeschrieben werden.

Beispiel: Laut dem OLG Frankfurt stellen beispielsweise sowohl die Organisation und Überwachung des ruhenden Verkehrs, wie auch die Ahndung und Durchsetzung von Regelverstößen durch Verwarn- und Bußgelder hoheitliche Aufgaben dar.[23]

Auch hoheitliche Aufgaben können privatisiert werden, dafür ist allerdings eine **Ermächtigungsgrundlage** nötig.

Beispiel: So beschloss das OLG Frankfurt a.M. 2020, dass die **Überwachung des ruhenden Verkehrs durch private Dienstleister** gesetzeswidrig sei. In der Stadt Frankfurt wurden für die Kontrolle des ruhenden Verkehrs Leiharbeitskräfte eines privaten Dienstleisters eingesetzt. Das Gericht erkannte die Ermächtigungsgrundlagen nicht an: Generell sei die Überlassung privater Mitarbeiter nach dem Arbeitnehmerüberlassungsgesetz (AÜG) zur Durchführung hoheitlicher Aufgaben unzulässig. Es sei auch nicht möglich, private Personen nach § 99 HSOG zu Hilfspolizeibeamten zu bestellen. Im Ergebnis dürften die hoheitlichen Aufgaben mangels Ermächtigungsgrundlage nicht durch private Dienstleister durchgeführt werden.[24]

Neben der Frage nach der Ermächtigungsgrundlage gibt das Grundgesetz an unterschiedlichen Stellen vor, wie die **Aufgabenwahrnehmung** organisiert sein kann:

- Gemäß Art. 90 II 2 GG kann der Staat zur Betreibung der Autobahn auf eine formelle Privatisierung zurückgreifen, könnte sich aber keiner materiellen Privatisierung bedienen.[25]
- Art. 143 b I GG legt fest, dass die Deutsche Bundespost formell privatisiert werden musste (Postbank).[26]

---

21 Schladebach/Schönrock, NVwZ 2012, 1011 (1011).
22 Schoch, JURIDICA INTERNATIONAL XVI/2009, 14 (17).
23 OLG Frankfurt a.M., Beschl. v. 3.1.2020, Az.: 2 Ss-OWi 963/18, 1. LS.
24 OLG Frankfurt a.M., Beschl. v. 3.1.2020, Az.: 2 Ss-OWi 963/18, Rn. 31 ff.
25 Gröpl, in: Dürig/Herzog/Scholz, GG Kommentar, 95. EL 7.2021, Art. 90 Rn. 46.
26 Möstl, in: Dürig/Herzog/Scholz, GG Kommentar, 95. EL 7.2021, Art. 143b Rn. 6 ff.

b) Verfassungsrechtliche Zulässigkeit nach Art. 33 IV GG

Eine darüberhinausgehende Grenze der Privatisierung, die besonders **examens-relevant** ist, ist Art. 33 IV GG. Art. 33 IV besagt, dass die Ausübung hoheitsrecht-licher Befugnisse als ständige Aufgabe in der Regel Angehörigen des öffentlichen Dienstes zu übertragen sind, die in einem öffentlich-rechtlichen Dienst- und Treueverhältnis stehen. Dadurch sollen die Bürger:innen, die durch die hoheitli-che Aufgabenwahrnehmung in den eigenen Grundrechten beschränkt werden können (z. B. im Maßregelvollzug), geschützt werden. Es handelt sich mithin um einen **Funktionsvorbehalt** – hoheitliche Befugnisse sollen in der Regel durch Beamt:innen ausgeübt werden.[27]

Fallbeispiel

Fall: X ist in einer Maßregelvollzugsklinik untergebracht, die formell privatisiert wurde. Demnach steht hinter der Klinik immer noch eine staatliche Trägerschaft (Landeswohlfahrtverband), die Aufgabe des Maßregelvollzuges wurde durch einen Beleihungsvertrag übertragen. Im Fall der Be-leihung bleibt die Leitung der Einrichtungen, die Stellvertretung und die weiteren Ärzt:innen mit Leitungsfunktion Beschäftigte des Landeswohlfahrtverbandes. Ihnen sind die Entscheidungen vorbehalten, die in Grundrechte der Untergebrachten eingreifen. Der Beleihungsvertrag soll si-cherstellen, dass in den Maßregelvollzugseinrichtungen jederzeit die zur ordnungsgemäßen Durchführung des Maßregelvollzugs erforderlichen personellen, sachlichen, baulichen und orga-nisatorischen Voraussetzungen gegeben sind. Nach § 5 III HessMVollzG dürfen bei Gefahr im Verzug auch Bedienstete, die nicht Leiter der Einrichtung sind, besondere Sicherungsmaßnah-men vorläufig anordnen. Hiervon ist die Leitung der Einrichtung unverzüglich zu unterrichten. Am 27.4.2021 wurde X durch Pflegekräfte, die auf privatrechtlicher Grundlage beschäftigt sind, in Einschluss genommen. Grund dafür war, dass X einen aggressiven Ausbruch hatte. Die dienst-habende Ärztin und der leitende diensthabende Arzt wurden nachträglich informiert. X ist der Meinung, dass die von den privatrechtlich angestellten Pflegekräften durchgeführten Maßnah-men nicht mit seinem Recht aus Art. 2 I GG vereinbar ist.[28]

Kurzlösung: X könnte durch den Einschluss der Pflegekräfte am 27.4.2021 in seinem Recht aus Art. 2 I GG verletzt sein.

1. Schutzbereich Art 2 I GG: Der Schutzbereich des Art. 2 I GG ist eröffnet; der Schutzbereich um-fasst jedes menschliche Tun oder Unterlassen

2. Eingriff: Durch die Einschließung wird in Art. 2 I GG eingegriffen

3. Rechtfertigung: Damit der Eingriff in Art. 2 I GG gerechtfertigt sein kann, muss eine (a) verfas-sungsmäßigen Grundlage für den Eingriff in Art. 2 I GG vorliegen, (b) es darf kein Verstoß gegen Verfassungsrecht vorliegen und (c) auch der konkrete Einzelfall muss einer Verhältnismäßig-keitsprüfung Stand halten

---

27 Badura, in: Dürig/Herzog/Scholz, GG Kommentar, 95. EL 7.2021, Art. 33 Rn. 55.
28 Grundlagen des Falls: BVerfG, Urt. v. 18.1.2012, Az.: 2 BvR 133/10 = BVerfGE 130, 76 – Vitos Haina; Hong/Schiff, ZJS 2013, 475.

a) **Verfassungsmäßigkeit des HessMVollzG:** Es gibt keine Hinweise auf eine formelle Verfassungswidrigkeit des Gesetzes, daher ist nur fraglich, ob das HessMVollzG materiell verfassungskonform ist

aa) Vereinbarkeit mit Art. 33 IV GG?

(a) Anwendbarkeit des Art. 33 IV GG auf Privatisierung? Es ist strittig, ob Art. 33 IV GG überhaupt auf die Privatisierung anwendbar ist.

e.A.: Art. 33 IV GG ist nur und erst dann einschlägig, wenn die staatliche Aufgabe von „Angehörigen des öffentlichen Dienstes" ausgeübt wird; bei materieller oder formeller Privatisierung wird jedoch gerade ein Privater tätig

Argument: Frage der verfassungsrechtlichen Zulässigkeit der Privatisierung ergibt sich aus den besonderen Vorschriften des Grundgesetzes (wie z.B. Art. 90 II 2 oder Art. 143 b I GG); daher ist Art. 33 IV GG gerade nicht anwendbar

a. A. (h. M. und BVerfG): Wortlaut des Art. 33 IV GG gibt keinen Anlass, von einer Beschränkung auszugehen; auch Sinn und Zweck spricht dagegen: Regelungsintentionen würden verfehlt, wenn hoheitliche Aufgabenwahrnehmung dem Anwendungsbereich des Art. 33 IV GG dadurch entzogen werden könnte, dass sie Privaten anvertraut wird

→**daher:** Art. 33 IV GG ist unabhängig von der öffentlich-rechtlichen oder privatrechtlichen Organisation des Aufgabenträgers anzuwenden

(b) Ausübung hoheitlicher Befugnisse? Wurden hoheitliche Befugnisse i. S. d. Art. 33 IV GG ausgeübt? Jedenfalls dann gegeben, wenn Befugnisse zum Grundrechtseingriff im engeren Sinne ausgeübt werden, die öffentliche Gewalt also durch Befehl oder Zwang unmittelbar beschränkend auf grundrechtlich geschützte Freiheiten einwirkt
→**bei § 5 III HessMVollzG gegeben:** Pflegekräfte dürfen unter bestimmten Voraussetzungen Grundrechtseingriffe vornehmen

(c) als ständige Aufgabe?
Str.: hoheitliche Befugnis der Pflegekräfte ist nur dann erlaubt, wenn Gefahr im Verzug besteht – somit keine ständige Aufgabe?

Eine solche Auslegung des Merkmals der „ständigen Aufgabe" ist allerdings abzulehnen – es geht um die Dauerhaftigkeit der Aufgabenübertragung, und nicht um die Häufigkeit der Ausübung.

Somit steht Art. 33 IV GG dem HessMVollzG grundsätzlich entgegen

(d) Regel-Ausnahme-Verhältnis des Art. 33 IV GG
Unter gewissen Anforderungen ist eine Ausnahme trotzdem zulässig.

(aa) Abstrakte Darstellung
Wortlaut von Art 33 IV GG: Übertragung der Ausübung hoheitsrechtlicher Befugnisse auf Beamt:innen stellt die Regel dar; daraus folgt, dass Art. 33 IV GG Ausnahmen zulässt

Valentina Chiofalo

Anforderungen an Ausgestaltung: sowohl in quantitativer, wie auch qualitativer Hinsicht muss es sich um eine Ausnahme handeln:

- **quantitativ:** vorgesehener Regelfall darf nicht zur faktischen Ausnahme werden (grundsätzlich muss Staat die Aufgabe ausführen)
- **qualitativ:** inwiefern ist die Ausübung durch Beamt:innen im jeweiligen Fall besonders relevant?

Außerdem muss ein **sachlicher Grund** gegeben und die **Verhältnismäßigkeit** gewahrt sein:

- **sachlicher Grund:** es muss ein sachlicher Ausnahmegrund angeführt werden; rein fiskalische Argumente reichen dabei nicht aus
- **Verhältnismäßigkeit:** hohe Anforderungen an die Angemessenheit, da der Vollzug strafrechtlich verhängter Freiheitsentziehungen zum Kernbereich hoheitlicher Tätigkeit gehört und damit genuin hoheitlichen Charakter hat

(bb) Übertragung auf das HessMVollzG

- **quantitativ:** § 5 III HessMVollzG regelt gerade die Ausnahme – nur dann Grundrechtseingriff möglich, wenn Gefahr im Verzug ist (+)
- **qualitativ:** Maßregelvollzug besonders grundrechtssensibler Bereich – aber es scheint nicht unbedingt nötig, dass nur Berufsbeamt:innen sich mit der Frage der Einschließung befassen; es ist unerheblich, ob ein:e Ärzt:in in leitender Funktion oder eine besonders ausgebildete Pflegeperson den faktisch alternativlosen Einschluss vornimmt; daher (+)
- **sachlicher Grund:** gewählte Privatisierung schafft Synergieeffekte und steigert Qualität; staatliche Organisation bleibt erhalten, aber es muss nicht nur auf Beamt:innen in der Aufgabenausführung zurückgegriffen werden (+)
- **Verhältnismäßigkeit:** die spezifische Ausgestaltung spricht vorliegend für eine Verhältnismäßigkeit; es liegt ein Beleihungsvertrag vor, der eine ordnungsgemäße Durchführung sicherstellt + durch formelle Privatisierung wird kein privatwirtschaftlicher Wettbewerb im Maßregelvollzug gefördert (+)

bb) Ergebnis: Vorschriften des HessMVollzG sind mit Art. 33 IV GG vereinbar

b) Verstoß gegen Art. 20 II 1?: § 5 III HessMVollzG könnte mit Art. 20 II GG unvereinbar sein

aa) Darstellung der Grundsätze der demokratischen Legitimation nach Art. 20 II GG

bb) Prüfung personelle und sachlich-inhaltliche Legitimation

- in **personeller Hinsicht** ist eine hoheitliche Entscheidung legitimiert, wenn sich die Bestellung desjenigen, der sie trifft, durch eine ununterbrochene Legitimationskette auf das Staatsvolk zurückführen lässt: Leitung blieb in staatlicher Hand, daher ist personelle Legitimation gegeben (+)
- **sachlich-inhaltliche Legitimation** wird durch Gesetzesbindung und Bindung an Aufträge und Weisungen vermittelt: staatliche Leitung hat Weisungsbefugnisse, daher auch hier (+)

cc) Ergebnis: Die Vorschriften des HessMVollzG verstoßen nicht gegen Art. 20 II GG und sind somit materiell verfassungskonform.

c) **Verfassungsmäßigkeit des Einzelfalls:** konkrete Betrachtung des Einzelfalls – Gibt es genügend Anhaltspunkte, die die Befugnisergreifung aus § 5 III HessMVollzG nachvollziehbar machen? Da X aggressiv wurde, kann Gefahr im Verzug angenommen werden. Somit konnten auch Bedienstete, die nicht die Leitung der Einrichtung sind, besondere Sicherungsmaßnahmen vorläufig anordnen. X konnte daher gem. § 5 III HessMVollzG eingeschlossen werden

d) **Ergebnis: Eingriff ist gerechtfertigt**

4. **Ergebnis:** X wurde durch den Einschluss der Pflegekräfte am 27.4.2021 nicht in seinem Recht aus Art. 2 I GG verletzt.

B. Periodizität der Wahl

Die oben erläuterte Legitimationskette muss dabei immer auf das Staatsvolk zurückzuführen sein. Das geschieht, indem durch regelmäßige Wahlen die Rückkopplung an die Bürger:innen sichergestellt wird. Dabei kann das Staatsvolk die Legitimation durch Wahlen immer nur für einen spezifischen Zeitraum („Herrschaft auf Zeit") übertragen.[29] Verfassungsrechtlich verankert ist zum gegenwärtigen Zeitpunkt eine vierjährige Legislaturperiode, gem. Art. 39 I 1 GG. Parteiübergreifend wird eine Verlängerung der Legislaturperiode auf fünf Jahre gefordert. Grund sei u. a., dass die langwierige Koalitionsverhandlungen nach den Bundestagswahlen so viel Zeit beanspruche, dass die Funktionsfähigkeit des Parlaments gefährdet sei.[30] Gleichzeitig ist durchaus fraglich, inwiefern eine Verlängerung der Legislaturperiode auf fünf Jahre verfassungsrechtlich möglich wäre.

Eine Verlängerung müsste inhaltlich Art. 79 III GG standhalten – da sie nur mit einer Änderung des Art. 39 I 1 GG umzusetzen wäre. Durch eine vierjährige Frequenz soll ein Ausgleich zwischen der Funktionsfähigkeit des Parlaments und der Legitimation durch das Volk geschaffen werden, wobei die periodische Wiederholung angemessen sein muss.[31] Relevant ist dabei Art. 20 II 1 GG, da in einer

---

29 BVerfG, Urt. v. 23.10.1951, Az.: 2 BvG 1/51 = BVerfGE 1, 14 (33) – Südweststaat; BVerfG, Urt. v. 16.2.1983, Az.: 2 BvE 1, 2, 3, 4/83 = BVerfGE 62, 1 (32) – Bundestagsauflösung I; LVerfG Mecklenburg-Vorpommern, Urt. v. 26.6.2008, Az.: LVerfG 4/07 MVVerfG = NVwZ 2008, 1343 (1346); Magiera, in: Sachs, GG, 7. Aufl. 2014, Art. 39 Rn. 4.
30 Brüning, ZRP 2017, 250 (250).
31 LVerfG Mecklenburg-Vorpommern, Urt. v. 26.6.2008, Az.: LVerfG 4/07 MVVerfG = NVwZ 2008, 1343 (1343ff.); BVerfG, Urt. v. 16.2.1983, Az.: 2 BvE 1, 2, 3, 4/83 = BVerfGE 62, 1 (32) – Bundestagsauflösung I; BVerfG, Urt. v. 11.6.1961, Az.: 2 BvG 2/58 = BVerfGE 13, 54 (81) – Neugliederung Hessen; Deutscher Bundestag, Bericht der Gemeinsamen Verfassungskommission, BT-Drucks. 12/6000 v. 5.11.1993, S. 94; Deutscher Bundestag, Schlussbericht der Enquete-Kommission Verfassungsreform, BT-Drucks. 7/5924 v. 9.12.1976, S. 38 f.

Valentina Chiofalo

repräsentativen Demokratie der Legitimationsakt der Wahl in ausreichend kurzen Abständen erfolgen muss. Ist dieser Abstand zu lange, geht der Legitimationszusammenhang zwischen Abgeordneten und Wähler:innen verloren.

Einigkeit besteht darin, dass die Verlängerung der **laufenden** Legislaturperiode nicht möglich ist. Das würde dem Grundsatz der *„Herrschaft auf Zeit"* widersprechen und ist mit dem Demokratieprinzip gem. Art. 20 I, II GG unvereinbar. In der Klausur wäre eine solche Regelung bezüglich des amtierenden Bundestages somit als Verstoß gegen Art. 79 III GG materiell verfassungswidrig.

Ob eine Verlängerung **zukünftiger Parlamente** zulässig wäre, ist dagegen durchaus strittig. Zwar werden in 15 von 16 Bundesländern die Landesparlamente alle fünf Jahre gewählt, jedoch ist fraglich, inwiefern das auf die Bundesebene übertragen werden kann. 2008 bestätigte das Verfassungsgericht in Mecklenburg-Vorpommern die Verfassungsmäßigkeit auf Landesebene nach der Verlängerung der Legislaturperiode von vier auf fünf Jahren, es stellte aber gleichzeitig fest, dass zur Beurteilung der Verfassungsmäßigkeit Quoren und plebiszitäre Elemente relevant sind.[32] Die Verfassung des Landes gebe dem Volk genug Einwirkungsmöglichkeiten, wodurch im Spannungsfeld mit der Effektivität parlamentarischer Arbeit die Legislaturperiode von fünf Jahren jedenfalls durch die plebiszitären Elemente von einigem Gewicht innerhalb der Verfassung einen vertretbaren Zeitraum darstellen.[33] Es scheint daher durchaus fraglich, inwiefern eine Verlängerung auf Bundesebene, die deutlich weniger direktdemokratische Instrumente aufweist, verfassungskonform wäre. Mithin lässt sich auch argumentieren, dass durch eine Verlängerung die demokratische Legitimation des Bundestags nicht mehr gewährleistet und die Rückkopplung an das Volk nicht mehr gegeben wäre beziehungsweise weitere direktdemokratische Instrumente zum Ausgleich geschaffen werden müssen.[34]

---

32 LVerfG Mecklenburg-Vorpommern, Urt. v. 26.6.2008, Az.: LVerfG 4/07 MVVerfG = NVwZ 2008, 1343 (1346).

33 LVerfG Mecklenburg-Vorpommern, Urt. v. 26.6.2008, Az.: LVerfG 4/07 MVVerfG = NVwZ 2008, 1343 (1344, 1346).

34 Schmidt-Jortzig, ZRP 2017, 250 (250); Magiera, in: Sachs, GG, 7. Aufl. 2014, Art. 39 Rn. 5; Deutscher Bundestag, Schlussbericht der Enquete-Kommission Verfassungsreform, BT-Drucks. 7/5924 v. 9.12.1976, S. 38 f. – die Kommission hat sich schlussendlich gegen eine Verlängerung der Wahlperiode entschieden. Sehr undifferenziert: Wissenschaftliche Dienste des deutschen Bundestags, WD 3 – 3000 – 058/21, 23.3.2021.

Valentina Chiofalo

Klausurtaktik

!

Wenn eine Verlängerung auf über sechs Jahre geplant ist, kann auf keinen Fall mehr von einer Verfassungsmäßigkeit in Hinblick auf Art. 79 III GG gesprochen werden. Bei einer Verlängerung auf fünf Jahre sind alle Ansichten gleichermaßen vertretbar.

Weiterführende Studienliteratur

- Maus, Über Volkssouveränität: Elemente einer Demokratietheorie, 2011.
- Hofmann, Über Volkssouveränität. Eine begriffliche Sondierung, JZ 2014, 861.
- Hong/Schiff, Übungsklausur Staatsorganisationsrecht: Präsidiale Privatisierungsprüfung, ZJS 2013, 475.

Zusammenfassung: Die wichtigsten Punkte

- Jeder Akt der staatlichen Gewalt muss demokratisch legitimiert sein. Nur, wenn in **personeller und/oder sachlich-inhaltlicher Hinsicht die Legitimation** auf das Volk zurückzuführen ist, kann von einem effektiven Einfluss des Volks auf die Staatsgewalt gesprochen werden (Legitimationsniveau).
- In **personeller Hinsicht** ist eine hoheitliche Entscheidung legitimiert, wenn sich die Bestellung desjenigen, der sie trifft, durch eine ununterbrochene Legitimationskette auf das Staatsvolk zurückführen lässt. Die **sachlich-inhaltliche Legitimation** liegt vor, wenn das Volk auf den Inhalt der Ausübung der Staatsgewalt hinreichenden Einfluss hat (durch Aufträge/Weisungen).
- Eine schwächere sachlich-inhaltliche Legitimation kann durch eine starke personelle Legitimation **ausgeglichen** werden (und umgekehrt). Vollkommen ersetzen lässt sich ein Legitimationsstrang durch den anderen allerdings nicht (h. M.).
- Fragen der **Beleihung/Privatisierung** werden häufig im Rahmen des Legitimationszusammenhangs besprochen. Eine relevante verfassungsrechtliche Grenze ist dabei **Art. 33 IV GG.**
- Die Legitimationskette, die auf das Staatsvolk zurückzuführen ist, muss regelmäßig durch Wahlen sichergestellt werden. Die Legitimation wird dabei immer nur für einen spezifischen Zeitraum übertragen („**Herrschaft auf Zeit**"). Daher kann die **laufende Legislaturperiode niemals verlängert** werden.
- Ob eine Verlängerung **zukünftiger Parlamente** zulässig wäre, ist dagegen durchaus strittig. Dabei lassen sich alle Ansichten vertreten, solange die Legislaturperiode nicht auf über sechs Jahre verlängert werden soll.

Valentina Chiofalo

§ 5.2 Ausübung der Staatsgewalt: Wahlen und Abstimmungen auf Bundesebene

Art. 20 II 2 GG stellt klar, dass die Staatsgewalt im Zuge von **Wahlen** von den demokratisch legitimierten Organen der Gesetzgebung, der vollziehenden Gewalt (Exekutive) und der Rechtsprechung (Judikative) ausgeübt wird (repräsentative Demokratie). Daneben stehen **Abstimmungen** als direktdemokratisches Element. Dabei wird bei Wahlen über Personalentscheidungen, bei Abstimmungen hingegen über Sachfragen entschieden.

§ 5.2.1 Wahlen

Wenn von „Wahlrecht" die Rede ist, können damit verschiedene Dimensionen benannt sein: Einerseits ist das **Wahlrecht eine subjektive Rechtsposition**, also das Recht, zu wählen (**aktives** Wahlrecht) und gewählt zu werden (**passives** Wahlrecht). Diese subjektiv-rechtliche Verankerung findet unter dem Grundgesetz ihren Ausdruck in der Möglichkeit, das Wahlrecht aus Art. 38 I 1 GG im Wege der Verfassungsbeschwerde als grundrechtsgleiches Recht geltend zu machen (Art. 93 I Nr. 4a GG).

Daneben hat das Wahlrecht auch **objektiv-rechtlichen** Charakter. Aus dem **Demokratieprinzip** und dem **Prinzip der Volkssouveränität** (Art. 20 I, II GG) folgend konkretisiert Art. 38 I 1 GG für die Wahl des Bundestages die Anforderungen an einen ordnungsgemäßen Vorgang der Bestellung des Parlaments. Dabei bleiben auf verfassungsrechtlicher Ebene diverse Fragen offen, weshalb eine Gesetzgebungskompetenz des Bundes zur näheren Ausgestaltung des Wahlrechts besteht (Art. 38 III GG). Die auf Grundlage dieser Norm erlassenen Gesetze bilden gemeinsam mit den verfassungsrechtlichen Vorgaben das Wahlrecht im umfassenden Sinne. Die einfach-rechtlichen Normen etablieren ein bestimmtes **Wahlsystem**, welches wiederum an den verfassungsrechtlichen Vorgaben zu messen ist.

Die objektiv-rechtliche Seite des Wahlrechts in seiner konkreten Anwendung bei der Wahl des Bundestages ist ebenfalls in einem Rechtsschutzverfahren abgebildet, dem Wahlprüfungsverfahren, welches in erster Linie dem Bundestag selbst überantwortet ist (Art. 41 I GG). Im Anschluss an dessen Prüfung kann allerdings in einem besonderen Verfahren, der Wahlprüfungsbeschwerde (Art. 41 II GG), vor das BVerfG gezogen werden. Beide Dimensionen finden ihren Schwerpunkt in den **Wahlrechtsgrundsätzen** des Art. 38 I 1 GG, die für wahlrechtliche Fragen von höchster Bedeutung sind.

A. Zusammenhang von Wahlrecht, Demokratieprinzip und Volkssouveränität

Die Kernprozesse demokratischer Legitimation – vor allem die Wahl des Parlaments – sind gemäß Art. 20 II GG dem Volk zugeordnet, nach allgemeinem Verständnis der Gesamtheit der Staatsangehörigen („Bürger:innendemokratie"), wobei diese Auslegung umstritten ist.[1] Geht es um die inneren Fragen des Wahl-

---

1 Vgl. nur Meyer, in: Isensee/Kirchhof (Hrsg.), Handbuch des Staatsrechts, Bd. III, 3. Aufl. 2005, § 46 Rn. 7 ff. m.w.N.

rechts, also seiner Ausgestaltung im Rahmen der durch Art. 20 II GG gezogenen Grenzen, spielt nur der Bezug auf das Volk eine Rolle. Der Art. 20 II GG erfordert also ein Wahlrecht, welches dem Volk einen möglichst wirksamen Zugriff auf die Besetzung der staatlichen Institutionen und ihr Wirken – vor allem Rechtssetzung und Rechtsanwendung – ermöglicht.

Da Art. 20 GG von der so genannten „**Ewigkeitsklausel**" des Art. 79 III GG umfasst ist, kann die nähere Ausgestaltung des Wahlrechts durch Verfassungsrecht ihrerseits verfassungswidrig sein („verfassungswidriges Verfassungsrecht"). Dies ist der Fall, wenn die Ausgestaltung des Wahlrechts den Kern der Volkssouveränität verletzt. In den Fällen, wo die Ausgestaltung der Volkssouveränität durch weiteres Verfassungsrecht – vor allem Art. 38 GG – sich als mit Art. 20 II GG vereinbar darstellt, können Ausgestaltungen des Wahlrechts im einfachen Recht – das heißt vor allem im BWahlG – wiederum sowohl gegen Art. 38 GG als auch gegen Art. 20 II GG verstoßen. Dabei muss jeweils zwischen Anforderungen unterschieden werden, die unmittelbar aus Art. 20 II GG folgen, und solchen Anforderungen, die sich nur aus Art. 38 GG ergeben.[2]

B. Wahlsysteme und Einordnung des Bundestagswahlrechts

Unterschiedlichen Wahlsystemen werden im Allgemeinen verschiedene **Vor- und Nachteile** zugeschrieben:[3] So begünstigen **Mehrheitswahlsysteme** in Einerwahlkreisen tendenziell die Herausbildung eines **Zwei-Parteien-Systems**, welches aufgrund seiner stabilen Mehrheiten nur selten träge Kompromisse nötig macht. Als demokratisch nachteilig wird hingegen wahrgenommen, dass durch das „**Winner-Takes-It-All-Prinzip**" ein beträchtlicher Teil der Stimmen „verfällt" und somit keinen Einfluss auf die Zusammensetzung des Parlaments hat.[4] Dadurch ist auch die angemessene **Vertretung** gesellschaftlicher **Minderheiten** nur schwierig möglich. **Verhältniswahlsysteme** begünstigten die Herausbildung von **Mehrparteiensystemen** mit einer differenzierten Interessenvertretung im Parlament. Dadurch werden Minderheiten tendenziell besser repräsentiert und im Allgemeinen die politische Pluralität der Bevölkerung besser abgebildet als in Mehrheitswahlsystemen.[5] Nachteilig kann sich auswirken, dass solche Systeme in der Regel die Bildung von mehr oder weniger stabilen **Koalitionen** aus meh-

---

2 Vgl. Klein/Schwarz, in: Dürig/Herzog/Scholz, GG 94. EL Januar 2021, Art. 38 Rn. 87 f. m. w. N.
3 Vgl. Nohlen, Wahlrecht und Parteiensystem, 7. Aufl. 2014, S. 167 ff. m. w. N.
4 Vgl. Nohlen, Wahlrecht und Parteiensystem, 7. Aufl. 2014, S. 158.
5 Vgl. Nohlen, Wahlrecht und Parteiensystem, 7. Aufl. 2014, S. 159.

reren Parteien erfordern, deren Arbeitsweise aufgrund der notwendigen Kompromissfindung schwerfälliger ist. Zudem kann es zu Situationen kommen, in denen bestimmte Partikularinteressengruppen Entscheidungen blockieren können. „**Reinformen**" dieser verschiedenen Wahlsystemtypen gibt es praktisch nicht, und diese Grobkategorisierung verschleiert, dass sich selbst Systeme der gleichen Gruppe im Detail ganz erheblich unterscheiden können. Das Verhältnis des zu wählenden Parlaments zu anderen Staatsorganen (gibt es eine:n direkt gewählte:n Präsident:in? Gibt es eine zweite Parlamentskammer? Wie verteilen sich die Kompetenzen?), der Staatsaufbau (föderalistisch/unitarisch?) und weitere bedeutsame Faktoren (Wie werden verschiedene Sprachgruppen oder nationale Minderheiten repräsentiert? Welche Rolle sollte politischen Parteien zukommen?) beeinflussen die konkrete Ausgestaltung des einzelnen Wahlsystems.

Die wichtigste Erkenntnis bezüglich des **Grundgesetzes** lautet, dass weder Art. 20 I, II GG noch Art. 38 I 1 GG ein bestimmtes Wahlsystem vorgeben.[6] Die plurale Demokratie strebt nur nach **Repräsentationsidealität** – konkrete Anforderungen für das Wahlsystem lassen sich daraus selbst (oder angesichts der Vielfalt gerade) im Systemvergleich mit anderen Demokratien kaum ableiten. Das BVerfG fordert allerdings, dass das Wahlrecht systematisch folgerichtig ausgestaltet sein muss.[7] Das bedeutet, dass die Entscheidung für ein Wahlsystem sich konsequent in den einzelnen Regelungen niederschlagen muss. Dadurch kann tendenziell ein strengerer Maßstab folgen, als er unmittelbar aus den verfassungsrechtlichen Bestimmungen folgen würde.

Beispiel: Die **Gleichheit der Wahl** verdichtet sich durch die Entscheidung für die Verhältniswahl in der Unterscheidung von Zählwert- und Erfolgswertgleichheit (s. u.). So kommt die Dominanz der Zweitstimme bei der Bundestagswahl zustande: Das Verhältnis der Zweitstimmen muss selbst dann die verhältnismäßige Zusammensetzung des Bundestags vorbestimmen, wenn einer Partei nach gewonnen Wahlkreisen mehr Sitze zuständen, als ihr Zweitstimmenanteil rechtfertigen würde („**Überhangmandate**"). Die Lösung besteht darin, den anderen Parteien so lange weitere Mandate zuzuteilen, bis das Verhältnis im Ergebnis wieder stimmt („Ausgleichsmandate").

In Deutschland ist für die **Wahl zum Bundestag** – durch einfaches Recht, vor allem das Bundeswahlgesetz (**BWahlG**) und die Bundeswahlordnung (**BWO**) – im Grunde ein **Verhältniswahlrecht** etabliert (§ 1 I BWahlG). Das heißt, dass das Verhältnis der für die Parteien abgegebenen Stimmen (**Zweitstimmen**) grundsätzlich das Verhältnis der Fraktionsstärken im Bundestag festlegt. Daneben hat

---

6 BVerfG, Urt. v. 10.4.1997, Az.: 2 BvF 1/95 = BVerfGE 95, 335 (349); andere Ansicht Meyer, in: Isensee/Kirchhof (Hrsg.), Handbuch des Staatsrechts, Bd. III, 3. Aufl. 2005, § 45 Rn. 31.
7 BVerfG, Urt. v. 5.4.1952, Az.: 2 BvH 1/52 = BVerfGE 1, 208 (246); kritisch Meyer, in: Isensee/Kirchhof (Hrsg.), Handbuch des Staatsrechts, Bd. III, 3. Aufl. 2005 § 45 Rn. 34.

Lasse Ramson

das Bundestagswahlsystem aber auch ein **personales Element:** Zusätzlich zur parteibezogenen Zweitstimme können die Wählenden auch eine:n Abgeordnete:n in ihrem jeweiligen Bundestagswahlkreis per (einfacher) Mehrheitswahl bestimmen (**Erststimme**).

Eine Besonderheit des deutschen Wahlsystems stellt dabei die enge Verknüpfung zwischen Erst- und Zweitstimme und die daraus resultierende Komplexität des Systems dar.[8] Die Zweitstimme dominiert hierbei, weshalb man auch von einer **personalisierten Verhältniswahl** spricht.[9] Diese Verknüpfung äußert sich darin, dass der Zweitstimmenanteil den Sitzanteil im Bundestag endgültig vorschreibt und von diesem Kontingent zunächst die durch Erststimmenmehrheiten in Wahlkreisen gewonnenen Mandate besetzt werden. Bezüglich der Wahlkreise regelt § 5 BWahlG noch simpel, dass der:die Bewerber:in mit relativer Stimmenmehrheit das Mandat erlangt. Die Regelung des § 6 BWahlG, der die Sitzverteilung nach der Verhältnisstimme vorschreibt, ist mit seinen zahlreichen internen und externen Verweisen ob seiner komplexen Regelungstechnik berüchtigt. Das liegt auch daran, dass durch das Landeslistensystem eine weitere, föderale Komplexitätsebene eingezogen ist.

C. Wahlrechtsgrundsätze

Die Anforderungen des Art. 20 II GG werden durch die Wahlrechtsgrundsätze des Art. 38 I 1 GG verdichtet: „Die Abgeordneten des Deutschen Bundestages werden in **allgemeiner, unmittelbarer, freier, gleicher** und **geheimer Wahl** gewählt."

Die **Wahlrechtsgrundsätze** betreffen ihrer Formulierung nach in erster Linie das **aktive Wahlrecht**. Für das passive Wahlrecht spielen sie allerdings in zum Teil modifizierter Form ebenfalls eine Rolle. Dabei ist zu bedenken, dass im Bereich des passiven Wahlrechts die politischen Parteien durch ihr Monopol auf die Kandidierendenauswahl für die Listenaufstellung eine gewichtigere Rolle haben. In diesem Wahlvorschlagsverfahren gelten die Wahlrechtsgrundsätze nur abgeschwächt[10] und sind zudem mit der Parteienfreiheit des Art. 21 I GG in Einklang zu bringen. Insofern ergeben sich dort häufig andere und in der Tendenz weniger strenge Anforderungen, als das bei der Primärfunktion der Wahlrechtsgrundsätze für das aktive Wahlrecht der Fall ist.

---

8 Vgl. Meyer, in: Isensee/Kirchhof (Hrsg.), Handbuch des Staatsrechts, Bd. III, 3. Aufl. 2005, § 46 Rn. 79.

9 Nohlen, Wahlrecht und Parteiensystem, 7. Aufl. 2014, S. 367.

10 BVerfG, Beschl. v. 20.10.1993, Az. 2 BvC 2/91 = BVerfGE 89, 243 (252f.); andere Ansicht Ramson, in: Albers/Katsivelas (Hrsg.), Recht & Netz, 2018, 375 (382f.) m.w.N.

Lasse Ramson

Die Wahlrechtsgrundsätze erscheinen in Art. 38 I GG **gleichgewichtig.** Es ist allerdings zu bedenken, dass einige der Wahlrechtsgrundsätze schon in Art. 20 II GG notwendig verankert sind, während das bei anderen nicht oder nicht in vollem Umfang der Fall ist und/oder sie der Gewährleistung der so verankerten Grundsätze dienen („dienende Grundsätze"). Dadurch ergibt sich in der Ausgestaltung des einfachen Wahlrechts, die häufig in der Balance gegenläufiger Wahlrechtsgrundsätze besteht, eine Tendenz des höheren Gewichts derjenigen Wahlrechtsgrundsätze, die näher an Art. 20 II GG liegen (Allgemeinheit, Freiheit und Gleichheit der Wahl).

I. Allgemeinheit der Wahl

Ein solcher Wahlrechtsgrundsatz ist die **Allgemeinheit der Wahl.** Dieser Grundsatz gebietet, dass alle Bürger:innen das aktive Wahlrecht innehaben. Das ergibt sich schon aus Art. 20 II GG: Wenn alle Staatsgewalt vom Volke ausgehen soll, kann damit in der modernen Massendemokratie nur das gesamte Volk, also die Gesamtheit der Staatsbürger:innen, gemeint sein. Daraus lassen sich mehrere Schlüsse ziehen: Wahlrechtsausschlüsse sind selbst dann nicht unbedingt zulässig, wenn sie im Verfassungsrecht geregelt sind.

Beispiel: Art. 38 II Var. 1 GG begrenzt das aktive Wahlrecht auf Über-18-Jährige. Das ist **kein Eingriff** in, sondern eine Ausnahme von Art. 38 I 1 GG auf gleicher rechtlicher Rangebene.[11] Deshalb kommt bezüglich Art. 38 II Var. 1 GG nur ein Verstoß gegen das Prinzip der Volkssouveränität des Art. 20 II GG selbst in Betracht. Die untere Begrenzung der Wahlberechtigung wird in der Rechtsprechung des BVerfG mit knapper Begründung durchgängig als zulässig angesehen.[12]

Weiterführendes Wissen   **i**

Das ist nicht überzeugend. Das BVerfG verweist immer wieder auf die Maßstabsformulierung, dass Einschränkungen der Wahlallgemeinheit nur durch zwingende Gründe gerechtfertigt werden können. Ein solcher Grund sei dann gegeben, „wenn bei einer bestimmten Personengruppe davon auszugehen ist, dass die Möglichkeit der Teilnahme am Kommunikationsprozess zwischen Volk und Staatsorganen nicht in hinreichendem Maße besteht."[13] Ob sich dieser Schluss bei den Unter-18-Jährigen pauschal aufrechterhalten lässt, ist höchst fragwürdig.[14]

---

11 BVerfG, Urt. v. 15.1.2009, Az. 2 BvC 4/04, Rn. 20.
12 BVerfG, Beschl. v. 4.7.2012, 2 BvC 1/11 u. a., Rn. 34 m. w. N.
13 BVerfG, Beschl. v. 4.7.2012, 2 BvC 1/11 u. a., Rn. 34 m. w. N.
14 So aber Klein/Schwarz, in: Dürig/Herzog/Scholz, GG 94. EL Januar 2021, Art. 38 Rn. 96 m. w. N.

Lasse Ramson

Pauschale Wahlrechtsausschlüsse bestimmter Gruppen im einfachen Recht sind tendenziell **unzulässig**. Sie können nur durch **zwingende Gründe** gerechtfertigt werden.[15]

Beispiel: So war es unzulässig, dass das BWahlG bis 2019 die Personengruppen der **Betreuten** und der wegen Schuldunfähigkeit im **Maßregelvollzug befindlichen Personen** pauschal vom Wahlrecht ausschloss.[16] Es fehlt hier an einem zwingenden Grund, der gleichermaßen auf alle Angehörigen der betroffenen Gruppe zuträfe.

Ermächtigungen zu **individuellen Wahlrechtsausschlüssen** können ebenfalls nur durch Gründe erheblichen verfassungsrechtlichen Gewichts gerechtfertigt werden; sie sind im Lichte des Demokratieprinzips restriktiv auszulegen. Das gilt vor allem für die in § 45 II, V StGB enthaltenen Wahlrechtsausschlüsse als Nebenfolge von Straftaten.[17]

Die **passive Seite** der Allgemeinheit der Wahl unterliegt in mehrerlei Hinsicht weitergehenden Beschränkungen: So erlaubt Art. 137 I GG, die Angehörigen des öffentlichen Dienstes vom passiven Wahlrecht auszuschließen und Art. 38 II Var. 2 GG überlässt die Festlegung des passiven Wahlalters dem einfachen Gesetzgeber, indem die Norm an die Volljährigkeit anknüpft. Auch im Bereich der Teilnahme von Parteien sind bestimmte Beschränkungen, etwa Unterschriftenquoren, möglich und zulässig.[18]

II. Unmittelbarkeit der Wahl

Die Unmittelbarkeit der Wahl, die es erfordert, dass **ohne Zwischenschritte** aus dem Wahlakt die Zusammensetzung des gewählten Gremiums folgt, zählt nicht zu den aus Art. 20 II GG unmittelbar folgenden Wahlrechtsgrundsätzen. Zwar setzt das Erfordernis der Rückbindung der Staatsgewalt an das Volk auch hier Grenzen, ein mehrstufiges Wahlsystem widerspricht aber nicht zwangsläufig dem Demokratieprinzip. Ohne eine Änderung des Art. 38 I GG bleibt natürlich ein mittelbares Wahlrecht für den Bundestag ausgeschlossen.

---

15 Vgl. BVerfG, Urt. v. 5.4.1952, Az. 2 BvH 1/52 = BVerfGE 1, 208 (249).
16 BVerfG, Urt. v. 29.1.2019, Az. 2 BvC 62/14, Entscheidungssätze 1 und 2.
17 Meyer, in: Isensee/Kirchhof (Hrsg.), Handbuch des Staatsrechts, Bd. III, 3. Aufl. 2005, § 46 Rn. 4 hält die Regelung des § 45 II StGB für verfassungswidrig.
18 Vgl. Butzer, in: BeckOK GG, 46. Ed. 15.2.2021, Art. 38 Rn. 65 m.w.N.

Beispiel: Eine Listenaufstellung durch Parteien, wie sie das Bundestagswahlsystem vorsieht, ist nur deshalb mit Art. 38 I GG vereinbar, da im Zeitpunkt der Wahl die Listenzusammensetzung unabänderlich feststeht und die Parteien im Nachhinein nicht mehr eingreifen können.[19]

III. Freiheit der Wahl

Die Freiheit der Wahl ist schlechthin konstitutiv für eine demokratische Wahl. Schon begrifflich handelt es sich nicht um eine Wahl, wenn der Wahlakt nicht frei erfolgt. Die Freiheit der Wahl wird verstanden als die **Notwendigkeit, die Wahlentscheidung frei von** äußerem – vor allem staatlichen – **Zwang** treffen zu können.[20] Offensichtliche Verstöße sind Bestrafungen oder Ächtungen bestimmter Wahlentscheidungen durch staatliche Stellen. Es gibt aber auch Grenzfälle.

Beispiel: Nach verbreiteter Auffassung wäre eine **Wahlpflicht** als nicht zu rechtfertigender Eingriff in die Freiheit der Wahl (verstanden als negative Freiheit, nicht zu wählen) verfassungswidrig.[21] Andere argumentieren hingegen, die Freiheit der Wahl umfasse schon kein Recht, nicht bewusst eine Wahl treffen zu müssen, weswegen eine Wahlpflicht nur an anderen Positionen wie der Meinungsfreiheit zu messen sei.[22]

Unter bestimmten Umständen ergibt sich aus der Freiheit der Wahl eine Pflicht des Staates, äußeren Zwang durch Dritte abzuwenden.

Beispiel: Der Versuch der Beeinflussung der Wahl durch Drohungen privater Arbeitgeber gegenüber ihren Angestellten ist ein Verstoß gegen die Freiheit der Wahl und staatlich zu sanktionieren.[23]

Aus der Freiheit der Wahl folgt auch, dass es tatsächliche Auswahlmöglichkeiten geben muss, sodass etwa ein **Einparteiensystem nicht zulässig** wäre.[24] Es ist schlüssig, insoweit weitgehende Pflichten der staatlichen Stellen zur Förderung einer pluralen Öffentlichkeit anzunehmen, um Vereinheitlichungstendenzen vorzubeugen.

---

19 Vgl. BVerfG, Beschl. v. 9.7.1957, Az. 2 BvL 30/56 = BVerfGE 7, 77 (84 f.).
20 Vgl. Bumke/Voßkuhle, Casebook Verfassungsrecht, 7. Aufl. 2015, Rn. 1983.
21 Butzer, in: BeckOK GG, 46. Ed. 15.2.2021, Art. 38 Rn. 70 m. w. N.
22 Haack, KritV 2011, S. 80 (90 ff.).
23 Meyer, in: Isensee/Kirchhof (Hrsg.), Handbuch des Staatsrechts, Bd. III, 3. Aufl. 2005, § 46 Rn. 25; andere Ansicht BVerfG, Urt. v. 10.4.1984, Az. 2 BvC 2/83, juris-Rn. 32 ff.
24 Klein, in: Dürig/Herzog/Scholz, GG 60. EL Oktober 2010, Art. 38 Rn. 107 m. w. N.

Lasse Ramson

IV. Gleichheit der Wahl

Die Wahlrechtsgleichheit ist der komplizierteste und umstrittenste Wahlrechtsgrundsatz. Das liegt auch daran, dass unklar ist, wie streng die **Anforderungen** sind, die Art. 20 II GG an die Gleichheit der Wahl stellt. Sicher ist, dass die Gleichheit der Bürger:innen eines der Fundamente moderner rechtsstaatlicher Demokratien ist. Daraus folgt nach Ansicht des BVerfG das **Gebot streng formaler Stimmgleichheit:**[25] Jeder wahlberechtigte Person hat das gleiche zahlenmäßige Stimmrecht zuzustehen („One person, one vote" – **Zählwertgleichheit**). Im Verhältniswahlsystem muss außerdem jede Stimme den gleichen Einfluss auf die Zusammensetzung des Bundestages haben (**Erfolgswertgleichheit**).[26] Aufgrund der strengen Formalität des wahlrechtlichen Gleichheitssatzes sind Einschränkungen nur aus **zwingenden Gründen** zulässig.

Beispiel: Den gravierendsten gegenwärtigen Eingriff in die Gleichheit der Wahl stellt die **5 %-Hürde** des § 6 III 1 Var. 1 BWahlG dar. Durch diese Regelung bleiben bei der Zusammensetzung des Bundestages alle Stimmen für Parteien unberücksichtigt, die nicht mindestens 5 % der Zweitstimmen errungen haben. Ein Eingriff in die Zählwertgleichheit ist damit nicht gegeben. Der **Eingriff betrifft die Erfolgswertgleichheit**, da alle so nicht berücksichtigten Stimmen keinen Einfluss mehr auf die Zusammensetzung des Bundestages und damit keinen Erfolgswert mehr haben. Das BVerfG hält 5 %-Hürden bei der Wahl des Bundestages und der Landesparlamente – anders als eine 7,5 %-Hürde[27] – für gerechtfertigt.[28] Der für die Rechtfertigung einer Beschränkung notwendige „zwingende Grund" ergibt sich nach dem BVerfG aus der Sicherung der **Funktionsfähigkeit des Parlaments**.[29] Hier ist allerdings schon fraglich, ob dazu die 5 %-Hürde überhaupt ein geeignetes Mittel darstellt.[30] Das BVerfG stellt in seiner Entscheidung auf ältere Urteile ab, die die 5 %-Hürde unter dem Gesichtspunkt der Verhinderung der Zersplitterung der Parteienlandschaft für zulässig gehalten hatten.[31] Der Begriff der Zersplitterung beziehungsweise der Splitterpartei ist in der Rechtsprechung nie vernünftig konturiert wurden und wurde in Folge auch aufgegeben. An seine Stelle ist die „Funktionsfähigkeit" des zu wählenden Organs getreten. Allerdings bildet

---

25 Ständige Rechtsprechung, siehe nur BVerfG, Urt. v. 5.4.1952, Az. 2 BvH 1/52 = BVerfGE 1, 208 (249); BVerfG, Urt. v. 16.4.2008, Az. 2 BvC 1/07 u. a., Rn. 91 m. w. N.

26 Ständige Rechtsprechung, siehe nur BVerfG, Urt. v. 5.4.1952, Az. 2 BvH 1/52 = BVerfGE 1, 208 (246) in Anschluss an BayVerfGH, Entsch. v. 18.3.1952, Az.: Vf. 25-VII-52; BVerfG, Urt. v. 16.4.2008, Az. 2 BvC 1/07 u. a., Rn. 93 m. w. N.

27 BVerfG, Urt. v. 5.4.1952, Az. 2 BvH 1/52 = BVerfGE 1, 208.

28 Sehr kritisch dazu Meyer, in: Isensee/Kirchhof (Hrsg.), Handbuch des Staatsrechts, Bd. III, 3. Aufl. 2005, § 46 Rn. 39.

29 BVerfG, Urt. v. 29.9.1990, Az.: 2 BvE 1/90 u. a. = BVerfGE 82, 322 (338 ff.).

30 Krit. Meyer, in: Isensee/Kirchhof (Hrsg.), Handbuch des Staatsrechts, Bd. III, 3. Aufl. 2005, § 46 Rn. 39.

31 BVerfG, Urt. v. 11.8.1954, Az.: 2 BvK 2/54 = BVerfGE 4, 31 (43 f.); BVerfG, Urt. v. 22.05.1979, Az.: 2 BvR 193/79 u. a. = BVerfGE 51, 222 (237 f.).

Lasse Ramson

auch dieser Begriff keinen hinreichend präzisen Maßstab für eine Vorhersehbarkeit der Rechtsprechung im Bereich der Gleichheit der Wahl. Das zeigt sich auch an den Entscheidungen bezüglich anderer Organe als des Bundestages: Für die Wahlen der deutschen Abgeordneten im Europäischen Parlament hielt das BVerfG zunächst eine 5 %-,[32] dann eine 3 %-Hürde für verfassungswidrig,[33] ebenso wie es bei Kommunalwahlen eine 5 %-Hürde ablehnte.[34]

Weiteres Beispiel: Als Alternative zur 5 %-Hürde hat die **Grundmandatsklausel** des § 6 III 1 Var. 2 BWahlG ebenfalls die Aufmerksamkeit des BVerfG erfordert. Sie regelt, dass solche Parteien, die mindestens drei Direktmandate erringen, ebenfalls an der proportionalen Sitzverteilung nach Zweitstimmen teilnehmen (und damit in der Regel wesentlich mehr Mandate als die drei gewonnenen Direktmandate erhalten). Auch diese Regelung behandelt unterschiedliche Parteien ungleich und stellt damit einen Eingriff in die Wahlrechtsgleichheit dar. Nach Ansicht des BVerfG ist diese Ungleichbehandlung aber gerechtfertigt, da eine Partei mit drei errungenen Direktmandaten ausreichendes politisches Gewicht besitze und die Sicherung der Funktionsfähigkeit des Parlaments als gegenläufige Verfassungsposition auch nicht beeinträchtige.[35] Die Vorschrift hat immer wieder praktische Bedeutung: Bei der Bundestagswahl 2021 erreichte etwa die Partei *Die Linke* nur 4,9 % der Zweitstimmen, gewann aber drei Wahlkreise in Berlin und Leipzig, sodass sie wegen der Grundmandatsklausel an der proportionalen Sitzzuteilung teilnahm und so insgesamt 39 Sitze im Bundestag erhielt.[36]

V. Geheimheit der Wahl

Die Geheimheit der Wahl ist durch Art. 20 II GG nicht zwingend vorgeschrieben. Vielmehr hat sie dienende Funktion: Die Geheimheit der Wahl dient dazu, die Freiheit der Wahl nach außen hin abzusichern.[37] Indem es die Geheimheit der Wahl verbietet, einen Wahlvorgang zu schaffen, der es den Wählenden ermöglicht, ihre Stimmabgabe Dritten gegenüber zu beweisen, sichert sie die Zwangsfreiheit der Wahl.

Beispiel: Bei den letzten Wahlen hat sich die ständige Verfügbarkeit von Kameras durch Smartphones als problematisch gezeigt. Dadurch werden Wählende in die Lage versetzt, ihre Stimmabgabe nach außen zu beweisen. Durch verschiedene Verbote (vgl. § 56 II 2 BWO) und Appelle wird versucht, dem Problem zu begegnen. Hier kann sich nicht darauf zurückgezogen werden, dass die Wählenden ihren Stimmzettel freiwillig zur Schau stellen: Die Geheimheit zielt zum

---

32 BVerfG, Urt. v. 9.11.2011, Az.: 2 BvC 4/10 u.a.
33 BVerfG, Urt. v. 26.2.2014, Az.: 2 BvE 2/13 u.a., Leitsatz 1.
34 BVerfG, Urt. v. 13.2.2008, Az.: 2 BvK 1/07, Rn. 113 ff.
35 BVerfG, Urt. v. 10.4.1997, Az.: 2 BvC 3/96 = BVerfGE 95, 408 (423).
36 Bundeswahlleiter, Wahl zum 20. Deutschen Bundestag am 26. September 2021, Endgültige Ergebnisse nach Wahlkreisen, S. 9, abgerufen am 7.1.2022.
37 Meyer, in: Isensee/Kirchhof (Hrsg.), Handbuch des Staatsrechts, Bd. III, 3. Aufl. 2005, § 46 Rn. 20: „einziger Sinn".

Lasse Ramson

Schutz der Wahlintegrität insgesamt gerade darauf ab, allen Wählenden den Beweis ihrer eigenen Stimmabgabe von vornherein unmöglich zu machen.[38]

VI. Grundsatz der Öffentlichkeit der Wahl

Der Grundsatz der Öffentlichkeit der Wahl ist nicht in Art. 38 I 1 GG enthalten, sondern wurde durch das BVerfG entwickelt und insbesondere in dessen Rechtsprechung zu Wahlgeräten näher ausgestaltet. Das Gericht leitet diesen Grundsatz aus Demokratie-, Rechtsstaats- und Republikprinzip her.[39] Es geht hierbei davon aus, dass öffentliche Kontrolle des Wahlvorgangs notwendig ist, um Manipulationen auszuschließen und begründetes Vertrauen in den ordnungsgemäßen Ablauf der Wahl zu schaffen.[40] Dem Urteil zu Folge gebietet der Grundsatz der Öffentlichkeit der Wahl deshalb, dass alle Wählenden „die zentralen **Schritte der Wahl** ohne besondere technische Vorkenntnisse zuverlässig **nachvollziehen und verstehen** können" müssen.[41] Damit hat das Gericht für das Wahlverfahren das Erfordernis einer Ende-zu-Ende-Laienkontrolle statuiert.[42]

Beispiel: Im Nachgang der Entscheidung wurde von den meisten Kommentierenden die Einführung einer Wahlmöglichkeit über das Internet für unvereinbar mit dem Grundsatz der Öffentlichkeit der Wahl im Verständnis der Wahlgeräteentscheidung gehalten.[43]

VII. Wahlrechtsgrundsätze im Verhältnis

Wahlrechtsgrundsätze können untereinander zum Ausgleich zu bringen sein. Besonders anspruchsvolle Fragestellungen ergeben sich aber daraus, wenn sie mit dem Demokratieprinzip selbst (1.) oder mit anderen verfassungsrechtlichen Vorgaben (2.) in Konflikt geraten.

---

38 Bumke/Voßkuhle, Casebook Verfassungsrecht, 7. Aufl. 2015, Rn. 1985, stellen hingegen auf die *Möglichkeit* für Wählende ab, ihre Stimme nicht zu offenbaren.

39 BVerfG, Urt. v. 3.3.2009, Az.: 2 BvC 3/07 u.a., Rn. 107

40 BVerfG, Urt. v. 3.3.2009, Az.: 2 BvC 3/07 u.a., Rn. 108

41 BVerfG, Urt. v. 3.3.2009, Az.: 2 BvC 3/07 u.a., Rn. 109.

42 Vgl. Meinel, KJ 2004, 413 (427).

43 Ramson, in: Greve u.a. (Hrsg.), Der digitalisierte Staat, 2021, 199 (203) m.w.N., auch zur Gegenmeinung.

Lasse Ramson

1. Innerhalb des Demokratieprinzips

Da Wahlen bestimmte demokratische Funktionen haben, können sich aus der Förderung dieser Funktionen – und damit aus dem Demokratieprinzip – Möglichkeiten ergeben, die Wahlrechtsgrundsätze einzuschränken. Die **Förderung der Wahlbeteiligung** stärkt die **Legitimationswirkung** von Wahlen und dient damit dem Demokratieprinzip.

Beispiel: Die Ausweitung der Möglichkeit zur **Briefwahl** kann daher, sofern sie die Wahlbeteiligung zu steigern in der Lage ist, gerechtfertigt sein, obwohl diese Wahlmethode die Öffentlichkeit der Wahl nicht gleichermaßen gewährleistet wie die herkömmliche Urnenwahl – die Wählenden können den ordnungsgemäßen Gang ihrer Stimme ja nicht durchgängig nachvollziehen. Das BVerfG geht in diesen Fällen davon aus, dass durch die Steigerung der Wahlbeteiligung die Allgemeinheit der Wahl gefördert würde.[44]

2. Außerhalb des Demokratieprinzips

Auch andere Verfassungspositionen können mit den Wahlrechtsgrundsätzen in Konflikt geraten, sodass die Gesetzgebung aufgerufen ist, die Positionen zu einem Ausgleich zu bringen.[45]

Beispiel: Art. 3 II 2 GG verlangt nicht nur, Frauen und Männer rechtlich gleich zu behandeln (das regelt Art. 3 II 1 GG). Die Norm verpflichtet die staatlichen Organe auch dazu, trotz rechtlicher Gleichstellung weiterhin bestehende tatsächliche Nachteile, die Frauen gegenüber Männern haben, durch angemessene Maßnahmen zu bekämpfen. Ein solcher Gleichstellungsnachteil lässt sich im nach wie vor gleichbleibend geringen Frauenanteil unter den Bundestagsabgeordneten erblicken. Eine von verschiedenen Bundesländern erprobte Maßnahme zur Bekämpfung dieses Problems sind Paritäts-Regelungen. Diese Regelungen in den Wahlgesetzen verpflichten Parteien im Wahlvorschlagsverfahren, jeden zweiten Listenplatz einer Frau vorzubehalten. Darin ist u. a. ein Eingriff in die passive Wahlrechtsgleichheit jener Wahlbewerber zu erblicken, die sich wegen der Regelung nicht mehr auf diese Listenplätze bewerben können. Von den gegen diese Regelungen angerufenen Landesverfassungsgerichten in Brandenburg und Thüringen wurden die jeweiligen Paritäts-Regelungen jeweils mit unterschiedlicher Argumentation für **verfassungswidrig** erklärt,[46] wobei das VfGBbg einen Verstoß gegen „Parteienfreiheit, Wahlvorschlagsfreiheit und Chancengleichheit der politischen Parteien"[47] und der ThVerfGH daneben einen Verstoß gegen die Grundsätze der Freiheit und Gleichheit der Wahl annahm,[48] wobei die Entscheidung

---

44 Vgl. BVerfG, Beschl. v. 9.7.2013, Az.: 2 BvC 7/10, Rn. 13 m.w.N.

45 Vgl. zur Abwägung der Wahlrechtsgrundsätze mit anderen Positionen Hapka, VerfBlog, 24.7.2020.

46 VerfGBB, Urt. v. 23.10.2020, Az.: VfGBbg 9/19; ThVerfGH, Urt. v. 15.7.2020, Az.: VerfGH 2/20.

47 VerfGBB, Urt. v. 23.10.2020, Az.: VfGBbg 9/19, Leitsatz 1.

48 ThVerfGH, Urt. v. 15.7.2020, Az.: VerfGH 2/20, S. 27; vgl. dazu BVerfG, Beschl. v. 6.12.2021, Az.: 2 BvR 1470/20 u. a.

Lasse Ramson

mit Sondervoten erging.[49] Das BVerfG hat bisher nur festgestellt, dass eine *Verpflichtung* zum Erlass solcher Regelungen nicht besteht.[50]

D. Verfahrensfragen

Rund um das Bundeswahlrecht gibt es zwei besondere Verfahrensarten: Die **Nichtanerkennungsbeschwerde** (Art. 93 I Nr. 4c GG), welche Vereinigungen offensteht, die im Wahlvorbereitungsverfahren nicht als Partei anerkannt wurden sowie die **Wahlprüfungsbeschwerde** (Art. 41 II GG), welche sich gegen Entscheidungen des Bundestages im Wahlprüfungsverfahren im Nachgang der Wahl richtet. Letztere ist deutlich prüfungsrelevanter und wird daher hier ausführlich behandelt. Ebenfalls ausgeklammert bleibt die **Mandatsprüfungsbeschwerde** (Art. 41 II GG in Bezug auf Art. 41 I 2 GG) als seltener Sonderfall der Wahlprüfungsbeschwerde.

❗ Klausurtaktik

Diverse dem BVerfG zur Entscheidung zugewiesene Verfahren finden sich nicht direkt im Katalog des Art. 93 GG, sondern sind nur indirekt angesprochen (Art. 93 I Nr. 5 GG: „in den übrigen in diesem Grundgesetze vorgesehenen Fällen"/Art. 93 III GG: „Das Bundesverfassungsgericht wird ferner in den ihm sonst durch Bundesgesetz zugewiesenen Fällen tätig."). Deswegen ist es hilfreich, den ausführlicheren Katalog des § 13 BVerfGG heranzuziehen, um die einschlägige Verfahrensart herauszufinden. Auch der bezieht zwar nur die Verfahrensarten des Grundgesetzes und nicht einfachgesetzliche Zuweisungen (vgl. § 13 Nr. 15 BVerfGG) ein, die wichtigen Verfahrensarten finden sich dort aber alle. Das gilt auch für die Wahlprüfungsbeschwerde: Sie ist in Art. 41 II GG dem BVerfG zur Entscheidung zugewiesen und findet sich in § 13 Nr. 3 BVerfGG wieder.

I. Exklusivität des Wahlprüfungsverfahrens

Selbstverständlich können wahlrechtliche Fragen auch Gegenstand anderer Verfahren vor dem BVerfG oder vor anderen Gerichten werden. Es ist etwa denkbar, dass wahlrechtliche Regelungen Gegenstand eines Verfassungsbeschwerde- oder Normenkontrollverfahrens werden. So kann etwa eine Wahlrechtsänderung, die eine bestimmte Personengruppe von der Wahl ausschließt, Gegenstand einer pro-

---

49 Sondervotum der Richterin Heßelmann, S. 46 ff.; Sondervotum der Richterin Licht und des Richters Petermann, S. 52 ff.
50 BVerfG, Beschl. v. 15.12.2020, Az.: 2 BvC 46/19; vgl. auch BayVerfGH, Entsch. v. 26.3.2018, Az. Vf. 15-VII-16, Rn. 130.

zessual eingekleideten Klausur werden. Allerdings gilt gemäß § 49 BWahlG in Bezug auf „Entscheidungen und Maßnahmen, die sich unmittelbar auf das Wahlverfahren beziehen" **die Ausschließlichkeit des Wahlprüfungsverfahrens.**[51] Soweit es also um die konkrete Anwendung der wahlrechtlichen Bestimmungen durch Wahlorgane in einem konkreten Wahlverfahren geht, sind **andere verfassungsrechtliche Verfahrensarten** ebenso **unzulässig** wie der Rechtsweg zu anderen Gerichtszweigen verschlossen ist.[52] Von dieser Ausschließlichkeit sind alle Maßnahmen umfasst, die bezüglich einer Wahl in ihrer Vorbereitung, während ihrer Durchführung oder in ihrer Nachbereitung (z. B. bei der Auszählung) getroffen werden. Sofern also ein konkreter (fiktiver oder realer) Wahlvorgang Gegenstand einer prozessual konstruierten Klausur werden soll, kommt nur eine Wahlprüfungsbeschwerde in Frage.

II. Zulässigkeit der Wahlprüfungsbeschwerde

Die Zulässigkeitsvoraussetzungen ergeben sich aus Art. 41 II GG und § 48 BVerfGG.

1. Zuständigkeit
Das BVerfG ist gemäß Art. 41 II GG, 93 I Nr. 5 GG, § 13 Nr. 3 BVerfGG für Wahlprüfungsbeschwerden zuständig.

2. Beschwerdeberechtigung
Es gibt zwei verschiedene Arten von Beschwerdeberechtigten: Wahlberechtigte (**nicht privilegierte Beschwerdeberechtigte**) und Fraktionen bzw. eine Bundestagsminderheit von einem Zehntel (**privilegierte Beschwerdeberechtigte**). Nicht privilegiert Beschwerdeberechtigte müssen **im verfassungsrechtlichen Sinne wahlberechtigt** sein, also Deutsche i. S. d. Art. 116 I GG und das Alterserfordernis des Art. 38 II Var. 1 GG (18 Jahre) erfüllen. Auf einfachgesetzliche Wahlrechtsausschlüsse kommt es im Rahmen der Beschwerdeberechtigung nicht an, da die Überprüfung solcher Eingriffe in das Wahlrecht gerade Sinn des Wahlprüfungsverfahrens ist und sonst gegebenenfalls eine Rechtsschutzlücke entstehen

---

51 Das ist eine verfassungsgemäße Ausnahme von Art. 19 IV GG: BVerfG, Urt. v. 29.1.2019, Az.: 2 BvC 62/14, Rn. 31 m. w. N.
52 Der VerfGH Sachsen, Urt. v. 25.7.2019, Az.: Vf. 76-IV-19 u. a. nimmt unter bestimmten Bedingungen Ausnahmen von diesem Grundsatz an. Kritische Anmerkung Brade, NVwZ 2019, 1814 ff.

könnte.[53] Daneben müssen sie **erfolglos** das **Wahlprüfungsverfahren** vor dem Bundestag durchlaufen haben. Privilegiert Beschwerdeberechtigte müssen das Wahlprüfungsverfahren vor dem Bundestag nicht durchlaufen. Privilegiert beschwerdeberechtigt sind **Fraktionen** i.S.d. § 10 GOBT oder ein **Zehntel der gesetzlichen Mitgliederzahl des Bundestages.**

3. Beschwerdegegenstand

Die Wahlprüfungsbeschwerde bezieht sich auf den Wahlprüfungsbeschluss des Bundestages. Beschwerdegegenstand ist daher die Wahldurchführung in der Form der Feststellungen im Wahlprüfungsbeschluss. Einwände, die nicht privilegiert Beschwerdeberechtigte nicht schon im Wahlprüfungsverfahren vor dem Bundestag vorgebracht haben, sind vor dem BVerfG unbeachtlich. Insofern herrscht **materielle Präklusion.** Einzig die Verfassungswidrigkeit wahlrechtlicher Vorschriften muss nicht bereits vor dem Bundestag behauptet werden, da dieser insofern ohnehin keine Prüf- oder Verwerfungskompetenz besitzt.[54]

4. Beschwerdebefugnis

Die Wahlprüfungsbeschwerde ist ein objektives Beanstandungsverfahren, sodass es auf eine subjektive Betroffenheit gerade nicht ankommt.[55]

5. Form und Frist

Gemäß § 23 I BVerfGG ist die Wahlprüfungsbeschwerde schriftlich und begründet und gemäß § 48 I BVerfGG binnen **zweier Monate** ab Beschlussfassung des Bundestags im Wahlprüfungsverfahren zu erheben.

III. Begründetheit der Wahlprüfungsbeschwerde

Die Wahlprüfungsbeschwerde ist begründet, soweit der Wahlprüfungsbeschluss des Bundestages fehlerhaft war, also formell fehlerhaft zustande gekommen ist und/oder entgegen seiner Ansicht ein mandatsrelevanter Wahlfehler gegeben war, oder das materielle Wahlrecht verfassungswidrig ist.

---

53 BVerfG, Urt. v. 29.1.2019, Az.: 2 BvC 62/14, Leitsatz 1.
54 Walter, in: BeckOK BVerfGG, 11. Ed. 1.7.2021, § 48 Rn. 22.
55 Walter, in: BeckOK BVerfGG, 11. Ed. 1.7.2021, § 48 Rn. 21.

Lasse Ramson

Klausurtaktik !

Es handelt sich dabei um drei verschiedene Prüfungspunkte, die getrennt geprüft werden sollten. Es empfiehlt sich, wie folgt zu gliedern:

1. Ist der Wahlprüfungsbeschluss formell fehlerhaft?
Hier geht es darum, mögliche Verstöße gegen die Verfahrensvorschriften des WahlPrüfG zu prüfen.
2. Ist der Wahlprüfungsbeschluss materiell fehlerhaft?
a) Liegt ein Wahlfehler vor?
Ein Wahlfehler ist jeder Verstoß gegen das Wahlrecht, d.h. gegen die Vorschriften des Grundgesetzes oder der einfachen Wahlgesetze (bei der Bundestagswahl: BWahlG und BWO, aber auch die wahlrechtlichen Vorschriften des PartG).
b) Ist dieser mandatsrelevant?
Mandatsrelevanz ist gegeben, wenn hinreichende Wahrscheinlichkeit besteht, dass ohne den Wahlfehler das zu bestellende Gremium anders zusammengesetzt gewesen wäre.
3. Ist das Wahlrecht verfassungswidrig?
Hier ist separat zu prüfen, ob das einfachgesetzliche Wahlrecht verfassungswidrig war.

In seiner Entscheidung hat das BVerfG, sofern der Fehler auf die Mandatsverteilung Einfluss hatte, verschiedene Möglichkeiten: Es kann das Wahlergebnis korrigieren, sofern die Art des Fehlers das zulässt.[56] Es kann auch die Wahl insgesamt für ungültig erklären, was bisher niemals passiert ist. Dabei hat das BVerfG immer das mildeste Mittel zu wählen. Es gilt der Grundsatz des Fortbestands der Volksvertretung.[57] Wurden subjektive Rechte der Beschwerdeführenden verletzt, ohne dass der daraus resultierende Wahlfehler mandatsrelevant gewesen wäre, ist das BVerfG nach § 48 III BVerfGG verpflichtet, diese Rechtsverletzung im Entscheidungstenor festzustellen.

Weiterführende Studienliteratur
–   Nohlen, Wahlrecht und Parteiensystem, 7. Aufl. 2014.
–   Feihle/Silke, Anfängerklausur – Öffentliches Recht: Staatsorganisationsrecht – Eine Prämie der Macht?, JuS 2018, 963.
–   Groß, Das demokratische Defizit bei der Grundrechtsverwirklichung der ausländischen Bevölkerung, KJ 2011, 303.
–   Schönberger, Die personalisierte Verhältniswahl – Eine Dekonstruktion, JöR 67 (2019), 1.
–   Schuler-Harms/Valentiner, Aktuelle Fragen des Wahlrechts und der Wahlrechtsgrundsätze, Jura 2021, 1172.

---

56 BVerfG, Urt. v. 9.11.2011, Az.: 2 BvC 4/10 u.a., Rn. 140.
57 BVerfG, Urt. v. 9.11.2011, Az.: 2 BvC 4/10 u.a., Rn. 139 m.w.N.

Lasse Ramson

Zusammenfassung: Die wichtigsten Punkte

- Auf verfassungsrechtlicher Ebene sind Wahlrechtsfragen fast immer durch Auslegung und Gewichtung der Wahlrechtsgrundsätze des Art. 38 I 1 GG untereinander und mit anderen Verfassungsgrundsätzen zu lösen. Sie können durch „zwingende Gründe" eingeschränkt werden.
- Der Grundsatz der **Allgemeinheit der Wahl** gebietet, dass alle Bürger:innen das Wahlrecht innehaben.
- Der Grundsatz der **Unmittelbarkeit der Wahl** schreibt vor, dass ohne Zwischenakt aus dem Wahlakt selbst die Zusammensetzung des gewählten Gremiums folgen muss.
- Der Grundsatz der **Freiheit der Wahl** bedeutet die Sicherstellung der Möglichkeit, die Wahlentscheidung frei von äußerem Zwang treffen zu können.
- Der Grundsatz der **Gleichheit der Wahl** gebietet die gleiche Stimmzahl aller Bürger:innen (Zählwertgleichheit) bei gleichem Einfluss auf das Wahlergebnis bei der Verhältniswahl (Erfolgswertgleichheit).
- Der Grundsatz der **Geheimheit der Wahl** erfordert ein Wahlverfahren, in dem es den Wählenden unmöglich ist, ihre Stimmabgabe nach außen zu beweisen.
- Der ungeschriebene Grundsatz der **Öffentlichkeit der Wahl** erfordert es, dass die Wählenden „die zentralen Schritte der Wahl ohne besondere technische Vorkenntnisse zuverlässig nachvollziehen und verstehen können" (BVerfG, s. o.).
- Die **Wahlprüfungsbeschwerde** als besondere wahlrechtliche Verfahrensart bringt einige Besonderheiten gegenüber anderen Verfahrensarten mit sich.

Für dieses Kapitel gibt es frei zugängliche interaktive Übungen auf der OpenRewi-Homepage. Hierzu muss einfach der QR-Code gescannt werden.

Lasse Ramson

§ 5.2.2 Abstimmungen

Die Staatsgewalt des Volkes wird gem. Art. 20 II 2 GG in Wahlen und **Abstimmungen** ausgeübt. Die durch Abstimmungen ausgeübte direkte Demokratie steht folglich gleichrangig neben der mittels Wahlen ausgeübten repräsentativen Demokratie. Dabei wird bei Wahlen über Personalentscheidungen, bei Abstimmungen hingegen über **Sachfragen** entschieden.

Das Grundgesetz sieht Abstimmungen ausdrücklich vor. Auch den Landesverfassungen ist oftmals die Möglichkeit von Abstimmungen zu entnehmen.[1] Dass Landesverfassungen entsprechende Abstimmungen vorsehen, steht im Einklang mit dem Homogenitätsprinzip des Art. 28 I GG. Auf europäischer Ebene enthält Art. 11 IV EUV die Möglichkeit der Europäischen Bürgerinitiative.

Es ist zwischen der Volksbefragung, dem Volksbegehren und dem Volksentscheid zu differenzieren.

A. Arten der Abstimmungen

Bei der **Volksbefragung** wird dem Volk seitens des Staates eine konkret formulierte Frage vorgelegt, über die es befinden soll. Die Entscheidung ist dabei für die Staatsorgane nicht bindend. Den Staatsorganen ist es auf diesem Wege möglich, die Meinung des Volkes einzuholen. Gegenstand der Volksbefragung ist eine Frage von allgemeinem Interesse.

Anders als bei der Volksbefragung geht das **Volksbegehren** direkt vom Volk aus. Welches Ziel konkret Gegenstand eines Volksbegehrens sein kann, ist abhängig von der jeweiligen gesetzlichen Ausgestaltung. Diese können auch Voraussetzungen wie etwa die Durchführung einer Volksinitiative bestimmen.[2]

Ziel des Volksbegehrens kann es beispielsweise sein, eine Gesetzesvorlage in das Parlament einzubringen, die auch eine Verfassungsänderung begehren kann.[3] Das Volksbegehren kann die vorzeitige Beendigung der Wahlperiode des Parlamentes zum Gegenstand haben.[4] Außerdem kann die Möglichkeit bestehen, ein Volksbegehren zu Aspekten der politischen Willensbildung durchzuführen, wodurch die Beschlussfassung über sonstige Beschlüsse des Landtages begehrt wird.[5] Dabei können bestimmte Themen auch als Gegenstand eines Volksbegeh-

---

1 Siehe z. B. Art. 76 ff. der brandenburgischen Verfassung oder Art. 61 ff. der Berliner Verfassung.
2 Siehe z. B. § 13 I 1 Brandenburger Volksabstimmungsgesetz.
3 Siehe z. B. § 11 des Berliner Abstimmungsgesetzes.
4 Siehe z. B. § 11 II des Berliner Abstimmungsgesetzes.
5 Siehe z. B. § 11 des Berliner Abstimmungsgesetzes.

rens ausgeschlossen sein, so sieht etwa Art. 73 der bayerischen Verfassung und Art. 62 II 1 Bayerisches Landeswahlgesetz vor, dass ein Volksentscheid und damit auch ein ihm vorausgehendes Volksbegehren über den Staatshaushalt nicht zulässig ist. Das Ergebnis des Volksbegehrens ist rechtlich nicht bindend.[6] Das Volksbegehren ist Voraussetzung eines Volksentscheides.[7]

Beispiel: In 2021 fand (erfolglos) ein Volksbegehren in Bayern statt, dass die Abberufung des Landtages zum Gegenstand hatte.[8]

Bei einem **Volksentscheid** entscheidet das Volk z. B. über (den Erlass, die Novellierung oder die Aufhebung) eines Gesetzes. Das Ergebnis ist rechtlich verbindlich.[9] Der Volksentscheid kann aber auch, je nach gesetzlicher Ausgestaltung, sonstige Beschlüsse des Parlamentes zum Gegenstand haben.[10]

Beispiel: 2010 gab es einen erfolgreichen Volksentscheid in Bayern, der die Rückkehr zu einem strengen Nichtraucherschutz in Gaststätten zum Gegenstand hatte. Es wurde erfolgreich über einen Gesetzentwurf abgestimmt, der infolgedessen zu verkünden war.[11] Im September 2021 fand ein erfolgreicher Volksentscheid zum Thema „Deutsche Wohnen & Co. enteignen – Spekulation bekämpfen" in Berlin statt. Der Volksentscheid zielte auf die Vergesellschaftung der Berliner Bestände bestimmter großer Immobilienkonzerne ab. Er enthielt jedoch nicht die Abstimmung über einen Gesetzentwurf, sondern der Senat sollte lediglich aufgefordert werden, alle Maßnahmen einzuleiten, die zur Überführung von Immobilien in Gemeineigentum erforderlich sind.[12]

B. Abstimmungen auf Bundesebene

Das Grundgesetz sieht solche Abstimmungen nur **in Art. 29 GG** beziehungsweise **Art. 118 f. GG** vor. Ein Klassiker stellt daher die Frage dar, ob Abstimmungen auf Bundesebene über die genannten Artikel des Grundgesetzes hinaus zulässig sind. Dabei ist nach dem Charakter der Entscheidung zu differenzieren. Die **h. M. verneint die Zulässigkeit** von Abstimmungen auf Bundesebene *ohne eine Verfassungsänderung*, sofern der Entscheidung ein **rechtlich verbindlicher Charakter**

---

6 Siehe z. B. § 24 II Brandenburger Volksabstimmungsgesetz.
7 Siehe z. B. § 26 I 1 Brandenburger Volksabstimmungsgesetz.
8 Auer, Querdenker wollen Landtag abberufen, SZ v. 4.8.2021.
9 Siehe z. B. §§ 50 I , 51 Brandenburger Volksabstimmungsgesetz.
10 Siehe z.B. § 29 I 1 des Berliner Abstimmungsgesetzes.
11 Bayerisches Landesamt für Statistik, Volksentscheide: Ergebnisse; Schneider, Rückkehr zum strengsten Rauchverbot in Deutschland, LTO v. 5.7.2010.
12 Siehe die Homepage Deutsche Wohnen und Co enteignen.

Louisa Linke

zukommt. Hierbei wird mit einem Widerspruch zu den Regelungen des Grundgesetzes zum Gesetzgebungsverfahrens (Art. 76, 77 GG) argumentiert.[13] Außerdem seien die im Grundgesetz vorgesehenen Abstimmungen abschließend geregelt.[14] Demgegenüber wird vertreten, dass die Vorschriften über das Gesetzgebungsverfahren nicht abschließend seien, was angesichts des Wortlautes im Grundgesetz nicht durchgreifen kann (Art. 77 I 1 GG).[15]

Aber auch bei einer *Verfassungsänderung* ist die **Einführung direkt-demokratischer Elemente** nicht unbegrenzt möglich. Sie ist zulässig, da Art. 20 II 2 GG Abstimmungen zwar direkt vorsieht, Restriktionen beim Umfang ergeben sich aber aus Art. 79 III GG.[16]

Rechtlich nicht bindende Abstimmungen sind jedoch auf Bundesebene auch *ohne eine Verfassungsänderung* möglich. Der sich lediglich daraus ergebende politische Druck hat keinen Einfluss auf die verfassungsrechtliche Beurteilung, dass die Staatsorgane selbst entscheiden können, wie sie mit der Entscheidung des Volkes umgehen.[17] Ein Parlamentsgesetz kann demgemäß etwa die Möglichkeit einer Volksbefragung vorsehen.

Weiterführende Studienliteratur
- von Arnim/Kriele, Volksbegehren und Volksentscheid, ZRP 2002, 492.
- Elicker, Verbietet das Grundgesetz ein Referendum über die EU-Verfassung?, ZRP 2004, 225; siehe auch die Erwiderung von Herbst, Volksabstimmung ohne Grundgesetz?, Erwiderung zu Elicker, ZRP 2004, 225, ZRP 2005, 29.
- Engelken, „In Wahlen und Abstimmungen", – zur Bedeutung und Herkunft dieser Worte in Art. 20 Abs. 2 Satz 2 GG –, DÖV 2013, 301.
- Guckelberger, Die Europäische Bürgerinitiative, DÖV 2010, 745.
- Tiedemann, Die sekundärrechtliche Ausgestaltung der europäischen Bürgerinitiative durch die Verordnung (EU) Nr. 211/2011, NVwZ 2012, 80.

Zusammenfassung: Die wichtigsten Punkte
- Abstimmungen beinhalten **Sachfragen.**
- Differenziert wird zwischen der **Volksbefragung**, dem **Volksbegehren** und dem **Volksentscheid.**
- Rechtlich unverbindliche Abstimmungen können ohne Verfassungsänderung auf Bundesebene durchgeführt werden. Dem hingegen sind rechtlich verbindliche Abstimmungen, über die bereits im Grundgesetz enthaltenen hinaus, derzeit unzulässig.

---

13 Grzeszick, in: Dürig/Herzog/Scholz, GG Kommentar, 95. EL 7.2021, Art. 20 Rn. 113.
14 Herbst, ZRP 2005, 29 (31).
15 Elicker, ZRP 2004, 225 (225 ff.); Herbst, ZRP 2005, 29 (31).
16 Grzeszick, in: Dürig/Herzog/Scholz, GG Kommentar, 95. EL 7.2021, Art. 20 Rn. 115 m. w. N.
17 Grzeszick, in: Dürig/Herzog/Scholz, GG Kommentar, 95. EL 7.2021, Art. 20 Rn. 114 m. w. N.

Louisa Linke

– Auf **Landesebene** ist die Durchführung von Abstimmungen oftmals möglich, hierfür ist die jeweilige Landesverfassung näher zu betrachten. Auf europäischer Ebene besteht die Möglichkeit der **Europäischen Bügerinitiative.**

§ 5.3 Mehrheitsprinzip

Das **Mehrheitsprinzip** zählt zu den „fundamentalen Prinzipien der Demokratie" und ist deshalb – nicht ausdrücklich, aber implizit – bereits in Art. 20 I, II GG verankert.[1] Es ist Ausfluss der demokratischen Gleichheit und Freiheit der Bürger.

A. Systematik der Mehrheiten

Das Mehrheitsprinzip ist in Klausuren meistens ganz praktisch relevant bei Abstimmungen oder Wahlen, um festzustellen, ob z.b. ein Gesetz im Bundestag wirksam beschlossen wurde.

I. Bezugsgröße

In einem ersten Schritt ist stets die **Bezugsgröße** der Mehrheit festzustellen, also die Gesamtzahl „derjenigen, die zur Entscheidung ein und derselben Frage aufgerufen sind."[2] So wird differenziert zwischen der Abstimmungsmehrheit, Anwesendenmehrheit und Mitgliedermehrheit.

Bei der **Abstimmungsmehrheit** werden nur die tatsächlich abgegebenen Stimmen zugrunde gelegt. Es werden weder die **ungültigen Stimmen** noch die **Enthaltungen** zu den abgegebenen Stimmen gezählt.[3] Zur Begründung wird häufig neben der Entstehungsgeschichte durchaus zutreffend vorgebracht, dass derjenige, der sich der Stimme enthalte, gerade nicht abstimmen, also auch nicht mit Nein stimmen wolle. Zudem schreibt § 46 S. 1 GOBT für Abstimmungsfragen im Bundestag vor, dass sie vom Bundestagspräsidenten oder von der Bundestagspräsidentin so gestellt werden müssen, dass sie sich mit „Ja" oder „Nein" beantworten lassen. Enthaltungen sind also als abgegebene Stimmen auch in der GOBT nicht vorgesehen. Die Stimmenthaltung wirkt demnach bei der Abstimmungsmehrheit wie das Fernbleiben von der Abstimmung.

---

1 BVerfG, Beschl. v. 6.10.1970, Az.: 2 BvR 225/70 = BVerfGE 29, 154 (165). Einführung bei Krüper, ZJS 2009, 477–486.

2 BVerfG, Urt. v. 23.10.1951, Az.: 2 BvG 1/51 = BVerfGE 1, 14 (46) – Südweststaat.

3 Ganz überwiegende Ansicht, statt vieler: Klein/Schwarz, in: Dürig/Herzog/Scholz, GG Kommentar, 95. EL 7.2021, Art. 42 Rn. 94, insbesondere Fn. 6 m.w.N.; a.A. wohl Versteyl, in: v. Münch/Kunig, GG, Bd. I, 6. Aufl. 2012, Art. 42 Rn. 25 sowie die Gleichsetzung von Abstimmenden und Anwesenden in Rn. 17; Höfling/Burkiczak, Jura 2007, 561 (562).

Bei der **Anwesendenmehrheit** oder auch **Anwesenheitsmehrheit** muss die Anzahl der Ja-Stimmen größer sein als die Hälfte der **Gesamtzahl der Anwesenden** bei der Abstimmung.

Bei der **Mitgliedermehrheit** kommt es allein auf die **Anzahl aller Abstimmungsberechtigten** an, unabhängig davon, ob sie anwesend sind oder nicht.[4] Beim Bundesrat sind es 69 ordentliche Mitglieder.[5] Beim Bundestag ist die Bestimmung der stimmberechtigten Abgeordneten dagegen etwas schwieriger, deshalb wird die Anzahl der Bundestagsabgeordneten meistens in den Sachverhalten mitgeteilt. Gem. Art. 121 GG ist auf die „gesetzliche Mitgliederzahl" abzustellen. Was das heißt, ist rechtlich umstritten.[6] Zunächst einmal ist damit die Mitgliederzahl des § 1 I 1 BWahlG gemeint: 598 Abgeordnete. Hinzu kommen die Überhang- und Ausgleichsmandate (§ 6 IV–VI BWahlG).[7] Im Laufe der Wahlperiode können aber auch Bundestagsmandate dauerhaft entfallen, was dann zu einer Reduktion der gesetzlichen Mitgliederzahl führt.[8] Nach h. M. ist hierbei auf die Zahl der zum Zeitpunkt der Wahl oder Abstimmung sitz- und stimmberechtigten Abgeordneten abzustellen.[9]

⚠ Klausurtaktik

Wenn keine Angabe im Sachverhalt über die Abgeordnetenanzahl im Bundestag erfolgt, sind für die Klausur zwei Mitgliederzahlen möglich:

– Sollten keine weiteren Hinweise gegeben sein, ist von 598 Abgeordneten auszugehen (§ 1 I 1 BWahlG). Falls die Zahl der Ausgleichs- und Überhangmandate genannt wird, sind sie hinzuzurechnen.

– Enthält der Sachverhalt dagegen Angaben wie „im 20. Deutschen Bundestag" oder Jahresangaben, die einen eindeutigen Schluss auf den aktuellen Bundestag zulassen, dann ist von der Mitgliederzahl des amtierenden Bundestages zum Zeitpunkt der konstituierenden Sitzung auszugehen. (Im 20. Bundestag ab 2021 sind das 736 Mandate.) Wenn im Laufe der Legislaturperiode einzelne Mandate entfallen sind, so kann von den Studierenden für die Klausur nicht erwartet werden, dass sie dies tagesaktuell nachhalten. Das Wissen über die Abgeordnetenzahl des aktuellen Bundestages bei seiner Konstituierung wird allerdings regelmäßig vorausgesetzt.

---

4 Brocker, in: BeckOK GG, 47. Ed. 15.5.2021, Art. 121 Rn. 5.
5 Dazu Linke/Wiedmann, § 11 Bundesrat, A. I. in diesem Lehrbuch.
6 Klein, in: Dürig/Herzog/Scholz, GG Kommentar, 95. EL 7.2021, Art. 121 Rn. 17–20.
7 Siehe Ramson, § 5.2.1 Wahlen, C. II. in diesem Lehrbuch.
8 Brocker, in: BeckOK GG, 47. Ed. 15.5.2021, Art. 121 Rn. 10–12.
9 Klein, in: Dürig/Herzog/Scholz, GG Kommentar, 95. EL 7.2021, Art. 121 Rn. 18 f.

Patrick Vrielmann

Typische Klausurfehler ❗

Häufig wird bei Abstimmungen in Klausursachverhalten auch die Anzahl der Enthaltungen mit-geteilt, um die Studierenden auf eine falsche Fährte zu locken. Bei im Bundestag grundsätzlich erforderlichen einfachen Stimmenmehrheiten (Art. 42 II 1 GG) ist die Anzahl der **Enthaltungen für die Mehrheit irrelevant.** Da dieser Umstand nicht vollkommen unumstritten ist, ist dies wie oben kurz zu begründen.[10] Die Zahl der Enthaltungen kann dann allenfalls bei der Beschlussfähigkeit des Gremiums von Bedeutung sein. Wenn es allerdings auf die Zustimmung der Anwesenden- oder der Mitgliedermehrheit ankommt, wirken **Enthaltungen de facto wie Nein-Stimmen,** so z.B. der Grundsatz im Bundesrat (Art. 52 III 1 GG). **Insofern ist gerade bei Enthaltungen zwischen den Bezugsgrößen der Mehrheit zu differenzieren!**

II. Stimmenquote

In einem zweiten Schritt ist der Anteil der Stimmen festzustellen, der für den Be-schluss oder die Wahl nötig ist.

1. Grundsatz: Einfache Mehrheit

Auf den eingangs genannten Überlegungen basiert der Grundsatz für demokrati-sche Abstimmungen: Eine **einfache Mehrheit** genügt für die Wahl einer Person oder das Zustandekommen eines Beschlusses, wenn nichts anderes bestimmt ist. Eine solche liegt dann vor, wenn die **Anzahl der Ja-Stimmen größer ist als die der Nein-Stimmen.** Stimmengleichheit reicht nicht aus. So ist auch für einen Be-schluss des Bundestages grundsätzlich die Mehrheit der abgegebenen Stimmen erforderlich (Art. 42 II 1 HS 1 GG). Ausnahmen von diesem Grundsatz bedürfen für Bundestagsbeschlüsse der expliziten Anordnung des Grundgesetzes (Art. 42 II 1 HS 2 GG).

Beispiel: 10 Stimmen für Ja, 5 Stimmen für Nein. Einfache Mehrheit ist erreicht.

Nur wenn lediglich zwei Alternativen zur Auswahl stehen, kann von einer ein-fachen Mehrheit gesprochen werden.[11] Erst ab drei Optionen kann sinnvoll diffe-renziert werden zwischen relativer und absoluter Mehrheit. Die **relative Mehr-heit** erlangt die Option, die die meisten Stimmen auf sich vereinigen kann. Es reicht bereits aus, dass diese Option eine Stimme mehr erhält als jede der anderen

---

10 Zur Behandlung im Fall siehe auch die weiterführende Studienliteratur am Ende.
11 Magsaam, Mehrheit entscheidet, 2014, S. 71.

Patrick Vrielmann

Optionen. Die **absolute Mehrheit** ist erreicht, wenn eine Option mehr Stimmen auf sich vereinigen kann als die anderen Optionen zusammengenommen, wenn sie also mehr als die Hälfte aller abgegebenen Stimmen erhält.

❗ Klausurtaktik

Die Begriffe werden sehr uneinheitlich und zum Teil sogar falsch verwendet. Der **Begriff der „absoluten Mehrheit"** wird sowohl umgangssprachlich als auch von Teilen der Wissenschaft ohne Benennung der Bezugsgröße für die einfache Mitgliedermehrheit verwendet.[12] Das ist aus oben genannten Gründen verwirrend und führt zu Unklarheiten. Dieser uneinheitlichen Verwendungsweise sollte man sich bewusst sein. Sie ist allerdings für die Klausurbearbeitung unproblematisch, da diese Begriffe fast nie vom Gesetz verwendet werden. Für die eigene Vorgehensweise gilt: **Solange man die Bezugsgröße nennt, können Missverständnisse leicht vermieden werden.**

Beispiel: 10 Stimmen für Person A, 7 Stimmen für Person B, 5 Stimmen für Person C. Person A hat die relative Mehrheit der Stimmen (da 10 > 7 > 5). Person A hat aber nicht die absolute Mehrheit, dafür müssten bei 22 abgegebenen Stimmen 12 Stimmen erreicht werden.

Eine **Differenzierung** zwischen einfachen, relativen und absoluten Mehrheiten auf Basis der zur Auswahl stehenden Optionen ergibt **nur bei Zugrundelegung der abgegebenen Stimmen** Sinn.[13] Sofern nur eine relative Mehrheit erreicht werden muss, wird allein auf die Stimmen abgestellt, die jede der Optionen erhalten hat, sodass es auf die Gesamtheit der Stimmen nicht ankommt. Andersherum ist die einfache Mehrheit identisch mit der absoluten Mehrheit, wenn die Gesamtzahl der Stimmen feststeht und insofern relevant ist, als die Anzahl der Gegenstimmen – gleich wie viele Möglichkeiten zur Auswahl stehen – ohne Bedeutung ist. Bei der Anwesendenmehrheit und bei der Mitgliedermehrheit sind also einfache und absolute Mehrheit identisch, weil es immer nur darauf ankommt, ob über 50 Prozent der Stimmen einer Bezugsgröße sich auf eine Option vereinigen. Wenn dagegen bei der Abstimmungsmehrheit **nur zwei Handlungsalternativen** bestehen, ist die einfache gleich der relativen gleich der absoluten Abstimmungsmehrheit. Das liegt daran, dass Enthaltungen nach h.M. nicht als abgegebene Stimmen anzusehen sind.

---

12 Zu den unterschiedlichen Systematiken von relativer und absoluter Mehrheit Kaiser, JuS 2017, 221 (223 f.), mit Nachweisen zur Verwendung durch die Wissenschaft in Fn. 36.
13 Heun, Das Mehrheitsprinzip in der Demokratie, 1983, S. 127 f., Fn. 133–135; Magsaam, Merheit entscheidet, 2014, S. 71.

Patrick Vrielmann

2. Qualifizierte Mehrheiten

In einigen Fällen müssen **höhere Stimmanteile als die Überschreitung der Hälfte** erreicht werden. So können Normen vorsehen, dass zwei Drittel oder drei Viertel des Quorums erreicht werden müssen (z. B. Art. 42 I 2, 79 II, 80a I 2 GG). Insofern spricht man von einer **qualifizierten Mehrheit.**

Solche Qualifizierungserfordernisse sind stets rechtfertigungsbedürftig, weil durch sie die Position der Minderheit gegenüber der Mehrheit aufgewertet wird. Es genügt dann z. B. wenn die Minderheit ein Drittel der Stimmen aufbringt, um die von der Mehrheit bevorzugte Option zu verhindern (sogenannte **Sperrminorität**). Dadurch werden die Stimmgewichte von Mehrheit und Minderheit verschoben, mithin wird die demokratische Gleichheit aufgehoben.[14]

Klausurtaktik   !

Diese Ausnahmen müssen in der Klausur nicht gerechtfertigt werden, weil die Ausnahmen entsprechend normiert sein werden. Die Rechtfertigung kann aber oft zur Argumentation herangezogen werden, da sie regelmäßig das Telos der Norm bildet, die eine andere Mehrheit voraussetzt. Solche Gründe sind z. B. Schutz struktureller (nicht parlamentarischer) Minderheiten,[15] Schutz zentraler Grundrechtsbereiche und Verfassungsstabilität,[16] rechtsstaatlicher Bestands- beziehungsweise Vertrauensschutz sowie die Sicherung der Funktionsfähigkeit des Parlaments.[17]

Anders als bei der einfachen oder relativen Mehrheit muss nicht eine Stimme mehr als für die anderen Optionen erreicht werden, sondern es reicht aus, dass der Stimmanteil genau erfüllt wird.

Beispiel: Bei 600 Abgeordneten im Bundestag ist eine Zweidrittelmehrheit bereits bei 400 Abgeordneten erreicht, nicht erst bei 401. (Dagegen reicht es für eine einfache Mehrheit nicht aus, wenn nur 300 Abgeordnete mit Ja stimmen. Hier wären 301 Stimmen notwendig.)

In Sonderfällen muss neben dem erhöhten Stimmanteil ein weiteres Kriterium erfüllt sein. Hierbei handelt es sich um sogenannte **doppelt qualifizierte Mehrheiten.**

---

14 Grzeszick, in: Dürig/Herzog/Scholz, GG Kommentar, 95. EL 7.2021, Art. 20 Rn. 43; Böckenförde, in: Isensee/Kirchhof, HStR II, 3. Aufl. 2004, § 24 Rn. 52f.; a. A. Sachs, in: Sachs, GG Kommentar, 9. Aufl. 2021, Art. 20 Rn. 24.
15 BVerfG, Beschl. v. 3.12.2002, Az.: 2 BvE 7/02, Rn. 62 = BVerfGE 106, 253 (273).
16 BVerfG, Urt. v. 2.3.1977, Az.: 2 BvE 1/76 = BVerfGE 44, 125 (141) – Öffentlichkeitsarbeit.
17 Grzeszick, in: Dürig/Herzog/Scholz, GG Kommentar, 95. EL 7.2021, Art. 20 Rn. 43.

Patrick Vrielmann

B. Überblick und Beispiele

Auf den ersten Blick scheinen die verschiedenen Möglichkeiten von Mehrheiten vollkommen unübersichtlich. Die folgende Tabelle stellt den Versuch einer **Systematisierung** dar und kombiniert dafür alle möglichen Bezugsgrößen (Spalten) mit den verschiedenen Stimmanteilen (Zeilen). Entsprechend ergibt sich die Bezeichnung der einzelnen Mehrheiten (**in fett**). Teils existieren alternative Bezeichnungen (=). Kurze Zusammenfassungen der Mehrheiten sowie **Beispiele aus dem Staatsorganisationsrecht** (mit →) werden angegeben. In einer zweiten Zeile soll ein **Zahlenbeispiel** die Berechnung der Mehrheit veranschaulichen (*in kursiv*).

Eine Besonderheit bildet die Dreiteilung in einfache, relative und absolute Abstimmungsmehrheit. Bei der doppelt qualifizierten Mehrheit werden mindestens zwei unterschiedliche Bezugsgrößen in den Blick genommen, was zur Darstellung in einer gemeinsamen Spalte führt.

	Abstimmungsmehrheit	Anwesendenmehrheit	Mitgliedermehrheit
einfach: 2 Optionen	**einfache Abstimmungsmehrheit**	**einfache (= absolute) Anwesendenmehrheit**	**einfache (= absolute) Mitgliedermehrheit**
	– mehr Ja- als Nein-Stimmen (nicht bei Stimmgleichheit) – Enthaltungen zählen nicht (h. M.) = „Stimmenmehrheit" → Regelfall für Bundestagsbeschlüsse, Art. 42 II GG	– mehr als die Hälfte der anwesenden Stimmberechtigten muss zustimmen – nur wenige Anwendungsfälle → Feststellung der Beschlussfähigkeit des Bundestags, § 45 III 4 GOBT	– mehr als die Hälfte der Mitglieder des Beschlussorgans muss zustimmen – weist auf besondere Wichtigkeit des Abstimmungsgegenstandes hin = „Abgeordnetenmehrheit" (Bundestag) = „Kanzlermehrheit" (Bundestag)[18] → Regelfall im Bundesrat, Art. 52 III 1 GG → maßgeblich für Bundestag und Bundesversammlung: Art. 121 GG → Wahl des Bundespräsidenten, Art. 54 VI GG → Wahl des Bundeskanzlers, Art. 63 II 1, III, 67 I 1, 68 I 2 GG

---

18 BVerfG, Urt. v. 8.12.2004, Az.: 2 BvE 3/02, Rn. 77 = BVerfGE 112, 118 (145) – Sitzverteilung im Vermittlungsausschuss.

Patrick Vrielmann

	Abstimmungsmehrheit		Anwesendenmehrheit	Mitgliedermehrheit
Bsp.: insgesamt 20 Stimmen, 6x JA, 5x NEIN, 2 Enthaltungen	*Mehrheit (+), da 6 > 5*		*Mehrheit (-), da 13 Anwesende, sodass 7x JA erforderlich*	*Mehrheit (-), da 20 Stimmen insgesamt, sodass 11x JA erforderlich*
mehr als 2 Optionen	**relative Mehrheit**	**absolute Mehrheit**	(s. o.)	(s. o.)
	– die Option mit den meisten Stimmen, unabhängig von der Bezugsgröße → Bundespräsidentenwahl im dritten Wahlgang, Art. 54 VI 2 GG → Wahl des Bundestagsabgeordneten im Wahlkreis (Erststimme), § 5 S. 2 BWahlG → Auswahl des Sitzes einer Bundesbehörde, § 50 II 2 GOBT	– mehr als die Hälfte aller abgegebenen Stimmen muss auf eine Option entfallen – diese Option muss also mehr Stimmen erhalten als alle anderen Optionen zusammengenommen – jedenfalls bei mehr als zwei Abstimmungsoptionen kein Anwendungsbeispiel im Staatsrecht bekannt – im Kommunalverfassungsrecht oft z. B. Bürgermeisterwahl[19]		
Bsp.: 25 Mitglieder, 10x A, 7x B, 2x C, 2 Enthaltungen	– *relative Mehrheit für A, da 10 > 7 > 2* – *irrelevant, dass Gegenstimmen + Enthaltungen > A*	– *absolute Mehrheit für A, da 10 > 9 (= 7 + 2)* – *irrelevant, dass Gegenstimmen + Enthaltungen > A*	*Mehrheit (-), da 21 Anwesende, sodass 11x für A erforderlich*	*Mehrheit (-), da 25 Mitglieder, sodass 13x für A erforderlich*

---

19 Beispielsweise für Niedersachsen § 45g II 2 NKWG i. V. m. § 80 I 1 NKomVG. Erreicht im ersten Wahlgang kein:c Kandidat:in die absolute Mehrheit, kommt es zu einer Stichwahl zwischen den beiden Bewerber:innen mit den meisten Stimmen, in der die einfache Mehrheit entscheidet (§ 45g II 3 NKWG).

Patrick Vrielmann

	Abstimmungsmehrheit	Anwesendenmehrheit	Mitgliedermehrheit
qualifiziert	**qualifizierte Abstimmungsmehrheit** – ein größeres Quorum als die Hälfte der Abstimmenden muss zustimmen (i. d. R. zwei Drittel oder drei Viertel) → Ausschluss der Öffentlichkeit von Sitzungen des Bundestages (2/3), Art. 42 I 2 GG → Feststellung des Spannungsfalles durch den Bundestag (2/3), Art. 80a I 2 GG	**qualifizierte Anwesen-den-mehrheit** – ein größeres Quorum als die Hälfte der Anwesenden muss zustimmen → Beschluss über Abweichung von der GOBT (2/3), § 126 GOBT	**qualifizierte Mitglie-der-mehrheit** – ein größeres Quorum als die Hälfte der Mitglieder muss zustimmen → Beschluss von Verfassungsänderungen durch Bundestag und Bundesrat (2/3), Art. 79 II GG → Wahl von Bundesverfassungsrichtern durch den Bundesrat (2/3), § 7 BVerfGG
Bsp.: 300 Mitglieder, 180x JA, 50x NEIN, 40 Enthaltungen → 2/3-Mehrheit?	*Mehrheit (+), da 180/230 > 2/3*	*Mehrheit (+), da 180/ 270 = 2/3*	*Mehrheit (-), da 180/ 300 < 2/3, 200x JA erforderlich*

doppelt qualifiziert	**doppelt qualifizierte Mehrheit** – zusätzlich zu einem bestimmten Quorum, das größer ist als die Hälfte der Abstimmenden oder Mitglieder, muss ein weiteres Kriterium erfüllt sein – sehr selten → Zurückweisung des Einspruchs des Bundesrates durch den Bundestag: Zweidrittelmehrheit der Abstimmenden muss gleichzeitig einfache Mitgliedermehrheit sein, Art. 77 IV 2 GG → Wahl von Bundesverfassungsrichtern durch den Bundestag: Zweidrittelmehrheit der Abstimmenden muss gleichzeitig einfache Mitgliedermehrheit sein, § 6 I 2 BVerfGG → vgl. auch Art. 16 III, IV EUV, Art. 238 II AEUV
Bsp.: Art. 77 IV 2 GG, BTag = 603 Abg., 300 für Zurückweisung des Einspruchs, 100 dagegen, 50 Enthaltungen[20]	*– doppelt qualifizierte Mehrheit i. S. d. Art. 77 IV 2 GG (-)* *– Zweidrittelmehrheit (+), da 300/450 = 2/3* *– (einfache) Mitgliedermehrheit (-), da 603 Abg. insgesamt, sodass 302x JA erforderlich*

---

20 Beispiel entlehnt von Degenhart, Staatsrecht I, 36. Aufl. 2020, Rn. 652.

Patrick Vrielmann

Weiterführende Studienliteratur

- Übungsklausur (in Teilen auch für Anfänger geeignet) u. a. zu unterschiedlichen Mehrheiten und zur Behandlung von Enthaltungen (636 f.): Droege/Broscheit, (Original-)Referendarexamensklausur – Öffentliches Recht: Staatsorganisationsrecht – Land unter... Der Einsatz der Bundeswehr als letztes Mittel?, JuS 2015, 633.
- Systematischer Überblick mit Fallbeispielen: Kaiser, Mehrheitserfordernisse im Staatsrecht, JuS 2017, 221.
- Eventuell zur Vertiefung (sehr ausführlich): Magsaam, Mehrheit entscheidet. Ausgestaltung und Anwendung des Majoritätsprinzips im Verfassungsrecht des Bundes und der Länder, 2014, S. 63 ff.

Zusammenfassung: Die wichtigsten Punkte

- 1. Schritt: **Bezugsgröße** der Mehrheit festlegen: Abstimmende, Anwesende, Mitglieder.
- 2. Schritt: **Stimmanteil** festlegen: die meisten Stimmen (relativ), mehr als die Hälfte (einfach beziehungsweise absolut), zwei Drittel oder Ähnliche (qualifiziert).
- Abhängig von der Bezugsgröße sind **Enthaltungen** einzuordnen: Abstimmungsmehrheit – irrelevant ↔ Anwesenden-/Mitgliedermehrheit – wie Nein-Stimmen.

Für dieses Kapitel gibt es frei zugängliche interaktive Übungen auf der OpenRewi-Homepage. Hierzu muss einfach der QR-Code gescannt werden.

Patrick Vrielmann

§ 5.4 Minderheitenschutz

Ausgehend vom Demokratieprinzip (und dem Rechtsstaatsprinzip, sowie der Freiheit und Gleichheit der Abgeordneten) besteht der **parlamentarische Minderheitenschutz und das Recht auf parlamentarische Opposition**. Über den Minderheitenschutz im staatsorganisationsrechtlichem Sinne wird die **politische Minderheit** im demokratischen Willensbildungsprozess verfassungsrechtlich abgesichert. Zwar orientiert sich die Interessensvertretung in der Bundesrepublik am Mehrheitsprinzip (Art. 42 II GG), trotzdem muss die Minderheit (**Opposition**) grundsätzlich die Möglichkeit haben, in Zukunft die Mehrheit zu stellen.

A. Herleitung des parlamentarischen Minderheitenschutzes

Als verfassungsrechtliche Grundlagen zur Herleitung des parlamentarischen Minderheitenschutzes werden das Demokratieprinzip (Art. 20 I, II und Art. 28 I 1 GG), das Rechtsstaatsprinzip (Art. 20 III und Art. 28 I 1 GG) und die Freiheit und Gleichheit der Abgeordneten (Art. 38 I 2 GG) herangezogen.

I. Demokratieprinzip (Art. 20 I, II und Art. 28 I 1 GG)

Das Demokratieprinzip ist vom Grundsatz der Mehrheit geprägt (Art. 42 II GG),[1] erfährt aber Ausnahmen durch den parlamentarischen Minderheitenschutz (Art. 23 Ia 2, 39 III 3, 44 I 1, 45a II 2 GG und Art. 93 I Nr. 2 GG). Die Verfassung und die demokratischen Prozesse stützen sich somit nicht ausschließlich auf Mehrheitsentscheidungen, die parlamentarische Minderheit wird unmittelbar mitbedacht. Schlussendlich soll jede parlamentarische Minderheit zumindest prinzipiell die Chance haben, zur Mehrheit werden zu können.[2] Dieses Recht umfasst, dass die innerparlamentarische wie auch außerparlamentarische Opposition nicht am politischen Wettbewerb behindert werden darf.

---

1 BVerfG, Urt. v. 3.5.2016, Az.: 2 BvE 4/14, Rn. 86 = BVerfGE 142, 25 – Oppositionsrechte.
2 BVerfG, Urt. v. 3.5.2016, Az.: 2 BvE 4/14, Rn. 86 = BVerfGE 142, 25 – Oppositionsrechte.

II. Rechtsstaatsprinzip (Art. 20 III und Art. 28 I 1 GG)

Das Rechtsstaatsprinzip umfasst unter anderem das Prinzip der Gewaltenteilung und somit auch die wechselseitige Kontrolle der gesetzgebenden, der vollziehenden und der rechtsprechenden Gewalt. Die parlamentarische Kontrolle der Regierung muss mithin sichergestellt sein. Das deutsche parlamentarische Regierungssystem ist darauf ausgelegt, dass die Regierung durch die Mehrheit des Parlaments legitimiert ist (Art. 63, 67, 68 GG), wodurch die Regierungsfraktionen im Bundestag wenig Anreize zur Kontrolle haben. Den Abgeordneten und Fraktionen der Opposition kommt daher eine besondere Kontrollrolle zu.[3] Die Rechte der parlamentarischen Opposition müssen daher geschützt werden.

III. Freiheit und Gleichheit der Abgeordneten (Art. 38 I 2 GG)

Das Recht des einzelnen Abgeordneten, Oppositionsarbeit zu leisten, wird daneben auch aus der Freiheit und Gleichheit der Abgeordneten (Art. 38 I 2 GG) abgeleitet.[4] Das BVerfG bezeichnet das als **„Recht zum Opponieren"**, wodurch der:die einzelne Abgeordnete Träger von „Oppositionsfreiheit" beziehungsweise „verhaltensbezogen-prozeduraler Oppositionsmöglichkeit" wird.[5]

B. Ausgestaltung im Konkreten

I. Die Minderheitenrechte des Grundgesetzes

Die Verfassung enthält verschiedene Rechte, die dem Schutz der parlamentarischen Minderheit dienen, und von denen vor allem die Opposition Gebrauch zu machen pflegt. Zu nennen sind hier in erster Linie das **Recht auf Einrichtung eines Untersuchungsausschusses nach Art. 44 GG und das Recht auf Einleitung eines abstrakten Normenkontrollverfahrens nach Art. 93 I Nr. 2 GG** durch jeweils ein Viertel der Mitglieder des Bundestags. In der Praxis bedeutsam ist daneben auch die **prozessstandschaftliche Geltendmachung der Par-**

---

3 BVerfG, Urt. v. 3.5.2016, Az.: 2 BvE 4/14, Rn. 87 = BVerfGE 142, 25 – Oppositionsrechte; unter Verweis auf BVerfGE 49, 70 (85f.); 129, 300 (331); 135, 259 (293f.).
4 BVerfG, Urt. v. 3.5.2016, Az.: 2 BvE 4/14, Rn. 89 = BVerfGE 142, 25 – Oppositionsrechte.
5 BVerfG, Urt. v. 3.5.2016, Az.: 2 BvE 4/14, Rn. 89 und 102 = BVerfGE 142, 25 – Oppositionsrechte.

Valentina Chiofalo und Hagen Lohmann

lamentsrechte durch die Opposition **im Wege des Organstreitverfahrens nach Art. 93 I Nr. 1 GG.**

Ein Viertel der Mitglieder des Bundestages ist nach Art. 23 Ia 2 GG ferner dazu berechtigt, den Bundestag zu verpflichten, eine Subsidiaritätsklage vor dem EuGH zu erheben. Die Durchführung derartiger Klageverfahren wurde allerdings auf der Grundlage von Art. 45 S. 2 GG dem Ausschuss für die Angelegenheiten der Europäischen Union übertragen (vgl. § 93d I GOBT). Wenig praktische Bedeutung hat auch das Recht eines Zehntels der Mitglieder des Bundestags nach Art. 42 I 2 GG, die nichtöffentliche Verhandlung des Bundestags zu beantragen. Zum einen steht dieses Antragsrecht nämlich auch der Bundesregierung selbst zu (vgl. Art. 42 I 2 Var. 2 GG). Andererseits setzt die Stattgabe des Antrags eine Zwei-Drittel-Mehrheit des Bundestags voraus (Art. 42 I 2 GG). Größere Praxisrelevanz hat dagegen die Regelung des Art. 45a II 2 GG. Danach kann eine Minderheit von einem Viertel der Mitglieder des Verteidigungsausschusses diesen dazu verpflichten, eine bestimmte Angelegenheit zum Gegenstand seiner Untersuchungen zu machen. Schließlich existiert auch im Rahmen der Anklage des Bundespräsidenten ein gewisses „Minderheitenrecht". So kann nach Art. 61 I 2 GG bereits ein Viertel der Mitglieder des Bundestags den Antrag auf Anklageerhebung stellen. Allerdings bedarf der Beschluss über die Anklageerhebung sodann der Mehrheit von zwei Dritteln der Mitglieder des Bundestags oder zwei Dritteln der Mitglieder des Bundesrats (vgl. Art. 61 I 3 GG).

II. Grundsatz der effektiven Opposition als Teil des Minderheitenschutzes

Insgesamt muss im Rahmen des Minderheitenschutzes der parlamentarischen Minderheit ermöglicht werden, den eigenen Standpunkt im Willensbildungsprozess des Parlaments einzubringen. Dazu gehört u. a. die Repräsentation in Ausschüssen, wenn dort Sachentscheidungen getroffen werden.[6]

---

i Weiterführendes Wissen

Eng damit verknüpft ist der **Grundsatz der Spiegelbildlichkeit** von Parlament, Ausschüssen und der Besetzung von Vermittlungsausschüssen. Der Grundsatz leitet sich aus Art. 38 I 2 GG ab, da allen Abgeordneten prinzipiell die gleichen **Mitwirkungsbefugnisse** zustehen und so-

---

6 BVerfG, Urt. v. 22.9.2015, Az.: 2 BvE 1/11, Rn. 98 = BVerfGE 140, 115 – Arbeitsgruppen des Vermittlungsausschusses.

Valentina Chiofalo und Hagen Lohmann

mit auch das Recht auf gleiche Teilhabe am Prozess der parlamentarischen Willensbildung umfasst.[7]

Gleichzeitig muss der parlamentarische Minderheitenschutz effektiv gestaltet sein, da nur so die parlamentarische Kontrollfunktion tatsächlich ausgeübt werden kann. Das BVerfG benennt daher einen „**Grundsatz der effektiven Opposition**".[8] Demnach dürfen die „Kontrollbefugnisse nicht auf das Wohlwollen der Parlamentsmehrheit angewiesen sein".[9] Grund dafür sei, dass „die Kontrollbefugnisse der parlamentarischen Opposition nicht nur in ihrem eigenen Interesse, sondern in erster Linie im Interesse des demokratischen, gewaltengegliederten Staates – nämlich zur öffentlichen Kontrolle der von der Mehrheit gestützten Regierung und ihrer Exekutivorgane – in die Hand gegeben" sind.[10] Somit wurzelt der Grundsatz der effektiven Opposition **im Demokratieprinzip** nach Art. 20 I, II und Art. 28 I 1 GG.[11] Er stellt einen „**allgemeinen verfassungsrechtlichen Grundsatz**" dar, unter den das BVerfG verschiedene bis dahin entwickelte Rechtspositionen der Opposition zusammenfasst. So umfasst der Grundsatz effektiver Opposition das **Recht der Parteien auf verfassungsgemäße Bildung und Ausübung einer Opposition**.[12] Dieses Recht wurde bereits in einer der ersten Entscheidungen des BVerfG hergeleitet.[13] Festzuhalten ist allerdings, dass das Grundgesetz weder explizit spezifische **Oppositionsfraktionsrechte** begründet, noch sich ein Gebot zur Schaffung solcher Rechte aus dem Grundgesetz ableiten lässt (siehe GroKo Fall).[14]

---

7 BVerfG, Urt. v. 22.9.2015, Az.: 2 BvE 1/11, Rn. 91 = BVerfGE 140, 115 – Arbeitsgruppen des Vermittlungsausschusses. Laut BVerfG erstreckt sich die Mitwirkungsbefugnis aller Abgeordneten auch auf Ausschüsse des Deutschen Bundestages, da an dieser Stelle entscheidende parlamentarische Arbeit geleistet wird (Informations-, Kontroll- und Untersuchungsaufgaben). Daher muss „jeder Ausschuss ein verkleinertes Abbild des Plenums sein und in seiner Zusammensetzung die Zusammensetzung des Plenums widerspiegeln [...]. Dies erfordert eine möglichst getreue Abbildung der Stärke der im Plenum vertretenen Fraktionen (Grundsatz der Spiegelbildlichkeit)." BVerfG, Urt. v. 22.9.2015, Az.: 2 BvE 1/11, Rn. 93 = BVerfGE 140, 115 – Arbeitsgruppen des Vermittlungsausschusses.
8 Siehe weiterführend Lohmann, § 10.3 Opposition in diesem Lehrbuch.
9 BVerfG, Urt. v. 3.5.2016, Az.: 2 BvE 4/14, Rn. 85 ff. = BVerfGE 142, 25 – Oppositionsrechte.
10 BVerfG, Urt. v. 3.5.2016, Az.: 2 BvE 4/14, Rn. 90 = BVerfGE 142, 25 – Oppositionsrechte.
11 BVerfG, Beschl. v. 4.5.2020, Az.: 2 BvE 1/20, Rn. 30 = BVerfGE 154, 1 – Abwahl des Vorsitzenden des Rechtsausschusses.
12 Vgl. BVerfG, Urt. v. 3.5.2016, Az.: 2 BvE 4/14, Rn. 85 ff. = BVerfGE 142, 25 – Oppositionsrechte.
13 Vgl. BVerfG, Urt. v. 23.10.1952, Az.: 1 BvB 1/51, Rn. 38 = BVerfGE 2, 1 (13) – SRP-Verbot.
14 BVerfG, Urt. v. 3.5.2016, Az.: 2 BvE 4/14, Rn. 91 = BVerfGE 142, 25 – Oppositionsrechte.

Valentina Chiofalo und Hagen Lohmann

III. Klassische Klausurkonstellationen

Die Frage nach dem parlamentarischen Minderheitenschutz und dem Grundsatz der effektiven Opposition sollte in zwei Problemkonstellationen unbedingt angesprochen werden: Dem sogenannten GroKo Fall und bei einer möglichen Verlängerung der Legislaturperiode.

1. GroKo Fall

Das letzte Mal musste das BVerfG über die Frage des Oppositionsschutzes im Jahr 2016 entscheiden, als die Mehrheitsverhältnisse im 18. Deutschen Bundestag aufgrund der Regierungskoalition zwischen CDU/CSU und SPD dazu führte, dass lediglich 127 von 630 Sitze auf die Opposition entfielen. Damit unterschritt die Gesamtheit der Abgeordneten der Oppositionsfraktionen die Quoren, die das Grundgesetz für die Ausübung von parlamentarischen Minderheitenrechten vorsieht.[15] In diesem Urteil betonte das Gericht zwar den Grundsatz der effektiven Opposition, verneinte allerdings einen verfassungsrechtlichen Anspruch auf Einräumung von Oppositionsfraktionsrechten.

Fallbeispiel

Ein Blick zu den Hauptstadtfällen der Freien Universität Berlin[16] wird an dieser Stelle ausdrücklich empfohlen. Die eben erwähnte Entscheidung befasst sich sowohl verfassungsprozessrechtlich, wie auch materiell-rechtlich mit Themen, die im Examen gerne geprüft werden (Prozessstandschaft, legislatives Unterlassen, teleologische Reduktion und Analogien).

! Examenswissen

In der **Examensklausur** sollte zuerst die Herleitung des Grundsatzes der effektiven Opposition sauber dargestellt werden. Dabei empfiehlt es sich, zuerst einmal auf den notwendigen Schutz der Opposition einzugehen und dann zu betonen, warum dieser Schutz auch **effektiv** auszugestalten ist. Der Grundsatz der effektiven Opposition ist schlussendlich dann gewahrt, wenn die Opposition bei der Ausübung ihrer Kontrollbefugnisse nicht auf das Wohlwollen der Parlamentsmehrheit angewiesen ist und dazu in der Lage ist, die parlamentarische Kontrolle auszuüben.[17]

Anschließend muss sich mit der Frage auseinandergesetzt werden, ob sich daraus auch ein **verfassungsrechtlicher Anspruch auf Einräumung von Oppositionsfraktionsrechten** ergibt. **Dies lehnte das Gericht aufgrund von zwei Gründen ab:**

---

15 BVerfG, Urt. v. 3.5.2016, Az.: 2 BvE 4/14, Rn. 3 = BVerfGE 142, 25 – Oppositionsrechte.
16 Hauptstadtfälle, Freie Universität Berlin, Oppositionsrechte in Zeiten der GroKo.
17 BVerfG, Urt. v. 3.5.2016, Az.: 2 BvE 4/14, Rn. 90 = BVerfGE 142, 25 – Oppositionsrechte.

Valentina Chiofalo und Hagen Lohmann

- Zum einen beruhe der verfassungsrechtliche Grundsatz effektiver Opposition auf **individueller** und nicht institutioneller **Oppositionsmöglichkeit,**
- zum anderen stehe einem solchen Recht die **Gleichheit der Abgeordneten** aus Art. 38 I 2 GG entgegen.

Zum ersten Grund: Laut BVerfG erkenne die Verfassung schon nicht an, dass Oppositionsfraktionen als spezifische Rechtsträger existieren – das Wort der Opposition sei der Verfassung sogar fremd.[18] Das Gericht argumentiert schlussendlich, dass bestehende Rechte der parlamentarischen Oppositionsfraktionen keine spezifischen *Oppositions*rechte sind, sondern sich aus einem Zusammenschluss der *Minderheiten*rechte ergeben. Im Ergebnis ergebe sich aus der Verfassung lediglich eine Funktionsgarantie der Opposition – und gerade keine Institutionsgarantie.[19] Dieser Begründungslinie des BVerfG ist durchaus zuzustimmen.[20]

Zum zweiten Grund: Darüber hinaus ergebe sich aus dem Gleichheitsgedanken ein verfassungsrechtliches Verbot der Einräumung von exklusiven Oppositionsfraktionsrechten.[21] Laut BVerfG stehe der Einführung spezifischer Oppositionsfraktionsrechte Art. 38 I 2 GG entgegen. In Art. 38 I 2 GG sei der Grundsatz der Gleichheit der Abgeordneten und ihrer Zusammenschlüsse verankert. Exklusive Oppositionsfraktionsrechte würden mithin die Regierungsfraktionen und deren Abgeordnete ungleich behandeln.[22] Das Gericht sieht keine Rechtfertigungsmöglichkeiten für eine solche Bevorzugung der Opposition. An dieser Stelle vermag das Urteil weniger zu überzeugen.[23] Zum einen könnte die Kontrollfunktion der Opposition als Rechtfertigung eines Eingriffs in Art. 38 I 2 GG der Regierungsabgeordneten herangezogen werden. Zum anderen kann bereits bezweifelt werden, ob es sich bei der Einrichtung von Oppositionsfraktionsrechten überhaupt um eine Bevorzugung handelt, oder viel mehr um eine Gleichstellung mit den strukturell bevorzugten Regierungsfraktionen.[24] An dieser Stelle können die Studierenden eigenständig entscheiden, welche Argumente überzeugender erscheinen.

2. Verlängerung Legislaturperiode

Der parlamentarische Minderheitenschutz setzt zudem voraus, dass Oppositionsarbeit dazu führen kann, dass die Opposition grundsätzlich zur Regierung werden kann. Daher müssen in regelmäßigen Abständen Wahlen stattfinden.[25]

---

18 BVerfG, Urt. v. 3.5.2016, Az.: 2 BvE 4/14, Rn. 92 = BVerfGE 142, 25 – Oppositionsrechte.
19 Cancik,VerfBlog, 9.5.2016.
20 Ingold, ZRP 2016, 143 (144); Starski, JuWiss Blog, 12.05.2016.
21 BVerfG, Urt. v. 3.5.2016, Az.: 2 BvE 4/14, Rn. 95 ff. = BVerfGE 142, 25 – Oppositionsrechte.
22 BVerfG, Urt. v. 3.5.2016, Az.: 2 BvE 4/14, Rn. 95 = BVerfGE 142, 25 – Oppositionsrechte.
23 Weiterführend: Cancik, VerfBlog, 9.5.2016; Starski, JuWiss Blog, 12.5.2016; Hillgruber, JA 2016, 638 (640); Lassahn, NVwZ 2016, 929 (930); Starski, DÖV 2016, 750 (755f.).
24 Siehe dazu Hauptstadtfälle, Freie Universität Berlin, Oppositionsrechte in Zeiten der GroKo.
25 Zum Themenkomplex der Periodizität der Wahl siehe die Ausführungen unter Chiofalo, § 5.1. Prinzip der Volkssouveränität, B. in diesem Lehrbuch.

Valentina Chiofalo und Hagen Lohmann

Weiterführende Studienliteratur
- Waldhoff, in: Herdegen/Masing/Poscher/Gärditz, Handbuch des Verfassungsrechts, 2021, § 10 Rn. 113.
- Ingold, Oppositionsrechte stärken?, ZRP 2016, 143.

Zusammenfassung: Die wichtigsten Punkte
- Der **parlamentarische Minderheitenschutz** und der **Grundsatz einer effektiven Opposition** ergeben sich aus dem Demokratieprinzip, dem Rechtsstaatsprinzip und der Freiheit und Gleichheit der Abgeordneten.
- Die Verfassung enthält **verschiedene Rechte,** die dem Schutz der parlamentarischen Minderheit dienen. Besonders relevant ist dabei das Recht auf Einrichtung eines **Untersuchungsausschusses** nach Art. 44 GG und das Recht auf Einleitung eines abstrakten Normenkontrollverfahrens nach Art. 93 I Nr. 2 GG.
- Umstritten ist, ob sich ein verfassungsrechtlicher **Anspruch auf Einräumung von Oppositionsfraktionsrechten** ergeben kann. Dies verneinte das BVerfG. Zum einen beruhe der verfassungsrechtliche Grundsatz effektiver Opposition auf individueller und nicht institutioneller Oppositionsmöglichkeit, zum anderen stehe einem solchen Recht die Gleichheit der Abgeordneten aus Art. 38 I 2 GG entgegen.

Für dieses Kapitel gibt es frei zugängliche interaktive Übungen auf der OpenRewi-Homepage. Hierzu muss einfach der QR-Code gescannt werden.

Valentina Chiofalo und Hagen Lohmann

§ 5.5 Parlamentsvorbehalt

Nach dem Demokratieprinzip geht alle Staatsgewalt vom Volke aus (Art. 20 II 1 GG). Daher muss jede staatliche Handlung demokratisch legitimiert, das heißt (mehr oder weniger mittelbar) auf den Willen des Volkes zurückführbar sein. Doch das Demokratieprinzip stellt insoweit nicht an jede staatliche Handlung dieselben Anforderungen. Vielmehr variieren die Anforderungen an die demokratische Rückbindung von Fall zu Fall. Während weniger wichtige Entscheidungen mit einer schwächeren demokratischen Legitimation auskommen, bedürfen wichtige Entscheidungen einer stärkeren, unmittelbaren demokratischen Legitimation. Dies ist der Grundgedanke der **Wesentlichkeitslehre des BVerfG.**

A. Die Wesentlichkeitslehre

Nach dieser Lehre **müssen alle „wesentlichen" Entscheidungen durch das Parlament** (auf Bundesebene: durch den Bundestag) **getroffen werden.**[1] Grund hierfür ist die besondere demokratische Legitimation des Parlaments. Nicht nur ist der Bundestag das einzige unmittelbar gewählte Verfassungsorgan in der Bundesrepublik Deutschland (Art. 38 I 1 GG). Er entscheidet zudem in einem öffentlichen, transparenten Verfahren (Art. 42 I 1 GG) unter Einbeziehung auch der Opposition. Indem alle „wesentlichen" Entscheidungen dem Parlament vorbehalten werden – man spricht deshalb auch von einem **Parlamentsvorbehalt** – wird also sichergestellt, dass sich die Öffentlichkeit ihre Auffassung zu der Entscheidung bilden und diese vertreten kann.[2] Angesichts dieser Bedeutung und Funktion der parlamentarischen Entscheidungsfindung für die Demokratie ist es nicht nur ein Recht, sondern auch die **Pflicht des Parlaments die wesentlichen Entscheidungen zu treffen.**[3]

Die Wesentlichkeitstheorie gibt sich aber nicht damit zufrieden, *dass* eine Frage vom Parlament geregelt wurde. Entscheidend ist vielmehr, dass das Parlament die wesentlichen Fragen im Gesetz *selbst* beantwortet und sie nicht in die Hände der Exekutive gibt. Insoweit verlangt die Wesentlichkeitstheorie eine **hin-**

---

1 BVerfG, Urt. v. 19.9.2018, Az.: 2 BvF 1, 2/15, Rn. 194 = BVerfGE 150, 1 (96 f.), Rn. 192 – Zenus 2011, ständige Rechtsprechung.
2 BVerfG, Urt. v. 19.9.2018, Az.: 2 BvF 1, 2/15, Rn. 192 = BVerfGE 150, 1 (96) – Zensus 2011.
3 Hierzu Morlok, in: Morlok/Schliesky/Wiefelspütz, HbParlR, 2016, § 3 Rn. 92, 96; Heinig et al., JZ 2020, 861 (868).

https://doi.org/10.1515/9783110786965-027

reichend bestimmte Regelung der wesentlichen Fragen.[4] Erst diese (auch für Klausursituationen relevante) Kombination von **Wesentlichkeitstheorie und Bestimmtheitsgebot** verhindert eine Übertragung von Entscheidungsbefugnissen an die Exekutive und sichert damit die demokratische Legitimation der Entscheidungen, sowie die Rolle des Parlaments als Leitgewalt im Staat.[5]

Beispiel: So darf sich das Parlament nicht auf den Erlass einer Generalklausel („Die zuständige Behörde darf die erforderlichen Maßnahmen ergreifen...") beschränken. Sonst würde letztlich die Exekutive entscheiden, wann welche Maßnahmen getroffen werden. Vielmehr muss der Bundestag die Handlungsmöglichkeiten der Exekutive durch hinreichend bestimmte Vorgaben einhegen. Deshalb wird etwa in den §§ 38 ff. BPolG im Einzelnen aufgezählt, unter welchen Voraussetzungen verschiedene Maßnahmen (Platzverweis, Ingewahrsamnahme etc.) der Bundespolizei zulässig sind.

Die **Anforderungen an die Bestimmtheit von Gesetzen** wurden im Abschnitt zum rechtsstaatlichen Bestimmtheitsgebot näher dargelegt.

Die Bestimmtheits-Problematik wird insbesondere auch im Rahmen des Art. 80 I GG relevant.[6] Diese Vorschrift ermöglicht es dem Parlament, die Exekutive zum Erlass von Verordnungen zu ermächtigen. Das Parlament kann seine Rechtssetzungsbefugnis also an die Exekutive delegieren. Damit die wesentlichen Entscheidungen aber nach wie vor vom Parlament getroffen werden, muss die Verordnungsermächtigung den Inhalt, den Zweck und das Ausmaß der Verordnung (hinreichend bestimmt) vorgeben (S. 2). Dabei hängen die Anforderungen des Bestimmtheitsgebots von der geregelten Materie, insbesondere von der „Grundrechtswesentlichkeit" ab.[7]

---

i **Weiterführendes Wissen**

Das genaue **Verhältnis der Wesentlichkeitstheorie zu Art. 80 I 2 GG** ist allerdings umstritten.[8] Nach hier vertretener Ansicht ist Art. 80 I 2 GG eine besondere Ausprägung des Parlamentsvor-

---

4 BVerfG, Urt. v. 6.7.1999, Az.: 2 BvF 3/90, Rn. 117 = BVerfGE 101, 1 (34) – Hennenhaltungsverordnung, ständige Rechtsprechung.
5 Jarass, in: Jarass/Pieroth, GG, 16. Aufl. 2020, Art. 20 Rn. 78: Der Parlamentsvorbehalt „überschneidet sich in weitem Umfang mit dem allgemeinen rechtsstaatlichen Bestimmtheitsgebot". Letzteres geht lediglich insoweit weiter als der Parlamentsvorbehalt, als es nicht nur auf abstrakt-generelle Regelungen, sondern auch auf Einzelakte anwendbar ist.
6 Hierzu Bustami, § 18 Rechtsverordnungen, B. II. in diesem Lehrbuch.
7 Siehe dazu weiterführend: Bustami, § 18 Rechtsverordnungen, B. II. in diesem Lehrbuch.
8 Grundlegend hierzu Cremer, AöR 122 (1997), 248 ff.

Julian Seidl und Jan-Louis Wiedmann

behalts.[9] Teilweise wird dagegen eine Trennung der beiden Rechtsinstitute vorgeschlagen.[10] Danach gebe die Wesentlichkeitstheorie vor, welche Gegenstände das Parlament selbst regeln müsse; in diesem Bereich sei der parlamentarische Gesetzgeber daran gehindert, seine Regelungsbefugnis an die Exekutive zu delegieren (sogenannte Delegationssperre). Nur im Übrigen sei eine Delegation an den Verordnungsgeber unter Wahrung der Anforderungen des Art. 80 I 2 GG zulässig. Diese Trennung von Wesentlichkeitstheorie und Bestimmtheitsgebot erscheint allerdings zu schematisch. Es gibt keine Regelungsmaterien, die *per se* bis ins letzte Detail „wesentlich" sind. Vielmehr gibt es in (nahezu) jedem Regelungsfeld Fragen, die so wesentlich sind, dass der Gesetzgeber sie zu entscheiden hat und solche, die auch durch die Exekutive geregelt werden können. Dem kann am besten Rechnung getragen werden, indem die Bestimmtheitsanforderungen des Art. 80 I 2 GG von der „Wesentlichkeit" der Regelungsmaterie und der konkreten Frage abhängig gemacht werden. So müssen die Vorgaben an den Verordnungsgeber in „wesentlichen" Fragen besonders präzise sein; in „unwesentlichen" Fragen ist das Bestimmtheitsgebot des Art. 80 I 2 GG dagegen weniger streng zu handhaben.

B. Fallgruppen des Parlamentsvorbehalts

Aus der Wesentlichkeitstheorie folgt nicht, dass sämtliche Sachfragen eine parlamentarische Entscheidung erfordern. Es gibt **keinen Totalvorbehalt** oder pauschalen Vorrang des Parlaments gegenüber anderen Verfassungsorganen. Vielmehr findet der Parlamentsvorbehalt nur in spezifischen Fallgruppen Anwendung. Hierzu haben sich grundrechtswesentliche Fragen, Fälle des Organisationsvorbehalts sowie Entscheidungen über Auslandseinsätze der Bundeswehr als anerkannte Fallgruppen des Parlamentsvorbehalts herausgebildet. Darüber hinaus wird ein allgemeiner Parlamentsvorbehalt in gesellschaftlich umstrittenen Fragen erwogen.

I. Grundrechtswesentlichkeit

Die Wesentlichkeitstheorie verpflichtet den parlamentarischen Gesetzgeber, „in grundlegenden normativen Bereichen, zumal **im Bereich der Grundrechtsausübung**, soweit diese staatlicher Regelung zugänglich ist, alle wesentlichen Ent-

---

9 So auch BVerfG, Urt. v. 19.9.2018, Az.: 2 BvF 1, 2/15, Rn. 200 = BVerfGE 150, 1 (100); Huber, in: HbVerfR, 2021, § 6 Rn. 24; Maurer/Waldhoff, Allgemeines Verwaltungsrecht, 20. Aufl. 2020, § 6 Rn. 15; vgl. auch Volkmann, NJW 2020, 3153 (3156).
10 So etwa Gassner, DÖV 1996, 18 ff.

Julian Seidl und Jan-Louis Wiedmann

scheidungen selbst zu treffen".[11] Wesentlichkeit bedeutet also zunächst einmal Grundrechtswesentlichkeit. Ob eine Regelung durch Parlamentsgesetz erforderlich ist und wie detailliert diese auszufallen hat, hängt davon ab, wie bedeutsam die betreffenden Fragen für die Grundrechtsausübung sind. Hierfür bildet die Intensität des Grundrechtseingriffs ein wichtiges Kriterium.

Beispiel: Eine Höchstaltersgrenze für die Tätigkeit als Fluglotse ist aufgrund ihrer Bedeutung für die Berufsfreiheit der Betroffenen durch ein Parlamentsgesetz zu regeln.[12]

Je intensiver Grundrechte betroffen sind, desto höher sind auch die durch die Wesentlichkeitstheorie gestellten Anforderungen an die zu treffende parlamentsgesetzliche Regelung. Bei Maßnahmen von hoher Grundrechtsintensität genügt eine parlamentsgesetzliche Generalklausel den Anforderungen des Parlamentsvorbehalts nicht mehr. Die Voraussetzungen der Maßnahme sind in einer speziellen parlamentsgesetzlichen Rechtsnorm näher zu regeln.

Beispiel: Ein Kopftuchverbot für Lehrkräfte im Schulunterricht lässt sich aufgrund der Intensität des Eingriffs in Art. 4 I, II GG nicht auf die allgemeinen Klauseln zur beamtenrechtlichen Eignung im jeweiligen Landesbeamtengesetz stützen. Eine derart grundrechtsintensive Regelung erfordert eine spezielle parlamentsgesetzliche Rechtsgrundlage.[13]

II. Organisationsvorbehalt

Nicht nur grundrechtsrelevante Fragen, sondern auch Organisationsentscheidungen unterliegen dem Parlamentsvorbehalt. Teilweise sieht das Grundgesetz ausdrücklich einen Gesetzesvorbehalt für bestimmte Organisationsentscheidungen vor (z. B. Art. 28 II GG für die Regelung der kommunalen Selbstverwaltung oder Art. 87 III 1 GG für die Errichtung selbständiger Bundesoberbehörden, neuer bundesunmittelbarer Körperschaften oder Anstalten des öffentlichen Rechts). Darüber hinaus lassen sich auf Grundlage der Wesentlichkeitstheorie ungeschriebene **institutionelle Gesetzesvorbehalte** herleiten.[14] So hat der parlamentarische Gesetzgeber hinreichend detaillierte Vorgaben für die Organisation selbstverwaltender Körperschaften zu machen.

---

11 BVerfG, Beschl. v. 8.8.1979, Az.: 2 BvL 8/77, Rn. 76 = BVerfGE 49, 89 (126); BVerfG, Beschl. v. 20.10.1982, Az.: 1 BvR 1470/80 = BVerfGE 61, 260 (275).
12 BVerfG, Beschl. v. 9. 3. 2007, Az.: 1 BvR 2887/06 = NVwZ 2007, 804.
13 BVerfG, Urt. v. 24.9.2003, Az.: 2 BvR 1436/02 = BVerfGE 108, 282.
14 Schulze-Fielitz, in: Dreier, Grundgesetz, 3. Aufl. 2015, Art. 20 Rn. 126.

Julian Seidl und Jan-Louis Wiedmann

Beispiel: Beispielweise hat das BVerfG in einer Entscheidung zu den Notarkassen klargestellt, dass die Errichtung eines Selbstverwaltungsträgers eine hinreichend bestimmte parlamentsgesetzliche Regelung erfordert. Hierbei muss das Gesetz auch Vorgaben für das Verfahren der Entscheidungsfindung innerhalb der Notarkassen beinhalten, um „eine angemessene Partizipation der Berufsangehörigen an der Willensbildung" zu gewährleisten.[15]

Entgegenstehende Prinzipien wie etwa der Kernbereich der Regierung stellen eine Grenze für die auf Grundlage der Wesentlichkeitstheorie hergeleiteten ungeschriebenen institutionellen Gesetzesvorbehalte dar.[16]

Beispiel: Unter diesem Gesichtspunkt ist die Entscheidung des nordrhein-westfälischen Verfassungsgerichtshofs, die Wesentlichkeitstheorie auf die Zusammenlegung des Innen- und des Justizministeriums durch den Ministerpräsidenten anzuwenden,[17] auf Kritik gestoßen.[18] In einer solchen Konstellation stellt die Wesentlichkeitstheorie nicht mehr sicher, dass die Legislative eine ihr zugewiesene Aufgabe wahrnimmt, sondern verschiebt die Kompetenzverteilung zwischen Exekutive und Legislative.[19]

III. Auslandseinsätze der Bundeswehr

Entscheidungen über den Einsatz bewaffneter Streitkräfte im Ausland unterliegen dem sogenannten **wehrverfassungsrechtlichen Parlamentsvorbehalt**.[20] Aus dem Demokratieprinzip folgt, dass eine derart wesentliche Entscheidung wie die Entscheidung über Kampfeinsätze im Ausland durch den Bundestag zu treffen ist. Der Bundestag nimmt hier nicht nur eine kontrollierende Rolle ein, sondern trifft die grundlegende, konstitutive Entscheidung über die Entsendung der Bundeswehr ins Ausland. Ihm kommt die Verantwortung für den bewaffneten Außeneinsatz der Bundeswehr zu.[21] Die Bundeswehr lässt sich daher als **„Parlamentsarmee"** charakterisieren. Der wehrverfassungsrechtliche Parlamentsvorbehalt ist lediglich ein „Zustimmungsvorbehalt". Ein Initiativrecht zur Entsendung von Streitkräften in das Ausland kommt dem Bundestag nicht zu.[22] Der ohnehin nur in

---

15 BVerfG, Beschl. v. 13.7.2004, Az.: 1 BvR 1298/94 u.a., Rn. 153f. = BVerfGE 111, 191 (217f.).
16 Schulze-Fielitz, in: Dreier, Grundgesetz, 3. Aufl. 2015, Art. 20 Rn. 126.
17 VerfGH NRW, Urt. v. 9.2.1999, Az.: VerfGH 11/98 = NJW 1999, 1243ff.
18 Bockenförde, NJW 1999, 1235ff.; Sendler, NJW 1999, 1232ff.
19 Bockenförde, NJW 1999, 1235.
20 BVerfG, Urt. v. 12.7.1994, Az.: 2 BvE 3/92 u.a. = BVerfGE 90, 286 (383ff.).
21 BVerfG, Urt. v. 7.5.2008, Az.: 2 BvE 1/03, Rn. 70 = BVerfGE 121, 135ff.
22 BVerfG, Urt. v. 12.7.1994, Az.: 2 BvE 3/92 u.a., Rn. 347 = BVerfGE 90, 286 (389).

Julian Seidl und Jan-Louis Wiedmann

engen Grenzen zulässige Einsatz der Bundeswehr im Inland unterliegt nicht dem wehrverfassungsrechtlichen Parlamentsvorbehalt.[23]

! Examenswissen

Das BVerfG hat den wehrverfassungsrechtlichen Parlamentsvorbehalt nicht anhand der Wesentlichkeitstheorie begründet, sondern den wehrverfassungsrechtlichen Vorschriften des Grundgesetzes ein ungeschriebenes Prinzip entnommen, wonach „der Einsatz bewaffneter Streitkräfte der konstitutiven, grundsätzlich vorherigen Zustimmung des Bundestages unterliegt".[24] Dessen ungeachtet lässt sich ein Bezug zwischen wehrverfassungsrechtlichem Parlamentsvorbehalt und Wesentlichkeitstheorie herstellen. Schließlich stellt die „Entscheidung über Krieg und Frieden" eine denkbar wesentliche Entscheidung dar, die nach dem Demokratieprinzip nicht am Parlament vorbei getroffen werden kann.[25]

Die Zustimmung des Bundestags erfolgt in Form eines **Parlamentsbeschlusses** mit einfacher Mehrheit (Art. 42 II 1 GG). Der Parlamentsvorbehalt schreibt nicht ein Parlamentsgesetz als zwingende Handlungsform vor, sondern kann auch die Übernahme parlamentarischer Verantwortung jenseits des Gesetzgebungsverfahrens bedeuten.[26]

IV. Parlamentsvorbehalt in gesellschaftlich umstrittenen Fragen

Neben der Grundrechtsrelevanz kann auch die gesellschaftliche Umstrittenheit einer Frage jedenfalls ein untergeordnetes Kriterium zur Bestimmung der Wesentlichkeit darstellen.[27] Ein allgemeiner Parlamentsvorbehalt in sämtlichen politisch bedeutsamen oder gesellschaftlich umstrittenen Fragen lässt sich anhand der Wesentlichkeitstheorie hingegen nicht konstruieren.[28]

Beispiel: So hat der Berliner Verfassungsgerichtshof (am Maßstab der Landesverfassung) entschieden, dass die Schließung der staatlichen Schauspielbühnen auch ohne parlamentarische

---

23 BVerfG, Beschl. v. 4.5.2010, Az.: 2 BvE 5/07, Rn. 50 ff. = BVerfGE 126, 155 ff.; siehe auch Hillgruber, JA 2011, 76; Ladiges, NVwZ 2010, 1075 ff.

24 BVerfG, Urt. v. 12.7.1994, Az.: 2 BvE 3/92 u. a., Rn. 339 = BVerfGE 90, 286 (387).

25 Vgl. Degenhart, Staatsrecht I, 36. Aufl. 2020, § 2 Rn. 41.

26 Degenhart, Staatsrecht I, 36. Aufl. 2020, § 2 Rn. 40.

27 Vgl. Volkmann, NJW 2020, 3153 (3159 Rn. 40).

28 Vgl. BVerfG, Beschl. v. 8.8.1979, Az.: 2 BvL 8/77 = BVerfGE 49, 89 (126); BVerfG, U. v. 14.7.1998, Az.: 1 BvR 1640/97, Rn. 136 = BVerfGE 98, 218 (251 f.); Degenhart, Staatsrecht I, 36. Aufl. 2020, § 2 Rn. 42.

Julian Seidl und Jan-Louis Wiedmann

Zustimmung erfolgen kann und einen allgemeinen Parlamentsvorbehalt für grundlegende Entscheidungen jedweder Art abgelehnt.[29]

Insbesondere darf der Parlamentsvorbehalt nicht soweit ausgedehnt werden, dass er in Kompetenzen übergreift, die das Grundgesetz der Exekutive zuweist.[30] Dem Grundsatz der parlamentarischen Demokratie lässt sich **kein Vorrang des Parlaments** und seiner Entscheidungen gegenüber der Exekutive entnehmen. Der Umstand, dass eine Frage politisch umstritten ist, vermag die durch das Grundgesetz zugeordneten Entscheidungskompetenzen nicht zu verschieben.[31]

C. Aktuelle Problemfälle

I. Flüchtlingspolitik

Die Figur eines Parlamentsvorbehalts in gesellschaftlich umstrittenen Fragen wurde zuletzt vor dem Hintergrund der sogenannten Flüchtlingskrise diskutiert.[32] Anlass hierfür war die im September 2015 von der Bundesregierung getroffene Entscheidung, einer großen Zahl von Schutzsuchenden die Einreise in das Bundesgebiet zu gestatten.

Aufgrund der politischen Bedeutsamkeit der Entscheidung zur Einreisegestattung wurde in der Folgezeit in der rechtswissenschaftlichen Debatte ein Verstoß gegen die Wesentlichkeitstheorie erwogen.[33] Dem wurde entgegenhalten, dass Art. 59 II 1 GG der Exekutive eine exklusive Kompetenz in auswärtigen Angelegenheiten einräumt und hierdurch die Entscheidungsbefugnisse des Parlaments begrenzt.[34] Auch in gesellschaftlich kontroversen Fragen lässt sich die Wesentlichkeitstheorie nicht heranziehen, um die grundgesetzliche Kompetenzverteilung zwischen Exekutive und Legislative zu verschieben.[35]

---

29 BerlVerfGH, Beschl. v. 6.12.1994, Az.: VerfGH 65/93 = NJW 1995, 858 ff.

30 Katz/Sander, Staatsrecht, 19. Aufl. 2019, Rn. 204.

31 BVerfG, Beschl. v. 8.8.1979, Az.: 2 BvL 8/77 = BVerfGE 49, 89 (126).

32 Vgl. zum Meinungsstand Wissenschaftliche Dienste des deutschen Bundestags, WD 3 – 3000 – 109/17, 24.5.2017, S. 8 ff; Honer, VerfBlog, 7.1.2019; vgl. auch BVerfG, Beschl. v. 11.12.2018, Az.: 2 BvE 1/18 = BVerfGE 150, 194.

33 So etwa Di Fabio, Migrationskrise als föderales Verfassungsproblem, S. 96 f.; Di Fabio., ZSE 2015, 517 (519); Degenhart, Staatsrecht I, 36. Aufl. 2020, § 2 Rn. 40.

34 Stumpf, DÖV 2016, 357 (363).

35 Vgl. BVerfG, Beschl. v. 8.8.1979, Az.: 2 BvL 8/77 = BVerfGE 49, 89 (126).

Julian Seidl und Jan-Louis Wiedmann

II. COVID-19-Pandemie

Besonders kontrovers war und ist die Frage, ob die Anforderungen der Wesentlichkeitstheorie bei der **Bewältigung der COVID-19-Pandemie** im Laufe des Jahres 2020[36] eingehalten wurden. Hierbei ist zwischen den verschiedenen Phasen der Pandemie(bekämpfung) zu unterscheiden. Die Corona-Pandemie ist insoweit ein **Lehrstück über den Faktor Zeit und seine Bedeutung für den Parlamentsvorbehalt.**[37] Während es zu Beginn der Pandemie verfassungsrechtlich zulässig war, der Exekutive einen großen Spielraum zu belassen, wurde das Bedürfnis nach einer parlamentarischen Regelung im Laufe der Pandemie zunehmend größer. Nicht nur die mit der Zeit zunehmende Intensität der Grundrechtseingriffe sprach für eine parlamentarische Regelung.[38] Auch der Umstand, dass der Gesetzgeber zunehmend Erfahrung im Umgang mit der COVID-19-Pandemie gewinnen konnte, machten eine parlamentsgesetzliche Regelung möglich und aus Sicht der Wesentlichkeitstheorie nötig.[39] Seiner Pflicht zur Regelung der coronabedingten Grundrechtseingriffe ist der Gesetzgeber hierbei erst verspätet (im November 2020) nachgekommen.

Auch bei der **Festlegung der Impfpriorisierung** kam der Gesetzgeber seiner Regelungspflicht erst verspätet nach. Die Impffreihenfolge wurde vom Bundestag zunächst in die Hände des Verordnungsgebers gelegt, ohne inhaltliche Vorgaben zu machen.[40] Angesichts der Bedeutung der Impfung für die Verwirklichung der Grundrechte (insbesondere des Grundrechts auf Leben, Art. 2 II 1 GG) wurde dieses Vorgehen in der Rechtswissenschaft einhellig für verfassungswidrig gehalten.[41] Mit Gesetz vom 29.3.2021[42] hat der Bundestag insoweit aber Abhilfe geschaffen und die Impfpriorisierung der Exekutive auf eine rechtssichere und hinreichend bestimmte Ermächtigungsgrundlage gestellt.

---

36 Im Jahr 2021 wurde die Problematik durch entsprechende parlamentarische Regelungen entschärft.

37 Vgl. Volkmann, NJW 2020, 3153 (3157); Kalscheuer/Jacobsen, DÖV 2021, 633 ff.

38 Brocker, NVwZ 2020, 1485 (1486); Kalscheuer/Jacobsen, DÖV 2021, 633 (637).

39 Volkmann, NJW 2020, 3153 (3157): „[E]ine Entscheidung des Gesetzgebers [ist] möglich"; siehe auch Kalscheuer/Jacobsen, DÖV 2021, 633 (637).

40 Hierbei war bereits zweifelhaft, ob überhaupt eine Verordnungsermächtigung vorlag, Kießling, Stellungnahme für den 14. Ausschuss, Ausschussdrucksache 19(14)263(5), S. 5 ff.

41 Kießling, Stellungnahme vor dem 14. Ausschuss des Bundestages, Ausschussdrucksache 19 (14)263(5), S. 2; Kingreen, Stellungnahme vor dem 14. Ausschuss des Bundestages, Ausschussdrucksache 19(14)263(2), S. 4; vorsichtiger, im Ergebnis aber ebenfalls kritisch Leisner-Egensperger, Stellungnahme vor dem 14. Ausschuss, Ausschussdrucksache 19(14)263(1), S. 16 f.

42 Gesetz zur Fortgeltung der die epidemische Lage von nationaler Tragweite betreffenden Regelungen vom 29.03.2021, BGBl. 370 (Nr. 12).

Julian Seidl und Jan-Louis Wiedmann

D. Wesentlichkeitstheorie und Parlamentsvorbehalt in der Klausur

I. Klausurkonstellationen

In Klausurlösungen ist die Wesentlichkeitstheorie typischerweise bei der Prüfung der **materiellen Verfassungsmäßigkeit eines Gesetzes** (in grundrechtlichen Klausuren im Rahmen der „Schranken-Schranken") zu thematisieren.

Fallbeispiel

§ 11 I Nr. 8f TierSchG bestimmt, dass die Tätigkeit als Hundetrainer:in einer behördlichen Erlaubnis bedarf. Die näheren Voraussetzungen für die Erteilung einer solchen Erlaubnis regelt das TierSchG nicht. Hundetrainerin C, der die entsprechende Erlaubnis versagt wurde, sieht sich hierdurch in ihrer Berufsfreiheit verletzt und erhebt Verfassungsbeschwerde.

Im Rahmen der verfassungsrechtlichen Rechtfertigung dieses Eingriffs in die Berufsfreiheit der C ist zu prüfen, ob § 11 I Nr. 8f TierSchG als einschränkendes Gesetz verfassungskonform ist. In diesem Rahmen ist die materielle Verfassungsmäßigkeit von § 11 I Nr. 8f TierSchG zu prüfen, wobei auf die Anforderungen der Wesentlichkeitstheorie einzugehen ist: Hat das Parlament die Voraussetzungen hinreichend bestimmt normiert? Selbstverständlich könnte die Verfassungsmäßigkeit des § 11 TierSchG auch in einer rein staatsorganisationsrechtlichen Klausur – etwa im Rahmen einer abstrakten Normenkontrolle – zu prüfen sein.

Demgegenüber ist die Problematik des wehrverfassungsrechtlichen Parlamentsvorbehalts typischerweise in ein Organstreitverfahren eingebettet. Der Bundestag handelt hier nicht in Form eines Gesetzes, sondern in Form eines Parlamentsbeschlusses. Sind Auslandseinsätze der Bundeswehr Gegenstand einer Klausur, so liegt dem Sachverhalt in aller Regel ein Konflikt zwischen Bundesregierung und Bundestag über die Reichweite der Beteiligung des Parlaments zugrunde.[43] In der Klausurdarstellung ist hier sauber zwischen den Anforderungen des ungeschriebenen wehrverfassungsrechtlichen Parlamentsvorbehalts und den konkretisierenden Vorschriften des ParlBetG zu unterscheiden.

II. Darstellung in der Klausur

Bei der inhaltlichen Erläuterung der Wesentlichkeitstheorie stellt sich selten das Problem, dass *überhaupt* keine Regelung getroffen wurde. Häufiger ist fraglich, ob die parlamentarische Regelung *hinreichend bestimmt* ist. Hierbei sollte man sich bei der Klausurlösung von der Erkenntnis leiten lassen, dass die Anforderun-

---

43 Vgl. etwa die Klausur bei Kulick/Mayer, JuS 2016, 929 ff.

Julian Seidl und Jan-Louis Wiedmann

gen des Parlamentsvorbehalts einzelfallabhängig anzuwenden sind. Deshalb zeichnet sich eine gelungene Falllösung dadurch aus, dass sie nicht „geradlinig" auf das Ergebnis zusteuert, sondern Zweifel und Argumente einbringt. Hierbei empfiehlt es sich, zunächst mit allgemeinen Aussagen zur Wesentlichkeitstheorie beziehungsweise zum Bestimmtheitsgebot zu beginnen, um dann klarzumachen, dass diese keine eindeutige Lösung des konkreten Falls zulassen. Das Ergebnis sollte schließlich unter Berücksichtigung des konkreten Regelungsgegenstands gefunden werden. Etwa so:

Formulierungsbeispiel

„Fraglich ist, ob die polizeiliche Generalklausel des Landes L („Die Polizei kann die notwendigen Maßnahmen zur Wahrung der öffentlichen Sicherheit und Ordnung ergreifen.") mit den Vorgaben der Wesentlichkeitstheorie des BVerfG vereinbar ist. Nach dieser Theorie sind alle Entscheidungen, die für die Verwirklichung der Grundrechte wesentlich sind, dem Parlament vorbehalten (Parlamentsvorbehalt). Das Parlament muss sie somit einer hinreichend bestimmten Regelung zuführen (Bestimmtheitsgebot). Hierbei verlangt die Wesentlichkeitstheorie nicht, dass die parlamentarische Regelung so bestimmt wie nur irgend möglich ist. Der Wille des Gesetzgebers muss lediglich durch die gängigen Auslegungsmethoden ermittelbar sein. Das Parlament muss der Exekutive zudem so konkrete Vorgaben machen, dass deren Handeln für die Bürger:innen vorhersehbar bleibt (Vorhersehbarkeitsgebot). Ob die Generalklausel mit ihren unbestimmten Rechtsbegriffen („öffentliche Sicherheit und Ordnung", „notwendig") diesen Vorgaben entspricht, ist angesichts der hohen Grundrechtsrelevanz polizeilicher Eingriffe zweifelhaft. Zu berücksichtigen ist aber, dass das polizeiliche Handeln oftmals von unbekannten oder atypischen Gefahrenlagen geprägt ist. Das Anliegen effektiver Gefahrenabwehr gebietet es, der Polizei für solche Situationen einen großen Handlungsspielraum an die Hand zu geben. Dies rechtfertigt den Einsatz von Generalklauseln. Hinzu kommt, dass die verwendeten Rechtsbegriffe in jahrzehntelanger Rechtspraxis hinreichend konturiert sind, sodass der Rahmen der polizeilichen Befugnisse absehbar ist. Vor diesem Hintergrund sind die Vorgaben des Parlamentsvorbehalts als noch gewahrt zu betrachten."

❗ Klausurtaktik

Ob man entsprechende Fälle unter dem Schlagwort „Wesentlichkeitstheorie/Parlamentsvorbehalt" oder „Bestimmtheitsgebot" diskutiert, ist letztlich zweitrangig. Zu einer gelungenen Falllösung dürfte aber die Erkenntnis beitragen, dass die **Wesentlichkeitstheorie und das Bestimmtheitsgebot identische Anforderungen** stellen. Zwar haben die beiden Anforderungen verschiedene Hintergründe: während das (rechtsstaatliche) Bestimmtheitsgebot sich in erster Linie für die Perspektive der Bürger:innen interessiert (Wird das Handeln des Staates hinreichend berechenbar?), nimmt die Wesentlichkeitstheorie den demokratisch gewählten Gesetzgeber in den Blick (Hat die Volksvertretung hinreichend klare Vorgaben gemacht?). Im Ergebnis führen die beiden Ansätze aber zu denselben Anforderungen an die Bestimmtheit der gesetzlichen Regelung. Eine überzeugende Klausurlösung zeichnet sich daher dadurch aus, dass sie sowohl die rechtsstaats-, als auch die demokratiebezogenen Aspekte berücksichtigt und einarbeitet.

Julian Seidl und Jan-Louis Wiedmann

Weiterführende Studienliteratur
- Heinig et al, Why constitution matters – Verfassungsrechtswissenschaft in Zeiten der Corona-Krise, JZ 2020, 861.
- Ladiges, Grenzen des wehrverfassungsrechtlichen Parlamentsvorbehalts, NVwZ 2010, 1075.
- Volkmann, Heraus aus dem Verordnungsregime, NJW 2020, 3153.

Zusammenfassung: Die wichtigsten Punkte
- Nach der Wesentlichkeitstheorie des BVerfG sind die **„wesentlichen" Fragen** dem **Parlament** vorbehalten, da dieses über eine besondere demokratische Legitimation verfügt. Dabei fordert das BVerfG, dass das Parlament *selbst* über die wesentlichen Fragen entscheidet. Es muss also eine hinreichend bestimmte Regelung treffen und darf der Exekutive keinen zu großen Spielraum gewähren.
- Dabei sind „wesentlich" insbesondere solche Entscheidungen, die von Bedeutung für die Verwirklichung der Grundrechte sind. Aber auch andere Kriterien (etwa die Umstrittenheit einer Frage oder die Bedeutung für die Verwaltungsorganisation) werden diskutiert und sind teils in der Rechtsprechung des BVerfG anerkannt.
- Dem Grundgesetz ist ein ungeschriebener wehrverfassungsrechtlicher Parlamentsvorbehalt zu entnehmen. Der Einsatz bewaffneter Streitkräfte im Ausland bedarf grundsätzlich der vorherigen Zustimmung des Bundestages.

Julian Seidl und Jan-Louis Wiedmann

§ 5.6 Politische Parteien

Die politischen Parteien sind ein verfassungsrechtlich notwendiger Bestandteil der freiheitlich-demokratische Ordnung nach dem Grundgesetz. Die Staatsbürger:innen sind über ihr Engagement in den politischen Parteien in der Lage, über die Wahlen hinausgehend wirksam Einfluss auf das politische Geschehen nehmen zu können, vgl. § 1 I 1 PartG.[1] Die zentrale Norm des Grundgesetzes als Ausgangspunkt für die Rechte der politischen Parteien bildet **Art. 21 GG**. Geschützt wird vor allem die Freiheit und Gleichheit der Parteien, letztere ist insbesondere **klausurrelevant**.

A. Parteien als Akteure im Verfassungsleben

Die politischen Parteien stellen ein verfassungsrechtlich notwendiges Instrument der politischen Willensbildung dar. Daher hat das Grundgesetz ihnen den Rang einer verfassungsrechtlichen Institution zuerkannt.[2] Allerdings sind sie kein Verfassungsorgan. Sie bilden vielmehr Gruppen, die in die institutionalisierte Staatlichkeit hineinwirken.[3]

Politische Parteien können als juristische Personen **Träger in von Grundrechten** sein (Art. 19 III GG) und sich entsprechend auf einschlägige Grundrechte (z. B. Versammlungsfreiheit, Meinungsfreiheit et cetera) berufen und diese im Rahmen einer Verfassungsbeschwerde geltend machen. Dabei ist aber die Rechtsnatur der zentralen Norm für die politischen Parteien, **Art. 21 GG**, umstritten. Zum einen wird sie als Einrichtungsgarantie verstanden[4], zum anderen als Grundrecht angesehen[5] oder zur Interpretation der Grundrechte herangezogen.[6] Versteht man Art. 21 GG nicht als Grundrecht, kann eine Verletzung nicht Gegenstand einer Verfassungsbeschwerde sein. Allerdings können die politischen Parteien, sofern sie als **Institution des Verfassungslebens** betroffen sind, ein **Organstreitverfahren (Art. 93 I Nr. 1 GG, §§ 13 Nr. 5, 63 ff. BVerfGG)** anstrengen.

---

1 Siehe auch BVerfG, Beschl. v. 15.1.1985, Az.: 2 BvR 1163/82 m. w. N. = NJW 1985, 1017 (1018).
2 Siehe auch BVerfG, Beschl. v. 15.1.1985, Az.: 2 BvR 1163/82 m. w. N. = NJW 1985, 1017 (1018).
3 Siehe auch BVerfG, Urt. v. 19.7.1966, Az.: 2 BvF 1/65 m. w. N. = NJW 1966, 1499 (1503).
4 Morlok, in: Dreier, GG Kommentar, 3. Aufl. 2013, Art. 21 Rn. 49 f.
5 Grzeszick/Rauber, in: Schmidt-Bleibtreu/Hofmann/Henneke, GG Kommentar, 14. Aufl. 2017, Art. 21 Rn. 38.
6 Klein, in: Dürig/Herzog/Scholz, GG Kommentar, 95. EL 7.2021, Art. 21 GG Rn. 255 f. Siehe zu weiteren Nachweisen Kluth, in: BeckOK GG, 48. Ed. 15 8.2021, Art. 21 Rn. 92 ff.

Hierfür muss im Rahmen des Verfassungsrechtsstreits ihre verfassungsrechtliche Stellung aus Art. 21 I GG betroffen sein. Hierbei wäre im Rahmen der Zulässigkeit insbesondere auf die Beteiligtenfähigkeit einzugehen.

Formulierungsbeispiel

„Sowohl Antragssteller wie auch Antragsgegner müssten beteiligtenfähig sein. Parteien werden in Art. 93 GG und § 63 BVerfGG nicht direkt als taugliche Antragssteller erwähnt, Art. 21 GG gewährleistet jedoch die verfassungsrechtliche Stellung von Parteien. Sie sind somit sonstige Beteiligte nach Art. 93 I Nr. 1 GG."

B. Begriffsbestimmung

Während das Grundgesetz keine Definition des Parteienbegriffes enthält (vgl. Art. 21 GG), lohnt ein Blick auf § 2 I PartG. Parteien sind demnach Vereinigungen von Bürgern:innen, die **dauernd oder für längere Zeit** (beachte § 2 II PartG) für den Bereich des Bundes oder eines Landes auf die **politische Willensbildung** Einfluss nehmen und an der Vertretung des Volkes **im Deutschen Bundestag oder einem Landtag** mitwirken wollen, wenn sie nach dem Gesamtbild der tatsächlichen Verhältnisse, insbesondere nach Umfang und Festigkeit ihrer Organisation, nach der Zahl ihrer Mitglieder und nach ihrem Hervortreten in der Öffentlichkeit eine ausreichende Gewähr für die **Ernsthaftigkeit** dieser Zielsetzung bieten. Mitglieder einer Partei können nur natürliche Personen sein. Wenngleich eine einfach-gesetzliche Definition für die Bestimmung eines verfassungsrechtlichen Begriffes nur als Auslegungshilfe herangezogen werden kann, wobei die einfach-gesetzliche Begriffsbestimmung nicht ausschlaggebend ist, konkretisiert das PartG in diesem Fall den verfassungsrechtlichen Begriff in verfassungsmäßiger Weise.[7]

Die politischen Parteien sind mit den im Bundestag vertretenen **Fraktionen** nicht gleichzusetzen. Fraktionen sind Untergliederungen *innerhalb des Bundestages*, außerdem können die Mitglieder verschiedenen Parteien angehören. Außerdem besteht die Möglichkeit, dass die Mitglieder der Partei nicht in den Bundestag gewählt wurden, dennoch hat dies keinen Einfluss auf die Anerkennung der Partei als solche.

Parteien, die nach ihren Zielen oder nach dem Verhalten ihrer Anhänger:innen darauf ausgehen, die freiheitliche demokratische Grundordnung zu beein-

---

7 BVerfG, Beschl. v. 17.11.1994, Az.: 2 BvB 1/93 = BeckRS 1994, 10948.

Louisa Linke

trächtigen oder zu beseitigen oder den Bestand der Bundesrepublik Deutschland zu gefährden, sind **verfassungswidrig**, vgl. Art. 21 II GG. Über die Frage der Verfassungswidrigkeit oder dem Ausschluss der staatlichen Finanzierung entscheidet das BVerfG.

C. Aufgaben

Gemäß Art. 21 I 1 GG wirken die Parteien bei der politischen Willensbildung des Volkes mit. Etwas konkreter beschreibt § 1 II PartG die Aufgaben der politischen Parteien. Demnach wirken die Parteien an der **Bildung des politischen Willens des Volkes** auf allen Gebieten des öffentlichen Lebens mit, indem sie insbesondere:

- auf die Gestaltung der öffentlichen Meinung Einfluss nehmen,
- sich durch Aufstellung von Bewerber:innen an den Wahlen in Bund, Ländern und Gemeinden beteiligen,
- auf die politische Entwicklung in Parlament und Regierung Einfluss nehmen,
- die von ihnen erarbeiteten politischen Ziele in den Prozess der staatlichen Willensbildung einführen
- und für eine ständige lebendige Verbindung zwischen dem Volk und den Staatsorganen sorgen.

Sie erfüllen mit ihrer freien, dauernden Mitwirkung an der politischen Willensbildung des Volkes eine ihnen nach dem Grundgesetz obliegende und von ihm verbürgte öffentliche Aufgabe, vgl. § 1 I 2 PartG.

Aufgabe der Parteien ist es daher bei der Meinungs- und Willensbildung innerhalb der Gesellschaft mitzuwirken. Darüber hinaus beeinflussen sie die Arbeit im Bundestag, indem sie bei der Legitimationsvermittlung über die regelmäßig wiederkehrenden Wahlen mitwirken und diese über die Aufstellung von Kandidaten maßgeblich beeinflussen. Daneben kommen ihnen viele **Pflichten** zu, so sind die Parteien etwa zur Rechenschaftslegung verpflichtet (Art. 21 I 4 GG, §§ 23 ff. PartG). Dagegen resultieren auch aus der Anerkennung Rechte, wie etwa der Anspruch auf staatliche Teilfinanzierung (§ 18 ff. PartG).

D. Chancengleichheit

Die politischen Parteien haben im Rahmen der Wahl ein Recht auf Chancengleichheit (Grundsatz der gleichen Wahl) gem. Art. 38 I 1 GG i. V. m. Art. 21 I GG. Dieses Recht lässt sich aus ihrem verfassungsrechtlichen Status sowie der Gründungsfreiheit und dem Mehrparteienprinzip entnehmen.[8] Diese Chancengleichheit prägt dabei sowohl den eigentlichen Wahlvorgang als auch bereits die Wahlvorbereitung.[9] Zugleich rekurriert das BVerfG partiell auch auf den Gleichheitssatz des Art. 3 I GG i. V. m. Art. 21 I GG.[10] Art. 21 I GG kann aber auch einzeln relevant werden. Wird eine Ungleichbehandlung relevant, stellt sich die Frage, ob hierfür ein zwingender Grund erkennbar ist.

E. Parteiverbot nach Art. 21 II GG und Parteienprivileg

I. Voraussetzungen eines Parteiverbotes

Art. 21 II GG ist Ausdruck einer **streitbaren Demokratie**. Dem Grundgesetz liegt das Verständnis einer streitbaren Demokratie zugrunde. Es ergibt sich aus einer Zusammenschau verschiedenster Normen, so etwa Art. 9 II, 18, 20 IV, 21 II, 61 I, 98 2 GG.[11] Gemeint ist dabei, dass das Grundgesetz einen Missbrauch der mit dem Grundgesetz gewährleisteten Grundrechte für einen Kampf gegen die freiheitlich-demokratische Ordnung nicht akzeptieren kann und die Bürger:innen eben diese zu schützen haben. Die Demokratie soll ihren Feinden nicht schutzlos preisgegeben werden.[12]

Parteien, die nach ihren Zielen oder nach dem Verhalten ihrer Anhänger:innen darauf ausgehen, die freiheitliche demokratische Grundordnung zu beeinträchtigen oder zu beseitigen *oder* den Bestand der Bundesrepublik Deutschland zu gefährden, sind **verfassungswidrig**, vgl. Art. 21 II GG. Sie können demnach **verboten** werden. Für ein *darauf ausgehen* müssen konkrete Anhaltspunkte vorliegen, die ein mögliches erfolgreiches Verhalten gegen die Schutzgüter des Art. 21 II GG erkennen lassen (wertende Gesamtbetrachtung), das BVerfG spricht hierbei von einer „Potentialität".[13] Diese Wahrscheinlichkeitsprognose wurde mit dem zweiten NPD-Verbotsverfahren neu eingeführt. Dadurch gleicht sich die Rechtsprechung

---

8 BVerfG, Urt. v. 26.9.1990, Az.: 2 BvR 1247/90 u.a. = BeckRS 1990, 113205.
9 BVerfG, Urt. v. 26.9.1990, Az.: 2 BvR 1247/90 u.a. = BeckRS 1990, 113205.
10 BVerfG, Urt. v. 9.4.1992, Az.: 2 BvE 2/89 = BVerfGE 85, 264 (312). Allerdings ist die rechtliche Verankerung der Gleichbehandlung umstritten, zum Teil wird auch auf (solitär oder ergänzend) Art. 20 II GG rekurriert, siehe Kluth, in: BeckOK GG, 48. Ed. 15 8.2021, Art. 21 Rn. 133.
11 BVerfG, Beschl. v. 18.2.1970, Az.: 2 BvR 531/68 = NJW 1970, 1268 (1269).
12 BVerwG, Beschl. v. 14.6.1995, Az.: 1 B 132/94 = NVwZ 1995, 1134 (1134).
13 BVerfG, Urt. v. 17.1.2017, Az.: 2 BvB 1/13, Rn. 585 = NJW 2017, 611 (624).

des BVerfG der des EGMR an.[14] Über die Frage der Verfassungswidrigkeit entscheidet gem. Art. 21 IV GG das BVerfG (Parteienverbotsverfahren).

Beispiel: Verboten wurden in der Vergangenheit die SRP und die KPD.[15] Die NPD Verbotsverfahren führten nicht zum Verbot der Partei. Bei dem ersten Verfahren wurde ein Verfahrenshindernis erkannt, welches u. a. mit einer mangelnden Staatsfreiheit auf der Führungsebene der Partei begründet wurde.[16] Bei dem zweiten Verfahren wurde zwar festgestellt, dass die NPD die Beseitigung der freiheitlichen demokratischen Grundordnung anstrebt, allerdings fehlt es an konkreten Anhaltspunkten von Gewicht, dass sie dabei erfolgreich sein könnte.[17]

Sofern die Partei im Bundestag vertreten war, verlieren die **Abgeordneten** mit dem Verbot der Partei gem. § 46 I Nr. 5 BWahlG ihre Mitgliedschaft. Soweit Abgeordnete in Wahlkreisen gewählt waren, wird die Wahl eines Wahlkreisabgeordneten in diesen Wahlkreisen wiederholt, soweit Abgeordnete nach einer Landesliste gewählt waren, bleiben die Sitze unbesetzt, vgl. § 46 IV 2, 3 BWahlG.

Solange eine Partei nicht durch das BVerfG verboten wurde, kann gegen diese aufgrund des **Parteienprivilegs** (Art. 21 I, II GG) rechtlich (administrativ) nicht vorgegangen werden (es können keine Sanktionen angedroht oder vollzogen werden).[18] Durch Art. 21 GG wird den politischen Parteien eine verfassungsrechtliche Sonderstellung gewährleistet, durch die diesen eine erhöhte Schutz- und Bestandsgarantie zukommt (Parteienprivileg).[19]

Dieses Parteienprivileg gilt auch für die partei-offizielle Tätigkeit der Funktionär:innen und Anhänger:innen der Partei, solange sie im Rahmen der geltenden Rechtsordnung agieren.[20] Allerdings kann die parteipolitische Zugehörigkeit bei der **Ernennung zum:r Beamten:in** Berücksichtigung finden. Art. 21 II GG beschränkt den Dienstherrn im Rahmen seiner Auswahlentscheidung nicht. Denn der Anknüpfungspunkt seiner Auswahlentscheidung ist ein anderer. Art. 33 V GG erfordert von den Beamt:innen ein Eintreten für die verfassungsmäßige Ordnung. Demgegenüber sichert Art. 21 II GG den Bürger:innen die Freiheit im Rahmen des verfassungsrechtlich Erlaubten diese Ordnung zu bekämpfen.[21]

---

14 Gusy, NJW 2017, 601 (602).
15 Zur SRP: BVerfG, Urt. v. 23.10.1952, Az.: 1 BvB 1/51 = NJW 1952, 1407 ff.; zur KPD: BVerfG, Urt. v. 17.8.1956, Az.: 1 BvB 2/51 = NJW 1956, 1393 ff.
16 BVerfG, Beschl. v. 18.3.2003, Az.: 2 BvB 1/01 u. a., Rn. 64 ff. = NJW 2003, 1577 (1578 ff.).
17 BVerfG, Urt. v. 17.1.2017, Az.: 2 BvB 1/13 = NJW 2017, 611 ff.
18 BVerfG, Urt. v. 9.4.1992, Az.: 2 BvE 2/89 = BVerfGE 85, 264 (312).
19 BVerfG, Urt. v. 21.3.1961, Az.: 2 BvR 27/60 = NJW 1961, 723 (723).
20 BVerfG, Urt. v. 21.3.1961, Az.: 2 BvR 27/60 = NJW 1961, 723 (723).
21 BVerfG, Beschl. v. 22.5.1975, Az.: 2 BvL 13/73 = NJW 1975, 1641 (1645).

Louisa Linke

Das BVerfG hat folglich zum einen zu prüfen, ob die Partei nach ihren Zielen oder nach dem Verhalten ihrer Anhänger:innen darauf ausgerichtet ist, die freiheitliche demokratische Grundordnung zu beeinträchtigen oder zu beseitigen. Die **freiheitliche demokratische Grundordnung** enthält folgende Komponenten: Achtung vor den im Grundgesetz konkretisierten Menschenrechten, die Volkssouveränität (Art. 20 II GG), die Gewaltenteilung (Art. 20 II GG), die Gesetzmäßigkeit der Verwaltung (Art. 20 III GG); die Verantwortlichkeit der Regierung, die Unabhängigkeit der Gerichte, das Mehrparteienprinzip und die Chancengleichheit der Parteien (Art. 21 GG) mit dem Recht auf verfassungsmäßige Bildung und Ausübung der Opposition.[22] Der Begriff umfasst den Kern der Verfassung. Im zweiten NPD-Verbotsverfahren sprach das BVerfG davon, dass das Schutzgut das Demokratieprinzip (Art. 20 I, II GG) und das Rechtsstaatsprinzip (Art. 20 III GG) auf der Grundlage der Garantie der Menschenwürde (Art. 1 I GG) umfasst.[23]

Die Partei muss darauf abzielen, diese demokratische freiheitliche Grundordnung zu beseitigen oder zu beeinträchtigen, folglich abzuschaffen beziehungsweise zu gefährden, hierfür muss sie eine aktiv-kämpferische, aggressive Haltung einnehmen.[24]

Alternativ muss die Partei darauf abzielen, den **Bestand der Bundesrepublik Deutschland** zu gefährden. Das Schutzgut stellt dabei die territoriale Integrität der Bundesrepublik sowie seine außenpolitische Aktionsfähigkeit dar. Für die Gefährdung des Bestandes ist es ausreichend, wenn die Partei mittels entsprechender Bestrebungen darauf abzielt.

II. Verfahren vor dem BVerfG

Für Parteiverbotsverfahren (Art. 21 II GG, §§ 13 Nr. 2, 43 ff. BVerfGG) ist das BVerfG gem. Art. 21 IV GG zuständig. Gemäß § 43 I 1 BVerfGG kann der Antrag auf Entscheidung, ob eine Partei verfassungswidrig ist, von dem Bundestag, dem Bundesrat oder von der Bundesregierung gestellt werden. Antragsgegenstand ist die Feststellung der Verfassungswidrigkeit der Partei. Antragsgegnerin ist dementsprechend die Partei. Die Vertretung der Partei bestimmt sich nach den gesetzlichen Bestimmungen (siehe §§ 44 I BVerfGG, 11 PartG). Es ist ein Vorverfahren einzuhalten. Bezüglich der Form des Antrages ist § 23 I BVerfGG zu wahren. Der

---

22 BVerfG, Urt. v. 23.10.1952, Az.: 1 BvB 1/51 = NJW 1952, 1407 (1408).
23 BVerfG, Urt. v. 17.1.2017, Az.: 2 BvB 1/13 u. a., Rn. 23 = BeckRS 2017, 100243.
24 BVerfG, Urt. v. 17.8.1956, Az.: 1 BvB 2/51 = NJW 1956, 1393 (1397); siehe auch Klein, in: Dürig/Herzog/Scholz, GG Kommentar, 95. EL 7.2021, Art. 21 GG Rn. 531.

Antrag ist begründet, wenn die Partei darauf ausgeht, die freiheitliche demokratische Grundordnung zu beeinträchtigen oder zu beseitigen *oder* den Bestand der Bundesrepublik Deutschland gefährdet.

F. Parteienfinanzierung

I. Mittelbare und unmittelbare staatliche Finanzierung

Die Parteienfinanzierung ist einfach-gesetzlich in den §§ 18 ff. PartG geregelt. Gemäß § 18 I PartG erhalten die Parteien Mittel als **Teilfinanzierung** der allgemein ihnen nach dem Grundgesetz obliegenden Tätigkeit (also ihrer allgemeinen Aufgaben, nicht nur des Wahlkampfes). Mittelbar erfolgt eine Finanzierung durch die Gewährung von Steuervorteilen für Parteispenden.

Außerhalb der staatlichen Finanzierung finanzieren sich die Parteien über Mitgliedsbeiträge, Geldleistungen von Mandatsträger:innen und Parteispenden. Außerdem können sie Erträge aus wirtschaftlicher Betätigung oder Vermögensverwaltung erhalten.

II. Ausschluss von der staatlichen Finanzierung

Gemäß Art. 21 III 1 GG sind Parteien, die nach ihren Zielen oder dem Verhalten ihrer Anhänger:innen darauf ausgerichtet sind, die freiheitliche demokratische Grundordnung zu beeinträchtigen oder zu beseitigen oder den Bestand der Bundesrepublik Deutschland zu gefährden, von der staatlichen Finanzierung ausgeschlossen. Diese Möglichkeit war erst im Zuge einer Verfassungsänderung möglich geworden. Das BVerfG selbst benannte diese Möglichkeit im zweiten Verbotsverfahren gegen die NPD.[25] Wird der Ausschluss festgestellt, so entfällt auch eine steuerliche Begünstigung dieser Parteien und von Zuwendungen an diese Parteien, vgl. Art. 21 III 2 GG.

Über den **Ausschluss der staatlichen Finanzierung** entscheidet das **BVerfG**, vgl. Art. 21 IV GG. Es stellt gem. § 46a I 1 BVerfGG den Ausschluss von der Finanzierung für sechs Jahre fest. Der Antrag auf Entscheidung, ob eine Partei von staatlicher Finanzierung ausgeschlossen ist, kann von dem Bundestag, dem Bundesrat oder von der Bundesregierung gestellt werden (§ 43 BVerfGG). Es wur-

---

25 BVerfG, Urt. v. 17.1.2017, Az.: 2 BvB 1/13 u.a., Rn. 625 = NJW 2017, 611 (629).

Louisa Linke

de in der Vergangenheit ein Antrag aus Ausschluss der NPD von der staatlichen Finanzierung gestellt.[26]

Weiterführende Studienliteratur
- Voßkuhle/Kaufhold, Grundwissen – Öffentliches Recht: Die politischen Parteien, JuS 2019, 763.
- Shirvani, Parteiverbot und Parteifinanzierungsausschluss, Jura 2020, 448.
- Kloepfer, Über erlaubte, unerwünschte und verbotene Parteien, NJW 2016, 3003.
- Volp, Parteiverbot und wehrhafte Demokratie, Hat das Parteiverbotsverfahren noch eine Berechtigung?, NJW 2016, 459.

Zusammenfassung: Die wichtigsten Punkte
- Die zentrale Grundsatznorm bildet **Art. 21 GG.**
- Während das Grundgesetz keine **Definition** des Parteienbegriffes enthält (vgl. Art. 21 GG), kann hierbei auf **§ 2 PartG** zurückgegriffen werden.
- Aufgabe der Parteien ist es, gem. Art. 21 I 1 GG bei der **politischen Willensbildung des Volkes mitzuwirken** (siehe auch § 1 I 2 PartG).
- Den Parteien kommt das **Recht auf Chancengleichheit** zu, wobei sie sich je nach konkretem Sachverhalt auf Art. 21 I GG, Art. 38 I 1 i.V.m. Art. 21 I GG oder Art. 3 I GG i.V.m. Art. 21 I GG berufen können.
- Parteien, die nach ihren Zielen oder nach dem Verhalten ihrer Anhänger:innen darauf ausgehen, die freiheitliche demokratische Grundordnung zu beeinträchtigen oder zu beseitigen oder den Bestand der Bundesrepublik Deutschland zu gefährden, sind verfassungswidrig, vgl. Art. 21 II GG. Sie können verboten werden. Solange eine Partei nicht durch das BVerfG verboten wurde, kommt ihnen die durch Art. 21 GG gewährleistete Schutz- und Bestandsgarantie zu (**Parteienprivileg**).

Für dieses Kapitel gibt es frei zugängliche interaktive Übungen auf der OpenRewi-Homepage. Hierzu muss einfach der QR-Code gescannt werden.

---

26 Redaktion beck-aktuell, 23.7.2019

Louisa Linke

§ 5.7 Fraktionen

Ein zentrales Recht, das aus dem „freien Mandat" der Abgeordneten (Art. 38 I 2 GG) hergeleitet wird, ist das Recht, sich nach eigenem Ermessen mit anderen Mandatsträger:innen zusammenzuschließen (**Assoziationsrecht**),[1] um so persönlichen Gemeinwohlvorstellungen im Parlament mehr Gewicht verleihen zu können. Die Funktion, Abgeordnete mit ähnlichen politischen Überzeugungen in ihrem Zusammenwirken zu koordinieren, übernehmen im Parlament die Fraktionen. Als „**Tendenzgemeinschaften**"[2] in ebendiesem Sinne gestatten sie ihren Mitgliedern eine arbeitsteilige Aufgabenorganisation, die mittlerweile schlechterdings unverzichtbar geworden ist.[3]

A. Allgemeines

I. Voraussetzungen des Fraktionsbegriffes nach § 10 I 1 GOBT

Die GOBT definiert „Fraktionen" in § 10 I 1 GOBT als Vereinigungen von mindestens fünf vom Hundert der Mitglieder des Bundestages, die derselben Partei oder solchen Parteien angehören, die auf Grund gleichgerichteter politischer Ziele in keinem Land miteinander im Wettbewerb stehen. Eine Einordnung als „Fraktion" in diesem Sinne ist also von zwei Voraussetzungen abhängig:

Erstens müssen die Abgeordneten zusammen **fünf Prozent der Mitglieder des Bundestages** stellen.[4] Diese Hürde lässt sich mit der Erwägung begründen, dass es dem Bundestag im Rahmen seiner Geschäftsordnungsautonomie (Art. 40 I 2 GG) offenstehen muss, seine Funktionsfähigkeit dahingehend abzusichern, dass nur solche Gruppierungen von Mandatsträger:innen in den Genuss besonderer Fraktionsrechte kommen sollen, die eine gewisse Mitgliederzahl (ein gewisses „politisches Gewicht") hinter sich vereinen können.[5] Als „Fraktion" anerkennt die GOBT zweitens nur Zusammenschlüsse solcher Abgeordneter, die entweder derselben Partei oder solchen Parteien angehören, die auf Grund gleichgerichteter politi-

---

1 Mit Blick auf Fraktionen etwa BVerfG, Urt. v. 14.1.1986, Az: 2 BvE 14/83 u.a., Rn. 129 = BVerfGE 70, 324 (354) – Haushaltskontrolle der Nachrichtendienste; ferner du Mesnil/Müller, JuS 2016, 603 (606).

2 Morlok, in: Dreier, GG, Bd. II, 3. Aufl. 2015, Art. 38 Rn. 180 (vgl. auch Rn. 192).

3 Schmidt-Jortzig/Hansen, NVwZ 1994, 1145 (1146).

4 Die Schwelle orientiert sich offenbar an der Sperrklausel des § 6 III 1 BWahlG.

5 In diesem Sinne BVerfG, Beschl. v. 17.9.1997, Az: 2 BvE 4/95, Rn. 62 = BVerfGE 96, 264 (278 f.) – Fraktions- und Gruppenstatus; Jarass, in: Jarass/Pieroth, GG, 16. Aufl. 2020, Art. 38 Rn. 57.

scher Ziele in keinem Land miteinander im Wettbewerb stehen. Dieses „**Homogenitätsgebot**" soll verhindern, dass sich Parlamentarier:innen unterschiedlichster Strömungen allein zu dem Zweck zusammenschließen, besondere Rechte einer Fraktion für sich in Anspruch nehmen zu können.[6] Die zweite Variante dieser Bestimmung rekurriert auf die Fraktionsgemeinschaft von CDU und CSU.[7] Schließen sich Abgeordnete abweichend von Satz 1 zusammen, sieht § 10 I 2 GOBT die Möglichkeit einer Anerkennung als Fraktion im Wege eines Bundestagsbeschlusses vor.

Ein Vorliegen der Voraussetzungen unterliegt der ständigen **Überprüfung** durch den oder die Präsident:in des Bundestages als Vertreter:in des Parlaments.[8] Insoweit ist zu bedenken, dass – wie § 62 I Nr. 1 AbgG explizit anerkennt – der Fraktionsstatus erlöschen kann – etwa wenn die Voraussetzungen später entfallen.

Beispiel: Der Abgeordnete A der aus 30 Mandatsträger:innen bestehenden D-Fraktion im 600 Parlamentarier:innen starken Bundestag verlässt die Fraktion. Da die D nun nicht mehr 5 % der Mandatsträger:innen stellt, ist die erste Voraussetzung des § 10 I 1 GOBT entfallen.

Abwandlung: A tritt der B-Partei bei, mit der seine ehemalige Partei, die D-Partei, bei Landtagswahlen konkurriert. Hier fehlt es an der in § 10 I 1 GOBT geforderten Homogenität, sodass auch in diesem Falle der Fraktionsstatus – nach herrschender Auffassung: erst mit einem entsprechenden **Beschluss durch das Plenum des Deutschen Bundestages**[9] – erlischt.

Da der Zusammenschluss zu einer Fraktion Ausdruck des Assoziationsrechtes der Abgeordneten ist, muss es ihnen freistehen, diese Bindung durch Mehrheitsbeschluss jederzeit wieder aufzulösen – § 62 I Nr. 2 AbgG sieht diese Möglichkeit vor. Schließlich endet der Status als Fraktion nach § 62 I Nr. 3 AbgG mit dem Ende der Wahlperiode (**Grundsatz der Diskontinuität**).

II. Funktionen

Das BVerfG würdigt Fraktionen in ständiger Rechtsprechung als „notwendige Einrichtungen des Verfassungslebens"[10], in der Literatur wird der Bundestag gar

---

6 Ipsen, NVwZ 2006, 176 (177 f.); Klein, in: Morlok/Schliesky/Wiefelspütz, Handbuch Parlamentsrecht, 2016, § 17 Rn. 13.
7 Ipsen, NVwZ 2006, 176 (178).
8 Klein, in: Morlok/Schliesky/Wiefelspütz, Handbuch Parlamentsrecht, 2016, § 17 Rn. 14.
9 Diese Auffassung ist aus Gründen der Rechtssicherheit überzeugend, Austermann/Waldhoff, Parlamentsrecht, 2020, Rn. 255.
10 Erstmals BVerfG, Urt. v. 14.7.1959, Az.: 2 BvE 2, 3/58, Rn. 38 = BVerfGE 10, 4 (14) – Redezeit; ferner etwa BVerfG, Urt. v. 13.6.1989, Az.: 2 BvE 1/88, Rn. 112 = BVerfGE 80, 188 (219) – Wüppesahl; BVerfG, Urt. v. 16.7.1991, Az.: 2 BvE 1/91, Rn. 79 = BVerfGE 84, 304 (322) – PDS/Linke Liste.

als „Fraktionenparlament" beschrieben.[11] Damit verbunden ist die Einsicht, dass Fraktionen (nicht erst seit heute) die zentralen Handlungseinheiten im parlamentarischen Betrieb darstellen.[12] Sie markieren insbesondere das „Scharnier, das Parlament und Parteien miteinander verbindet und verschränkt"[13], bilden mit anderen Worten die „parlamentarische Entsprechung des modernen Parteienstaates."[14] Denn praktisch wirken die Parteien als gesellschaftlich verwurzelte Akteure über die Arbeit in den Fraktionen in die parlamentarische Sphäre hinein.[15]

ℹ Weiterführendes Wissen

Aus einer parlamentarischen Binnenperspektive erfüllen Fraktionen wichtige Strukturierungs-, Integrations- und Kanalisierungsfunktionen:[16] Allen voran ermöglichen sie Abgeordneten die effektive Ausübung ihrer verfassungsmäßigen Rechte, verschaffen ihnen Orientierung im parlamentarischen Alltag, entlasten sie über eine (weit ausgreifende) intrafraktionelle Arbeitsteilung und Organisation und fördern so gleichzeitig eine Ausdifferenzierung sachlicher Expertise unter Mandatsträger:innen,[17] betreiben politisches „Agenda-Setting", vermitteln und koordinieren politische Positionen, formen sie zur Entscheidungsreife und wirken über ihre Mitglieder und eine eigene Öffentlichkeitsarbeit (§ 55 III AbgG) zugleich auf die öffentliche Meinungsbildung zurück. Wenn § 55 I AbgG nüchtern feststellt, dass Fraktionen an der Erfüllung der Aufgaben des Bundestages mitwirken, ließe sich der Präzisierung halber ergänzen: Sie stellen die Arbeits-, Handlungs- und Entscheidungsfähigkeit der Abgeordneten wie des Parlaments als Ganzem maßgeblich erst her.[18]

---

11 Etwa Schliesky, in: v. Mangoldt/Klein/Starck, GG, Bd. II, 7. Aufl. 2018, Art. 40 Rn. 15; ähnlich Schreiber, in: Friauf/Höfling, Berliner Kommentar zum Grundgesetz, 42. EL (VIII/13), Art. 38 Rn. 191; Groh, in: v. Münch/Kunig, GG, 7. Aufl. 2021, Art. 40 Rn. 23.
12 Dies gilt etwa auch für die Fraktionen im Europäischen Parlament, Hölscheidt, in: Grabitz/Hilf/Nettesheim, Das Recht der Europäischen Union, 75. EL 1/2022, Art. 14 EUV Rn. 92.
13 Dass diese Einordnung bei Klein, in: Morlok/Schliesky/Wiefelspütz, Handbuch Parlamentsrecht, 2016, § 17 Rn. 1 recht treffend ist, mag der Befund bestätigen, dass in einschlägigen Lehrbüchern meist mit Nachdruck darauf hingewiesen werden muss, dass Fraktionen gerade *nicht* in jeder Hinsicht „Parteien im Parlament" (sondern durchaus *rechtlich* eigenständig) sind, Austermann/Waldhoff, Parlamentsrecht, 2020, Rn. 250; zum Bild des Scharniers BVerfG, Urt. v. 14.1. 1986, Az: 2 BvE 14/83 u.a., Rn. 193 = BVerfGE 70, 324 (374 f.) – Haushaltskontrolle der Nachrichtendienste (Sondervotum des Richters *Marenholz*).
14 Bethge, Art. Fraktion (R.), in: Görres-Gesellschaft (Hrsg.), Staatslexikon, Bd. II, 8. Aufl. 2018, Sp. 813.
15 Austermann/Waldhoff, Parlamentsrecht, 2020, Rn. 250; Klein/Schwarz, in: Dürig/Herzog/Scholz, GG Kommentar, 95. EL 7.2021, Art. 38 Rn. 267.
16 Differenzierung bei Schmidt-Jortzig/Hansen, NVwZ 1994, 1145 (1146).
17 Austermann/Waldhoff, Parlamentsrecht, 2020, Rn. 276, die ebd., Rn. 270 ff., einen instruktiven Überblick über die „Binnenstruktur" der Fraktionen vermitteln.
18 In diesem Sinne bereits der Entwurf eines Sechzehnten Gesetzes zur Änderung des Abgeordnetengesetzes (Fraktionsgesetz), BT-Drucks. 12/4756 v. 20.4.1993, S. 4. Zu den Funktionen einer Fraktion etwa Schmidt-Jortzig/Hansen, NVwZ 1994, 1145 (1146); Kersten, in: Herdegen/Masing/

III. Rechtsgrundlagen

Im Grundgesetz spiegelt sich die praktische Bedeutung der Fraktionen nur bedingt wider. Dort werden sie bloß an einer Stelle in **Art. 53a I 2 1. HS GG** in den Vorschriften über den Gemeinsamen Ausschuss erwähnt. Vor dem Hintergrund ihrer Verwurzelung in der deutschen Verfassungsgeschichte spricht vieles dafür, dass ihre Existenz schlicht vorausgesetzt wurde.[19] Für das Fraktionswesen mittelbar von zentraler Bedeutung sind unter anderem aber auch die Vorschriften über den **Abgeordnetenstatus** (Art. 38 I 2 GG) und über die **Geschäftsordnungsautonomie** (Art. 40 I 2 GG).[20]

Zentrale Rechtsgrundlage für die Rechtsstellung der Fraktionen im Parlament ist die **GOBT**, die Fraktionen nicht bloß einen eigenen Abschnitt einräumt (§§ 10–12 GOBT), sondern ihnen auch eine Vielzahl an Rechten im Rahmen des parlamentarischen Verfahrens zuteilwerden lässt. Weitere Bestimmungen finden sich in den **§§ 53–62 AbgG**, die (anders als die Vorschriften der GOBT) vornehmlich die rechtlichen Außenbeziehungen einer Fraktion in den Blick nehmen.[21]

B. Rechtsnatur

Seit jeher kontrovers debattiert wird die Rechtsnatur der Parlamentsfraktionen. Diesbezüglich existieren zahlreiche Auffassungen, die im Folgenden nur kursorisch dargestellt werden sollen.[22]

Eine frühe Auffassung hat den Vorschlag unterbreitet, Fraktionen dem **bürgerlichen Vereinsrecht** der §§ 21 ff. BGB zuzuschlagen und sie (mangels Eintragung in das Vereinsregister) als nicht rechtsfähige Vereine im Sinne des § 54 BGB

Poscher/Gärditz, Handbuch des Verfassungsrechts, 2021, § 11 Rn. 26; Morlok, in: Dreier, GG, Bd. II, 3. Aufl. 2015, Art. 38 Rn. 179 ff.

19 Ausdrücklich Bethge, Art. Fraktion (R.), in: Görres-Gesellschaft (Hrsg.), Staatslexikon, Bd. II, 8. Aufl. 2018, Sp. 814; Grzeszick, NVwZ 2017, 985 (985).

20 Instruktiv BVerfG, Urt. v. 13.6.1989, Az.: 2 BvE 1/88, Rn. 109 ff. = BVerfGE 80, 188 (217 ff.) – Wüppesahl; Austermann/Waldhoff, Parlamentsrecht, 2020, Rn. 250; ähnlich Brocker, in: Kahl/Waldhoff/Walter, Bonner Kommentar zum Grundgesetz, 200. Akt. 9.2019, Art. 40 Rn. 217 f.

21 Als Geschäftsordnungsrecht beschränkt sich die GOBT naturgemäß auf Fragen parlamentarischer Binnenorganisation (und muss sich letztlich hierauf beschränken), andererseits enthält sich das AbgG in dieser Hinsicht näherer Vorgaben (§ 53 II AbgG); zum Zusammenspiel zwischen GOBT und AbgG Schmidt-Jortzig/Hansen, NVwZ 1994, 1145 (1146 f.).

22 Überblick bei Jekewitz, in: Schneider/Zeh, Parlamentsrecht und Parlamentspraxis, 1989, § 37 Rn. 51 ff.; Hölscheidt, ZParl 25 (1994), 353 (364 f.); Grzeszick, NVwZ 2017, 985 (985 ff.); Austermann/Waldhoff, Parlamentsrecht, 2020, Rn. 247.

David Hug

zu qualifizieren. Eine ähnliche Ansicht möchte die Fraktion als „innenrechtsfähigen Verein des Bürgerlichen Rechts" einordnen.[23] Gegen solche Zuordnungsversuche spricht, dass sie die Fraktion als Vereinigung von Parlamentarier:innen (§ 53 I AbgG) in ihrer besonderen Funktion als Mandatsträger:innen nur unzureichend in den Blick bekommen.[24]

Inzwischen wird die auch und vor allem „öffentlich-rechtliche Natur"[25] der Fraktionen allgemein anerkannt. Gleichwohl existieren unterschiedliche Auffassungen hinsichtlich ihrer genaueren Einordnung: Manche möchten sie als **Organe oder Organteile des Bundestages** fassen.[26] Dieser Auffassung wird mit dem Einwand begegnet, dass Fraktionen nicht die Gesamtheit des Parlaments repräsentieren und schon deshalb nicht als Organ(-teile) desselben in Betracht kämen.[27] Andere wiederum erkennen in der Fraktion ein „**Staatsorgan sui generis**"[28] oder einen **Verein öffentlichen Rechts**[29]. Schließlich wird häufig ihre „duale Rechtsnatur"[30] hervorgehoben – das heißt ihre Teilnahme am allgemeinen Rechtsverkehr einerseits und ihre Einbindung in die parlamentarische Sphäre andererseits.

Bei all diesen Kategorisierungsversuchen lassen inzwischen mehr und mehr Stimmen die Frage der Rechtsnatur ausdrücklich offen. Argumentiert wird mit der fehlenden praktischen Relevanz einer Festlegung.[31] Das mag die Rechtsprechung des BVerfG bestätigen, die sich in dieser Frage bislang zurückhaltend zeigt.[32] Je-

---

23 Nachweise bei Jekewitz, in: Schneider/Zeh, Parlamentsrecht und Parlamentspraxis, 1989, § 37 Rn. 54.

24 Zur Kritik etwa Jekewitz, in: Schneider/Zeh, Parlamentsrecht und Parlamentspraxis, 1989, § 37 Rn. 54; Grzeszick, NVwZ 2017, 985 (987); Schmidt-Jortzig/Hansen, NVwZ 1994, 116 (117).

25 Austermann/Waldhoff, Parlamentsrecht, 2020, Rn. 247.

26 Etwa Butzer, in: BeckOK GG, 50. Ed. 15.2.2022, Art. 38 Rn. 180; Ipsen, NVwZ 2005, 361 (362 f.); für die Fraktionen des Europäischen Parlaments auch Kluth, in: Calliess/Ruffert, EUV/AEUV, 6. Aufl. 2022, Art. 14 EUV Rn. 36; Hölscheidt, in: Grabitz/Hilf/Nettesheim, Das Recht der Europäischen Union, 75. EL 1/2022, Art. 14 EUV Rn. 95; Hölscheidt, Das Recht der Parlamentsfraktionen, 2001, S. 325 f.

27 Etwa Jekewitz, in: Schneider/Zeh, Parlamentsrecht und Parlamentspraxis, 1989, § 37 Rn. 52; Brocker, in: Kahl/Waldhoff/Walter, Bonner Kommentar zum Grundgesetz, 200. Akt. 9.2019, Art. 40 Rn. 211; ablehnend auch Groh, in: v. Münch/Kunig, GG, 7. Aufl. 2021, Art. 40 Rn. 23.

28 Etwa Borchert, AöR 102 (1977), 210 (231).

29 Moecke, NJW 1965, 276; Moecke, NJW 1965, 567; Moecke, DÖV 1966, 162.

30 Morlok/Michael, Staatsorganisationsrecht, 5. Aufl. 2021, Rn. 718.

31 Deutlich Jekewitz, in: Schneider/Zeh, Parlamentsrecht und Parlamentspraxis, 1989, § 37 Rn. 54; zustimmend Klein, in: Dürig/Herzog/Scholz, GG Kommentar, 95. EL 7.2021, Art. 40 Rn. 83; ähnlich Zeh, in: Isensee/Kirchhof, Handbuch des Staatsrechts, Bd. III, 3. Aufl. 2005, § 52 Rn. 8.

32 So auch die Wahrnehmung bei Zeh, in: Isensee/Kirchhof, Handbuch des Staatsrechts, Bd. III, 3. Aufl. 2005, § 52 Rn. 8.

David Hug

denfalls können Fraktionen heute am allgemeinen Rechtsverkehr teilnehmen und bilden zugleich „rechtsfähige Einrichtungen des Verfassungslebens"[33]. Dabei treten sie zwar praktisch als „Parteien im Parlament" auf, sind **in rechtlicher Hinsicht** aber **von ihrer Partei unabhängig.**

C. Einzelne Rechte

I. Gesetzgebungsinitiative

Die Bedeutung der Fraktionen zeigt sich einmal mehr im Rahmen der geschäftsordnungsmäßigen Konkretisierung des Gesetzesinitiativrechts aus Art. 76 I GG. Während der Verfassungstext offen dahingehend formuliert ist, dass Gesetzesvorlagen aus der Mitte des Bundestages eingebracht werden können (womit auch einzelne Abgeordnete angesprochen sein könnten[34]), verlangt §§ 76 I, 75 I lit. a) GOBT die Einbringung von einer Fraktion (oder einer anderen Gruppe mit Fraktionsstärke).[35] Im Übrigen können Fraktionen Sachverständige für Ausschussanhörungen benennen (§ 70 GOBT), nach der ersten Beratung eines Entwurfs im Plenum eine Aussprache herbeiführen (§ 79 1 GOBT) oder noch in dritter Beratung Änderungsanträge einbringen (§ 85 I 1 GOBT).[36]

II. Antragsrechte

Die GOBT räumt Fraktionen (genauer: Gruppierungen mit Fraktionsstärke) zahlreiche Möglichkeiten ein, den Willensbildungsprozess im Parlament über Antragsbefugnisse mitzugestalten. So können sie etwa:
–   eine Aussprache verlangen, §§ 79 1, 81 I 1 GOBT,
–   nach § 89 GOBT eine Einberufung des Vermittlungsausschusses beantragen oder
–   eine namentliche Abstimmung herbeiführen, § 52 1 GOBT.

---

33 Morlok/Michael, Staatsorganisationsrecht, 5. Aufl. 2021, Rn. 718.
34 Mann, in: Sachs, Grundgesetz, 9. Aufl. 2021, Art. 76 Rn. 9.
35 Zu dem Konflikt zwischen diesen Vorschriften Bäumerich/Fadavian, JuS 2017, 1067 (1067 f.); § 76 I GOBT wird wohl mehrheitlich als verfassungskonform erachtet, Brosius-Gersdorf, in: Dreier, GG, Bd. II, 3. Aufl. 2015, Art. 76 Rn. 54 ff.
36 Zu alledem Krings, in: Morlok/Schliesky/Wiefelspütz, Handbuch Parlamentsrecht, 2016, § 17 Rn. 54 ff.

David Hug

III. Organisatorische Mitwirkungsrechte

Fraktionen genießen eine Vielzahl organisatorischer Mitwirkungsrechte. So stellt jede von ihnen grundsätzlich einen oder eine Bundestagsvizepräsident:in (§§ 2 I 2, II GOBT), schlägt Schriftführer:innen vor (§ 3 GOBT) und benennt Mitglieder für den Ältestenrat (§ 6 I 1 GOBT).

Von großer Bedeutung ist ihre Präsenz in Ausschüssen (§§ 54 ff. GOBT),[37] in denen Parlamentsarbeit maßgeblich stattfindet.[38] Die Besetzung ständiger Ausschüsse erfolgt gemäß §§ 12 1, 57 I 1 GOBT nach dem Stärkeverhältnis der Fraktionen.[39] Denn nach dem verfassungsrechtlich hergeleiteten „**Grundsatz der Spiegelbildlichkeit** [...] muss grundsätzlich jeder Ausschuss ein verkleinertes Abbild des Plenums sein und in seiner Zusammensetzung die Zusammensetzung des Plenums in seiner politischen Gewichtung widerspiegeln"[40]. Diesem Grundsatz ist Rechnung zu tragen, wenn das Parlament einzelne Aufgaben an seine Untergliederungen delegiert.[41] Seit einiger Zeit diskutiert wird die Frage, ob von Verfassungs wegen jede Fraktion mit mindestens einem Mitglied in jedem Ausschuss vertreten sein muss. Mit Verweis auf die praktische Relevanz der Ausschüsse wird diese Frage im Schrifttum mehrheitlich bejaht.[42] Inzwischen scheint sich auch das BVerfG dieser Haltung zumindest vorsichtig anzunähern.[43] In der Praxis wird

---

37 Zur Ausschussarbeit instruktiv Winkelmann, in: Morlok/Schliesky/Wiefelspütz, Handbuch Parlamentsrecht, 2016, § 23.
38 Korioth, Staatsrecht I, 5. Aufl. 2020, Rn. 392ff.; ähnlich BVerfG, Urt. v. 21.2.1989, Az.: 2 BvE 1/88, Rn. 120 = BVerfGE 80, 188 (221f.) – Wüppesahl.
39 Dazu BVerfG, Urt. v. 21.2.1989, Az.: 2 BvE 1/88, Rn. 119ff. = BVerfGE 80, 188 (221ff.) – Wüppesahl.
40 BVerfG, Urt. v. 8.12.2004, Az.: 2 BvE 3/02, Rn. 46 = BVerfGE 112, 118 (133) – Vermittlungsausschuss.
41 Im Einzelnen Austermann/Waldhoff, Parlamentsrecht, 2020, Rn. 263ff.
42 Statt vieler Austermann/Waldhoff, Parlamentsrecht, 2020, Rn. 265 (m.w.N. in Fn. 85). Für das Verhältnis von Ausschüssen zu Unterausschüssen trägt die GOBT dem Rechnung, § 55 III GOBT, für Untersuchungsausschüsse ordnet § 4 S. 3 PUAG eine Berücksichtigung aller Fraktionen an. Unter den gegenwärtigen Vorgaben des § 10 I GOBT sprechen wohl bessere Gründe für diese Auffassung, ähnlich Zeh, in: Isensee/Kirchhof, Handbuch des Staatsrechts, Bd. III, 3. Aufl. 2005, § 52 Rn. 46.
43 Siehe die Ausführungen zum Spiegelbildlichkeitsgrundsatz aus der jüngeren Rechtsprechung, exemplarisch BVerfG, Urt. v. 8.12.2004, Az.: 2 BvE 3/02, Rn. 46ff. = BVerfGE 112, 118 (133ff.) – Vermittlungsausschuss; BVerfG, Urt. v. 28.2.2012, Az.: 2 BvE 8/11, Rn. 126ff. = BVerfGE 130, 318 (353ff.) – Stabilisierungsmechanismusgesetz. In eine andere Richtung noch BVerfG, Urt. v. 14.1.1986, Az.: 2 BvE 14/83 u.a., Rn. 156ff. = BVerfGE 70, 324 (363ff.) – Haushaltskontrolle der Nachrichtendienste, mit deutlicher Kritik bereits die Sondervoten der Richter Mahrenholz (369ff.) und Böckenförde (382ff.).

David Hug

das Problem regelmäßig dadurch umgangen, dass im Einsetzungsbeschluss nach § 57 I 1 GOBT Ausschussgrößen gewählt werden, bei denen diesen Überlegungen Rechnung getragen werden kann.[44] Dabei obliegt es gemäß § 57 II 1 GOBT den Fraktionen, Ausschussmitglieder (und deren Stellvertreter:innen) zu benennen. Auch bei der Wahl des oder der Ausschussvorsitzenden sind die Fraktionen ausweislich § 12 I GOBT nach ihrem Stärkeverhältnis zu berücksichtigen.[45]

Fraktionen haben überdies Einfluss auf die parlamentarische Debatte. Das Rederecht der Abgeordneten[46] wird hier von der Geschäftsordnung überformt,[47] die Fraktionen in §§ 28, 35 GOBT[48] diesbezüglich eine exponierte Stellung zuweist. Auch die Erteilung des Wortes bei einer Befragung der Bundesregierung nach § 106 II GOBT iVm Anlage 7 zur GOBT orientiert sich am Stärkeverhältnis der Fraktionen (Punkt 6 der Anlage, der insoweit auf § 28 I GOBT verweist).

IV. Anspruch auf Geld- und Sachleistungen, § 58 AbgG

§ 58 I AbgG räumt Fraktionen zur Erfüllung ihrer Aufgaben einen Anspruch auf Geld- und Sachleistungen ein.[49] Näheres regelt § 58 II-V AbgG.

D. Fraktionszwang und Fraktionsdisziplin

Dass eine Organisation in Fraktionen notwendigerweise mit einer gewissen Bindung von Abgeordneten einhergeht, hat das BVerfG früh gesehen und für unpro-

---

44 Ausführlich (auch zu Berechnungsverfahren) Austermann/Waldhoff, Parlamentsrecht, 2020, Rn. 262 ff.

45 Instruktiv Krings, in: Morlok/Schliesky/Wiefelspütz, Handbuch Parlamentsrecht, 2016, § 17 Rn. 50; zu Fragen der Abwahl eines oder einer Ausschussvorsitzenden jüngst (im Verfahren einstweiligen Rechtsschutzes) BVerfG, Beschl. v. 4.5.2020, Az.: 2 BvE 1/20 = BVerfGE 154, 1 – Abwahl des Vorsitzenden des Rechtsausschusses.

46 Siehe bereits BVerfG, Urt. v. 14.7.1959, Az.: 2 BvE 2, 3/58 = BVerfGE 10, 4 (LS. 2 und 12) – Redezeit.

47 Das galt schon für die Frankfurter Paulskirchenversammlung, Hauenschild, Wesen und Rechtsnatur der parlamentarischen Fraktionen, 1968, S. 24 f.

48 Dazu die Erläuterungen zu den Bestimmungen bei Roll, Geschäftsordnung des Deutschen Bundestages, 2001, § 28 und § 35.

49 Die Zulässigkeit dieser Finanzierung hat das BVerfG früh anerkannt, BVerfG, Urt. v. 19.7.1966, Az.: 2 BvF 1/65, Rn. 150 ff. = BVerfGE 20, 56 (104 f.) – Parteienfinanzierung I; jüngst BVerfG, Beschl. v. 15.7.2015, Az.: 2 BvE 4/12, Rn. 71 = BVerfGE 140, 1 (26) – Finanzmittelzuweisung im Bundestag. Im Bundeshaushaltsplan 2021 waren im Einzelplan 02, Titel 684 01-011 „Geldleistungen an die Fraktionen des Deutschen Bundestages" in Höhe von 121.474.000 Euro vorgesehen.

blematisch erachtet, soweit „diese Bindung [...] nicht über das hinaus[geht], was zur Sicherung des Ablaufs der Parlamentsarbeit geboten ist" und solange „die notwendige Entscheidungsfreiheit und Selbstverantwortlichkeit des einzelnen Abgeordneten erhalten bleibt"[50]. Diese Prämissen wirken in einer weiter ausdifferenzierten Rechtsprechung bis heute fort.

Fraktionen haben ein anerkennenswertes Interesse, auf den parlamentarischen Willensbildungsprozess *als Vereinigung* einzuwirken, also geschlossen aufzutreten. Einige unter dem Begriff **„Fraktionsdisziplin"**[51] zusammengefasste Verfahrensvorkehrungen und Verhaltensregeln, die diese Geschlossenheit herzustellen suchen, markieren vor diesem Hintergrund überhaupt erst die Rechtfertigung für ihre Existenz.

Als zulässig erachtet werden Maßnahmen, die auf ein Abweichen von der Fraktionslinie von einem gewissen Gewicht reagieren. Dazu zählt der **Ausschussrückruf**,[52] dessen Zulässigkeit mit der Erwartung der Fraktion begründet wird, sich dort nur von Mitgliedern vertreten lassen zu müssen, die die Linie der Fraktion zum Ausdruck zu bringen vermögen. Auch eine **Abberufung aus Fraktionsämtern**[53] hält man mehrheitlich für ein zulässiges Instrument der Fraktionsdisziplin. Zuletzt wird ein **Fraktionsausschluss** jedenfalls dann mehrheitlich für zulässig gehalten, wenn das Abweichen von der Fraktionslinie „nicht auf eine gelegentliche Querköpfigkeit in Sachfragen von untergeordneter Bedeutung" zurückzuführen ist, „sondern ins Grundsätzliche reicht"[54]. Es bedarf eines „wichtige[n] Grund[es]"[55]. Zu bedenken ist, dass das freie Mandat von dieser fraktionsinternen „Sanktion" unbeeinflusst bleibt. Grundsätzlich dürfen Maßnahmen nicht schon bei einmaliger Abweichung von der Fraktionslinie ergriffen[56] und ins-

---

50 BVerfG, Urt. v. 14.7.1959, Az.: 2 BvE 2, 3/58 = BVerfGE 10, 4 (14) – Redezeit.

51 Zu den Begriffen der „Fraktionsdisziplin" und des „Fraktionszwanges" instruktiv Hollo, JuS 2020, 928.

52 Diese Möglichkeit wird häufig als „actus contrarius" aus dem Benennungsrecht der Fraktionen aus §§ 12, 57 II 1 GOBT hergeleitet, Austermann/Waldhoff, Parlamentsrecht, 2020, Rn. 282. Für die Zulässigkeit etwa Jarass, in: Jarass/Pieroth, GG, 16. Aufl. 2020, Art. 38 Rn. 51; kritisch Klein/Schwarz, in: Dürig/Herzog/Scholz, GG Kommentar, 95. EL 7.2021, Art. 38 Rn. 242 sowie neuere Stimmen, die den Rückruf eher als „kleinen Fraktionsausschluss" behandeln wollen und insoweit vor allem prozedurale Vorkehrungen (etwa ein Recht auf Anhörung) verlangen, dazu Lenz/Schulz, NVwZ 2018, 627.

53 Etwa Butzer, in: BeckOK GG, 50. Ed. 15.2.2022, Art. 38 Rn. 132.

54 Klein, in: Handbuch des Staatsrechts, Bd. III, 3. Aufl. 2005, § 51 Rn. 17 m.w.N.; ablehnend allerdings Achterberg, Parlamentsrecht, 1984, S. 219.

55 Butzer, in: BeckOK GG, 50. Ed. 15.2.2022, Art. 38 Rn. 132.1.

56 Wenn § 56 I AbgG Fraktionen auf Grundsätze parlamentarischer Demokratie verpflichtet, gehört dazu auch die Pflicht, eine innerfraktionelle Opposition in gewissen Grenzen zu tolerieren, dazu Austermann/Waldhoff, Parlamentsrecht, 2020, Rn. 284.

David Hug

besondere nicht an eine konkrete Entscheidung von Abgeordneten geknüpft werden.[57] Maßnahmen sind nicht als „Sanktion" zulässig, sondern nur mit Blick auf das berechtigte Interesse einer Fraktion, geschlossen in den parlamentarischen Willensbildungsprozess hineinzuwirken.

Die keineswegs trennscharfe Grenze[58] zum **unzulässigen „Fraktionszwang"** ist jedenfalls erreicht bei einer „Verpflichtung des Abgeordneten, nach Mehrheitsbeschlüssen der Fraktion zu stimmen"[59]. Von dieser Kategorie erfasst werden also Fälle einer sanktionsbewehrten Verpflichtung zu einer bestimmten Ausübung des Mandats,[60] wobei im Einzelnen umstritten ist, ob die Sanktion von der Fraktion selbst durchsetzbar sein muss (wie bei einem Fraktionsausschluss) oder ob auch in anderen Konstellationen von einem Fraktionszwang zu sprechen wäre, in denen die Fraktion diese Sanktion bloß in Aussicht stellen kann (etwa bei der Androhung einer „Nichtwiederaufstellung als Kandidat").[61]

E. Fraktionsausschluss oder: Der fraktionslose Abgeordnete

Die Wirkungsmacht einzelner Parlamentarier:innen im Bundestag ist naturgemäß begrenzt. Im Interesse einer „Funktionsfähigkeit" des Parlaments und um der Rechte anderer Mandatsträger:innen willen müssen Abgeordnete eine Beschränkung ihrer Rechte im parlamentarischen Prozess notwendigerweise hinnehmen,[62] ihre Mitwirkungsrechte „müssen sich [...] – als Mitgliedschaftsrechte – in die notwendig gemeinschaftliche Ausübung einfügen"[63]. Vor diesem Hintergrund markiert der Ausschluss aus der Fraktion ein scharfes Schwert. Gleichwohl hält man ihn mehrheitlich und aus guten Gründen – nämlich unter Verweis auf die Fraktion als „Tendenzgemeinschaft"[64] – für grundsätzlich zulässig.[65]

---

57 Ähnlich Hollo, JuS 2020, 928 (930).
58 P. Müller, in: v. Mangoldt/Klein/Starck, GG, Bd. II, 7. Aufl. 2018, Art. 38 Rn. 57: „Übergang [...] fließend".
59 Butzer, in: BeckOK GG, 50. Ed. 15.2.2022, Art. 38 Rn. 131.
60 Austermann/Waldhoff, Parlamentsrecht, 2020, Rn. 279.
61 Hierzu P. Müller, in: v. Mangoldt/Klein/Starck, GG, Bd. II, 7. Aufl. 2018, Art. 38 Rn. 57.
62 Morlok, in: Dreier, GG, Bd. II, 3. Aufl. 2015, Art. 38 Rn. 160 ff.; in grundsätzlicher Weise zu der Stellung des fraktionslosen Abgeordneten lesenswert BVerfG, Urt. v. 13.6.1989, Az.: 2 BvE 1/88 = BVerfGE 80, 188 – Wüppesahl.
63 Magiera, in: Sachs, Grundgesetz, 9. Aufl. 2021, Art. 38 Rn. 58.
64 Morlok, in: Dreier, GG, Bd. II, 3. Aufl. 2015, Art. 38 Rn. 180. Ganz auf dieser Linie argumentiert etwa VerfGH RhPf, Urt. v. 30.10.2020, Az.: VGH O 52/20, Rn. 34 = BeckRS 2020, 29328, dass „[d]ie Freiheit der Mandatsausübung und Fraktionsbildung des einzelnen Abgeordneten [...] ihre Grenze in den gleichen Rechten der übrigen Fraktionsmitglieder [findet]".

David Hug

Angesichts der Wirkungen dieser Maßnahme finden sich aber zahlreiche Bemühungen, das Verfahren des Fraktionsausschlusses rechtlich einzuhegen. So verlangt der rheinland-pfälzische Verfassungsgerichtshof in einer jüngeren Entscheidung „ein **rechtsstaatlichen Mindestanforderungen genügendes Verfahren** sowie einen willkürfreien Entschluss der Fraktionsversammlung"[66]. Dazu gehören mindestens eine „Gelegenheit [des oder der Betroffenen] zur wirksamen Stellungnahme" und die Existenz eines „wichtigen Grundes" für den Ausschluss.[67] Die Entscheidung obliegt richtigerweise allein der Fraktionsvollversammlung.[68] Wichtige Gründe können darin begründet liegen, dass sich ein Mindestmaß an inhaltlicher Übereinstimmung nicht (mehr) herstellen lässt oder dass das Vertrauensverhältnis derart nachhaltig gestört ist, dass der Fraktion eine weitere Zusammenarbeit nicht mehr zumutbar erscheint.[69] Bei der Frage, ob ein wichtiger Grund vorliegt, genießen die Fraktionen einen Beurteilungsspielraum, der gerichtlich nur eingeschränkt nachvollziehbar ist[70] – letztlich handelt es sich auch und gerade um eine politische Bewertung, ob noch ein Mindestmaß an inhaltlicher Übereinstimmung besteht.

F. Prozessuales

I. Organstreit

Fraktionen sind in der GOBT mit eigenen Rechten ausgestattet und können daher beteiligtenfähige Partei eines Organstreitverfahrens vor dem BVerfG sein (Art. 93 I Nr. 1 GG, §§ 13 Nr. 5, 63 ff. BVerfGG).[71] In diesem Rahmen können sie in Prozessstandschaft auch Rechte des Bundestages geltend machen.

---

65 Austermann/Waldhoff, Parlamentsrecht, 2020, Rn. 283; Schreiber, in: Friauf/Höfling, Berliner Kommentar zum Grundgesetz, 42. EL (VIII/13), Art. 38 Rn. 198.

66 VerfGH RhPf, Urt. v. 30.10.2020, Az.: VGH O 52/20, Rn. 35 = BeckRS 2020, 29328; ähnlich P. Müller, in: v. Mangoldt/Klein/Starck, GG, Bd. II, 7. Aufl. 2018, Art. 38 Rn. 58.

67 VerfGH RhPf, Urt. v. 30.10.2020, Az.: VGH O 52/20, Rn. 36, 44 ff. = BeckRS 2020, 29328.

68 Butzer, in: BeckOK GG, 50. Ed. 15.2.2022, Art. 38 Rn. 132.1.

69 Zu verschiedenen Gründen Trute, in: v. Münch/Kunig, GG, 7. Aufl. 2021, Art. 38 Rn. 122; VerfGH RhPf, Urt. v. 30.10.2020, Az.: VGH O 52/20, Rn. 46 f. = BeckRS 2020, 29328.

70 Lenz, NVwZ 2005, 364 (368 m. w. N.); sehr weitreichend argumentiert VerfGH RhPf, Urt. v. 30.10.2020, Az.: VGH O 52/20, Rn. 50 ff. = BeckRS 2020, 29328, „die Prüfung eines ‚wichtigen Grundes' [sei] [...] auf eine Willkürkontrolle zu beschränken".

71 Zum Beispiel BVerfG, Urt. v. 14.1.1986, Az.: 2 BvE 14/83 u. a., Rn. 116 ff. = BVerfGE 70, 324 (350 f.) – Haushaltskontrolle der Nachrichtendienste; BVerfG, Beschl. v. 1.7.2009, Az.: 2 BvE 5/06, Rn. 114 ff. = BVerfGE 124, 161 (187) – Überwachung von Bundestagsabgeordneten.

David Hug

II. Abstrakte Normenkontrolle

Unter den in Art. 93 I Nr. 2 GG, §§ 13 Nr. 6, 76 ff. BVerfGG benannten Voraussetzungen, das heißt insbesondere: wenn sie allein oder gemeinsam mit anderen Fraktionen ein Viertel der Mitglieder des Bundestages stellt, kann die Fraktion eine abstrakte Normenkontrolle anstrengen. Indes sind es genau genommen Parlamentarier:innen in ihrem Zusammenwirken (nicht die Fraktion als rechts- und prozessfähige Vereinigung nach § 54 I, II AbgG), die ein Normenkontrollverfahren auf den Weg bringen. Nach dem Normtext des Art. 93 I Nr. 2 GG kommt es auf ein Viertel der Abgeordneten an.

G. Gruppen im Sinne von § 10 IV GOBT

Nach § 10 IV 1 GOBT können mehrere Abgeordnete, die die von § 10 I 1 GOBT geforderte Fraktionsmindeststärke nicht erreichen, als Gruppe anerkannt werden.[72] Bedeutsam ist diese Möglichkeit vor allem in Fällen, in denen eine Mehrzahl von Abgeordneten in den Bundestag eingezogen ist, ohne dass ihre Partei die Fünfprozenthürde nach § 6 III 1 BWahlG überwunden hat.[73] Inzwischen hat sich eine Art „Parlamentsbrauch" etabliert, dem zufolge Gruppen etwa im Ältestenrat und in Ausschüssen angemessen vertreten sein müssen, ihnen ihrer Größe entsprechende Redezeiten einzuräumen sind oder sie Vorlagen im Sinne von § 75 GOBT einbringen dürfen.[74]

> **Weiterführende Studienliteratur**
> – Klein/Krings, Fraktionen, in: Morlok/Schliesky/Wiefelspütz, Parlamentsrecht, 2016, § 17.
> – Jekewitz, Die Fraktionen, in: Schneider/Zeh, Parlamentsrecht und Parlamentspraxis in der Bundesrepublik Deutschland, 1989, § 37.
> – Austermann/Waldhoff, Parlamentsrecht, 2020, Rn. 244 ff.

---

72 Unter bestimmten Umständen soll der Wortlaut dahingehend zu interpretieren sein, dass „Gruppierungen [...] als Gruppen anerkannt werden [müssen]", BVerfG, Urt. v. 16.7.1991, Az.: 2 BvE 1/91, Rn. 84 = BVerfGE 84, 304 (324) – PDS/Linke Liste.

73 Instruktiv Klein, in: Morlok/Schliesky/Wiefelspütz, Handbuch Parlamentsrecht, 2016, § 18 Rn. 8.

74 Klein, in: Morlok/Schliesky/Wiefelspütz, Handbuch Parlamentsrecht, 2016, § 18 Rn. 17 ff. Das BVerfG hat sich in zwei Entscheidungen mit ihrer Rechtsstellung befasst: BVerfG, Urt. v. 16.7.1991, Az.: 2 BvE 1/91 = BVerfGE 84, 304 – PDS/Linke Liste; BVerfG, Beschl. v. 17.9.1997, Az.: 2 BvE 4/95 = BVerfGE 96, 264 – Fraktions- und Gruppenstatus; instruktiv auch BT-Drucks. 11/8169 (Gruppenstatus PDS-Abgeordneter) sowie BT-Drucks. 12/149 (Gruppenstatus BÜNDNIS 90/DIE GRÜNEN).

David Hug

Zusammenfassung: Die wichtigsten Punkte
- Fraktionen sind **Vereinigungen von Abgeordneten** im Parlament (§ 10 I 1 GOBT).
- Ihre Rechtsstellung leiten sie aus den Rechten der einzelnen Abgeordneten (Art. 38 I 2 GG) her.
- Zahlreiche Rechtspositionen in der GOBT knüpfen an den Fraktionsstatus an.
- Als freiwillige Zusammenschlüsse sind sie Tendenzorganisationen. Ein gewisses Maß an **„Fraktionsdisziplin"** können sie von Mitgliedern einfordern. **„Fraktionszwang"** ist unzulässig.

§ 5.8 Recht auf Demokratie

Das sogenannte „Recht auf Demokratie" (oder auch „Anspruch auf Demokratie")
kann in einer Verfassungsbeschwerde und damit von „jedermann" über Art. 38 I
1 GG geltend gemacht werden.[1] Somit können **Zustimmungsgesetze** zur Änderung des Primärrechts, ein **Rechtsakt** zur Durchführung von Unionsrecht oder die
Unterlassung eines Einschreitens gegen Akte der EU aufgrund der Integrationsverantwortung, wenn kein Durchführungsrechtsakt vorliegt, Gegenstand der Verfassungsbeschwerde werden.[2] Um die Dimensionen des Rechts zu verstehen, soll
zuerst kurz die Herleitung und der politische Kontext skizziert werden, bevor sich
der Ausgestaltung und der Kritik zugewandt wird. Dabei gehört das Recht auf Demokratie sicherlich zu den meistdiskutierten Materien im Bereich Staatsorganisa-
tionsrecht/Europarecht.

A. Herleitung des Rechts seit Maastricht

Zum ersten Mal wurde das **Recht auf Demokratie** aus Art. 38 I 1 GG im sogenannten Maastricht-Urteil vom BVerfG hergeleitet: „Das durch Art. 38 GG gewährleistete Recht, durch die Wahl an der Legitimation von Staatsgewalt teilzunehmen
und auf deren Ausübung Einfluß zu gewinnen, schließt es im Anwendungsbereich des Art. 23 GG aus, dieses Recht durch Verlagerung von Aufgaben und Befugnissen des Bundestages so zu entleeren, daß das demokratische Prinzip, soweit es Art. 79 Abs. 3 i.V.m. Art. 20 Abs. 1 und 2 GG für unantastbar erklärt,
verletzt wird".[3]

Seitdem hat sich das Recht auf Demokratie als ein zentrales Instrument herausgebildet, welches vom BVerfG in beinahe jedem relevanten Urteil der europäischen Integration in Stellung gebracht und weiterentwickelt wurde (beispielsweise in den Urteilen zum Lissabon-Vertrag, zu den Griechenland–Hilfen, zum
OMT–Programm und zum PSPP).[4]

---

1 Zwar kann Art. 38 I 1 GG auch im Organstreitverfahren geltend gemacht werden, das ist allerdings nicht der Hauptanwendungsfall.
2 Sauer, Staatsrecht III, 7. Aufl. 2022, § 9 Rn 108.
3 BVerfG, Urt. v. 12.10.1993, Az.: 2 BvR 2134 u.a., Rn. 91 = BVerfGE 89, 155 = NJW 1993, 3047
(3050) – Maastricht.
4 Zur Übersicht der Entwicklung des Rechts siehe: Brade, in: Zugang zu Recht, 2021, 175.

https://doi.org/10.1515/9783110786965-030

B. Ausgestaltung durch das BVerfG

Das Recht auf Demokratie aus Art. 38 I 1 GG kann in drei unterschiedlichen Ausprägungen geltend gemacht werden: über die Kompetenzentleerungsrüge, über die Verdrängungsrüge (auch Legitimationsteilhaberecht genannt) und über die formelle Übertragungsrüge.

I. Kompetenzentleerungsrüge

Zuvorderst wird aus Art. 38 I 1 GG eine Kompetenzentleerungsrüge hergeleitet. Die ersten Grundsteine dafür wurden bereits im Maastricht-Urteil gelegt: Dem Einzelnen stehe kraft des Wahlrechts ein Anspruch darauf zu, dass dem Deutschen Bundestag im Prozess der europäischen Integration Befugnisse substanziellen Gewichts verbleiben.[5] Daran anknüpfend heißt es im Lissabon-Urteil: „Der Wahlakt verlöre seinen Sinn, wenn das gewählte Staatsorgan nicht über ein hinreichendes Maß an Aufgaben und Befugnissen verfügte, in denen die legitimierte Handlungsmacht wirken kann".[6] Daraus lässt sich natürlich **nicht ableiten**, dass **keinerlei (weitere) Ausdehnung der Aufgaben und Befugnisse** der Europäischen Union und eine damit einhergehende Verlagerung von Aufgaben und Befugnissen des Bundestages zulässig wären.[7] Laut BVerfG ist eine Entleerung dann anzunehmen, wenn der durch Art. 79 III i. V. m. Art. 20 I, II GG für unantastbar erklärte Gehalt des demokratischen Prinzips verletzt wird.[8]

Konkret bedeutet das, dass **dem Bundestag die substanziellen innerstaatlichen Gestaltungsmöglichkeiten für zentrale Regelungs- und Lebensbereiche** zustehen muss.[9]

Das beinhaltet:
1. das materielle und formelle Strafrecht,
2. das Gewaltmonopol, polizeilich nach innen und militärisch nach außen,

---

5 BVerfG, Urt. v. 12.10.1993, Az.: 2 BvR 2134, 2159/92, Rn. 91 = BVerfGE 89, 155 (171f) = NJW 1993 3047 – Maastricht; Sauer, Der Staat 2019, 7 (10).

6 BVerfG, Urt. v. 30.09.2009, Az.: 2 BvE 2, 5/08u. a. = BVerfGE 123, 267 (330) – Lissabon.

7 Butzer, in: BeckOK GG, 47. Ed. 15.5.2021, Art. 38 Rn. 38.

8 BVerfG, Urt. v. 12.10.1993, Az.: 2 BvR 2134/92u. a. = BVerfGE 89, 155 (184) = NJW 1993, 3047 (3050 f.) – Maastricht; BVerfG, Beschl. v. 31.3.1998, Az.: 2 BvR 1877/97 = BVerfGE 97, 350 (369) = NJW 1998, 1934 (1936) – Euro; BVerfG, Urt. v. 30.09.2009, Az.: 2 BvE 2, 5/08 u. a. = BVerfGE 123, 267 (330) – Lissabon; Butzer, in: BeckOK GG, 47. Ed. 15.5.2021, Art. 38 Rn. 38 ff.

9 Butzer, in: BeckOK GG, 47. Ed. 15.5.2021, Art. 38 Rn. 38 ff.

Valentina Chiofalo

3. die sozialstaatliche Gestaltung von Lebensverhältnissen,
4. kulturell besonders bedeutsame Entscheidungen (etwa im Familienrecht, über das Schul- und Bildungssystem oder über den Umgang mit religiösen Gemeinschaften) sowie
5. fiskalische Grundentscheidungen über Einnahmen und sozialpolitisch motivierte Ausgaben der öffentlichen Hand.[10]

Bisher ist der **Hauptanwendungsbereich** der Rechtsprechung um Art. 38 I 1 GG die Haushaltsgesetzgebung (Punkt 5).[11]

II. Verdrängungsrüge

Daneben steht die Frage nach der Entleerung des Wahlakts nicht mehr im Zentrum, wenn das BVerfG ein **Legitimationsteilhaberecht** formuliert. Über die Verfassungsbeschwerde kann jede:r Bürger:in gem. Art. 38 I 1 GG rügen, dass das ihm:ihr zustehende Recht auf gleiche Teilhabe an der demokratischen Selbstbestimmung (Art. 38 I 1, Art. 20 I und II GG) verletzt worden sei. Das ist dann möglich, wenn die Rechte des Bundestags im grundgesetzlichen Organgefüge wesentlich geschmälert wurden und damit ein Substanzverlust demokratischer Gestaltungsmacht eingetreten ist. Denn der Bundestagstag ist das Verfassungsorgan, das unmittelbar nach den Grundsätzen freier und gleicher Wahl zustande kommt.[12] Art. 38 I 1 GG ist in diesem Sinne als „prozessualer Hebel" zur Geltendmachung dieser Rechte zu verstehen.

Das Legitimationsteilhaberecht wird auch als **Verdrängungsrüge** bezeichnet. Es wird nämlich geltend gemacht, dass eine Maßnahme deswegen nicht ausreichend demokratisch legitimiert ist, weil das Volk als Souverän aus dem Legitimationszusammenhang verdrängt wurde.[13] Anders als bei der Entleerungsrüge ist der Ansatzpunkt nicht mehr der Wahlakt als solcher, sondern der Legitimationszusammenhang, der bei jedem Akt der öffentlichen Gewalt bestehen muss.

---

10 Butzer, in: BeckOK GG, 47. Ed. 15.5.2021, Art. 38 Rn. 43.
11 Siehe zur weiterführenden Lektüre: Butzer, in: BeckOK GG, 47. Ed. 15.5.2021, Art. 38 Rn. 44 ff.
12 BVerfG, Urt. v. 30.09.2009, Az.: 2 BvE 2, 5/08 u. a. = BVerfGE 123, 267 (330) – Lissabon; Butzer, in: BeckOK GG, 47. Ed. 15.5.2021, Art. 38 Rn. 39 f.
13 Sauer, Der Staat 2019, 7 (10 ff.).

Valentina Chiofalo

⚠ Examenswissen

Noch ungeklärt ist, woraus sich das Legitimationsteilhaberecht begründet. Das BVerfG zieht teilweise die Menschenwürde, teilweise die Volkssouveränität als primären Anknüpfungspunkt zur Herleitung des Legitimationsteilhaberechts heran.[14]

Herleitung über die Menschenwürde: Unstrittig besteht eine Verbindung zwischen Menschenwürde und Demokratie: Menschenwürde ist nicht nur subjektive Rechtsnorm, sondern oberstes Verfassungsprinzip. Dabei geht „[d]as Grundgesetz [...] vom Eigenwert und der Würde des zur Freiheit befähigten Menschen aus und verbürgt im Recht der Bürger, in Freiheit und Gleichheit durch Wahlen und Abstimmungen die sie betreffende öffentliche Gewalt personell und sachlich zu bestimmen, einen menschenrechtlichen Kern des Demokratieprinzips."[15] Demnach ergebe sich die demokratische Selbstbestimmung aus der über die Menschenwürde geschützten Selbstbestimmung.[16]

Herleitung über die Volkssouveränität: Die Herleitung über die Menschenwürde ist allerdings umstritten. Dabei wird kritisiert, dass der Sache nach nicht die Menschenwürde, sondern das Prinzip der Volkssouveränität unter Rückgriff auf Art. 1 Abs. 1 GG subjektiviert wurde. Wenn das Gericht im „[...]Recht der Bürger, in Freiheit und Gleichheit durch Wahlen und Abstimmungen die sie betreffende öffentliche Gewalt personell und sachlich zu bestimmen, einen menschenrechtlichen Kern des Demokratieprinzips" erkennt, wird zur Herleitung der Grundsatz der Volksrepräsentation des Art. 20 II GG verwendet, und nicht die individuelle Selbstbestimmung aus Art. 1 Abs. 1 GG.[17]

Im Ergebnis: Schlussendlich kann in einer Klausur sowohl Art. 1 I GG und/oder Art. 20 II GG zur Herleitung verwendet werden, wenn ein Legitimationsteilhaberecht Schwerpunkt der Prüfung sein sollte. Das BVerfG nutzt beide Bezugspunkte, um Art. 38 I 1 GG abzusichern. Jedoch sollte bedacht werden, welche Konsequenzen eine Herleitung über Art. 1 I GG begründen würde: Ein Anspruch auf direkte Mitwirkung an der Herrschaft über die Menschenwürde müsste auch zu einem allgemeinen Wahlrecht für Ausländer:innen in Deutschland führen.[18] Das BVerfG entschied in seinen beiden Entscheidungen zum (kommunalen) Ausländer:innenwahlrecht, dass Träger der Staatsgewalt nach Art. 20 II 1 GG nur das Staatsvolk sein könne, welches sich nach der Staatsbürgerschaft richte.[19] Somit sei eine einfach-gesetzliche Erweiterung des Wahlrechts auf Ausländer:innen ein Verstoß gegen Art. 20 II GG. Inwiefern eine Verfassungsänderung verfassungsrechtlich in Hinblick auf Art. 79 III i. V. m. Art. 20 I GG möglich wäre, ist umstritten.[20]

---

14 Sauer, Der Staat 2019, 7 (7).
15 BVerfG, Urt. v. 21.6.2016, Az.: 2 BvR 2728/13 = BVerfGE 142, 123 – OMT; BVerfG, Urt. v. 30.09.2009, Az.: 2 BvE 2, 5/08 u. a. = BVerfGE 123, 267 (330) – Lissabon; vgl. Häberle, in: Isensee/Kirchhof, HStR II, 3. Aufl. 2004, § 22 Rn. 61 ff.; Unger, Das Verfassungsprinzip der Demokratie, 2008, 252 ff.
16 Ausführlich, im Ergebnis aber ablehnend: Sauer, Der Staat 2019, 7 (19 ff.).
17 Tischendorf, EuR 2018, 695 (718 ff.); Sauer, Der Staat 2019, 7 (23 ff.); Isensee, in: HGR IV, 2011, § 87 Rn. 102.
18 Isensee, in: HGR IV, 2011, § 87 Rn. 102.
19 BVerfG, Urt. v. 26.6.1990, Az.: 2 BvF 2, 6/89 = BVerfGE 83, 37 (53 ff.) – Ausländerwahlrecht I; BVerfG, Urt. v. 26.6.1990, Az.: 2 BvF 3/89 = BVerfGE 83, 60 (76) – Ausländerwahlrecht II.
20 Wissenschaftlicher Dienst des Bundestags, BT-Drucks. WD 3 - 3000 - 258/14, 20.11.2014, S. 3 ff.

Valentina Chiofalo

III. Formelle Übertragungsrüge

Im Beschluss vom 13.2.2020 begründete das BVerfG eine weitere Ausprägung des Art. 38 I 1 GG: Das Grundrecht auf Demokratie erstrecke sich auch auf die Einhaltung von formellen Voraussetzungen, die sich aus Art. 23 I 2, Art. 79 II GG ergeben. Demnach seien Zustimmungsgesetze zur völkerrechtlichen Verträgen, die unter Verstoß gegen Art. 23 I 3 i. V. m. Art. 79 II ergangen sind, gleichzeitig ein Verstoß gegen Art. 38 I 1, 20 I und II i. V. m. Art. 79 III GG.[21] Im vorliegenden Fall hätte der Bundestag über das strittige Zustimmungsgesetz mit qualifizierter Mehrheit abstimmen müssen, anwesend waren allerdings nur 35 Abgeordnete. In der Rechtsanwendung **subjektiviert** das BVerfG somit formelle Voraussetzungen des Gesetzgebungsprozesses in Hinblick auf Art. 38 I 1 GG und schafft damit eine **formelle Übertragungsrüge**. Inwieweit sich diese Ausprägung aus Art. 38 I 1 GG etablieren wird, bleibt abzuwarten.[22] Äußerst kritisch sahen die Entscheidung zumindest 3 von 8 der beteiligten Richter:innen, die sich dem Urteil nicht anschlossen.[23] Demnach sei die formelle Übertragungsrüge zu weitreichend, da in dieser Konstellationen keine „Verletzung der Substanz des Wahlrechts, verstanden als den in der Würde des Menschen wurzelnden Kern des Demokratieprinzips" zu erkennen sei.[24]

C. Kritik am Recht auf Demokratie

Im Maastricht-Urteil wurde die mögliche Rechtsverletzung noch direkt über Art. 38 I 1 GG und einer möglichen Entleerung des Wahlrechts begründet (**Kompetenzentleerungsrüge**). Betrachtet man den Wortlaut von Art. 38 I 1 GG, ergibt sich selbst die Kompetenzentleerungsrüge nicht unmittelbar aus Art. 38 I 1 GG. Trotzdem wird dieser Teil des Rechts auf Demokratie weitestgehend anerkannt.[25]

Die Weiterentwicklung des Rechts auf Demokratie und Begründung des **Legitimationsteilhaberechts** ist allerdings äußerst umstritten. Dabei ist ein häufig erwähntes Argument, dass die Voraussetzung einer **subjektiven Beschwer** innerhalb der Zulässigkeit der Verfassungsbeschwerde durch die Subjektivierung

---

21 BVerfG, Beschl. v. 13.2.2020, Az.: 2 BvR 739/17, 3. LS = BVerfGE 153, 72.
22 Siehe weiterführend: Brade, in: Zugang zu Recht, 2021, 175 (180 f.); Knoth, EuR 2021, 274; Payandeh, JuS 2020, 702; Calliess, Staatsrecht III, 3. Aufl. 2020, § 4 Rn. 82c.
23 Abweichende Meinung der Richterinnen König und Langenfeld sowie des Richters Maidowski zum Beschl. des BVerfG v. 13.2.2020, Az.:2 BvR 739/17.
24 Abweichende Meinung der Richterinnen König und Langenfeld sowie des Richters Maidowski zum Beschl. des BVerfG v. 13.2.2020, Az.: 2 BvR 739/17, Rn. 4.
25 Schwarze, EuR 2010, 108 (114).

des Rechts auf Demokratie abgeschafft wurde. So konnte über Art. 38 I 1 GG gegen das Zustimmungsgesetz zum Vertrag von Lissabon Verfassungsbeschwerde eingereicht werden. Für die Beschwerdebefugnis reichte aus, dass „mit ihnen auf der Grundlage von Art. 38 Abs. 1 S. 1 GG eine Verletzung des Demokratieprinzips, ein Verlust der Staatlichkeit der Bundesrepublik Deutschland und eine Verletzung des Sozialstaatsprinzips gerügt wird".[26] Neben der Kritik an der verfahrensrechtlichen Subjektivierung des Art. 38 I 1 GG (teilweise wird von einer **„Einladung" zur Verfassungsbeschwerde**, teilweise von einer **Popularklage(befugnis)** gesprochen),[27] wird **das Recht auf Legitimationsteilhabe** auch der Sache nach hinterfragt. Durch die Konstruktion werde ein generelles „Grundrecht auf Legitimationsteilhabe" begründet, das sich nicht nur auf Sachverhalte der europäischen Integration begrenzen lasse.[28] Gleichzeitig weite die Rechtsprechung Art. 38 GG zu sehr aus.[29] Durch die Subjektivierung von objektiven Verfassungsprinzipien werden die vom BVerfG hergeleiteten Kontrollmöglichkeiten der europäischen Integration auch in der Verfassungsbeschwerde überprüfbar.[30] Darüber hinaus bleibt vom BVerfG weitgehend unterbeleuchtet, inwiefern die demokratische Legitimation auf europäischer Ebene auf anderen Wegen vollzogen wird, als auf nationaler Ebene (Stichwort: duale Legitimation).[31]

Die gleichen Argumente können der **formellen Übertragungsrüge** entgegengehalten werden. Über die erneute Erweiterung des BVerfG werde die allgemeine Rechtmäßigkeitskontrolle weiter gefasst, das Recht auf Demokratie werde im Ergebnis noch konturenloser.[32]

D. Aufbau in der Prüfung

Das Recht auf Demokratie gehört noch nicht zum Standardstoff des Öffentlichen Rechts, wird aber durch die Weiterentwicklung des BVerfG immer relevanter. Daher sollten Studierende zumindest grundsätzlich mit der Prüfung des Rechts auf

---

26 Schwarze, EuR 2010, 108 (114).
27 Pache, EuGRZ 2009, 285 (287); Heun, JZ 2014, 331 (332); Butzer, in: BeckOK GG, 47. Ed. 15.5.2021, Art. 38 Rn. 39
28 Sauer, Der Staat 2019, 7 (14)
29 Sauer, Der Staat 2019, 7 (39); Tischendorf, EuR 2018, 695 (717 ff.); Butzer, in: BeckOK GG, 47. Ed. 15.5.2021, Art. 38 Rn. 40.
30 Schwarze, EuR 2010, 108 (114).
31 Siehe grundlegend zur demokratischen Legitimation der EU: Calliess, Die neue europäische Union und der Vertrag von Lissabon, 2010, S. 163 ff.
32 Brade, in: Zugang zu Recht, 2021, 175 (180 f.); Knoth, EuR 2021, 274; Payandeh, JuS 2020, 702; Calliess, Staatsrecht III, 3. Aufl. 2020, § 4 Rn. 82c.

Valentina Chiofalo

Demokratie aus Art. 38 I 1 GG vertraut sein. Dabei gestaltet sich der Aufbau der Verfassungsbeschwerde wie folgt:[33]

A. Zulässigkeit

I. Zuständigkeit des BVerfG: Art. 93 I Nr. 4a GG, §§ 13 Nr. 8a, 90 ff. BVerfGG

II. Beschwerdefähigkeit: Recht auf Demokratie aus Art. 38 I 1 GG steht offen für alle natürlichen Bürger:innen als Wahlberechtigte

III. Beschwerdegegenstand: Zustimmungsgesetze zur Änderung des Primärrechts; ein Rechtsakt zur Durchführung von Unionsrechts oder die Unterlassung eines Einschreitens gegen Integrationsverantwortung der EU, wenn kein Durchführungsrechtsakt vorliegt

---

Klausurtaktik ❗

An dieser Stelle sollte präzise bestimmt werden, was der Beschwerdegegenstand der Verfassungsbeschwerde ist. Das ist ein Schwerpunkt der Zulässigkeitsprüfung

---

IV. Beschwerdebefugnis:

1. Möglichkeit der Grundrechtsverletzung: Zuerst muss Art. 38 I 1 GG hergeleitet, die jeweilige Ausrichtung konkretisiert (Entleerungsrüge/Verdrängungsrüge/formelle Übertragungsrüge) und dann die Möglichkeit der Rechtsverletzung dargestellt werden.

Klausurtaktik ❗

An dieser Stelle befindet sich der zweite Schwerpunkt der Zulässigkeitsprüfung. Bitte Art. 38 I 1 GG ordentlich herleiten und die Ausgestaltung (Entleerungs- oder Verdrängungsrüge/formelle Übertragungsrüge) konkretisieren.

---

2. Selbst, gegenwärtig und unmittelbar betroffen:
- Jede wahlberechtigte Person ist **selbst** betroffen.
- Sowohl die **Gegenwärtigkeit**, wie auch die **Unmittelbarkeit** nimmt das BVerfG in der Regel unproblematisch an.

---

33 Sauer, Staatsrecht III, 7. Aufl. 2022, § 9 Rn 117.

Valentina Chiofalo

Das BVerfG lässt die Verfassungsbeschwerde über Art. 38 I 1 GG auch ohne spezifische **Grundrechtsbetroffenheit** zu. Selbst vorbeugend, also vor Inkrafttreten eines Gesetzes, wird die Betroffenheit bejaht.[34] Die **Gegenwärtigkeit** ergibt sich in der Regel aus der fehlenden Einflussmöglichkeit des:der Bürger:in. Die **Unmittelbarkeit** wird auch dann bejaht, wenn der Beschwerdeakt selbst noch nicht in Kraft getreten ist. Das BVerfG prüft an dieser Stelle großzügig. So wird im OMT-Verfahren die Betroffenheit bejaht, obwohl der Grundsatzbeschluss über das OMT-Verfahren nicht umgesetzt wurde.[35]

⚠ Klausurtaktik

Insgesamt sollte auf diesen Prüfungspunkt nicht zu viel Zeit verwendet werden.

⚠ Examenswissen

Abgelehnt wurde die Betroffenheit bei der Frage, ob das Zustimmungsgesetz zum Übereinkommen über ein Einheitliches Patentgericht auf europäischer Ebene gegen die Verfassungsidentität verstoße, weil die Rechtsstellung der Richter:innen rechtsstaatlich unzureichend geregelt sei.[36]

V. Rechtswegerschöpfung und Subsidiarität: Es besteht kein anderer Rechtsweg; Grundsatz der Subsidiarität wird großzügig ausgelegt

VI. Form und Frist des Antrags: §§ 23 I, 92, 93 BVerfGG

Innerhalb der **Begründetheit** kann das Recht auf Demokratie als Freiheitsrecht geprüft werden. Der Schutzbereich richtet sich danach, welche Ausrichtung des Rechts auf Demokratie vorliegt (Entleerungsrüge/Verdrängungsrüge/formelle Übertragungsrüge).

---

34 Abweichende Meinung der Richterinnen König und Langenfeld sowie des Richters Maidowski zum Abweichende Meinung der Richterinnen König und Langenfeld sowie des Richters Maidowski zum Beschl. des BVerfG v. 13.2.2020, Az.: 2 BvR 739/17, Rn. 7.
35 BVerfG, Urt. v. 21.6.2016, Az.: 2 BvR 2728/13, Rn. 89 ff. = BVerfGE 142, 123 – OMT.
36 BVerfG, Beschl. v. 13.2.2020, Az.: 2 BvR 739/17, Rn. 103 ff. = BVerfGE 153, 72.

Weiterführende Studienliteratur

- Beim Recht auf Demokratie handelt es sich im Kern um eine Thematik des Staatsrechts III. Zur weiterführenden Lektüre wird Sauer, Staatsrecht III, 7. Aufl. 2022, § 9 Rn. 105 empfohlen.

Zusammenfassung: Die wichtigsten Punkte

- Durch die Ausgestaltung des BVerfG wird Art. 38 I 1 GG **zum politischen Teilhaberecht**. Das Recht auf Demokratie kann über die **Verfassungsbeschwerde** geltend gemacht werden.
- Das Recht auf Demokratie aus Art. 38 I 1 GG kann in drei unterschiedliche Ausprägungen geltend gemacht werden: über die Kompetenzentleerungsrüge, über die Verdrängungsrüge (auch Legitimationsteilhaberecht genannt) und über die formelle Übertragungsrüge. Dabei ist die **Herleitung** des Anspruchs auf Demokratie besonders umstritten.

Für dieses Kapitel gibt es frei zugängliche interaktive Übungen auf der OpenRewi-Homepage. Hierzu muss einfach der QR-Code gescannt werden.

Valentina Chiofalo

§ 6 Bundesstaatsprinzip

Die Bundesrepublik Deutschland ist ein demokratischer und sozialer Bundesstaat, vgl. Art. 20 I GG. Das Bundestaatsprinzip ist ein tragendes Strukturprinzip, welches durch die Ewigkeitsgarantie des Art. 79 III GG geschützt ist. Dies umfasst zum einen die Gliederung des Bundes in Länder (den Ländern muss Staatsgewalt zukommen, nicht geschützt ist der Bestand einzelner Bundesländer, vgl. Art. 29 GG) und zum anderen die grundsätzliche Mitwirkung der Länder bei der Gesetzgebung.

Das Bundesstaatsprinzip kann im Rahmen einer **Klausur** über seine Konkretisierungen, insbesondere den Grundsatz der Bundestreue oder den Grundsatz der vertikalen Gewaltenteilung relevant werden, gegebenenfalls kann auch die kooperative Zusammenarbeit oder die Homogenitätsklausel Gegenstand des Sachverhaltes sein.

A. Begriff Bundesstaat

Der Bundesstaat als Gesamtstaat besteht aus dem Bund (Zentralstaat) und den 16 Bundesländern (Gliedstaaten). Der **Gesamtstaat** setzt sich folglich aus dem **Zentralstaat** und den **Gliedstaaten** zusammen (**zweigliedriger Bundesstaatsbegriff**).[1] Dabei ist die Staatsgewalt auf den Bund sowie auf die einzelnen Bundesländer verteilt. Aufgrund der ihnen durch das Grundgesetz zugewiesenen Kompetenz kommt den Bundesländern eine originäre Staatsgewalt zu. Das Verhältnis zwischen Zentral- und Gliedstaaten wird durch das Grundgesetz bestimmt.

Der Bundesstaat steht im Gegensatz zum Einheitsstaat. Staatsgewalt hat hierbei nur der Zentralstaat, hingegen nicht die verschiedenen Untergliederungen.

B. Verhältnis Zentralstaat (Bund) und Gliedstaaten (Länder)

Da sowohl dem Bund als auch den Ländern Staatsgewalt zukommt, ist im Folgenden näher auf das Verhältnis zwischen Bund und Ländern einzugehen. Dieses wird durch das Bundesstaatsprinzip beziehungsweise konkrete Regelungen des Grundgesetzes bestimmt.

---

1 BVerfG, Urt. v. 11.7.1961, Az.: 2 BvG 2/58 = BVerfGE 13, 54 (76f.). In Abgrenzung dazu besteht für einen dreigliedrigen Bundesstaatsbegriff, bei dem auch dem Gesamtstaat Staatsgewalt zukommt, kein Raum. Dies ergibt sich u. a. durch die Regelung des Art. 30 GG.

I. Bundesstaatliche Kompetenzordnung (vertikale Gewaltenteilung)

Die Aufteilung der staatlichen Befugnisse erfolgt durch das Grundgesetz. Zentrale Norm bildet hierbei Art. 30 GG: Die Ausübung der staatlichen Befugnisse und die Erfüllung der staatlichen Aufgaben ist Sache der Länder, soweit dieses Grundgesetz keine andere Regelung trifft oder zulässt.

Im Rahmen der Gesetzgebung wird der Grundsatz des Art. 30 GG durch Art. 70 GG konkretisiert, für die Verwaltungskompetenzen erfolgt dies über Art. 83 GG. Die **Gesetzgebungskompetenzen** liegen, anders jedoch als es die Regelungen der Art. 30, 70 GG andeuten, zumeist beim Bund.[2] Zu berücksichtigen ist, dass wenngleich dem Bund die Kompetenz-Kompetenz (der Bund hat die Kompetenz, seine eigenen Zuständigkeiten zu definieren) zukommt, dieser den Ländern zumindest einen substantiellen Bereich für eine autonome Rechtssetzung belassen muss. Bei den **Verwaltungskompetenzen** liegt die Ausführung jedoch zumeist beim Land.[3] Daneben ist gem. Art. 92 GG die rechtsprechende Gewalt grundsätzlich Ländersache mit Ausnahme der Bundesgerichte. Außerdem wirken die Länder bei EU-Angelegenheiten mit (Art. 23 GG). Die Pflege der Beziehungen zu auswärtigen Staaten ist Sache des Bundes, vgl. Art. 32 I GG.

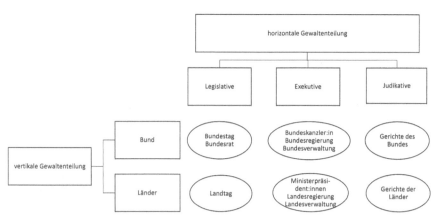

Abb. 3: Vertikale und horizontale Gewaltenteilung
(Quelle: eigene Darstellung)

---

2 Siehe weiterführend Herold, § 15 Gesetzgebungskompetenzen in diesem Lehrbuch.
3 Siehe weiterführend Herold, § 19 Verwaltungskompetenzen in diesem Lehrbuch.

Louisa Linke

Durch diese Form der **vertikalen Gewaltenteilung**,[4] also der Aufteilung der Kompetenzen zwischen Bund und Ländern, resultiert eine Art politisches Gegengewicht der Länder zum Bund. Durch die Verteilung und Verschränkung der Gesetzgebungs- und Verwaltungskompetenzen bewirkt dies etwa eine partielle Kontrolle der staatlichen Gewalt.

II. Einwirkungsrechte

Dem **Bund** kommen im Rahmen der Verwaltung entsprechende **Einwirkungsrechte** zu, z.B. steht dem Bund das Recht zu Weisungen zu erteilen, vgl. Art. 85 III GG.

Im Zusammenhang mit der Gesetzgebung ist auf die **Kollisionsregelung** des Art. 30 GG hinzuweisen, wonach Bundesrecht Landesrecht bricht.

Den **Ländern** kommen insbesondere durch den Bundesrat und die ihnen damit gewährte Möglichkeit, bei der Gesetzgebung und Verwaltung des Bundes und in Angelegenheiten der Europäischen Union mitzuwirken (Art. 50 GG), **Einwirkungsrechte** gegenüber dem Bund zu.

III. Homogenitätsprinzip (Art. 28 I GG)

Den Ländern kommt eine **Verfassungsautonomie** zu. Dabei sind sie jedoch nicht vollständig frei, sich eine Verfassung zu geben. Vielmehr werden sie **beschränkt** durch die Homogenitätsklausel des Art. 28 I 1 GG. Demnach muss die verfassungsmäßige Ordnung in den Ländern den **Grundsätzen** des republikanischen, demokratischen und sozialen Rechtsstaates i.S.d. Grundgesetzes entsprechen.

Art. 28 I 2 bis 4 GG lassen erkennen, dass diese Homogenität sich bis auf die Ebene der Kommunen fortsetzt. Diesen spricht Art. 28 II GG das **Selbstverwaltungsrecht** zu. Das Recht auf Selbstverwaltung gestattet den Gemeinden, ihre eigenen Angelegenheiten im Rahmen des geltenden Rechts selbstbestimmt und eigenständig zu regeln. In Fortsetzung der von der Homogenitätsklausel geforderten demokratischen Grundstrukturen muss es auch auf der kommunalen Ebene aus allgemeinen, unmittelbaren, freien, gleichen und geheimen Wahlen hervorgehende Vertretungen der Bürger:innen geben, die das Selbstverwaltungsrecht ausüben. Die Gemeinderäte, die gem. Art. 28 I 3 GG auch von EU-Ausländer:innen gewählt werden, sind jedoch Teil der Exekutive und nicht der Legislative.

---

4 Zur horizontalen Gewaltenteilung siehe Siegel, § 4.2. Gewaltenteilung in diesem Lehrbuch.

Louisa Linke

IV. Bundestreue (oder Gebot des bundesfreundlichen Verhaltens)

Die bereits kurz angesprochene Verteilung der Kompetenzen kann dazu führen, dass bei ihrer Ausübung gegenseitige Interessen berührt werden. Bund und Länder sind dann zu einer **ihnen zumutbaren gegenseitigen Rücksichtnahme** auf das Gesamtstaatsinteresse beziehungsweise auf die Belange der Bundesländer verpflichtet.[5] Dies betrifft grundsätzlich alle Belange. Die Verpflichtung zur gegenseitigen Rücksichtnahme gilt sowohl im Verhältnis zwischen dem Bund und den Ländern (und umgekehrt) sowie im Verhältnis der Länder untereinander. Der Grundsatz der Bundestreue kann etwa bei der Beschränkung von Kompetenzen Berücksichtigung finden, z. B. in der Form, dass bestehende Gesetzgebungskompetenzen nur modifiziert ausgeübt werden dürfen.[6] Außerdem können sich Verfahrenspflichten ergeben, wie eine Anhörung, eine Information oder eine Gleichbehandlung der Länder.[7] Neben den Verfahrenspflichten können aus dem Grundsatz aber auch Hilfs- und Mitwirkungspflichten[8] beziehungsweise Koordinierungs- und Kooperationspflichten resultieren.[9]

Beispiel: Wenn der Bund eine Weisung nach Art. 85 III 1 GG erteilen möchte, so muss er dem Land aufgrund des Grundsatzes der Bundestreue die Gelegenheit zur Stellungnahme geben. Hiervon kann er nur in Ausnahmefällen, etwa bei einer besonderen Eilbedürftigkeit absehen.[10]

Es handelt sich hierbei um einen ungeschriebenen **Verfassungsgrundsatz**, der als eine Schranke bei der Ausübung der Kompetenzen wirkt. Er stellt keine eigene Anspruchsgrundlage dar, auf die sich die Länder oder der Bund berufen können. Zwischen dem Bund und den Ländern muss vielmehr bereits ein materielles Verfassungsrechtsverhältnis bestehen. Denn der Grundsatz der Bundestreue ist akzessorischer Natur. Er begründet gerade **keine selbstständigen Pflichten** des Bundes oder eines Landes. Er betrifft vielmehr die **Art und Weise der Wahrnehmung der Kompetenzen** beziehungsweise der Ausgestaltung des Verhältnisses untereinander.[11]

---

5 BVerfG, Urt. v. 22.3.1995, Az.: 2 BvG 1/89 = NVwZ 1996, 1093 (1095 f.).
6 BVerfG, Beschl. v. 4.5.2020, Az.: 2 BvL 4/18, Rn. 80 = NVwZ-Beilage 2020, 90 (100).
7 BVerfG, Urt. v. 28.2.1961, Az.: 2 BvG 1, 2/60 u. a. = NJW 1961, 547 (551); siehe auch Will, Staatsrecht I, 2021, Rn. 77 ff.
8 BVerfG, Urt. v. 28.2.1961, Az.: 2 BvG 1, 2/60 = NJW 1961, 547 (551); siehe auch Will, Staatsrecht I, 2021, Rn. 80.
9 Will, Staatsrecht I, 2021, Rn. 82 f.
10 BVerfG, Urt. v. 10.4.1991, Az.: 2 BvG 1/91 = NVwZ 1991, 870 (871).
11 Siehe hierzu Grzeszick, in: Dürig/Herzog/Scholz, GG Kommentar, 95. EL 7.2021, Art. 20 Rn. 122 m.w.N. = NVwZ 1991, 870 (871).

Louisa Linke

Beispiel: Das BVerfG hat bereits entschieden, dass zwischen dem Bund und den Ländern kein verfassungsrechtliches Rechtsverhältnis aus Art. 46 II bis IV GG i. V. m. dem Grundsatz der Bundestreue existiert. Deshalb fehlte es bei dem Unterlassen der Bundesregierung einen Bund-Länder-Streit gegen das Land Nordrhein-Westfahlen einzuleiten (infolge eines rechtswidrig eingeleiteten Ermittlungsverfahrens gegen einen Bundestagsabgeordneten) bereits an einem Verfassungsrechtsverhältnis in dessen Rahmen der Grundsatz der Bundestreue zu beachten wäre. Der Antrag war demnach zulässig, aber unbegründet.[12]

Eine Verletzung des Verfassungsgrundsatzes kann im Rahmen eines **Bund-Länder-Streits** geltend gemacht werden (Art. 93 I Nr. 3 GG; §§ 13 Nr. 7, 68 ff. BVerfGG).[13]

V. Kooperativer Föderalismus

1. Staatsverträge und Verwaltungsabkommen

Die einzelnen Bundesländer können auch bei der Wahrnehmung ihrer Interessen kooperieren. Eine Form des kooperativen Föderalismus stellt die Möglichkeit der Länder dar, **Staatsverträge** abzuschließen.

Beispiel: Ein Beispiel für einen Staatsvertrag bildet etwa der Medienstaatsvertrag (MStV) aus dem Jahr 2020. Ein weiteres Beispiel bildet der Jugendmedienschutz-Staatsvertrag (JMStV).

Die Staatsverträge werden dabei von den Ministerpräsident:innen der Bundesländer geschlossen. Die Landesparlamente müssen anschließend über ein Transformationsgesetz beschließen. Dies führt zu einer Schwächung der Kompetenzen der Landtage, da diese nur über die Zustimmung oder Ablehnung des bereits ausformulierten Staatsvertrages abstimmen können und somit entsprechende ihnen zustehende Kompetenzen nicht wahrgenommen werden können.

Neben den Staatsverträgen können die Länder untereinander aber auch zusammen mit dem Bund **Verwaltungsabkommen** abschließen.

Beispiel: Zwischen dem Bund und den Ländern wurde 2021 beispielsweise ein Verwaltungsabkommen zur Umsetzung des Onlinezugangsgesetzes abgeschlossen.

---

12 BVerfG, Beschl. v. 22.5.1990, Az.: 2 BvG 1/88 = NVwZ 1990, 955 (958).
13 Siehe für Fallbeispiele etwa Herrmann/Berger, ZJS 2019, 116 ff.; Eichenhofer, JuS 2021, 532 ff. oder Ruffert/Löbel, JuS 2016, 1088 ff.

Louisa Linke

2. Gemeinsame Einrichtungen

Die Länder können untereinander oder zusammen mit dem Bund auch Vereinbarungen über die Gründung gemeinsamer Organe beziehungsweise Einrichtungen treffen.

Beispiel: So gibt es Ministerpräsident:innen- oder Fachminister:innenkonferenzen (z. B. Justizministerkonferenz – JuMiKo).

Weiterführende Studienliteratur
- Schubert, Normative und strukturelle Grundlagen des Bundesstaatsprinzips, Jura 2003, 607.
- Voßkuhle/Kaufhold, Grundwissen – Öffentliches Recht: Das Bundesstaatsprinzip, JuS 2010, 873.

Zusammenfassung: Die wichtigsten Punkte
- Der **Gesamtstaat** setzt sich aus dem **Zentralstaat** (Bund) und den **Gliedstaaten** (Länder) zusammen (**zweigliedriger Bundesstaatsbegriff**).
- Dem Bund und den Ländern kommt je eine eigene Staatsgewalt zu. Die Kompetenzen sind somit auf Bund und Länder verteilt. Durch diese Form der **vertikalen Gewaltenteilung** kann ein Machtmissbrauch verhindert werden.
- Den Ländern kommt eine **Verfassungsautonomie** zu. Dabei sind sie jedoch nicht vollständig frei, sich eine Verfassung zu geben. Vielmehr werden sie **beschränkt** durch die **Homogenitätsklausel des Art. 28 I 1 GG**.
- Bund und Länder sind im Rahmen des Grundsatzes der **Bundestreue** beziehungsweise des **Gebotes des bundesfreundlichen Verhaltens** zu einer **ihnen zumutbaren gegenseitigen Rücksichtnahme** auf das Gesamtstaatsinteresse beziehungsweise auf die Belange der Länder verpflichtet. Es handelt sich hierbei um einen ungeschriebenen Verfassungsgrundsatz.

Für dieses Kapitel gibt es frei zugängliche interaktive Übungen auf der OpenRewi-Homepage. Hierzu muss einfach der QR-Code gescannt werden.

Louisa Linke

§ 7 Republikprinzip

Gemäß Art. 20 I GG ist die Bundesrepublik nicht nur ein demokratischer und sozialer Bundesstaat, sondern – gemäß Wortlaut – in erster Linie eine (Bundes-)**Republik.**

A. Der Republikbegriff

Seit der Antike hat der Begriff der „Republik" unterschiedliche, sich zum Teil widersprechende Bedeutungen angenommen.[1] Die zwei wesentlichsten sollen im Folgenden dargestellt werden, ehe auf das grundgesetzliche Verständnis von „Republik" eingegangen wird.

I. Formaler Republikbegriff

In formaler Hinsicht versteht sich die Republik als Gegensatz zur Monarchie (Republik als **„Nicht-Monarchie"**).[2] Der Ursprung jenes „antimonarchischen"[3] Republikverständnisses findet sich im Werk „Il Principe" (1513) des italienischen Staatsphilosophen *Niccolò Machiavelli* (1469–1527), der darin schrieb:[4] „Alle Staaten, alle Gewalten, welche Macht über Menschen gehabt haben oder noch haben, sind entweder Republiken oder Fürstentümer."

Durch diese Formulierung traf *Machiavelli* seinerzeit die grundlegende Unterscheidung zwischen der Herrschaft Einzelner (= Monarchie bzw. nach *Machiavellis* Verständnis „Fürstentum") und der Herrschaft Mehrerer (= Republik), wobei sich die Republik dabei als „Sammelbegriff" für Herrschaftsformen wie Demokratie, aber auch Aristokratie verstand.[5]

Die deutsche Geschichte berücksichtigt, spiegelte sich dieser Gedanke auch in der Entstehung der **Weimarer Reichsverfassung** wider, indem Art. 1 I WRV – gewissermaßen „einleitend" – das Deutsche Reich ausdrücklich als Republik und

---

1 Görres-Gesellschaft (Hrsg.), Staatslexikon (Recht – Wirtschaft – Gesellschaft), Bd. IV, 7. Aufl. 1995, S. 882.
2 Stern, Das Staatsrecht der Bundesrepublik Deutschland, Bd. I, 2. Aufl. 1984, § 17 I 5.
3 So Dreier, in: Dreier, GG, Bd. II, 3. Aufl. 2015, Art. 20 (Republik) Rn. 20.
4 Machiavelli, Il Principe/Der Fürst (italienisch/deutsch), übers. u. hrsg. v. Philipp Rippel, 1986, Kap. I, S. 1.
5 Schöbener/Knauff, Allgemeine Staatslehre, 4. Aufl. 2019, § 5 Rn. 14.

damit – im Sinne *Machiavellis* – bewusst als Gegenstück zur damals abgelösten Monarchie festsetzte.[6]

Die mit diesem formalen Republikverständnis verbundene **Absage an jegliche Form der Monarchie** (sowohl absolut als auch konstitutionell) hat zur weiteren Folge, dass die Bestimmung des Staatsoberhauptes kraft dynastischer Erbfolge (sogenannte „Erbmonarchie") ebenso ausgeschlossen ist wie die Wahl irgendeines – also nicht zwangsläufig monarchischen – Staatsoberhauptes auf Lebenszeit (sogenannte „Wahlmonarchie").[7] Vielmehr darf jedes republikanische Staatsoberhaupt nur eine begrenzte Zeit amtieren („**Herrschaft auf Zeit**"[8]).[9]

II. Materieller Republikbegriff

Neben dem – eigentlich „definierenden" – antimonarchischen Republikbegriff existiert noch ein zusätzliches Republikverständnis, das die Republik inhaltlich weiter ausfüllt. Demnach versteht sich Republik (zusätzlich) als freiheitliche, am Gemeinwohl orientierte politische Ordnung,[10] in der Herrschaft nicht im Interesse Einzelner oder bestimmter Gruppen, sondern nach dem Willen aller ausgeübt werden soll.[11]

Ausgangspunkt hierfür ist die dem römischen Staatsdenken entsprungene Auffassung, der Staat sei ein öffentliches Gemeinwesen (*res publica*).[12] Der römische Gelehrte **Marcus Tullius Cicero** (106 v. Chr.–43 v. Chr.) hielt in seinem Werk „De re publica" (54 v. Chr.–51 v. Chr.) diesbezüglich fest:[13] „Es ist also [...] ein Staat die Sache des Volkes [...]."

Der Staat als Gemeinwesen muss somit stets *res populi,* also im Sinne des Volkes geführt werden, allerdings nicht zwingend *durch* das Volk. Folglich ist eine demokratische Herrschaft zwar möglich (*res publica popularis*), aber nicht nötig, da etwa auch Monarch:innen im Sinne des Volkes zu herrschen fähig sind (*res pu-*

---

6 Sachs, in: Sachs, Grundgesetz, 9. Aufl. 2021, Art. 20 Rn. 9.

7 Pieroth, in: Jarass/Pieroth, GG, 16. Aufl. 2020, Art. 20 Rn. 21.

8 Chiofalo, § 5.1 Prinzip der Volkssouveränität, B. Periodizität der Wahl in diesem Lehrbuch.

9 Sommermann, in: von Mangold/Klein/Starck, GG, Band 2, 7. Aufl. 2018, Art. 20 Abs. 1 Rn. 13.

10 Dreier, in: Dreier, GG, Bd. II, 3. Aufl. 2015, Art. 20 (Republik) Rn. 20.

11 Böckenförde, in: Isensee/Kirchhof, Handbuch des Staatsrechts der Bundesrepublik Deutschland, Bd. II, 3. Aufl. 2004, § 24 Rn. 96.

12 Böckenförde, in: Isensee/Kirchhof, Handbuch des Staatsrechts der Bundesrepublik Deutschland, Bd. II, 3. Aufl. 2004, § 24 Rn. 96.

13 Cicero, De re publica/Vom Staat (lateinisch/deutsch), übers. u. hrsg. v. Michael von Albrecht, 2013, Buch I, Kap. 39.

Tim Barz

blica regia). Letzteres sorgt – nach dem materiellen Republikbegriff – dafür, dass sich **Republik und Monarchie gerade nicht ausschließen.**[14]

Nach heutigem Verständnis ist insbesondere der sogenannte **„Amtsethos"** Definitionsmerkmal des materiellen Republikbegriffs, wonach staatliche Ämter als treuhändischer Dienst für das Volk stets dem Gemeinwohl entsprechend auszuüben sind, was vor allem eigen- beziehungsweise gruppennützige sowie parteiliche Amtsführung verbietet.[15]

Im Allgemeinen versteht sich der materielle Republikbegriff aber vorrangig als normative Orientierung für ein prinzipiell dem Gemeinwohl entsprechendes staatliches Handeln.[16] Da seine – im Verhältnis zum formalen Republikbegriff – **zusätzlichen Inhalte dogmatisch genauer dem Demokratie- beziehungsweise Rechtsstaatsprinzip zugeordnet** sind, führt dieses Verständnis zu mehr dogmatischer Unschärfe beziehungsweise unnötigen „Verdoppelungen".[17] Aus diesem Grund wird der materielle Republikbegriff als eine Auffassung mit **wenig Mehrwert** weitgehend abgelehnt beziehungsweise für nicht nötig empfunden.[18]

III. Republikverständnis des Grundgesetzes

Das Grundgesetz selbst erwähnt weder den einen noch den anderen Republikbegriff ausdrücklich, sodass Interpretationsspielraum in beide Richtungen besteht. Für ein rein formales Verständnis spricht, dass so keine inhaltlichen Überschneidungen mit dem Demokratie- beziehungsweise Rechtsstaatsprinzip zu befürchten sind.[19] Diese klare Abgrenzbarkeit erscheint gerade aus didaktischer Sicht zweckmäßig. Richtigerweise wird man der Republik des Grundgesetzes aber – zumindest auch – einen materiellen Inhalt zugestehen müssen, da nicht zuletzt das

---

14 Isensee, JZ 1981, 1 (3).
15 Isensee, JZ 1981, 1 (8).
16 Böckenförde, in: Isensee/Kirchhof, Handbuch des Staatsrechts der Bundesrepublik Deutschland, Bd. II, 3. Aufl. 2004, § 24 Rn. 96.
17 Dreier, in: Dreier, GG, Bd. II, 3. Aufl. 2015, Art. 20 (Republik) Rn. 21.
18 So etwa Maurer, Staatsrecht I, 6. Aufl. 2010, § 7 Rn. 17.
19 Zustimmend etwa Morlok/Michael, Staatsorganisationsrecht, 5. Aufl. 2021, § 6 Rn. 318; Dreier, in: Dreier, GG, Bd. II, 3. Aufl. 2015, Art. 20 (Republik) Rn. 19; Böckenförde, in: Isensee/Kirchhof, Handbuch des Staatsrechts der Bundesrepublik Deutschland, Bd. II, 3. Aufl. 2004, § 24 Rn. 96; a.A. allerdings Gröschner, in: Handbuch des Staatsrechts der Bundesrepublik Deutschland, Bd. II, 3. Aufl. 2004, § 23 Rn. 44.

Bundesverfassungsgericht aus dem Republikprinzip (auch) einen Öffentlichkeitsgrundsatz im Sinne des Gemeinwohls ableitet.[20]

Der Begriff der Republik findet im Grundgesetz relevante Erwähnung insbesondere in **Art. 20 I GG** (als grundgesetzliche Verankerung des Republikprinzips) sowie in **Art. 28 GG,** der auch für die Länder eine republikanische Staatsform vorschreibt. Sie wird nicht zuletzt durch die (offizielle) Bezeichnung der Länder Bayern, Sachsen und Thüringen als „**Freistaat**" deutlich, da sich „Freistaat" insofern als Synonym für „Republik" versteht.[21]

Daneben schützt das Grundgesetz selbst „sein" Republikprinzip des Art. 20 I GG mittels **Art. 79 III GG** (sogenannte „Ewigkeitsklausel"), wonach ein Übergang zur Monarchie durch Verfassungsänderung schlechterdings ausgeschlossen ist.[22]

B. Zum Verhältnis Republik – Demokratie

In den Verfassungstexten zahlreicher Staaten wird die Republik nicht selten im Zusammenhang mit unterschiedlichen „Beiwörtern" genannt, um ihr hierdurch mehr Kontur zu verleihen.[23] So handelt es sich bei der Bundesrepublik Deutschland gemäß Art. 20 I GG beispielsweise um eine *demokratische* **Republik.** Obwohl neben der demokratischen Republik noch weitere „Kombinationen" existieren (z. B. der Iran als *islamische* Republik) und die Existenz einer gerade *demokratischen* Republik somit nicht selbstverständlich ist, werden Demokratie und Republik häufig als identisch angesehen beziehungsweise häufig synonym verwendet.[24]

Neben der offensichtlichen terminologischen Verschiedenheit ist die begriffliche **Gleichsetzung von Republik und Demokratie nach heutigem Verständnis** insbesondere wegen der folgenden Gründe **abzulehnen:**[25] Während die Demokratie bestimmt, in welcher Art beziehungsweise in welchem Verfahren die Herrschaft des Volkes ausgeübt wird, ist es „Wesen" der Republik die Verantwor-

---

20 Vgl. BVerfG, Urt. v. 03.03.2009, Az.: 2 BvC 3/07 („Wahlcomputer"), Rn. 109, wonach die Wahl i.S.d. Art. 38 I 1 GG „Sache des ganzen Volkes und gemeinschaftliche Angelegenheit aller Bürger" ist.

21 Dreier, in: Dreier, GG, Bd. II, 3. Aufl. 2015, Art. 20 (Republik) Rn. 15.

22 Hesse, Grundzüge des Verfassungsrechts der Bundesrepublik Deutschland, 20. Aufl. 1995, § 4 Rn. 122.

23 Isensee, JZ 1981, 1 (2).

24 Doehring, Allgemeine Staatslehre – Eine systematische Darstellung, 3. Aufl. 2004, § 16 Rn. 317.

25 Vgl. Doehring, Allgemeine Staatslehre – Eine systematische Darstellung, 3. Aufl. 2004, § 16 Rn. 321 f.

tung für die Herrschaftsausübung zu regeln, die in der Republik beim Volk selbst liegt – und zwar vollständig. Folglich sind in der Republik Herrschaft und Verantwortung stets identisch, in der Demokratie dagegen nicht zwangsläufig. Folgendes Beispiel verdeutlicht dies:[26] So ist **Großbritannien** zwar *demokratisch* strukturiert, aber keine *Republik*, weil neben dem britischen Staatsoberhaupt auch dem Königshaus Verantwortung für „seinen" Staat obliegt; in einer Republik würde die staatliche Verantwortung dagegen ausschließlich beim vom Volk legitimierten Staatsoberhaupt liegen.

Allerdings kann auch vor diesem Hintergrund nicht von der Hand gewiesen werden, dass bestimmte Bedeutungsinhalte der Republik nicht alleine dem Republikprinzip zugeordnet sind. So ist die Idee der (bestmöglichen) Beteiligung von Bürger:innen an hoheitlichen Entscheidungs- und Organisationsprozessen ebenso Inhalt des **Demokratieprinzips;**[27] das Gebot der prinzipiellen Publizität beziehungsweise Transparenz der Ausübung öffentlicher Gewalt ebenso Inhalt des **Rechtsstaatsprinzips.**[28]

Folglich sind **Republik und Demokratie** in der Tat – wie im Übrigen alle Staatsstrukturprinzipien – in zahlreichen Beziehungen **ineinander verflochten.**[29] Die Annahme eines „formalen Nebeneinanders"[30] erscheint daher als die treffendste Lösung.

C. Klausurrelevanz

Die Klausurrelevanz des Republikprinzips ist zugegebenermaßen gering. Während seine Bedeutung für das Erste beziehungsweise Zweite Staatsexamen gegen Null tendiert, mag es in eigens staatsorganisationsrechtlichen Klausuren/Hausarbeiten noch am ehesten eine Rolle spielen. Entsprechende Fälle beschränken sich dann aber meist auf die **Kerninhalte der Republik** (Nicht-Monarchie, Herrschaft des Staatsoberhauptes auf Zeit, Bedeutung des Republikprinzips über Art. 28 GG

---

26 Doehring, Allgemeine Staatslehre – Eine systematische Darstellung, 3. Aufl. 2004, § 16 Rn. 323 f.

27 Nowrot, Das Republikprinzip in der Rechtsordnungsgemeinschaft – Methodische Annäherungen an die Normalität eines Verfassungsprinzips, 2014, S. 497.

28 Nowrot, Das Republikprinzip in der Rechtsordnungsgemeinschaft – Methodische Annäherungen an die Normalität eines Verfassungsprinzips, 2014, S. 497.

29 Hesse, Grundzüge des Verfassungsrechts der Bundesrepublik Deutschland, 20. Aufl. 1995, § 8 Rn. 271.

30 So Böckenförde, in: Isensee/Kirchhof, Handbuch des Staatsrechts der Bundesrepublik Deutschland, Bd. II, 3. Aufl. 2004, § 24 Rn. 95.

Tim Barz

auch für die Länder, gegebenenfalls Gemeinwohlbindung staatlichen Handelns), sodass eine solide Fallbearbeitung bereits mit grundlegendem Wissen über das Republikprinzip möglich ist.

Zur Veranschaulichung folgendes

Fallbeispiel

Fall: Bei der Landtagswahl im Bundesland B erhält die B-Partei die absolute Mehrheit. Im zuvor stattgefundenen Wahlkampf hat diese sich insbesondere für die (Wieder-)Einführung eines „Königreichs B" ausgesprochen, was sie nun durch eine entsprechende Änderung der Landesverfassung umsetzen will. Bestehen gegen dieses Vorgehen verfassungsrechtliche Bedenken?

Lösung: Ein derartiges Vorgehen wäre verfassungswidrig. Gemäß Art. 28 I 1 GG muss auch die verfassungsmäßige Ordnung der Länder den Grundsätzen des republikanischen Staats entsprechen. Die Einführung einer Monarchie entspricht allerdings gerade nicht dem republikanischen Verständnis des Grundgesetzes, wonach Republik in erster Linie als Nicht-Monarchie definiert ist.

Weiterführende Studienliteratur
- Henke, Wilhelm: Zum Verfassungsprinzip der Republik, JZ 1981, 249.
- Isensee, Josef: Republik – Sinnpotential eines Begriffs. Begriffsgeschichtliche Stichproben, JZ 1981, 1.
- Klein, Eckart: Der republikanische Gedanke in Deutschland – Einige historische und aktuelle Überlegungen, DÖV 2009, 741.
- Schaks, Nils: Das Republikprinzip – Zur Aktualität eines vernachlässigten Verfassungswerts, Verfassungsblog – on matters constitutional, 18.11.2019, https://verfassungs blog.de/das-republikprinzip/, letzter Zugriff: 30.1.2022.

Zusammenfassung: Die wichtigsten Punkte
- Die zentralen Normen für die Verankerung des Republikprinzips sind **Art. 20 I GG (Bund)** und **Art. 28 GG** (Länder).
- Der formale Republikbegriff definiert Republik als **„Nicht-Monarchie"**.
- Der materielle Republikbegriff umfasst die **Gemeinwohlbindung staatlichen Handelns**.
- Es besteht ein (verflochtenes) **Verhältnis zwischen Republik und Demokratie**.

Tim Barz

§ 8 Sozialstaatsprinzip

Nach Art. 20 I GG ist die Bundesrepublik Deutschland ein demokratischer und sozialer Bundesstaat. Das Grundgesetz bekennt sich somit an zentraler Stelle ausdrücklich zum Sozialstaat. Art. 28 I 1 GG bindet wiederum die Länder an den Grundsatz des sozialen Rechtsstaates. Damit ist Sozialstaatlichkeit ein grundlegendes Prinzip des Grundgesetzes und als solches von der Ewigkeitsklausel des Art. 79 III GG erfasst.[1] Im Unterschied zu den übrigen in Art. 20 GG enthaltenen Prinzipien ist das Sozialstaatsprinzip in hohem Maße **ausgestaltungsbedürftig**, weswegen es vielfach nicht als Staatsstrukturprinzip,[2] sondern als **Staatszielbestimmung** verstanden wird.[3] Dem Charakter als Staatszielbestimmung entspricht es, dass das Sozialstaatsprinzip in erster Linie einen objektiven Gestaltungsauftrag an den Gesetzgeber darstellt. Eine unmittelbare Anspruchsgrundlage beinhaltet es hingegen nicht.[4] Lediglich aus dem Zusammenwirken des Sozialstaatsprinzips mit den Grundrechten kann ein Leistungsanspruch der Einzelnen folgen, wie es etwa bei beim Grundrecht auf Gewährleistung eines menschenwürdigen Existenzminimums (Art. 1 I i. V. m. Art. 20 I GG) der Fall ist.[5]

A. Inhalt des Sozialstaatsprinzips

In Anbetracht der Offenheit und Ausgestaltungsbedürftigkeit des Sozialstaatsprinzips bereitet es Schwierigkeiten, den in Art. 20 I und Art. 28 I 1 GG verwendeten Begriff des Sozialstaats näher zu umreißen. Im Wesentlichen lassen sich drei Ausprägungen des Sozialstaatsprinzips unterscheiden.[6]

I. Sozialstaatsprinzip als Auftrag an den Gesetzgeber

Die Verwirklichung des Sozialstaats ist in erster Linie Aufgabe des parlamentarischen Gesetzgebers.[7] Das Sozialstaatsprinzip trägt dem Gesetzgeber nur das Ziel

---

1 Wallrabenstein, in: Handbuch Verfassungsrecht, 2021, § 7 Rn. 42.
2 Für eine Einordnung als Staatsstrukturprinzip: Voßkuhle/Wischmeyer, JuS 2015, 693.
3 So etwa Degenhart, Staatsrecht I, 36. Aufl. 2020, Rn. 589 ff.; Ipsen, Staatsrecht I, 32. Aufl. 2020, Rn. 997; Katz/Sander, Staatsrecht, 19. Aufl. 2019, Rn. 223.
4 Degenhart, Staatsrecht I, 36. Aufl. 2020, Rn. 597.
5 Vgl. die verschiedenen Fallgruppen bei Wallrabenstein, in: Handbuch Verfassungsrecht, 2021, § 7 Rn. 81 ff.
6 Systematisierung nach Voßkuhle, SGb 2011, 181 (183 ff.).

ⓐ Open Access. © 2022 Julian Seidl, publiziert von De Gruyter. [(cc) BY-SA] Dieses Werk ist lizenziert unter einer Creative Commons Namensnennung-Weitergabe unter gleichen Bedingungen 4.0 International Lizenz.
https://doi.org/10.1515/9783110786965-033

auf, für **soziale Gerechtigkeit** und **soziale Sicherheit** zu sorgen. Wie dieses Ziel im Einzelnen zu erreichen ist, wird dem Gesetzgeber nicht durch das Grundgesetz vorgegeben. Es ist Sache des Gesetzgebers, die Entwicklung der gesellschaftlichen Verhältnisse fortlaufend zu überprüfen und die damit einhergehenden sozialpolitischen Entscheidungen zu treffen. Dabei kommt ihm ein **weiter Gestaltungsspielraum** zu.[8] Gleichzeitig ist das Sozialstaatsprinzip dynamisch und zukunftsoffen. Dies gibt dem Gesetzgeber die Möglichkeit, bei der Ausgestaltung des Sozialstaats auf die gewandelten gesellschaftlichen Verhältnisse zu reagieren.

II. Sozialstaatsprinzip und Grundrechte

Eine wichtige Rolle kommt dem Sozialstaatsprinzip als Interpretationsmaßstab für die Grundrechte zu. Mithilfe des Sozialstaatsprinzips hat das BVerfG verschiedene „sozialstaatliche Grundrechtsdimensionen" entwickelt, indem es einzelne Freiheitsgrundrechte oder den allgemeinen Gleichheitssatz mit dem Sozialstaatsprinzip verbunden hat.[9] Innerhalb solcher Kombinationen kommt dem Sozialstaatsprinzip keine entscheidungserhebliche Bedeutung zu, es verstärkt jedoch die jeweiligen Grundrechte auf Schutzbereichsebene.[10] Darüber hinaus hat das BVerfG ein eigenständiges Leistungsgrundrecht auf Gewährleistung eines menschenwürdigen Existenzminimums aus der Menschenwürdegarantie des Art. 1 I GG i. V. m. dem Sozialstaatsprinzip entwickelt.[11]

1. Verknüpfung des Sozialstaatsprinzips mit Freiheitsrechten

Zum einen wird das Sozialstaatsprinzip herangezogen, um die aus dem jeweiligen Freiheitsgrundrecht erwachsenden **Schutz- und Leistungspflichten** zu verstärken.[12]

Beispiel: So kann es beispielsweise gegen die allgemeine Handlungsfreiheit (Art. 2 I GG) in Verbindung mit dem Sozialstaatsprinzip verstoßen, wenn die gesetzliche Krankenversicherung im Falle einer tödlichen Erkrankung, für die schulmedizinische Behandlungsmethoden nicht vorliegen, die Kostenübernahme für eine alternative Behandlungsmethode ausschließt.[13]

---

7 BVerfG, Beschl. v. 19.10.1983, Az.: 2 BvR 485 u. a. = BVerfGE 65, 182 (193).
8 Vgl. BVerfG, Urt. v. 9.2.2010, Az.: 1 BvL 1/09 u. a., Rn. 133 = BVerfGE 125, 175 (225) – Hartz IV.
9 Voßkuhle, SGb 2011, 181 (184).
10 Voßkuhle/Wischmeyer, JuS 2015, 693 (694).
11 BVerfG, Urt. v. 9.2.2010, Az.: 1 BvL 1/09 u. a. = BVerfGE 125, 175 – Hartz IV.
12 Voßkuhle, SGb 2011, 181 (184).
13 BVerfG, Beschl. v. 6.12.2005, Az.: 1 BvR 347/98, Rn. 63 = BVerfGE 115, 25 (49).

Julian Seidl

Zum anderen lassen sich aus einer Verbindung des Sozialstaatsprinzips mit einzelnen Freiheitsrechten und dem allgemeinen Gleichheitssatz **Teilhaberechte** entwickeln.

Beispiel: So hat das BVerfG aus dem Grundrecht der Berufsfreiheit (Art. 12 I GG) in Verbindung mit dem allgemeinen Gleichheitssatz (Art. 3 I GG) und dem Sozialstaatsprinzip ein Recht auf Zulassung zum Hochschulstudium entwickelt. Hierbei handelt es sich um ein derivatives Teilhaberecht, das heißt Betroffene haben einen Anspruch auf chancengleichen Zugang zum Hochschulstudium innerhalb der bestehenden Kapazitäten, nicht jedoch einen Anspruch auf die Schaffung neuer Studienplätze.[14]

2. Zusammenspiel mit dem allgemeinen Gleichheitssatz

Eine besondere Bedeutung kommt dem Sozialstaatsprinzip im Zusammenwirken mit dem allgemeinen Gleichheitssatz des Art. 3 I GG zu. So kann eine am Maßstab des Art. 3 I GG relevante Ungleichbehandlung damit gerechtfertigt werden, dass eine differenzierende Regelung im Hinblick auf das Sozialstaatsprinzip geboten ist.[15] Umgekehrt können Betroffene eine Verletzung des Art. 3 I GG i. V. m. dem Sozialstaatsprinzip des Art. 20 I GG geltend machen, wenn eine undifferenzierte Regelung dem Sozialstaatsprinzip zuwiderläuft.[16]

3. Grundrecht auf Gewährleistung eines menschenwürdigen Existenzminimums

Darüber hinaus folgt aus der Menschenwürdegarantie des Art. 1 I GG in Verbindung mit dem Sozialstaatsprinzip ein Grundrecht auf Gewährleistung eines **menschenwürdigen Existenzminimums**. Hierbei gibt Art. 1 I GG den Leistungsanspruch auf Gewährleistung des Existenzminimums dem Grunde nach vor. Der Umfang des Existenzminimums lässt sich hingegen nicht unmittelbar aus dem Grundgesetz ableiten, sondern ist durch den parlamentarischen Gesetzgeber zu konkretisieren. Dabei trägt das Sozialstaatsprinzip des Art. 20 I GG dem Gesetzgeber auf, „die soziale Wirklichkeit zeit- und realitätsgerecht im Hinblick auf die Gewährleistung des menschenwürdigen Existenzminimums zu erfassen."[17] Bei der Ausgestaltung des Existenzminimums hat der Gesetzgeber einen weiten Gestaltungsspielraum.[18]

---

14 BVerfG, Urt. v. 18.7.1972, Az.: 1 BvL 32/70 u. a. = BVerfGE 33, 303 – Numerus Clausus.

15 Vgl. BVerfG, Beschl. v. 12.3.1996, Az.: 1 BvR 609/90 u. a., Rn. 62 = BVerfGE 94, 241 (263).

16 Maurer, Staatsrecht I, 6. Aufl. 2010, § 8 Rn. 71.

17 BVerfG, Urt. v. 9.2.2010, Az.: 1 BvL 1/09 u. a. = BVerfGE 125, 175 (224) – Hartz IV.

18 Ausführlich zum Grundrecht aus Art. 1 I i. V. m. 20 I GG: Buchholtz, JuS 2021, 503 ff.

Julian Seidl

Beispiel: Beispielsweise steht es dem Gesetzgeber frei, den existenznotwendigen Bedarf durch Sachleistungen oder durch Geldleistungen zu decken.[19] Auch die Wahl der Berechnungsmethode ist von seinem Gestaltungsspielraum erfasst. Daran anknüpfend überprüft das BVerfG, ob die gewählte Methode folgerichtig angewendet und die Höhe der Regelleistung anhand des tatsächlichen Bedarfs bestimmt wurde.[20]

III. Sozialstaatsprinzip als Begrenzung des gesetzgeberischen Gestaltungsspielraums

Das Sozialstaatsprinzip beinhaltet nicht nur einen Gestaltungsauftrag an den Gesetzgeber, sondern vermag es auch umgekehrt den gesetzgeberischen Gestaltungsspielraum zu beschränken. Deutlich wird dies etwa bei der **prozeduralen Kontrolle** des durch den Gesetzgeber bestimmten Existenzminimums, welche das BVerfG anhand der aus dem Grundrecht aus Art. 1 I i.V.m. Art. 20 I GG entwickelten Vorgaben an das Verfahren der Leistungsbemessung vornimmt.

Beispiel: Beispielsweise ist der ansonsten weite sozialpolitische Gestaltungsspielraum des Gesetzgebers beschränkt, wenn er eine Kürzung des Existenzminimums im Falle von Pflichtverletzungen vorsieht. So hat das BVerfG die sechzig- und hundertprozentigen Sanktionen im SGB II mangels tragfähiger Erkenntnisse zu ihrer Geeignetheit, Erforderlichkeit und Angemessenheit für unverhältnismäßig erachtet.[21]

B. Das Sozialstaatsprinzip in der Klausur

In der (ausschließlich) **staatsorganisationsrechtlichen Fallbearbeitung** dürfte das Sozialstaatsprinzip den Bearbeiter:innen eher selten begegnen. Es eignet sich jedoch, ebenso wie die übrigen Staatsstrukturprinzipien und Staatszielbestimmungen, für inhaltliche Zusatzfragen am Ende einer Klausur.

Im **Zusammenspiel mit den Grundrechten** lässt sich das Sozialstaatsprinzip auf vielfältige Weise in Klausursachverhalte einbauen. So kann es auf Schutzbereichsebene herangezogen werden, um die Leistungs- oder Teilhabedimension der Grundrechte zu verstärken. Auch bei der Rechtfertigung von Grundrechtseingriffen kann das Sozialstaatsprinzip eine Rolle spielen, indem sozialstaatliche Belange einen legitimen Zweck des einschränkenden Gesetzes darstellen und das

---

19 BVerfG, Urt. v. 18.7.2012, Az.: 1 BvL 10/10 u. a. = BVerfGE 132, 134 (161) – Asylbewerberleistungsgesetz.
20 BVerfG, Urt. v. 9.2.2010, Az.: 1 BvL 1/09 u. a., Rn. 139 = BVerfGE 125, 175 (225) – Hartz IV.
21 BVerfG, Urt. v. 5.11.2019, Az.: 1 BvL 7/16 = BVerfGE 152, 68 – Sanktionen im SGB II.

Julian Seidl

Sozialstaatsprinzip als Rechtsgut von Verfassungsrang in die Abwägung einzustellen ist.[22]

Weiterführende Studienliteratur
– Voßkuhle/Wischmeyer, Grundwissen – Öffentliches Recht: Das Sozialstaatsprinzip, JuS 2015, 693.
– Buchholz, Das Grundrecht auf Gewährleistung eines menschenwürdigen Existenzminimums und die staatliche Grundsicherung, JuS 2021, 503.

Zusammenfassung: Die wichtigsten Punkte
– Der Sozialstaat zählt zu den **zentralen** in **Art. 20 I GG genannten Prinzipien** des Grundgesetzes und ist von der Ewigkeitsklausel des Art. 79 III GG umfasst.
– Das Sozialstaatsprinzip beinhaltet den Auftrag an den Gesetzgeber, für eine **gerechte Sozialordnung** zu sorgen. Hierbei kommt dem parlamentarischen Gesetzgeber ein **weiter Gestaltungsspielraum** zu.
– In Verbindung mit den **Freiheitsgrundrechten** kann das Sozialstaatsprinzip herangezogen werden, um die **Schutz-, Leistungs- oder Teilhabedimension** der Grundrechte zu verstärken.

Für dieses Kapitel gibt es frei zugängliche interaktive Übungen auf der OpenRewi-Homepage. Hierzu muss einfach der QR-Code gescannt werden.

---

22 Voßkuhle/Wischmeyer, JuS 2015, 693 (695).

Julian Seidl

3. Kapitel
Staatszielbestimmungen

Im Grundgesetz finden sich zahlreiche sogenannte **Staatszielbestimmungen,** die sich von den Staatsstrukturprinzipien in ihrer Wirkungsweise unterscheiden.[1] Es handelt sich um Verfassungsnormen, die dem Staat die **dauerhafte Beachtung oder Erfüllung bestimmter Aufgaben** vorschreiben[2], etwa das Bewahren einer lebenswerten Umwelt (Art. 20a GG) oder die Verwirklichung der Gleichberechtigung von Mann und Frau (Art. 3 Abs. 2 GG). Anders als die Staatsstrukturprinzipien, die die staatlichen Strukturen in ihrer Gesamtheit prägen, handelt es sich bei den Staatsstrukturprinzipien somit um (rechtlich verbindliche) **politische Aufträge,** die auf ihre Verwirklichung drängen.[3]

Für dieses Kapitel gibt es frei zugängliche interaktive Übungen auf der OpenRewi-Homepage. Hierzu muss einfach der jeweilige QR-Code gescannt werden. Zusätzlich kann dieses Kapitel gern kommentiert und verändert werden, dafür einfach den QR-Code scannen. Gleichzeitig führt jeder Link in der PDF-Version des Lehrbuches zur Überarbeitungsmöglichkeit bei der Plattform Wikibooks.

---

1 Schladebach, JuS 2018, 118 (120).
2 Kahl/Gärditz, Umweltrecht, 12. Aufl. 2021, § 3 Rn. 4.
3 Gröpl, Staatsrecht I, 13. Aufl. 2021, § 6 Rn. 243.

https://doi.org/10.1515/9783110786965-034

§ 9 Konkrete Staatszielbestimmungen und ihre rechtliche Wirkung

Dem Grundgesetz lässt sich eine kaum übersehbare Anzahl von Staatszielbestimmungen entnehmen. So wird der Staat insbesondere

-   zur Wahrung des Friedens in der Welt (Präambel, Art. 24 II, 26 GG),
-   zur Verwirklichung der Gleichberechtigung von Mann und Frau (Art. 3 II GG),
-   zur Wahrung und Förderung des Kultur- und Wissenschaftslebens (Art. 5 III GG),
-   zum Mutterschutz (Art. 6 IV GG),
-   zur Gleichstellung ehelicher und nicht-ehelicher Kinder (Art. 6 V GG),
-   zur Mitwirkung an der Kindeserziehung (Art. 7 GG),
-   zum Schaffen einer sozialen Ordnung (Art. 20 GG), soweit man die Sozialstaatlichkeit als Staatszielbestimmung und nicht als Staatsstrukturprinzip versteht,
-   zum Schutz einer lebenswerten Umwelt und der Tiere (Art. 20a GG) und
-   zur Verwirklichung eines vereinten Europas (Präambel, Art. 23 GG) verpflichtet.[1]

Staatszielbestimmungen richten sich in erster Linie an den Gesetzgeber.[2] Dieser steht in der Pflicht, die genannten Ziele durch entsprechende Rechtssetzung zu erreichen. Die Staatszielbestimmungen sind daher nicht als die Absicherung eines Status quo, sondern als **zukunftsgerichteter Appell an den Gesetzgeber** zu verstehen.[3] Hierbei kommt dem Gesetzgeber aber ein **erheblicher Spielraum** zu.[4] Die Staatszielbestimmungen geben nur das „ob" vor; die Frage des „wie" hat weitestgehend der Gesetzgeber zu beantworten.[5] Dies liegt nicht zuletzt daran, dass die Staatszielbestimmungen extrem unbestimmt und entwicklungsoffen formuliert sind.[6]

---

1 Eine umfassendere Aufzählung findet sich bei Schladebach, JuS 2018, 118 (120).
2 Allgemein Gröpl, Staatsrecht I, 13. Aufl. 2021, § 5 Rn. 245; speziell zu Art. 20a GG etwa BVerfG, Beschl. v. 13.03.2007, Az.: 1 BvF 1/05, Rn. 111 = BVerfGE 118, 79 (110); aus jüngster Zeit BVerfG, Beschl. v. 24.3.2021, Az.: 1 BvR 2656/18 u. a., Rn. 205 = BVerfGE 157, 30 (143); siehe auch Schlacke, Umweltrecht, 8. Aufl. 2021, § 4 Rn. 7.
3 Gröpl, Staatsrecht I, 13. Aufl. 2021, § 5 Rn. 245.
4 BVerfG, Beschl. v. 24.3.2021, Az.: 1 BvR 2656/18 u. a., Rn. 207 = BVerfGE 157, 30 (145).
5 Schladebach, JuS 2018, 118 (120).
6 Gröpl, Staatsrecht I, 13. Aufl.2021, § 5 Rn. 245; für Art. 20a GG BVerfG, Beschl. v. 24.3.2021, Az.: 1 BvR 2656/18 u. a., Rn. 205 = BVerfGE 157, 30 (143).

Beispiel: Art. 20 I GG gibt dem Gesetzgeber auf, eine soziale Ordnung zu schaffen. Aber was bedeutet „sozial"? Hierüber besteht in einer pluralistischen Gesellschaft naturgemäß Streit. Die Verfassung nimmt insoweit keine Antwort vorweg, sondern überlässt sie dem plural besetzten Parlament.[7]

Mit dem Gestaltungsspielraum des Gesetzgebers korrespondiert ein eingeschränkter Prüfungsmaßstab der Gerichte.[8] Gleichwohl handelt es sich bei den Staatszielbestimmungen um **voll verbindliche Verfassungsnormen**, die auch einer gerichtlichen Kontrolle zugänglich sind.[9] Der Gesetzgeber darf keine Rückschritte bei der Erfüllung der Staatsziele machen, er muss bei neuen (wissenschaftlichen) Erkenntnissen Nachbesserungen vornehmen und darf die von der Verfassung formulierten Staatsziele nicht offensichtlich verfehlen.[10] Die Anforderungen hieran sind allerdings sehr hoch, sodass eine gerichtliche Durchsetzung der Staatsziele gegen den Gesetzgeber in der Regel wenig erfolgsversprechend ist.[11] Jedenfalls können konkrete legislative Maßnahmen nur höchst selten unter Berufung auf die Staatszielbestimmungen eingeklagt werden.[12]

Weiterführendes Wissen

In seinem „Klima-Beschluss"[13] hat das BVerfG das Staatsziel Umweltschutz (Art. 20a GG) nun aber entscheidend aufgewertet: Nach Ansicht des BVerfG können *einfachgesetzliche* Zielfestlegungen des Gesetzgebers zur Konkretisierung der Staatszielbestimmungen herangezogen und damit zum Maßstab der verfassungsgerichtlichen Prüfung gemacht werden. Das BVerfG geht davon aus, dass der Gesetzgeber seinen weiten Gestaltungsspielraum durch die einfach-gesetzlichen Zielfestlegungen (semi-)verbindlich festgelegt hat. Infolge dieser Selbstbindung des Gesetzgebers komme den Zielfestlegungen eine „verfassungsrechtliche Orientierungsfunktion"[14] zu. Durch diese Einengung des gesetzgeberischen Spielraums zieht das Gericht die „Zügel" der Staatszielbestimmung straffer.

---

7 Gröpl, Staatsrecht I, 13. Aufl. 2021, § 10 Rn. 674.

8 Vgl. etwa BVerfG, Beschl. v. 24.3.2021, Az.: 1 BvR 2656/18 u. a., Rn. 207 = BVerfGE 157, 30 (145).

9 BVerfG, Beschl. v. 24.3.2021, Az.: 1 BvR 2656/18 u. a., Rn. 205 ff. = BVerfGE 157, 30 (143 ff.); Gröpl, Staatsrecht I, 13. Auflage 2021, § 5 Rn. 245.

10 Hierzu am Beispiel des Umweltschutzes Kloepfer, Umweltrecht, 4. Aufl. 2016, § 3 Rn. 49 f.

11 So für den Bereich des Umweltschutzes Kahl/Gärditz, Umweltrecht, 12. Aufl. 2021, § 3 Rn. 4; Kloepfer, Umweltrecht, 4. Aufl. 2016, § 3 Rn. 48. Im Bereich des Umwelt- und Klimaschutzes wurde trotz eklatanter Missstände bis heute kein Verstoß gegen das Staatsziel des Art. 20a GG festgestellt.

12 Schulze-Fielitz, in: Dreier, GG, Bd. II, 3. Aufl. 2015, Art. 20a Rn. 71.

13 BVerfG, Beschl. v. 24.3.2021, Az.: 1 BvR 2656/18 u. a. = BVerfGE 157, 30 ff.

14 BVerfG, Beschl. v. 24.3.2021, Az.: 1 BvR 2656/18 u. a. Rn. 213 = BVerfGE 157, 30 (148 f.).

Jan-Louis Wiedmann

Der rechtspraktische Vorteil der Staatszielbestimmungen liegt darin, dass bestimmte politischen Ziele zu Verfassungsgütern aufgewertet werden.[15] Die Staatszielbestimmungen begründen dabei zwar keine klarbaren, subjektiven Rechte der Einzelnen; es handelt sich um rein objektiv-rechtliche Verpflichtung des Staates.[16] Sie können aber die bestehenden subjektiven Rechtspositionen der Einzelnen verfassungsrechtlich verstärken.[17]

Beispiel: So wurde etwa aus dem Grundrecht auf Menschenwürde i. V. m. dem Sozialstaatsprinzip (!) ein Anspruch auf menschenwürdiges Existenzminimum hergeleitet.[18] Analog hierzu wird die Anerkennung eines Grundrechts auf ökologisches Existenzminimum (aus Art. 1 i. V. m. Art. 20a GG) diskutiert.[19]

Vor allem aber schaffen die Staatszielbestimmungen in vielen Fällen erst die verfassungsrechtliche Grundlage dafür, grundrechtliche Freiheit zu beschränken, wo diese dem Ziel zuwiderläuft.[20]

Beispiel: Zirkusaufführungen sind selbst dann von der Kunstfreiheit (Art. 5 III 1 GG) geschützt, wenn das Tierwohl durch die Aufführung erheblich beeinträchtigt wird. Das Staatsziel Tierwohl (Art. 20a GG) liefert allerdings die verfassungsrechtliche Grundlage dafür, derlei Aufführungen zu verbieten.

Für die übrigen Staatsgewalten sind die Staatszielbestimmungen von geringerer Bedeutung. Doch auch sie haben die Staatszielbestimmungen bei ihrer Tätigkeit zu berücksichtigen. So haben die Gerichte bei der Auslegung des einfachen Rechts der Bedeutung der Staatsziele Rechnung zu tragen und die Exekutive hat die Staatsziele bei der Ausübung ihres gesetzlichen Spielraums einzubeziehen.[21]

Im Folgenden werden einige der für das Staatsorganisationsrecht besonders relevanten Staatszielbestimmungen näher beleuchtet: der Umwelt- und Tierschutz aus Art. 20a GG, die Staatszielbestimmung der Gleichstellung zwischen Mann und Frau aus Art. 3 II 2 GG, sowie das Staatsziel der europäischen Integration aus Art. 23 I 1 GG.

---

15 Vgl. Schladebach, JuS 2018, 118 (121).
16 Schladebach, JuS 2018, 118 (119).
17 Für Art. 20a GG: Kahl/Gärditz, Umweltrecht, 12. Auflage 2021, § 4 Rn. 5; Kloepfer, Umweltrecht, 4. Auflage 2016, § 3 Rn. 26.
18 BVerfG, Urt. v. 9.2.2010, Az.: 1 BvL 1,3,4/09 = BVerfGE 125, 175 ff.
19 Buser, DVBl. 2020, 1389 (1391).
20 Schladebach, JuS 2018, 118 (121).
21 Gröpl, Staatsrecht I, 13. Auflage 2021, § 10 Rn. 684 (am Beispiel der Sozialstaatlichkeit).

Jan-Louis Wiedmann

Weiterführende Studienliteratur
- Schladebach, Staatszielbestimmungen im Verfassungsrecht, JuS 2018, 118.

Zusammenfassung: Die wichtigsten Punkte
- Staatszielbestimmungen sind Verfassungsnormen, die dem Staat die **dauerhafte Beachtung oder Erfüllung bestimmter Aufgaben** vorschreiben.
- Dabei handelt es sich nicht unmittelbar um subjektiv einklagbare Rechte. Trotzdem binden Staatszielbestimmungen den Gesetzgeber an verfassungsrechtlich determinierte Aufträge.

Jan-Louis Wiedmann

§ 9.1 Umweltschutz, Art. 20a GG

Das Staatsziel Umweltschutz wurde im Jahr 1994 in das Grundgesetz eingeführt, nachdem jahrzehntelang über die verfassungsrechtliche Verankerung des Umweltschutzes gestritten worden war.[1] Art. 20a GG verpflichtet die gesamte Staatsgewalt[2] auf den Schutz der **„natürlichen Lebensgrundlagen"**. Eine abschließende Definition dieses Begriffs bereitet erhebliche Probleme.[3] Als gesichert kann aber gelten, dass Art. 20a GG die **natürliche Umwelt** – Menschen, Tiere, Pflanzen, Mikroorganismen, Boden, Wasser, Luft, Klima, Atmosphäre, Landschaft, die biologische Vielfalt, sowie das Wirkungsgefüge zwischen den genannten Aspekten – unter Schutz stellt.[4] Die einzelnen Tiere fallen dagegen unter den in Art. 20a GG gesondert genannten Tierschutz.[5]

Angesichts des vagen Wortlauts[6] lässt sich Art. 20a GG nicht entnehmen, *wie* die Umwelt zu schützen ist.[7] Dies ist dem Gesetzgeber anheimgestellt.[8] Verfassungsrechtlich vorgegeben ist lediglich ein Mindestmaß an Umweltschutz.[9] Doch auch bei der Festlegung dieses Mindestmaßes wird dem Gesetzgeber ein erheblicher Spielraum zugesprochen. Vor diesem Hintergrund leidet Art. 20a GG unter einer erheblichen Steuerungsschwäche.[10]

---

i **Weiterführendes Wissen**

Dennoch betont das BVerfG, dass es sich um eine voll überprüfbare Verfassungsvorschrift handelt, die der Gestaltungsfreiheit des Gesetzgebers etwas entgegensetzt.[11] Art. 20a GG wird insoweit ein **relatives Rückschrittsverbot** entnommen.[12] Hiernach dürfen die rechtlichen Umweltschutzstandards insgesamt nicht hinter das Niveau von 1994 zurücktreten. Das schließt allerdings weder eine Umgestaltung der rechtlichen Vorgaben noch *partielle* Verschlechterungen

---

1 Kahl/Gärditz, Umweltrecht, 12. Aufl. 2021, § 3 Rn. 3; Kloepfer, Umweltrecht, 4. Aufl. 2016, § 3 Rn. 13.
2 Kloepfer, Umweltrecht, 4. Aufl. 2016, § 3 Rn 42; Schlacke, Umweltrecht, 8. Aufl. 2021, § 4 Rn. 5.
3 Kloepfer, Umweltrecht, 4. Aufl. 2016, § 3 Rn. 29.
4 Kahl/Gärditz, Umweltrecht, 12. Aufl. 2021, § 3 Rn. 6.
5 Kahl/Gärditz, Umweltrecht, 12. Aufl. 2021, § 3 Rn. 6.
6 Kloepfer, Umweltrecht, 4. Aufl. 2016, § 3 Rn. 45.
7 Schlacke, Umweltrecht, 8. Aufl. 2021, § 4 Rn. 5.
8 BVerfG, Beschl. v. 13.3.2007, Az.: 1 BvF 1/05, Rn. 111 = BVerfGE 118, 79 (110); Schlacke, Umweltrecht, 8. Aufl. 2021, § 4 Rn. 7.
9 Kahl/Gärditz, Umweltrecht, 12. Aufl. 2021, § 3 Rn. 9.
10 Kahl/Gärditz, Umweltrecht, 12. Aufl. 2021, § 3 Rn. 37; Kloepfer, Umweltrecht, 4. Aufl. 2016, § 3 Rn. 48, 58.
11 BVerfG, Urt. v. 24.3.2021, Az.: 1 BvR 2656/18, Rn. 206 = BVerfGE 157, 30 (144).
12 Kahl/Gärditz, Umweltrecht, 12. Aufl. 2021, § 3 Rn. 9; Kloepfer, Umweltrecht, 4. Aufl. 2016, § 3 Rn. 49; a. A.: Schlacke, Umweltrecht, 8. Aufl. 2021, § 4 Rn. 7.

des Schutzstandards aus. Zudem wird eine **Nachbesserungspflicht des Gesetzgebers** bei neuen umweltpolitischen Herausforderungen angenommen.[13] Aufgrund der ausdrücklichen Inbezugnahme der „Verantwortung für künftige Generationen" wird zudem angenommen, dass Art. 20a GG das Nachhaltigkeitsprinzip, welches im einfachen Umweltrecht verschiedentlich umgesetzt ist,[14] mit Verfassungsrang ausstattet.[15] Dieses Prinzip gibt dem Staat vor, Ressourcen nur in einem Maße zu nutzen, das die Möglichkeit künftiger Generationen, ihre Bedürfnisse zu befriedigen, nicht beeinträchtigt.[16] Diesbezüglich brachte die Entscheidung des BVerfG vom 24.3.2021[17] zum Bundes-Klimaschutzgesetz eine entscheidende Aufwertung: Das Gericht leitete aus Art. 20a GG nicht nur die staatliche **Pflicht zum Klimaschutz** und damit zur Herstellung von Klimaneutralität her. Es ging auch davon aus, dass die hierfür notwendige Reduktion von Treibhausgasen nicht einseitig auf künftige Generationen verlagert werden dürfe. Die Pflicht des Gesetzgebers, das Bundesklimaschutzgesetz insoweit nachzubessern, wurde aus den Grundrechten i. V. m. Art. 20a GG hergeleitet.

Weiterführende Studienliteratur
- Voßkuhle, Umweltschutz und Grundgesetz, NVwZ 2013, 1.
- BVerfG, Beschl. v. 24.3.2021, Az.: 1 BvR 2656/18 = BVerfGE 157, 30 ff. – Bundesklimaschutzgesetz.

Zusammenfassung: Die wichtigsten Punkte
- Der Klimaschutzauftrag des Art. 20a GG bindet die gesamte staatliche Gewalt, insbesondere aber den Gesetzgeber.
- Bei der Umsetzung des Staatsziels kommt dem Gesetzgeber ein weiter Spielraum zu.

---

13 BVerfG, Beschl. v. 24.3.2021, Az.: BvR 2656/18, Rn. 212 = BVerfGE 157, 30 (147 f.); Kloepfer, Umweltrecht, 4. Aufl. 2016, § 3 Rn. 51.
14 Zum Prinzip der Nachhaltigkeit als umweltrechtliches Prinzip Kloepfer, Umweltrecht, 4. Aufl. 2016, § 4 Rn. 2
15 Huster/Rux, in: Epping/Hillgruber, BeckOK GG, 49. Ed. 15.11.2021, Art. 20a Rn. 16 f.
16 Schulze-Fielitz, in: Dreier, GG, Bd. II, 3. Aufl. 2015, Art 20a Rn. 38 ff.
17 BVerfG, Beschl. v. 24.03.2021, Az.: 1 BvR 2656/18; = BVerfGE 157, 30 ff.

Jan-Louis Wiedmann

§ 9.2 Tierschutz, Art. 20a GG

Im Jahr 2002 wurde Art. 20a GG um den Tierschutz ergänzt. Vorausgegangen waren zahlreiche Initiativen und Gesetzesanträge. Erst unter dem Eindruck der Entscheidung des BVerfG zum betäubungslosen Schächten[1] kam es jedoch zu einem fraktionsübergreifenden Vorschlag, der die Zustimmung, der für eine Änderung des Grundgesetzes notwendigen Zwei-Drittel-Mehrheit, erhielt.[2]

Mit der Verankerung des Tierschutzes in Art. 20a GG wollte der Gesetzgeber u. a. die Einschränkung vorbehaltloser Grundrechte (insbesondere Art. 4 I und II; 5 III S. 1 GG) durch die Schaffung eines neuen „verfassungsrechtlichen Belangs" ermöglichen.[3] Damit wurde der bereits einfachrechtlich verankerte Tierschutz explizit zur Staatszielbestimmung erhoben[4] und normativ aufgewertet.[5]

A. Schutzgut und Schutzumfang

Geschützt sind zunächst einschränkungslos alle **Tiere** in einem biologischen Sinne. Allein der Mensch wird, trotz seiner biologischen Einordnung als Menschenaffe (höhere Säugetiere), nicht als Tier i. S. d. Art. 20a GG verstanden. Überwiegend wird dem Art. 20a GG, ausgehend von der Entstehungsgeschichte, ein abgestuftes Schutzkonzept abhängig von der Empfindungs- und Leidensfähigkeit einzelner Tierarten entnommen.[6]

Das Tierschutzgebot umfasst staatliche Unterlassungspflichten und positive Handlungspflichten (ähnlich den grundrechtlichen Schutzpflichten) zum Schutz der Tiere vor Beeinträchtigungen durch Private. Sachlich beziehen sich die positiven Handlungspflichten vor allem auf die artgerechte Haltung, die Verhinderung vermeidbarer Leiden und den Schutz der Lebensräume wildlebender Tiere.[7] Der

---

1 BVerfG, Urt. v. 15.1.2002, Az.: 1 BvR 1783/99 = BVerfGE 104, 337 – Schächten.
2 Zu Entstehungsgeschichte ausführlich: Hirt/Maisack/Moritz, TierSchG, 3. Aufl. 2016, Art. 20a GG Rn. 1ff.
3 Siehe dazu etwa: Gärditz, in: Landmann/Rohmer, 68. EL 2.2013, Art. 20a GG Rn. 70.
4 Zur normativen Bedeutung einer Staatszielbestimmung siehe Wiedmann, § 9 Konkrete Staatszielbestimmungen und ihre rechtliche Wirkung in diesem Lehrbuch.
5 Mit umfangreichen Nachweisen auch zu Gegenstimmen: Hirt/Maisack/Moritz, TierSchG, 3. Aufl. 2016, Art. 20a GG Rn. 10.
6 Gärditz, in: Landmann/Rohmer, 68. EL 2.2013, Art. 20a GG Rn. 66 m. w. N.; Murswiek, in: Sachs, GG, 9. Aufl. 2021, Art. 20a Rn. 31 b; Schulze-Fielitz, in: Dreier, GG, 3. Aufl. 2015, Art. 20a Rn. 55; anders wohl: Hirt/Maisack/Moritz, TierSchG, Kommentar, 3. Aufl. 2016, Art. 20a GG Rn. 6.
7 Schulze-Fielitz, in: Dreier, GG, 3. Aufl. 2015, Art. 20a Rn. 58, 59.

Gesetzgeber hatte ein „ethisches Mindestmaß" an Tierschutz vor Augen.[8] Nach verbreiteter Auffassung soll Art. 20a GG darüber hinaus ein Optimierungsgebot beinhalten, welches den Staat verpflichtet das Ziel Tierschutz so gut wie rechtlich und faktisch möglich zu verwirklichen.[9] Allerdings hat die Erreichung dieses Ziels keinen absoluten Vorrang gegenüber anderen gegenläufigen Verfassungsprinzipien. So ist es dem Gesetzgeber und teilweise der Verwaltung überlassen, einen Ausgleich zwischen verschiedenen gleichrangingen Optimierungsgeboten, namentlich im Hinblick auf Grundrechte, zu schaffen. Angesichts der inhaltlichen Unschärfe des Art. 20a GG wird dem Gesetzgeber in Erfüllung der Tierschutzaufgabe ein weiter Gestaltungsspielraum zuerkannt, der ähnlich wie im Bereich der grundrechtlichen Schutzpflichten nur bei einer völlig unzulänglichen Tierschutzgesetzgebung verletzt sei.[10] Daneben dürfte sich für den Tierschutz – ebenso wie für den Umweltschutz– aus Art. 20a GG ein Verschlechterungsverbot ableiten lassen.[11]

B. Subjektstellung und gerichtliche Durchsetzung

Die Subjektstellung von Tieren wird seit langem diskutiert.[12] Dadurch, dass die Ecuadorianische Verfassung aus dem Jahre 2008 explizit Rechte der Natur anerkennt (Art. 71ff. Verfassung von Ecuador), Gerichte in einigen Staaten des Globalen Südens solche Rechte und ihre prozessuale Durchsetzung zuließen, und weitere Staaten solche Rechte einfachgesetzlich anerkannt haben, hat die Debatte erneut an Fahrt aufgenommen.[13]

Vereinzelt finden sich auch Beiträge die Klagerechte „nichthumaner Rechtspersonen" de lege lata über Rückgriff auf Art. 1 I i.V.m. Art. 20a GG oder auf Art. 19 III i.V.m. 20a GG herleiten.[14] Einige Autor:innen treten de lege ferenda für die Einführung von Grundrechten für Tiere ein.[15] Gestützt auf diese Entwicklungen hat PETA versucht im Namen deutscher Ferkel mit einer Verfassungsbe-

---

8 Hirt/Maisack/Moritz, TierSchG, Kommentar, 3. Aufl. 2016, Art. 20a GG,Rn. 11.

9 Schulze-Fielitz, in: Dreier, GG, 3. Aufl. 2015, Art. 20a Rn. 26; Murswiek, in: Sachs, GG, 9. Aufl. 2021, Art. 20a Rn. 53 und 70 jeweils m.w.N.

10 Murswiek, in: Sachs, GG, 9. Aufl. 2021, Art. 20a Rn. 51a; Epiney, in: v. Mangoldt/Klein/Stark, GG, 7. Aufl. 2018, Art. 20a Rn. 62.

11 Caspar/Geissen, NVwZ 2002, 913 (914); Hirt/Maisack/Moritz, TierSchG, 3. Aufl. 2016, Art. 20a GG Rn. 21.

12 Siehe etwa: Bosselmann, KritJ 1986, 1; Stone, Should Trees Have Standing?, 2010 (Neuauflage).

13 Im Überblick: Babcock, Ecology Law Quarterly 2016, 1ff.; Gutmann, ZUR 2016, 611.

14 Fischer-Lescano, ZUR 2018, 205 (213).

15 z.B. Stucki, Grundrechte für Tiere, 2016.

schwerde gegen die betäubungslose Kastration von Ferkeln vorzugehen.[16] Das BVerfG lehnte die Beschwerde in einem Nichtannahmebeschluss jedoch als offensichtlich unzulässig ab.[17]

Überwiegend wird dem Grundgesetz eine anthropozentrische Perspektive attestiert (vgl. Art. 1 I GG) womit nicht-menschliche Eigenrechte unvereinbar wären.[18]

C. Typische Fallgestaltungen: Tierschutz in der Abwägung

Adressaten der Verpflichtung zum Tierschutz sind alle Organe des Staates. Auch im Bereich der mittelbaren Staatsverwaltung kann Art. 20a GG eine Rolle spielen, etwa bei der Haltung von Versuchstieren in staatlichen Universitäten. Auch bei erwerbswirtschaftlichen Betätigungen des Staates kann Art. 20a GG im Rahmen der staatlichen Einflussmöglichkeiten, eine Rolle spielen.[19] Praktische Bedeutung erlangt Art. 20a GG regelmäßig in Abwägungsentscheidungen mit Grundrechten von Menschen. Eine häufig anzutreffende Konstellation ist hier das religiös begründete Schächten.

Die Einfügung des Tierschutzes in Art. 20a GG ändert nach Ansicht der Rechtsprechung nichts an der Verfassungsmäßigkeit der grundsätzlich behördlichen Befugnis das betäubungslose Schächten in Ausnahmefällen zu genehmigen. Jedoch muss die Erteilung einer solchen Genehmigung im Einzelfall nun auch auf ihre Vereinbarkeit mit Art. 20a GG geprüft werden.[20] Auch das politische wiederholt diskutierte Töten männlicher Küken (sogenanntes „Kükenschreddern") und dagegen gerichtete behördliche Verbotsverfügungen beschäftigten bereits die Gerichte. Nach Ansicht des OVG Münster überwiegen in der notwendigen umfassenden Abwägungsentscheidung die über Art. 12 I GG berücksichtigungsfähigen wirtschaftlichen Belange der Brütereien die Belange des Tierschutzes.[21] Daneben hat die Rechtsprechung den in Art. 20a GG verankerten Tierschutz vor allem herangezogen, um Eingriffe in die Wissenschaftsfreiheit (Art. 5 III S. 1 GG) und die

---

16 Siehe zur verfassungsrechtlichen Problematik der Ferkelkastration: Peters/Arnold, Rechtsgutachten zur Frage der Verfassungsmäßigkeit der Verlängerung der betäubungslosen Kastration männlicher Ferkel durch das Vierte Gesetz zur Änderung des Tierschutzgesetzes v. 17.12.2018.
17 Rath, taz, 8.6.21, Verfassungsbeschwerde abgelehnt: Ferkel scheitern in Karlsruhe.
18 Gärditz, in: Landmann/Rohmer, 68. EL 2.2013, Art. 20a GG Rn. 66.
19 Gärditz, in: Landmann/Rohmer, 68. EL 2.2013, Art. 20a GG Rn. 66.
20 Dazu: Hirt/Maisack/Moritz, TierSchG, 3. Aufl. 2016, Art. 20a GG Rn. 13
21 Siehe etwa: BVerfG, Urt. v. 24.11.2010, Az.: 1 BvF 2/05 = BVerfGE 128, 1 – Gentechnikgesetz und BVerwG, Urt. v. 13.04.1995, Az.: 4 B 70/95 = NJW 1995, 2648 – Kunstfreiheit.

Kunstfreiheit (Art. 5 III S. 1 GG) zu rechtfertigen.[22] So lassen sich etwa Tierversuche unter Rückgriff auf Art. 20a GG einschränken. Im Einzelfall kommt es hier auf die abstrakte Wertigkeit der abzuwägenden Belange und deren konkrete Betroffenheit an.[23] Die abstrakte Wertigkeit des Tierschutzes in der Abwägung ist schwer zu bestimmen. Teilweise wird angenommen, gegenüber dem Schutz der natürlichen Lebensgrundlagen komme dem Tierschutz nur eine deutlich geringere Bedeutung zu.[24] Dies wird damit begründet, dass der Schutz der Lebensgrundlagen im Zusammenhang mit Art. 1 I GG stehe. Das dürfte sich aber primär auf existentielle Lebensgrundlagen (z. B. eine erträgliche globale Durchschnittstemperatur die nicht zur Überschreitung von Kipppunkten führt[25]) beziehen. Gegenüber sonstigen Allgemeinwohlbelangen dürfte Art. 20a GG als deutliche Aufwertung des Tierschutzes zu verstehen sein.[26]

D. Ausblick

Der Tierschutz wird in Deutschland einfachgesetzlich über das TierSchG und begleitende Verordnungen (etwa zur Schlachtung und zum Transport) gestützt und ist in einigen Bereichen auch stark europarechtlich determiniert. Allerdings leidet der Tierschutz in Deutschland an einem erheblichen Durchsetzungsdefizit.[27]

Zunehmende Bedeutung könnte dem in Art. 20a GG verankerte Tierschutz in Bezug auf die immer häufiger in die Kritik geratene Massentierhaltung zukommen. Die dort verbreiteten Methoden und Haltungsbedingungen entsprechen vielfach kaum einer artgerechten und qualfreien Haltung. Dies gilt selbst dann, wenn entsprechende Haltungsverordnungen eingehalten werden. Insofern muss die Frage aufgeworfen werden, ob entsprechende einfachgesetzliche und administrative Konkretisierungen des Tierschutzauftrags noch mit Art. 20a GG vereinbar sind. Wie bei jedem objektiven Verstoß gegen den Schutzauftrag des Art. 20a GG stellt sich dann aber die Frage der gerichtlichen Durchsetzbarkeit.

---

22 OVG Münster, Beschl v. 20.05.2016, Az.: 20 A 488/15 = BeckRS 2016, 46153.
23 BVerfG, Urt. v. 24.11.2010, Az.: 1 BvF 2/05 = BVerfGE 128, 1 – Gentechnikgesetz und BVerwG, Urt. v. 13.04.1995, Az.: 4 B 70.95 = NJW 1995, 2648 – Kunstfreiheit.
24 Zur Verhältnismäßigkeitsprüfung siehe etwa: Buser, Hauptstadtfälle – Tipps, Gliederung: Die Verhältnismäßigkeitsprüfung in der Fallbearbeitung.
25 Gärditz, in: Landmann/Rohmer, 68. EL 2.2013, Art. 20a GG Rn. 65; Epiney, in: v. Mangoldt/Klein/Stark, GG, 7. Aufl. 2018, Art. 20a Rn. 88; Jarass, in: Jarass/Pieroth, GG, 16. Aufl. 2020, Art. 20a Rn. 13.
26 Dazu: Buser, DVBl. 2021, 1389 ff.
27 Vgl. Schulze-Fielitz, in: Dreier, GG, 3. Aufl. 2015, Art. 20a Rn. 70, 78, 80; krtisch: Murswiek, in: Sachs, GG, 9. Aufl. 2021, Art. 20a, Rn. 72a.

Weiterführende Studienliteratur
- Buser/Ott, „Zur Ökologisierung des Rechts: Rechte der Natur als Paradigmenwechsel", in: Adloff/Busse, Welche Rechte braucht die Natur?, 2021, 159.
- Fallbeispiel: Freie Universität Berlin, Hauptstadtfälle, Wellensittich im Glas.

Zusammenfassung: Die wichtigsten Punkte
- Art. 20a GG verlangt als Staatszielbestimmung ein „ethisches Mindestmaß" an Tierschutz.
- Subjektive Rechte für die Natur und Tiere gewährt Art. 20a GG nach h. M. nicht.
- In der Praxis ist Art. 20a GG bei der Rechtfertigung von Eingriffen in vorbehaltlose Grundrechte von Bedeutung.

§ 9.3 Gleichstellung von Mann und Frau, Art. 3 II 2 GG

Neben den Gleichbehandlungsgrundsätze aus Art. 3 I bis III GG[1], findet sich in Art. 3 II 2 GG eine Staatszielbestimmungen wieder. Demnach habe der Gesetzgeber den Auftrag, die Gleichberechtigung zwischen Männern und Frauen zu fördern und bestehende Nachteile abzubauen. Bevor sich der rechtlichen Ausgestaltung gewidmet wird, soll kurz die geschichtliche Entwicklung der Staatszielbestimmung skizziert werden.

A. Geschichtliche Entwicklung

Der allgemeine Gleichheitsgrundsatz aus Art. 3 I GG hat eine ideengeschichtliche Tradition, die bis zur Antike zurückgeht. Zu Zeiten der Weimarer Republik war in Art. 109 I WRV festgelegt, dass „alle Deutschen vor dem Gesetz gleich" sind. Während des Verfassungskonvents entschied sich der Parlamentarische Rat 1949, den Gleichheitssatz nicht mehr als Deutschengrundrecht zu formulieren, sondern Art. 3 I GG in der geltenden Fassung festzulegen.[2] Gleichzeitig wurde sich bereits 1949 auf den heutigen Satz 1 in Art. 3 II GG (und auf Satz 1 des Art. 3 III GG) geeinigt. Ursprünglich sollte der Gleichbehandlungsgrundsatz nur als Programmsatz gelten und auf staatsbürgerliche Rechte begrenzt sein. *Elisabeth Selbert* und *Friederike Nadig* konnten jedoch, unterstützt von der Frauenbewegung, im Parlamentarischen Rat durchsetzen, dass die Gleichheit der Geschlechter auch für das Zivilrecht gilt.[3]

Nach dem Ende der DDR wurde die Gemeinsame Verfassungskommission Ende November 1991 durch Bundestag und Bundesrat eingesetzt, dabei wurde erneut über die **Geschlechtergleichstellung** diskutiert. Daraufhin trat **1994 Satz 2 in Art. 3 II GG in Kraft**: „Der Staat fördert die tatsächliche Durchsetzung der Gleichberechtigung von Frauen und Männern und wirkt auf die Beseitigung bestehender Nachteile hin." Ziel war es, den Gleichberechtigungsauftrag ausdrücklich in der Verfassung zu verankern.[4] Die bereits davor bestehende Staatszielbestimmung wurde mithin durch Art. 3 II 2 GG verfassungsrechtlich normiert.

---

1 Siehe dazu Macoun/Hauck, § 19 Gleichheit & Nichtdiskriminierung im OpenRewi Grundrechte-Lehrbuch.
2 Wollenschläger, in: v. Mangoldt/Klein/Starck, GG, 7. Aufl. 2018, Art. 3 Abs. 1 Rn. 8 ff.
3 Baer/Markard, in: v. Mangoldt/Klein/Starck, GG, 7. Aufl. 2018, Art. 3 Abs. 2 Rn. 339 f.
4 Röhner, Ungleichheit und Verfassung, 2019, S. 183 f.

Laut Begründung der Gemeinsamen Verfassungskommission sollten damit „die zuständigen staatlichen Organe angehalten werden, Maßnahmen zur Erreichung der tatsächlichen Gleichberechtigung zu ergreifen. Dabei geht es nicht nur darum, Rechtsnormen zu beseitigen, die Vor- oder Nachteile an die Geschlechtszugehörigkeit knüpfen, sondern darum, die Lebensverhältnisse von Männern und Frauen auch real anzugleichen. Es handelt sich insoweit weniger um den Versuch der Lösung eines rechtlichen als eines gesellschaftlichen Problems."[5]

B. Konkrete Ausgestaltung der Staatszielbestimmung

Dabei stellte die Verfassungskommission bereits 1993 klar, dass sich **kein Individualanspruch** auf ein bestimmtes staatliches Handeln aus Art. 3 II 2 GG ergeben könne.[6] Dass Art. 3 II 2 GG trotzdem einiges Gewicht zukommen kann, zeigt die **Rechtsprechung des BVerfG** vom Urteil zum Nachtarbeitsverbot 1992[7] bis zum Beschluss vom 15.12.2020[8], welcher sich mit dem Fehlen gesetzlicher Regelungen zur paritätischen Ausgestaltung des Wahlvorschlagsrechts bei der Bundestagswahl 2017 beschäftigte. Im Ergebnis
–   können über Art. 3 II 2 GG Rechtsnormen für **verfassungswidrig** erklärt werden, die **Vor- oder Nachteile an Geschlechtsmerkmale** knüpfen;
–   zielt Art. 3 II 2 GG auf die **Angleichung der Lebensverhältnisse** von Männern und Frauen ab und strebt die tatsächliche Durchsetzung der Gleichberechtigung der Geschlechter für die Zukunft an;
–   ist Art. 3 II 2 GG ein **Verfassungsgut**, das beispielsweise **Art. 38 I 1 GG und Art. 21 I GG gleichrangig** gegenübersteht.

Strittig ist mithin der **Umfang des Gleichberechtigungsgebots** aus Art. 3 II 2 GG. Können über die Beseitigung bestehender Nachteile hinaus zur Schaffung gleicher Startchancen **Fördermaßnahmen** gestattet werden, auch wenn dadurch das männliche Geschlecht benachteiligt wird? Bereits der Wortlaut von Art. 3 II 2 GG weist auf die Zulässigkeit von Fördermaßnahmen hin. Wie weit diese gehen können, ist hingegen fraglich. Vor allem im Bereich des Berufs werden positive Fördermaßnahmen immer wieder diskutiert. So seien laut der a.A. im beruflichen Bereich nur solche Maßnahmen zulässig, die **Chancengleichheit** fördern – nicht

---

5 Gemeinsame Verfassungskommission, Bericht, BT-Drucks. 12/6000, S. 50.
6 Gemeinsame Verfassungskommission, Bericht, BT-Drucks. 12/6000, S. 50.
7 BVerfG, Urt. v. 28.1.1992, Az. 1 BvR 1025/82 u. a. = BVerfGE 85, 191 (206 f) – Nachtarbeitsverbot.
8 BVerfG, Beschl. v. 15.12.2020, Az. 2 BvC 46/19 = NVwZ 2021, 469 – Paritätsgesetz.

hingegen solche, die auf die Erfolgsgleichheit einwirken.[9] **Grund** dafür sei, dass Fördermaßnahmen nur gegen tatsächlich bestehende Beeinträchtigungen und Gefährdungen genutzt werden könnten. Zwischen der konkreten Benachteiligung und der Gewährung von Vorteilen müsste ein **unmittelbarer Zusammenhang** bestehen.[10] Demgegenüber steht die Auffassung, dass **Fördermaßnahmen** in einem weiteren Umfang **zulässig** sind und anhand einer Zumutbarkeitsprüfung bewertet werden.[11] Diskriminierung könne langfristig nicht anhand eines **rein formalen** Verständnisses erfasst werde. Sie ergeben sich viel mehr gerade aus **strukturellen Elementen**, die nicht ohne Fördermaßnahmen behoben werden könnten und gleichzeitig nicht immer unmittelbar zu erfassen seien (**materialer Diskriminierungsbegriff**).

Stellungnahme: Die **erste Ansicht stellt die überwiegende h. M.** dar, die zuletzt zumindest teilweise vom BVerfG bei der Frage der paritätisch besetzten Wahllisten bestätigt wurde. Das BVerfG lehnte eine Pflicht zur Herbeiführung einer Ergebnisgleichheit zumindest in Bezug auf das Wahlrecht ab.[12] Zum einen stehe der Wortlaut der Norm einer solchen Auslegung entgegen, da Art. 3 II 2 GG von einer „Durchsetzung der Gleichberechtigung" spreche und gerade nicht von einer Herbeiführung tatsächlicher „Gleichstellung". Und auch während des Gemeinsamen Verfassungskonvents 1994 fand ein Antrag, in Art. 3 II GG ausdrücklich das Staatsziel, die „Gleichstellung der Frauen in allen gesellschaftlichen Bereichen" festzuschreiben, nicht die erforderliche Mehrheit.[13] Daraus kann allerdings **keine generelle Ablehnung eines materialen Gleichheitsverständnisses** herausgelesen werden.[14] Allgemein kann über ein **materiales Verständnis des Art. 3 II** (und auch Art. 3 III GG) die strukturelle Ungleichheit sozialer Gruppen abgebildet werden. Diskriminierung beruht nicht alleine auf der Tatsache, dass eine Person in einer spezifischen Situation nicht angemessen (weil ungleich) behandelt wird. Viel mehr begründen sich die problematisch gelagerten Fälle gerade aus **historisch gewachsenen Annahmen** und **Lebensrealitäten**.[15] Somit sollte der zweiten Meinung durchaus Beachtung geschenkt werden, da nur so struktureller Diskriminierung langfristig entgegengewirkt werden kann.

---

9 Nußberger, in: Sachs, GG, 8. Aufl. 2018, Art. 3 Rn. 282.
10 Gemeinsame Verfassungskommission, Bericht, BT-Drucks. 12/6000, S. 50.
11 Bear/Markard, in: v. Mangoldt/Klein/Starck, GG, 7. Aufl. 2018, Art. 3 Rn. 372ff.
12 BVerfG, Beschl. v. 15.12.2020, Az. 2 BvC 46/19, Rn. 112 = NVwZ 2021, 469 – Paritätsgesetz.
13 Gemeinsame Verfassungskommission, Bericht, BT-Drucks. 12/6000, S. 50; BVerfG, Beschl. v. 15.12.2020, Az. 2 BvC 46/19, Rn. 112 = NVwZ 2021, 469 – Paritätsgesetz.
14 Siehe zur Einordnung des Urteils Valentiner, VerfBlog, 4.2.2021.
15 Dazu weiterführend: Liebscher, Rasse im Recht – Recht gegen Rassismus, 2021, S. 217 ff.

Valentina Chiofalo

! Klausurtaktik

Art. 3 II 2 GG wird vor allem im Rahmen der Verhältnismäßigkeitsprüfung relevant werden. Es wird meistens darum gehen, warum ein Gesetz gegen den Grundsatz der Geschlechtergleichheit verstößt – entweder, weil Frauen durch das zu prüfende Gesetz diskriminiert werden, oder weil Männer durch Fördermaßnahmen benachteiligt werden.

Weiterführende Studienliteratur
- Röhner, Ungleichheit und Verfassung, 2019.
- Sacksofsky, Das Grundrecht auf Gleichberechtigung: Eine rechtsdogmatische Untersuchung zu Artikel 3 Absatz 2 des Grundgesetzes, 2. Aufl. 1996.

Zusammenfassung: Die wichtigsten Punkte
- Die Staatszielbestimmung aus Art. 3 II 2 GG vermittelt **keinen Individualanspruch** auf staatliches Handeln.
- Trotzdem können **Gesetze über Art. 3 II 2 GG für verfassungswidrig** erklärt werden und der Auftrag ist ein **Verfassungsgut**, das Art. 38 I 1 und Art. 21 I GG gleichrangig gegenübersteht.
- Dabei ist besonders **strittig** ist, inwiefern **Förderungsmaßnahmen** zum Abbau des Geschlechterunterschieds über Art. 3 II 2 GG gestützt werden können.

§ 9.4 Europäische Integration, Art. 23 I 1GG

Das Staatsziel der europäischen Integration wird aus Art. 23 I 1 GG und der Präambel des Grundgesetzes hergeleitet. Dabei dient Art. 23 GG als Europaartikel für viele europarechtlichen Fragen als Anknüpfungspunkt in der Prüfung: Art. 23 I 1 GG umfasst neben der weiten Formulierung der „europäischen Integration" noch die Struktursicherungsklausel. Art. 23 I 2 und 3 GG ermächtigt den Bund, Hoheitsrechte an die Europäische Union zu übertragen.[1] In Art. 23 II–VII GG wird die Kompetenzverteilung in Angelegenheiten der Europäischen Union geregelt. Dabei ist die Rolle des Bundestages bei der Europäischen Integration besonders relevant.[2] Und auch die Kontrollvorbehalte des BVerfG werden anhand von Art. 23 I GG hergeleitet

A. Staatszielbestimmung des Art. 23 I 1 GG

Art. 23 I 1 GG legt, gemeinsam mit der Präambel des Grundgesetzes, fest, dass Deutschland an der **„Verwirklichung eines vereinten Europas"** mitwirkt – dadurch wird eine **Integrationsverpflichtung** geschaffen, die als **Staatszielbestimmung** zu verstehen ist.[3] Trotz dieser klaren Verpflichtung ist Art. 23 I 1 GG nicht als einklagbares subjektives Recht zu verstehen. Allerdings sollen die deutschen Hoheitsträger im Rahmen des politischen Gestaltungsspielraums konstruktiv an der Europäischen Union mitwirken.[4]

Fraglich ist, **wie weit der Integrationsauftrag** über Art. 23 I 1 GG zu verstehen ist. Ist durch den Vertrag von Maastricht 1992/1993 oder durch den Vertrag von Lissabon 2007/2009 das Integrationsziel des Art. 23 I 1 GG bereits erreicht worden? Das BVerfG deutete in seinem Lissabon-Urteil an, dass sich die Mitwirkung auf die Entwicklung des Staatenverbunds beschränken lasse.[5] Schlussendlich ist aber **abzulehnen**, dass das Integrationsziel des Art. 23 I 1 GG sich auf den *status quo* der heutigen Europäischen Union beschränke.[6] Im Kern würde eine solche Argumentation einer dynamischen Weiterentwicklung der Europäischen

---

1 Dazu ausführlich Calliess, Staatsrecht III, 3. Aufl. 2020, § 6 Rn. 3–8.
2 Zur vertieften Lektüre wird Sauer, Staatsrecht III, 7. Aufl. 2022, § 4 Rn. 40 ff. empfohlen. Aktuelles Urteil des BVerfG: BVerfG, Beschl. vom 27.04.2021, Az.: 2 BvE 4/15 = NVwZ-RR 2021, 697
3 Calliess, Staatsrecht III, 3. Aufl. 2020, § 6 Rn. 2.
4 Calliess, Staatsrecht III, 3. Aufl. 2020, § 6 Rn. 2.
5 BVerfG, Urt. v. 30.9.2009, Az.: 2 BvE 2, 5/08 u. a. = BVerfGE 123, 267 – Lissabon.
6 Calliess, Staatsrecht III, 3. Aufl. 2020, § 6 Rn. 2.

Union widersprechen.[7] Die Grenzen der *Ever Closer Union* sind mithin nicht anhand der Staatszielbestimmung des Art. 23 I 1 GG zu bemessen.[8]

❗ Klausurtaktik

In der Klausur sollte der Staatszielbestimmung aus Art. 23 I 1 GG nicht zu viel Bedeutung beigemessen werden. In der Regel kann über Art. 23 I 1 GG die **Europarechtsfreundlichkeit** des Grundgesetzes begründet werden, die staatliches Handeln verpflichtet, konstruktiv am Integrationsprozess mitzuwirken.

ℹ Weiterführendes Wissen

Überblick der europäischen Verträge[9]

1951   Gründung der **Europäischen Gemeinschaft für Kohle- und Stahl (EGKS)** – Mitgliedstaaten: Belgien, Deutschland, Frankreich, Italien, Luxemburg und die Niederlande

1957   Gründung der **Europäischen Wirtschaftsgemeinschaft (EWG)** und der **Europäischen Atomgemeinschaft (Euratom)** in Rom durch die Römischen Verträge

1967   **Vertrag über die Fusion** der EWG, der EGKS und der Euratom zur **Europäischen Gemeinschaft (EG)**

1985   Prozess der Europäischen Integration soll durch eine **„Einheitliche Europäische Akte (EEA)"** vorangetrieben werden; es wird eine europäische politische Zusammenarbeit beschlossen und der Vertrag über die Europäische Wirtschaftsgemeinschaft reformiert. Die EEA tritt 1987 in Kraft.

1992/1993 **Gründung der Europäischen Union** und Einführung des Vertrags über die Europäische Union (EG-Vertrag) **durch den Vertrag von Maastricht.** Dabei ersetzt die Europäische Union nicht die EG, sondern inkorporiert sie: Der seit 1957 bestehende EWG-Vertrag wird zum EG-Vertrag, es wird eine Gemeinsamen Außen- und Sicherheitspolitik geschaffen und die Zusammenarbeit in den Bereichen Justiz und Inneres beschlossen. Die **drei Säulen der Europäischen Union** sind entstanden.

1997/1999 Reform des EG-Vertrags durch den Vertrag von Amsterdam

2001/2003 Reform des EG-Vertrags durch den Vertrag von Nizza

---

7 Scholz, in: Dürig/Herzog/Scholz, GG Kommentar, 95. EL 7.2021, Art. 23 Rn. 5. Demnach „versteht sich [die europäische Einigung] als dynamischer Prozess, der sich im Rahmen des Grundprinzips der „offenen Staatlichkeit" der Bundesrepublik Deutschland entfaltet und bei dessen näherer Ausgestaltung und Konturierung das GG dem nach Art. 23 GG ermächtigten Gesetzgeber einen breiten Gestaltungsspielraum eröffnet (allgemeine Integrationsöffnungsklausel)."
8 Der Begriff der „Ever Closer Union" wurde das erste Mal 1957 in den Römischen Verträgen erwähnt. Auch heute kann die Formulierung in der Präambel und in Art. 1 EUV gefunden werden.
9 Die Bundesregierung, Zeittafel - Chronologie des Einigungsprozesses.

Valentina Chiofalo

| 2005 | **Scheitern des Vertrags über eine Verfassung für Europa** aufgrund der Referenden in Frankreich und den Niederlanden |
| 2007/2009 | Reform über den **Vertrag von Lissabon**; der EG- Vertrag wird reformiert und die heutigen primärrechtlichen Quellen (Vertrag der Europäischen Union (EUV) und der Vertrag über die Arbeitsweise der Europäischen Union (AEUV), sowie die Grundrechte-Charta (GR-Ch)) treten am 1.12.2009 in Kraft. |

(Quelle: eigene Darstellung auf Grundlage der Zeittafel der Bundesregierung – Chronologie des Einigungsprozesses)

B. Struktursicherungsklausel aus Art. 23 I 1 GG

Daneben muss die Staatszielbestimmung von der Struktursicherungsklausel aus Art. 23 I 1 GG abgegrenzt werden. Zwar wird über Art. 23 I 1 GG die Pflicht des konstruktiven Mitwirkens begründet, gleichzeitig wird über den zweiten Halbsatz des Art. 23 I 1 GG die Übertragung der Hoheitsrechte an Bedingungen geknüpft. Die Integrationsermächtigung des Art. 23 I 1 GG wird somit auf eine EU beschränkt, die den in Art. 23 I 1 GG erwähnten Anforderungen entspricht.[10]

Weiterführendes Wissen   i

Gleichzeitig kann über Art. 23 I 1 GG ein Mindestmaß an **Verfassungshomogenität** zwischen den Mitgliedstaaten und der EU hergestellt werden. Verfassungshomogenität meint, dass die Verfassungen prinzipiell in ihrer Ausgestaltung vergleichbar sein und somit einen ähnlichen Standard bezüglich der festgeschriebenen Merkmale bieten müssen. Eine damit korrespondierende europarechtliche Vorschrift ist in Art. 2 und 7 EUV vorhanden. Dabei ist strittig, ob die jeweiligen Strukturmerkmale aus nationaler Perspektive betrachtet werden oder eine eigene europarechtsspezifische Auslegung der Merkmale gefunden werden muss. Da es sich vorliegend um Fragen der europäischen Integration handelt, würde eine rein nationale Betrachtung von beispielsweise „Demokratie" oder „Rechtsstaatlichkeit" den Integrationsprozess erheblich erschweren. Dies würde der Europarechtsfreundlichkeit des Grundgesetzes widersprechen. Auch Art. 23 I 1 GG selbst spricht nur von „Grundsätzen", die mit dem innerstaatlichen Verständnis der Merkmale übereinstimmen müssen.[11] Außerdem sprechen auch Souveränitätsaspekte gegen eine Übertragung des eigenen nationalen Verständnisses von Demokratie und Rechtsstaatlichkeit. Mithin muss jedes Strukturmerkmal anhand einer verfassungsvergleichenden Betrachtung bestimmt werden.[12]

---

10 Calliess, Staatsrecht III, 3. Aufl. 2020, § 6 Rn. 9; Streinz, in: Sachs, GG Kommentar, 8. Aufl. 2018, Art. 23 Rn. 16.
11 Calliess, Staatsrecht III, 3. Aufl. 2020, § 6 Rn. 11–13.
12 Calliess, Staatsrecht III, 3. Aufl. 2020, § 6 Rn. 15–22.

Valentina Chiofalo

C. Grenzen der europäischen Integration

Welche Grenzen der innerstaatlichen Wirkung des Unionsrechts gesetzt werden können, ist je nach Standpunkt (BVerfG/EuGH) unterschiedlich zu bewerten. Laut EuGH genießen sowohl die Normen des EUV und AEUV, wie auch alle Vorschriften des Sekundärrechts Vorrang gegenüber innerstaatlichen Rechtsnormen.[13] Das BVerfG erkennt den Anwendungsvorrang des Unionsrechts grundsätzlich an, ihm begegnen allerdings drei Ausnahmen:

- **Grundrechtskontrolle**: Zum einen behält sich das BVerfG eine Überprüfung von Unionsrechtsakten an den Grundrechten des Grundgesetzes für den Fall vor, dass der **Grundrechtsschutz auf EU-Ebene strukturell hinter dem des Grundgesetzes zurückbleibt**. Im Zentrum der Grundrechtskontrolle steht die sogenannte **Solange-Rechtsprechung des BVerfG**. In seiner **Solange-I-Entscheidung** legte das BVerfG fest, dass *solange* das Gemeinschaftsrecht über keinen Grundrechtekatalog, der von einem Parlament verabschiedet wurde und mit den nationalen Grundrechten adäquat vergleichbar ist, verfügt, sich das BVerfG die Kontrolle des Gemeinschaftsrechts am Maßstab der nationalen Grundrechte vorbehält.[14] **Im Solange-II-Beschluss** stellte das BVerfG fest, dass der Rechtsschutz durch die Organe der Europäischen Gemeinschaften, insbesondere durch den EuGH, den Maßstäben der deutschen Grundrechte genüge. *Solange* müsse das BVerfG im Regelfall keine eigene Prüfung durchführen.[15]
- **Ultra-vires-Kontrolle**: Zum zweiten genießen laut BVerfG Unionsrechtsakte, die sich außerhalb der der EU in den Verträgen zugewiesenen Kompetenzen bewegen, sogenannte Ultra-vires-Akte beziehungsweise „ausbrechende Rechtsakte", keinen Anwendungsvorrang. Die EU kann Maßnahmen nur dann erlassen, wenn ihr die Zuständigkeit nach dem Prinzip der begrenzten Einzelermächtigung zugewiesen wurde (Art. 5 EUV). Zum ersten Mal in der Geschichte der Gerichtshöfe verweigerte das BVerfG die Umsetzung eines Urteils des EuGH[16] und erklärte im **PSPP-Urteil** sowohl die strittige Maßnahme der EZB, wie auch das Urteil für **Ultra vires**.[17] Die Geschichte der Ultra-vires-

---

13 Calliess, Staatsrecht III, 3. Aufl. 2020, § 8 Rn. 11; siehe zusätzlich Ausführungen unter Wiedmann, § 4.1 Das Recht und seine Wirkung in diesem Lehrbuch.
14 BVerfG, Beschl. v. 29.5.1974, Az.: BvL 52/71 = BVerfGE 37, 271 – Solange I.
15 BVerfG, Beschl. v. 22.10.1986, Az.: 2 BvR 197/83, 2. LS = BVerfGE 73, 339 – Solange II.
16 EuGH, Urteil v. 11.12.2018, ECLI:EU:C:2018:1000– Weiss u. a.
17 BVerfG, Urt. v. 5.5.2020, Az.: 2 BvR 859/15 = BVerfGE 154, 17 – PSPP.

Kontrolle geht allerdings zurück auf das Maastricht-Urteil des BVerfG[18] und wurde insbesondere im **Honeywell-Verfahren konkretisiert.**[19]

– **Identitätskontrolle**: Zum anderen verweigert das BVerfG Unionsrechtsakten dann den Vorrang, wenn sie **gegen die in Art. 79 III GG** niedergeschriebenen, „ewigen" **Grundsätze des Grundgesetzes** und damit gegen die **Identität des Grundgesetzes verstoßen.** Im Lissabon-Urteil des BVerfG wurde mithin eine deutlich umfangreichere Variante der Identitätskontrolle angelegt: Die Richter:innen deuteten an, dass die Einschränkung sogenannter identitätsbestimmender Staatsaufgaben eine Identitätskontrolle auslösen könnten.[20] Von dieser extensiven Auslegung des Kontrollvorbehalts entfernte sich das Gericht im ESM-Urteil und beschränkte die Identitätskontrolle auf Art. 79 III GG.[21] Die **Identitätskontrolle** führte 2015 dazu, dass das Urteil eines deutschen Gerichts, welches Unionsrecht angewandt und vollzogen hatte, vom **BVerfG aufgehoben wurde.**[22] Gegenstand des Urteils war die Verurteilung eines US-amerikanischen Staatsbürgers in Italien. Deutschland sollte den Verurteilten auf Grundlage des **Europäischen Haftbefehls** ausliefern. Das BVerfG sah allerdings den **Schuldgrundsatz**, der über **Art. 23 I 3 i.V.m. Art. 79 III i.V.m. Art. 1 I GG** Teil der Verfassungsidentität sei, verletzt, da die **Verurteilung in Abwesenheit** des Beklagten stattfand.[23] Teilweise wird das Urteil zum Europäischen Haftbefehl als „**Solange III**" Beschluss bezeichnet, da sich eine grundrechtliche Kontrollkompetenz bezüglich Art. 1 I GG vorbehalten wird.

---

18 BVerfG, Urt. v. 12.10.1993, Az.: 2 BvR 2134, 2159/92 = BVerfGE 89, 155 (188, 209 f.) – Maastricht; weiterführend: Calliess, Staatsrecht III, 3. Aufl. 2020, § 8 Rn. 78 ff.
19 BVerfG, Beschl. v. 6.7.2010, Az.: 2 BvR 2661/06 = BVerfGE 126, 286 (304) – Honeywell. Siehe zum Sachverhalt und der Begründung: Calliess, Staatsrecht III, 3. Aufl. 2020, § 8 Rn. 91.
20 BVerfG, Urt. v. 30.6.2009, Az.: 2 BvE 2/08 = BVerfGE 123, 267 (356 ff.) – Lissabon.
21 BVerfG, Urt. v. 18.3.2014, Az.: 2 BvR 1390/12 = BVerfGE 135, 317 (386) – ESM-Vertrag; weiterführend Calliess, Staatrecht III, 3. Aufl. 2020, § 8 Rn. 83 ff.
22 BVerfG, Beschl. v. 15.12.2015, Az.: 2 BvR 2735/14 = BVerfGE 140, 317 – Europäischer Haftbefehl.
23 BVerfG, Beschl. v. 15.12.2015, Az.: 2 BvR 2735/14, 1. und 3. LS = BVerfGE 140, 317 – Europäischer Haftbefehl.

Valentina Chiofalo

Überblick der drei Prüfungsvorbehalte des BVerfG

	Grundrechtskontrolle	Ultra-vires-Kontrolle	Identitätskontrolle
Verfassungsrechtlicher Anknüpfungspunkt	Art. 23 I 1 GG	Art. 23 I 2 GG	Art. 23 I 3 GG i.V.m 79 III GG
Voraussetzungen	generelles Abfallen des Grundrechtsschutzes + in Bezug auf das konkrete Grundrecht	vorher Vorabentscheidungsverfahren gem. 267 AEUV + offensichtlicher Kompetenzverstoß (qualifizierter Verstoß) mit struktureller Kompetenzverschiebung	Einzelfallbezogene Prüfung einer Menschenwürdeverletzung oder Beeinträchtigung des Kernbereichs von Demokratie, Rechtsstaat, Bundesstaat und Sozialstaat
Rechtsprechung BVerfG	Solange-Rechtsprechung (Solange I und II); Maastricht und Bananenmarktordnung	Maastricht, Lissabon, Honeywell, OMT, PSPP	Lissabon, ESM, OMT, Europäischer Haftbefehl

Weiterführende Studienliteratur
- Für eine kurze Darstellung der rechtlichen Verknüpfungen des Staatsorganisationsrecht über das Verfassungsrecht hinaus zur internationalen Ebene, siehe Chiofalo/Siegel, § 3.4 Internationale Bezüge in diesem Lehrbuch.
- Zur weiterführenden Lektüre: Calliess, Staatsrecht III, 3. Aufl. 2020, § 6 und § 8.
- Außerdem werden zu aktuellen Fragen des Europarechts die Berliner Online-Beiträge empfohlen. So beispielsweise Calliess, Grundrechtsschutz zwischen Bundesverfassungsgericht (BVerfG) und Gerichtshof der EU (EuGH): Von Solange I bis zum Recht auf Vergessen II, Berliner Online-Beiträge zum Europarecht, 6.9.2021.

Zusammenfassung: Die wichtigsten Punkte
- Die Geschichte der Europäischen Union beginnt weit vor dem Inkrafttreten der aktuellen primärrechtlichen Verträge (EUV/AEUV und GRCh).
- Heute **ist Art. 23 GG als Europaartikel** für viele europarechtlichen Fragen Anknüpfungspunkt: In Art. 23 I 1 GG lässt sich sowohl die Staatszielbestimmung, wie auch die Struktursicherungsklausel finden. Außerdem ermächtigt Art. 23 I 2 und 3 GG den Bund, Hoheitsrechte zu übertragen. In Art. 23 II–VII GG wird die Kompetenzverteilung in Angelegenheiten der Europäischen Union geregelt.
- Im Ringen um den **Anwendungsvorrang und die Grenzen des Unionsrechts** spielen das BVerfG und der EuGH eine zentrale Rolle. Das BVerfG hat mittlerweile drei **Kontrollvorbehalte** herausgearbeitet: die Identitätskontrolle, die Grundrechtskontrolle und die Ultra-vires-Kontrolle.

Valentina Chiofalo

Für dieses Kapitel gibt es frei zugängliche interaktive Übungen auf der OpenRewi-Homepage. Hierzu muss einfach der QR-Code gescannt werden.

Valentina Chiofalo

4. Kapitel
Verfassungsorgane

Verfassungsorgane sind solche, denen zum einen eine Organstellung zukommt, die sich zum anderen unmittelbar aus der Verfassung ergibt.[1] Die Kompetenzen der Verfassungsorgane finden sich in den Abschnitten III–VI des Grundgesetzes. Sie sind oberste Staatsorgane.

In diesem Kapitel werden die wichtigsten Verfassungsorgane vorgestellt und eingeordnet: unter **§ 10 der Bundestag** (inklusive der **Abgeordneten, der Ausschüsse** und **Untersuchungsausschüsse**, der **Opposition** und der **Leitung und Verwaltung des Bundestags**); unter §§ 11, 12, 13 und 14 folgen der **Bundesrat**, die **Bundesregierung**, der:die **Bundespräsident:in** und das **BVerfG**. Sowohl die Bundesversammlung, wie auch der Gemeinsame Ausschuss stellen ebenso Verfassungsorgane dar. Letzterer stellt ein Notparlament dar. Dieses besteht gem. Art. 53a I 1 GG aus Mitgliedern des Bundestages und des Bundesrates. Der Gemeinsame Ausschuss tritt im Verteidigungsfall an deren Stelle.

Einen ersten Überblick über das Zusammenspiel der Verfassungsorgane bietet folgende Übersicht.

Für dieses Kapitel gibt es frei zugängliche interaktive Übungen auf der OpenRewi-Homepage. Hierzu muss einfach der jeweilige QR-Code gescannt werden. Zusätzlich kann dieses Kapitel gern kommentiert und verändert werden, dafür einfach den QR-Code scannen. Gleichzeitig führt jeder Link in der PDF-Version des Lehrbuches zur Überarbeitungsmöglichkeit bei der Plattform Wikibooks.

---

1 Ein Organ ist nach der grundlegenden Definition von Hans J. Wolff „ein institutionalisierter Kompetenzkomplex zur transitorischen Wahrnehmung der Eigenzuständigkeiten einer juristischen Person (des öffentlichen Rechts)." Siehe dazu weiterführend: Bethge, in: Schmidt-Bleibtreu/Klein/Bethge, Bundesverfassungsgerichtsgesetz, 61. EL 7.2021, § 1 Rn. 17 ff.

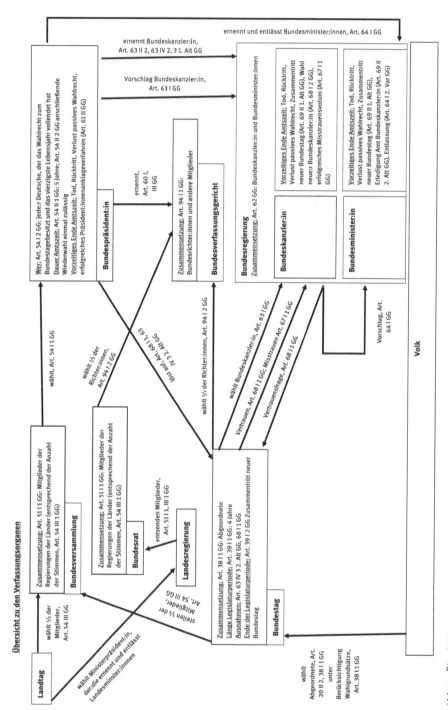

Abb. 4: Überblick Verfassungsorgane (Quelle: eigene Darstellung von Louisa Linke und Jaschar Kohal)

§ 10 Bundestag

Der Bundestag ist ein **Verfassungsorgan** des Bundes. Über seine **zentrale Aufgabe** der **Gesetzgebung** beherrscht er die staatlichen Organe und nimmt Einfluss auf das politische, wirtschaftliche, kulturelle und allgemein das gesellschaftliche Leben. Zu beachten ist allerdings, dass der Bundestag zwar das zentrale, **nicht aber das einzige Organ der Gesetzgebung** ist. In unterschiedlichem Maße sind hieran auch die **Bundesregierung**, der **Bundesrat** und der:die Bundespräsident:in beteiligt.

A. Die Organisation des Bundestags

Der Bundestag regelt seine **interne Organisation und Arbeitsweise** durch eine **eigene Geschäftsordnung** (GOBT). Sie enthält u. a. Vorschriften über die Redezeiten im Plenum sowie die Verhaltensregeln der Abgeordneten, aber auch über den:die **Bundestagspräsident:in, den Ältestenrat und das Präsidium.**

B. Wahl beziehungsweise Neuwahl des Bundestags

I. Wahlperiode, Sitzungsperiode und Sitzungen

Art. 39 GG regelt den Zusammentritt und die Wahlperiode des Bundestags. Danach wird der Bundestag für einen Zeitraum von **vier Jahren** gewählt. Diese Zeitspanne wird auch als **Wahl- beziehungsweise Legislaturperiode** bezeichnet. Hiervon abzugrenzen sind die Begriffe der Sitzungsperiode (auch „Sitzungswochen" genannt) und der Sitzungen. Ihnen allen gemein ist, dass sie bestimmte Arbeitsperioden des Bundestags beschreiben.

– **Legislaturperiode** wird die Zeit genannt, für die die Abgeordneten in den Bundestag gewählt werden.
– **Sitzungsperiode** bezeichnet einen Zeitabschnitt innerhalb der Wahlperiode, während derer das Parlament versammelt ist und seine Sitzungen abhält.
– **Sitzungen** sind schließlich die Zeiträume, in denen der Bundestag versammelt ist, um seine Beratungen durchzuführen.

https://doi.org/10.1515/9783110786965-039

II. Beginn und Ende der Wahlperiode

Die Wahl- beziehungsweise Legislaturperiode des Bundestags **beginnt mit** dessen **erstmaligem Zusammentritt**. Zwar enthält Art. 39 GG hierzu keine ausdrückliche Aussage. Art. 39 I 2 GG regelt vielmehr nur, dass die Wahlperiode des (bisherigen) Bundestags mit dem Zusammentritt eines neuen Bundestags endet. Da sich die Wahlperioden allerdings **lückenlos aneinander fügen**[1], bewirkt der erstmalige Zusammentritt eines neuen Bundestags zugleich auch den Beginn der neuen Legislaturperiode. Grundsätzlich enthält **Art. 39 I 2 GG** den **einzigen Beendigungsgrund** für die Wahlperiode nach dem Grundgesetz. Abgesehen davon sieht das Grundgesetz keine anderen Beendigungsgründe vor. Auch die **Auflösung des Bundestags** nach **Art. 63 IV GG oder Art. 68 I GG bewirkt daher nicht die Beendigung der laufenden Legislaturperiode**.[2] Diese endet vielmehr erst mit dem Zusammentritt des neuen Bundestags.

III. Grundsatz der Diskontinuität

Im Zusammenhang mit dem Aufeinanderfolgen der Wahlperioden steht auch der verfassungsrechtlich anerkannte **Grundsatz der Diskontinuität**. Gemeint ist damit, dass die Neuwahl des Bundestages zu einer **personellen, institutionellen** und **sachlichen Zäsur** führt.[3] Offensichtlich ist dies in personeller Hinsicht: Die Abgeordneten des „alten Bundestages" verlieren mit dem Ende der Wahlperiode ihr Amt. Statt ihrer nehmen nun die „neuen" Abgeordneten (welche mitunter durch Wiederwahl identisch zum vorherigen Personenkreis sein können) die Aufgaben des Parlaments wahr.[4] Institutionelle Diskontinuität bedeutet, dass mit dem Ende der Wahlperiode auch die Amtszeit der Gremien des Bundestages und seiner Amtsträger endet.[5] Häufig werden die Aspekte der personellen und der institutionellen Diskontinuität auch unter dem **Oberbegriff** der **formellen Diskontinuität** zusammengefasst, nicht zuletzt auch deshalb, um sie von der **sachlichen beziehungsweise materiellen Diskontinuität** abzugrenzen.

---

1 Klein, in: Dürig/Herzog/Scholz, GG Kommentar, 95. EL 7.2021, Art. 39 Rn. 18.
2 Klein, in: Dürig/Herzog/Scholz, GG Kommentar, 95. EL 7.2021, Art. 39 Rn. 21. Zur Frage, ob die (laufende oder zukünftige) Legislaturperiode verlängert oder verkürzt werden kann, vgl. Chiofalo § 5.1 Prinzip der Volkssouveränität, B. in diesem Lehrbuch.
3 Brocker, in: BeckOK GG, 48. Ed. 15.8.2021, Art. 39 Rn. 3.
4 Klein, in: Dürig/Herzog/Scholz, GG Kommentar, 95. EL 7.2021, Art. 39 Rn. 49.
5 Brocker, in: BeckOK GG, 48. Ed. 15.8.2021, Art. 39 Rn. 4.

Hagen Lohmann

Die **materielle Diskontinuität** führt dazu, dass alle beim Bundestag noch anhängigen, nicht abgeschlossenen Beratungsgegenstände mit dem Ende der Wahlperiode als erledigt gelten, vgl. **§ 125 S. 1 GOBT**. Die praktisch größte Bedeutung hat der Grundsatz materieller Diskontinuität für **Gesetzesvorlagen**. Da sie mit Ablauf der Wahlperiode automatisch als erledigt gelten, müssen sie nach der Neuwahl neu ins Parlament eingebracht werden, wenn sich der Bundestag mit ihnen befassen soll.[6] Der Grundsatz der Diskontinuität betrifft allerdings nur den Bundestag, sodass Gesetzesvorlagen oder Stellungnahmen der Bundesregierung oder des Bundesrates, die noch in der alten Wahlperiode beschlossen, aber nicht in den Bundestag eingebracht wurden, ohne erneuten Beschluss ins Parlaments eingebracht werden können.[7]

C. Die Funktionen des Bundestags

Auch heute noch lehnt sich die Systematisierung der Aufgaben und Funktionen des Bundestags an die Beschreibung der Aufgaben des Parlaments durch *Walter Bagehot* an.[8]

I. Die Gesetzgebungsfunktion

Der Bundestag ist **Gesetzgebungsorgan**; er beschließt im Umfang seiner **Zuständigkeiten** und unter Mitwirkung der anderen am **Gesetzgebungsverfahren** beteiligten Organe die Gesetze. Dabei ist der Bundestag nicht nur zur Gesetzgebung berechtigt, sondern auch gerade dazu aufgefordert.[9] Dies ergibt sich aus dem Vorbehalt parlamentarischer Entscheidungen (sogenannter **Parlamentsvorbehalt**), der nach der Rechtsprechung des BVerfG für alle „wesentlichen" Bereiche gilt.[10] Der Gesetzgeber ist in diesem Zusammenhang **verpflichtet**, alle **wesentlichen** –

---

6 Brocker, in: BeckOK GG, 48. Ed. 15.8.2021, Art. 39 Rn. 6.

7 Kersten, in: Dürig/Herzog/Scholz, GG Kommentar, 95. EL 7.2021, Art. 76 Rn. 116.

8 Vgl. z.B. Klein/Schwarz, in: Dürig/Herzog/Scholz, GG Kommentar, 95. EL 7.2021, Art. 38 Rn. 47. Er unterschied die „elective function", die „expressive function" („to express the mind of the English people"), die „teaching function" (die Veränderung der Gesellschaft mit dem Ziel, sie zu verbessern (vgl. Klein, in: Handbuch des Staatsrechts, Bd. III, 3. Aufl. 2005, § 50 Rn. 15), die „informing function" und die "function of legislation" (vgl. insgesamt Bagehot, The English Constitution, 1964, S. 151ff. (zuerst im Jahr 1867 erschienen).

9 Butzer, in: BeckOK GG, 48. Ed. 15.8.2021, Art. 38 Rn. 25.

10 Butzer, in: BeckOK GG, 48. Ed. 15.8.2021, Art. 38 Rn. 25.

gemeint sind damit vor allem alle grundrechtsrelevanten – **Fragen** selbst durch ein **förmliches Gesetz** zu regeln (Wesentlichkeitstheorie). Die Berechtigung zur Gesetzgebung geht also mit bestimmten Regelungszwängen einher. Dabei sind die Möglichkeiten des Gesetzgebers, sich durch Ermächtigung der Exekutive zum Erlass von Rechtsverordnungen von dieser Belastung teilweise zu befreien, durch die Verfassung limitiert (Parlamentsvorbehalt und Art. 80 I GG).[11] Auch die zunehmenden **Umsetzungsverpflichtungen des Unionsrechts** zwingen den Gesetzgeber zum Erlass bestimmter Regelungen.

II. Die Kreationsfunktion

Der Bundestag nimmt ferner eine Kreations-, Wahl- oder auch als Legitimationsfunktion bezeichnete Funktion wahr, indem er an der **Bestellung der Amtsinhaber anderer oberster Bundesorgane** mitwirkt.

Zunächst ist insoweit auf die **Wahl des:der Bundeskanzler:in** nach Art. 63 GG hinzuweisen. Diese:r wird auf Vorschlag des Bundespräsidenten beziehungsweise der Bundespräsidentin durch den Bundestag gewählt (Art. 63 I GG). Bei der Auswahl der Bundesminister ist der Bundestag dagegen – jedenfalls formal – nicht beteiligt, da diese auf Vorschlag des Bundeskanzlers vom Bundespräsidenten ernannt und entlassen werden (Art. 64 I GG). In praktischer Hinsicht muss sich der:die Kanzler:in bei der Kabinettszusammenstellung über parteiinterne Wünsche hinaus[12] allerdings auch der Akzeptanz durch die Mehrheit des Bundestages gewiss sein. Andernfalls droht er oder sie das Vertrauen des Bundestags zu verlieren und damit im Extremfall die Stellung der Vertrauensfrage (Art. 68 GG) oder gar ein konstruktives Misstrauensvotum (Art. 67 GG) zu riskieren.

Auch an der **Wahl des:der Bundespräsident:in** nach Art. 54 GG ist der Bundestag beteiligt. Zwar erfolgt diese ausdrücklich des Wortlautes von Art. 54 I 1 GG durch die Bundesversammlung und gerade nicht durch den Bundestag. Nach Art. 54 III GG besteht die **Bundesversammlung** allerdings **zur Hälfte aus den Mitgliedern des Bundestags**, sodass diese – wenn auch nicht in ihrer Funktion als Mitglieder des Bundestages, sondern vielmehr als Mitglieder der Bundesversammlung – jedenfalls faktisch an der Wahl mitwirken. Neben dieser Beteiligung an der Amtsbestellung steht dem Bundestag nach dem Grundgesetz auch ein Instrument zur Bewirkung der Amtsenthebung bei. Nach Art. 61 I 1 GG kann neben dem Bundesrat nämlich auch der Bundestag den Bundespräsidenten beziehungs-

---

11 Vgl. Klein, in: Handbuch des Staatsrechts, Bd. III, 3. Aufl. 2005, § 50 Rn. 24.
12 Vgl. hierzu Klein, in: Handbuch des Staatsrechts, Bd. III, 3. Aufl. 2005, § 50 Rn. 28.

weise die Bundespräsidentin vor dem BVerfG wegen vorsätzlicher Verletzung des Grundgesetzes oder eines anderen Bundesgesetzes anklagen. Der Antrag auf Erhebung der Anklage, der nur von einem Viertel der Mitglieder des Bundestags gestellt werden kann (Art. 61 I 2 GG), bedarf allerdings der Zwei-Drittel-Mehrheit des Bundestags, um beschlossen zu werden (Art. 61 I 3 GG). Das erfolgreiche Verfahren vor dem BVerfG führt sodann zum Amtsverlust (Art. 61 II 1 GG).

Schließlich wirkt der Bundestag auch an der **Bestellung der Richter:innen des BVerfG** mit. So wird nach Art. 94 I 2 GG die Hälfte der Richter:innen des BVerfG durch den Bundestag gewählt und zwar aufgrund des Vorschlags des Wahlausschusses nach § 6 II BVerfGG.

III. Die Kontrollfunktion

Dem Bundestag obliegt ferner die **parlamentarische Kontrolle über die Regierung**. Die Kontrolle soll einerseits das Handeln der Regierung **transparent** und **nachvollziehbar** machen.[13] Andererseits dient sie dem Parlament aber auch als Mittel, um **Einfluss auf die Entscheidungsprozesse** auszuüben („dirigierende Kontrolle").[14] Besonders anschaulich wird dies im Rahmen des Gesetzgebungsprozesses: Die notwendige Beratung der Gesetzentwürfe im Parlament (Art. 77 I 1 GG, § 78 I 1 GOBT) macht die von Regierung und Parlamentsmehrheit verfolgten Ziele für die Allgemeinheit transparent und nachvollziehbar. Umgekehrt kann insbesondere die parlamentarische Opposition auf Änderungen an der Gesetzesvorlage hinwirken (vgl. §§ 82 bis 86 GOBT) und so inhaltlichen Einflussnahme auf den Entwurf ausüben. Hier zeigt sich besonders deutlich, dass die Ausübung der parlamentarischen Kontrolle letztlich die Kehrseite der parlamentarischen Verantwortlichkeit der Regierung ist.[15]

Ausdrücklich erwähnt ist die parlamentarische Kontrolle nur in den Art. 13 VI GG, Art. 45b S. 1 GG und Art. 45d I GG. **Aus einer Gesamtschau verschiedener Bestimmungen des Grundgesetzes** ergibt sich aber auch die allgemeine Kontrollfunktion des Parlaments.[16] Das folgenschwerste Instrument der Regierungskontrolle ist das konstruktive Misstrauensvotum.[17] Für die Ausübung der

---

13 Butzer, in: BeckOK GG, 48. Ed. 15.8.2021, Art. 38 GG, Rn. 28 m.w.N.
14 Klein, in: Handbuch des Staatsrechts, Bd. III, 3. Aufl. 2005, § 50 Rn. 33.
15 Vgl. BVerfG, Urt. v. 17.7.1984, Az.: 2 BvE 11/83 u.a. = BVerfGE 67, 100 (130) – Flick-Untersuchungsausschuß; Klein, in: Handbuch des Staatsrechts, Bd. III, 3. Aufl. 2005, § 50 Rn. 33.
16 Vgl. BVerfG, Urt. v. 17.7.1984, Az.: 2 BvE 11/83 u.a. = BVerfGE 67, 100 (130) – Flick-Untersuchungsausschuß.
17 Butzer, in: BeckOK GG, 48. Ed. 15.8.2021, Art. 38 Rn. 29.2.

Kontrollfunktion durch die Opposition stehen dieser in erster Linie die Minderheitenrechte zu.

Die parlamentarische Kontrolle der Regierung kann allerdings **nicht grenzenlos** erfolgen. Dies ergibt sich, ähnlich wie bei der Gesetzgebungsfunktion, aus dem **Gewaltenteilungs- und dem Funktionentrennungsprinzip**, die beschränkend auf die Kontrollfunktion des Parlaments wirken.[18] Der Bundestag darf das Regierungshandeln nur transparent und die Regierung so verantwortlich machen, es jedoch nicht durch eigene Maßnahmen ersetzen.[19] Er hat die Bundesregierung als eigenes Verfassungsorgan zu respektieren.[20] Es muss einen Kernbereich exekutiver Eigenverantwortung geben und einen kontrollfreien Internbereich.[21] Auch das Frage- und Informationsrecht der Abgeordneten erreicht seine Grenzen, wenn durch die Informationsgewährung das **Staatswohl** gefährdet werden würde.[22] Schließlich bilden auch die **Rechte Dritter** eine Grenze der Kontrollrechte.[23]

Die verschiedenen **Instrumente der Kontrolle** durch das Parlament sind im Grundgesetz und der GOBT geregelt. Aufgrund ihrer Vielfältigkeit fällt eine Systematisierung schwer.[24] Verbreitet ist eine Unterteilung in **Instrumente, die der Informationsgewinnung dienen** und andererseits **solche, die Regierungs- und Parlamentshandeln verschränken**, um so eine Kontrolle zu ermöglichen.[25]

Zu den Maßnahmen der **Informationsgewinnung** gehören z. B. das Untersuchungsrecht (Art. 44, 45a II 1 GG), der Wehrbeauftragte (Art. 45b GG), der Petitionsausschuss (Art. 45c GG), das Enqueterecht (§ 56 GOBT), öffentliche Anhörungen (§ 70 GOBT), das Zitierrecht (Art. 43 I GG), das Fragerecht (§§ 100 ff. GO-BT; Große und Kleine Anfragen, Einzelanfragen und Fragestunde, Aktuelle Stunde) und das Unterrichtungsrecht (§ 75 I lit. e GOBT, § 77 II GOBT).

Eine **Verschränkung von Regierungs- und Parlamentskompetenzen**, die eine parlamentarische Kontrolle dadurch ermöglicht, dass die Regierung nicht ohne die Mitwirkung des Bundestags entscheiden kann, ist etwa im **Erfordernis von Parlamentsbeschlüssen oder Parlamentsgesetzen** gegeben.[26] Dies findet

---

18 Butzer, in: BeckOK GG, 48. Ed. 15.8.2021, Art. 38 Rn. 31.

19 BVerfG, Urt. v. 29.7.1952, Az.: 2 BvE 2/51 = BVerfGE 1, 372 (394) – Deutsch-Französisches Wirtschaftsabkommen.

20 Butzer, in: BeckOK GG, 48. Ed. 15.8.2021, Art. 38 Rn. 31.

21 Butzer, in: BeckOK GG, 48. Ed. 15.8.2021, Art. 38 Rn. 31.

22 Vgl. BVerfG, Urt. v. 7.11.2017, Az.: 2 BvE 2/11 = BVerfGE 147, 50 (130) m. w. N. – Parlamentarisches Auskunftsrecht.

23 Vgl. z. B. BVerfG, Urt. v. 15.12.983, Az.: 1 BvR 209, 269, 362, 420, 440, 484/83 = BVerfGE 65, 1 (42 ff.) – Volkszählung.

24 Butzer, in: BeckOK GG, 48. Ed. 15.8.2021, Art. 38 Rn. 31.

25 Vgl. auch zum Folgenden Butzer, in: BeckOK GG, 48. Ed. 15.8.2021, Art. 38 Rn. 31.

26 Butzer, in: BeckOK GG, 48. Ed. 15.8.2021, Art. 38 Rn. 32.2.

sich beispielsweise im Bereich der auswärtigen Gewalt (Art. 59 II 1 GG), der europäischen Integration (Art. 23 GG) sowie in den Bereichen des Haushalts und der Verteidigung (Art. 110 II GG, Art. 114, 115l Abs. 1 GG; Art. 87a II 2, Art. 115a I, Art. 115 II 6 GG). Bezogen auf den Parlamentsvorbehalt für den Einsatz bewaffneter Streitkräfte wird auch vom **„wehrverfassungsrechtlichen Parlamentsvorbehalt"** gesprochen.[27] Ein Mitentscheidungsrecht des Bundestags wird auch über den Integrationsvorbehalt bei Vertragsänderungs- und Rechtsetzungsverfahren der Europäischen Union garantiert.[28]

Zur Durchsetzung der Informationsansprüche und der Parlamentskompetenzen stehen dem Parlament sowohl politische als auch rechtliche Mittel zur Verfügung, von denen insbesondere die Parlamentsminderheit bzw. die Opposition Gebrauch zu machen pflegt. In der politischen Praxis kann eine unzureichende Antwort auf eine Anfrage beispielsweise vor das Plenum und damit an die (mediale) Öffentlichkeit gebracht werden.[29] Rechtlich stehen mit der **abstrakten Normenkontrolle** und dem **Organstreitverfahren** tragfähige Rechtsbehelfe zur Verfügung, die eine Kontrolle der Parlamentsmehrheit durch die Opposition ermöglichen. Hinsichtlich der Kompetenzüberschreitung im Unionsrecht existiert mit der Subsidiaritätsklage vor dem EuGH ebenfalls ein Rechtsmittel für die Durchsetzung der parlamentarischen Kontrolle.

IV. Die Öffentlichkeitsfunktion

Vor allem im politikwissenschaftlichen Bereich wird darüber hinaus über die Öffentlichkeitsfunktion des Parlaments diskutiert.[30] Repräsentative Demokratie erfordert danach einen **kommunikativen Prozess des Parlaments mit der Öffentlichkeit**.[31] Dem wird zunächst dadurch Rechnung getragen, dass der Bundestag grundsätzlich **öffentlich verhandelt** (Art. 42 I GG). Da sich die politische Willensbildung vom Volk zu den Staatsorganen „von unten nach oben" vollzieht, müssen die Staatsorgane die Bürger umgekehrt mit den für die Meinungsbildung und die Wahlentscheidung notwendigen Informationen versorgen.[32] Die dialogische Struktur der Öffentlichkeitsfunktion entfaltet sich in der Auseinanderset-

---

27 Vgl. zu diesem näher Calliess, in: Dürig/Herzog/Scholz, GG Kommentar, 95. EL 7.2021, Art. 24 Rn. 78 ff.
28 Vgl. BVerfG, Urt. v. 30.6.2009, Az.: 2 BvE 2/08 u.a. = NJW 2009, 2267 (2294) – Lissabon.
29 Butzer, in: BeckOK GG, 48. Ed. 15.8.2021, Art. 38 Rn. 33.
30 Vgl. Butzer, in: BeckOK GG, 48. Ed. 15.8.2021, Art. 38 Rn. 22.
31 Klein, in: Handbuch des Staatsrechts, Bd. III, 3. Aufl. 2005, § 50 Rn. 42 ff.
32 Vgl. BVerfG, Urt. v. 2.3.1977, Az.: 2 BvE 1/76 = BVerfGE 44, 125 (147 ff.) – Öffentlichkeitsarbeit.

Hagen Lohmann

zung im Parlament, im Gespräch zwischen Parlament und Regierung und schließlich auch als „Gedankenaustausch mit der überwiegend medial vermittelten öffentlichen Meinung."[33]

Weiterführende Studienliteratur
- Morlok/Hientzsch, Das Parlament als Zentralorgan der Demokratie, JuS 2011, 1.
- Schwanengel, Die parlamentarische Kontrolle des Regierungshandelns, Jura 2018, 463.

Zusammenfassung: Die wichtigsten Punkte
- Die **Wahl- beziehungsweise Legislaturperiode** des Bundestags beträgt vier Jahre. Sie **beginnt** mit dem **erstmaligen Zusammentritt** des gewählten Bundestags. Hiermit endet auch die Legislaturperiode des alten Bundestags (Art. 39 I 2 GG).
- Andere Beendigungsgründe als den Zusammentritt eines neuen Bundestags kennt das Grundgesetz grundsätzlich nicht. Insbesondere bewirkt die **Auflösung** des Bundestags **keine Beendigung** der **laufenden Legislaturperiode.**
- Der **Bundestag ist Gesetzgebungsorgan** und beschließt im Rahmen seiner Zuständigkeiten und unter Mitwirkung der anderen am Gesetzgebungsverfahren beteiligten Organe die Gesetze.
- Im Rahmen der **Kreationsfunktion** wirkt der Bundestag an der Wahl des:der Bundeskanzler:in, des:der Bundespräsident:in sowie an der Bestellung der Richter:innen des BVerfG mit.
- Der Bundestag übt die **parlamentarische Kontrolle über die Regierung** aus. Die Kontrollinstrumente sind im Grundgesetz und der GOBT geregelt.
- Der Bundestag muss die Bürger mit den für die Meinungsbildung und die Wahlentscheidung notwendigen Informationen versorgen, da die repräsentative Demokratie einen kommunikativen Prozess mit der Öffentlichkeit erfordert.

Für dieses Kapitel gibt es frei zugängliche interaktive Übungen auf der OpenRewi-Homepage. Hierzu muss einfach der QR-Code gescannt werden.

---

[33] Klein/Schwarz, in: Dürig/Herzog/Scholz, GG Kommentar, 95. EL 7.2021, Art. 38 Rn. 56.

Hagen Lohmann

§ 10.1 Abgeordnete

Ganz grundsätzlich sind Abgeordnete gewählte Vertreter:innen, die in einer Versammlung (Parlament oder Nationalversammlung) zusammenkommen. In Deutschland sitzt die gewählte Vertretung auf Bundesebene im Bundestag, dabei legt Art. 38 I 1 GG fest, dass die Abgeordneten in allgemeiner, unmittelbarer, freier, gleicher und geheimer Wahl gewählt werden (Wahlrechtsgrundsätze). Ihnen wird durch die Wahl ein auf die Dauer der Legislaturperiode begrenztes Mandat erteilt. Dabei repräsentiert der Bundestag als Ganzes das Volk, sodass die gewählten Abgeordneten in ihrer Gesamtheit als Vertreter:innen des Volkes anzusehen sind.[1]

Wesentliche Norm für die Bestimmung des Bestands und der Ausübung des Mandats bildet Art. 38 I 2 GG (das freie Mandat). Im Grundgesetz finden sich auch ergänzende Rechte, wie etwa die Immunität (Art. 46 II–IV GG) und die Indemnität (Art. 46 I 1 GG).

A. Das freie Mandat

I. Die Regelung des Art. 38 I 2 GG

Abgeordnete sind Vertreter:innen des ganzen Volkes – nicht nur ihrer Wähler:innen (Grundsatz der Gesamtrepräsentation), dabei sind sie nicht an Aufträge und Weisungen gebunden und nur ihrem Gewissen unterworfen, Art. 38 I 2 GG. Dadurch erfährt der **Bestand und die Ausübung des Mandats** einen verfassungsrechtlichen Schutz. Die Abgeordneten haben bei ihrer Mandatstätigkeit allein das **Wohl des Volkes** zu berücksichtigen. Ihre Entscheidungsfreiheit, die sie folglich nicht an parteiinternen Vorgaben auszurichten haben, umfasst dabei nicht nur Gewissensfragen, sondern bezieht sich gänzlich auf die parlamentarische Tätigkeit der Abgeordneten (im Plenum, in den Ausschüssen oder in sonstigen Gremien – auch innerhalb der Fraktion). Das freie Mandat dient der Sicherung der repräsentativen Demokratie und geht daher auf das Demokratieprinzip zurück.

Das freie Mandat steht im **Gegensatz** zum **imperativen Mandat**. Bei einem imperativen Mandat sind die Mandatsträger:innen an Aufträge und Weisungen gebunden.

---

1 BVerfG, Urt. v. 13.6.1989, Az.: 2 BvE 1/88 = NJW 1990, 373 (374) – Wüppesahl.

II. Art und Weise der Ausübung des Mandats

Das freie Mandat gewährleistet nicht nur Rechte, mit ihm gehen auch **Pflichten** einher. Diese Pflichten werden durch den Auftrag, die Repräsentations- und Funktionsfähigkeit des Parlaments zu gewährleisten, bestimmt. Dem:der Abgeordneten kommt nur eine Entscheidungsfreiheit über die Art und Weise der Ausübung des Mandats zu. Davon nicht umfasst ist demnach eine Entscheidung über das „ob" der Pflichtenwahrnehmung. Dabei hat die **Art und Weise der Pflichtenwahrnehmung** in der Form zu erfolgen, dass die Abgeordneten ihre parlamentarischen Aufgaben erfüllen können.[2]

Bei der Wahrnehmung der Pflichten sind die Abgeordneten **„nur ihrem Gewissen"** unterworfen, wobei diese Entscheidungsfreiheit über echte Gewissensfragen hinaus auf jegliche Entscheidungen zu erweitern ist.[3] Selbstverständlich sind aber auch sie an **Recht und Gesetz gebunden**, sie haben also die Rechtsordnung zu beachten. Beschränkungen des freien Mandats sind möglich, wenn dies eine verfassungsrechtliche Abwägung gegenüberstehender Interessen notwendig werden lässt. So können Beschränkungen notwendig werden, wenn diese zur Sicherung der Funktionsfähigkeit des Parlaments geboten sind.

Beispiel: Die GOBT enthält auch Regelungen zur Ausübung des parlamentarischen Rederechts, wodurch dem Bundestag eine sachgerechte Erfüllung seiner Aufgaben ermöglicht wird. Dadurch werden jedoch gleichzeitig die Rechte der Abgeordneten, insbesondere das freie Mandat beschränkt. Dies ist nach Abwägung der gegenüberstehenden Interessen zulässig, solange den Abgeordneten ihre Rechte nicht vollständig entzogen werden.[4]

III. Bestand des Mandats

Durch das freie Mandat wird auch der **Bestand des Mandats** geschützt. Die Abgeordneten können von der Partei/Fraktion, anderen Abgeordneten oder den Wähler:innen nicht aus ihrem Amt abberufen werden. Allerdings verliert der:die Abgeordnete sein:ihr Mandat z.B. unter den Voraussetzungen der §§ 46f. BWahlG. Darüber hinaus kann der:die Abgeordnete sein:ihr Mandat etwa durch Tod oder durch Inkompatibilitätsregelungen (z.B. Art. 55 I GG) verlieren. Der Verlust des Mandats wird am häufigsten durch den Verzicht auf dieses eintreten.

---

2 BVerfG, Urt. v. 4.7.2007, Az.: 2 BvE 1 - 4/06 u.a., Rn. 211 = BeckRS 2007, 24546.
3 Klein, in: Dürig/Herzog/Scholz, GG Kommentar, 95. EL 7.2021, Art. 38 Rn. 195.
4 BVerfG, Urt. v. 13.6.1989, Az.: 2 BvE 1/88 m.w.N. = NJW 1990, 373 (374f.) – Wüppesahl.

Beispiel: Anfang des Jahres 2021 wurde medial intensiv über zwei Abgeordnete berichtet, gegenüber denen der Anfangsverdacht der Abgeordnetenbestechung bestand. Beide Abgeordneten traten aus ihren Parteien aus. Später legte einer der Abgeordneten sein Mandat nieder. Der andere Abgeordnete übte, entgegen der öffentlichen und vor allem auch politischen Kritik (insbesondere auch seiner früheren Partei) weiterhin sein Mandat bis zur Bundestagswahl 2021 aus.[5] Es besteht keine politische oder rechtliche Handhabe; im vorliegenden Fall kann der Abgeordnete nur auf das Mandat freiwillig verzichten.[6]

IV. Spannungsverhältnis Abgeordnete – Parteien/Fraktionen

Für die Abgeordneten ergibt sich bei der Ausübung ihres Mandats regelmäßig ein **Spannungsverhältnis,** denn sie haben eine Doppelstellung zum einen (üblicherweise) als **Vertreter:innen einer politischen Partei/Fraktion** und zum anderen als **Verteter:innen des ganzen Volkes** inne. Ersichtlich wird dieses Spannungsverhältnis auch aus Art. 21 I 1 GG und Art. 38 I 2 GG. Weil die Fraktionen im Parlamentsbetrieb eine wesentliche Rolle einnehmen, etwa weil sie die verschiedenartigen Meinungen zusammenführen, bedarf auch der:die einzelne Abgeordnete einer solchen Unterstützung, sofern er:sie Einfluss auf die Entscheidungsfindung im Parlament ausüben möchte. Daher besteht auch seitens der Fraktion eine gewisse Bindung an politische Entscheidungen, der die Abgeordneten nachzukommen haben.[7] In diesem Spannungsverhältnis sind auch die zulässige **Fraktionsdisziplin** und der verfassungsrechtlich unzulässige **Fraktionszwang** einzuordnen.

Beispiel: Mediale Aufmerksamkeit fanden auch die Mitgliederbefragungen der SPD über die jeweiligen Koalitionsverträge mit der CDU/CSU in den Jahren 2013 und 2018. Das BVerfG ging in Bezug auf die Mitgliederbefragung aus dem Jahr 2013 nicht davon aus, dass diese Verpflichtungen nach sich ziehen, die solche im Rahmen einer zulässigen Fraktionsdisziplin überschreiten.[8]

---

5 Siehe z. B. Tagesschau.de v. 19.4.2021, Mehr Provisionen als gedacht oder Dowideit, Die immer länger werdende Liste der Maskenskandale, Welt.de v. 19.3.2021.

6 Klein/Schwarz, in: Dürig/Herzog/Scholz, GG Kommentar, 95. EL 7.2021, Art. 38 Rn. 230 ff.

7 BVerfG, Urt. v. 4.7.2007, Az.: 2 BvE 1 - 4/06 u. a., Rn. 218 = BeckRS 2007, 24546.

8 BVerfG, Urt. v. 4.7.2007, Az.: 2 BvE 1 - 4/06 u. a., Rn. 218 = BeckRS 2007, 24546.

Louisa Linke

V. Konkrete Rechte, die sich aus dem freien Mandat ergeben

Den Abgeordneten kommen verschiedene Rechte zu. Zum einen kommt ihnen das **Antragsrecht** zu, wodurch sie Einfluss auf die Beratungen des Parlaments nehmen können. Unter die **Mitwirkungsrechte** sind das **Rede-, Teilnahme- und Stimmrecht** der Abgeordneten zu fassen. Damit die Abgeordneten ihren Verpflichtungen nachkommen können, bedürfen sie Informationen, sodass ihnen auch **Frage- und Informationsrechte** (vgl. §§ 100 ff. GOBT) zu gewähren sind. Sie verfügen des Weiteren über das **Assoziationsrecht**, also das Recht sich mit anderen Abgeordneten zu einer Fraktion oder Gruppe zusammenschließen zu können (vgl. § 10 I, IV GOBT). Außerdem schützt Art. 38 I 2 GG die **räumliche Integrität des Abgeordnetenbüros**. Die Auflistung ist nicht abschließend.

VI. Rechtsschutz

Die Abgeordneten können eine Verletzung ihrer Rechte im Rahmen des **Organstreits (Art. 93 I Nr. 1 GG; §§ 13 Nr. 5, 63 ff. BVerfGG)** geltend machen. Gegenstand des Organstreits können beispielsweise Maßnahmen des Bundestags sein.[9] Denkbar ist beispielsweise, dass sich der:die Abgeordnete gegen eine Disziplinarmaßnahme des:der Bundestagspräsidenten:in wenden möchte. Im Rahmen des Organstreitverfahren können die Abgeordneten Rechte geltend machen, die sich aus ihrem verfassungsrechtlichen Status ergeben. Innerhalb der Begründetheit ist zu prüfen, ob die dem freien Mandat gegenüberstehenden Interessen in Rahmen einer verfassungsrechtlichen Abwägung etwa zur Sicherung der Funktionsfähigkeit des Bundestages überwiegen.

Darüber hinaus ist auch eine **Verfassungsbeschwerde (Art. 93 I Nr. 4a GG, §§ 13 Nr. 8a, 90 ff. BVerfGG)** denkbar.[10]

---

9 Siehe z. B. die Übungsfälle Vogt, ZJS 2010, 383 ff. und Lange/Thiele, JuS 2008, 518 ff.; interessant ist auch eine neuere Entscheidung des BVerfG, siehe Beschl. v. 9.6.2020, Az.: 2 BvE 2/19 = NVwZ 2020, 1102 ff.; dazu auch Schröder, NvWZ 2021, 214 ff.
10 BVerfG, Beschl. v. 17.9.2013, Az.: 2 BvE 6/08 u. a., Rn. 83 ff. = NVwZ 2013, 1468 ff.; diese Entscheidung wurde Grundlage eines Klausursachverhaltes, siehe Holterhus, JuS 2014, 233 ff.

Louisa Linke

B. Das freie Mandat ergänzende Rechte

I. Überblick der ergänzenden Rechte

Den Abgeordneten stehen auch **Funktionsrechte** zu. Diese stehen in einem systematischen Zusammenhang mit den Gewährleistungen des freien Mandats (Art. 38 I 2 GG) und ergänzen dieses beziehungsweise konkretisieren die verfassungsrechtliche Stellung des:der Abgeordneten. Durch die nachfolgend genannten Rechte soll die Unabhängigkeit der Abgeordneten, die Freiheit des Mandats sowie die Funktionsfähigkeit des Parlaments gesichert werden. Zu den ergänzenden Rechten gehören etwa das Behinderungsverbot (Art. 48 II GG), der Anspruch auf eine angemessene Entschädigung (Diäten) (Art. 48 III GG i. V. m. dem AbgG), die Indemnität (Art. 46 I GG), die Immunität (Art. 46 II–IV GG), das Zeugnisverweigerungsrecht (Art. 47 GG) und das Beschlagnahmeverbot (Art. 47 GG) sowie das Recht zur freien Benutzung der staatlichen Verkehrsmittel (Art. 48 III 2 GG).

Die Abgeordneten können eine Verletzung ihrer Rechte im Rahmen des **Organstreits (Art. 93 I Nr. 1 GG; §§ 13 Nr. 5, 63 ff. BVerfGG)** geltend machen.

Darüber hinaus können sich Abgeordnete vereinzelt nur gegen eine Verletzung von Rechten im Rahmen einer **Verfassungsbeschwerde (Art. 93 I Nr. 4a GG, §§ 90 ff. BVerfGG)** wenden. Hierunter fällt etwa die gerichtliche Bestätigung der Beschlagnahme von Unterlagen und Gegenständen. Denn der:die Abgeordnete macht hierbei keine organschaftliche Stellung gegenüber einem im Organstreitverfahren parteifähigen **Verfassungsorgan** geltend. Vielmehr beruft er:sie sich auf eine Verletzung eines subjektiven öffentlichen Rechts durch die öffentliche Gewalt, er:sie streitet demgegenüber nicht über Statusrechte. Der:die Abgeordnete kann in diesem Falle mittels der Verfassungsbeschwerde eine Verletzung seiner:ihrer Rechte aus Art. 38 I 2 GG i. V. m. Art. 47 S. 2 GG geltend machen.[11]

II. Indemnität

Ein:e Abgeordnete:r darf zu keiner Zeit wegen seiner:ihrer Abstimmung oder wegen einer Äußerung, die er:sie im Bundestag oder in einem seiner Ausschüsse getan hat, gerichtlich oder dienstlich verfolgt oder sonst außerhalb des Bundestages zur Verantwortung gezogen werden, Art. 46 I GG.

---

11 BVerfG, Urt. v. 30.7.2003, Az.: 2 BvR 508/01 u. a., Rn. 39 f. = NJW 2003, 3401 (3401); siehe hierzu auch den Klausursachverhalt mit Lösung von Sachs/Schroeder, NWVBl. 2006, 389 ff.

Louisa Linke

1. Schutzzwecke

Die Indemnität dient, ebenso wie die Immunität, der **Funktionsfähigkeit des Bundestages**.[12] Sie sichert die **Freiheit des Mandats** der Abgeordneten (Art. 38 I 2 GG). Weder die Abgeordneten noch der Bundestag können über dieses Recht disponieren.

Die Indemnität begründet einen persönlichen Strafausschließungsgrund.[13]

2. Schutzbereich

Gemäß Art. 46 I 1 GG darf ein Abgeordneter zu keiner Zeit wegen seiner Abstimmung oder wegen einer Äußerung, die er im Bundestage oder in einem seiner Ausschüsse getan hat, gerichtlich oder dienstlich verfolgt oder sonst außerhalb des Bundestages zur Verantwortung gezogen werden. Dies gilt gem. S. 2 nicht für verleumderische Beleidigungen.

Die Abstimmung beziehungsweise die Äußerung muss nach **Erwerb des Mandats** (siehe § 45 BWahlG) geschehen sein. Das Recht bleibt hingegen zeitlich betrachtet danach weitergehend unbeschränkt bestehen. Unter **Abstimmungen** sind Sach- und Personalentscheidungen zu verstehen, unter **Äußerungen** werden Meinungsäußerungen und Tatsachenbehauptungen (wobei die Form – schriftlich, mündlich, lediglich konkludent – unerheblich ist) gefasst. Weder der **Inhalt** der Äußerung ist relevant, noch ist entscheidend, in welchem **Gremium** (Plenum, Ausschuss, Untersuchungsausschuss, Fraktion, Präsidium, Ältestenrat, Wahlprüfungsausschuss) diese geäußert wurde. Mit der Indemnität soll die Freiheit der Diskussion für die Abgeordneten geschützt werden. Daher sind auch nur Äußerungen geschützt, die in der Betätigung des Mandats begründet sind.[14] Dabei muss der:die Abgeordnete auch spezifische Befugnisse seines:ihres Amtes ausüben. **Nicht geschützt** sind daher Privatgespräche oder Äußerungen bei Wahlveranstaltungen oder im Rahmen von Interviews. Eine **Ausnahme** wird hingegen für Wiederholungen von Äußerungen in öffentlichen Sitzungen des Bundestages außerhalb dieser gemacht, Art. 42 III GG stellt den:die Abgeordnete:n hierbei von jeder Verantwortlichkeit frei.[15] Nicht geschützt sind darüber hinaus gem. Art. 46 I 2 GG **verleumderische Beleidigungen** (vgl. hierzu §§ 103, 187, 187a StGB).[16]

Die Indemnität **schützt** die Abgeordneten vor jeglicher *außerparlamentarischen* (hoheitlichen) **Verfolgung**, worunter eine strafrechtliche, disziplinarrecht-

---

12 Butzer, in BeckOK, GG, 50. Ed. 15.02.2022, Art. 46 Rn. 8a.
13 Klein, in: Dürig/Herzog/Scholz, GG Kommentar, 95. EL 7.2021, Art. 46 Rn. 32 m.w.N.
14 Klein, in: Dürig/Herzog/Scholz, GG Kommentar, 95. EL 7.2021, Art. 46 Rn. 41.
15 Siehe m.w.N. Klein, in: Dürig/Herzog/Scholz, GG Kommentar, 95. EL 7.2021, Art. 46 Rn. 39.
16 Siehe zu weiteren Ausnahmen Butzer, in: BeckOK GG, 48. Ed. 8.2021, Art. 46 Rn. 4.

liche oder standesrechtliche Verfolgung zu verstehen ist. Zivilrechtlich können die Abgeordneten gerichtlich nicht zu einer Unterlassung einer Äußerung verpflichtet werden, hingegen gewährt die Indemnität keinen Schutz gegen eine Kündigung. Davon unberührt sind hingegen Ordnungsmaßnahmen durch den: die Bundestagspräsident:in, also einer innerparlamentarischen Maßnahme.[17]

Beispiel: Im Rahmen einer Haushaltsdebatte bei einer Sitzung des Thüringer Landtags äußerte ein Abgeordneter: „Die wahren Politrambos, meine Damen und Herren, die sitzen bei Ihnen links, dieses Duo Infernale, der Straßenchaotenvater und Tochter König beispielsweise, die dafür verantwortlich sind, dass Polizisten grün und rot geschlagen werden, dass Polizeiautos brennen, dass Barrikaden brennen, nicht Höckes Holzofen, wo der seinen Rotwein davor trinkt, nein, sie zünden richtig die Sachen, die Polizeiautos und die Barrikaden an". Die angesprochene Abgeordnete, die dagegen gerichtlich vorging, blieb jedoch erfolglos. Der Antrag auf Erlass einer einstweiligen Verfügung wurde abgelehnt. Eine daraufhin erhobene Verfassungsbeschwerde wurde zurückgewiesen, dabei verwies der ThürVerfGH darauf, dass die Indemnität ein Verfahrenshindernis begründet, was dem Erlass einer einstweiligen Anordnung entgegensteht. Insbesondere erkennt er in den Äußerungen keine verleumderische Beleidigung. Zu berücksichtigen ist dabei auch, dass Art. 46 I GG und Art. 55 I 1 Thüringer Verfassung im Wesentlichen inhaltsgleich sind.[18]

III. Immunität

Immunität bedeutet, dass ein:e Abgeordnete:r wegen einer mit Strafe bedrohten Handlung nur mit Genehmigung des Bundestages zur Verantwortung gezogen oder verhaftet werden darf. Es muss kein Zusammenhang zu der Arbeit des:der Abgeordneten bestehen, damit der Bundestag über die Genehmigung entscheiden muss, Art. 46 II GG.

1. Schutzzwecke

Die Immunität dient der **Arbeits- und Funktionsfähigkeit des Bundestages**.[19] Der:die einzelne Abgeordnete kann über seine:ihre Immunität nicht disponieren, er:sie kann folglich nicht auf sie verzichten und auch keine Aufhebung verlangen.[20]

---

17 Siehe dazu Bustami/Chiofalo, § 10.4 Leitung und Verwaltung des Bundestags, A. I. 2. a) in diesem Lehrbuch.
18 Siehe zu diesem Beispiel ThürVerfGH, Beschl. v. 9.1.2019, Az.: VerfGH 40/16 = NVwZ 2019, 546 ff.
19 BVerfG, Urt. v. 17.12.2001, Az.: 2 BvE 2/00, Rn. 86 = NJW 2002, 1111 (1114).
20 BVerfG, Urt. v. 17.12.2001, Az.: 2 BvE 2/00, Rn. 73 m.w.N. = NJW 2002, 1111 (1113).

Der Genehmigungsvorbehalt begründet gegenüber den Maßnahmen der Strafverfolgungsbehörden ein **Verfahrenshindernis.** Daneben kann sich der:die Abgeordnete gem. **Art. 46 II GG i. V. m. Art. 38 I 2 GG** sowie gem. **Art. 46 IV GG i. V. m. Art. 38 I 2 GG** auf sein:ihr **Recht auf willkürfreie Entscheidung** berufen.[21] Dieses Recht ist hingegen erst beeinträchtigt, wenn der Bundestag bei seiner Entscheidung über die Genehmigung (Art. 46 II, III GG) oder das Ausüben des Reklamationsrechts (Art. 46 IV GG) den verfassungsrechtlichen Status des:der Abgeordneten in grundlegenderweise verkennt. Die Immunität begründet demnach auch Rechte für den:die einzelne:n Abgeordnete:n gegenüber dem Bundestag. Ist er:sie der Ansicht, dass der Bundestag dieses Recht verletzt hat, kann er:sie das Recht im Rahmen eines **Organstreits** geltend machen **(Art. 93 I Nr. 1 GG, §§ 13 Nr. 5, 63 ff. BVerfGG).**[22] Wird ein Ermittlungsverfahren ohne die erforderliche Genehmigung eingeleitet, kann sich der:die Abgeordnete dagegen mit den Mitteln des Verfahrensrechts wenden. Hierzu kann auch die **Verfassungsbeschwerde (Art. 93 I Nr. 4a GG, §§ 13 Nr. 8a, 90 ff. BVerfGG)**[23] gehören.

2. Schutzbereich

Die Immunität gewährt, anders als die Indemnität, nur einen **zeitlich begrenzten Schutz.** Sie beschränkt sich auf die Dauer des Mandates, sodass es bei einem Mandatsverzicht oder nach dem Ende der Legislaturperiode keiner Genehmigung mehr bedarf.[24] Für Verfahren, die vor der Wahl zum:zur Abgeordneten bereits eingeleitet wurden und weitergeführt werden sollen (sogenannte „mitgebrachte Verfahren"), muss nach h. M. eine Genehmigung beantragt werden.[25]

Gemäß **Art. 46 II GG** darf ein:e Abgeordnete:r wegen einer mit Strafe bedrohten Handlung nur mit Genehmigung des Bundestages zur Verantwortung gezogen oder verhaftet werden, es sei denn, dass er:sie bei Begehung der Tat oder im Laufe des folgenden Tages festgenommen wird. Mit Strafe bedroht sind solche Handlungen, die nach dem StGB oder anderen Strafgesetzen (etwa dem JGG) mit **Strafe bedroht** sind. Nach der hier vertretenen Auffassung sind darunter nicht im Rahmen von Ordnungswidrigkeitenverfahren mit Geldbuße bedrohte Handlungen zu subsumieren.[26] Nicht davon umfasst sind zivilgerichtliche Verfahren. Zu berück-

---

21 BVerfG, Urt. v. 17.12.2001, Az.: 2 BvE 2/00, Rn. 80, 82 m. w. N. = NJW 2002, 1111 (1113).

22 Siehe z. B. als Klausursachverhalt Sachs, NWVBl. 2004, 79 ff.

23 BVerfG, Beschl. v. 15.8.2014, Az.: 2 BvR 969/14, Rn. 26 m. w. N. = NJW 2014, 3085 (3086).

24 Klein, in: Dürig/Herzog/Scholz, GG Kommentar, 95. EL 7.2021, Art. 46 Rn. 53 m. w. N.

25 Klein, in: Dürig/Herzog/Scholz, GG Kommentar, 95. EL 7.2021, Art. 46 Rn. 71.

26 Strittig, siehe dazu m. w. N. Klein, in: Dürig/Herzog/Scholz, GG Kommentar, 95. EL 7.2021, Art. 46 Rn. 62.

Louisa Linke

sichtigen sind daneben die in Art. 46 II GG normierten **Ausnahmen**, also wenn der:die Abgeordnete bei Begehung der Tat oder im Laufe des folgenden Tages festgenommen wird.

Beispiel: Gegenüber einem Abgeordneten des Deutschen Bundestages besteht der Anfangsverdacht einer Beleidigung politischen Charakters. Die Staatsanwaltschaft darf jedoch ohne Genehmigung des Bundestags kein Ermittlungsverfahren durchführen.

Unter der Genehmigung ist eine vorherige Zustimmung (Einwilligung) zu verstehen. Dem Bundestag kommt bei seiner Entscheidung ein weiter Entscheidungsspielraum zu.[27] Er hat hierbei die Belange des Parlaments mit den Belangen der anderen hoheitlichen Gewalten gegeneinander abzuwägen.[28] Er muss folglich sowohl die Arbeits- und Funktionsfähigkeit des Bundestages berücksichtigen als auch das öffentliche Interesse an einer Strafverfolgung. Einer Genehmigung bedarf dabei jede Ermittlung, sofern der:die Abgeordnete als Beschuldigte:r behandelt wird. Davon abweichend sind lediglich vorbereitende Handlungen nicht genehmigungsbedürftig.[29] Dabei hat allerdings der Bundestag bis zum Ablauf dieser Wahlperiode die Durchführung von Ermittlungsverfahren gegen Mitglieder des Bundestages wegen Straftaten genehmigt, es sei denn, dass es sich um Beleidigungen (§§ 185, 186, 187a I, § 188 I StGB) politischen Charakters handelt, siehe dazu die Anlage 6 zur GOBT.

Fallbeispiel

Fall: Kurz vor der anstehenden Bundestagswahl wurde medial intensiv über einen Abgeordneten berichtet, gegenüber dem seitens der ermittelnden Staatsanwaltschaft der Anfangsverdacht der Abgeordnetenbestechung bestand. Die Staatsanwaltschaft erwirkte Durchsuchungs- und Beschlagnahmeanordnungen. Sie beantragte alsbald beim Bundestag die Genehmigung zum Vollzug gerichtlicher Durchsuchungs- und Beschlagnahmebeschlüsse. Der zuständige Ausschuss entschied zeitnah und empfahl dem Bundestag die Genehmigung zu erteilen. Der Bundestag kam der Beschlussempfehlung umgehend nach. Schon am nächsten Tag fanden die Durchsuchungen statt. Der Abgeordnete erhob anschließend erfolgreich Beschwerde zum LG, was zu dem Ergebnis kam, dass die Beschlüsse des AG rechtswidrig waren. Es konnte den Verdacht der Abgeordnetenbestechung nicht bestätigen. Der Abgeordnete leitete ein Organstreitverfahren beim BVerfG ein, mit dem er die Feststellung begehrte, dass der Beschluss des Bundestages zum Vollzug der gerichtlichen Durchsuchungs- und Beschlagnahmebeschlüsse den Abgeordneten in seinen Rechten aus Art. 46 II GG i.V.m. Art. 38 I 2 GG verletzt. Er monierte insbesondere, dass der Beschluss vier Tage vor der anstehenden Bundestagswahl gefasst wurde, wobei er selbst als Bundestagskandidat aufgestellt war. Ist der Antrag begründet?[30]

---

27 BVerfG, Urt. v. 17.12.2001, Az.: 2 BvE 2/00, Rn. 87 m.w.N. = NJW 2002, 1111 (1114).
28 BVerfG, Urt. v. 17.12.2001, Az.: 2 BvE 2/00, Rn. 87 m.w.N. = NJW 2002, 1111 (1114).
29 Klein, in: Dürig/Herzog/Scholz, GG Kommentar, 95. EL 7.2021, Art. 46 Rn. 65 m.w.N.
30 In Anlehnung an BVerfG, Urt. v. 17.12. 2001, Az.: 2 BvE 2/00 = NJW 2002, 1111ff.

Lösung: Der Antrag ist begründet, wenn der Bundestag durch die Erteilung der Genehmigung zum Vollzug der Durchsuchungs- und Beschlagnahmeanordnungen den Anspruch des Abgeordneten aus Art. 46 II i. V. m. Art. 38 I 2 GG auf willkürfreie Entscheidung verletzt hat. Der Bundestag hat bei seiner Entscheidung eine Interessenabwägung zwischen den Belangen des Bundestages und denen anderer hoheitlicher Gewalten vorzunehmen. Dabei dient der Vorbehalt primär dem Schutz der Funktionsfähigkeit des Parlaments. Ihm kommt bei seiner Entscheidung ein weiter Entscheidungsspielraum zu. Eine Verletzung des Rechts des Abgeordneten auf willkürfreie Entscheidung ist nach der Rechtsprechung des BVerfG demnach erst anzunehmen, wenn im Zuge der Interessenabwägung der verfassungsrechtliche Status des Abgeordneten in grundlegender Weise verkannt wird. Liegen Anhaltspunkte dafür vor, dass aus sachfremden Gründen auf die Zusammensetzung des Parlaments Einfluss genommen werden soll, dann hat der Bundestag die Genehmigung zu versagen. Allerdings hat der Bundestag nicht zu berücksichtigen, welche persönlichen Folgen sich für den Abgeordneten aus der Genehmigung ergeben, etwa die Erfolgsaussichten im Hinblick auf die anstehende Bundestagswahl. Ebenfalls kann er die Schlüssigkeit des Tatvorwurfs oder die Verhältnismäßigkeit der Ermittlungsmaßnahme unberücksichtigt lassen. Dies gilt allerdings nur, solange sich keine Zweifel aufdrängen, dass das Ermittlungsverfahren rein aus sachfremden, wie etwa politischen Gründen geführt wird. In diesem Fall würde der Bundestag selbst willkürlich handeln.[31] Allein aus dem unmittelbaren zeitlichen Zusammenhang zwischen der Durchführung des Ermittlungsverfahrens, insbesondere der Durchsuchungen und der anstehenden Bundestagswahl ergeben sich keine hinreichenden Hinweise dafür, dass die Ermittlungsmaßnahmen rein aus politischen Gründen geführt wurden und somit als willkürlich anzusehen sind. Insbesondere war der Bundestag nach vorstehenden Erwägungen nicht verpflichtet, das Bestehen des Anfangsverdachts über eine Evidenzkontrolle hinaus nachzuprüfen. Das Recht des Abgeordneten aus Art. 46 II GG i. V. m. Art. 38 I 2 GG wurde demnach nicht verletzt. Der Antrag ist folglich unbegründet.

Die Genehmigung des Bundestages ist gem. **Art. 46 III GG** ferner bei jeder anderen Beschränkung der persönlichen Freiheit eines:einer Abgeordneten, die nicht bereits unter Art. 46 II GG fällt, oder zur Einleitung eines Verfahrens gegen eine:n Abgeordnete:n gem. Art. 18 GG erforderlich.

Dabei sind jedes Strafverfahren und jedes Verfahren gem. Art. 18 GG gegen eine:n Abgeordnete:n, jede Haft und jede sonstige Beschränkung seiner:ihrer persönlichen Freiheit gem. **Art. 46 IV GG** auf Verlangen des Bundestages auszusetzen. Der:die Abgeordnete hat ein **Recht auf willkürfreie Entscheidung des Bundestages** aus **Art. 46 IV GG i. V. m. Art. 38 I 2 GG**.[32] Ist er:sie der Ansicht, dass der Bundestag dieses Recht verletzt hat, kann er:sie sein:ihr Recht im Rahmen eines **Organstreits (Art. 93 I Nr. 1 GG, §§ 13 Nr. 5, 63 ff. BVerfGG)** geltend machen.

Dieses Recht wird auch als **Reklamationsrecht** bezeichnet und dient der Absicherung des Immunitätsschutzes. Damit das Recht wahrgenommen werden

---

31 In Anlehnung an BVerfG, Urt. v. 17.12.2001, Az.: 2 BvE 2/00, Rn. 86 ff. = NJW 2002, 1111 (1114 f.).
32 BVerfG, Urt. v. 17.12.2001, Az.: 2 BvE 2/00, Rn. 80, 82 m. w. N. = NJW 2002, 1111 (1113).

Louisa Linke

kann, verlangt dies eine Unterrichtung über entsprechende Maßnahmen seitens der Behörden. Wird das Reklamationsrecht in zulässiger Weise ausgeübt, entsteht ein **Prozesshindernis**. Umstritten ist, ob die Erkenntnisse im Rahmen einer nicht genehmigten (gleichwohl aber genehmigungsbedürftigen) Maßnahme einem Verwertungsverbot unterliegen, wobei das strafrechtliche Schrifttum dies ablehnt.[33]

Unterschiede Indemnität und Immunität

Indemnität	Immunität
Schutz der Abgeordneten vor **jeglicher außerparlamentarischen (hoheitlichen) Verfolgung** aufgrund von **Äußerungen** *im* **Bundestag**	Schutz vor **Strafverfolgung von Handlungen**, die **außerhalb oder innerhalb des Parlaments** stattfanden
persönlicher Strafausschließungsgrund	Verfahrenshindernis, Aufhebung der Immunität durch das Parlament möglich

C. Fraktionslose Abgeordnete

Es besteht für die Abgeordneten keine Verpflichtung sich mit einer Fraktion zusammenzuschließen. Vielmehr obliegt es der Entscheidung des:der jeweiligen Abgeordneten in Ausübung des freien Mandats eine Fraktion zusammen mit anderen Abgeordneten zu bilden. Aufgrund der verschiedenen Privilegien (siehe beispielsweise §§ 57 II 1, 76 I, 89 GOBT) ist es jedoch naheliegend sich einer Fraktion anzuschließen. Denkbar ist aber auch, dass ein:e Abgeordnete:r aufgrund verschiedenster Gründe innerhalb der Legislaturperiode des Bundestages aus der Fraktion austritt.

Beispiel: Mediale Aufmerksamkeit erfuhr etwa der Austritt zweier Abgeordneter im Jahr 2021 im Zuge der Maskenaffäre aus ihrer Fraktion, um einen weitergehenden Imageschaden der Parteien zu vermeiden. Gegenüber diesen bestand der Anfangsverdacht der Abgeordnetenbestechung.[34]

Die Rechte und Pflichten der fraktionslosen Abgeordneten ergeben sich gleichermaßen aus Art. 38 I 2 GG. Die Repräsentation des Volkes vollzieht sich durch jede:n einzelne:n Abgeordnete:n, also nur die Gesamtheit der Mitglieder des Bun-

---

33 Siehe dazu und zu entsprechenden Zweifeln m. w. N. Klein, in: Dürig/Herzog/Scholz, GG Kommentar, 95. EL 7.2021, Art. 46 Rn. 87 f.
34 SpiegelOnline v. 8.3.2021, CDU-Politiker Löbel legt Bundestagsmandat nieder; ZeitOnline v. 7.3.2021, Georg Nüßlein tritt aus der Unionsbundestagsfraktion aus.

Louisa Linke

destages, weshalb jedem:jeder Abgeordneten grundsätzlich die gleichen Mitwirkungsbefugnisse zu gewährleisten sind.[35] Das BVerfG erkennt hierbei jedoch auch Einschränkungen an. So haben fraktionslose Abgeordnete einen Anspruch darauf, in einen Ausschuss berufen zu werden, sie können dort außerdem Anträge stellen, des Weiteren kommt ihnen ein Rederecht zu. Allerdings wird ihnen ein Stimmrecht versagt, denn die Ausschüsse geben ein Abbild der Stimmverhältnisse im Bundestag wider. Würde der:die einzelne fraktionslose Abgeordnete ein Stimmrecht erhalten, wäre das Stimmgewicht im Hinblick auf die Mehrheitsverhältnisse verzerrt.[36]

Weiterführende Studienliteratur
- Möllers, Das freie Mandat in der demokratischen Repräsentation, JURA 2008, 937.
- du Mesnil de Rochemont/Müller, Die Rechtsstellung der Bundestagsabgeordneten, JuS 2016, 504 und 603.
- Wiefelspütz, Die Immunität des Abgeordneten, DVBl. 2002, 1229.
- Walter, Indemnität und Immunität (Art. 46 GG) im Überblick, JURA 2000, 496.

Zusammenfassung: Die wichtigsten Punkte
- Das freie Mandat (Art. 38 I 2 GG) besagt, dass die Abgeordneten **Vertreter:innen des ganzen Volkes** und an Aufträge und Weisungen nicht gebunden sowie nur ihrem Gewissen unterworfen sind. Es schützt den **Bestand** sowie die **Art und Weise der Ausübung des Mandats**. Dabei sind die Abgeordneten bei all ihren Entscheidungen nur ihrem:seinem Gewissen verpflichtet.
- Den Abgeordneten kommen verschiedene Rechte und Pflichten im Rahmen seiner:ihrer Mandatsausübung zu. Diese können eingeschränkt werden. Wichtige Rechte sind z.B. **Mitwirkungsrechte** (Rede-, Teilnahme- und Stimmrecht), **Frage- und Informationsrechte, das Assoziationsrecht und die räumliche Integrität der Abgeordnetenbüros.**
- Das freie Mandat wird ergänzt durch weitere Rechte, wie z.B. den Anspruch auf eine angemessene Entschädigung (Diäten) (Art. 48 III GG i.V.m. dem AbgG), die **Indemnität** (Art. 46 I GG), die **Immunität** (Art. 46 II–IV GG), das Zeugnisverweigerungsrecht (Art. 47 GG) und das Beschlagnahmeverbot (Art. 47 GG).
- Dabei besagt die **Indemnität**, dass ein:e Abgeordnete:r zu keiner Zeit wegen seiner:ihrer Abstimmung oder wegen einer Äußerung, die er:sie im Bundestage oder in einem seiner Ausschüsse getan hat, gerichtlich oder dienstlich verfolgt oder sonst außerhalb des Bundestages zur Verantwortung gezogen werden darf. **Immunität** bedeutet hingegen, dass ein:e Abgeordnete:r wegen einer mit Strafe bedrohten Handlung nur mit Genehmigung des Bundestages zur Verantwortung gezogen oder verhaftet werden darf.
- Eine Verletzung der Rechte kann der:die Abgeordnete zumeist im Rahmen des **Organstreits** geltend machen.

---

35 BVerfG, Urt. v. 13.6.1989, Az.: 2 BvE 1/88, Rn. 110 m.w.N. = NJW 1990, 373 (374) – Wüppesahl.
36 BVerfG, Urt. v. 13.6.1989, Az.: 2 BvE 1/88, Rn. 120ff. = NJW 1990, 373 (374) – Wüppesahl.

Louisa Linke

Für dieses Kapitel gibt es frei zugängliche interaktive Übungen auf der OpenRewi-Homepage. Hierzu muss einfach der QR-Code gescannt werden.

Louisa Linke

§ 10.2 Ausschüsse, insbesondere Untersuchungsausschüsse

A. Ausschüsse

Ein ganz wesentlicher Teil der Arbeit des Deutschen Bundestages findet in Ausschüssen statt. Weil im Parlament als dem „Zentralorgan der Demokratie"[1] die unterschiedlichsten Themen behandelt werden müssen, stieße es schnell an Kapazitätsgrenzen, würden alle in irgendeiner Weise gemeinwohlrelevanten Fragen ausschließlich im Plenum diskutiert werden. Daher werden beinahe alle Entscheidungen des Bundestages in Ausschüssen, also **Untergliederungen des Parlaments** in sachlicher Hinsicht, vorgeformt und zur Entscheidungsreife hin aufbereitet.[2] Zugleich kontrollieren diese Ausschüsse das Handeln der Regierung in ihrem Sachbereich. Insgesamt erfüllen sie damit eine heute kaum zu überschätzende **Entlastungsfunktion** für das Parlament. Aufgrund der enormen praktischen Bedeutung der Ausschüsse für den parlamentarischen Willensbildungsprozess verlangt das BVerfG, dass sich die Mehrheitsverhältnisse im Bundestag auch in diesen Gremien widerspiegeln; „jeder Ausschuß [muß grundsätzlich] ein verkleinertes Abbild des Plenums sein"[3]. Man spricht auch vom sogenannten **„Grundsatz der Spiegelbildlichkeit"**.

Typologisch lassen sich verschiedene Formen von Ausschüssen unterscheiden. Praktisch am bedeutsamsten sind die sogenannten „ständigen Ausschüsse", die zu Beginn einer Legislaturperiode durch Beschluss des Bundestages eingerichtet werden (§ 54 I 1 GOBT) oder etwa bereits von Verfassungs wegen vorgesehen sind (siehe etwa Art. 45 1, 45a I, 45c I GG). In der Praxis orientieren sich Einrichtung und Zuständigkeit der meisten ständigen Ausschüsse am Aufgabenbereich der Bundesministerien, die sie mit ihrer Arbeit kontrollieren sollen.[4] Mitglieder in diesen Ausschüssen, die von den Fraktionen entsandt werden (§ 57 II 1 GOBT),[5] sind meist Expert:innen auf den Arbeitsgebieten ihrer Ausschüsse, so-

---

1 So der Titel bei Morlok/Hientzsch, JuS 2011, 1.
2 Zu Funktionen von Ausschüssen siehe etwa BVerfG, Beschl. v. 10.5.1977, Az.: 2 BvR 705/75 = BVerfGE 44, 308 (318 f.) – Beschlußfähigkeit; BVerfG, Urt. v. 21.2.1989, Az.: 2 BvE 1/88 = BVerfGE 80, 188 (221 ff.) – Wüppesahl.
3 BVerfG, Urt. v. 21.2.1989, Az.: 2 BvE 1/88 = BVerfGE 80, 188 (LS. 4a sowie 222) – Wüppesahl.
4 Winkelmann, in: Morlok/Schliesky/Wiefelspütz, Handbuch Parlamentsrecht, 2016, § 23 Rn. 4.
5 Auch anhand der Besetzung von Ausschusssitzen zeigt sich insofern die bedeutende Rolle von Fraktionen im Parlament, dazu siehe Hug, § 5.7 Fraktionen in diesem Lehrbuch.

https://doi.org/10.1515/9783110786965-041

dass sich in diesen Untergliederungen auch eine Ausdifferenzierung von parlamentarischem Sachverstand abbildet.

Daneben kann der Bundestag weitere **nicht ständige Ausschüsse** einberufen, etwa einen Untersuchungsausschuss (Art. 44 GG, PUAG) oder eine Enquetekommission (§ 56 GOBT). Der Untersuchungsausschuss wird im Folgenden eingehender behandelt.

B. Untersuchungsausschüsse

Wie bereits erwähnt, sind Untersuchungsausschüsse nicht ständige Ausschüsse (Art. 44 GG, PUAG). Sie sind dabei ein wichtiges Mittel zur Sicherung des Minderheitenschutzes.[6] da das Parlament hierüber in der Lage ist, insbesondere die Exekutive zu Sachverhalten zu befragen, in welchen Fehlverhalten vermutet wird.[7] Im politischen Alltag sind in Ihnen auch ein Mittel der Opposition zu sehen, um Druck auf die Regierung auszuüben.[8]

Geregelt werden Unteraussuchungsausschüsse im Gesetz zur Regelung des Rechts der Untersuchungsausschüsse des Deutschen Bundestages (PUAG). Allgemein stellt das Untersuchungsausschussrecht **keine** klassische Klausurkonstellation im Staatsorganisationsrecht dar. Entsprechend werden auch **keine tiefgreifenden** Kenntnisse erwartet. Somit sollte bei der Vorbereitung hier der Fokus auf die **Grundlagen** gelegt werden. Diese sind der Schlüssel für eine ordentlichen Bearbeitung.[9]

I. Rechtmäßige Einsetzung des Untersuchungsausschusses

Die Einsetzung eines Untersuchungsausschusses muss formellen und materiellen Anforderungen der Einsetzung genügen, Art. 44 I GG.[10] Das gesamte Untersuchungsausschussrecht ist gesetzlich leider nur sehr rudimentär geregelt, was die Durchdringung des Stoffs erschwert.[11]

---

6 Morlok, in: Dreier, GG, Bd. II, 3. Aufl. 2015, Art. 44 (Untersuchungsausschüsse) Rn. 10.
7 Kingreen, JURA 2018, 880 (881).
8 Siehe hierzu jüngst den 3. Untersuchungsausschuss der 19. Wahlperiode des Deutschen Bundestages (Wirecard).
9 So auch Hebeler/Schulz, JA 2010, 969 (969).
10 Kingreen, JURA 2018, 880 (886).
11 Hebeler/Schulz, JA 2010, 969 (969).

1. Formelle Rechtmäßigkeit

Der Untersuchungsausschuss muss zunächst formell rechtmäßig sein. Nach dem bekannten Schema ist hier die Prüfung in Zuständigkeit, Verfahren und Form aufzuteilen.

a) Zuständigkeit
aa) Zuständigkeit zur Einsetzung des Untersuchungsausschusses

Für die Einsetzung des Untersuchungsausschusses ist nach Art. 44 I 1 GG grundsätzlich der Bundestag zuständig. Sehr rar sind Spezialzuständigkeiten anderer Gremien (z. B. Art. 45a II GG).

bb) Zuständigkeit bezüglich des Untersuchungsausschussthemas

§ 1 III PUAG kodifiziert den anerkannten Grundsatz, dass Organe niemals mehr Rechte haben können als ihre übergeordnete Einheit. Entsprechend kann der Untersuchungsausschuss, als Organ des Parlaments, nicht mehr Rechte haben als das Parlament selbst.[12] Für die Zuständigkeit des Untersuchungsausschussthemas ergibt sich damit die Maßgabe, dass die Thematik grundsätzlich in den Zuständigkeitsbereich des Bundestages fallen muss.[13] Regelmäßig nicht überprüfbar sind damit Angelegenheiten der Länder.

b) Verfahren
aa) Einsetzung durch Mehrheit/Minderheit

Zur Einsetzung sind bestimmte Mehrheiten notwendig. Hier ist zu unterscheiden:
- Beruht die Entscheidung auf einem Mehrheitsbeschluss des Bundestages gemäß Art. 42 II 1 GG, so ist der Untersuchungsausschuss einzusetzen, sogenannte „Mehrheitsenquête".
- Gemäß Art. 44 I 1 GG ist auf Verlangen eines Viertels der Mitglieder des Bundestages ein Untersuchungsausschuss durchzuführen, sogenannte „Minderheitsenquête". Die Regelung dient der effektiven Durchsetzung des Minderheitenschutzes, weswegen bereits denklogisch eine Minderheitsentscheidung zur Errichtung eines Untersuchungsausschusses ausreichen muss.[14]

---

12 Hebeler/Schulz, JA 2010, 969 (969).
13 Bockenförde, AöR, 1978, 1 (10).
14 Siehe zum Minderheitenschutz Chiofalo/Lohmann, § 5.4 Minderheitenschutz in diesem Lehrbuch.

Jaschar Kohal

bb) Mögliche Kürzung des Untersuchungsgegenstands

Der Bundestag darf den Untersuchungsgegenstand nach § 2 III 1 PUAG kürzen, sofern er Zweifel an der Verfassungsmäßigkeit dessen hat.[15] Gegen die Kürzung kann vor dem BVerfG vorgegangen werden, § 2 III 2 PUAG. Für die Kürzung reichen zunächst Zweifel aus – eine vollständige Prüfung ist der materiellen Rechtmäßigkeit vorbehalten.[16]

cc) Spiegelbildgedanke

Nach § 4 PUAG muss der **Spiegelbildgedanke** gewahrt sein. Die Mehrheiten im Untersuchungsausschuss müssen daher im Verhältnis zu denen des Bundestags stehen.

Examenswissen

Bezüglich der Chancengleichheit der Parteien wird diskutiert, ob hier durch verfassungsimmanenten Schranken ein Ausschluss einzelner Fraktionen bei spezifischen Themen möglich ist, sofern die Fraktion an Geheimhaltungsvertrauen missen lässt. Hierzu gibt es noch keine abschließende Meinung. So könnten gute **Verbindungen einer Partei zu „politisch extremen" Gruppen**, deren Aktivitäten gerade Teil des Untersuchungsausschussthemas ausmachen, ein Grund für einen Ausschluss darstellen. **Dagegen** spricht, dass der Untersuchungsausschuss höchste parlamentarische Legitimation genießt und gerade auch für parlamentarische Minderheiten offen stehen muss. **Dafür** spricht indessen die Wichtigkeit effektiver Untersuchungsausschussarbeit. Die Untersuchungsfrage kann kaum effektiv bearbeitet werden, wenn damit zu rechnen ist, dass einzelne Akteur:innen vorläufige Ergebnisse an betroffene Gruppen weitergeben.

---

c) Form

Bezüglich der Form ist insbesondere auf die **Bestimmtheit der Untersuchungsfrage** einzugehen.[17] Diese beschreibt den zu untersuchenden Lebenssachverhalt. Probleme bestehen regelmäßig bezüglich der **Bestimmtheit** des Untersuchungsgegenstandes. Das Erfordernis der Bestimmtheit rechtfertigt sich aus **formellen und materiellen Gesichtspunkten.**

– **Formell:** Das Parlament ermächtigt das Organ „Untersuchungsausschuss" im Rahmen des Untersuchungsauftrags. Nur in diesem Umfang ist das Organ überhaupt legitimiert.

---

15 BVerfG, Beschl. v. 2.8.1978, Az.: 1 BvK 1/77, Rn. 44 = BVerfGE 49, 70 (89 f.).
16 Kingreen, JURA 2018, 880 (886).
17 Kirste, JuS 2003, 61 (62).

- **Materiell:** Auch nicht unmittelbar beteiligte Personen können durch den Untersuchungsausschuss vorgeladen werden. Diese Eingriffe müssen den Grundsätzen des **Rechtsstaatsprinzips, und damit dem Bestimmtheitsgebot,** entsprechen. Das Thema muss daher eingrenzbar sein.

Bestimmtheit ist dann zu bejahen, sofern der Untersuchungsgegenstand **einen abgrenzbaren Lebenssachverhalt** darstellt, welcher **zeitlich** hinreichend bestimmt ist.[18]

2. Materielle Rechtmäßigkeit

Auch die materielle Rechtmäßigkeit werden im PUAG und im Grundgesetz nur sehr grob geregelt. Im Wesentlichen können aber die folgenden Punkte festgemacht werden:

a) Tatbestandsmerkmal: Öffentliches Interesse

Zunächst muss die Untersuchungsfrage überhaupt dem **öffentlichen Interesse** dienlich sein. Eine genaue Definition fällt hier schwer, zumal die Existenz des Tatbestandsmerkmals bereits umstritten ist. Weder das PUAG noch das Grundgesetz verlangen ein solches öffentliches Interesse ausdrücklich. Die Rechtsprechung verlangt ein öffentliches Interesse mithin aus Verhältnismäßigkeitsgründen als ungeschriebenes Tatbestandsmerkmal. Die Literatur lehnt ein solches Erfordernis ab und beruft sich hierbei auf den Wortlaut, welcher ein solches öffentliches Interesse nicht erwähnt.[19]

⚠ Klausurtaktik

In der Klausurbearbeitung ist mit hoher Wahrscheinlichkeit davon auszugehen, dass das öffentliche Interesse letztlich zu bejahen ist. Anderenfalls würde die Prüfung bereits sehr früh abbrechen.

Formulierungsbeispiel

„Problematisch ist, ob es weitergehend der Prüfung des Tatbestandsmerkmals „öffentlichen Interesses" bezüglich des Untersuchungsausschussgegenstands bedarf. Dies ist umstritten. Die Rechtsprechung bejaht die Notwendigkeit und beruft sich auf den Eingriffscharakter des Untersuchungsausschusses, insbesondere Dritten gegenüber. Daher sei eine Restriktion des Unter-

---

18 Kingreen, JURA 2018, 880 (887).
19 Masing, Parlamentarische Untersuchungen privater Sachverhalte, 1998, S. 190 ff.

Jaschar Kohal

suchungsausschussgegenstands zur Wahrung der Verhältnismäßigkeit notwendig. Die überwiegende Literatur verneint die Notwendigkeit mit dem Argument der fehlenden Kodifizierung des Erfordernisses."

Beachte: Der Meinungsstreit wird regelmäßig nicht zu entscheiden sein. Es bietet sich an dann zu schreiben: „Da bereits die engeren Voraussetzungen der Rechtsprechung erfüllt sind, mithin ein öffentliches Interesse zu bejahen ist, ist der Meinungsstreit nicht weitergehend zu entscheiden."

Sollte der Meinungsstreit doch relevant werden, sprechen die besseren Argumente für die Rechtsprechung: Die Rechtseingriffe durch den Untersuchungsausschuss können sehr einschneidend sein. Aus Verhältnismäßigkeitserwägungen heraus bietet es sich an, bereits auf Tatbestandsebene Einschränkungen zu integrieren. Das Argument der Literatur, dass die Notwendigkeit nicht normiert sei, überzeugt insofern nicht, als dass sie die grammatikalische Auslegung gegenüber nachvollziehbaren, systematischen Erwägungen, überbetont.

Weitergehend ist aber die **Definition des öffentlichen Interesses** problematisch. Hier muss intensiv **argumentiert** werden:

Denkbar wäre es das öffentliche Interesse bereits darin zu sehen, dass ein Viertel des Bundestages eine Untersuchung wünschen. Eine solche Auffassung verkennt jedoch, dass bei einer solchen Minderheitenquête, welche auch möglich ist, gerade keine „Mehrheit" den Untersuchungsausschuss einsetzen möchte. Hier bestünde auch ein Missbrauchspotenzial, könnten sich Gruppen im Bundestag gezielt zusammensetzen, um einen Untersuchungsausschuss zu forcieren, welcher lediglich den eigenen Interessen dient. Das bloße Interesse von Teilen des Bundestages für ein bestimmtes Thema stellt weitergehend allenfalls ein **Indiz** für die Legalität dar, stellt diese aber nicht zwangsläufig fest. Entsprechend ist die Frage rechtlich voll überprüfbar.[20] Der Begriff ist vielmehr auf **eine wertende Gesamtbetrachtung** angewiesen. Inhaltlich bietet sich eine **Negativabgrenzung** an. Vom öffentlichen Interesse **nicht** umfasst sind damit rein private Angelegenheiten, die absolut keinen äußeren Bezug zum öffentlich bekleideten Amt (z.B. Bundestagsabgeordnete:r) aufweisen. Die fragliche Angelegenheit muss folglich irgendeinen **Gemeinwohlbezug** aufweisen. In zeitlicher Hinsicht muss es sich um einen Lebenssachverhalt handeln, welcher zumindest eine **gewisse Aktualität** mit sich bringt.[21]

---

20 SächsVerfGH, Urteil v. 29. 8. 2008 – Vf. 154-I/07=NJOZ 2008, 3571 (3590).
21 Wiefelspütz, NVwZ 2002, 10 (13f.).

Jaschar Kohal

b) Verstoß gegen sonstiges Verfassungsrecht – insbesondere Rechtsstaatsprinzip

Weitergehend darf kein Verstoß gegen sonstiges Verfassungsrecht vorliegen. Die überwiegenden Probleme sind in Relation zum Rechtsstaatsprinzip zu verorten. Folgende Fallgruppen sind dabei besonders hervorzuheben:

- **Kernbereich exekutiver Eigenverantwortung:** Der Regierung steht ein unausforschbarer Initiativ-, Beratungs,- und Handlungsbereich zu. Dabei sollen insbesondere noch nicht abgeschlossene Vorgänge nicht Gegenstand eines Untersuchungsausschusses werden können.
- **Überprüfbarkeit von Gerichtsentscheidungen:** Wesentlicher Problempunkt ist hier die Gewaltenteilung. Der Untersuchungsausschuss hat als Teil der Legislative nicht in die Maßnahmen der Judikative einzuwirken. Hieraus folgt, dass Lebenssachverhalte zu abgeschlossenen Gerichtsverfahren grundsätzlich keinen Untersuchungsausschussgegenstand darstellen können.
- **Untersuchungsausschuss bei laufenden Gerichtsverfahren zum Thema:** Die Problematik ist etwas anders zu beurteilen, sofern der Lebenssachverhalt auch in einem Verfahren bei Gericht anhängig ist. Eine Mindermeinung sieht hier die Gefahr der Beeinflussung des Gerichts durch den Untersuchungsausschuss. Außerdem würde der Untersuchungsausschuss in die Fragestellung der Schuldfrage interferieren, welche aber gerade nur dem Gericht zustünde. Die **ganz h.M.** sieht hier kein Problem: Gerichte müssen durchweg mit Druck von außen umgehen und sich hierbei standhaft zeigen. Der Untersuchungsausschuss würde zudem die Frage der „politischen Verantwortlichkeit" beantworten, nicht aber die einer etwaigen strafrechtlichen Schuld. Entsprechend gibt es hier auch keine Überschneidungen.[22] Die h.M. überzeugt hier: Gerichte sind ständig äußerem Erwartungsdruck ausgesetzt. Dem Bundestag kann, als unmittelbar demokratisch legitimierte Entität, auch nicht das Recht eigener Ermittlungen gänzlich genommen werden.

c) Entgegenstehende Rechte Dritter

Hier ist eine Grundrechtsprüfung vorzunehmen. Regelmäßig wird dieser Teil im Bearbeiter:innenvermerk erlassen. Häufig einschlägig ist das allgemeine Persönlichkeitsrecht der betroffenen Person. Hier wäre dann nach dem Dreischritt „Schutzbereich, Eingriff, Rechtfertigung" eine reguläre Grundrechtsprüfung vorzunehmen.

---

22 Hebeler/Schulz, JuS 2010, 969 (972).

Jaschar Kohal

d) Entgegenstehende Rechte von Abgeordneten

Sofern der Untersuchungsausschuss die Rechte eines:einer Abgeordneten tangiert (beispielsweise weil sein Verhalten Gegenstand des Untersuchungsausschusses ist) sind hier kurz **Immunität** und **Indemnität** anzusprechen, Art 46 I GG. Die Immunität ist nicht einschlägig, da diese nur vor der Verfolgung durch staatliche Macht außerhalb des Parlaments schützt. Die Indemnität kann durch Genehmigung des Bundestags aufgehoben werden.[23] Dies geschieht simultan-konkludent durch die Abstimmung zum Untersuchungsausschuss.[24]

II. Herausgabeansprüche aufgrund des Untersuchungsausschussrechts

Oftmals tauchen in Fallkonstellationen abseits der reinen Rechtmäßigkeitsprüfung noch Fragen zur Herausgabe von Akten auf. So könnte ein Untersuchungsausschuss die Herausgabe von Unterlagen beim Bundesbeauftragten für die Stasi-Unterlagen verlangen, um die Stasi-Vergangenheit eines Abgeordneten zu klären.

Klausurtaktik !

Die Prüfung eines möglichen Herausgabeanspruchs erfolgt entweder als Zusatzfrage oder als zweiter Teil in der materiellen Rechtmäßigkeit nachdem die zuvor beschriebenen Punkte erläutert wurden (sofern einschlägig). Nahezu immer problematisch ist in dieser Hinsicht wieder der **Kernbereich exekutiver Eigenverantwortung**, wird einer Instanz der Exekutive die Herausgabe „angeordnet". Im Falle der Stasi-Unterlagen ist dies regelmäßig kein Problem, da der dahinterstehende Willensbildungsprozess für die fragliche Akte schon lange abgeschlossen ist.

Bereits die Ermächtigungsgrundlage zur Herausgabe ist **umstritten**. Naheliegend ist hier **Art. 44 III GG, § 18 I PUAG** heranzuziehen (so auch das BVerfG).[25] Für die Herausgabe bedarf es weitergehend eines Beschlusses nach § 17 PUAG. Die Literatur möchte **zusätzlich** noch die Voraussetzungen des **Art. 35 I GG** prüfen.[26] Sie beruft sich darauf, dass ein solches Herausgabeverlangen eines Untersuchungsausschusses immer auch gleichzeitig ein Amtshilfeersuchen nach Art. 35 I GG darstellt. Gegen die Ansicht der Literatur spricht methodisch, dass Art. 44 III GG offensichtlich den Fall des Untersuchungsausschusses (folglich für diesen Spezialfall) regelt, und somit lex specialis zu Art. 35 I GG ist. Entsprechend ist keine

---

23 Siehe hierzu auch Linke, § 10.1 Abgeordnete in diesem Lehrbuch.
24 Hebeler/Schulz, JA 2010, 969 (974).
25 BVerfG, Urt. v. 17.7.1984, Az.: 2 BvE 11, 15/83, Rn. 141 = BVerfGE 67, 100 (128 f.).
26 Kirste, JuS 2003, 61 (65).

weitere Prüfung von Art. 35 I GG notwendig. Diese Auffassung erscheint auch aus klausurtaktischen Überlegungen angebracht: Die weitere Prüfung von Art. 35 I GG wird regelmäßig nicht intendierter Klausurschwerpunkt sein, ist fehleranfällig und zeitraubend.

Weiterführende Studienliteratur

Ausschüsse:
- Einen vertiefenden Überblick bietet die Darstellung bei Winkelmann, in: Morlok/Schliesky/Wiefelspütz, Handbuch Parlamentsrecht, 2016, § 23.

Untersuchungsausschüsse:
- Reinhardt, Der Untersuchungsausschluss, NVwZ 2014, 991.
- Kirste, Der praktische Fall – Öffentliches Recht: Stasi-Unterlagen im Untersuchungsausschuss?, JuS 2003, 61.
- Kingreen, Parlamentarische Kontrolle, insbesondere durch Untersuchungsausschüsse (Art. 44 GG), JURA 2018, 880.
- Hebeler/Schulz, Prüfungswissen zum Untersuchungsausschussrecht, JA 2010, 969.

Zusammenfassung: Die wichtigsten Punkte
- Das Untersuchungsausschussrecht beinhaltet eine Vielzahl unbestimmter Rechtsbegriffe, die eine ordentliche Subsumtion erfordern.
- Besonders wichtig sind klassischen Fragestellungen, wie das Vorliegen eines Öffentlichen Interesses, die Rechte Dritter, sonstiges Verfassungsrecht und Rechte von Abgeordneten.

Jaschar Kohal

§ 10.3 Opposition

Die parlamentarische Opposition ist in erster Linie zwar **keine eigenständige verfassungsrechtliche Einrichtung**, sondern allein eine politische Erscheinungsform.[1] Daraus folgt jedoch nicht, dass es sich bei der Opposition um ein „verfassungsrechtliches Nullum" handeln würde. Ganz im Gegenteil: Das BVerfG hat bereits **in einer seiner ersten Entscheidungen** das **Recht auf verfassungsgemäße Bildung und Ausübung einer Opposition** als eines der **grundlegenden Prinzipien der freiheitlich demokratischen Grundordnung des Grundgesetzes** benannt.[2] Die verfassungsrechtliche Stellung der Opposition sowie ihre Rechte und Pflichten ergeben sich vorwiegend aus der Rechtsprechung des BVerfG. Darüber hinaus haben sich aber auch die im Grundgesetz festgelegten Minderheitenrechte für die parlamentarische Praxis der Opposition als besonders bedeutsam erwiesen.

A. Die Zugehörigkeit zur Opposition

In Ermangelung einer verfassungsrechtlichen Regelung existiert **keine ausdrückliche Definition** des Oppositionsbegriffs. Das **BVerfG verwendet** in seiner Rechtsprechung ebenfalls **unterschiedliche Begriffe**, wie etwa „parlamentarische Opposition"[3], „oppositionelle Minderheit"[4], „Oppositionsabgeordnete"[5], „Oppositionsfraktionen"[6] oder ganz allgemein nur „die Opposition"[7]. Unter dem Begriff der Opposition können daher allgemein all jene politischen Kräfte im Parlament zusammengefasst werden, die die amtierende Regierung in der Regel nicht unterstützen, sondern stattdessen ihre Ablösung zum Ziel haben.[8]

---

1 Huber, in: Handbuch des Staatsrechts, Bd. III, 3. Aufl. 2005, § 47 Rn. 38.
2 BVerfG, Urt. v. 23.10.1952, Az.: 1 BvB 1/51, Rn. 35 = BVerfGE 2, 1 (13) – SRP-Verbot.
3 Vgl. z. B. BVerfG, Urt. v. 30.6.2009, Az.: 2 BvE 2/08 u. a., Rn. 213 = BVerfGE 123, 267 (342) – Lissabon-Vertrag; Urt. v. 3.5.2016, Az.: 2 BvE 4/14, Rn. 64 = BVerfGE 142, 25 (48) – Oppositionsrechte; Urt. v. 24.3.2021, Az.: 1 BvR 2656/18 u. a., Rn. 213 = NJW 2021, 1723 (1743) – Klimaschutz.
4 Vgl. z. B. BVerfG, Urt. v. 17.8.1956, Az.: 1 BvB 2/51, Rn. 517 = BVerfGE 5, 85 (199) – KPD-Verbot.
5 Vgl. BVerfG, Urt. v. 13.6.1989, Az.: 2 BvE 1/88, Rn. 162 = BVerfGE 80, 188 (239) – Wüppesahl; Beschl. v. 7.11.2007, Az.: 2 BvR 412/04, 2 BvR 2491/04, Rn. 10 = BVerfGK 12, 383 – Biersteuergesetz.
6 Vgl. z. B. BVerfG, Urt. v. 3.5.2016, Az.: 2 BvE 4/14, Rn. 58 = BVerfGE 142, 25 (46) – Oppositionsrechte.
7 BVerfG, Urt. v. 21.10.2014, Az.: 2 BvE 5/11, Rn. 202 = BVerfGE 137, 185 (265) – Rüstungsexport.
8 Huber, in: Handbuch des Staatsrechts, Bd. III, 3. Aufl. 2005, § 47 Rn. 40.

https://doi.org/10.1515/9783110786965-042

! **Klausurtaktik**

In der Klausur bieten sich nähere Ausführungen über die korrekte Definition des Oppositionsbegriffs grundsätzlich nicht an. Stattdessen sollte eher geprüft werden, ob der im Fall benannte
Personenkreis das in Rede stehende Oppositionsrecht geltend machen kann. Dies entscheidet
sich sodann anhand der zu dieser Frage ergangenen Rechtsprechung des BVerfG.

I. Oppositionsfraktionen

Als Untergliederungsform des Parlaments bestimmen sich die **Rechte und
Pflichten der Fraktionen in Abhängigkeit von der Rechtsstellung des Parlaments.** Aus Sicht der Oppositionsfraktionen haben dabei vor allem die verfassungsrechtlichen **Minderheitenrechte** Bedeutung, für deren Geltendmachung
allerdings das **Erreichen eines bestimmten Quorums an Mitgliedern des Bundestags** Voraussetzung ist. Laut BVerfG stellen die Minderheitenrechte der Verfassung jedoch keine spezifischen Rechte der Oppositionsfraktionen dar.[9] Diese
bewusste Entscheidung des Verfassungsgebers bindet auch das BVerfG, sodass
auch **kein verfassungsrechtlicher Anspruch auf Absenkung der Quoren** besteht; dies gilt sogar für den Fall, dass die Größe der Oppositionsfraktionen in der
Praxis nicht die verfassungsrechtlich vorgesehene Mindestgröße für die Geltendmachung der Minderheitenrechte erreichen sollte.[10]

II. Oppositionsabgeordnete

Neben den Fraktionen kommen auch einzelne Abgeordnete, die die Regierung
nicht dauerhaft stützen, als Anknüpfungspunkt der parlamentarischen Opposition in Betracht. Grundsätzlich ohne Bedeutung ist dabei die Unterscheidung zwischen fraktions- beziehungsweise gruppenangehörigen und fraktionslosen Abgeordneten.

Fraktions- oder gruppenangehörige Abgeordnete ordnen sich in der Regel der
Gruppierung unter, der sie angehören. Damit wird die:der einzelne Abgeordnete
von der Fraktion oder Gruppe mediatisiert, der sie:er angehört.[11] Eine eigenstän-

---

9 Siehe dazu weiterführend Chiofalo/Lohmann, § 5.4 Minderheitenschutz in diesem Lehrbuch
und vgl. BVerfG, Urt. v. 3.5.2016, Az.: 2 BvE 4/14, Rn. 91 = BVerfGE 142, 25 (58) – Oppositionsrechte.
10 Vgl. BVerfG, Urt. v. 3.5.2016, Az.: 2 BvE 4/14, Rn. 107 = BVerfGE 142, 25 (64) – Oppositionsrechte.
11 Huber, in: Handbuch des Staatsrechts, Bd. III, 3. Aufl. 2005, § 47 Rn. 44.

Hagen Lohmann

dige Oppositionsrolle scheidet für die Abgeordneten in dieser Konstellation deshalb regelmäßig aus. Dies trifft auf fraktionslose Abgeordnete zwar grundsätzlich nicht zu, da sie sich gerade nicht einer Gruppierung unterordnen. Allerdings können Abgeordnete, anders als Fraktionen, nach der Rechtsprechung des BVerfG die Parlamentsrechte generell nicht im Wege der Prozessstandschaft geltend machen.[12] Dies steht vielmehr nur den (Oppositions-)Fraktionen als Organteilen des Parlaments zu. Damit fehlt den Abgeordneten grundsätzlich die Möglichkeit, die der Opposition zukommende Rolle eigenständig wahrzunehmen. Die Abgeordneten sind insoweit in erster Linie auf die Geltendmachung ihrer eigenen aus dem Mandat folgenden Rechte verwiesen.

B. Verfassungsrechtliche Stellung der Opposition

Mangels ausdrücklicher Benennung **fehlt es** auch **an ausdrücklichen Rechten der Opposition in der Verfassung**. Die Opposition ist insoweit durch das Grundgesetz selbst nicht institutionalisiert. Dennoch hat das **BVerfG bestimmte Oppositionsrechte aus der Verfassung hergeleitet**. Dabei hat sich in der jüngeren Rechtsprechung der sogenannte „**Grundsatz effektiver Opposition**" als Ausgangspunkt für die Begründung verfassungsrechtlicher Oppositionsrechte herausgebildet.

I. Der Grundsatz effektiver Opposition

Den Grundsatz effektiver Opposition hat das BVerfG in seiner „**Oppositionsrechte-Entscheidung**" v. 3.5.2016 begründet.[13] Zusammengefasst:

Der Grundsatz **wurzelt im Demokratieprinzip** nach Art. 20 I, II und Art. 28 I 1 GG.[14] Er stellt einen „**allgemeinen verfassungsrechtlichen Grundsatz**" dar, unter den das BVerfG verschiedene bis dahin entwickelte Rechtspositionen der Opposition zusammenfasst. Zunächst umfasst der Grundsatz effektiver Oppositi-

---

12 BVerfG, Urt. v. 12.7.1994, Az.: 2 BvE 3/92 u. a., Rn. 222 = BVerfGE 90, 286 (343) – Out-of-area-Einsätze; Urt. v. 30.6.2009, Az.: 2 BvE 2/08 u. a., Rn. 200 = BVerfGE 123, 267 (337) – Lissabon-Vertrag.
13 Vgl. BVerfG, Urt. v. 3.5.2016, Az.: 2 BvE 4/14, Rn. 85 f. = BVerfGE 142, 25 – Oppositionsrechte.
14 BVerfG, Beschl. v. 4.5.2020, Az.: 2 BvE 1/20, Rn. 30 = BVerfGE 154, 1 – Abwahl des Vorsitzenden des Rechtsausschusses.

Hagen Lohmann

on das **Recht der Parteien auf verfassungsgemäße Bildung und Ausübung einer Opposition.**[15]

Nach ständiger Rechtsprechung des BVerfG gehört das Recht auf verfassungsgemäße Bildung und Ausübung einer Opposition zusammen mit dem Mehrheitsprinzip und der Chancengleichheit für alle politischen Parteien zu den tragenden Grundsätzen der freiheitlichen demokratischen Grundordnung des Grundgesetzes.[16]

Inhaltlich gewährt das Recht auf verfassungsgemäße Bildung und Ausübung einer Opposition folgende Rechtspositionen:

–   Es garantiert „das Bestehen mehrerer Parteien (...), jedenfalls aber die Möglichkeit, daß sich jederzeit neue Parteien frei bilden dürfen".[17]

–   Es begründet den Anspruch der oppositionellen Minderheit, „ihre eigenen politischen Ansichten im Plenum vorzutragen und die Vorstellungen der Mehrheit zu kritisieren."[18]

–   Es umfasst ferner den Anspruch der Oppositionsfraktionen auf Repräsentation in den Ausschüssen, „wenn dort der Sache nach die Entscheidungen fallen."[19]

❗ Examenswissen

Relevanz hat das Recht auf verfassungsgemäße Bildung und Ausübung einer Opposition aufgrund seiner Stellung als einer der Grundsätze der freiheitlichen demokratischen Grundordnung in erster Linie im Rahmen eines Parteiverbotsverfahrens nach Art. 21 II GG i.V.m. §§ 43 ff. BVerfGG. Danach sind u. a. jene Parteien verfassungswidrig, die nach ihren Zielen oder nach dem Verhalten ihrer Anhänger „darauf ausgehen", die freiheitliche demokratische Grundordnung zu beeinträchtigen oder zu beseitigen. Das zuletzt beim BVerfG anhängige Parteiverbotsverfahren betraf die NPD. In diesem (zweiten) Verfahren bestätigte das Gericht zwar, dass das politische Konzept der NPD auf die Beseitigung der freiheitlichen demokratischen Grundordnung ausgerichtet sei.[20] Für ein Verbot sei darüber hinaus aber auch ein „darauf Ausgehen" erforderlich. Dies erfordere „konkrete Anhaltspunkte von Gewicht, die eine Durchsetzung der von [der Partei] verfolgten verfassungsfeindlichen Ziele möglich erscheinen lassen"[21], was bei der NPD gerade

---

15 Vgl. BVerfG, Urt. v. 3.5.2016, Az.: 2 BvE 4/14, Rn. 85 ff. = BVerfGE 142, 25 – Oppositionsrechte.

16 Vgl. z. B. BVerfG, Urt. v. 23.10.1952, Az.: 1 BvB 1/51, Rn. 38 = BVerfGE 2, 1 (13) – SRP-Verbot.

17 BVerfG, Urt. v. 17.8.1956, Az.: 1 BvB 2/51, Rn. 604 = BVerfGE 5, 85 (224) – KPD-Verbot.

18 BVerfG, Beschl. v. 10.5.1977, Az.: 2 BvR 705/75, Rn. 42 = BVerfGE 44, 308 (321) – Beschlussfähigkeit.

19 BVerfG, Urt. v. 14.1.1986, Az.: 2 BvE 14/83 u.a., Rn. 155 = BVerfGE 70, 324 (363) – Haushaltskontrolle der Nachrichtendienste.

20 BVerfG, Urt. v. 17.1.2017, Az.: 2 BvB 1/13, Rn. 634 ff. = BVerfGE 144, 20 (246 ff.) – NPD-Verbotsverfahren.

21 BVerfG, Urt. v. 17.1.2017, Az.: 2 BvB 1/13, Rn. 585 f. = BVerfGE 144, 20 (224 f.) – NPD-Verbotsverfahren.

Hagen Lohmann

nicht gegeben gewesen sei.[22] Das Erfordernis „konkreter Anhaltspunkte von Gewicht, die eine Durchsetzung der von der Partei verfolgten verfassungsrechtlichen Ziele möglich erscheinen lassen" stellte eine ausdrückliche Abkehr zu der bis dahin bestehenden Rechtsprechung des BVerfG dar.

Neben dem Recht auf verfassungsgemäße Bildung und Ausübung einer Opposition enthält der Grundsatz effektiver Opposition auch „**das Recht auf organisierte politische Opposition**".[23] Das BVerfG leitet dieses **aus dem Rechtsstaatsprinzip** nach Art. 20 III und Art. 28 I 1 GG ab.[24] Der hieraus folgende Grundsatz der Gewaltenteilung verpflichtet zwar das Parlament als Ganzes zur Kontrolle der Regierung. Weil für eine stabile Regierung aber die Unterstützung der Mehrheit im Parlament erforderlich ist, obliegt die Kontrollfunktion daneben vor allem auch den Oppositionsabgeordneten und -fraktionen.[25]

Schließlich verpflichtet der Grundsatz effektiver Opposition dazu, **die im Grundgesetz vorgesehenen Minderheitenrechte auf Wirksamkeit hin auszulegen**.[26] Das BVerfG betont insoweit: „Eine effektive Opposition darf bei der Ausübung ihrer Kontrollbefugnisse nicht auf das Wohlwollen der Parlamentsmehrheit angewiesen sein."[27]

Examenswissen !

Die Frage nach dem parlamentarischen Minderheitenschutz und dem Grundsatz der effektiven Opposition sollte beim sogenannten **GroKo Fall** unbedingt angesprochen werden. Die Mehrheitsverhältnisse im 18. Deutschen Bundestag aufgrund der Regierungskoalition zwischen CDU/CSU und SPD führten dazu, dass lediglich 127 von 630 Sitze auf die Opposition entfielen. Damit unterschritt die Gesamtheit der Abgeordneten der Oppositionsfraktionen die Quoren, die das Grundgesetz für die Ausübung von parlamentarischen Minderheitenrechten vorsieht.[28] Fraglich war, ob die Quoren dementsprechend herabgesetzt werden müssen, damit die Opposition ihre Rechte auch tatsächlich geltend machen kann. Das BVerfG betonte zwar den Grundsatz der effektiven

---

22 BVerfG, Urt. v. 17.1.2017, Az.: 2 BvB 1/13, Rn. 845 f. = BVerfGE 144, 20 (307 f.) – NPD-Verbotsverfahren.
23 BVerfG, Urt. v. 3.5.2016, Az.: 2 BvE 4/14, Rn. 87 = BVerfGE 142, 25 – Oppositionsrechte; Urt. v. 30.6.2009, Az.: 2 BvE 2/08 u. a., Rn. 270 = BVerfGE 123, 267 – Lissabon-Vertrag.
24 Vgl. auch zum Folgenden BVerfG, Urt. v. 3.5.2016, Az.: 2 BvE 4/14, Rn. 87 = BVerfGE 142, 25 – Oppositionsrechte.
25 BVerfG, Urt. v. 3.5.2016, Az.: 2 BvE 4/14, Rn. 87 = BVerfGE 142, 25 – Oppositionsrechte.
26 BVerfG, Urt. v. 3.5.2016, Az.: 2 BvE 4/14, Rn. 90 = BVerfGE 142, 25 – Oppositionsrechte.
27 BVerfG, Beschl. v. 4.5.2020, Az.: 2 BvE 1/20, Rn. 30 = BVerfGE 154, 1 – Abwahl des Vorsitzenden des Rechtsausschusses.
28 BVerfG, Urt. v. 3.5.2016, Az.: 2 BvE 4/14 = BVerfGE 142, 25 – Oppositionsrechte.

Hagen Lohmann

Opposition, verneinte allerdings einen verfassungsrechtlichen Anspruch auf Einräumung von Oppositionsfraktionsrechten.[29]

II. Minderheitenrecht als Instrument der Opposition

Wie bereits im Beitrag zum Minderheitenschutz beschrieben, stehen der parlamentarischen Minderheit über die Verfassung spezifische Rechte zu, die hauptsächlich von der Opposition genutzt werden. Dazu zählen vor allem:

- das **Recht auf Einrichtung eines Untersuchungsausschusses nach Art. 44 GG,**
- das **Recht auf Einleitung eines abstrakten Normenkontrollverfahrens nach Art. 93 I Nr. 2 GG** durch 1/4 der Abgeordneten,
- die **prozessstandschaftliche Geltendmachung der Parlamentsrechte** durch die Opposition **im Wege des Organstreitverfahrens nach Art. 93 I Nr. 1 GG.**

Weiterführende Studienliteratur
- Ingold, Oppositionsrechte stärken?, ZRP 2016, 143.
- Schwarz, Unkontrollierbare Regierung – Die Rechte der Opposition bei der Bildung einer Großen Koalition im Deutschen Bundestag, ZRP 2013, 226.

Zusammenfassung: Die wichtigsten Punkte
- Das BVerfG hat in seiner Rechtsprechung den **Grundsatz effektiver Opposition** entwickelt.
- Der Grundsatz effektiver Opposition **umfasst das Recht auf verfassungsgemäße Bildung und Ausübung der Opposition**, das Recht **auf organisierte politische Opposition** und die **Pflicht**, die im Grundgesetz vorgesehenen **Minderheitenrechte auf Wirksamkeit hin auszulegen.**
- Die im Grundgesetz vorgesehenen **Minderheitenrechte** sind **keine spezifischen Rechte der Opposition.**
- Es besteht **kein Anspruch auf Absenkung der Quoren für die Minderheitenrechte** des Grundgesetzes, auch wenn die Größe der Opposition nicht die Mindestgröße für die Geltendmachung der Minderheitenrechte erreicht.
- Einzelne Oppositionsabgeordnete können die Oppositionsrechte nicht prozessstandschaftlich geltend machen; dies steht nur den Oppositionsfraktionen zu.

---

29 Siehe dazu den Beitrag zum Minderheitenschutz: Chiofalo/Lohmann, § 5.4 Minderheitenschutz, B. III. 1. in diesem Lehrbuch.

Hagen Lohmann

§ 10.4 Leitung und Verwaltung des Bundestags

Zum Schluss des Abschnitts über das Verfassungsorgan „Bundestag" soll dessen Leitung und Verwaltung beleuchtet werden. Der Bundestag verfügt als oberstes Bundesorgan über eine eigene Organisationsgewalt, die sogenannte **Parlaments-autonomie**: Davon umfasst sind sowohl die Autonomie, sich eine eigene Geschäftsordnung zu geben (Geschäftsordnungsautonomie, Art. 40 I 2 GG) als auch die eigene Leitung und Verwaltung zu regeln (Organisationsautonomie, u.a. Art. 40 I 1 GG).[1] Zur **Geschäftsordnungsautonomie** gehören alle Regelungsgegenstände, die dem Parlament üblicherweise als autonome Geschäftsordnungsangelegenheit zugewiesen werden,[2] wie z.B. die Befugnis des Bundestages zur Selbstorganisation, Entscheidungen über den Ablauf des Gesetzgebungsverfahrens sowie über die Zusammensetzung und Arbeitsweise der Ausschüsse, oder über die Bildung und die Rechte von Fraktionen.[3]

Die **Organisationsautonomie** des Parlaments schützt dessen Selbstorganisation, welche in Art. 40 I 1 GG in Bezug auf die Wahl des:der Bundestagspräsident:in, der Stellvertreter:innen sowie der Schriftführer:innen explizit geregelt wird, jedoch auch darüber hinausgeht, soweit sie nicht durch das Grundgesetz selbst oder durch Gesetz begrenzt wird.[4] Zentrale Organe zur Selbstorganisation des Bundestags sind der:die Präsident:in, dessen:deren Stellvertreter:innen sowie der Ältestenrat.

A. Bundestagspräsidium

Das **Präsidium** des Bundestags besteht gem. § 5 GOBT aus dem:der Präsident:in des Bundestags und den Stellvertreter:innen, ist jedoch im Grundgesetz nicht explizit benannt. Es ist ein Beratungsorgan, in welchem vor allem organisatorische Angelegenheiten erörtert werden; beispielsweise wirkt es an Personalangelegenheiten der Bundestagsverwaltung mit.[5]

---

1 Brocker, in: BeckOK GG, 48. Ed. 15.8.2021, Art. 40 Einl, Rn. 1–3; vgl. auch Klein, in: Dürig/Herzog/Scholz, GG Kommentar, 95. EL 7.2021, Art. 40 Rn. 81.
2 BVerfG, Beschl. v. 10.5.1977, Az.: 2 BvR 705/75 = BVerfGE 44, 308 (314) – Beschlußfähigkeit.
3 BVerfG, Beschl. v. 13.6.1989, Az.: 2 BvE 1/88 = BVerfGE 80, 188 (219) – Wüppesahl.
4 Brocker, in: BeckOK GG, 48. Ed. 15.8.2021, Art. 40 Rn. 4; Klein, in: Dürig/Herzog/Scholz, GG Kommentar, 95. EL 7.2021, Art. 40 Rn. 81.
5 Gröpl, Staatsrecht I, 12. Aufl. 2020, § 16 Rn. 985.

I. Bundestagspräsident:in

1. Wahlvorgang und Stellung

Gem. Art. 40 I 1 GG wählt der Bundestag für die **Dauer der Wahlperiode** eine:n Präsident:in aus den Reihen der Abgeordneten (§ 2 GOBT).[6] Gewählt ist dabei, wer die Stimmen der Mehrheit der Mitglieder des Bundestages erhält (§ 2 II 1 GOBT). Nach parlamentarischem Brauch gebührt das Vorschlagsrecht für das Amt des:der Präsident:in der stärksten Fraktion im Bundestag, wobei es sich dabei nicht um eine (verfassungs)rechtliche Regel handelt.[7] § 2 II GOBT regelt insofern das Wahlverfahren, wenn sich im ersten und zweiten Wahlgang keine Mehrheit für die vorgeschlagene Person findet. Die Amtszeit des:der Bundestagspräsident:in endet mit dem Ende der Legislaturperiode oder im Falle des Verlustes seines:ihres Abgeordnetenmandats.[8] Die Abwahl des:der Präsident:in ist in Grundgesetz und Geschäftsordnung nicht explizit geregelt, wird jedoch nach h.M. als möglich erachtet.[9]

Die **Stellung** des:der Bundestagspräsident:in zeichnet sich dadurch aus, dass er:sie die „Personifizierung des Parlaments"[10] darstellt, und somit an der Spitze des Verfassungsorgans Bundestag steht. In dieser Rolle soll er:sie die im Folgenden erläuterten Aufgaben möglichst unparteiisch und neutral ausführen, da ihm:ihr eine Repräsentativfunktion für den gesamten Bundestag zukommt; damit einher geht eine Pflicht zur parteipolitischen Mäßigung.[11] Gleichzeitig bleibt auch der:die Bundestagspräsident:in Abgeordnete:r mitsamt aller damit einhergehenden Rechte, welche jedoch angesichts der Neutralitätspflicht mit entsprechender Zurückhaltung ausgeübt werden müssen.[12]

2. Aufgabenbereich

Zu den **Aufgaben** des:der Bundestagspräsident:in gehören neben den administrativen Aufgaben der Bundestagsverwaltung[13] die Leitung der Sitzungen des

---

6 Siehe zur Wahlperiode ausführlicher Lohmann, § 10 Bundestag, B.II. in diesem Lehrbuch

7 Brocker, in: BeckOK GG, 48. Ed. 15.8.2021, Art. 40 Rn. 9.

8 Brocker, in: BeckOK GG, 48. Ed. 15.8.2021, Art. 40 Rn. 9.

9 Zu den Anforderungen Brocker, in: BeckOK GG, 48. Ed. 15.8.2021, Art. 40 Rn. 9; Klein, in: Dürig/Herzog/Scholz, GG Kommentar, 95. EL 7.2021, Art. 40 Rn. 91.

10 Morlok, in: Dreier, GG, 3. Aufl. 2015, Art. 40 Rn. 25.

11 Klein, in: Dürig/Herzog/Scholz, GG Kommentar, 95. EL 7.2021, Art. 40 Rn. 95.

12 Gröpl, Staatsrecht I, 12. Aufl. 2020, § 16 Rn. 981.

13 Gröpl, Staatsrecht I, 12. Aufl. 2020, § 16 Rn. 988.

Ammar Bustami und Valentina Chiofalo

Bundestags sowie die Vertretung des Bundestags nach außen (§ 7 GOBT).[14] Er:Sie ist Vorsitzende:r des Bundestagspräsidiums sowie des Ältestenrats (§§ 5, 6 I GOBT). Im Rahmen seiner:ihrer **Leitungsfunktion** kommt dem:der Bundestagspräsident:in insbesondere die Sitzungsleitung zu (§§ 22 ff. GOBT), zu welcher u. a. die Erteilung des Wortes (§ 27 GOBT) sowie die Bestimmung der Rednerreihenfolge (§ 28 GOBT) gehören.

a) Disziplinarmaßnahmen

Ergänzt werden diese Aufgaben durch die Ordnungsbefugnisse des:der Präsident:in, welche der Gewährleistung eines geordneten Ablaufs der Plenarsitzungen dienen.[15] Zu den zur Verfügung stehenden **Disziplinarmaßnahmen** gehören bei nur leichten Verstößen die „Rüge", der Ordnungsruf und der Ruf zur Sache (§ 36 GOBT), der Wortentzug (§ 35 III, 36 II GOBT), die Verhängung eines Ordnungsgelds (§ 37 GOBT) sowie bei großen Verletzungen auch der Sitzungsausschluss (§ 38 GOBT).

Klausurtaktik !

Disziplinarmaßnahmen des:der Bundestagspräsident:in können die Rechte der Abgeordneten beeinträchtigen.[16] In Klausuren kann es daher zu Rechtsstreitigkeiten zwischen einzelnen Abgeordneten und dem:der Bundestagspräsident:in kommen, welche im verfassungsgerichtlichen Organstreitverfahren überprüft werden können (Art. 93 I Nr. 1 GG, §§ 63 ff. BVerfGG).[17] Die Antragsbefugnis ergibt sich aus einer möglichen Verletzung des Art. 38 I 2 GG. Einige Sachverhalte versuchen an dieser Stelle die Studierenden zu verwirren, indem auf Art. 5 I GG (Meinungsfreiheit) verwiesen wird. Ein Antrag, der sich auf Art. 5 I GG stützt, sollte dann in der Antragsbefugnis auf Art. 38 I 2 GG umgedeutet werden. Bundestagsabgeordnete können im Organstreitverfahren ausschließlich Rechte geltend machen, die sich aus einer organschaftlichen Stellung im Sinne des Art. 38 I 2 GG ergeben.[18] In den meisten Fällen wird nicht nur eine Ordnungsmaßnahme genutzt, sondern der:die Bundestagspräsident:in wird **mehrere Maßnahmen** verwenden. Dabei muss die Prüfung der einzelnen Maßnahmen sauber getrennt werden. So ist eine „Rüge" durch den:die Bundestagspräsident:in nämlich keine rechtserhebliche Maßnahme, sondern parlamentarischer Brauch. Gegen Rügen ist somit das Organstreitverfahren nicht zulässig, da keine Rechtsverletzung aus Art. 38 I 2 GG gegeben sein kann (keine Antragsbefugnis).[19]

---

14 Siehe ausführlich Klein, in: Dürig/Herzog/Scholz, GG Kommentar, 95. EL 7.2021, Art. 40 Rn. 97–111.
15 Klein, in: Dürig/Herzog/Scholz, GG Kommentar, 95. EL 7.2021, Art. 40 Rn. 100.
16 Klein, in: Dürig/Herzog/Scholz, GG Kommentar, 95. EL 7.2021, Art. 40 Rn. 104. Siehe zu den Abgeordnetenrechten ausführlicher Linke, § 10.1 Abgeordnete, A.V. in diesem Lehrbuch.
17 Siehe zum Organstreitverfahren Siegel, § 21.1 Organstreit in diesem Lehrbuch.
18 BVerfG, Beschl. v. 21.5.1996, Az.: 2 BvE 1/95 = BVerfGE 94, 351 – Abgeordnetenprüfung.
19 Siehe dazu ausführlich: Freie Universität Berlin, Hauptstadtfälle, Tumult im Bundestag.

Ammar Bustami und Valentina Chiofalo

Die Prüfung der **Begründetheit** sollte wie folgt aufgebaut werden:

I. Verfassungsrechtlich gewährleistetes Recht aus Art. 38 I 2 GG (Rechte der Abgeordneten)

II. Beschränkung des Rechts durch Maßnahme des:der Bundestagspräsident:in *(kann unproblematisch angenommen werden)*

III. Verfassungsrechtliche Rechtfertigung:

1. Beschränkung des Rederechts

Es muss möglich sein, das Rederecht der Abgeordneten zu beschränken, nur so kann die Ordnung im Bundestag gewahrt werden. Dieser Gedanke ergibt sich bereits aus Art. 40 I 2 GG, welcher den Bundestag dazu ermächtigt, sich eigenständig eine Geschäftsordnung zu geben (GOBT). Über die GOBT wird mithin ein Ausgleich zwischen dem Rederecht der Abgeordneten und der Funktionsfähigkeit des Parlaments angestrebt.

2. Maßnahme im Konkreten

Damit der Ausgleich auch tatsächlich verfassungskonform ist, muss auch die konkrete Maßnahme durch den:die Bundestagspräsident:in verfassungskonform ausgeübt werden.

1. Frage: Auf welche Ermächtigungsgrundlage kann sich gestützt werden?
Ruf zur Sache: § 36 I 1 GOBT
Ordnungsruf: § 36 I 2 GOBT
Wortentzug: wegen vorheriger Rufe zur Sache oder Ordnungsrufe, § 36 II GOBT; oder wegen Überschreitung der Rededauer, § 35 III GOBT

2. Frage: Wurden die jeweiligen Voraussetzungen gewahrt? War die Maßnahme nach den besonderen Umständen des Falls verhältnismäßig?
Ruf zur Sache: Ist der:die Abgeordnete tatsächlich von der Sache abgeschweift?
Ordnungsruf: Es kommt nicht darauf an, ob die Aussage „richtig" oder „falsch" ist, sondern nur, ob durch die Aussage das Ansehen des Parlaments beeinträchtigt wird. Es muss daher genau geprüft werden, welche Aussagen getätigt wurden. Wenn die Aussage sachbezogen und nicht diffamierend ist, ist ein Ordnungsruf nicht angemessen.
Wortentzug: Für einen Wortentzug gem. § 36 II GOBT müssen alle vorhergehenden Maßnahmen verhältnismäßig sein. Dabei wird dem:der Bundestagspräsident:in kein Ermessen eingeräumt (Muss-Vorschrift). § 35 III GOBT regelt den Wortentzug bei der Überschreitung der Redezeit. Das Gesetz nutzt dabei eine Soll-Vorschrift – dem:der Bundespräsident:in wird daher die Möglichkeit eingeräumt, bei besonderen Umständen das Wort nicht zu entziehen. Dieses Ermessen muss allerdings im Hinblick auf den Grundsatz der gleichberechtigten Teilhabe am parlamentarischen Verfahren ausgelegt werden, das heißt alle Abgeordnete müssen in gleicher Art am Maßstab der Redezeit bemessen werden.[20]

---

20 Siehe dazu: Degenhart, Klausurenkurs im Staatsrecht I, 5. Aufl. 2019, S. 104 ff. Siehe zur Chancengleichheit der Parteien Linke, § 5.6 Politische Parteien, D. in diesem Lehrbuch.

Ammar Bustami und Valentina Chiofalo

b) Hausrecht und Polizeigewalt

Darüber hinaus übt der:die Bundestagspräsident:in gem. Art. 40 II 1 GG auch das **Hausrecht** und die **Polizeigewalt** in den Gebäuden des Bundestags aus (siehe auch § 7 II 1 GOBT). Diese Befugnisse unterscheiden sich von den zuvor genannten Ordnungsbefugnissen insbesondere dadurch, dass erstere der Aufrechterhaltung der Sitzungsordnung, also der Abwehr von Störungen „von innen", dienen, während sich Hausrecht und Polizeigewalt in der Regel gegen **Störungen „von außen"** richten. Dabei werden beide Rechte unmittelbar dem:der Bundestagspräsident:in zugeordnet (Art. 40 II 1 GG).[21]

Examenswissen !

Das **Hausrecht** ergibt sich aus dem Eigentum der öffentlichen Hand am Gebäude und Grundstück des Bundestags. Dabei ist allerdings äußerst strittig, ob es sich um eine privatrechtliche Befugnis handelt oder ob das Hausrecht vielmehr öffentlich-rechtlicher Natur ist.[22] Ungeachtet dessen ist das Hausrecht aus Art. 40 II 1 GG mit dem zivilrechtlichen Hausrecht vergleichbar.[23]

Daneben besteht die **Polizeigewalt** des:der Bundestagspräsident:in als öffentlich-rechtliche Befugnis zur Gefahrenabwehr. Die polizeilichen Stellen des Bundes und des Landes sind im Bundestag räumlich unzuständig. Sobald der:die Bundestagspräsident:in mit dem Ziel der Gefahrenabwehr tätig wird, agiert der:die Bundestagspräsident:in somit als die **Polizeibehörde** des Bundestags.[24]

Examenswissen !

Äußerst strittig ist, auf welcher Rechtsgrundlage die Gefahrenabwehrmaßnahmen durchgeführt werden. Es sind keinerlei gesetzliche Vorgaben normiert, auf die sich eine polizeirechtliche Befugnis außerhalb des Art. 40 II 1 GG stützen könnte. Daher gehen **einige Stimmen in der Literatur** davon aus, dass **Art. 40 II 1 GG** nicht nur Kompetenznorm, sondern gerade auch **Befugnisnorm** sei.[25] Die andere Ansicht erkennt Art. 40 II 1 GG als Rechtsgrundlage für Eingriffe der Polizei des Bundestags gerade nicht an. Es müssten Vorschriften erlassen werden, die eine formell-gesetzliche Ermächtigungsgrundlage darstellen.[26]

---

21 Brocker, in: BeckOK GG, 48. Ed. 15.8.2021, Art. 40 Rn. 40–42.

22 Übersicht zum Streitstand: Klein, in: Dürig/Herzog/Scholz, GG Kommentar, 95. EL 7.2021, Art. 40 Rn. 138 ff.

23 Friehe, JuwissBlog, 23.10.2020.

24 Brocker, in: BeckOK GG, 48. Ed. 15.8.2021, Art. 40 Rn. 50 ff.

25 So u. a. Brocker, in: BeckOK GG, 48. Ed. 15.8.2021, Art. 40 Rn. 52 f.

26 So Ramm, NvWZ 2010, 1461 (1466); Friehe, DÖV 2016, 521 (522 ff); Wissenschaftliche Dienste des deutschen Bundestags, WD 3 – 3000 – 285/20, 14.12.2020.

Ammar Bustami und Valentina Chiofalo

Klausurrelevant ist außerdem die Frage, inwiefern es der Polizei des Bundestags gestattet ist, zur Gefahrenabwehr in ein Abgeordnetenbüro einzudringen. Art. 38 I 2 GG schützt die **räumliche Integrität des Abgeordnetenbüros** (freies Mandat). Inwiefern und ob überhaupt die Gefahrenabwehr zur Sicherung der Funktionsfähigkeit des Parlaments und Art. 38 I 2 GG in einen Ausgleich gebracht werden können, musste das BVerfG 2020 entscheiden.[27]

Fallbeispiel

Fall: Die Polizei des Bundestags betrat das Abgeordnetenbüro eines Mitglieds der Fraktion DIE LINKE ohne dessen Einwilligung, um Plakatierungen abzuhängen. Hintergrund war der Besuch des türkischen Staatspräsidenten in Berlin. Anlässlich dieses Staatsbesuchs wurden Straßensperrungen im Regierungsviertel vorgenommen, wobei sich innerhalb des gesperrten Gebiets auch das Gebäude mit den Abgeordnetenräumen des Antragstellers befand. Im Bereich der Fenster dieser Räume, die zum abgesperrten Straßenbereich gerichtet sind, hingen auf Papier gedruckte Abbildungen von Zeichen der kurdischen Volksverteidigungseinheiten YPG. Beamte der Polizei beim Deutschen Bundestag stellten diese Plakatierungen anlässlich eines Kontrollgangs fest, als die Straßensperrungen im Bereich des Gebäudes bereits wieder aufgehoben waren. Der Abgeordnete hielt sich zu diesem Zeitpunkt nicht in seinen Abgeordnetenräumen auf. Versuche, ihn telefonisch oder auf anderem Wege zu erreichen, unternahm die Polizei beim Deutschen Bundestag nicht. Die Beamten betraten die Abgeordnetenräume und nahmen die Plakatierungen ab. Der Abgeordnete machte anschließend eine Rechtsverletzung aus Art. 38 I 2 GG geltend, da das Betreten seiner Abgeordnetenräume ihn in seinen verfassungsmäßigen Rechten als Abgeordneter beeinträchtige.

Lösung: Dem stimmte das BVerfG zu. Art. 38 I 2 GG schütze nämlich auch das Recht, die zugewiesenen Räumlichkeiten zur Ausübung des Mandats ohne den Zugriff Dritter zu nutzen.[28] Zum Beginn einer Prüfung muss dieses Recht allerdings ordentlich **hergeleitet** werden. Es könnte nämlich auch argumentiert werden, dass Art. 38 I 2 GG entweder gar keine spezifische oder lediglich ein Mindestmaß an Infrastruktur für die einzelnen Abgeordneten gewährleisten will. Der Sinn und Zweck des Art. 38 I 2 GG steht einer solchen Verengung des Statusrechts allerdings entgegen. Um das Mandat effektiv wahrnehmen zu können, brauchen Abgeordnete eine gewisse Infrastruktur. Diese Räumlichkeiten müssen vor dem Zugriff Dritter geschützt werden, ansonsten bestünde von vornherein die latente Gefahr, dass Arbeitsentwürfe und Kommunikationsmaterial nach außen dringen. Dies würde zu einer Selbstbeschränkung der Abgeordneten führen. Die räumliche Integrität des Abgeordnetenbüros muss daher über Art. 38 I 2 GG geschützt werden.

Das vorliegende Betreten durch die Polizei des Bundestags hat dieses Recht beeinträchtigt. Grundsätzlich ist es möglich, dass eine solche Beeinträchtigung zu rechtfertigen ist, wenn andere **Rechtsgüter von Verfassungsrang** dies veranlassen.[29] Dabei kommt die Unversehrtheit des Parlamentsgebäudes und der Parlamentsmitarbeiter in Betracht: Durch das Abhängen eines politisch provokanten Plakats wurde eine potentielle Gefahrenquelle eliminiert, die Funktionsfähigkeit des Bundestages sollte durch die Abwehr von äußeren Gefahren gesichert werden (**legitimer**

---

27 BVerfG, Beschl. v. 9.6.2020, Az.: 2 BvE 2/19 = BVerfGE 154, 354.
28 BVerfG, Beschl. v. 9.6.2020, Az.: 2 BvE 2/19, Rn. 37 f. = BVerfGE 154, 354.
29 BVerfG, Beschl. v. 9.6.2020, Az.: 2 BvE 2/19, Rn. 40 = BVerfGE 154, 354.

Zweck). Die Maßnahme der Polizei war sicherlich geeignet, um dieses Ziel zu erreichen. Ob die Maßnahme auch **erforderlich** war, ist allerdings zu bezweifeln: Ein milderes Mittel wäre gewesen, den Abgeordneten zuerst einmal telefonisch zu bitten, die Plakate abzuhängen. In jedem Fall war das Vorgehen der Polizei **nicht angemessen**: Zum einen wiegt die Beeinträchtigung in das Statusrecht des Abgeordneten schwer, dabei handelt es sich bei dem Rechtsgut aus Art. 38 I 2 GG um ein hochrangiges. Es dient dazu, die Funktionsfähigkeit des Deutschen Bundestages insgesamt zu gewährleisten. Dem steht die Absicht der Sicherung des Bundestags zwar grundsätzlich gleichrangig entgegen, jedoch waren vorliegend nur schwache Anhaltspunkte zur Feststellung einer Gefahrenlage zu erkennen: Es ist unklar, ob Passant:innen die Plakate überhaupt gesehen hatten, räumlich waren die Plakate nur schwer wahrnehmbar. Es gab sonst keine Anhaltspunkte, dass jemand bereits im Begriff war, Handlungen zum Nachteil des Parlamentsgebäudes oder der Parlamentsmitarbeiter:innen vorzunehmen.[30] Im Ergebnis war das Eindringen der Polizei somit jedenfalls unangemessen. Eine Rechtsverletzung aus Art. 38 I 2 GG lag vor.

Besonders strittig ist, auf welche Ermächtigungsgrundlage der:die Bundestagspräsident:in Corona-Maßnahmen stützen kann. So ordnete der damalige Bundestagspräsidenten Schäuble per Allgemeinverfügung an, dass in den Räumlichkeiten des Bundestags eine Mund-Nasen-Maske getragen werden müsse. Die aktuelle Bundestagspräsidentin Bärbel Bas verhängte sogar eine 2G+-Regel für Plenarsitzungen. Durchaus zu diskutieren ist, ob es sich bei einer Maskenpflicht und 2G+-Regel im Bundestag um die Ausübung des Hausrechts oder von Polizeigewalt durch den:die Bundestagspräsident:in handeln würde. Im Ergebnis spricht wohl einiges dafür, dass es sich um eine Gefahrenabwehrmaßnahme handelt und somit Polizeirecht darstellt.[31]

c) Vertretungsbefugnis

Schließlich vertritt der:die Bundestagspräsident:in den Bundestag nach außen und regelt dessen Geschäfte (§ 7 I GOBT). Zu dieser **Vertretungsbefugnis** gehört insbesondere auch die Vertretung des Bundestags in Rechtsstreitigkeiten vor dem BVerfG.[32] Richtet sich ein Organstreitverfahren gegen den Bundestag als solchen – nicht gegen den:die Präsident:in selbst, beispielsweise im Falle eines Ordnungsrufs – so ist zwar der Bundestag selbst parteifähig, doch ist eine gerichtliche Vertretung durch den:die Bundestagspräsident:in erforderlich.[33]

II. Stellvertreter:innen

Art. 40 I 1 GG regelt auch die Wahl der Stellvertreter:innen des:der Bundestagspräsident:in (Vizepräsident:innen), welche wiederum in § 2 GOBT konkretisiert

---

30 BVerfG, Beschl. v. 9.6.2020, Az.: 2 BvE 2/19, Rn. 51 ff. = BVerfGE 154, 354.
31 Siehe dazu weiterführend Hilbert/Meier, ZJS 2022, 162, sowie Drossel/Weber, NVwZ 2022, 365.
32 Klein, in: Dürig/Herzog/Scholz, GG Kommentar, 95. EL 7.2021, Art. 40 Rn. 98.
33 BVerfG, Beschl. v. 15.2.1952, Az.: 2 BvE 1/51 = BVerfGE 1, 115 = NJW 1952, 537.

Ammar Bustami und Valentina Chiofalo

ist. Nach § 2 I 2 GOBT ist jede Fraktion des Bundestags durch mindestens eine:n Stellvertreter:innen im Präsidium vertreten. Hieraus ergibt sich jedoch kein verfassungsmäßiges Recht der Fraktionen.[34] Zwar ergibt sich dem Grundsatz nach aus Art. 38 I 2 GG ein gleichberechtigter Zugang der Fraktionen zum Bundestagspräsidium, doch wird dieser Zugang durch die in Art. 40 I 1 GG angeordnete Wahl der Stellvertreter:innen begrenzt. Das Recht zur gleichberechtigten Berücksichtigung einer Fraktion bei der Besetzung des Präsidiums steht somit unter dem Vorbehalt der Wahl durch die Abgeordneten und kann daher nur verwirklicht werden, wenn der:die von dieser Fraktion vorgeschlagene Kandidat:in die erforderliche Mehrheit erreicht.[35] Die Vizepräsident:innen übernehmen insbesondere die Vertretung des:der Bundestagspräsident:in in der Sitzungsleitung (§ 8 GOBT).

B. Ältestenrat

Der Ältestenrat setzt sich zusammen aus dem:der Bundestagspräsident:in, den Stellvertreter:innen sowie 23 weiteren Abgeordneten (§ 6 I GOBT), welche wiederum nach dem Stärkeverhältnis der Fraktionen im Bundestag gem. § 12 S. 1 GOBT zusammengesetzt sein müssen. Der Ältestenrat unterstützt den:die Präsident:in bei der Führung der Geschäfte, u. a. indem er die Verständigung zwischen den Fraktionen über die inneren Angelegenheiten des Bundestags ermöglicht, beispielsweise die Besetzung der Stellen der Ausschussvorsitzenden oder die Koordinierung der Sitzungstermine und der Tagesordnung (§ 6 II GOBT).[36] In diesen Funktionen ist der Ältestenrat kein Beschlussorgan, sondern entscheidet einvernehmlich (§ 6 II 3 GOBT).

Weiterführende Studienliteratur
- Gerberding, Das parlamentarische Ordnungsrecht, Jura 2021, 265.
- Grosche, Anfängerhausarbeit – Öffentliches Recht: Staatsorganisationsrecht – Bundestagspräsident im politischen Wettbewerb, JuS 2019, 868.
- Ramm, Die Polizeigewalt des Bundestagspräsidenten – Die Polizei beim Deutschen Bundestag und ihre Ermächtigungsgrundlage, NVwZ 2010, 1461.
- Wilrich, Der Bundestagspräsident, DÖV 2002, 152.

---

34 Brocker, in: BeckOK GG, 48. Ed. 15.8.2021, Art. 40 Rn. 10.
35 BVerfG, Beschl. v. 22.3.2022, Az.: 2 BvE 9/20.
36 Siehe auch Gröpl, Staatsrecht I, 12. Aufl. 2020, § 16 Rn. 987.

Ammar Bustami und Valentina Chiofalo

Zusammenfassung: Die wichtigsten Punkte

- Das Präsidium des Bundestags besteht gem. § 5 GOBT aus dem:der **Präsident:in des Bundestags und den Stellvertreter:innen**. Es ist ein Beratungsorgan, in welchem vor allem organisatorische Angelegenheiten erörtert werden.
- Die Stellung des:der Bundestagspräsident:in zeichnet sich dadurch aus, dass er:sie die **„Personifizierung des Parlaments"** darstellt, und somit an der Spitze des Verfassungsorgans Bundestag steht.
- Innerhalb des Aufgabenbereich des:der Bundestagspräsident:in sind insbesondere die Disziplinarmaßnahmen, das Hausrecht und die Polizeigewalt von besonderer Bedeutung.
- **Disziplinarmaßnahmen** beeinträchtigen häufig **Rechte von Abgeordneten** aus Art. 38 I 2 GG. In Klausuren kann es daher zu Rechtsstreitigkeiten zwischen einzelnen Abgeordneten und dem:der Bundestagspräsident:in kommen, welche im verfassungsgerichtlichen **Organstreitverfahren** überprüft werden können (Art. 93 I Nr. 1 GG, §§ 63 ff. BVerfGG).
- Dabei muss die Prüfung der einzelnen **Maßnahmen sauber getrennt** werden: Liegt ein Ruf zur Sache (§ 36 I 1 GOBT), ein Ordnungsruf (§ 36 I 2 GOBT) oder ein Wortentzug (§ 36 II GOBT oder § 35 III GOBT) vor? Eine „Rüge" durch den:die Bundestagspräsident:in ist dagegen keine rechtserhebliche Maßnahme, sondern parlamentarischer Brauch.
- Der:Die Bundestagspräsident:in übt gem. Art. 40 II 1 GG das **Hausrecht** und die **Polizeigewalt** zur Gefahrenabwehr in den Gebäuden des Bundestags aus. Diese Befugnisse richten sich in der Regel gegen Störungen „von außen". In gewissen Fällen muss die Gefahrenabwehr zur Sicherung der Funktionsfähigkeit des Parlaments mit dem Recht auf die räumliche Integrität des Abgeordnetenbüros aus Art. 38 I 2 GG in einen angemessenen Ausgleich gebracht werden.

Ammar Bustami und Valentina Chiofalo

§ 11 Bundesrat

Der Bundesrat stellt ein föderativ-demokratisches Verfassungsorgan dar. Er ist ein **oberstes Verfassungsorgan (beziehungsweise Staatsorgan) des Bundes** (i.S.d. Art. 93 I Nr. 1 GG) und nicht der Länder.[1] Er hat bei seinen Entscheidungen sowohl die Länderinteressen (Mitwirkung der Länder) als auch die Bundesinteressen (oberstes Verfassungsorgan des Bundes) zu berücksichtigen. Die Funktion des Bundesrates wird im Grundgesetz durch Art. 50 GG beschrieben. Demnach wirken durch den Bundesrat die Länder bei der Gesetzgebung und Verwaltung des Bundes und in Angelegenheiten der Europäischen Union mit, wodurch die Länderinteressen auf Bundesebene vertreten werden. Die Länder wirken dabei vermittelnd durch die Mitglieder des Bundesrates an den Gesetzgebungsverfahren mit.[2] Aufgrund der Kompetenzzuweisungen innerhalb des Grundgesetzes wird auch von einem „reaktiven" Organ gesprochen, dem eine Kontroll- und Interventionsfunktion zukommt. Eine vorrangig gestalterische Funktion wird dem Bundesrat dabei abgesprochen.[3] Die fehlende gestalterische Funktion ist auch aus Art. 77 I 1 GG abzuleiten, wonach der Bundestag die Bundesgesetze beschließt. Dennoch ist der Bundesrat aufgrund seiner Befugnisse als **Legislativorgan** anzusehen.

Die grundgesetzlichen Regelungen zum Bundesrat präzisieren das Bundesstaats- sowie das Demokratieprinzip. Letzteres zeigt sich insbesondere darin, dass das Landesvolk zumindest mittelbar durch die von den Landtagen legitimierte Landesregierung Einfluss auf den gesamtstaatlichen Willen erhält. Außerdem entspricht es dem Gewaltenteilungsprinzip, denn die staatliche Macht wird vertikal auf die Länder und den Bund verteilt.

Für die **Klausuren** ist vor allem die Stimmabgabe im Rahmen eines Gesetzgebungsverfahrens, insbesondere das Problem der uneinheitlichen Stimmabgabe relevant. Außerdem kann die ordnungsgemäße Durchführung des Gesetzgebungsverfahren (respektive die Beteiligung des Bundesrates) Gegenstand einer Klausur werden.

A. Zusammensetzung

Als wesentliche Norm der Zusammensetzung ist Art. 51 GG heranzuziehen.

---

1 BVerfG, Urt. v. 18.12.2002, Az.: 2 BvF 1/02, Rn. 136 = NJW 2003, 339 (339).
2 BVerfG, Urt. v. 18.12.2002, Az.: 2 BvF 1/02, Rn. 136 = NJW 2003, 339 (339).
3 Dörr, in: BeckOK GG, 48. Ed. 8.2021, Art. 50 Vorbemerkung.

I. Mitglieder der Regierungen der Länder

Gemäß Art. 51 I 1 GG besteht der Bundesrat aus **Mitgliedern der Regierungen der Länder**, die sie bestellen und abberufen. Sie können gem. Art. 51 I 2 GG durch andere Mitglieder ihrer Regierungen vertreten werden. Demnach ergeben sich für eine Mitgliedschaft folgende Voraussetzungen: Die Person muss Mitglied der Landesregierung sein und von der Landesregierung als Mitglied des Bundesrates bestellt worden sein.

Die Rechtsstellung der Mitglieder ergibt sich zum Teil aus der Geschäftsordnung des Bundesrates (z.B. §§ 19, 40 GOBR), außerdem haben sie gem. Art. 43 II GG Zutritt zu den Sitzungen des Bundestages und seiner Ausschüsse und müssen dort jederzeit gehört werden.

Jedes Land kann so viele Mitglieder entsenden, wie es Stimmen hat (vgl. Art. 51 III 1 GG). Dabei hat jedes Land mindestens drei Stimmen, Länder mit mehr als zwei Millionen Einwohner:innen haben vier, Länder mit mehr als sechs Millionen Einwohner:innen fünf, Länder mit mehr als sieben Millionen Einwohner:innen sechs Stimmen, vgl. Art. 51 II 1 GG (Stimmengewichtung). Unter Einwohner:innen sind dabei natürliche Personen zu verstehen, die ihren nicht nur kurzfristigen Aufenthalt in diesem Bundesland haben.[4] Aktuell haben Baden-Württemberg, Bayern, Niedersachsen, Nordrhein-Westfalen demnach sechs Stimmen, Hessen hat fünf Stimmen, Berlin, Brandenburg, Rheinland-Pfalz, Sachsen, Sachsen-Anhalt, Schleswig-Holstein und Thüringen haben vier Stimmen und Bremen, Hamburg, Mecklenburg-Vorpommern und das Saarland haben drei Stimmen. Insgesamt hat der Bundesrat **69 Stimmen**, sodass der Bundesrat folglich **69 ordentliche Mitglieder** hat. Die Landesregierung muss dabei mindestens ein Mitglied entsenden.[5]

---

4 Müller-Terpitz, in: Dürig/Herzog/Scholz, GG Kommentar, 95. EL 7.2021, Art. 51 Rn. 52 m.w.N.
5 Dörr, in: BeckOK GG, 48. Ed. 8.2021, Art. 51 Rn. 3.

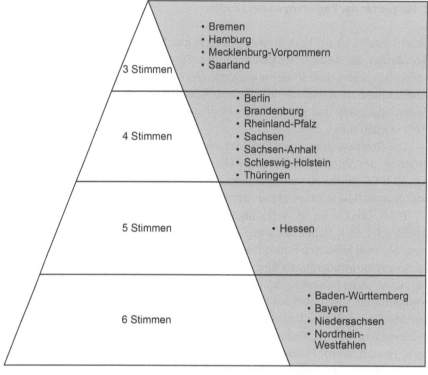

Abb. 5: Stimmverteilung Bundesrat
(Quelle: eigene Darstellung)

II. Kontinuität

Anders als der Bundestag wurde der Bundesrat im Grundgesetz als ein **permanentes oder ständiges Verfassungsorgan** ausgestaltet. Eine dem Bundestag entsprechende Legislaturperiode von vier Jahren gibt es nicht. Dementsprechend findet auch der Grundsatz der Diskontinuität keine Anwendung. Allerdings wechseln die Mitglieder stetig, da sie gem. Art. 51 I 1 GG von den Landesregierungen bestellt und abberufen werden. Dies wird insbesondere nach einer Landtagswahl der Fall sein.

B. Aufgaben/Pflichten

Die Aufgaben und Pflichten des Bundesrates gestalten sich vielfältig: Mitwirkung an den Gesetzgebungsverfahren, Mitwirkung an der Verwaltung, Mitwirkung in Angelegenheiten der Europäischen Union.

I. Mitwirkung an den Gesetzgebungsverfahren

Die wohl wichtigste Aufgabe des Bundesrates[6] ist in der **Mitwirkung an den Gesetzgebungsverfahren** zu sehen, vgl. Art. 76ff., 79 II, 81, 110 III GG. Sie ist Ausdruck des föderalen Prinzips. Die meisten Bundesgesetze werden durch die Länder ausgeführt (Art. 83f. GG), wobei diese auch grundsätzlich die hierfür anfallenden Kosten zu tragen haben (Art. 104a I GG), sodass eine Beteiligung interessengerecht ist.

Der Bundesrat stellt dabei aber keine „zweite Kammer" dar, die neben der „ersten Kammer" des Bundestages am Gesetzgebungsverfahren in gleicher Weise beteiligt ist.[7] Vielmehr werden dem Bundesrat spezifische Rechte im Gesetzgebungsverfahren zugewiesen, wie etwa das Initiativrecht (Art. 76 I GG), das Recht zur Stellungnahme zu Vorlagen der Bundesregierung (Art. 76 II 1, 110 III GG) oder die Möglichkeit eines Einspruches bei Einspruchsgesetzen (Art. 77 III GG) beziehungsweise bei Zustimmungsgesetzen die Zustimmung (Art. 77 IIa GG).[8] Außerdem kann er die Einberufung eines Vermittlungsausschusses verlangen, der aus Mitgliedern des Bundesrates und des Bundestages besteht (vgl. Art. 77 II 1 GG).

II. Mitwirkung an der Verwaltung des Bundes

Außerdem wirkt der Bundesrat gem. Art. 50 GG an der Verwaltung des Bundes mit. Mit dem Begriff der „Verwaltung" ist dasselbe gemeint, wie mit dem geläufigeren Begriff der „vollziehenden Gewalt". Im Rahmen der Mitwirkung an der

---

6 Die Beteiligung der Länder erfolgt durch den Bundesrat, es handelt sich dabei aber nicht um eigene Rechte der Länder, siehe dazu BVerfG, Beschl. v. 29.4.1996, Az.: 2 BvG 1/93 = DVBl 1996, 1365 (1365).

7 BVerfG, Beschl. v. 25.6.1974, Az.: 2 BvF 3/73 u. a. = BeckRS 1974, 104390.

8 Ergänzend sei erwähnt, dass zwischen dem Bundestag und dem Bundesrat auch ein kooperatives Verhältnis im Rahmen des Gesetzgebungsprozesses besteht, welchem Art. 43 II GG Ausdruck verleiht.

Louisa Linke und Jan-Louis Wiedmann

Verwaltung werden etwa Zustimmungsrechte zum Erlass von Rechtsverordnungen (Art. 80 II GG), die Erarbeitung von Vorlagen für Rechtsverordnungen (Art. 80 III GG) oder die Mitwirkung bei der Bundesaufsicht angesprochen. Außerdem werden die Hälfte der Richter:innen des BVerfG durch den Bundesrat gewählt, Art. 94 I 2 GG.

Der Bundesrat hat gegenüber der Bundesregierung in gewissem Maße eine **Kontrollfunktion**. So kommt dem Bundesrat gegenüber der Bundesregierung ein Zitier- und Informationsrecht über die Führung der Geschäfte gem. Art. 53 GG zu.

Um die Kontrollfunktion des Bundesrates ausüben zu können, stehen dem Bundesrat Antrags- und Beteiligungsrechte in Verfahren vor dem BVerfG zu.

III. Mitwirkung in Angelegenheiten der Europäischen Union

Die Mitwirkung in Angelegenheiten der EU (vgl. Art. 50 GG) umfasst etwa eine Wahrnehmung der Integrationsverantwortung des Bundes.[9]

IV. Rechtsschutz

Der Bundesrat ist **antragsberechtigt** im **Organstreitverfahren (Art. 93 I Nr. 1 GG, §§ 13 Nr. 5, 63 ff. BVerfGG)**, in Verfahren zur Feststellung der Erforderlichkeit nach Art. 72 II GG (Art. 93 I Nr. 2a, II GG, §§ 13 Nr. 6a, 76 ff. BVerfGG), im Verfahren der Präsidentenanklage (Art. 61 I GG, §§ 13 Nr. 4, 49 ff. BVerfGG) und im Parteiverbotsverfahren (Art. 21 II GG, §§ 13 Nr. 2, 43 ff. BVerfGG).

Auch die einzelnen Mitglieder sind im Organstreitverfahren antragsberechtigt, wenn sie ihre verfassungsmäßigen Rechte geltend machen wollen (Art. 93 I Nr. 1 GG, §§ 13 Nr. 5, 63 ff. BVerfGG). In Betracht kommt z.B. ihr Anwesenheits- oder Rederecht im Bundestag und in den Ausschüssen (Art. 43 II GG).

---

9 Nach dem BVerfG ist die Integrationsverantwortung „darauf gerichtet, bei der Übertragung von Hoheitsrechten und bei der Ausgestaltung der europäischen Entscheidungsverfahren dafür Sorge zu tragen, dass in einer Gesamtbetrachtung sowohl das politische System der Bundesrepublik Deutschland als auch das der Europäischen Union demokratischen Grundsätzen im Sinne des Art. 20 Abs. 1 und Abs. 2 in Verbindung mit Art. 79 Abs. 3 GG entspricht.", siehe BVerfG, Urt. v. 30.6.2009, Az.: 2 BvE 2/08 u.a., Rn. 245 = NJW 2009, 2267 (2273).

C. Stimmabgabe

I. Stimmabgabe durch die Mitglieder

Insgesamt hat der Bundesrat **69 Stimmen**. Die **Stimmabgabe** eines Landes erfolgt durch die **Bundesratsmitglieder**, wobei die Stimmen durch eine:n physisch anwesende:n Vertreter:in des Landes (Mitglied) (meist Stimmführer:in) abgegeben werden. Der:die Stimmführer:in wird durch die Vertreter:innen oder durch die Landesregierung bestimmt.[10] Ausreichend ist die Anwesenheit eines Mitglieds oder sein:ihre Vertreter:in.[11]

Der Bundesrat ist **beschlussfähig**, sofern die Mehrheit seiner Stimmen vertreten ist. Gemäß Art. 52 III 1 GG fasst der Bundesrat seine Beschlüsse mit mindestens der **Mehrheit** *seiner* **Stimmen**. Damit ein Beschluss gefasst ist, bedarf es daher der **absoluten Mehrheit**, folglich 35 Stimmen. Für eine zuweilen notwendige Zweidrittelmehrheit bedarf es 46 Stimmen (Art. 23 I 3, 63 I 3, 79 II GG).

II. Weisungsgebundenheit bei der Stimmabgabe

Gegenüber den Mitgliedern des Bundesrates besteht seitens der Landesregierungen (Kollegialorgan) ein **Weisungsrecht im Innenverhältnis**.[12] Im Gegensatz zu den Abgeordneten des Bundestages können sie sich folglich nicht auf das Recht des freien Mandates berufen (Art. 38 I 2 GG). Die Stimmenabgabe ist aber auch bei einer **Stimmabgabe entgegen der Weisung gültig**. Die Weisungsbefugnis entfaltet nämlich nur im Innenverhältnis Wirkung, um Rechtssicherheit in der Abstimmung zu garantieren. Allerdings besteht dann die Gefahr, dass das Mitglied aus dem Bundesrat abberufen wird, vgl. Art. 51 I 1 GG.

III. Einheitliche Stimmabgabe

Gemäß **Art. 51 III 2 GG** können die **Stimmen eines Landes nur einheitlich** abgegeben werden. Dies hat den Hintergrund, dass die Mitglieder des Bundesrates ihr

---

10 BVerfG, Urt. v. 18.12.2002, Az.: 2 BvF 1/02, Rn. 137 = NJW 2003, 339 (339).
11 Dörr, in: BeckOK GG, 48. Ed. 8.2021, Art. 52 Rn. 14.1 m.w.N.
12 BVerfG, Urt. v. 18.12.2002, Az.: 2 BvF 1/02, Rn. 149 = NJW 2003, 339 (341). Siehe zu den vertretenen Argumenten, aus denen sich eine Weisungsgebundenheit ergibt auch Müller-Terpitz, in: Dürig/Herzog/Scholz, GG Kommentar, 95. EL 7.2021, Art. 51 Rn. 40 ff. m.w.N.

Bundesland *einheitlich* repräsentieren sollen.[13] Politische Konflikte auf Ebene des Landes sollen im Vorfeld der Stimmabgabe geklärt werden. Es stellt sich die Frage, welche Folgen es hat, wenn die Stimmen *nicht* einheitlich abgegeben werden.

Beispiel: Relevant wurde diese Frage im Jahr 2002. Damals hing das Zustandekommen des „Zuwanderungsgesetzes" von der Zustimmung des Bundesrates ab. Ausschlaggebend war die Stimme des Landes Brandenburg. Doch die Vertreter dieses Landes konnten sich nicht einigen. Während der Innenminister *Schönbohm* (CDU) das Gesetz ablehnte, stimmte der Ministerpräsident *Stolpe* (SPD) für das Gesetz. Auf erneute Nachfrage des Bundesratspräsidenten *Wowereit* (SPD) bekräftigte Ministerpräsident *Stolpe* seine Ja-Stimme. Innenminister *Schönbohm*, der nicht erneut gefragt worden war, rief dazwischen: „Sie kennen meine Auffassung, Herr Präsident!".[14] Das BVerfG hatte daher zu entscheiden, ob das Land Brandenburg zugestimmt hatte, oder nicht.[15] Hiervon hing ab, ob das Zuwanderungsgesetz wirksam war oder nicht. Der Fall zeigt, dass selbst vermeintlich kleinteilige Verfahrensfragen größte Auswirkungen auf die Rechtswirklichkeit haben können.

Ursprünglich wurde im Schrifttum der Ansatz vertreten, im Streitfall sei die **Stimme des Regierungschefs ausschlaggebend**.[16] Hiernach hätte die Stimme des Ministerpräsidenten *Stolpe* den Ausschlag gegeben. Dieser Ansatz lässt sich aber mit dem Wortlaut des Art. 51 GG nicht vereinen. Ihm steht zudem die Stellung der Bundesratsmitglieder als gleichberechtigte Vertreter:innen ihres Bundeslands entgegen. Diese Auffassung wird heute daher **kaum noch vertreten**.[17]

Vielmehr wird überwiegend vertreten, dass uneinheitliche Stimmabgaben **ungültig** seien.[18] Die Stimmen des Landes gelten also als abgegeben, werden allerdings bei der Auswertung der Stimmen nicht berücksichtigt. Angesichts des Wortlauts des Art. 51 III GG („können") ist aber auch ein anderer Schluss denkbar: Wenn die Stimmen eines Landes nur einheitlich abgegeben werden *können*, ließe sich die uneinheitliche Stimmabgabe auch als nicht-abgegebene Stimme werten (Unwirksamkeit der uneinheitlichen Stimmen).[19]

---

13 Zwar sind in personeller Hinsicht die Regierungsvertreter:innen „Mitglieder" des Bundesrats. In institutioneller Hinsicht sind im Bundesrat aber nur die Bundesländer vertreten, vgl. Kloepfer, Verfassungsrecht I, 2011, § 16 Rn. 25 ff. Da ein Bundesland aber nur einen einheitlichen Willen haben kann, besteht ein Bedürfnis nach einheitlicher Stimmabgabe, Schwerdtfeger, in: v Münch/ Kunig, GG, 7. Aufl. 2021, Art. 51 Rn. 21.
14 Plenarprotokoll 774, Stenografischer Bericht, S. 171 D; nachzulesen auch in BVerfG, Urt. v. 18.12.2002, Az.: 2 BvF 1/02, Rn. 5 ff. = BVerfGE 106, 310 (312 ff.).
15 BVerfG, Urt. v. 18.12.2002, Az.: 2 BvF 1/02 = BVerfGE 106, 310 ff.
16 Stern, Das Staatsrecht der Bundesrepublik Deutschland, Bd. II, 1980, S. 136 f.
17 Vgl. aber Küpper, Der Staat 42 (2003), 387 (401 ff.).
18 Dörr, in: BeckOK GG, 48. Ed. 15.8.2021, Art. 51 Rn. 22; Robbes, in: Sachs, GG, 9. Aufl. 2021, Art. 51 Rn. 14; Schwerdtfeger, in: v. Münch/Kunig, GG, 7. Aufl. 2021, Art. 51 Rn. 21.

Louisa Linke und Jan-Louis Wiedmann

Ob man die **uneinheitlich abgegebenen Stimmen als ungültig (erste Ansicht) oder unwirksam (zweite Ansicht)** behandelt, hat in den meisten Fällen keine Relevanz. Im oben genannten Beispielsfall (Zustimmungsgesetz) kommen die beiden Ansichten aber doch zu unterschiedlichen Ergebnissen. Hier hatte der Bundesratspräsident nach der uneinheitlichen Stimmabgabe nämlich noch einmal nachgefragt und vom Ministerpräsidenten *Stolpe* die Antwort „Ja" erhalten. Wertet man die ursprünglich uneinheitliche Stimmabgabe als unwirksam („Nicht-Stimme"), so handelt es sich bei der Stimme des Ministerpräsidenten um die *erste* Stimmabgabe des Landes Brandenburg. Dieser wurde durch den Zwischenruf des Innenministers („Sie kennen meine Auffassung") auch nicht rechtsförmig widersprochen, sodass letztlich die Ja-Stimme des Landes Brandenburg stehen bliebe.[20]

Diesen Weg hat das BVerfG aber nicht eingeschlagen. Es hat die uneinheitliche Stimmabgabe als bewusst un*gültige* Stimme des Landes Brandenburg gewertet. Das Land Brandenburg habe von seinem Stimmrecht daher Gebrauch gemacht, wenngleich die Stimmen im Ergebnis nicht zu berücksichtigen seien. Die erneute Nachfrage des Bundesratspräsidenten *Wowereit*, die sich zudem nur an seinen Parteikollegen, den Ministerpräsidenten *Stolpe*, nicht aber an den Innenminister *Schönbohm* richtete, sei daher ein verfassungswidriger Eingriff in den Abstimmungsvorgang gewesen. Daher sei das weitere Geschehen (insbesondere die zweite Ja-Stimme des Ministerpräsidenten) nicht zu berücksichtigen.

Weiterführende Studienliteratur
– Hebeler, Verfassungsrechtliche Stellung und Funktion des Bundesrates, JA 2003, 522.
– Blanke, Der Bundesrat im Verfassungsgefüge des Grundgesetzes, Jura 1995, 57.
– Voßkuhle/Kaufhold, Grundwissen – Öffentliches Recht: Der Bundesrat, JuS 2020, 1160.

Zusammenfassung: Die wichtigsten Punkte
– Der Bundesrat ist ein oberstes **Verfassungsorgan des Bundes** und nicht der Länder, wobei die Länder vermittelnd durch die Mitglieder des Bundesrates an den Gesetzgebungsverfahren mitwirken. Es handelt sich um ein **permanentes Verfassungsorgan** (keine Legislaturperioden).
– Gemäß Art. 51 I 1 GG besteht der Bundesrat aus **Mitgliedern der Regierungen der Länder,** die sie bestellen und abberufen. Sie können gem. Art. 51 I 2 GG durch andere Mitglieder ihrer Regierungen vertreten werden.

---

19 So insbesondere BVerfG, Urt. v. 18.12.2002, Az.: 2 BvF 1/02, Rn. 154 f. = BVerfGE 106, 310 (338 ff.) – abweichende Meinung Osterloh, Lübbe-Wolff; zustimmend Küpper, Der Staat 2003, 387 (406).
20 So die Richterinnen Osterloh und Lübbe-Wolff in ihrem Sondervotum, BVerfG, Urt. v. 18.12.2002, Az.: 2 BvF 1/02, Rn. 154 ff. = BVerfGE 106, 310 ff.

Louisa Linke und Jan-Louis Wiedmann

- Der Bundesrat hat derzeit 69 Stimmen. Die Stimmenverteilung ergibt sich aus Art. 51 II 1 GG. Jedes Land kann so viele Mitglieder entsenden, wie es Stimmen hat (vgl. Art. 51 III 1 GG).
- Die wohl wichtigste Aufgabe des Bundesrates ist in der **Mitwirkung an den Gesetzgebungsverfahren** zu sehen, vgl. Art. 76 ff., 79 II, 81, 110 III GG.
- Gemäß Art. 52 III 1 GG fasst der Bundesrat seine Beschlüsse mit mindestens der Mehrheit seiner Stimmen.
- Zu beachten ist, dass gem. Art. 51 III 2 GG die **Stimmen** eines Landes nur **einheitlich** und nur durch anwesende Mitglieder oder deren Vertreter:innen abgegeben werden können. Was aber passiert, wenn die Vertreter:innen eines Landes doch uneinheitlich stimmen, ist umstritten. Nach Ansicht des BVerfG muss dies zur **Ungültigkeit** der Stimmen führen.

Für dieses Kapitel gibt es frei zugängliche interaktive Übungen auf der OpenRewi-Homepage. Hierzu muss einfach der QR-Code gescannt werden.

Louisa Linke und Jan-Louis Wiedmann

§ 12 Bundesregierung

Die **Bundesregierung** ist eines von fünf im Grundgesetz genannten Verfassungsorganen. Sie wird auch als der „Schrittmacher des deutschen Staates" bezeichnet, weil ihr die Rolle der Staatsleitung zukommt, also insbesondere „die politische Planung, Gestaltung und Kontrolle in eigener Initiative."[1] Die Bundesregierung setzt sich zusammen aus dem:der **Bundeskanzler:in** und den **Bundesminister:innen** (Art. 62 GG). Wenn das Grundgesetz von der „Bundesregierung" spricht, ist regelmäßig das **Kollegialorgan** als Ganzes gemeint.

Das Kollegialorgan der Bundesregierung bildet im Gefüge der Gewalten einen Teil der **Exekutive**. Innerhalb dieser ist die Ministerialverwaltung der Regierung einerseits Teil der **Administrative** und andererseits nimmt die Bundesregierung oberste Leitungsaufgaben in der inneren und äußeren Bundespolitik wahr (**Gubernative**).

Typische Klausurfehler   ❗

Ein häufiger Fehler in Klausuren ist, dass der:die Bundespräsident:in zur Bundesregierung gezählt wird. Er ist Teil der Exekutive, aber nicht der Regierung nach dem deutschen Verfassungsrecht. Hier ist genau zu differenzieren.

Innerhalb der Bundesregierung hat der:die Bundeskanzler:in eine hervorgehobene, besonders starke Stellung, weshalb man allenthalben auch von **Kanzlerdemokratie** spricht.[2] Das zeigt sich an der direkten Wahl durch das Parlament, an der materiellen Kabinettbildungskompetenz sowie daran, dass das Amt aller Bundesminister:innen vom Vertrauen des:der Bundeskanzler:in abhängig ist und mit dem Amt des:derselben endet, und nicht zuletzt an der Richtlinienkompetenz des:der Bundeskanzler:in.

A. Zustandekommen der Bundesregierung

I. Parlamentarisches Regierungssystem

Man spricht in Deutschland von einem **parlamentarischen Regierungssystem**, weil Bildung und Fortbestand der Regierung vom Vertrauen des Parlaments ab-

---

1 Voßkuhle/Schemmel, JuS 2020, 736 (736).
2 Schenke, JZ 2015, 1009 (1009).

hängen. Das zeigt sich zunächst einmal daran, dass der Bundestag – anders als in der Weimarer Republik – den Kanzler oder die Kanzlerin wählt (Art. 63 GG). Damit erhält die Bundesregierung ihre demokratische Legitimation. Die reguläre Amtsdauer der Bundesregierung entspricht der Legislaturperiode des Parlaments (Art. 69 II GG).

Der Bundestag hat die Aufgabe die Regierung zu kontrollieren und erhält hierzu zahlreiche Instrumente. Sofern das Parlament der Regierung und damit zuvorderst dem:der Kanzler:in nicht mehr vertraut, hat es die Möglichkeit, während der laufenden Legislaturperiode eine:n neue:n Kanzler:in zu wählen und damit gleichzeitig dem:der amtierenden Bundeskanzler:in das **Misstrauen auszusprechen** (Art. 67 GG). Umgekehrt erhält der:die Bundeskanzler:in die Möglichkeit, sich des **Vertrauens** des Parlaments förmlich zu versichern (Art. 68 GG).

II. Kanzler:innenwahl

Die Abhängigkeit der Bundesregierung vom Parlament äußert sich zunächst einmal darin, dass der Bundestag den:die Bundeskanzler:in wählt; zum einen in Fällen der Vakanz (1.) und zum anderen bei Regierungskrisen (2.).

1. Ordentliche Wahl

Da das sichere Ende jeder Bundesregierung der Zusammentritt eines neu gewählten Bundestages (Art. 69 II GG) spätestens am 30. Tage nach der Wahl (Art. 39 II GG) ist, ist es umgekehrt **zentrale Aufgabe des neu konstituierten Parlamentes**, eine:n **Bundeskanzler:in zu wählen** (Art. 63 I GG). Bis zur Wahl des:der neuen Bundeskanzler:in können die bisherigen Amtsinhaber als geschäftsführende Regierung verpflichtet werden (Art. 69 III GG).[3]

Das Grundgesetz sieht selbst keine **Wählbarkeitsvoraussetzung** für den:die Bundeskanzler:in vor. Einigkeit besteht insofern, als der:die Bundeskanzler:in die deutsche Staatsangehörigkeit i. S. d. Art. 116 GG und auch darüber hinaus das passive Wahlrecht zum deutschen Bundestag (§ 15 BWahlG) besitzen muss, auch wenn diese Voraussetzungen unterschiedlich hergeleitet werden. Umstritten ist hingegen, ob als Voraussetzung anzusehen ist, dass der:die Kandidat:in keine verfassungsfeindlichen Ziele verfolgt. Der:die Bundeskanzler:in muss – zumin-

---

3 Zur geschäftsführenden Regierung Schemmel, NVwZ 2018, 105–110.

Valentina Chiofalo und Patrick Vrielmann

dest rein rechtlich – kein:e Abgeordnete:r des Bundestags sein[4] und keiner Partei angehören.[5] Inkompatibilitätsregelungen sind in Art. 66 GG und §§ 4, 5 I, II BMinG zu finden.

a) Erste Wahlphase

Für den **ersten Wahlgang** wird der:die Kanzlerkandidat:in zunächst vom:von der Bundespräsident:in vorgeschlagen und dann vom Bundestag ohne Aussprache gewählt. Dem Staatsoberhaupt kommt bei diesem **Vorschlagsrecht** ein **Ermessensspielraum** zu.[6] Ob er:sie bei der Ausübung dieses Ermessens eingeschränkt oder gebunden ist, ist durch Auslegung zu ermitteln. Jedenfalls eine Orientierung am Sinn und Zweck des Vorschlagsrechts, nämlich eine stabile Regierung zu schaffen, wird man annehmen müssen. Hierfür stellen die Mehrheitsverhältnisse im Bundestag die entsprechende Leitlinie dar. Bei der Einschätzung der Mehrheitsverhältnisse kommt dem:der Bundespräsident:in aber eine Einschätzungsprärogative zu, die gerichtlich allenfalls auf Missbrauch überprüft werden kann.[7] Praktisch ist dieses Ermessen bisher nicht von Bedeutung gewesen. Die großen Parteien, die sich zur Bundestagswahl stellen, haben bisher bereits immer vor der Wahl ihre Spitzenkandidat:innen bestimmt. Wenn sich dann auf der Grundlage von Koalitionsverhandlungen beziehungsweise eines Koalitionsvertrages eine Mehrheit für eine:n dieser Kandidat:innen findet, kann der:die Bundespräsident:in dies kaum ignorieren; eine:n andere:n Kandidat:in vorzuschlagen würde der integrierenden Funktion des Bundespräsidenten widersprechen.[8]

Die Wahl des:der Bundeskanzler:in findet in diesem ersten Wahlgang ohne vorhergehende Debatte im Bundestag statt, um ihn oder sie nicht schon vor Amtsantritt im Ansehen oder beziehungsweise und um nicht die Autorität des:der vor-

---

[4] Bundeskanzler Kurt Georg Kiesinger war als einziger deutscher Bundeskanzler kein Mitglied des Bundestags.

[5] Zu den Wählbarkeitsvoraussetzungen auch Schröder, in: v. Mangoldt/Klein/Starck, GG, Bd. II, 7. Aufl. 2018, Art. 63 Rn. 20–22a.

[6] Ausführlich zu diesem Vorschlagsrecht und zur Ausübung desselben durch die bisherigen Bundespräsidenten Ipsen, JZ 2006, 217–222.

[7] Streitig, vgl. Schröder, in: v. Mangoldt/Klein/Starck, GG, Bd. II, 7. Aufl. 2018, Art. 63 Rn. 27 f. So jedenfalls für Art. 68 GG: BVerfG, Urt. v. 16.2.1983, Az.: 2 BvE 1–4/83 = BVerfGE 62, 1 (LS 2, 8, 9, S. 35, 50 f.) – Bundestagsauflösung I; BVerfG, Urt. v. 25.8.2005, Az.: 2 BvE 4/05 u.a., LS 4, Rn. 149 ff. = BVerfGE 114, 121 (156 ff.) – Bundestagsauflösung II.

[8] Entsprechende Klausurfälle bei Lohse, „Die Hüter der Verfassung", JA 2014, 519 (519–522); Degenhart, Klausurenkurs im Staatsrecht I, 5. Aufl. 2019, Fall 8: Kanzlerwahl, Rn. 344–360.

Valentina Chiofalo und Patrick Vrielmann

schlagenden Bundespräsidenten:in zu beschädigen.[9] Erhält der:die Kandidat:in mehr als die Hälfte der Stimmen aller Bundestagsabgeordneten (Art. 121 GG, sog. Kanzlermehrheit), hat der:die Bundespräsident:in ihn oder sie zu ernennen (Art. 62 II GG). In aller Regel wird bereits in dieser ersten Wahlphase ein:e Bundeskanzler:in gefunden werden können.

b) Zweite Wahlphase

Falls der:die für den ersten Wahlgang vorgeschlagene Kandidat:in nicht die erforderlichen Stimmen erreicht, kann der Bundestag in einer **zweiten Wahlphase** innerhalb von 14 Tagen beliebig oft wählen, bis ein:e Kandidat:in, der:die nicht mehr vom Staatsoberhaupt, sondern aus dem Bundestag vorgeschlagen wird (§ 4 S. 2 GOBT), die Stimmen der Mehrheit der Mitglieder des Bundestages erreicht (Art. 63 III GG). In dieser Phase ist außerdem eine Aussprache über den:die Kandidaten:in zulässig.

c) Dritte Wahlphase

Erhält auch binnen der 14 Tage nach dem ersten Wahlgang kein:e Kandidat:in die erforderliche Mehrheit, hat unverzüglich ein neuer Wahlgang stattzufinden (**dritte Wahlphase**), in dem bereits gewählt ist, wer die relative Mehrheit der Stimmen erhält (Art. 63 IV 1 GG). Falls ein:e Kandidat:in es in dieser letzten Wahlphase doch noch schafft, die absolute Mehrheit der Stimmen auf sich zu vereinigen, muss der:die Bundespräsident:in sie oder ihn binnen sieben Tagen zum:zur Bundeskanzler:in ernennen (Art. 63 IV 2 GG). Andernfalls hat der:die Bundespräsident:in im Rahmen seiner:ihrer Reservefunktion[10] die Wahl, innerhalb von sieben Tagen entweder den:die mit relativer Mehrheit gewählten Kandidaten:in zu ernennen (Minderheitsregierung) oder den Bundestag aufzulösen (Art. 63 IV 3 GG) und damit Neuwahlen herbeizuführen. Dies ist eine Prognoseentscheidung, die gerichtlich nicht[11] oder allenfalls auf Missbrauch überprüfbar ist.[12]

---

9 Höchst umstritten, Schröder, in: v. Mangoldt/Klein/Starck, GG, Bd. II, 7. Aufl. 2018, Art. 63 Rn. 32 m.w.N in Fn. 47.

10 Zur Reservefunktion siehe Heilmann, § 13 Bundespräsident:in, B. III. in diesem Lehrbuch.

11 Schwarz, ZRP 2018, 24 (24).

12 Vgl. dazu weitere Prognoseentscheidungen des:der Bundespräsidenten:in in diesem Abschnitt.

Valentina Chiofalo und Patrick Vrielmann

Weiterführendes Wissen

Von einer **Minderheitsregierung** spricht man, wenn die Regierung keine Koalition hinter sich weiß, die im Bundestag grundsätzlich mehr als die Hälfte der Stimmen hat. Dies kann am Ende der dritten Wahlphase eintreten, wenn der:die Kanzler:in nur mit relativer Mehrheit gewählt wird, oder wenn im Laufe der Legislaturperiode Abgeordnetenmandate dauerhaft wegfallen oder einzelne Abgeordnete die Fraktion wechseln (so geschehen beispielsweise unter Kanzler *Brandt* 1972). Minderheitsregierungen werden nicht als dauerhaft stabil und auch nicht als erstrebenswert angesehen, weil die Regierung sich für jedes Gesetzesvorhaben eine neue Mehrheit im Bundestag sichern muss. Das kann z.b. durch weitgehende Kompromisse geschehen, um einzelne Fraktionen zur Zustimmung zu bewegen.[13]

---

2. Außerordentliche Wahl

Der Bundestag kann auch **während der laufenden Legislaturperiode** mit der Mehrheit seiner Mitglieder (Art. 121 GG) eine:n neue:n Bundeskanzler:in wählen.

a) Konstruktives Misstrauensvotum

Erstens kann der Bundestag im Wege des **konstruktiven Misstrauensvotums** eine:n neue:n Bundeskanzler:in wählen und gleichzeitig dem:der bisherigen Bundeskanzler:in sein Misstrauen aussprechen (Art. 67 I 1 GG). Der:die Bundespräsident:in muss in diesem Fall den:die bisherige:n Bundeskanzler:in entlassen und die:den Gewählte:n ernennen (Art. 67 I 2 GG). Der:die neu gewählte Kanzler:in ist in gleichem Maße demokratisch legitimiert wie ein:e nach Art. 63 GG gewählte:r.[14] Der Bundestag kann dem:der Bundeskanzler:in beziehungsweise der ganzen Bundesregierung nur auf die Weise das Misstrauen aussprechen, dass gleichzeitig, d.h. mit demselben Antrag und derselben Abstimmung, ein:e neue:r Bundeskanzler:in gewählt wird; deswegen handelt sich um ein konstruktives Misstrauensvotum.

Weiterführendes Wissen

Die konstruktive Regelungstechnik des Art. 67 GG basiert ganz erheblich auf den **Erfahrungen mit der Weimarer Reichsverfassung**,[15] die in Art. 54 WRV noch die Möglichkeit vorsah, einzelnen Regierungsmitgliedern das Vertrauen zu entziehen, ohne ein neues Regierungsmitglied zu wählen. Die Möglichkeit dieses **destruktiven Misstrauensvotums** führte dazu, dass linke (KPD, SPD)

---

13 Zum Ganzen Krings, ZRP 2018, 2–5.
14 BVerfG, Urt. v. 16.2.1983, Az.: 2 BvE 1–4/83 = BVerfGE 61, 1 (43) – Bundestagsauflösung I.
15 BVerfG, Urt. v. 8.12.2004, Az.: 2 BvE 3/02, Rn. 65 = BVerfGE 112, 118 (141) – Sitzverteilung im Vermittlungsausschuss.

Valentina Chiofalo und Patrick Vrielmann

und rechte (DNVP, DVP) Parteien im Parlament eine Mehrheit für den Sturz der Regierung, aber natürlich keine Mehrheit für eine neue Regierung zusammenbrachten. Allein diese Möglichkeit reichte für den Rücktritt zahlreicher Regierungen und für mehrere Parlamentsauflösungen und trug damit ganz wesentlich zur Destabilisierung der Weimarer Republik bei.[16]

Zwischen dem Misstrauensantrag und der Wahl des neuen Bundeskanzlers oder der neuen Bundeskanzlerin muss eine **Frist** von mindestens **48 Stunden** verstreichen (Art. 67 II GG). Dies hat den Zweck, dass erstens jede:r Abgeordnete die Möglichkeit zur Teilnahme an der Abstimmung hat, dass zweitens die Entscheidung für eine:n andere:n Bundeskanzler:in ausreichend bedacht werden kann und nicht beispielsweise aus einer überhitzten, emotionalen Debatte im Bundestag heraus entsteht und dass drittens dem:der Bundeskanzler:in die Möglichkeit zur Konsolidierung seiner Regierungsmehrheit gegeben wird.[17]

ℹ Weiterführendes Wissen

Die praktische Relevanz sollte nicht zu hoch eingeschätzt werden. Art. 68 GG kam in der Geschichte der Bundesrepublik bisher erst zwei Mal zur Anwendung: Am 27.4.1972 sollte Bundeskanzler *Willy Brandt* (SPD) durch *Rainer Barzel* (CDU) abgelöst werden. Zu einer Mehrheit für diesen Antrag fehlten zwei Stimmen.[18] Am 1.10.1982 wurde nach dem Austreten der FDP-Fraktion aus der sozial-liberalen Koalition Bundeskanzler *Helmut Schmidt* (SPD) durch *Helmut Kohl* (CDU) abgelöst.[19] Für Klausuren bietet die Norm dennoch Anlass, da die Voraussetzungen der Norm sehr schön abgeprüft werden können.

Einzelne Minister:innen können nicht durch ein konstruktives Misstrauensvotum ausgetauscht werden. Misstrauensbekundungen des Parlaments gegenüber dem:der Bundeskanzler:in, einzelnen Minister:innen oder der ganzen Regierung sind auch ohne formelles konstruktives Misstrauensvotum zulässig, haben aber keine formale Wirkung.[20]

---

16 Berthold, Der Staat 36 (1997), 81 (81f., 84); Schröder, in: v. Mangoldt/Klein/Starck, GG, Bd. II, 7. Aufl. 2018, Art. 63 Rn. 3. Näher zu den historischen Zusammenhängen Winkler, Der lange Weg nach Westen, Bd. I, 2000, S. 489ff.

17 Herzog, in: Dürig/Herzog/Scholz, GG Kommentar, 95. EL 7.2021, Art. 67 Rn. 26.

18 Antrag vom 24.4.1972, BT-Drucks. 6/3380; 247 anstelle von 249 erforderlichen Stimmen, Plenarprotokoll 6/183 vom 27.4.1972, S. 10714.

19 Antrag vom 28.9.1982, BT-Drucks. 9/2004; 256 von 497 Stimmen, Plenarprotokoll 9/118 vom 1.10.1982, S. 7200f.

20 Herzog, in: Dürig/Herzog/Scholz, GG Kommentar, 95. EL 7.2021, Art. 67 Rn. 38ff. So wurde beispielsweise Ludwig Erhard ersucht, die Vertrauensfrage zu stellen, ohne dass aus dem Bundestagsbeschluss eine Handlungspflicht erwachsen wäre, Plenarprotokoll 5/70 vom 8.11.1966, S. 3296–3304, Antrag vom 31.10.1966, BT-Drucks. 5/1070.

Valentina Chiofalo und Patrick Vrielmann

b) Vertrauensfrage

Mit der **Vertrauensfrage** gem. Art. 68 GG wurde ein spiegelbildliches Instrument des:der Bundeskanzler:in zum konstruktiven Misstrauensvotum geschaffen, um die regierungstragenden Fraktionen im Falle einer Regierungskrise zu disziplinieren und hinter sich zu vereinen. Der:Die Bundeskanzler:in kann den Antrag an den Bundestag zu richten, ihm:ihr das Vertrauen auszusprechen.

Klausurtaktik ❗

Die Vertrauensfrage und das Misstrauensvotum werden oft verwechselt. Tatsächlich ist das eine das Pendant des anderen. Beides sind Instrumente, um Handlungsunfähigkeiten der Regierung aufgrund fehlender Mehrheiten im Bundestag zu vermeiden. Trotz zum Teil ähnlicher Wirkungen, sind die beiden Instrumente eigentlich aber leicht zu unterscheiden: Beim Misstrauensvotum liegt das Initiativrecht beim Bundestag, bei der Vertrauensfrage beim:bei der Bundeskanzler:in.

Das Mittel der Vertrauensfrage „will eine vorschnelle Auflösung des Bundestages verhindern und damit zu politischer Stabilität im Verhältnis von Bundeskanzler und Bundestag [...] beitragen."[21] Sollte die Stabilisierung nicht gelingen ist Art. 68 GG andererseits auch ein Instrument zur Krisenbewältigung, indem er die Wahl eines neuen Bundestags oder die Wahl einer anderen Regierung erlaubt und so einem politischen Stillstand zuvorkommt.[22] Der Antrag kann isoliert oder in Verbindung mit einer Gesetzesvorlage (Art. 81 I 2 GG) gestellt werden.

Examenswissen ❗

Die Vertrauensfrage wurde in der Praxis bislang erst einmal mit einer Gesetzesvorlage verbunden und zwar von Bundeskanzler *Schröder* am 16.11.2001. Hierbei kann die Frage der **gespaltenen Mehrheit** relevant werden: Kann ein Gesetz mit einfacher Mehrheit angenommen werden, während gleichzeitig der Vertrauensantrag des:der Bundeskanzler:in nicht die notwendige absolute Mehrheit erhält? Oder erstreckt sich das Erfordernis der absoluten Mehrheit dann auch auf die mit der Frage verbundene Gesetzesvorlage? Überwiegend wird vertreten, dass eine einfache Mehrheit für die verbundene Gesetzesvorlage ausreicht. Ansonsten würde das dazu führen, dass andersherum auch eine Grundgesetzänderung mit der absoluten Mehrheit anstelle der erforderlichen Zweidrittelmehrheit (Art. 79 II GG) verabschiedet werden könnte, wenn man die Vorlage mit der Vertrauensfrage verbindet.[23]

---

21 BVerfG, Urt. v. 16.2.1983, Az.: 2 BvE 1–4/83 = BVerfE 62, 1 (39) – Bundestagsauflösung I.
22 Epping, in: v. Mangoldt/Klein/Starck, GG, Bd. II, 7. Aufl. 2018, Art. 68 Rn. 1.
23 Epping, in: v. Mangoldt/Klein/Starck, GG, Bd. II, 7. Aufl. 2018, Art. 68 Rn. 10.

Valentina Chiofalo und Patrick Vrielmann

aa) Ablauf

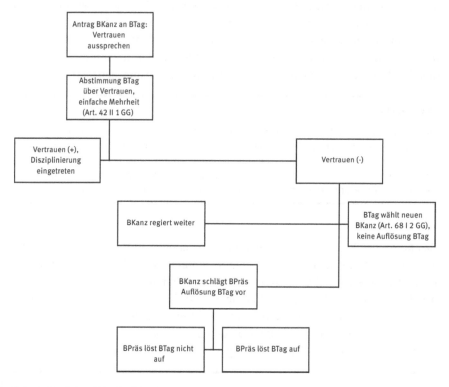

Abb. 6: Möglicher Ablauf infolge der Vertrauensfrage
(Quelle: eigene Darstellung von Patrick Vrielmann)

Auch nachdem der Bundestag den Vertrauensantrag abgelehnt hat, bleiben Bundeskanzler:in und Bundespräsident:in noch verschiedene Möglichkeiten. Zudem kann der Bundestag selbst seine Auflösung abwenden.

Bereits die Existenz des Art. 68 GG, also die reine Möglichkeit der Vertrauensfrage oder später eventuell die Drohung mit dem Antrag wirken integrierend, stabilisierend und disziplinierend.[24] Wenn der Bundestag dem:der Bundeskanzler:in das Vertrauen ausspricht, hat dies demnach vor allem politisch-praktische Folgen in Form einer **stabilisierten Regierungsmehrheit im Bundestag**. Die Stabilisierung wird im Wesentlichen durch die negativen Folgen einer Ablehnung des Vertrauensantrages für die Abgeordneten ausgelöst. Für den Fall, dass die Ver-

---

24 Epping, in: v. Mangoldt/Klein/Starck, GG, Bd. II, 7. Aufl. 2018, Art. 68 Rn. 6.

Valentina Chiofalo und Patrick Vrielmann

trauensfrage nämlich nicht die Zustimmung der Mehrheit der Mitglieder des Bundestages findet, hat der:die Bundeskanzler:in zwei Handlungsoptionen: Er:Sie kann entweder als **Minderheitskanzler:in**, gegebenenfalls sogar über den Gesetzgebungsnotstand (Art. 81 GG), weiterregieren oder er:sie schlägt dem:der Bundespräsidenten:in die **Auflösung des Bundestages** und damit Neuwahlen vor (Art. 68 I 1 GG), was auch einen Mandatsverlust der einzelnen Abgeordneten bedeuten würde. Es steht im Rahmen der Reservefunktion im pflichtgemäßen Ermessen des:der Bundespräsidenten:in innerhalb von 21 Tagen nach der Abstimmung den Bundestag aufzulösen.[25]

Der Bundestag hat aber auch die Möglichkeit, eine:n **neue:n Bundeskanzler:in zu wählen**, nachdem der Vertrauensantrag nicht die erforderliche Mehrheit erhalten hat. Bei der Wahl eines:r neuen Kanzler:in erlischt das Vorschlagsrecht des:derselben zur Auflösung beziehungsweise das Auflösungsrecht des: der Bundespräsidenten:in.[26] Wie beim Misstrauensvotum gilt es eine **Frist** von 48 Stunden zwischen Antrag und Abstimmung einzuhalten.

Examenswissen ❗

Es ist zudem umstritten, ob der Bundestag nach der gescheiterten Vertrauensfrage auch den:die amtierende:n Kanzler:in gem. Art. 68 I 2 GG erneut wählen kann. Der Wortlaut (*anderen Bundeskanzler*) spricht dagegen. Aus einer teleologischen Auslegung könnte aber die analoge Anwendung der Vorschrift folgen. Jedenfalls wird davon ausgegangen, dass der:die noch amtierende Bundeskanzler:in auch nach abgelehnter Vertrauensfrage diese erneut stellen kann, sodass ein anderer Ausgang des Vertrauensantrags möglich ist. Spätestens dann wird die Frage nach der erneuten Wahl des:der amtierenden Kanzler:in über Art. 68 I 2 GG obsolet.[27]

Weiterführendes Wissen ℹ️

Seit dem Inkrafttreten des Grundgesetzes wurde die Vertrauensfrage nach Art. 68 GG fünf Mal gestellt: 1972 von *Willy Brandt*;[28] 1982 von *Helmut Schmidt*;[29] ebenfalls 1982 von *Helmut Kohl*, nachdem er vorher mit einem konstruktiven Misstrauensvotum an die Macht gekommen war;[30]

---

25 BVerfG, Urt. v. 16.2.1983, Az.: 2 BvE 1–4/83 = BVerfGE 62, 1 (LS 2, 35) – Bundestagsauflösung I; BVerfG, Urt. v. 25.8.2005, Az.: 2 BvE 4/05, u.a., LS 4c, Rn. 155, 158 = BVerfGE 114, 121 (158f.) – Bundestagsauflösung II.
26 So Epping, in: v. Mangoldt/Klein/Starck, GG, Bd. II, 7. Aufl. 2018, Art. 68 Rn. 36f.
27 Epping, in: v. Mangoldt/Klein/Starck, GG, Bd. II, 7. Aufl. 2018, Art. 68 Rn. 51.
28 Antrag v. 20.9.1972, Plenarprotokoll 6/197, S. 11574; Plenarprotokoll 6/199 v. 22.9.1972, S. 11814.
29 Antrag v. 3.2.1982, BT-Drucks. 9/1312; 269 von 495 Stimmen, Plenarprotokoll 9/84 v. 5.2.1982, S. 5070f.
30 Antrag v. 13.12.1982, BT-Drucks. 9/2304; Plenarprotokoll 9/141 v. 17.12.1982, S. 8971.

Valentina Chiofalo und Patrick Vrielmann

2001 von *Gerhard Schröder*, der den Antrag mit der Abstimmung über den Bundeswehreinsatz in Afghanistan verband;[31] und nochmals von diesem 2005[32]. Insbesondere 1972, 1982 (Kohl) und 2005 waren die Anträge darauf ausgerichtet, Neuwahlen herbeizuführen.

bb) Unechte Vertrauensfrage

Höchst umstritten ist, wie mit **unechten** oder **vereinbarten negativen Vertrauensfragen** umgegangen werden soll. In solchen Fällen stellt der:die Bundeskanzler:in die Vertrauensfrage mit der Absicht, dass das Vertrauen nicht ausgesprochen wird und die Auflösung des Parlaments vorgeschlagen werden kann, wie 2005, 1982 und 1972 geschehen. Einigkeit herrscht dahingehend, dass immer eine **formelle Auflösungslage** vorliegen muss: Der Vertrauensantrag erhält im Bundestag nicht die erforderliche Mehrheit. Einige wollen das Vorliegen dieser Voraussetzung ausreichen lassen für die Zulässigkeit der Bundestagsauflösung durch den:die Bundespräsidenten:in.[33]

Das BVerfG hat dagegen in seiner Rechtsprechung zunächst auch eine **materielle Auflösungslage** gefordert: Dem:der Bundeskanzler:in müsse auch tatsächlich die parlamentarische Unterstützung fehlen; die **Lage politischer Instabilität** sei ungeschriebenes Tatbestandsmerkmal des Art 68 I 1 GG.[34] Ob die Lage politischer Instabilität vorliegt, liegt in der Einschätzungs- und Beurteilungskompetenz des:der Bundeskanzlers:in. Der:die Bundespräsident:in hat sich an der politischen Entscheidung des:der Bundeskanzlers:in zu orientieren, „wenn nicht eine andere, die Auflösung verwehrende Einschätzung der politischen Lage der Einschätzung des Bundeskanzlers eindeutig vorzuziehen ist." Bundespräsident:in und BVerfG sind insofern auf die Missbrauchskontrolle beschränkt.[35]

Später hat das BVerfG seine Forderung nach der **materiellen Auflösungslage** mit der Formel **aufgeweicht**, die Vertrauensfrage sei nur verfassungsgemäß, „wenn sie nicht nur den formellen Anforderungen, sondern auch dem Zweck des Art. 68 GG entspricht", nämlich „der Wiederherstellung einer ausreichend parlamentarisch verankerten Bundesregierung".[36] Auch die auflösungsgerichtete

---

31 Antrag v. 13.11.2001, BT-Drucks. 14/7440 verbunden mit dem Antrag v. 14.11.2001, BT-Drucks. 14/7447; Plenarprotokoll 14/202 v. 16.11.2001, S. 19893.

32 Antrag v. 27.6.2005, BT-Drucks. 15/5825; Plenarprotokoll 15/185 v. 1.7.2005, S. 17484.

33 Sondervotum Lübbe-Wolff zu BVerfG, Urt. v. 25.8.2005, Az.: 2 BvE 4/05 u.a., Rn. 213ff. = BVerfGE 114, 121 (182ff.).

34 BVerfG, Urt. v. 16.2.1983, Az.: 2 BvE 1–4/83 = BVerfE 62, 1 (LS 6f., 42ff.) – Bundestagsauflösung I.

35 BVerfG, Urt. v. 16.2.1983, Az.: 2 BvE 1–4/83 = BVerfE 62, 1 (LS 8f., 50f.) – Bundestagsauflösung I.

36 BVerfG, Urt. v. 25.8.2005, Az.: 2 BvE 4/05 u.a., LS 1, Rn. 132f. = BVerfGE 114, 121 (149) – Bundestagsauflösung II.

Valentina Chiofalo und Patrick Vrielmann

Vertrauensfrage sei grundsätzlich ein zulässiges Mittel, eine handlungsfähige Regierung wiederzugewinnen.[37] Zudem weitete das BVerfG den **Beurteilungsspielraum des:der Bundeskanzlers:in** aus. „Die Einschätzung der Handlungsfähigkeit hat Prognosecharakter und ist an höchstpersönliche Wahrnehmungen und abwägende Lagebeurteilungen gebunden. Eine Erosion und der nicht offen gezeigte Entzug des Vertrauens lassen sich ihrer Natur nach nicht ohne weiteres in einem Gerichtsverfahren darstellen und feststellen." Damit kann sich der:die Bundeskanzler:in auch auf nicht belegbare „verdeckte Minderheitssituationen" berufen. Die Auflösung des Bundestages liege – anders als in der Weimarer Verfassung – nicht nur in der Hand eines Bundesorgans, sondern gleich dreier. Wenn Bundestag, Bundeskanzler:in und Bundespräsident:in entscheiden, dass eine relative Handlungsunfähigkeit der Regierung und damit eine politisch instabile Lage gegeben sei, dann müsse sich das BVerfG vor dem Hintergrund der Gewaltenteilung auf eine **Missbrauchskontrolle** beschränken.[38]

1972 hat unbestritten eine Lage politischer Instabilität vorgelegen. Für 1982 und 2005 dagegen wird die Lage politischer Instabilität in der Literatur eher verneint und dennoch hat das BVerfG das Vorgehen *Kohls* und *Schröders* im Hinblick auf ihren Beurteilungsspielraum als verfassungskonform angesehen.[39] So kann gerade diese weite Einschätzungsprärogative durchaus kritisch gesehen werden, da sie eine Überprüfung der materiellen Auflösungslage nahezu unmöglich macht und damit Raum für ein Recht zur Auflösung des Bundestages auch bei politisch stabilen Situationen schafft, was gerade nicht die *ratio* des Art. 68 GG ist.[40]

Klausurtaktik ❗

Die verschiedenen Handlungsmöglichkeiten und Ermessenstatbestände bei der Vertrauensfrage ermöglichen viele Fallkonstellation für ein Organstreitverfahren. Dabei muss immer genau geschaut werden, wer gegen wen aufgrund welcher Rechte vorgehen möchte. Besonders klausurrelevant ist die unechte Vertrauensfrage. In Betracht kommt eventuell ein Recht des:der Bundeskanzlers:in gegen den:die Bundespräsidenten:in auf Auflösung des Bundestags aus Art. 68 I 1 GG. Ein Fall auf mittlerem Anforderungsniveau (zwischen Anfänger und Examen) dazu bei den Hauptstadtfällen.[41] Anderseits könnte aber auch ein Abgeordnetenrecht aus Art. 38 I 2, 39 I 1 GG gegen die Auflösung des Bundestags sprechen, sodass einzelne Abgeordnete mit einem Or-

---

37 BVerfG, Urt. v. 25.8.2005, Az.: 2 BvE 4/05 u.a., Rn. 137 = BVerfGE 114, 121 (151) – Bundestagsauflösung II.
38 BVerfG, Urt. v. 25.8.2005, Az.: 2 BvE 4/05 u.a., LS 4, Rn. 149 ff. = BVerfGE 114, 121 (156 ff.) – Bundestagsauflösung II.
39 Sehr ausgewogen dazu Ipsen, NJW 2005, 2201–2204.
40 Zum Ganzen ausführlich Epping, in: v. Mangoldt/Klein/Starck, GG, Bd. II, 7. Aufl. 2018, Art. 68 Rn. 12–31.
41 Freie Universität, Hauptstadtfälle, Chefsache II – Tag der Abrechnung.

Valentina Chiofalo und Patrick Vrielmann

ganstreitverfahren gegen die Auflösungsentscheidung des:der Bundespräsidenten:in vorgehen könnten. Auch eine rein materielle Frage nach den Handlungsmöglichkeiten des:der Bundespräsidenten:in am Ende des Verfahrens ist denkbar.[42]

Schema: Verfassungsmäßigkeit der Bundestagsauflösung infolge abgelehnter Vertrauensfrage
A. Formelle Auflösungslage, Art. 68 I 1 GG
    I. Antrag BKanz an BTag: Vertrauen aussprechen
    II. Keine Mehrheit im BTag (Art. 42 II 1 GG) für das Vertrauen
       – Mit dem Antrag verbundene Gesetzesvorlagen (Art. 81 I 2 GG) sind hinsichtlich der erforderlichen Mehrheiten getrennt zu behandeln (h. M.), auch wenn natürlich über beides gleichzeitig abgestimmt wird; z. b. bei der formellen Verfassungsmäßigkeit des Gesetzes, falls danach gefragt ist. Die Gültigkeit der Vertrauensabstimmung wird dadurch nicht beeinträchtigt.
    III. Vorschlag BKanz (Einschätzungsprärogative) an BPräs: BTag auflösen
    IV. Auflösung BTag durch BPräs (Ermessen)
    V. Frist: innerhalb von 21 Tagen nach Abstimmung
B. Materielle Auflösungslage
    – Streit: Muss eine Lage politischer Instabilität vorliegen? Nach h. M. auch bei auflösungsgerichteter (=unechter) Vertrauensfrage notwendig.
    – Streit entbehrlich, wenn Lage politischer Instabilität vorliegt: gegeben bei fehlender Unterstützung für BKanz im BTag
C. Eingeschränkte Überprüfungskompetenz des BVerfG beziehungsweise der Gutachter:innen
    – Evidenz- und Missbrauchskontrolle bezüglich BKanz
    – Kontrolle auf Ermessensfehler bezüglich BPräs

III. Minister:innenernennung

Die Bundesminister:innen werden gem. Art. 64 I GG von dem:der Bundeskanzler:in vorgeschlagen und von dem:von der Bundespräsidenten:in ernannt. Demnach kommt die formelle Kompetenz zur Kabinettsbildung dem:der Bundespräsidenten:in zu (Ernennung), während der:die Bundeskanzler:in über die **materielle Kabinettbildungskompetenz** verfügt. Das heißt, er:sie kann über die Besetzung der Minister:innenposten entscheiden. Außerdem liegt es im Rahmen seiner:ihrer aus Kabinettsbildungs- und Richtlinienkompetenz abgeleiteten **Organisationsgewalt**, wie viele und welche Ministerien es gibt und wie ihr Geschäftsbereich (Aufgaben und Zuständigkeiten) festgelegt ist. Das Grundgesetz sieht lediglich die Existenz eines Justizministeriums (Art. 96 GG), eines Verteidigungsministeriums (Art. 65a GG) und eines Finanzministeriums (Art. 108, 112, 114 GG) vor.[43]

---

42 So bei Degenhart, Klausurenkurs im Staatsrecht I, 5. Aufl. 2019, Fall 8: Kanzlerwahl, Rn. 344, 348 f., 361 ff.
43 Vgl. Degenhart, Staatsrecht I, 36. Aufl. 2020, Rn. 759 m. w. N.

Valentina Chiofalo und Patrick Vrielmann

Klausurtaktik   ❗

Die einzig klausurrelevante Frage ist hier, ob der:die Bundespräsident:in die Ernennung von Ministern oder Ministerinnen verweigern kann. Dies wird wohl nur in Extremfällen zu bejahen sein.[44]

B. Die Bundesregierung im Innen- und Außenverhältnis

Die Bundesregierung als Staatsorgan handelt sowohl im Innen- wie auch und Außenverhältnis. Der Fokus im Innenverhältnis liegt dabei klar auf Art. 65 GG, im Außenverhältnis muss zwischen administrativen, legislativen und gubernativen Befugnissen unterschieden werden.

I. Die Bundesregierung im Innenverhältnis

Wie sich die Bundesregierung im Innenverhältnis gestaltet, wird maßgeblich in Art. 65 GG geregelt.

1. Richtlinienkompetenz

Art. 65 S. 1 GG bestimmt die **Richtlinienkompetenz** des:der Bundeskanzler:in und wird von § 1 I 1 GOBReg gespiegelt. Über die Richtlinienkompetenz (die auch **Kanzlerprinzip** genannt wird) wird der:die Kanzler:in aus dem Kreis der Bundesregierung **herausgehoben**.[45] Um die Richtlinienkompetenz zu verstehen, soll auf die folgenden Fragen eingegangen werden: Was sind die „Richtlinien der Politik"? Wer ist wie über Art. 65 S. 1 GG gebunden?

a) Richtlinien der Politik

Aus der Verfassung selbst ist nicht eindeutig zu bestimmen, was mit „Richtlinien der Politik" gemeint ist. Einig ist man sich, dass es sich dabei um **politische Führungsentscheidungen, die politische Grundsatzentscheidungen erfassen,**

---

44 Fälle dazu: Beispielsfall 72: Cinque Stelle bei Degenhart, Staatsrecht I, 36. Aufl. 2020, Rn. 752, 766; Freie Universität, Hauptstadtfälle, Chefsache I (mittleres Anforderungsniveau).

45 Herzog, in: Dürig/Herzog/Scholz, GG Kommentar, 95. EL 7.2021, Art. 65 Rn. 3.

Valentina Chiofalo und Patrick Vrielmann

handelt.[46] Ob darüber hinaus auch **konkrete politische Einzelentscheidungen** von Art. 65 S. 1 GG erfasst wird, ist **umstritten:**

Laut einer Ansicht sind auch **Einzelfallentscheidungen** Teil der Richtlinienkompetenz, wenn die Einzelfallentscheidung politisch nicht völlig untergeordnet ist. Art. 65 S. 1 GG erfasst demnach nicht nur generelle Leitlinien.[47] Diese Einzelfallentscheidungen werden teilweise auf solche Fälle **begrenzt**, die von einigem politischen Gewicht sind.[48] Die andere Ansicht **lehnt** die Erweiterung der Richtlinienkompetenz auf **Einzelfallentscheidungen** grundsätzlich **ab.** Demnach können nur politische Führungsentscheidungen von Art. 65 S. 1 GG erfasst werden.[49]

Dem Sinn und Zweck der Richtlinienkompetenz nach müssen zumindest politisch relevante **Einzelfallentscheidungen umfasst** sein. Ziel ist nämlich, dass über Art. 65 S. 1 GG der:die Kanzler:in der Gesamtverantwortung entsprechend Einfluss auf die politischen Geschehnisse nehmen kann. Somit sind solche Einzelfallentscheidungen von Art. 65 S. 1 GG gedeckt, die einer Grundsatz- bzw. Rahmenentscheidung gleichkommen. Dabei steht die Ausübung der Richtlinienkompetenz im Spannungsverhältnis zur Ressortverantwortung der Bundesminister:innen.[50]

Unstrittig ist, besonders in Hinblick auf das Schweigen des Art. 65 S. 1 GG, dass die Entscheidungen über die Richtlinien der Politik vollständig im Ermessen des:der Bundeskanzler:in liegen und formlos erlassen werden können.[51]

b) Bindung und Rechtswirkung

Über die festgelegten Richtlinien werden die einzelnen **Bundesminister:innen** gebunden. Dabei sind die Richtlinien für die Bundesminister:innen rechtlich verbindlich.[52] Das ergibt sich aus der Formulierung des Art. 65 S. 1 GG: Das Ressortprinzip wird direkt vom Richtlinienprinzip beschränkt: Jede:r Bundesminister:in darf den eigenen Geschäftsbereich selbstständig und unter eigener Verantwor-

---

46 Epping, BeckOK GG, 47. Ed. 15.5.2021, Art. 65 Rn. 3.

47 Epping, BeckOK GG, 47. Ed. 15.5.2021, Art. 65 Rn. 3.

48 Voßkuhle/Schemmel, JuS 2020, 736 (737); teilweise wird vertreten, dass der:die Kanzler:in jede Frage, die ihm:ihr potenziell gefährlich werden kann, über Art. 65 S. 1 an sich ziehen kann: Herzog, in: Dürig/Herzog/Scholz, GG Kommentar, 95. EL 7.2021, Art. 65 Rn. 3.

49 Detterbeck, in: Isensee/Kirchhof, HStR III, 3. Aufl. 2005, § 66 Rn. 15.

50 Ausführlich dazu: Herzog, in: Dürig/Herzog/Scholz, GG Kommentar, 95. EL 7.2021, Art. 65 Rn. 7.

51 Herzog, in: Dürig/Herzog/Scholz, GG Kommentar, 95. EL 7.2021, Art. 65 Rn. 16.

52 Degenhart, Staatsrecht I, 37. Aufl. 2021, Rn. 781.

tung leiten, aber eben nur „innerhalb dieser Richtlinien".[53] Demnach kann die Richtlinienkompetenz (theoretisch) über ein Organstreitverfahren durchgesetzt werden.[54]

2. Ressortprinzip

Das Ressortprinzip (oder die Ressortverantwortung) beschreibt die **selbststän-dige politische Leitung und Verwaltung** der Bundesregierung durch die einzelnen Bundesminister:innen. Demnach haben die Bundesminister:innen über die Stellung der jeweiligen Ressortleitung die **Letztentscheidungsbefugnis in Sach-, Organisations-, Personal- und Haushaltsfragen des übertragenen Geschäftsbereichs.**[55] Dabei wird die Ressortverantwortung von der Richtlinienkompetenz und dem Kollegialprinzip (Art. 65 S. 3 GG) beschränkt.[56] Das heißt u.a., dass Ressortfragen im Sinne der Vorgabe des Richtlinienprinzips zu entscheiden sind.[57] Über Art. 65 S. 1 GG ist nämlich durchaus möglich, dass der:die Kanzler:in auch Einzelfallentscheidungen im Geschäftsbereich des:der Minister:in treffen kann.[58]

Neben der generellen Verantwortung über den eigenen Geschäftsbereich, weist das Grundgesetz den Bundesminister:innen zusätzliche Kompetenzen zu: Art. 80 I GG beschreibt die Verordnungsbefugnis und Art. 58 GG die Gegenzeichnungsbefugnis. Die Kompetenz zum Erlass von Verordnungen kann der:die Kanzler:in über Art. 65 S. 1 GG nicht an sich ziehen. Jedoch ist der:die Bundesminister:in in der Ausübung der Verordnungskompetenz an die Richtlinien des:der Kanzler:in gebunden.[59] Auch Art. 58 GG ist nicht richtlinienfest. Gleiches gilt für anderweitige **Sonderzuweisungen** (für Verteidigung: Art. 65a; Bundesjustizminister: Art. 96 II 4; der Finanzen: Art. 108 III 2, Art. 112, 114 II).[60]

---

53 Herzog, in: Dürig/Herzog/Scholz, GG Kommentar, 95. EL 7.2021, Art. 65 Rn. 17.
54 Zu den politischen Folgen siehe: Herzog, in: Dürig/Herzog/Scholz, GG Kommentar, 95. EL 7.2021, Art. 65 Rn. 12ff.
55 Epping, in: BeckOK GG, 47. Ed. 15.5.2021, Art. 65 Rn. 6.
56 Degenhart, Staatsrecht I, 37. Aufl. 2021, Rn. 783.
57 Epping, in: BeckOK GG, 47. Ed. 15.5.2021, Art. 65 Rn. 6.
58 Epping, in: BeckOK GG, 47. Ed. 15.5.2021, Art. 65 Rn. 6.
59 Wallrabenstein, in: v. Münch/Kunig, GG Kommentar, 7. Aufl. 2021, Art. 80 Rn. 19; Detterbeck, in: Isensee/Kirchhof, HStR III, 3. Aufl. 2005, § 66 Rn. 35.
60 Epping, in: BeckOK GG, 47. Ed. 15.5.2021, Art. 65 Rn. 6.

Valentina Chiofalo und Patrick Vrielmann

3. Kollegialprinzip

Das Kollegialprinzip ist in Art. 65 S. 3 GG verankert. Demnach entscheidet die Bundesregierung als **Kollegialorgan** über Meinungsverschiedenheiten zwischen den Bundesminister:innen. Die Regelung wird von § 15 I f GOBReg aufgegriffen und wiederholt. Die Entscheidungen werden gem. § 24 II GOBReg als Mehrheitsentscheidung getroffen. Falls der:die Bundesfinanzminister:in an der Meinungsverschiedenheit beteiligt ist, muss § 26 GOBReg beachtet werden.[61]

Im Ergebnis ergibt sich folgende **Rangordnung** der Entscheidungen innerhalb der Bundesregierung:[62]
- Genereller Vorrang der **Richtlinien** der Politik (Bundeskanzler:in);
- Vorrang der **Sonderrechte** einzelner Bundesminister:innen vor Kollegialentscheidungen und Entscheidungen der Fachminister:innen;
- Vorrang von Kollegialentscheidungen – in dem durch das Kollegialprinzip abgegrenzten Rahmen – vor den Entscheidungen der Fachminister:innen.

4. Exkurs: Koalitionsvertrag

Um eine stabile Regierung zu bilden, braucht es eine absolute Mehrheit im Bundestag (Gegenstück dazu ist die Minderheitenregierung). Dazu schließen sich in der Regel mehrere Parteien zu einer **Koalitionsregierung** zusammen. Um ein gemeinsames Regierungsprogramm zu entwerfen, wonach sich die politische Gestaltung der Legislaturperiode richtet, wird ein **Koalitionsvertrag** zwischen den koalierenden Parteien geschlossen. Wichtig ist, dass es sich dabei **nicht um einen bindenden zivilrechtlichen Vertrag** handelt, sondern um eine **politische Absprache**.[63] Verstöße gegen den Koalitionsvertrag sind somit in keinem Fall justiziabel.

II. Die Bundesregierung im Außenverhältnis

1. Administrative Befugnisse: Bundesverwaltung

Die Bundesregierung steht an der Spitze der Bundesverwaltung und ist daher Teil der Administration. Im Fall der Bundesverwaltung erfolgt der Vollzug der Bundesgesetze durch Bundesbehörden oder dem Bund unmittelbar zurechenbare Körperschaften oder Anstalten. Die Länder sind im Gegensatz zur Bundesauf-

---

61 Herzog, in: Dürig/Herzog/Scholz, GG Kommentar, 95 EL 7.2021, Art 65 Rn. 75.
62 Degenhart, Staatsrecht I, 37. Aufl. 2021, Rn. 784.
63 Degenhart, Staatsrecht I, 37. Aufl. 2021, Rn. 767.

Valentina Chiofalo und Patrick Vrielmann

tragsverwaltung bei der Bundesverwaltung in keiner Weise am Vollzug beteiligt. Die einzelnen Gegenstände der Bundesverwaltung finden sich jeweils in den Art. 87 ff. GG sowie der Finanzverfassung.[64]

2. Legislative Befugnisse: Rechtsverordnungen und Initiativrecht

Die Bundesregierung erfüllt auch legislative Aufgaben, obwohl sie Teil der Exekutive ist. Die Regierung ist über Art. 80 I GG dazu ermächtigt, Rechtsverordnungen zu erlassen.[65] Außerdem steht der Bundesregierung gem. Art. 76 I 1. Var. GG das Initiativrecht beim Gesetzgebungsverfahren zu.[66]

3. Gubernative: Staatsleitung

Die Bundesregierung ist für die Staatsleitung verantwortlich.[67] Daraus ergeben sich unterschiedliche Befugnisse, die mehr oder weniger unmittelbar aus dem Grundgesetz abzuleiten sind: Führung der Außenpolitik; Befehlsgewalt über die Bundeswehr (Art. 65a I GG); Haushaltsaufstellung (Art. 110 GG) und Äußerungsbefugnisse der Bundesregierung im Sinne der Informations- und Öffentlichkeitsarbeit (Art. 65 GG).

An dieser Stelle soll aufgrund der erheblichen Klausurrelevanz ausschließlich auf die Äußerungsbefugnisse der Bundesregierung nach Art. 65 GG eingegangen werden.

Weiterführendes Wissen   ℹ️

Bei den weiteren aufgezählten Befugnissen wird die **Verschränkung von Regierungs- und Parlamentskompetenzen** verdeutlicht, die eine parlamentarische Kontrolle dadurch ermöglicht, dass die Regierung nicht ohne die Mitwirkung des Bundestags entscheiden kann. Die Exekutive führt zwar im **Bereich der auswärtigen Gewalt** regelmäßig über das Auswärtige Amt und das Bundeskanzleramt Vertragsverhandlungen und pflegt diplomatische Beziehungen.[68] Trotzdem wird dem Bundestag über Art. 59 II GG ein „Mitentscheidungsrecht" zugesprochen.[69] Die **Befehlsgewalt über die Streitkräfte** wird gem. Art. 65a I GG dem:der Verteidigungsminister:in als politi-

---

64 Siehe ausführlich zur Bundesverwaltung Herold, § 19 Verwaltungskompetenzen, C. in diesem Lehrbuch.

65 Siehe dazu Bustami, § 18 Rechtsverordnungen in diesem Lehrbuch.

66 Siehe weiterführend Herold, § 16 Gesetzgebungsverfahren, A. I. 1. in diesem Lehrbuch.

67 BVerfG, Beschl. v. 26.6.2002, Az.: 1 BvR 558/91, 2. LS = BVerfGE 105, 252.

68 Siehe z. B. zur Rolle des Exekutive in der Außenpolitik Calliess, Staatsrecht III, 3. Aufl. 2020, § 3 Rn. 14 ff.

69 BVerfG, Urt. v. 22.11.2001, Az.: 2 BvE 6/99 = BVerfGE 104, 151 – NATO-Konzept; siehe dazu Wissenschaftliche Dienste, WD 2 – 3000 – 032/17, 25.4.2017.

Valentina Chiofalo und Patrick Vrielmann

sche Ressortverantwortung zugeordnet.[70] Das scheint auf den ersten Blick hinsichtlich des Parlamentsvorbehalts für den Streitkräfteeinsatz zu verwundern.[71] Der Parlamentsvorbehalt betrifft allerdings nur das „Ob" des Einsatzes, die Befehlsgewalt das „Wie".[72] Das **Initiativrecht für das Haushaltsgesetz und den Haushaltsplan** liegt bei der Exekutive,[73] gleichzeitig wird dem Bundestag das Budgetrecht zugeordnet.[74]

a) Äußerungsbefugnisse der Bundesregierung: Informations- und Öffentlichkeitsarbeit

Das BVerfG leitet aus Art. 65 GG und der Funktion der Regierung die Staatsleitung auszuüben, Äußerungsbefugnisse bezüglich Informations- und Öffentlichkeitsarbeit ab. Dabei handelt es sich um einen **Klassiker des Staatsorganisationsrechts**, der unbedingt ordentlich gelernt werden sollte. Um die Schwierigkeiten im Rahmen der Äußerungsbefugnisse besser greifen zu können, empfiehlt es sich, Äußerungen gegenüber Parteien von Äußerungen gegenüber Bürger:innen zu trennen.

Ausgangspunkt der Äußerungsbefugnissen **gegenüber Parteien ist das von Art. 21 I 1 GG** geschützte Recht von Parteien, gleichberechtigt am politischen Wettbewerb teilzunehmen (Chancengleichheit).[75] Laut BVerfG sei damit jede parteiergreifende Einwirkung von Staatsorganen zugunsten oder zulasten einzelner am politischen Wettbewerb teilnehmender Parteien unvereinbar.[76] Dies sei auch für die Bundesregierung verpflichtend, selbst wenn von der Befugnis zur Informations- und Öffentlichkeitsarbeit Gebrauch gemacht wird.[77] An diese Neutralitätspflicht gebunden sind Hoheitsträger immer dann, wenn sie als Staatsverantwortliche auftreten. Spricht beispielsweise der:die Bundesminister:in als Parteipolitiker:in, und gerade nicht als Minister:in, dann entfällt die Bindung an Art. 21 GG

---

70 Schmidt-Radefeldt, in: BeckOK GG, 48. Ed. 15.8.2021, Art. 65a Rn. 8.

71 Das BVerfG hat einen konstitutiven Parlamentsvorbehalt für bewaffnete Streitkräfte hergeleitet: BVerfG, Urt. v. 12.7.1994, Az.: 2 BvE 3/92 u. a. = BVerfGE 90, 286 – Out-of-area-Einsätze; Sauer, Staatsrecht III, 6 Aufl. 2020, § 5 Rn. 11 ff. Siehe zum Auslandseinsatz der Bundeswehr Seidl/Wiedmann, § 5.5 Parlamentsvorbehalt, B. III. in diesem Lehrbuch.

72 Schmidt-Radefeldt, in: BeckOK GG, 48. Ed. 15.8.2021, Art. 65a Rn. 3.

73 BVerfG, Urt. v. 25.5.1977, Az.: 2 BvE 1/74 = BVerfGE 45, 1 (46) – Haushaltsüberschreitung.

74 Kube, in: Dürig/Herzog/Scholz, GG Kommentar, 95. EL 7.2021, Art. 110 Rn. 35 ff.

75 Siehe zur Chancengleichheit Linke, § 5.6 Politische Parteien, D. in diesem Lehrbuch.

76 BVerfG, Urt. v. 9.6.2020, Az.: 2 BvE 1/19, Rn. 43 = BVerfGE 154, 320 – Seehofer.

77 Zur Neutralitätspflicht der Bundesregierung sehr kritisch: Meinel, Der Staat 2021, 43 (79 ff.). Äußerst lesenswert ist darüber hinaus das Sondervotum der Richterin Wallrabenstein: Abweichende Meinung der Richterin Wallrabenstein zum Urt. des Zweiten Senats v. 15. Juni 2022, Az.: /20, 2 BvE 5/20.

Valentina Chiofalo und Patrick Vrielmann

oder an anderweitige Grundrechte. Grundsätzlich ist nämlich der Staat und nicht private Bürger:innen an Grundrechte gebunden. Die Grundrechtsbindung kann im Rahmen der Rechtfertigung, aber auch bereits im Schutzbereich geprüft werden.

Ob der Hoheitsträger bei einer Äußerung aufgrund der amtlichen Funktion gem. Art. 20 III GG gebunden ist, wird **am äußeren Erscheinungsbild bewertet.** Da die Bundesregierung grundsätzlich über erhebliche Ressourcen verfügt und Aussagen aufgrund der Rolle „Staatsorgan" besondere Autorität und Glaubwürdigkeit besitzen, ist bei der Bewertung ein strenger Maßstab anzuwenden. Wenn Äußerungen z. B. in Form von Pressemitteilungen unter Verwendung des Dienstwappens auf der Homepage des Ministeriums veröffentlicht wurden, spricht das grundsätzlich dafür, dass als Staatsorgan gehandelt wurde. Dabei ist irrelevant, ob der bürgerliche Name genutzt wird. Wenn die Ressourcen des Ministeramts verwendet werden und damit erkennbar Bezug auf das Amt genommen wird, ist der:die Hoheitsträger:in an Art. 21 GG gebunden.[78]

Anders als bei möglichen Rechtsverletzungen gegenüber Parteien, muss die Informations- und Öffentlichkeitsarbeit **gegenüber Bürger:innen** aus der Perspektive des betroffenen Grundrechts betrachtet werden. Laut BVerfG erwarte jede:r Bürger:in, dass der Staat sie adäquat aufkläre und informiere – und zwar auch durch **Warnungen und Empfehlungen.**[79] Durch solches Handeln kann allerdings in die Rechte Dritter eingegriffen werden, wie beispielsweise bei der Glykol-Entscheidung. Hintergrund des Falls war, dass die Bundesregierung eine Liste mit mehreren Weinen, die Glykol enthielten, veröffentlichte. Durch diese Veröffentlichungen wurde aus Sicht der dabei erwähnten Weinkellereien der Schutzbereich des Art. 12 und Art. 14 GG berührt.[80]

Nachdem der Schutzbereich bestimmt wurde (Chancengleichheit der Parteien und Neutralitätspflicht gem. Art. 21 GG bei Parteien oder ein anderes Grundrecht bei Bürger:innen, wie Art. 4 I, 8 I oder 12 GG), muss der **Eingriffsbegriff** problematisiert werden. Bei der Informations- und Öffentlichkeitsarbeit sollte kein klassischer Eingriff bejaht werden, weil die Äußerungen weder Ge- noch Verbote darstellen. Allerdings können Äußerungen unter den **modernen Eingriffsbegriff** subsumiert werden, da es sich dabei um **mittelbar-faktische Beeinträchtigungen** handelt.[81]

Im Rahmen der **Rechtfertigung** eines Eingriffs in ein die Chancengleichheit der Parteien oder in ein Grundrecht muss die **Ermächtigungsgrundlage** thematisiert werden. An dieser Stelle sollte dann die Herleitung der Information- und Öf-

---

78 BVerfG, Urt. v. 27.2.2018, Az.: 2 BvE 1/16, Rn. 50 ff. = BVerfGE 148, 11 – Wanka.

79 BVerfG, Beschl. v. 26.6.2002, Az.: 1 BvR 558/91 = BVerfGE 105, 252 (269) – Glykol.

80 Siehe weiterführend Goldberg, § 21.2. Berufsfreiheit – Art. 12 GG und Eisentraut, § 21.1. Eigentum und Erbrecht – Art. 14, 15 GG im OpenRewi Grundrechte-Lehrbuch.

81 Degenhart, Staatsrecht I, 37. Aufl. 2021, Rn. 319.

Valentina Chiofalo und Patrick Vrielmann

fentlichkeitsarbeit erfolgen. Die **Herleitung der Informations- und Öffentlichkeitsarbeit** ergibt sich laut BVerfG aus der Staatsleitung der Bundesregierung. Nur über Äußerungsbefugnisse könne eine transparente und effektive Ausübung der Staatsleitung gewährt werden. Dabei können auch Empfehlungen und Warnungen Teil der Informationsarbeit der Bundesregierung sein. Demnach sei Art. 65 GG ganz grundsätzlich der richtige Anknüpfungspunkt zur Ableitung der Befugnis, wobei die Informations- und Öffentlichkeitsarbeit natürlich auch an gewisse Vorgaben gebunden ist (Schranken formeller und materieller Art).

▮! Examenswissen

Allerdings ist äußerst umstritten, wie sich aus einer Kompetenznorm eine Ermächtigungsgrundlage zu einer staatlichen Handlung ergeben kann.[82] Dabei handelt es sich um einen Konflikt mit dem Vorbehalt des Gesetzes. Nach der Rechtsprechung genügt bei Äußerungen von Hoheitsträgern die Aufgabenzuweisungsnorm, soweit im Rahmen dessen gehandelt wird. Um dieses Problem zu entschärfen, hat der Gesetzgeber teilweise neue Kompetenzgrundlagen geschaffen. So kann die zuständige Behörde beispielsweise gem. § 40 Lebensmittel-, Bedarfsgegenstände- und Futtermittelgesetzbuch (LBFG) die Öffentlichkeit zur Gefahrenabwehr vor bestimmten Lebensmitteln warnen.

Darüber hinaus muss beachtet werden, dass sich Äußerungsbefugnisse nicht ausschließlich aus Art. 65 GG i.V.m. der Staatsleitungsfunktion ergeben, sondern auch andere Hoheitsträger tätig werden können. Sowohl der:die Bundespräsident:in wie auch kommunale Amtsträger:innen sind dabei relevant. Die Befugnis für kommunalen Amtsträger:innen ergibt sich im Rahmen der Aufgabenzuweisung gemäß Art. 28 II 1 GG i.V.m. der Landesverfassung. Bei dem:der Bundespräsident:in ergibt sich die Befugnis aus der allgemeinen Repräsentations- und Integrationsaufgaben. Es ist ihm:ihr selbst überlassen, wie diese Aufgaben auszuführen sind und in welcher Art und Weise sich geäußert werden soll.[83]

Die **formellen Grenzen** der Äußerungsbefugnisse ergeben sich vor allem aus kompetenzrechtlicher Sicht. Bei der Ausübung muss sowohl die **Organ- wie auch die Verbandskompetenz** gewahrt werden. Die Verbandskompetenz richtet sich dabei nach der **Gesetzgebungskompetenz.** In solchen Bereichen, in denen der Bund für die Gesetzgebung zuständig ist, kann sich die Bundesregierung auch äußern. Die Organkompetenz richtet sich danach, welches Ministerium auf Bundesebene für die jeweilige Sachfrage zuständig wäre. Jede:r Bundesminister:in muss sich, um die Befugnisse zur Öffentlichkeitsarbeit zu beachten, innerhalb des eigenen Geschäftsbereichs bewegen.[84]

---

82 Barczak, NVwZ 2015, 1014 (1018).
83 BVerfG, Urt. v. 10.6.2014, Az.: 2 BvE 4/13, Rn. 22ff. = BVerfGE 136, 323 – Spinner.
84 BVerfG, Urt. v. 27.2.2017, Az.: 2 BvE 1/16, Rn. 77 = BVerfGE 148, 11 – Wanka.

Materiell-rechtlich orientiert sich die Verhältnismäßigkeitsprüfung am Sachlichkeitsgebot. Das **Sachlichkeitsgebot** besagt, dass verfügbare Erkenntnisquellen umfassend genutzt werden müssen. Insbesondere muss damit das Erkenntnisverfahren selbst ohne wesentliche Mängel abgelaufen sein. Außerdem darf die Aussage nach Form und Inhalt nicht unangemessen sein (keine Diffamierungen). Das **Neutralitätsgebot** aus Art. 21 I GG verstärkt das Sachlichkeitsgebot bezüglich Parteien. Denn auch Werturteile, denen sachfremde Erwägungen zugrunde liegen, sind unzulässig. Dabei wird die staatliche Zurückhaltungspflicht umso größer, je näher ein Wahltermin rückt.[85] Nicht anerkannt ist ein sogenanntes „**Recht auf Gegenschlag**". Auch wenn sich eine Partei in diffamierender Art und Weise gegenüber der Regierung äußert, bleibt das Sachlichkeitsgebot bestehen. Alles andere hätte zur Folge, dass die Bundesregierung bei einem auf unwahre Behauptungen gestützten Angriff auf ihre Politik ihrerseits berechtigt wäre, unwahre Tatsachen zu verbreiten.[86]

Klausurtaktik !

Aufbau Prüfung Art. 65 GG bei Äußerungen der Bundesregierung gegenüber Parteien

1. Herleitung der Befugnis aus Art. 65 GG

Beispiel Herleitung: Die Aufgabe der Bundesregierung ist die Staatsleitung, wobei ein integraler Bestandteil die Informations- und Öffentlichkeitsarbeit ist. Nur so kann eine transparente und effektive Ausübung der Staatsleitung gewährt werden – auch Empfehlungen und Warnungen können Teil der Informationsarbeit der Bundesregierung sein. Somit ist Art. 65 GG ganz grundsätzlich der richtige Anknüpfungspunkt zur Ableitung der Befugnis.

2. Formelle Voraussetzung:
- Wurde die Zuständigkeit zwischen den einzelnen Regierungsmitgliedern gewahrt (Organkompetenz), Art. 62, 65 S. 2 GG?
- Wurde die föderale Kompetenzaufteilung zwischen Bund und Land gewahrt (Verbandskompetenz)?

Beispiel: Zur Organkompetenz: Beim Urteil zu „Rote Karte für die AfD" war bereits zu bezweifeln, ob die damalige Bildungsministerin die Zuständigkeit besaß, sich zu äußern. Die Ministerin veröffentlichte auf ihrer Internetseite eine Pressemitteilung mit dem folgenden Inhalt: „Rote Karte für die AfD Zur geplanten Demonstration der AfD in Berlin am 07.11.2015: Die Rote Karte sollte der AfD und nicht der Bundeskanzlerin gezeigt werden. Die Sprecher der Partei leisten der Radikalisierung in der Gesellschaft Vorschub. Rechtsextreme, die offene Volksverhetzung betreiben, erhalten damit unerträgliche Unterstützung." Die AfD war Veranstalterin einer in Berlin für den 7.11.2015 angemeldeten Versammlung unter dem Motto „Rote Karte für Merkel! – Asyl braucht Grenzen!". Das BVerfG ließ offen, ob in diesem Fall die Zuständigkeit in Form der Organkompetenz gewahrt wurde. Jede:r Bundesminister:in

---

85 Wissenschaftliche Dienste, WD 3 – 3000 – 074/18, 19.3.2018, S. 5.
86 BVerfG, Urt. v. 27.2.2018, Az.: 2 BvE 1/16, Rn. 60 = BVerfGE 148, 11 – Wanka.

Valentina Chiofalo und Patrick Vrielmann

muss sich, um die Befugnisse zur Öffentlichkeitsarbeit zu beachten, innerhalb des eigenen Geschäftsbereichs bewegen. Als Bildungsministerin ist der Geschäftsbereich die Bildungs- und Forschungspolitik. Die Aussagen der AfD richteten sich gegen die Asylpolitik der Bundesregierung, ein unmittelbarer Sachzusammenhang zum Geschäftsbereich ist daher nicht gegeben. Das Gericht ließ an dieser Stelle offen, ob der Ministerin „auch darüber hinaus als Mitglied des Kollegialorgans Bundesregierung eine eigenständige Befugnis zukommt, Angriffe auf die Regierungspolitik und insbesondere auf das Handeln der Bundeskanzlerin zurückzuweisen" auch wenn sich eine solche Befugnis nicht ohne Weiteres dem Wortlaut von Art. 65 GG entnehmen lässt.[87]

3. Materielle Voraussetzung: Verhältnismäßigkeit unter Wahrung des Sachlichkeitsgebots
- Sachlichkeitsgebot: Ist die Aussage richtig? Ist Form und Inhalt angemessen?
- Umso näher der Wahltermin rückt, umso stärker ist die Bundesregierung im Rahmen von Art. 21 GG an das Sachlichkeitsgebot gebunden.

Beispiel: Obersatz materielle Voraussetzungen der Informations- und Öffentlichkeitsarbeit: Darüber hinaus muss die Ministerin bei ihren Äußerungen die Grenzen der Verhältnismäßigkeit gewahrt haben, die vor allem durch das Sachlichkeitsgebot ausgeprägt wird. Der Pressemitteilung sind keine Informationen zur Geflüchtetenpolitik zu entnehmen, vielmehr stellt sie einen parteiergreifenden Angriff auf die AfD im politischen Wettbewerb dar. Das Recht auf Chancengleichheit aus Art. 21 I 1 GG wurde somit verletzt, ein Recht auf Gegenschlag existiert nicht.

b) Übersicht der relevantesten Urteile

Auswahl an relevanten Urteilen

Urteile	Schwerpunkt/Besonderheit
Glykol-Entscheidung (BVerfG, Beschl. v. 26.6.2002, Az.: 1 BvR 558/91 = BVerfGE 105, 252)	Bundesregierung veröffentlicht eine **Liste mit mehreren Weinen,** in denen **Glykol** enthalten ist; eine Weinkellerei erhebt Verfassungsbeschwerde aufgrund von **Art. 12 und 14 GG**; Schwerpunkt: Eingriff und Sachlichkeitsgebot; Verfassungsbeschwerden wurden als unbegründet abgelehnt.
Osho-Entscheidung (BVerfG, Beschl. v. 26.6.2002, Az.: 1 BvR 670/91 = BVerfGE 105, 279)	Bundesregierung hatte sich bereits mehrmals kritisch gegenüber dem Bundestag und der Öffentlichkeit gegenüber der **Osho-Bewegung** geäußert (sei eine „Sekte", „Jugendsekte", „Jugendreligion", „Psychosekte"; nutzt die Attribute „destruktiv" und „pseudoreligiös"; Vorwurf der Mitgliedermanipulation); die Bewegung erhebt Verfassungsbeschwerde aufgrund von **Art. 4 I und II GG**; Verfassungsbeschwerde laut BVerfG teilweise begründet.

---

87 BVerfG, Urt. v. 27.2.2018, Az.: 2 BvE 1/16, Rn. 77 = BVerfGE 148, 11 – Wanka.

Valentina Chiofalo und Patrick Vrielmann

Urteile	Schwerpunkt/Besonderheit
Spinner-Entscheidung (BVerfG, Urt. v. 10.6.2014, Az.: 2 BvE 4/13 = BVerfGE 136, 323)	NPD macht eine Rechtsverletzung gegen **Art. 21 GG durch die** Aussage des Bundespräsidenten, Mitglieder, Aktivist:innen und Unterstützer:innen der NPD seien „**Spinner**", geltend – BVerfG weist die Klage als unbegründet zurück.
Lichter aus-Entscheidung vor dem BVerwG (BVerwG, Urt. v. 13.9.2017, Az.: BVerwG 10 C 6.16)	Pegida-Demo beruft sich auf **Art. 8 GG**; Oberbürgermeister lässt **Lichter von städtischen Gebäuden als Zeichen gegen Pediga-Demo ausschalten** + ruft zur Gegendemonstration auf + bittet Bürger:innen, Lichter auszuschalten – alle Maßnahmen waren laut BVerwG rechtswidrig; siehe dazu Fall 11, in „Verwaltungsrecht in der Klausur".
Wanka-Entscheidung (BVerfG, Urt. v. 27.2.2018, Az.: 2 BvE 1/16 = BVerfGE 148, 11)	AfD beruft sich auf Art. 21 GG; Ministerin *Wanka* veröffentlicht kritische Aussage auf eigener Homepage („**Rote Karte gegen die AfD**"); Schwerpunkte: Ist man an Art. 21 GG auch außerhalb der Wahlkampfzeiten gebunden? Ab wann handelt man als Minister:in und nicht als Parteipolitiker:in? Gibt es ein Recht auf Gegenschlag?; Verfassungsbeschwerde war begründet.
Urteil des Berliner Verfassungsgerichtshofs zu einem Tweet von Bürgermeister *Müller* (VerfGH Berlin, Urt. v. 20.2.2019, Az.: VerfGH 80/18)	AfD richtete sich gegen einen Tweet des Regierenden Bürgermeisters, der zur Teilnahme einer Demonstration aufrief; **AfD sah darin eine Verletzung von Art. 21 GG**, weil gleichzeitig eine eigene Demonstration abgehalten wurde; VerfGH lehnte die Rechtsverletzung ab, da es keine Hinweise zur AfD im Tweet gab.
Seehofer-Entscheidung (BVerfG, Urt. v. 9.6.2020, Az.: 2 BvE 1/19 = BVerfGE 154, 320)	AfD beruft sich auf **Art 21 GG**, weil *Seehofer* ein Interview auf der Ministeriumshomepage veröffentlicht hat, in dem er sich klar gegen die AfD stellt; Trennung zwischen Interview und Veröffentlichung auf der Homepage des Ministeriums; Veröffentlichung laut BVerfG verfassungswidrig.
Merkel-Urteil (BVerfG, Urt. v. 15.6.2022, Az.: 2 BvE 4/20)	Kanzlerin Merkel äußerte sich auf einer Dienstreise in Südafrika kritisch über den Wahlvorgangs Kemmerichs in Thüringen; konnte nur mit den Stimmen der CDU und AfD zum Ministerpräsident gewählt werden; AfD beruft sich auf Art. 21 GG; laut BVerfG führt die besondere Stellung der:des Bundeskanzler:in (Art. 65 S. 1 GG) nicht dazu, dass der Maßstab des Neutralitätsgebotes im Vergleich zu anderen Regierungsmitgliedern großzügiger oder strenger anzulegen wäre; i.E. daher verfassungswidrig.

(Quelle: eigene Darstellung von Valentina Chiofalo)

Valentina Chiofalo und Patrick Vrielmann

C. Das Ende der Amtszeit der Regierung

Grundsätzlich ist zu unterscheiden zwischen dem Ende der Amtszeit von Bundeskanzler:in und von Bundesminister:innen.

I. Ende der Kanzlerschaft

Der Regelfall ist das Amtsende des:der Bundeskanzler:in bei Zusammentritt eines neuen Bundestages (Art. 69 II, 1. HS. GG) nach Ablauf der Wahlperiode und entsprechender Neuwahl (Art. 39 I GG). Die Bindung der Regierungszeit an die Legislaturperiode des Bundestags (sogenanntes **Periodizitätsprinzip**) ist Ausdruck des parlamentarischen Regierungssystems. Wenn sich der Bundestag aus neuen Abgeordneten zusammensetzt, endet auch die Legitimation des:der durch den Bundestag gewählte:n Kanzlers:in.[88] Das Amt endet *ipso iure*, also ohne dass ein formaler Akt dafür nötig wäre.[89]

Das Amt des:der Bundeskanzler:in kann aber auch über Art. 69 II GG enden, wenn der Bundestag infolge der gescheiterten Vertrauensfrage aufgelöst und anschließend neu gewählt wird (Art. 68 I 1 GG). Naturgemäß tritt das Ende der Kanzlerschaft des bisherigen Amtsinhabers auch ein, wenn im Wege des konstruktiven Misstrauensvotums (Art. 67 I 1 GG) oder nach der gescheiterten Vertrauensfrage (Art. 68 I 2 GG) vom bestehenden Bundestag ein:e neue:r Kanzler:in gewählt wird.

Neben den genannten Tatbeständen kann sich das Amt des:der Bundeskanzler:in auch auf andere Weise erledigen (Art. 69 II, 2. HS. GG):
– die **Wählbarkeitsvoraussetzungen** entfallen,
– gesundheitlich bedingte **Amtsunfähigkeit,**
– **Tod** des Amtsinhabers,
– **Entlassung** durch den Bundespräsidenten oder die -präsidentin infolge einer Rücktrittserklärung des Amtsinhabers gegenüber dem:der Präsidenten:in.[90]

---

88 Pieper, in: BeckOK GG, 47. Ed. 15.5.2021, Art. 69 Rn. 3.
89 Gleichwohl erhalten die aus dem Amt scheidenden Regierungsmitglieder vom:von der Bundespräsident:in eine Urkunde über die Beendigung des Amtes, die rein deklaratorisch wirkt. Epping, in: v. Mangoldt/Klein/Starck, GG, Bd. II, 7. Aufl. 2018, Art. 69 Rn. 15f.
90 Bisher der häufigste Erledigungsgrund: Konrad Adenauer (15.10.1963), Ludwig Erhard (1.12.1966) und Willy Brandt (6.5.1974) sind von ihrem Amt zurückgetreten und haben dadurch einen Regierungswechsel herbeigeführt.

Valentina Chiofalo und Patrick Vrielmann

II. Ende des Ministeramtes

Der Bestand der Minister:innenämter ist in jedem Fall vom Amt des:der Kanzler:in abhängig (sogenanntes **Akzessorietätsprinzip**). Auch hieran zeigt sich die starke Stellung innerhalb der Regierung. Diese Akzessorietät ist zwingende Konsequenz aus der materiellen Kabinettbildungskompetenz des:der Bundeskanzlers:in: Die demokratische Legitimation der einzelnen Minister:innen leitet sich nur vermittelt durch den:die Bundeskanzler:in vom Parlament ab. Das bedeutet, das Amt aller Minister:innen endet in allen oben genannten Fällen des Zusammentritts eines neuen Bundestages (Art. 69 II, 1. HS GG) sowie dann, wenn sich das Amt des:der Bundeskanzlers:in auf eine der genannten fünf anderen Arten erledigt (Art. 69 II, 2. HS GG).

Das Amt eines einzelnen Ministers kann darüber hinaus enden:
– bei gesundheitlich oder rechtlich bedingter **Amtsunfähigkeit** (das passive Wahlrecht nach § 15 BWahlG ist auch für die Minister:innen Amtsvoraussetzung),
– beim **Tod** des Amtsinhabers oder
– bei **Entlassung** durch den:die Bundespräsidenten:in auf Vorschlag des:der Bundeskanzlers:in. Der Vorschlag kann dabei gegen den Willen des:der Minister:in erfolgen oder nach einem Rücktrittsgesuch des:derselben. Die Urkunde, die der:die Bundespräsident:in über die Entlassung aushändigt, wirkt dabei konstitutiv (§ 10 S. 2 BMinG).

Weiterführende Studienliteratur
– Voßkuhle/Schemmel, Grundwissen – Öffentliches Recht: Die Bundesregierung, JuS 2020, 736.
– Austermann, Die Wahl des Bundeskanzlers gemäß Art. 63 GG, DÖV 2013, 865.
– Krings, Die Minderheitsregierung, ZRP 2018, 2.
– Open-Book-Klausur zu Richtlinienkompetenz, Ressortprinzip und Gegenzeichnungserfordernis: Bender, „Corona-Chaos in der Bundesregierung", JA 2021, 652.
– Übungsfall zur Kanzlerwahl und zur Vertrauensfrage: Degenhart, Klausurenkurs im Staatsrecht I, 5. Aufl. 2019, Fall 8: Kanzlerwahl, Rn. 344.

Zusammenfassung: Die wichtigsten Punkte
– Die Bundesregierung ist ganz wesentlich vom Vertrauen des Parlaments abhängig (**parlamentarisches Regierungssystem**).
– Das äußert sich in der Wahl des:der Bundeskanzler:in durch das Parlament.
– Der:die Bundeskanzler:in bestimmt im Rahmen seiner oder ihrer materiellen **Kabinettsbildungskompetenz** und **Organisationsgewalt**, wie sich die Bundesregierung zusammensetzt (Welche Ministerien? Welche Personen?).
– Die Minister:innen sind im Bestand ihres Amtes abhängig von dem:der Bundeskanzler:in.

Valentina Chiofalo und Patrick Vrielmann

- Wegen der starken Stellung des:der Kanzler:in spricht man auch von einer **Kanzlerdemokratie.**
- Im Falle von Dissonanzen zwischen der Regierung und den sie tragenden Fraktionen gibt das Grundgesetz dem **Bundestag** mit dem **konstruktiven Misstrauensvotum** und der **Bundesregierung** mit der **Vertrauensfrage** wirksame, komplementäre Instrumente an die Hand, um Regierungskrisen zu überwinden oder Handlungsunfähigkeiten zu vermeiden.
- Die Gestaltung der Bundesregierung im Innenverhältnis wird maßgeblich von Art. 65 GG geregelt: Sowohl die **Richtlinienkompetenz,** wie auch das **Ressort- und Kollegialprinzip** werden an dieser Stelle verfassungsrechtlich normiert.
- Aus Art. 65 GG und der Funktion der Regierung die Staatsleitung auszuüben, leitet das BVerfG außerdem die **Äußerungsbefugnisse** bezüglich Informations- und Öffentlichkeitsarbeit ab. Dadurch kann in die Rechte von Parteien (Art. 21 GG) oder auch in die Rechte von Bürger:innen, wie Art. 4 I, 8 I oder 12 GG, eingegriffen werden.
- Das **Amtsende des:der Bundeskanzler:in** tritt mit dem Zusammentreten eines neu gewählten Bundestages, infolge von Misstrauensvotum oder Vertrauensfrage oder auf andere Weise, meistens durch Rücktritt ein.
- Das **Amt von Minister:innen ist akzessorisch zum Kanzler:innenamt** und endet gleichzeitig mit diesem oder bei eintretender Amtsunfähigkeit, im Todesfall sowie durch Entlassung durch den:die Bundespräsidenten:in auf Vorschlag von Bundeskanzler:in.

Für dieses Kapitel gibt es frei zugängliche interaktive Übungen auf der OpenRewi-Homepage. Hierzu muss einfach der QR-Code gescannt werden.

Valentina Chiofalo und Patrick Vrielmann

§ 13 Bundespräsident:in

A. Bundespräsident:in als Staatsoberhaupt

Der:Die Bundespräsident:in[1] ist das Staatsoberhaupt der Bundesrepublik Deutschland mit erstem Amtssitz in Berlin und zweitem Amtssitz in Bonn. Die Rolle als **Staatsoberhaupt im Verfassungsgefüge** ergibt sich zwar nicht explizit aus dem Grundgesetz, folgt zum einen aber aus den einschlägigen Beratungen des Parlamentarischen Rates[2] und lässt sich zum anderen in gewisser Weise auch aus dem Grundgesetz selbst erschließen. Jedenfalls haben Bundespräsident:innen des Grundgesetzes eine Reihe verfassungsrechtlicher Befugnisse, die fast in allen Verfassungen der Welt dem Staatsoberhaupt zugeschrieben werden.[3] Als oberstes Verfassungsorgan **repräsentieren** Bundespräsident:innen **die Einheit des Staates** (geistig-moralische Wirkung[4]). Über diese repräsentative Rolle hinaus weist den Bundespräsident:innen das Grundgesetz im internationalen Vergleich aber **nur geringe politische Kompetenzen** zu. Im Sinne der gängigen Klassifizierungen der Allgemeinen Staatslehre sind Bundespräsident:innen daher zwar unter die Staatsoberhäupter, aber lediglich unter die unselbstständigen[5] Staatsoberhäupter einzuordnen.[6]

Die Regelungen zu den Funktionen, Rechten und Pflichten sowie zur Wahl finden sich u.a. in den Art. 54ff. GG, welche im Folgenden näher beleuchtet werden.

---

1 Zum aktuellen Begriff Wissenschaftliche Dienste des deutschen Bundestags, WD 3 Nr. 30/16, 23.12.2016.

2 Vgl. Süsterhenn, in: Parlamentarischer Rat, 2. Sitzung, Sten. Bericht, S. 25; ferner Herzog, in: Dürig/Herzog/Scholz, GG, 95. EL 7.2021, Art. 54 Rn. 3.

3 U.a. auch Stern, Parlamentarischer Rat, 2. Sitzung, Sten. Bericht, S. 190f., 200, 202, mit präziser Darstellung der Entstehungsgeschichte auf S. 190f.; Herzog, in: Dürig/Herzog/Scholz, GG, 95. EL 7.2021, Art. 54 Rn. 3.

4 BVerfG, Urt. v. 10.6.2014, Az.: 2 BvE 2/09, Rn. 91, 94.

5 Vgl. Großbritannien.

6 Beispiel für selbstständige Staatsoberhäupter sind etwa der Weimarer Reichspräsident. Er konnte jederzeit das Parlament auflösen und Neuwahlen ausschreiben (Art. 25 WRV), er hatte den Oberbefehl über die Streitkräfte (Art. 47 WRV) und er konnte vor allem unter Berufung auf die Erfordernisse von Sicherheit und Ordnung jederzeit gesetzesvertretende Verordnungen, die sogenannten Notverordnungen, erlassen (Art. 48 II WRV). Selbst das Recht, Regierungen beliebig zu ernennen und zu entlassen, war ihm aus der konstitutionellen Monarchie dem Grundsatz nach überkommen (Art. 53 WRV).

B. Funktionen

Die Regelungen zum:zur Bundespräsident:in beginnen im V. Abschnitt des Grundgesetzes mit Art. 54 GG. Anders als bei den übrigen obersten Verfassungsorganen findet sich in den Art. 54 ff. GG **kein einleitender Artikel**, in dem durch eine Skizzierung der Aufgaben (vgl. Art. 50 GG für den Bundesrat, vgl. Art. 62 GG für die Bundesregierung) eine kurze, schlagwortartige Beschreibung des betreffenden Verfassungsorgans versucht wird. Aus der Zusammenschau der dort genannten Artikel lassen sich aber im Wesentlichen **drei Hauptfunktionen** ableiten: die Repräsentativfunktion, die Beurkundungsfunktion und die sogenannte Reservefunktion.

I. Repräsentativfunktion

Die Repräsentativfunktion von Bundespräsident:innen ist nicht nur im Sinne einer Teilnahme an Festessen und Stehempfängen zu verstehen, sondern weitaus tiefgehender. Bundespräsident:innen verkörpern den wichtigsten Gedanken, den es in einem modernen Staat überhaupt zu repräsentieren gibt: den der Existenz, der Legitimität und der Einheit des Staates.[7]

1. Staatsoberhaupt und völkerrechtliche Vertretung

Als Staatsoberhaupt von Deutschland tritt der:die Bundespräsident:in in der Öffentlichkeit als Stellvertreter:in des „Bundes" auf und **verkörpert** damit **den Staat als einheitliches Gemeinwesen**.[8] Bundespräsident:innen agieren hierbei als integrierendes, die Einheit des Staates und des Volkes repräsentierendes Organ und schaffen so auch Vertrauen der Bürger:innen in den Bundesstaat als Rechtsstaat.[9]

a) „Staatspflege"

Die innerstaatlichen (Vertretungs-)Aufgaben, vor allem die Bestimmung der Staatssymbole, die Erfüllung von Repräsentationspflichten, die Übernahme von Schirmherrschaften und Ansprachen, die Anordnung von Staatsakten und Staats-

---

7 Dazu etwa Stern, Das Staatsrecht der Bundesrepublik Deutschland, Bd. II, 1980, S. 198f., 218f.; Herzog, in: Dürig/Herzog/Scholz, GG, 95. EL 7.2021, Art. 54 Rn. 97.

8 So auch Herzog, in: Dürig/Herzog/Scholz, GG, 95. EL 7.2021, Art. 54 Rn. 15.

9 Vgl. Herzog, in: Dürig/Herzog/Scholz, GG, 95. EL 7.2021, Art. 54 Rn. 98.

begräbnissen lassen sich unter dem Begriff der „Staatspflege" zusammenfassen. Für diesen sehr weit gefassten Bereich existieren vielfach keine rechtlichen Vorgaben.

b) Vertretung im Ausland

Zu den Vertretungsaufgaben im Zusammenhang mit dem Ausland zählen Besuche in andere Länder oder der Empfang von Staatsgäst:innen aus dem Ausland. Hervorzuheben ist die Position im Hinblick auf Verträge, die mit dem Ausland geschlossen werden, da hierfür die Unterzeichnung der Bundespräsident:innen erforderlich ist, Art. 59 I 2 GG. Bundespräsident:innen empfangen Botschafter:innen aus dem Ausland, Art. 59 I 2 GG („empfängt die Gesandten"). Diese können erst nach einer offiziellen Zulassung durch Bundespräsident:innen als Botschafter:innen in Deutschland tätig sein, Art. 59 I 2 GG („beglaubigt [...] die Gesandten").

2. Ordensverleihungen

Auch vertreten Bundespräsident:innen ganz Deutschland, wenn sie Personen als Anerkennung und Ehrung im Namen von Deutschland das Bundes-Verdienstkreuz verleihen. Im Jahr 2020 wurden insgesamt 1250 Personen ausgezeichnet.[10]

3. Begnadigungen

Nach Art. 60 II GG üben Bundespräsident:innen das Begnadigungsrecht aus. Das bedeutet, sie sind befugt, die strafrechtlichen oder die beamt:innen- und versorgungsrechtlichen Folgen eines einzelnen Straf- oder Disziplinarurteils zu beseitigen oder zu mildern. Zu beachten ist, dass das Begnadigungsrecht der Bundespräsident:innen nicht für den Bereich der Länder gilt (Föderalismus). Dementsprechend sind sie nur bei bestimmten Strafverfahren, für die die erstinstanzliche Zuständigkeit von Bundesgerichten begründet ist, für einen Gnadenerweis zuständig. Dies ist zum Beispiel bei den sogenannten Staatsschutzdelikten (wie Spionage oder Terrorismus) der Fall.

---

10 Statistik der Ordensverleihungen, abzurufen unter https://www.bundespraesident.de/DE/Amt-und-Aufgaben/Orden-und-Ehrungen/Verdienstorden/Statistik/statistik-der-ordensverleihungen-node.html.

Dorothea Heilmann

II. Beurkundungsfunktion

1. Ausfertigung von Gesetzen

Bundespräsident:innen sind auch in das Gesetzgebungsverfahren integriert. Die nach den Vorschriften des Grundgesetzes zustande gekommenen Gesetze (insbesondere Art. 76 ff. GG) werden von den Bundespräsident:innen nach Gegenzeichnung ausgefertigt (unterzeichnet) und im Bundesgesetzblatt verkündet, Art. 82 I 1 GG. Die Gegenzeichnung erfolgt durch beteiligte Bundesminister:innen und/oder den:die Bundeskanzler:in, Art. 58 GG. Diese Thematik ist nicht ganz unumstritten und wird im Folgenden auch nochmal näher beleuchtet (siehe D.).

2. Mitwirkung bei der Regierungsbildung

Der:die Bundespräsident:in wirkt nach dem Grundgesetz bei der Regierungsbildung mit, indem er:sie dem Bundestag eine:n Bundeskanzler:in zur Wahl vorschlägt (Art. 63 I GG) und diese Person ernennt (Art. 63 II GG). Nach Art. 64 I GG werden auch Bundesminister:innen auf Vorschlag der:des Bundeskanzler:in von der:des Bundespräsident:in ernannt und entlassen.

3. Ernennung/Entlassung von Bundesbeamt:innen, Bundesrichter:innen und Soldat:innen

Bundespräsident:innen ernennen zudem Bundesrichter:innen, Bundesbeamt:innen, Offizier:innen und Unteroffizier:innen, Art. 60 I GG. Nach Art. 60 III GG können Bundespräsident:innen wie schon beim Begnadigungsrecht von der Ermächtigung Gebrauch machen und diese Befugnisse auf andere Stellen übertragen.

Bundespräsident:innen vollziehen allerdings nur die Ernennung und Entlassung, die Personalhoheit richtet sich nach den jeweils einschlägigen Rechtsvorschriften des Grundgesetzes, des BVerfGG, des Bundesbeamtengesetzes (BBG), des Bundesministergesetzes (BMinG) oder des Gesetzes über die Rechtsverhältnisse der Parlamentarischen Staatssekretäre (ParlStG), sowie der einschlägigen Fachgesetze. Wenn Bundespräsident:innen nach diesen Vorschriften ein eigenes Recht zur Auswahl von Mitgliedern der zu besetzenden Institutionen zukommt, kann sie:er unabhängig eine personelle Auswahl treffen.[11] Unbestritten und auch unabhängig von der Personalhoheit ist ein Recht des:der Bundespräsident:in zu

---

11 Pieper, in: BeckOK GG, 48. Ed. 15.8.2021, Art. 60 Rn. 3.

Dorothea Heilmann

einer Rechtsprüfung dahingehend, ob die jeweiligen Kandidat:innen die gesetzlich vorgeschriebenen Ernennungs-/Entlassungsvoraussetzungen erfüllen.[12]

III. Reservefunktion

Hervorzuheben ist die Reservefunktion der Bundespräsident:innen, demnach können diesen in bestimmten staatsrechtlich bedeutsamen Situationen – etwa dem Vertrauensverlust des:der Bundeskanzler:in (Art. 68 GG) oder wenn sich eine Regierungsbildung nach der Bundestagswahl schwierig gestaltet – die Aufgabe zukommen, für bestimmte Verfahren die erforderliche Legitimität zu vermitteln.[13]

1. Auflösung Bundestag nach Vertrauensfrage
Scheitert die Vertrauensfrage, so können Bundespräsident:innen den Bundestag auflösen (Art. 68 I GG).[14]

2. Auflösung Bundestag nach gescheiterter Kanzler:innenwahl
Art. 63 IV 2 und 3 GG beschreibt die dritte Wahlphase der Bundeskanzler:innenwahl. Falls ein:e Kandidat:in es in dieser letzten Wahlphase nicht schafft, hat der:die Bundespräsident:in im Rahmen seiner:ihrer Reservefunktion die Wahl, innerhalb von sieben Tagen entweder den:die mit relativer Mehrheit gewählte:n Kandidat:in zu ernennen (Minderheitsregierung) oder den Bundestag aufzulösen (Art. 63 IV 3 GG) und damit Neuwahlen herbeizuführen. Dies ist eine Prognoseentscheidung, die gerichtlich nicht[15] oder allenfalls auf Missbrauch überprüfbar ist.[16] Das bedeutet im Umkehrschluss, dass das Grundgesetz für den Bundestag kein Recht auf Selbstauflösung ohne Zustimmung des:der Bundespräsident:in vorsieht. Ihr:Ihm kommt daher auch im Rahmen der Regierungsbildung eine besondere Rolle zu. Neben den explizit im Grundgesetz genannten Optionen, steht den Bundespräsident:innen aber noch eine ungeschriebene Möglichkeit zur Verfügung: So können diese etwa für den Fall, dass eine Mehrheitsregierung

---

12 Pieper, in: BeckOK GG, 48. Ed. 15.8.2021, Art. 60 Rn. 4.

13 Pieper, in: BeckOK GG, 46. Ed. 15.2.2021, Art. 54 Rn. 4.

14 Siehe dazu ausführlich Chiofalo/Vrielmann, § 12 Bundesregierung, A. II. 2. b) in diesem Lehrbuch.

15 Schwarz, ZRP 2018, 24 (24).

16 Vgl. dazu weitere Prognoseentscheidungen des Bundespräsidenten oder der Bundespräsidentin in diesem Abschnitt.

Dorothea Heilmann

nicht in Sicht scheint (woran sich die Frage des:der Bundeskanzler:in faktisch anschließt) und verbleibende Optionen ebenfalls nicht zur Wahl stehen, durch Ge-
spräche mit den Vertreter:innen aller Parteien eine Regierungsbildung „erzwin-
gen" und so Neuwahlen verhindern.

Beispiel: So ist dies nach der Bundestagswahl im Jahr 2017 geschehen. Nach dem Scheitern der
Sondierungsgespräche zwischen Unionsparteien, FDP und Grünen, lud der amtierende Bundespräsident *Frank-Walter Steinmeier* die Vertreter:innen aller Parteien zu Gesprächen ein. Dabei gelang es ihm, die SPD zu Koalitionsgesprächen mit den Unionsparteien zu bewegen und
schließlich auf dieser Grundlage doch noch eine Mehrheitsregierung zu bewirken. Mit Verweis
auf seine Kompetenz, die Kandidat:innen für die Kanzler:innenschaft im Plenum des Bundestags
vorzuschlagen, hätte *Steinmeier* jedoch ebenso eine Minderheitsregierung unter Führung der
Unionsparteien forcieren können.

3. Erklärung des Gesetzgebungsnotstandes

Wird der Bundestag nach Stellung der Vertrauensfrage nicht aufgelöst, können
Bundespräsident:innen auf Antrag der Bundesregierung und mit Zustimmung des
Bundesrates den Gesetzgebungsnotstand erklären (Art. 81 GG). Zwar wurde im
Laufe der Geschichte die Vertrauensfrage wiederholt gestellt und das Vertrauen
in einigen Fällen auch nicht ausgesprochen, jedoch wurde der Bundestag stets
aufgelöst (1972, 1982, 2005). Der Gesetzgebungsnotstand wurde bislang noch nie
erklärt, da eine Gesetzesvorlage noch nie als dringlich im Sinne des Art. 81 I 1 GG
bezeichnet wurde. Sollte dies zukünftig geschehen, darf das Grundgesetz im Wege des Gesetzgebungsnotstandes allerdings weder geändert, noch ganz oder teilweise außer Kraft oder außer Anwendung gesetzt werden.[17]

4. Staatsaktdurchführung

Per Anordnungen[18] sind Bundespräsident:innen befugt, Staatsakte durchzuführen, wie Staatsbegräbnisse, Trauerstaatsakte oder sonstige Staats- und Festakte.

C. Rolle im Verfassungsgefüge

Auch wenn Bundespräsident:innen in parlamentarischen Krisensituationen eine
wichtige Rolle spielen können (sogenannte Reservefunktion), wird deren **politi-**

---

17 Pieper, in: BeckOK GG, 48. Ed. 15.8.2021, Art. 81 Rn. 9.
18 Vgl. etwa i.B.a. Staatsbegräbnisse und Staatsakte folgende Anordnung.

Dorothea Heilmann

sche **Kompetenz** gemeinhin als **eher gering** bewertet, was insbesondere mit der Fokussierung dieses Amtes auf die repräsentativen Aufgaben begründet wird. Dementsprechend werden Bundespräsident:innen auch gerne mit „**Staatsnotar: innen**" verglichen.[19] Zum Teil werden Bundespräsident:innen auch als *pouvoir neutre*, also als „neutrale Gewalt" verstanden.[20] Der Auffassung von *Carl Schmitt* sind sie als „**Hüter der Verfassung**"[21] zu begreifen. Demnach lassen sich Bundespräsident:innen nicht den klassischen drei Gewalten zuordnen, sondern treten neben diese, vgl. Art. 1 III, 20 III GG. Dies entspricht auch **der Sichtweise der Verfassungsgeber:innen**, welche das Amt aufgrund der Erfahrungen mit der Weimarer Reichsverfassung im Grundgesetz so konzipiert haben, dass dieses Amt keiner der drei klassischen Gewalten zuzuordnen sein soll. Als **Verkörperung der Einheit des Staates** ist dieses Amt vor allem auf eine **geistig-moralische Wirkung** angelegt, welche durch die Autorität und Würde des Amtes vermittelt wird.[22]

Beispiel: Wie bereits erwähnt, hat der Bundespräsident *Frank Walter Steinmeier* im Jahr 2017 zur Regierungsbildung beigetragen, was verdeutlicht, dass die Rolle der Bundespräsident:innen sich gerade nicht nur durch knappe Schlagworte zusammenfassen lässt, sondern immer von den Umständen und ihrer geistig-moralischen Wirkung abhängt.

D. Rechte und Pflichten der Bundespräsident:innen

Es stellt sich die Frage, ob sich aus den zuvor beschriebenen Funktionen der Bundespräsident:innen auch Rechte oder sogar Pflichten ergeben können. An dieser Stelle wird sich mit den besonders klausurrelevanten Punkten des Prüfungsrechts sowie dem Äußerungsrecht der Bundespräsident:innen befasst.

I. Prüfungsrecht/Ausfertigungsverweigerungsrecht

Ob und inwiefern ein Prüfungsrecht des:der Bundespräsident:in angenommen werden kann, ist umstritten. Es werden hierbei das formelle, das materielle und das politische Prüfungsrecht unterschieden, welche im Folgenden näher erörtert

---

19 Linke, DÖV 2009, 434 (434); Stein, ZaöRV 2009, 249 (251).
20 Vgl. hierzu Herzog, in: Dürig/Herzog/Scholz, GG, 95. EL 7.2021, Art. 54 Rn. 90, der selbst jedoch den Begriff „fonctionnaire neutre" als passender einschätzt.
21 Carl Schmitt, Der Hüter der Verfassung, 5. Aufl. 2016, Anhang S. 158.
22 BVerfG, Urt. v. 10.6.2014, Az.: 2 BvE 2/09, Rn. 94 = NVwZ 2014, 1149 (1152).

Dorothea Heilmann

werden sollen. Da es in der Geschichte Deutschlands bereits acht Fälle gab, in denen der Bundespräsident Gesetze nicht ausgefertigt und verkündet hat[23], handelt es sich zu Recht um ein Standardproblem, was in Prüfungen gerne abgefragt wird. Die wesentlichen Argumente sollten daher unbedingt beherrscht werden. Die Frage des Prüfungsrechts kann sich nicht nur auf nationaler Ebene (Verfassungsrecht), sondern ebenso auf Unionsebene ergeben.

1. Prüfungsmaßstab: Verfassungsrecht
a) Formelles Prüfungsrecht

Weniger umstritten, ist die Frage, ob Bundespräsident:innen ein formelles Prüfungsrecht zusteht. Darunter ist das Recht zu verstehen, Gesetze auf ihre formelle Verfassungsmäßigkeit hin zu prüfen. Die formelle Verfassungsmäßigkeit fragt danach, ob die formalen Anforderungen an ein Gesetz eingehalten wurden und umfasst demnach die Gesetzgebungskompetenz, das Gesetzgebungsverfahren und die Gesetzgebungsform (Zuständigkeit/Verfahren/Form).[24] Um die Frage zu beantworten, ob und inwiefern Bundespräsident:innen ein formelles Prüfungsrecht zusteht, d. h., das Recht besteht, die Ausfertigung eines Gesetzes zu verweigern, wenn sie:er der Meinung ist, dass es den formalen Anforderungen (sinnvollerweise hinsichtlich Gesetzgebungskompetenz und -verfahren) nicht entspricht, kann auf verschiedene Auslegungsmethoden zurückgegriffen werden.

Es ergibt sich bereits unmittelbar aus dem Wortlaut des Art. 82 I 1 GG, dass die „**zustande gekommenen** Gesetze [...] vom Bundespräsidenten [...] ausgefertigt" werden. Der Begriff „Ausfertigung" ist dabei als Beurkundung zu verstehen. Der:Die Bundespräsident:in unterzeichnet demnach das Gesetz und beurkundet damit, dass der Gesetzestext mit dem vom Bundestag beschlossenen Gesetzesinhalt übereinstimmt. Die Aufgabe des:der Bundespräsident:in bezieht sich dabei auf Parlamentsgesetze (mithin formelle Gesetze). Neben dieser Beurkundung der Authentizität des Gesetzes und für die Argumentation eines formellen Prüfungsrechts spricht aber vor allem die Tatsache, dass Art. 82 I 1 GG an die Vorgaben in Art. 78 GG („Ein vom Bundestage beschlossenes Gesetz **kommt zustande...**") anknüpft. Dieser Artikel beschäftigt sich wiederum mit dem **Zustandekommen von formellen Gesetzen** und nimmt Bezug auf das Verfahren im Bundestag unter der Beteiligung des Bundesrates. Laut h. M. steht Bundespräsident:innen also zumin-

---

23 Vgl. hierzu Wissenschaftliche Dienste des deutschen Bundestags, WD 3 – 3000 – 257/20, 25.11.2020, S. 4.
24 Nolte/Tams, JuS 2006, 1088 (1088).

Dorothea Heilmann

dest ein Prüfungsrecht in Bezug auf die Gesetzgebungskompetenz und das Gesetzgebungsverfahren zu.[25]

b) Materielles Prüfungsrecht

Wesentlich umstrittener gestaltet sich jedoch die Frage, ob Bundespräsident:innen ein materielles Prüfungsrecht zusteht. In der Prüfungssituation ist der Schwerpunkt daher auf diese Stelle zu setzen. Ein materielles Prüfungsrecht würde bedeuten, dass Bundespräsident:innen ein formelles Gesetz auch **inhaltlich auf die Vereinbarkeit mit dem Grundgesetz** überprüfen könnten und nicht nur auf die Prüfung der Gesetzgebungskompetenz und des Gesetzgebungsverfahrens (formelles Prüfungsrecht) beschränkt wären.

Historische Auslegung und Systematik des Grundgesetzes:
Dagegen wird das Prinzip der **Gewaltenteilung** vorgetragen. Demnach seien die drei Gewalten in Deutschland getrennt, um nicht ein Organ mit zu vielen Kompetenzen auszustatten und um so die Gefahr eines Machtmissbrauchs zu verhindern (vgl. historische Entwicklung). Damit zusammenhängend wird auch die Rolle des **BVerfG** und dessen **Verwerfungsmonopol** betont. Das BVerfG sei folglich das einzige Verfassungsorgan, welches formelle Gesetze überprüfen dürfe (vgl. Art. 93 I GG, Art. 100 GG). Es wird argumentiert, dass mit einem Verstoß gegen den Gewaltenteilungsgrundsatz zugleich eine **Rechtsunsicherheit** einhergehen würde, da auf diese Weise zwei Staatsorgane in der Lage seien, über die Verfassungsmäßigkeit von formellen Gesetzen zu entscheiden. Die Rechtsunsicherheit ergebe sich daraus, dass deren Entscheidungsergebnisse möglicherweise divergieren könnten.[26]

Systematik und Wortlaut des Grundgesetzes:
Auf der anderen Seite wird maßgeblich mit dem **Wortlaut des Art. 82 I 1 GG** argumentiert. Der Artikel spricht ausdrücklich davon, dass der:die Bundespräsident:in die „nach den Vorschriften dieses Grundgesetzes" zustande gekommenen Gesetze ausfertigt. Bezieht man sich nicht nur auf das Wort „zustande gekommen" (vgl. formelle Verfassungsmäßigkeit), sondern auf den Begriff „Vorschriften", so seien darunter nicht nur die Gesetzgebungskompetenz und das Gesetzgebungsverfahren zu verstehen, sondern ebenso etwa die Grundrechte. Dies würde bedeuten, der:die Bundespräsident:in könnte Parlamentsgesetze auch ins-

---

25 Linke, DÖV 2009, 434 (441ff.); Nolte/Tams, JuS 2006, 1088 (1088).
26 Linke, DÖV 2009, 434 (441ff.)

Dorothea Heilmann

gesamt auf die Vereinbarkeit mit dem Grundgesetz prüfen und hätte damit auch ein materielles Prüfungsrecht.[27] Zudem binde Art. 20 III GG auch den:die Bundespräsident:in an Recht und Gesetz, sodass ein materielles Prüfungsrecht nur **sachgerecht** scheint.[28] So widerspräche es der verfassungsmäßigen Ordnung, wenn Bundespräsident:innen ein verfassungswidriges Gesetz ausfertigen müssten. Gerne wird auch Art. 56 GG als Argument herangezogen. Demnach müsse ein **Amtseid geleistet werden**, in dem geschworen wird „das Grundgesetz und die Gesetze des Bundes [zu] wahren und [zu] verteidigen". Folglich könnten darunter nur Gesetze zu verstehen sein, die nach den Vorschriften dieses Grundgesetzes zustande gekommen seien, woraus sich ein materielles Prüfungsrecht ergebe. Schließlich wird an dieser Stelle die **Präsident:innenanklage** (unter F.) genannt, Art. 61 GG. Danach kann die:der Bundespräsident:in wegen vorsätzlicher Verletzung des Grundgesetzes vor dem BVerfG angeklagt werden. Ohne ein materielles Prüfungsrecht könnte sich der:die Bundespräsident:in bei Ausfertigung eines verfassungswidrigen Gesetzes einer solchen Anklage ausgesetzt sehen.[29]

Teleologische Auslegung:
Zum Teil wird auch mit dem Sinn und Zweck argumentiert. So gehe mit der Rolle des:der Bundespräsident:in zugleich eine „Drohwirkung" für den Bundestag/ Bundesrat einher, indem nur verfassungsmäßige Gesetze ausgefertigt werden.[30] Diese „Drohwirkung" ist entsprechend wirksamer, wenn Bundespräsident:innen ebenso ein materielles Prüfungsrecht zustehen würde.

Streitentscheid:
In Bezug auf ein materielles Prüfungsrecht stehen sich mehrere gewichtige Argumente gegenüber, sodass weder ein klares Für noch Wider überwiegt und ein Streitentscheid notwendig ist. Festzuhalten ist, dass die **Pro-Argumente**, die den **Amtseid und die Präsidentenanklage** betreffen, einen **Zirkelschluss** darstellen und damit keine durchgreifenden Argumente bilden: Der:Die Bundespräsident:in ist laut dem Grundgesetz verpflichtet, das Grundgesetz zu wahren. Allerdings gilt dies nur im Rahmen der ausdrücklich zugewiesenen Kompetenzen. Diese sind allerdings streitig und geben damit keinen Aufschluss darüber, welche Kompetenzen Bundespräsident:innen überhaupt zustehen (Zirkelschluss). Hingegen kann das **Contra-Argument** einer bestehenden **Rechtsunsicherheit** nicht greifen, da es bei der Gesetzesausfertigung (Art. 82 I 1 GG) durch Bundespräsident:innen nicht um

---

27 Pieper, in: BeckOK GG, 48. Ed. 15.8.2021, Art. 82 Rn. 10 ff.; a. A. Linke, DÖV 2009, 434 (441 ff.).
28 So auch Pieper: in: BeckOK GG, 48. Ed. 15.8.2021, Art. 82 Rn. 4.
29 Pieper, in: BeckOK GG, 48. Ed. 15.8.2021, Art. 82 Rn. 10 ff.
30 Hauk, JA 2017, 93 (94 f.).

die Durchführung von Gesetzen, sondern um den Abschluss des Gesetzgebungsverfahrens geht. Da mangels Ausfertigung durch den:die Bundespräsident:in das **Gesetz erst gar nicht in Kraft tritt**, ist folglich auch mit keinerlei Rechtsunsicherheit zu rechnen. Dieses Argument kann auch in Bezug auf das Verhältnis zum BVerfG herangezogen werden. Da zwischen verschiedenen Momenten zu unterscheiden ist, behält das BVerfG weiterhin das Verwerfungsmonopol: Das BVerfG verwirft in Kraft getretene Gesetze, Bundespräsident:innen verhindern bereits das Inkrafttreten von Gesetzen.[31] So verbleibt auch die Letztentscheidungskompetenz beim BVerfG wegen der daraufhin zu erwartenden Organklage, bei der das Gericht inzident das fragliche Gesetz prüft.[32] Zudem kann das Argument der Gewaltenteilung, also dass lediglich das BVerfG für die Prüfung von Gesetzen zuständig ist, an dieser Stelle damit ausgehebelt werden, dass zum einen in einer modernen Demokratie eine gewisse **Gewaltenverzahnung durchaus verfassungsmäßig** sein kann (vgl. konstruktives Misstrauensvotum im Bundestag), wenn dies in Form einer Gewaltenverschränkung geschieht (checks and balances).[33] Zudem wird der:die Bundespräsident:in generell nicht der exekutiven Gewalt zugeordnet, da er:sie die Einheit des Staates verkörpert.

Laut h. M. steht dem:der Bundespräsident:in grds. ein materielles Prüfungsrecht zu, da er:sie nicht gezwungen werden soll, ein verfassungswidriges Gesetz sehenden Auges auszufertigen. Ist die:der Bundespräsident:in nach der Prüfung des Gesetzes also davon überzeugt, dass es mit der Verfassung nicht übereinstimmt, darf sie:er es nicht ausfertigen.[34]

Umstritten ist allerdings auch die **Reichweite eines solchen Prüfungsrechts**. Die **h. M. beschränkt zu Recht das materielle Prüfungsrecht auf evidente Verfassungsverstöße**. Demnach können Bundespräsident:innen nur in Fällen „offensichtlicher und schwerwiegender"[35] Verfassungsverstöße die Ausfertigung verweigern. Diese Beschränkung wird mit der Autonomie des Parlaments begründet, da auch der Bundestag gemäß Art. 20 III 1 GG an die verfassungsmäßige Ordnung gebunden und wegen seiner unmittelbaren demokratischen Legitimation vorrangig für den Inhalt eines Gesetzes verantwortlich sei („Einschätzungsvorrang"[36] des Parlaments).[37] Auch wird an dieser Stelle erneut auf die Rolle des

---

31 Vgl. hierzu Ramson, JuWiss, 24.8.2015.
32 Vgl. Ramson, JuWiss, 24.8.2015.
33 Zum Begriff der Gewaltenverschränkung in Person vgl. Ramson, JuWiss, 24.8.2015.
34 Pieper, in: BeckOK GG, 46. Ed. 15.8.2021, Art. 82 Rn. 15; Pieper GS Bleckmann, 2007, 301 (302); Schoch ZfG 2008, 209 (223 f.).
35 Vgl. etwa Brenner, in: V. Mangoldt/Klein/Stark, GG, 7. Aufl. 2018, Art. 82 Rn. 27; Piertoth, in: Jarass/Pieroth, GG, 16. Aufl. 2020, GG Art. 82 Rn. 3.
36 Gröpl, Staatsrecht I, 13. Aufl. 2021, § 16 Rn. 1283.

BVerfG verwiesen, welches primär für die Überprüfung der Verfassungskonformität von Gesetzen zuständig sei („Verwerfungsmonopol" des BVerfG). Einer anderen Ansicht nach sei Art. 82 II 1 GG aufgrund der umfassenden Bindungswirkung der Art. 20 III, 1 III GG so zu verstehen, dass die Norm Bundespräsident:innen nicht verpflichten kann, ein von ihm:ihr für verfassungswidrig gehaltenes Gesetz auszufertigen. In der Konsequenz sei ein umfassendes materielles Prüfungsrecht der Bundespräsident:innen anzunehmen. Die restriktivere und herrschende Ansicht, also eine Beschränkung auf eine „Evidenzkontrolle", vermag vor allem deshalb zu überzeugen, da sie die Rolle des:der Bundespräsident:in ausreichend würdigt, diese aber nicht über Maß ausweitet. **Im Ergebnis ist also entsprechend der h. M. von einem auf eine Evidenzkontrolle beschränkten materiellen Prüfungsrecht der Bundespräsident:innen auszugehen.**[38]

2. Prüfungsmaßstab: Unionsrecht

Da das Europarecht immer mehr in den Fokus rückt („Europäisierung des Rechts"), stellt sich die Frage, ob Bundespräsident:innen ein Prüfungsrecht in Bezug auf eben jenes zusteht. Auch wenn bislang kein:e Bundespräsident:in ein solches für sich beansprucht hat, ist dieser bis dato theoretische Streit durchaus von Relevanz, da die Thematik bereits in Examensaufgaben gestellt wurde. Insbesondere im Zusammenhang mit der sogenannten Pkw-Maut und dem zugrundeliegenden Infrastrukturabgabengesetz stellte sich die Frage, ob der Bundespräsident *Joachim Gauck* die Ausfertigung und Verkündung mit Verweis auf das entgegenstehende Europarecht hätte verweigern können.[39]

Hierfür ist der Blick erneut auf Art. 82 I 1 GG zu richten, aber auch auf das Verhältnis des Grundgesetzes zum Unionsrecht. **Art. 82 I 1 GG** verweist dem **Wortlaut** nach auf die „Vorschriften dieses Grundgesetzes". In der Literatur wird daher angenommen, dass das Unionsrecht damit nicht als Prüfungsmaßstab herangezogen werden dürfte. Weiter wird damit argumentiert, dass das Unionsrecht zwar einen Anwendungsvorrang genieße, jedoch gerade keinen Geltungsvorrang.[40]

Andererseits werden die **Art. 23 I 1 GG, Art. 20 III GG sowie Art. 4 III EUV** herangezogen. Zum einen wird vertreten, dass mit der Unterzeichnung eines unionswidrigen Gesetzes durch den:die Bundespräsident:in gegen die in Art. 23 I 1

---

37 Degenhart, Staatsrecht I, 37. Aufl. 2021, § 10 Rn. 788 f.; Hauk, JA 2017, 93 (95).
38 Pieper, in: BeckOK GG, 46. Ed. 15.8.2021, Art. 82 Rn. 15; Pieper, in: GS Bleckmann, 2007, 301 (302); Schoch, ZfG 2008, 209 (223 f.).
39 Hauk, JA 2017, 93 (97 f.).
40 Hauk, JA 2017, 93 (97 f.).

GG verankerte Integrationsverpflichtung verstoßen würde. Zum anderen wird vorgetragen, dass damit ein Verstoß gegen die verfassungsmäßige Ordnung (Art. 20 III GG) – zu der auch das Unionsrecht zähle – einhergehe, da der:die Bundespräsident:in als Teil der Gesetzgebung an die verfassungsmäßige Ordnung gebunden sei. Schließlich spreche das in Art. 4 III EUV normierte Gebot des unionsfreundlichen Verhaltens für ein entsprechendes Prüfungsrecht der:des Bundespräsident:in, womit ein unmittelbarer unionsrechtlicher Grundsatz ins Feld geführt wird.[41]

Streitentscheid:
Ein unionsrechtliches Prüfungsrecht ist insgesamt anzunehmen. Zwar besteht kein Verstoß gegen Art. 23 I 1 GG, wenn Bundespräsident:innen unionsrechtswidrige Gesetze erlassen würden, ein solcher Verstoß wird erst dann angenommen, wenn das **Integrationsziel insgesamt infrage gestellt** werden würde. Die Integrationsverpflichtung geht nicht so weit, dass sie jeden Erlass eines unionsrechtswidrigen Gesetzes verbieten würde. Indem die „fehlende Prüfung der Bundespräsident:in" das **Integrationsziel in seiner Gesamtheit nicht in Frage stellt, besteht mithin kein Verstoß gegen Art. 23 I 1 GG.**[42]

Beispiel: Als problematisch dürfte sich etwa ein Gesetz erweisen, dass den Austritt Deutschlands aus der EU beschließt, da hierdurch das Integrationsziel insgesamt gefährdet werden würde.[43]

Ebenso kann auch kein Verstoß gegen die verfassungsmäßige Ordnung (Art. 20 III GG) angenommen werden, denn dafür müsste es sich bei dem Unionsrecht überhaupt erst um einen Teil der verfassungsmäßigen Ordnung handeln. Dagegen spricht schon das Rangverhältnis zwischen nationalem Recht und Unionsrecht. Bei der Annahme des Unionsrechts als Teil der verfassungsmäßigen Ordnung i.S.d. Art. 20 III GG würde jedes unionsrechtswidrige Gesetz zugleich verfassungswidrig und damit nichtig sein. Das kann mit Blick auf den Anwendungsvorrang des Unionsrecht nicht gewollt sein (ein Geltungsvorrang wird gerade abgelehnt). Jedoch führt **Art. 4 III EUV** zu einem anderen Ergebnis. Das **Gebot des unionsfreundlichen Verhaltens** entspringt unmittelbar dem Primärrecht (Art. 4 III EUV) und gilt damit vorrangig vor nationalem Recht. Mit der Unterzeichnung eines unionsrechtswidrigen Gesetzes würde der:die Bundespräsident:in eine Maßnahme

---

41 Hauk, JA 2017, 93 (97 f.).
42 Vgl. Hauk, JA 2017, 93 (97 f.).
43 Wolff, in: Hömig/Wolff, GG Kommentar, Art. 23 Rn. 8 (Fn. 57).

Dorothea Heilmann

vornehmen, die er:sie gem. Art. 4 III EUV zu unterlassen hat, da sie die Verwirklichung der Ziele der Union gefährdet. Aus diesem Grund kann der:die Bundespräsident:in die Ausfertigung eines unionsrechtswidrigen Gesetzes verweigern.[44]

3. Politisches Prüfungsrecht

Das Prüfungsrecht von Bundespräsident:innen ist laut Art. 82 I 1 GG allein auf einen verfassungsrechtlichen beziehungsweise unionsrechtlichen Kontrollmaßstab beschränkt, sodass Einigkeit darüber herrscht, dass Bundespräsident:innen kein politisches Prüfungsrecht zusteht. Ansonsten würde in unzulässiger Weise in die politische Staatsleitung eingegriffen werden.[45]

II. Äußerungsrecht in Bezug auf politische Parteien

Bundespräsident:innen haben neben der Wahrnehmung der durch die Verfassung ausdrücklich zugewiesenen Befugnisse kraft des Amtes insbesondere die Aufgabe, im Sinne der Integration des Gemeinwesens zu wirken. Wie sie diese Aufgabe konkret wahrnehmen, entscheiden sie grundsätzlich autonom. Da Bundespräsident:innen aber kaum „harte" juristische Kompetenzen (Erlass von Gesetzen, Verordnungen, Einsatz der Exekutive oder Ähnliches) zustehen, sind sie vor allem auf die Wirkung ihres Wortes angewiesen. Insoweit ist in der Rechtsprechung des BVerfG anerkannt, dass aus der Repräsentations- und Integrationsaufgabe der Bundespräsident:innen eine **Äußerungsbefugnis** resultiert.[46]

Als Repräsentant:in aller Deutschen ist der:die Bundespräsident:in aber gehalten, **parteipolitisch neutral** zu agieren und **sich aus dem politischen Tagesgeschäft herauszuhalten**. Dies gilt insbesondere mit Blick auf Wahlen, da diesbezüglich ein Recht der politischen Parteien auf Chancengleichheit aus Art. 21 I GG i.V.m. Art. 38 I GG (beziehungsweise Art. 28 I GG bei Wahlen auf Landesebene) besteht. Dieses Recht kann insbesondere dadurch verletzt werden, dass Bundespräsident:innen zugunsten oder zulasten einer politischen Partei in den Wahlkampf eingreifen (**unzulässige Wahlbeeinflussung**). Ebenso kann eine Verletzung der Chancengleichheit durch die Kundgabe **negativer Werturteile**

---

44 Hauk, JA 2017, 93 (97 f.).

45 Pieper, in: BeckOK GG, 48. Ed. 15.8.2021, Art. 82 Rn. 16; Hauk, JA 2017, 93 (96); Nolte/Tams, JuS 2006, 1088 (1088).

46 Vgl. hierzu das Äußerungsrecht der Bundesregierung bei Chiofalo/Vrielmann, § 12 Bundesregierung, B. II. 3. a) in diesem Lehrbuch.

durch Bundespräsident:innen über die Ziele und Betätigungen der Partei erfolgen.[47] Gleichwohl unterliegt der:die Bundespräsident:in **weniger strengen Bindungen als Regierungsmitglieder.**[48] Die Verfassung setzt der Äußerungsbefugnis der Bundespräsident:in zwar Grenzen (vgl. Art. 1 III, 20 III GG). Aufgrund der besonderen Stellung im Verfassungsgefüge kommt Bundespräsident:innen nach der Rechtsprechung des BVerfG aber ein **weiter Gestaltungsspielraum** zu. Einzelne Äußerungen des:der Bundespräsident:in können gerichtlich nur dann beanstandet werden, wenn sie:er mit ihnen unter **evidenter Vernachlässigung ihrer Integrationsaufgabe** und damit **willkürlich Partei ergreift.**[49]

Beispiel: Die Bezeichnung von NPD-Parteimitgliedern als „Spinner" durch den Bundespräsidenten *Gauck* wurde vom BVerfG noch als zulässig erachtet.[50] Zwar handele es sich dabei um ein negatives Werturteil, welches isoliert betrachtet auch als diffamierend empfunden werden und auf eine unsachliche Ausgrenzung der so Bezeichneten hindeuten könne. Allerdings diene die Bezeichnung „Spinner" in diesem Zusammenhang als Sammelbegriff für Menschen, die die Geschichte nicht verstanden haben und, unbeeindruckt von den verheerenden Folgen des Nationalsozialismus, rechtsradikale – nationalistische und antidemokratische – Überzeugungen vertreten.

Zur Begründung für diese **weniger strengen Neutralitätspflichten** führt das Gericht an, dass Bundespräsident:innen nicht mit den politischen Parteien in **direktem Wettbewerb** stünden und dass ihnen **keine Mittel** zur Verfügung stünden, die es ihnen wie etwa der Bundesregierung ermöglichen, durch eine ausgreifende Informationspolitik **auf die Meinungs- und Willensbildung des Volkes einzuwirken.**[51] Zudem gehöre es auch nicht zu deren Befugnissen, die Öffentlichkeit regelmäßig über radikale Bestrebungen zu informieren oder über einen Antrag auf Feststellung der Verfassungswidrigkeit einer Partei (Art. 21 II GG) zu befinden.[52] **Für Bundespräsident:innen gelten damit weniger strenge Neutralitätspflichten als für andere Staatsorgane.**

---

47 Zur Abwehr negativer Werturteile vgl. BVerfG, Beschl. v. 20.2.2013, Az.: 2 BvE 11/12, Rn. 22 = BVerfGE 133, 100.
48 BVerfG, Urt. v. 10.6.2014, Az.: 2 BvE 4/13, Rn. 27 = NVwZ 2014, 1156 (1158).
49 BVerfG, Urt. v. 10.6.2014, Az.: 2 BvE 4/13, Rn. 28 f. = BVerfGE 136, 323.
50 BVerfG, Urt. v. 10.6.2014, Az.: 2 BvE 4/13, Rn. 27 = BVerfGE 136, 323.
51 BVerfG, Urt. v. 10.6.2014, Az.: 2 BvE 4/13, Rn. 27 = BVerfGE 136, 323.
52 BVerfG, Urt. v. 10.6.2014, Az.: 2 BvE 4/13, Rn. 27 = BVerfGE 136, 323.

Dorothea Heilmann

> **❗ Klausurtaktik**
>
> Bevor man sich ganz konkret inhaltlich mit der Äußerung oder Handlung des:der Bundespräsident:in auseinandersetzt, sollte man in der Klausur zuerst herleiten, dass überhaupt **die Pflicht** besteht, sich politisch neutral zu verhalten.

Formulierungsbeispiel

„Zu den zu beachtenden Rechten des:der Bundespräsident:in gehört das Recht der politischen Parteien auf Chancengleichheit aus Art. 21 I GG, soweit es um die Chancengleichheit bei Wahlen geht, in Verbindung mit Art. 38 I GG (beziehungsweise Art. 28 I GG bei Wahlen auf Landesebene). Dieses Recht kann insbesondere dadurch verletzt werden, dass Staatsorgane zugunsten oder zu lasten einer politischen Partei in den Wahlkampf eingreifen (unzulässige Wahlbeeinflussung). Gemäß Art. 20 II 1 GG geht alle Staatsgewalt vom Volke aus. Dementsprechend findet die politische Willensbildung vom Volk zu den Staatsorganen statt („von unten nach oben"). Daraus folgt für die Staatsorgane die Pflicht zur parteipolitischen Neutralität."[53]

E. Wahl

Eine Wahl des:der Bundespräsident:in erfolgt in der Bundesrepublik Deutschland seit 1949.

I. Wählbarkeit

Aus Art. 54 I 2 GG ergibt sich, dass „jeder Deutsche, der das Wahlrecht zum Bundestage besitzt und das vierzigste Lebensjahr vollendet hat" wählbar ist. Anknüpfungspunkt ist damit neben der Staatsangehörigkeit (Art. 116 I GG) und dem Alter einer Person auch deren Wahlrecht zum Bundestag. Über die Ermächtigungsnorm des Art. 54 VII GG gelangt man mithin zu den §§ 12f. BWahlG.

II. Amtsdauer und Wiederwahl

Aus Art. 54 II 1 GG ergibt sich, dass die Amtsdauer des:der Bundespräsident:in fünf Jahre beträgt. Eine Amtsdauer von fünf Jahren stellt eine **kontinuierliche**

---

53 BVerfG, Urt. v. 10.6.2014, Az.: 2 BvE 4/13, Rn. 30 = BVerfGE 136, 323.

Dorothea Heilmann

Staatsleitung sicher und **vermeidet Überschneidungen mit der Bundestags-wahl.**[54]

III. Ablauf (Rolle der Bundesversammlung)

Gewählt werden Bundespräsident:innen nach Art. 54 I GG von der **Bundesversammlung**. Die Bundesversammlung ist die größte parlamentarische Versammlung der Bundesrepublik Deutschland, aber **kein ständiges Organ**. Sie tritt extra für die Wahl des:der Bundespräsident:in zusammen. Dies ist auch ihre einzige Aufgabe.[55] Sie wird von dem:der Präsident:in des Bundestages einberufen und tritt spätestens dreißig Tage vor Ablauf der Amtszeit des:der amtierenden Bundespräsident:in, bei vorzeitiger Beendigung spätestens dreißig Tage nach diesem Zeitpunkt zusammen, Art. 54 IV GG. Die Bundesversammlung besteht aus den **Mitgliedern des Bundestages** und einer **gleichen Anzahl von Mitgliedern, die von den Volksvertretungen der Länder** nach den Grundsätzen der Verhältnis-wahl gewählt werden, Art. 54 III GG. Gewählt ist die Person, welche die Stimmen der Mehrheit der Mitglieder der Bundesversammlung erhält, wobei keine Diskus-sion über den:die Kandidat:in in der Bundesversammlung stattfindet.[56] Wird diese Mehrheit in zwei Wahlgängen nicht erreicht, so ist gewählt, wer in einem weiteren Wahlgang die meisten Stimmen auf sich vereinigt, Art. 54 VI GG.

IV. Auswirkungen des Amtes/Inkompatibilität

Das Bundespräsident:innenamt ist mit der Ausübung bestimmter Funktionen/Tätigkeiten inkompatibel. Bundespräsident:innen dürfen **weder der Regierung** noch einer **gesetzgebenden Körperschaft** des Bundes oder eines Landes **angehören**, Art. 55 I GG. Sie dürfen dementsprechend weder Teil der Bundes- oder Landesregierung, des Bundestages oder Bundesrates, noch eines Landesparlaments sein.

---

54 Pieper, in: BeckOK GG, 46. Ed. 15.2.2021, Art. 54 Rn. 17.
55 Eine anschauliche Beschreibung der Bundesversammlung findet sich unter folgendem Link: https://dbtg.tv/cvid/7054376.
56 BVerfG, Beschl. v. 24.2.2011, Az.: 2 BvE 1/10, Rn. 5 = BVerfGE 128, 278 = BeckRS 2011, 49811.

Dorothea Heilmann

F. Anklage vor dem BVerfG

I. Verfahrensablauf

Nach Art. 61 I 1 GG können der Bundestag oder der Bundesrat Bundespräsident:innen wegen vorsätzlicher Verletzung des Grundgesetzes oder eines anderen Bundesgesetzes vor dem BVerfG anklagen (Präsident:innenanklage). Bundespräsident:innen können demnach nicht aus beliebigen politischen Motiven abgesetzt werden, sondern lediglich wegen Verfassungs- beziehungsweise Gesetzesverletzung in einem dem Strafprozess nachgebildeten Verfahren vor dem BVerfG.[57] Dem Wortlaut entsprechend kann die Verletzung des Grundgesetzes sowie die Verletzung eines von Bundestag und Bundesrat, eines im Gesetzgebungsnotstand nach Art. 81 GG vom Bundesrat und eines im Verteidigungsfall vom Gemeinsamen Ausschuss beider Häuser erlassenen Gesetzes die Präsident:innenanklage und die aus ihr gegebenenfalls folgenden Konsequenzen rechtfertigen, nicht jedoch eine von der Bundesregierung erlassene Rechtsverordnung, eine von einer juristischen Person des Bundesrechts erlassene Satzung und auch nicht das Landesrecht.[58] Ebenso kann die Verletzung ungeschriebenen Verfassungsrechts eine Präsident:innenanklage begründen, zumindest wenn dieses in der Rechtsprechung des BVerfG anerkannt und in seiner Bindungswirkung für alle Staatsorgane gesichert ist (§ 31 I BVerfGG).[59]

Beispiel: Überschreitung der Amtsbefugnisse; Verletzung des Gebotes der Bundestreue; Verletzung des Verhältnismäßigkeitsgrundsatzes; im Extremfall selbst ein Verstoß gegen das BGB, wenn Bundespräsident:innen nicht privat, sondern in ihrer Funktion handeln.[60]

In der Geschichte der Bundespräsidenten ist diese Norm bisher noch nie aktuell geworden.

Der Antrag auf Erhebung der Anklage muss von **mindestens einem Viertel der Mitglieder des Bundestages oder einem Viertel der Stimmen des Bundesrates** gestellt werden, Art. 61 I 2 GG. Damit nennt die Norm nicht nur die anklagebefugten Organe (Bundestag beziehungsweise Bundesrat), sondern zugleich die erforderliche Mehrheit, welche hier als eine qualifizierte Mehrheit i.S.d. Art. 121 GG zu verstehen ist.[61] Der Beschluss auf Erhebung der Anklage bedarf der Mehrheit von zwei Dritteln der Mitglieder des Bundestages (Art. 121 GG) oder von zwei Drit-

---

57 Herzog, in: Dürig/Herzog/Scholz, GG, 95. EL 7.2021, Art. 61 Rn. 1f.
58 Herzog, in: Dürig/Herzog/Scholz, GG, 95. EL 7.2021, Art. 61 Rn. 15.
59 Herzog, in: Dürig/Herzog/Scholz, GG, 95. EL 7.2021, Art. 61 Rn. 17.
60 Herzog, in: Dürig/Herzog/Scholz, GG, 95. EL 7.2021, Art. 61 Rn. 19.
61 Herzog, in: Dürig/Herzog/Scholz, GG, 95. EL 7.2021, Art. 61 Rn. 37.

teln der Stimmen des Bundesrates, Art. 61 I 3 GG. Die Anklage wird von einem:einer Beauftragten der anklagenden Körperschaft vertreten, Art. 61 I 4 GG. Genauere Bestimmungen ergeben sich aus den §§ 49 ff. BVerfGG, so etwa Form, Frist, Rücknahme.

II. Rolle des BVerfG

Stellt das BVerfG fest (Feststellungsurteil), dass ein:e Bundespräsident:in einer **vorsätzlichen Verletzung des Grundgesetzes** oder eines anderen Bundesgesetzes schuldig ist, so kann es ihn:sie des Amtes für verlustig erklären, Art. 61 II 1 GG. Durch einstweilige Anordnung kann es nach der Erhebung der Anklage bestimmen, dass er:sie an der Ausübung seines:ihres Amtes verhindert ist, Art. 61 II 2 GG. In der Folge werden die Befugnisse der Bundespräsident:innen durch die Präsident:in des Bundesrates wahrgenommen, Art. 57 GG. Damit nennt Art. 61 II GG als einzige Norm im Grundgesetz explizit eine außerordentliche Beendigung der Amtszeit des:der Bundespräsident:in (im Vergleich zur ordentlichen Amtsdauer von fünf Jahren, Art. 54 II 1 GG).

Weiterführende Studienliteratur
– Schwabe/Walter, Staatsrecht I: Staatsorganisationsrecht – Materielles Recht & Klausurenlehre, Lernen mit Fällen, 8. Aufl. 2022
– Kment/Vorwalter, Übungsfall: Die E-Mail-Steuer, ZJS 2015, 181.
– Alpmann/Schmidt, Entscheidung des Monats, RÜ 7/2014, 449–452.

Zusammenfassung: Die wichtigsten Punkte
– Der:Die Bundespräsident:in ist das **Staatsoberhaupt** der Bundesrepublik Deutschland.
– Dabei lässt er:sie sich **keiner der klassischen drei Gewalten** zuordnen.
– Die Regelungen zu Bundespräsident:innen finden sich in den **Art. 54 ff. GG**, aber zum Teil auch **an anderer Stelle** (vgl. Art. 82 GG).
– Neben der **Repräsentativfunktion** kommt Bundespräsident:innen noch die **Beurkundungs- und Reservefunktion** zu.
– Bundespräsident:innen sind **in das Gesetzgebungsverfahren involviert**, indem diese Gesetze ausfertigen. In diesem Zusammenhang stellt sich die strittige Frage nach dem Prüfungsrecht des:der Bundespräsident:in.
– Ein **formelles Prüfungsrecht** wird angenommen, ein **materielles Prüfungsrecht** ist hingegen strittig, wird jedoch laut h. M. in Form einer **Evidenzkontrolle** angenommen.
– Die Wirkung seiner:ihrer Ansprachen ist nicht zu unterschätzen, weshalb das **Äußerungsrecht** des:der Bundespräsident:in **immer wieder auf dem Prüfstand** stehen kann (vgl. Äußerungen zu politischen Parteien).
– Bundespräsident:innen werden **von der** ausschließlich dafür zusammenkommenden **Bundesversammlung gewählt**.

Dorothea Heilmann

- Unter bestimmten Voraussetzungen können Bundespräsident:innen **vor dem BVerfG angeklagt** werden. Stellt das BVerfG eine **vorsätzliche Verletzung des Grundgesetzes** oder eines anderen Bundesgesetzes durch Bundespräsident:innen fest, kann diese:r **vorzeitig das Amt verlieren.**

Für dieses Kapitel gibt es frei zugängliche interaktive Übungen auf der OpenRewi-Homepage. Hierzu muss einfach der QR-Code gescannt werden.

Dorothea Heilmann

§ 14 Bundesverfassungsgericht

Zu guter Letzt soll nicht unerwähnt bleiben, dass auch das BVerfG ein Verfassungsorgan ist und damit eine Doppelrolle in unserer Verfassung übernimmt: Es ist zum einen **Gericht** i. S. d. Art. 92 GG und gleichzeitig ist es gem. § 1 BVerfGG ein **Verfassungsorgan** des Bundes. Um mehr über die Rolle des BVerfG zu erfahren, siehe den Beitrag zur Stellung des BVerfG: Chiofalo/Siegel, § 20 Verfassungsgerichtsbarkeit und das Bundesverfassungsgericht in diesem Lehrbuch.

5. Kapitel
Kompetenz- und Verfahrensvorschriften des Grundgesetzes

Das Grundgesetz enthält nicht nur zahlreiche Verfahrens- und Formvorschriften für die Handlungen von Verfassungsorganen, sondern regelt mit den Abschnitten VII–VIIIa die gesetzgeberischen Zuständigkeiten (**Kompetenzen**) und die nötigen **Verfahrenschritte** für die **Schaffung von Parlamentsgesetzen** unmittelbar selbst, § 15, 16. Hierbei statuiert das Grundgesetz auch Vorgaben für **verfassungsändernde Parlamentsgesetze** und zieht damit zugleich äußerste formelle wie materielle Grenzen für die Grundgesetzänderung, § 17. Neben Vorgaben für den Erlass von Parlamentsgesetzen durch die Legislative, zählen zu den Bestimmungen schließlich auch Anforderungen an die Delegation einer **Rechtssetzung an die Exekutive** für deren administrative **Rechtsverordnungen**, § 18. Schließlich wird bestimmt, **wie staatliche Maßnahmen** konkret durch die **Verwaltung von Bund und Ländern umgesetzt** werden, um ihre Wirkung entfalten zu können, § 19.

Die zahlreichen Kompetenz- und Verfahrensbestimmungen sind maßgeblich beeinflusst von den Staatsstrukturprinzipien und spiegeln die Rolle der bereits vorgestellten Verfassungsorgane im Staatswesen der Bundesrepublik Deutschland wider.

Für dieses Kapitel gibt es frei zugängliche interaktive Übungen auf der OpenRewi-Homepage. Hierzu muss einfach der jeweilige QR-Code gescannt werden. Zusätzlich kann dieses Kapitel gern kommentiert und verändert werden, dafür einfach den QR-Code scannen. Gleichzeitig führt jeder Link in der PDF-Version des Lehrbuches zur Überarbeitungsmöglichkeit bei der Plattform Wikibooks.

§ 15 Gesetzgebungskompetenzen

Die Gesetzgebungskompetenzen regeln, welcher **Verband** im föderalen Gefüge der Bundesrepublik zum Erlass von **formellen Gesetzen** berechtigt ist. Hierbei stehen sich der Bund und die 16 Bundesländer als potenziell gesetzgebungsbefugte Körperschaften gegenüber. Entsprechend sind die Gesetzgebungskompetenzen eine signifikante Ausprägung des **Bundesstaatsprinzips.** Der Erlass von Gesetzen stellt eine der vornehmsten staatlichen Befugnisse dar, die auch den **eigenstaatlich konzipierten Ländern** zukommen muss. Normativer Ausgangspunkt ist **Art. 70 I GG.**

A. Gesetzgebungskompetenzen der Länder

I. Grundsatz der Art. 30, 70 I GG

Grundsätzlich liegt das Recht zur Gesetzgebung gem. Art. 30, 70 I GG bei den Ländern, soweit nicht das Grundgesetz dem Bund Gesetzgebungsbefugnisse verleiht. Hieraus folgt die fundamentale Prämisse, dass alle Sachgebiete, für die ein Kompetenztitel des Bundes nicht besteht, unter die Grundsatznorm des Art. 70 I GG zu fassen sind, woraus sich die unmittelbare **Gesetzgebungsbefugnis der Länder** ergibt. Enumerative Kompetenzen des Bundes ergeben sich allerdings derartig häufig, dass der von Art. 70 I GG erfasste Sachbereich eher negativ ermittelt werden muss. Da das Schwergewicht der Gesetzgebung schon zur Zeit des Erlasses des Grundgesetzes nach Anzahl und Bedeutung der zugewiesenen Sachbereiche beim Bund lag, wird seit jeher die **Kompetenz der Länder** aus Art. 70 I GG substantiell als **Rest- oder Residualkompetenz** aufgefasst.[1]

Über die grundlegende Gesetzgebungskompetenz hinaus findet sich in der Rechtsprechung des BVerfG die missverständliche Aussage, dass Art. 70 I GG eine **Vermutungsregel** zugunsten der Länder enthalte.[2] Gemeint ist damit, dass den Ländern über den unbenannten Grundsatz aus Art. 70 I GG **entwicklungsoffen** die Handhabung solcher Regelungsgebiete anvertraut ist, die der Verfassungsgeber noch nicht voraussehen konnte. Etwaige Bundeskompetenztitel unterliegen demgegenüber für eine vergleichbare Entwicklungsoffenheit im Einzelfall erhöh-

---

1 Vgl. BVerfG, Beschl. v. 7.12.2021, Az.: 2 BvL 2/15, Rn. 58 m. w. N.; auch Rozek, in: v. Mangoldt/
Klein/Starck, GG, 7. Aufl. 2018, Bd. II, Art. 70 Rn. 2f.;
2 So jedenfalls BVerfG, Beschl. v. 9.6.1969, Az.: 2 BvL 25, 26/64, Rn. 74 = BVerfGE 26, 281 (287);
weiterhin BVerfG, Beschl. v. 10.3.1976, Az.: 1 BvR 355/67, Rn. 31 = BVerfGE 42, 20 (28); BVerfG,
Beschl. v. 11.6.2013, Az.: 2 BvR 2302/11 u. a., Rn. 160 = BVerfGE 134, 33 (100).

https://doi.org/10.1515/9783110786965-048

ten Begründungsanforderungen.[3] Von diesen als „Zukunftsfälle" einzuordnenden Sachmaterien abgesehen, folgt jedoch aus Art. 70 I GG nicht, dass die Kompetenztitel des Bundes zugunsten der Länder eng auszulegen seien. Vielmehr ist hier eine gegenüber dem Bund-Länder-Verhältnis neutrale, funktionsbezogene aber **strikte Auslegung** vorzugswürdig.[4]

Aus dem Grundsatz des Art. 70 I GG folgt endlich, dass dem Grundgesetz ein **Verbot gesetzgeberischer Doppelzuständigkeit** immanent ist.[5] Insoweit ist also entweder der Bund *oder* ein jeweiliges Land zur Gesetzgebung berufen. Die Ausgestaltung derselben Materie unter Gültigkeit beider Gesetze ist jenseits der noch vorzustellenden Abweichungsklausel ausgeschlossen.

II. Ausschließliche Zuständigkeit der Länder

Es kommt zu Situationen, in denen eine ausschließliche Zuständigkeit der Länder für gewisse Gesetzgebungsmaterien entsteht. Sie stellt sich als Kehrseite der **Kompetenzausschlüsse zulasten des Bundes** ein. Letztere stehen in unmittelbarem Zusammenhang mit den *enumerativ geregelten Kompetenztiteln des Bundes* und nehmen beim jeweiligen Titel explizit Sachmaterien aus, womit sie zurück zum Grundsatz aus Art. 70 I GG verweisen. So heißt es etwa in Art. 74 I Nr. 1 GG: gerichtliches Verfahren (ohne das Recht des Untersuchungshaftvollzugs).

Beispiel: Wichtige Kompetenzausschlüsse zulasten des Bundes sind: Art. 74 I Nr. 11 GG – Ladenschluss, Gaststätten, Spielhallen, Schaustellung von Personen, Messen, Ausstellungen und Märkte

Ähnlich wirkt sich die **ersatzlose Streichung** eines Bundeskompetenztitels aus. So wurden im Zuge der **Föderalismusreform 2006** nicht nur Kompetenzausschlüsse zulasten des Bundes statuiert, sondern z. B. das Versammlungsrecht in Art. 74 I Nr. 3 GG a. F. aus der konkurrierenden Gesetzgebungskompetenz des

---

3 Rozek, in: v. Mangoldt/Klein/Starck, GG, 7. Aufl. 2018, Bd. II, Art. 70 Rn. 13 f. m. w. N.
4 Vgl. dazu schon BVerfG, Urt. v. 28.2.1961, Az.: 2 BvG 1, 2/60, Rn. 89 = BVerfGE 12, 205 (228 f.); BVerfG, Urt. v. 30.10.1962, Az.: 2 BvF 2/60 u. a., Rn. 62 = BVerfGE 15, 1 (17); BVerfG, Beschl. v. 9.6.1969, Az.: 2 BvL 25/64 u. a., Rn. 74 = BVerfGE 26, 281 (287 f.); Rengeling, in: HStR VI, § 135 Rn. 33 f.; zu allem auch Rozek, in: v. Mangoldt/Klein/Starck, GG, 7. Aufl. 2018, Bd. II, Art. 70 Rn. 14 m. w. N.
5 BVerfG, Beschl. v. 28.11.1973, Az.: 2 BvL 42/71, Rn. 32 = BVerfGE 36, 193 (202 f.); BVerfG, Urt. v. 19.10.1982, Az.: 2 BvF 1/81, Rn. 152 = BVerfGE 61 149 (204); BVerfG, Beschl. v. 9.10.1984, Az.: 2 BvL 10/82, Rn. 82 = BVerfGE 67, 299 (321); BVerfG, Urt. v. 24.10.2002, Az.: 2 BvF 1/01, Rn. 205 = BVerfGE 106, 62 (114).

Bundes *ersatzlos gestrichen* und daher in die Kompetenz der Länder aus Art. 70 I GG zurückgeführt. Zu beachten ist die **Fortschreibungsgesetzgebung** (Art. 125a GG, unten unter F.).

III. Koordinierte Landesgesetzgebung

Allein aus einem bundesweiten Unitarisierungsbedürfnis folgt keine ungeschriebene Bundeskompetenz. Besonders eindrücklich kann hier auf das **1. Rundfunkurteil** des BVerfG hingewiesen werden: Nur weil „Rundfunkwellen sich nicht an Ländergrenzen halten", kann nicht einfach eine Bundeskompetenz kraft Natur der Sache angenommen werden, denn die Länder haben die Möglichkeit gemeinsame Einrichtungen im Bereich der Verwaltung einzuführen.[6] Auf Ebene der Gesetzgebung erfolgt dies durch gemeinsame **Musterentwürfe** und **Staatsverträge**.

B. Ausschließliche Gesetzgebungskompetenzen des Bundes

Als erste Kategorie der Bundeskompetenzen stellt **Art. 70 II GG** die *ausschließliche* Gesetzgebung in Abgrenzung zur *konkurrierenden* vor. Die grundlegende Funktions- bzw. Rechtsfolgenorm bildet **Art. 71 GG**. Die einzelnen Kompetenztitel sind vor allem in **Art. 73 I GG** enthalten, finden sich aber auch an weiteren Stellen im Grundgesetz.

I. Funktion des Art. 71 GG

Art. 71 GG klärt darüber auf, welche Rechtsfolgen vom Status ausschließlicher Kompetenztitel des Bundes ausgehen. Anders als Art. 70 I GG darf Art. 71 GG **nicht** selbst als **Kompetenzzuweisungsnorm** verstanden werden. Vielmehr ist seine Funktion die einer *Legaldefinition, verbunden mit einer Kompetenzausübungsregel.* Einen schweren Fehler stellt es also dar, Art. 71 GG selbst als Gesetzgebungskompetenz heranzuziehen. Aus ihm lassen sich jedenfalls drei Rechtsfolgen ableiten: Bei Gesetzgebungsmaterien, die sich in Titeln der ausschließlichen Bundesgesetzgebung wiederfinden, ist erstens eine Wahrnehmung durch die Länder bereits *unmittelbar von Verfassungs wegen über Art. 71 GG* ausgeschlossen.

---

6 BVerfG, Urt. v. 28.2.1961, Az.: 2 BvG 1, 2/60, Rn. 164 = BVerfGE 12, 205 (241 ff.) = NJW 1962, 547; Degenhart, Staatsrecht I, 36. Aufl. 2020, Rn. 502, 533.

Maximilian Herold

Diese **Sperrwirkung** zugunsten des Bundes greift zweitens **voraussetzungslos**, ohne dass der Bund jemals von einem Titel Gebrauch machen muss. Drittens ist auch die **Wahrnehmung** sämtlicher ausschließlicher Kompetenztitel **durch den Bund** anders als bei der konkurrierenden Gesetzgebung an **keine Voraussetzungen** geknüpft.[7] Nach Art. 71 HS 2 GG existiert für den Bund die Möglichkeit, durch Bundesgesetz die **Länder** zur Gesetzgebung **zu ermächtigen**.[8]

II. Kompetenztitel in Art. 73 I GG

In Art. 73 I GG finden sich einige Kompetenztitel der ausschließlichen Gesetzgebung. Hier gilt es die Sachmaterie, welche das Gesetz regeln will, einem Kompetenztitel zuzuordnen und unter ihn vertretbar zu subsumieren. Für die Ermittlung eines Kompetenztitels gelten einige Besonderheiten (unten unter H.). Der Kompetenztitel stellt im Erfolgsfall dann die **eigentliche Gesetzgebungskompetenz** des Bundes dar. Es empfiehlt sich, zumindest einmal die Kataloge von Kompetenztiteln durchzulesen.

III. Weitere Kompetenztitel im Grundgesetz

Neben Art. 73 I GG finden sich auch an zahlreichen anderen Stellen im Grundgesetz ausschließliche Kompetenztitel. Dabei werden aber nur einige als solche eindeutig benannt, z. B. Art. 143a I 1 GG, 143b I 2 GG. Weitaus häufiger ist die Phrase anzutreffen, dass *das Nähere ein Bundesgesetz regelt*, vgl. Art. 21 III GG. Derartige Gesetzgebungsaufträge begründen primär eine jeweilige **Staatsaufgabe**. Nur wenn diese nicht an den „Staat" insgesamt, sondern allein an den Bund gerichtet ist, kann im Wege der **Auslegung** von der Staatsaufgabe auf eine **ausschließliche Gesetzgebungszuständigkeit** des Bundes geschlossen werden. Auch wenn in solchen Fällen nicht ausdrücklich von einem Bundesgesetz gesprochen wird, kann sich aus einer **Zustimmungsbedürftigkeit durch den Bundesrat** ergeben, dass denklogisch kein Landesgesetz gemeint sein kann, vgl. Art. 16a II 2, III 1, 23 VII GG. **Vorsicht** ist bei **Gesetzesvorbehalten** geboten. Sie verweisen ohne nähere Differenzierung auf die allgemeine Zuständigkeitsverteilung und begründen keine solche.[9]

---

7 Vgl. zu allem auch Rozek, in: v. Mangoldt/Klein/Starck, GG, 7. Aufl. 2018, Bd. II, Art. 71 Rn. 1 ff.
8 Praktische Relevanz erfuhr dies bisher nicht, Degenhart, Staatsrecht I, 36. Aufl. 2020, Rn. 185.
9 Zu allem mit einer Aufzählung aller ausschließlichen Gesetzgebungskompetenzen des Bundes: Rozek, in: v. Mangoldt/Klein/Starck, GG, 7. Aufl. 2018, Bd. II, Art. 71 Rn. 13 ff.

Maximilian Herold

! **Examenswissen**

Unbedingt präsent sollten Art. 38 III GG (BWahlG, AbgG) sowie Art. 21 III GG (ParteiG) sein.

C. Konkurrierende Gesetzgebungskompetenzen des Bundes

Die von Art. 70 II GG als zweite Gattung von Bundeskompetenzen benannte Kategorie ist die *konkurrierende* Gesetzgebung. Ihre zugrundeliegende Funktionsnorm bildet **Art. 72 I GG**, während **Art. 74 I GG** die einzelnen Kompetenztitel nennt. Die konkurrierende verfügt im Ausgangspunkt über die gleiche Regelungstechnik wie die ausschließliche Gesetzgebung, ist jedoch spätestens seit der **Föderalismusreform 2006** weit ausdifferenzierter. Aufgrund der in Art. 74 I GG geregelten Titel und der Tragweite der hierauf basierenden Bundesgesetzgebung spielt sie in der Praxis die größte Rolle.[10]

I. Funktion des Art. 72 I GG

Die Bezeichnung als konkurrierende Gesetzgebung ist wörtlich zu verstehen. Bund und Länder stehen hier in einem Konkurrenzverhältnis. Gemäß Art. 72 I GG haben die Länder die Befugnis zur Gesetzgebung, *solange und soweit* der Bund von seiner Gesetzgebungszuständigkeit nicht durch Gesetz Gebrauch gemacht hat. Man kann die konkurrierenden Kompetentitel als **Vorratsbereich potenzieller Gesetzgebung** für den Bund bezeichnen.[11] Auch für Art. 72 GG gilt, dass dieser sowohl für den Bund als auch ein Land **nicht** selbst eine **Kompetenzzuweisung** beinhaltet.[12] Hat der Bund von einer Gesetzgebungskompetenz aus Art. 74 I GG Gebrauch gemacht, tritt „soweit" ebenfalls eine **Sperrwirkung** ein. Sie führt zum Verlust der Gesetzgebungskompetenz der Länder aus Art. 70 I GG.[13] Jedoch kann die Reichweite der Sperrwirkung im Einzelfall durchaus verschieden sein.

---

10 Uhle, in: Dürig/Herzog/Scholz, GG, 95. EL 7.2021, Art. 72 Rn. 64.

11 Oeter, in: v. Mangoldt/Klein/Starck, GG, 7. Aufl. 2018, Bd. II, Art. 72 Rn. 1.

12 Vgl. nur Degenhart, Staatsrecht I, 36. Aufl. 2020, Rn. 187.

13 BVerfG, Beschl. v. 11.10.1966, Az.: 2 BvL 15/64, Rn. 41 = BVerfGE 20, 238 (250) = NJW 1967, 435; BVerfG, Beschl. v. 9.10.1984, Az.: 2 BvL 10/82, Rn. 104 = BVerfGE 67, 299 (328); BVerfG, Urt. v. 27.10.1998. Az.: 1 BvR 2306/96 u.a., Rn. 202, 219 = BVerfGE 98, 265 (300); BVerfG, Urt. v. 10.2.2004, Az.: 2 BvR 834, 1588/02, Rn. 140 = BVerfGE 109, 190 (229f.); BVerfG, Urt. v. 27.7.2005, Az.: 1 BvR 668/04, Rn. 102ff. = BVerfGE 113, 348 (371f.); ferner: Oeter, in: v. Mangoldt/Klein/Starck, GG, 7. Aufl. 2018, Bd. II, Art. 72 Rn. 58.

Maximilian Herold

So gilt es stets zu ermitteln, wie weit überhaupt eine Kompetenzsperre ausgelöst wurde. Anknüpfungspunkt ist der **Wille des Bundes**: Wollte der Bund ein Rechtsgebiet *abschließend kodifizieren*, so sind die Länder auch daran gehindert, Normen hinsichtlich der Aspekte zu erlassen, die im Bundesgesetz gar nicht geregelt sind.[14] In der Terminologie des BVerfG findet sich hierfür der Begriff des **absichtsvollen Regelungsverzichts**, der auch dann greift, wenn der Bund aus einer ungeschriebenen Kompetenz kraft Sachzusammenhangs tätig wurde.[15]

Beispiel: Wegen eines abschließenden Gebrauchmachens durch den Bund über Art. 74 I Nr. 1 GG (bürgerliches Recht) hinsichtlich des Mietpreises in §§ 556 ff. BGB fehlte dem Land Berlin die Gesetzgebungskompetenz für den „Berliner Mietendeckel".[16]

Besonders diskutiert wird, ob die Sperrwirkung des Art. 72 I GG durch **bundesgesetzliche Ermächtigung** der Landesgesetzgeber zu Ergänzungen oder gar Abweichungen durchbrochen werden kann. Eine dahingehende Praxis wird seitens der Literatur kritisiert. Ausgangspunkt der Diskussion ist, dass nur Art. 71 GG eine solche Möglichkeit kennt und sonst eine unzulässige Analogie betrieben werde. Zur Lösung des Problems ist mithilfe der **Auslegung** zu ermitteln, ob in solchen Fällen der Bundesgesetzgeber nicht nur ausdrücken wollte, dass er insoweit schon gar keinen Gebrauch von seiner konkurrierenden Gesetzgebungskompetenz gemacht hat.[17] Das BVerfG scheint jedenfalls daran festzuhalten, dass Öffnungsklauseln in Bundesgesetzen sowohl über Art. 71 GG wie auch Art. 72 I GG zulässig seien.[18]

Im Ausgangspunkt bleibt die verfassungsrechtliche **Kompetenzverteilung unverfügbar**. Bund oder Land können ohne Verfassungsänderung auch nicht im Einvernehmen über sie disponieren.[19]

II. Erforderlichkeitsklausel des Art. 72 II GG

In Art. 72 II GG ist die Erforderlichkeitsklausel enthalten. Aufgezählt werden bestimmte Kompetenztitel des Art. 74 I GG, in denen das Gesetzgebungsrecht des

---

14 Degenhart, Staatsrecht I, 36. Aufl. 2020, Rn. 193.
15 BVerfG, Urt. v. 27.10.1998. Az.: 1 BvR 2306 u.a., Rn. 166, dagegen aber das Sondervotum Rn. 328 ff. = BVerfGE 98, 265 (300).
16 BVerfG, Beschl. v. 25.3.2021, Az.: 2 BvF 1/20 = NJW 2021, 1377.
17 Zu Allem Oeter, in: v. Mangoldt/Klein/Starck, GG, 7. Aufl. 2018, Bd. II, Art. 72 Rn. 60 f. m.w.N.
18 BVerfG, Beschl. v. 25.3.2021, Az.: 2 BvF 1/20, Rn. 83 = NJW 2021, 1377, 1378.
19 Vgl. dazu nur BVerfG, Beschl. v. 25.3.2021, Az.: 2 BvF 1/20, Rn. 84 = NJW 2021, 1377, 1378 m.w.N.

Maximilian Herold

Bundes *nur dann besteht,* wenn eine bundesgesetzliche Regelung hinsichtlich eines der **drei genannten Ziele** erforderlich ist.[20] Geprüft wird die Erforderlichkeitsklausel in der Gesetzgebungskompetenz und nicht im Verfahren.

! Klausurtaktik

Wenn nach der jeweiligen Prüfungsordnung farbliche Hervorhebungen im Gesetzestext vorgenommen werden dürfen, bietet es sich an, die jeweiligen in Art. 72 II GG genannten Nummern des Art. 74 I GG nochmal kenntlich zu machen, um an die Prüfung der Erforderlichkeitsklausel zu denken.

1. Herstellung gleichwertiger Lebensverhältnisse

Zuerst nennt Art. 72 II GG die Herstellung gleichwertiger Lebensverhältnisse. Sie **ersetzt** die alte Formel der **Einheitlichkeit** der Lebensverhältnisse, der oftmals ein gewisser Unitarisierungsdruck attestiert wurde. Insofern handelt es sich um eine bewusste Abkehr vom Leitbild der Einheitlichkeit.[21] Dies sollte zum Anlass genommen werden, die Tatbestandsvariante **restriktiv** zu deuten. Gleichwertige Lebensverhältnisse müssen nicht zwangsläufig einheitliche sein.[22] Gängig ist die Definition, dass die Herstellung gleichwertiger Lebensverhältnisse erforderlich ist, wenn sich die Lebensverhältnisse in den Ländern in erheblicher, das **bundesstaatliche Sozialgefüge** beeinträchtigender Weise auseinanderentwickelt haben oder sich eine derartige Entwicklung konkret abzeichnet.[23]

2. Wahrung der Rechtseinheit

Auch im Umgang mit der Wahrung der Rechtseinheit im gesamtstaatlichen Interesse sollte vorsichtig verfahren werden. Sie darf nicht schon dann angenommen werden, wenn in den Ländern unterschiedliches Recht gilt, da im Anwendungsbereich von Art. 74 GG das Grundgesetz gerade Rechtsvielfalt zulassen will.[24] Art. 72 II GG ist hier erfüllt, wenn eine Gesetzesvielfalt auf Länderebene eine **Rechtszersplitterung mit problematischen Folgen** darstellt, die sowohl *im Interesse des Bundes als auch der Länder* nicht hingenommen werden kann (gesamt-

---

20 Teilweise findet sich für sie noch der auf die Zeit vor der Föderalismusreform 1994 zurückgehende Bezeichnung „Bedarfskompetenzen".
21 Oeter, in: v. Mangoldt/Klein/Starck, GG, 7. Aufl. 2018, Bd. II, Art. 72 Rn. 98.
22 Uhle, in: Dürig/Herzog/Scholz, GG, 95. EL 7.2021, Art. 72 Rn. 130 m.w.N.
23 BVerfG, Urt. v. 24.10.2002, Az.: 2 BvF 1/01, Rn. 321 = BVerfGE 106, 62 (142ff.).
24 Degenhart, Staatsrecht I, 36. Aufl. 2020, Rn. 191.

staatliches Interesse), und eine **Erhaltung der funktionsfähigen Rechtsgemeinschaft** von unzumutbaren Behinderungen im länderübergreifenden Rechtsverkehr **bedroht ist.**[25]

3. Wahrung der Wirtschaftseinheit

Das zur Rechtseinheit äquivalente Element der Wirtschaftseinheit bereitet Abgrenzungsschwierigkeiten. Es weist Schnittmengen zur Rechtseinheit auf, was sich insbesondere im Altenpflege-Urteil des BVerfG zeigt: Dort geht das Gericht davon aus, dass der *Erlass bundeseinheitlicher Ausbildungsregeln* zwar nicht zur Wahrung der Rechtseinheit, aber zur Wahrung der Wirtschaftseinheit im gesamtstaatlichen Interesse erforderlich sei, da dies der Erhaltung der **Funktionsfähigkeit des Wirtschaftsraums der Bundesrepublik** durch bundeseinheitliche Rechtssetzung diene.[26] Mit dieser großzügigen Interpretation führt die Wahrung der Wirtschaftseinheit über die Wahrung der Rechtseinheit hinaus und mag zutreffend als der „Joker im Kontext der Erforderlichkeitsklausel" erinnert werden.[27] Es gilt aber, das **Moment der Bedrohung** wirtschaftlicher Auswirkungen unterschiedlichen Rechts zu skizzieren und nicht ohne Weiteres von der Einschlägigkeit der Wirtschaftseinheit auszugehen.[28]

4. Feststellung der Erforderlichkeit und gerichtliche Überprüfung

Die Erforderlichkeit sollte getrennt als **eigenständiges Tatbestandsmerkmal** neben den drei genannten Zielen geprüft werden.[29] Dabei sollte das Wort „Erforderlichkeit" **nicht** zum Anlass einer **Verhältnismäßigkeitsprüfung** genommen werden.[30] Während das BVerfG die frühere Bedürfnisklausel noch in das Ermessen des Bundes stellte und kaum überprüfte, besteht seit der **Föderalismusreform 1994** allein für die Klärung der Erforderlichkeit i.S.v. Art. 72 II GG in Art. 93 Abs. 1 Nr. 2 a GG ein eigenständiges Verfahren.[31] Daran wird deutlich, dass die Er-

---

25 BVerfG, Urt. v. 24.10.2002, Az.: 2 BvF 1/01, Rn. 325 = BVerfGE 106, 62 (145).

26 BVerfG, Urt. v. 24.10.2002, Az.: 2 BvF 1/01, Rn. 327 = BVerfGE 106, 62 (147).

27 Oeter, in: v. Mangoldt/Klein/Starck, GG, 7. Aufl. 2018, Bd. II, Art. 72 Rn. 110.

28 Vgl. dazu Degenhart, Staatsrecht I, 36. Aufl. 2020, Rn. 191.

29 Uhle, in: Dürig/Herzog/Scholz, GG, 95. EL 7.2021, Art. 72 Rn. 162.

30 Oeter, in: v. Mangoldt/Klein/Starck, GG, 7. Aufl. 2018, Bd. II, Art. 72 Rn. 116; sicherheitshalber sollte nur von **kompetenzrechtlicher Geeignetheit und Erforderlichkeit** gesprochen werden, dazu Uhle, in: Dürig/Herzog/Scholz, GG, 95. EL 7.2021, Art. 72 Rn. 165.

31 Vgl. Degenhart, Staatsrecht I, 36. Aufl. 2020, Rn. 190.

forderlichkeitsklausel hinsichtlich Grund und Umfang der Erforderlichkeit **justiziabel** ist.[32]

III. Abweichungsklausel des Art. 72 III GG

In Art. 72 III GG wird die konkurrierende Gesetzgebung durch die Abweichungsklausel zugunsten der Länder modifiziert. Wenn der Bund von einer konkurrierenden Kompetenz Gebrauch gemacht hat, können die Länder hiervon auf den in Art. 72 III GG genannten Gebieten abweichen. Ausgenommen werden von Art. 72 III 1 GG durch **Ausschlussklauseln zulasten der Länder** jeweils **abweichungsfeste Sektoren bzw. Kerne** dieser Rechtsgebiete.[33]

Für die Abweichungsklausel hat **Art. 72 III 3 GG** eine herausragende Rolle. Er bestimmt, dass in diesen Fällen das spätere Gesetz (also das zeitlich jüngere) dem älteren vorgeht (**lex posterior Grundsatz**). Art. 31 GG kommt in diesen Fällen nicht zum Tragen. Bei Art. 72 III 3 GG handelt es sich um einen **Anwendungsvorrang**.[34] Das bedeutet **nicht**, dass das ältere Gesetz **außer Kraft** gesetzt würde. Es findet **nur keine Anwendung**. Die hier angelegte Problematik eines wechselseitigen Spiels von Bund und Land, die Gesetze des jeweils anderen *außer Anwendung* zu setzen, wird gerne als **Ping-Pong Gesetzgebung** bezeichnet. Sie blieb bisher rein akademisch. Abgefedert wird sie ohnehin dadurch, dass gem. Art. 72 III 2 GG Bundesgesetze frühestens sechs Monate nach ihrem Erlass in Kraft treten können. Demnach könnten die Länder die Bundesgesetze noch vor deren Inkrafttreten bereits *außer Anwendung* setzen.

IV. Freigabeklausel des Art. 72 IV GG

Die auch als Rückholklausel bezeichnete Möglichkeit des Bundes, das Land zu ermächtigen, ein Bundesgesetz, für das die Erforderlichkeit nach Art. 72 II GG nachträglich entfallen ist, durch Landesgesetz zu ersetzen, fand bisher **kaum**

---

32 BVerfG, Urt. v. 24.10.2002, Az.: 2 BvF 1/01, Rn. 313 = BVerfGE 106, 62 (142 ff.); vgl. auch Uhle, in: Dürig/Herzog/Scholz, GG, 95. EL 7.2021, Art. 72 Rn. 179; dabei besteht eine **Einschätzungsprärogative** des Bundes: Oeter, in: v. Mangoldt/Klein/Starck, GG, 7. Aufl. 2018, Bd. II, Art. 72 Rn. 117 m.w.N; zu den Fehlertypen: Uhle, in: Dürig/Herzog/Scholz, GG, 95. EL 7.2021, Art. 72 Rn. 182.
33 Zu den Begriffen näher Uhle, in: Dürig/Herzog/Scholz, GG, 95. EL 7.2021, Art. 72 Rn. 235.
34 Uhle, in: Dürig/Herzog/Scholz, GG, 95. EL 7.2021, Art. 72 Rn. 303.

Maximilian Herold

praktische Bedeutung.[35] Ihre Verankerung im Grundgesetz ist Ergebnis eines historischen Streits, wann die **Sperrwirkung** des Gebrauchmachens von einer konkurrierenden Gesetzgebungskompetenz durch den Bund endet.[36] Klargestellt wurde durch die Rückholklausel, dass die Sperrwirkung ohne eine **formelle Ersetzungsermächtigung** fortbesteht. Aus Art. 74 IV GG folgt im Umkehrschluss, dass solche Normen *nicht mangels Gesetzgebungskompetenz* verfassungswidrig seien und daher nichtig wären.[37] Weigert sich der Bund in diesen Fällen, die Länder zur Ersetzung zu ermächtigen, so steht gem. Art. 93 II GG den Ländern ein eigenes Verfahren zur Verfügung.

D. Grundsatz- und ehemalige Rahmengesetzgebung

Neben den von Art. 70 II GG genannten zwei geschriebenen Kategorien der ausschließlichen wie konkurrierenden Gesetzgebungskompetenzen kennt das Grundgesetz noch eine **dritte Kategorie geschriebener** Gesetzgebungskompetenzen – die **Grundsatzgesetzgebungskompetenzen des Bundes.** Ihre Regelungsintensität ist nach Inhalt und Umfang beschränkt und auf Ausfüllung durch die Landesgesetzgeber angewiesen. Sie werden daher auch teilweise als *Spielart der konkurrierenden Gesetzgebungskompetenzen* oder als *Unterfall der ausschließlichen Gesetzgebungskompetenz* eingeordnet.[38] Ausgangspunkt ist die Frage, *ob Art. 70 II GG als abschließend* empfunden wird.[39] Zwei von ihnen finden sich in der Finanzverfassung, in der gem. **Art. 109 IV GG** durch Bundesgesetz die Grundsätze für die Haushaltswirtschaft von Bund und Ländern aufgestellt werden sowie gem. **Art. 106 IV 3 GG** für die Verteilung der Umsatzsteuer. Eine weitere existiert in den inkorporierten Artikeln der WRV für das Religionsverfassungsrecht, **Art. 140 GG i. V. m. Art. 138 I 2 WRV.**

Hiermit verwandt war die **Rahmengesetzgebungskompetenz** des Bundes, die seit der **Föderalismusreform 2006** gänzlich abgeschafft wurde. Sie galt überwiegend als eigenständige Kategorie von Gesetzgebungskompetenzen.[40]

---

35 Degenhart, Staatsrecht I, 36. Aufl. 2020, Rn. 197.
36 Oeter, in: v. Mangoldt/Klein/Starck, GG, 7. Aufl. 2018, Bd. II, Art. 72 Rn. 129 m. w. N.
37 Oeter, in: v. Mangoldt/Klein/Starck, GG, 7. Aufl. 2018, Bd. II, Art. 72 Rn. 129.
38 Ersteres: Rozek, in: v. Mangoldt/Klein/Starck, GG, 7. Aufl. 2018, Bd. II, Art. 70 Rn. 59 m. w. N.; letzteres: Uhle, in: Dürig/Herzog/Scholz, GG, 95. EL 7.2021, Art. 70 Rn. 157.
39 Praktische Bedeutung kommt dem freilich nicht zu, Uhle, in: Dürig/Herzog/Scholz, GG, 95. EL 7.2021, GG Art. 70 Rn. 156 ff.
40 Uhle, in: Dürig/Herzog/Scholz, GG, 95. EL 7.2021, GG Art. 70 Rn. 156 ff.

E. Ungeschriebene Gesetzgebungskompetenzen des Bundes

Neben den geschriebenen Gesetzgebungskompetenzen des Bundes existieren auch ungeschriebene Gesetzgebungskompetenzen desselben. Sie werden teilweise als **stillschweigende Gesetzgebungskompetenzen** bezeichnet, die sich *nach den üblichen Auslegungsmethoden implizit aus dem Verfassungstext ergeben können*. Ungeschriebene Gesetzgebungskompetenzen des Bundes sind somit anerkannt, obwohl **Art. 70 I GG** als **abschließend** verstanden wird.[41] Sie sind erst in Betracht zu ziehen, wenn kein geschriebener Kompetenztitel des Bundes einschlägig ist.

I. Kompetenz kraft Natur der Sache

Die Kompetenz kraft Natur der Sache ist nach handlicher Definition einschlägig, wenn ein Gegenstand **begriffsnotwendig** nur durch Bundesgesetz geregelt werden kann.[42] Als die zwei herkömmlichen Anwendungsbereiche können die *nationale Selbstdarstellung und Repräsentation* sowie *raumbedeutsame gesetzliche Entscheidungen für die gesamte Bundesrepublik* zusammengefasst werden.[43] Weitere Orientierung bieten die **ausschließlichen Gesetzgebungskompetenztitel** in Art. 73 GG, denn per definitionem kann es sich bei der Kompetenz kraft Natur der Sache nur um eine solche handeln, bei der das Erfordernis einer gesamtstaatlichen Regelung im Grundgesetz selbst *mit hinreichender Evidenz* angelegt ist.[44]

Beispiele: PUAG, Stasi-Unterlagengesetz, Gesetze über Volksentscheide auf Bundesebene, Festlegung von Bundesflagge und Nationalhymne, Ordensverleihungen, Nationalfeiertage

II. Kompetenz kraft Sachzusammenhangs und Annexkompetenz

Ihre Bezeichnungen zeigen, dass diese Kompetenzen – im Gegensatz zur Natur der Sache – an andere Kompetenztitel **erweiternd** anknüpfen.[45] Auf sie ist zurückzugreifen, wenn die **Auslegung** des originären Titels die Erfassung der Materie un-

---

41 Rozek, in: v. Mangoldt/Klein/Starck, GG, 7. Aufl. 2018, Bd. II, Art. 70 Rn. 38.
42 Degenhart, Staatsrecht I, 36. Aufl. 2020, Rn. 180.
43 Rozek, in: v. Mangoldt/Klein/Starck, GG, 7. Aufl. 2018, Bd. II, Art. 70 Rn. 42f.
44 Rozek, in: v. Mangoldt/Klein/Starck, GG, 7. Aufl. 2018, Bd. II, Art. 70 Rn. 40 f.; Degenhart, Staatsrecht I, 36. Aufl. 2020, Rn. 180.
45 Rozek, in: v. Mangoldt/Klein/Starck, GG, 7. Aufl. 2018, Bd. II, Art. 70 Rn. 44.

ter den Regelungsschwerpunkt nicht hergibt und wenn von diesem Titel nicht sinnvoll Gebrauch gemacht werden kann, ohne auf eine weitere den Ländern zustehende Materie zuzugreifen.[46] Dieser **zwingende Konnex** ist punktueller Natur und im Einzelfall unter Berücksichtigung der Besonderheiten des fraglichen Regelungsgegenstands zu ermitteln.[47] Häufig findet sich die Formulierung, dass die *Annexkompetenz in die Tiefe* und die *Kompetenz kraft Sachzusammenhangs in die Breite* gehe. Diese Unterscheidung bleibt ohne Bedeutung und kann in der Klausur vernachlässigt werden. Wichtiger ist, beide Kompetenzen namentlich aufzuzeigen und deren sich teils überschneidende Kriterien in einem kohärenten Begründungsmuster darzustellen.

Beispiele: Bundeswehrhochschulen und Brandschutz bei der Bundeswehr als Annex zur Verteidigung i. S. v. Art. 73 I Nr. 1 GG

F. Übergangsrecht und Fortschreibungsgesetzgebung des Bundes

Etwa aufgrund der **Föderalismusreform 2006** fanden einige Streichungen von konkurrierenden Gesetzgebungskompetenzen des Bundes statt, die sodann zurück in die Länderkompetenz überführt wurden. Da hier die geltende Rechtslage nicht mangels Gesetzgebungskompetenz des Bundes plötzlich aufgegeben werden sollte, statuiert das Grundgesetz an zahlreichen Stellen **Übergangsrecht**. Von besonderer Bedeutung und Examensrelevanz sind hier Art. 125a GG wie auch Art. 125b GG. Für das obige Beispiel des Versammlungsrechts, welches aus Art. 74 I GG gestrichen wurde, folgt dann aus **Art. 125a I GG**, dass das VersG des Bundes fortgilt, aber durch Landesgesetz ersetzt werden kann. Einige Länder haben ihre eigenen VersG erlassen. Andere verweisen nach wie vor auf das VersG des Bundes.

Beispiele: In Rheinland-Pfalz gilt das VersG des Bundes, während in Bayern ein Landesgesetz hierzu ergangen ist.

Es kann *wegen geänderter Verhältnisse notwendig* werden, jenes „alte" Bundesrecht zu ändern. Diese **Fortschreibungsgesetzgebung** (Anpassungs- und Ände-

---

46 BVerfG, Urt. v. 27.10.1998, Az.: 1 BvR 2306/96 u. a., Rn. 163 f. = BVerfGE 98, 265 (299); Degenhart, Staatsrecht I, 36. Aufl. 2020, Rn. 184.
47 Vgl. BVerfG, Urt. v. 27.10.1998, Az.: 1 BvR 2306/96 u. a., Rn. 164 = BVerfGE 98, 265 (300).

rungskompetenz) wird teilweise als **ungeschriebene Gesetzgebungskompetenz** des Bundes eingeordnet. Das BVerfG stellte im Ladenschluss-Urteil und in Folgeentscheidungen für **Art. 125a II GG** klar, dass diese Kompetenz an „*die Beibehaltung der wesentlichen Elemente* der in dem fortgeltenden Bundesgesetz enthaltenen Regelung" gebunden sei mit der Folge, dass dem Bund *grundlegende Neukonzeptionen verwehrt* sind.[48] Ähnlich wird **Art. 125a I 1 GG** als **Schranke des kommunalen Durchgriffverbots in Art.** 84 I 7 GG eingeordnet, solange es sich um eine *maßvolle Fortschreibung durch zulässige Anpassung des kommunalen Aufgabenbestandes* handelt.[49]

G. Verhältnis von Bundes- zu Landesrecht

Abschließend ist noch auf das Verhältnis von Bundes- zu Landesrecht einzugehen. In der kürzesten Vorschrift des Grundgesetzes findet sich in **Art. 31 GG** die landläufig bekannte Kollisionsregel „Bundesrecht bricht Landesrecht". Art. 31 GG hat einen wesentlich geringeren Anwendungsbereich als er insinuiert. Die **Ausnahme** in **Art. 72 III 3 GG** wurde schon erwähnt.

Grob formuliert kann Art. 31 GG als **Kollisionsnorm** nie Anwendung finden, wenn sich **schon keine Kollision** ergibt. Dies ist insbesondere der Fall, wenn das vermeintlich konfligierende Bundes- oder Landesgesetz schon gar nicht kompetenzgerecht erlassen wurde. Insofern werden die Kompetenznormen auch als **Kollisionsvermeidungsnormen** aufgefasst.[50] Eine Kollision stellt sich etwa **nicht**, wenn die *Sperrwirkung des Art. 72 I GG* greift, ohne dass hier die Abweichungsklausel des Art. 72 III GG Anwendung findet, denn hier ist *schon kein gültiges Landesrecht zustande gekommen*.[51] Genauso verhält es sich im umgekehrten Fall, wenn keine Gesetzgebungskompetenz des Bundes für das infragestehende Bundesgesetz einschlägig ist. Art. 31 GG sollte wie folgt gelesen werden: „Verfassungsmäßiges Bundesrecht bricht entgegenstehendes rechtmäßiges Landesrecht."[52] Anwendungsfälle sind z. B. Konflikte zwischen Bundesverfassungs- und

---

48 BVerfG, Urt. v. 9.6.2004, Az.: 1 BvR 636/02, Rn. 111 f. = BVerfGE 111, 10 (31) – Ladenschluss; BVerfG, Urt. v. 27.6.2004, Az.: 2 BvF 2/02, Rn. 137 ff. = BVerfGE 111, 226 (269) – Juniorprofessur; BVerfG, Urt. v. 26.1.2005, Az.: 2 BvF 1/03, Rn. 84 = BVerfGE, 112, 226 (250) – Studiengebühren; dazu Uhle, in: Dürig/Herzog/Scholz, GG, 95. EL 7.2021, Art. 125a Rn. 13.
49 BVerfG, Beschl. v. 7.7.2020, Az.: 2 BvR 696/12, Rn. 78 = BVerfGE 155, 310 (345).
50 März, in: v. Mangoldt/Klein/Starck, GG, 7. Aufl. 2018, Bd. II, Art. 31 Rn. 21.
51 Vgl. Degenhart, Staatsrecht I, 36. Aufl. 2020, Rn. 200.
52 So auch bei März, in: v. Mangoldt/Klein/Starck, GG, 7. Aufl. 2018, Bd. II, Art. 31 Rn. 21 m.w.N.

Landesverfassungsrecht oder einfachem Bundes- und Landesverfassungsrecht.[53] Nach h. M. ordnet Art. 31 GG einen **Geltungsvorrang** an.[54]

H. Ermittlung eines einschlägigen Kompetenztitels

Die Ermittlung eines einschlägigen Kompetenztitels für Bundesgesetze wirft nicht selten Abgrenzungsfragen hinsichtlich mehrerer Kompetenztitel auf. Besonders wichtig in Prüfungsarbeiten ist daher die saubere **Auslegung** der jeweiligen Kompetenztitel und **Subsumtion** unter diese. Schulbuchmäßige Anleitung bieten die Ausführungen des BVerfG in seinem Urteil zum Altenpflegegesetz.[55]

I. Auslegung von Kompetenztiteln

Kompetenztitel lassen sich in *„faktisch-deskriptive"* und *„normativ-rezeptive"* unterscheiden.[56] Nach dem BVerfG kommt der **historischen Auslegung** eine entscheidende Rolle zu. Sie knüpft an Zeiten vor Erlass des Grundgesetzes an; oft ist die Rede vom Rechtsetzungszustand, den der Verfassungsgeber vorfand und als Kompetenzbegriff entsprechend dieser Tradition ins Grundgesetz aufnehmen wollte.[57] Derartiges dürfte in der Prüfungssituation kaum zu leisten sein. Vielmehr sollte mit dem Wortlaut und dem allgemeinen Sprachgebrauch gearbeitet werden. Hilfreich ist es auch, sich verwandte Kompetenztitel systematisch nebeneinander zu legen, um Rückschlüsse auf mögliche Anwendungsbereiche zu skizzieren, bevor methodisch zweifelhaft mit dem Sinn und Zweck bundeseinheitlicher Regelungen gearbeitet wird.

---

53 Teilweise sind die Anwendungsfälle auch **umstritten,** Übersicht bei Gubelt/Hanschel, in: v. Münch/Kunig, GG, 7. Aufl. 2021, Bd. I, Art. 31 Rn. 5.
54 Gubelt/Hanschel, in: v. Münch/Kunig, GG, 7. Aufl. 2021, Bd. I, Art. 31 Rn. 41.
55 BVerfG, Urt. v. 24.10.2002, Az.: 2 BvF 1/01, Rn. 152ff. = BVerfGE 106, 62 (104ff.).
56 Degenhart, Staatsrecht I, 36. Aufl. 2020, Rn. 168f. bezugnehmend auf BVerfG, Urt. v. 10.2.2004, Az.: 2 BvR 834, 1588/02, Rn. 104 = BVerfGE 109, 190 (218): **Faktisch-deskriptive** Titel beschreiben Gegenstände des allgemeinen Sprachgebrauchs (Wirtschaft, Bergbau, Industrie); **normativ-rezeptive** greifen bereits verwirklichte Rechtsmaterien auf (Bürgerliches Recht).
57 BVerfG, Urt. v. 10.2.2004, Az.: 2 BvR 834, 1588/02, Rn. 104 = BVerfGE 109, 190 (218) – Sicherungsverwahrung I; Degenhart, Staatsrecht I, 36. Aufl. 2020, Rn. 168f.

Maximilian Herold

II. Subsumtion unter Kompetenztitel

Nach der Auslegung erfolgt die Zuordnung der formell gesetzlichen Regelung zur ausgelegten verfassungsrechtlichen Kompetenznorm. Grundsätzlich gilt, dass für jede einzelne Bestimmung, genauer: **jede als solche materiell identifizierbare Regelung**, eine Gesetzgebungskompetenz erforderlich ist. Daran ändert auch die Tatsache nichts, dass in der Praxis häufig ganze „Gesetzespakete" verabschiedet werden. Einzelne Bestimmungen innerhalb eines „Gesetzes" können auf unterschiedliche Kompetenzen zurückzuführen sein (**Mosaik-Kompetenz**). Das BVerfG gibt **Kriterien** vor, die für eine Zuordnung heranzuziehen sind: Unmittelbarer Regelungsgegenstand, Normzweck, Wirkung und Adressat:in der zuzuordnenden Norm, Verfassungstradition.[58] Soweit immer noch **mehrere Kompetenztitel** in Betracht kommen, ist auf den **Schwerpunkt** der jeweiligen Regelung und der mit ihr eng verzahnten anderen Bestimmungen abzustellen.[59] Wenn nach alledem kein geschriebener Kompetenztitel des Bundes in Betracht kommt, so ist auf dessen **ungeschriebenen Gesetzgebungskompetenzen** einzugehen.

III. Darstellung in Klausuren

Die Prüfung der Gesetzgebungskompetenzen findet in der formellen Verfassungsmäßigkeit statt. Der Blickwinkel hängt vom Prüfungsgegenstand ab: Ist die **Verfassungsmäßigkeit eines Landesgesetzes** zu prüfen, so ist zu untersuchen, ob eine **Sperrwirkung** durch die Bundesgesetzgebung besteht. Wird die **Verfassungsmäßigkeit eines Bundesgesetzes** geprüft, ist ein Kompetenztitel des Bundes **positiv** zu suchen. Das trifft insbesondere auf die Begründetheit von konkreter sowie abstrakter Normenkontrolle zu. Aufgrund der **Elfes-Konstruktion** in der Jedermann-Verfassungsbeschwerde führen auch (nur) kompetenzwidrige Gesetze zum Grundrechtsverstoß.[60] Findet sich in Sachverhalten ein Rechtsvortrag, demzufolge die gesetzgebende Körperschaft nicht gesetzgebungsbefugt sei, so ist davon auszugehen, dass von den Bearbeiter:innen verlangt wird, einen Kompetenztitel zu **erkennen**, **auszulegen** und hierunter zu **subsumieren**. Ansons-

---

58 BVerfG, Urt. v. 12.3.2008, Az.: 2 BvF 4/03, Rn. 80 = BVerfGE 121, 30 (47 f.).
59 BVerfG, Urt. v. 27.10.1998, Az.: 1 BvR 2306/96 u. a., Rn. 162 = BVerfGE 98, 265 (303 ff.).
60 Zweifelhaft ist das bei der **Kommunalverfassungsbeschwerde**, mit der die Kommune nur Verfassungsverstöße rügen kann, die „das verfassungsrechtliche Bild der Selbstverwaltung (Art. 28 II GG) mitzubestimmen geeignet sind", zur ständigen Rechtsprechung des BVerfG: Bethge, in: Schmidt-Bleibtreu/Klein/Bethge, BVerfGG, 61. EL Juli 2021, § 91 Rn. 56 ff.; speziell zu kompetenzwidrigen Eingriffen: Rn. 64 ff.

ten haben grundlegende Ausführungen zugunsten der richtigen Schwerpunktsetzung in der Klausur zu unterbleiben.

Weiterführende Studienliteratur
- Degenhart, Staatsrecht I, 36. Aufl. 2020, Rn. 158 ff.
- Mager, Staatsrecht I, 9. Aufl. 2021, Rn. 375 ff.
- Bäumerich, Grundfälle zu den Gesetzgebungskompetenzen, JuS 2018, 123.
- Voßkuhle/Wischmeyer, Grundwissen – Öffentliches Recht: Gesetzgebungskompetenzen, JuS 2020, 315.
- Hebeler, Die Gesetzgebungskompetenzen des Bundes und der Länder, JA 2010, 688.

Zusammenfassung: Die wichtigsten Punkte
- Grundsätzlich sind nach Art. 30, 70 I GG die Länder für die Gesetzgebung zuständig. Praktisch verbleibt ihnen aber nur eine Restkompetenz.
- Die geschriebenen Gesetzgebungskompetenzen des Bundes unterscheidet man in ausschließliche (Art. 71 GG) und konkurrierende (Art. 73 GG). Man findet diese Kompetenztitel in den Art. 72, 74 GG sowie in besonderen Vorschriften des GG. Daneben existiert die Grundsatzgesetzgebung.
- Bei den konkurrierenden Gesetzgebungskompetenzen sind die Besonderheiten in Art. 72 GG (z.B. Erforderlichkeitsklausel) sowie in Art. 125a, 125b GG zu beachten.
- Findet sich keine geschriebene Kompetenz, kommen noch ungeschriebene Kompetenzen des Bundes kraft Natur der Sache, kraft Sachzusammenhangs oder eine Annexkompetenz in Betracht.

Für dieses Kapitel gibt es frei zugängliche interaktive Übungen auf der OpenRewi-Homepage. Hierzu muss einfach der QR-Code gescannt werden.

Maximilian Herold

§ 16 Gesetzgebungsverfahren

Das Gesetzgebungsverfahren der **Art. 76 ff. GG** regelt den Verfahrensablauf und statuiert damit weitere Voraussetzungen für den Erlass von **formellen Bundesgesetzen**, nachdem sich die Gesetzgebungskompetenz des Bundes aus den Art. 70 ff. GG ergeben hat. Auch innerhalb des Gesetzgebungsverfahrens artikuliert sich das Bundesstaatsprinzip. Der **Bundestag** ist zwar das primär gesetzgebungsbefugte Legislativorgan, dennoch werden die Interessen der – eigentlich nicht gesetzgebungsbefugten – Länder dem Grunde nach bei Erlass jedes Bundesgesetzes durch die Beteiligung des **Bundesrats** mitberücksichtigt. Das Gesetzgebungsverfahren wird üblicherweise in drei Verfahrensabschnitte gegliedert: Initiativ-, Haupt- und Schlussverfahren.

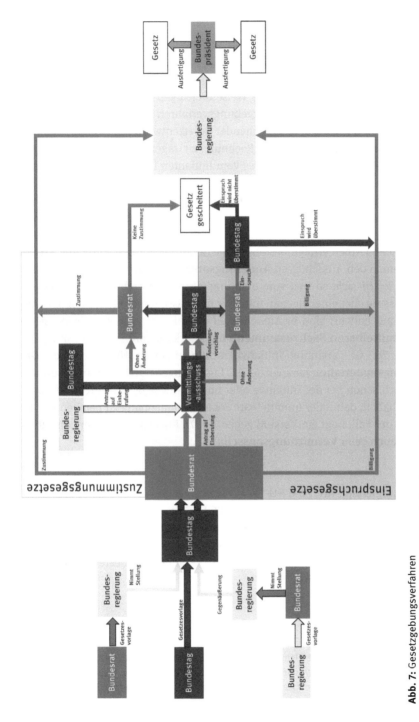

Abb. 7: Gesetzgebungsverfahren
(Quelle: eigene Darstellung von Jaschar Kohal und Maximilian Herold)

A. Initiativverfahren, Art. 76 GG

I. Initiativberechtigte, Art. 76 I GG

Art. 76 I GG nennt *in abschließender Weise* diejenigen **Organe**, die vom Grundgesetz dazu berufen sind, ein Gesetzgebungsverfahren in die Wege zu leiten. Sie tun dies durch Präsentation entsprechender Gesetzentwürfe. Um der parlamentarischen Willensbildung hinreichend Rechnung zu tragen, müssen diese Entwürfe schon den vollständigen Wortlaut des vom Initianten insoweit geplanten Gesetzes enthalten.[1]

Im Umkehrschluss bedeutet der **Numerus clausus** des Art. 76 I GG zunächst, dass die **Ausschüsse** des Bundestags kein Gesetzgebungsverfahren initiieren können. Da gerade in den Ausschüssen ein nicht unerheblicher Teil der parlamentarischen Arbeit erfolgt, besteht oft die Gefahr einer **Umgehung des Art. 76 I GG**, indem in den Ausschüssen **Änderungsanträge** formuliert werden, die sich *in materieller Hinsicht* so weit vom ursprünglichen Gesetzgebungsvorhaben entfernen, dass sie eher einer eigenen Initiative des Ausschusses gleichkommen. Änderungen am Entwurf sind in Ausschüssen deshalb nur zulässig, soweit sie in einem **unmittelbaren Sachzusammenhang** mit der ursprünglichen Vorlage eines in Art. 76 I GG genannten Initiativberechtigten stehen. Hierfür sind die **Gesetzgebungsmaterialien** heranzuziehen. Ergänzungen durch Änderungsanträge müssen sich schon bei der Initiative oder im Plenum selbst **hinreichend abgezeichnet** haben, damit der unmittelbare Sachzusammenhang zu bejahen ist.[2] Ist dies nicht der Fall, liegt ein Verstoß gegen Art. 76 I GG vor. Besonders diskutiert wird dies auch beim **Vermittlungsausschuss**.

1. Bundesregierung, Art. 76 II GG

Als ersten Initiativberechtigten nennt Art. 76 I GG die Bundesregierung. Gemeint ist die Bundesregierung als **Kollegialorgan** i.S.v. Art. 62 GG. Bundeskanzler:in und Bundesminister:in besitzen für sich jeweils kein Initiativrecht.[3] Daher ist für jeden Gesetzesvorschlag ein Beschluss der gesamten Bundesregierung (**Kabinettsbeschluss**) erforderlich.[4]

---

1 Degenhart, Staatsrecht I, 36. Aufl. 2020, Rn. 210 m.w.N.
2 Masing/Risse in: v. Mangoldt/Klein/Starck, GG, 7. Aufl. 2018, Bd. II, Art. 76 Rn. 58.
3 Masing/Risse in: v. Mangoldt/Klein/Starck, GG, 7. Aufl. 2018, Bd. II, Art. 76 Rn. 33.
4 Näher zur Ausgestaltung in der Geschäftsordnung Kersten, in: Dürig/Herzog/Scholz, GG, 95. EL 7.2021, Art. 76 Rn. 44.

Maximilian Herold

Vorlagen der Bundesregierung sind gem. Art. 76 II 1 GG dem Bundesrat zur **Stellungnahme** zuzuleiten. Dieser **erste Durchgang** gibt dem Bundesrat nach Art. 76 II 2 GG eine Frist von sechs Wochen, während der er sich zum Entwurf der Regierung äußern *kann, aber nicht muss*. Aus **wichtigem Grund** kann der Bundesrat nach Art. 76 II 3 GG die Frist auf neun Wochen verlängern. Im Fall der Grundgesetzänderung sowie von Art. 23, 24 GG beträgt die Frist grundsätzlich neun Wochen, Art. 76 II 5 GG. Gegenteilig dazu kann die Bundesregierung das Verfahren durch die Bezeichnung der Vorlage als **besonders eilbedürftig** verkürzen und bereits vor Abgabe der Stellungnahme des Bundesrats die Vorlage dem Bundestag zuleiten, Art. 76 II 4 GG. Sinn und Zweck dieses Vorverfahrens ist die **antizipative Konfliktvermeidung** und das Ausloten politischer Möglichkeiten.[5] Die Stellungnahme des Bundesrats als Gesamtorgan zur Regierungsvorlage zeitigt allerdings *keine Rechtsfolgen*. Sie bleibt selbst für den Bundesrat **unverbindlich** und dient allein der Würdigung des Gesetzentwurfs, dessen Text sie ebenfalls unberührt lässt.[6]

2. Mitte des Bundestags

Im Gegensatz zu den beiden anderen initiativberechtigten Bundesorganen ist nicht „nur" der Bundestag in seiner Gesamtheit gemeint, sondern es genügt eine Vorlage „aus der Mitte des Bundestags". Die Formulierung hat zu einer Diskussion geführt, welche Anforderungen hieran zu stellen sind.

Die h.M. knüpft an **§ 76 I GOBT** an, der eine Initiative einer Fraktion oder von 5 % der gesetzlichen Mitglieder des Bundestags verlangt und gestützt auf die Geschäftsordnungsautonomie des Bundestags eine verfassungsmäßige **Konkretisierung** darstelle.[7] Andere wiederum sehen auch ein **Initiativrecht des einzelnen Abgeordneten** von Art. 76 I GG erfasst.[8] Drehpunkt der Argumentation ist die Frage, ob die **Funktionsfähigkeit des Parlaments** bei der 5%-Symbolik die **Beeinträchtigung der Abgeordnetenrechte** aus Art. 38 I 2 GG hergibt. Dieser Streit wirkt sich nur bei Vorhaben aus, für die sich *zunächst keine Mehrheit* findet, da ein Verstoß gegen § 76 I GOBT **nicht** die **Nichtigkeit** des Gesetzes herbeiführt, wie selbst die Vertreter der h.M. anerkennen, und sich der Bundestag die Vorlage durch Mehrheitsbeschluss ohnehin noch **zu eigen machen** kann.[9]

---

5 Masing/Risse in: v. Mangoldt/Klein/Starck, GG, 7. Aufl. 2018, Bd. II, Art. 76 Rn. 92 ff.
6 Masing/Risse in: v. Mangoldt/Klein/Starck, GG, 7. Aufl. 2018, Bd. II, Art. 76 Rn. 108 ff.
7 Degenhart, Staatsrecht I, 36. Aufl. 2020, Rn. 209.
8 Kersten, in: Dürig/Herzog/Scholz, GG, 95. EL 7.2021, Art. 76 Rn. 48.
9 Degenhart, Staatsrecht I, 36. Aufl. 2020, Rn. 209.

In der Staatspraxis ist es nicht unüblich, dass **Gesetzentwürfe der Bundes-regierung** nicht durch sie selbst, sondern durch die regierungstragenden Fraktio-nen des Bundestags eingebracht werden. Durch eine solche sog. „**verkappte Re-gierungsvorlage**" wird der erste Durchgang beim Bundesrat nach Art. 76 II GG vermieden. Ob diese „**Umgehung von Art. 76 II GG**" zulässig ist, stellt einen klassischen Streit dar. Die Rechtsprechung hat sich hierzu bisher nicht verhalten. Nach einer starken Literaturauffassung soll im Fall einer verkappten Regierungs-vorlage **Art. 76 II GG analoge Anwendung** finden.[10] In der Sache wird damit ein zwingender Charakter des ersten Durchgangs – wohl auch ein korrespondieren-des Recht des Bundesrats – ins Feld geführt.[11] Die h.M. **verneint** eine analoge Anwendung und stellt auf den Charakter des Art. 76 II und III GG als **bloße Ver-fahrensvorschriften** ab, die demnach auch **formal ausgelegt** werden müssen. Abgeordnete des Bundestags können sich einen Entwurf der Regierung **zu eigen machen**, womit sie die politische Verantwortung übernehmen. An eine Vorlage „aus der Mitte des Bundestags" i.S.v. Art. 76 I GG werden aber schlichtweg keine weiteren Voraussetzungen geknüpft.[12] Sinn und Zweck derartiger verfahrens-rechtlicher Bestimmungen ist allein die **Rechtssicherheit durch Formalisie-rung**.[13] In systematischer Hinsicht werden ohnehin alle weiteren **Einspruchs-und Zustimmungsrechte** des Bundesrats **gewahrt**.[14]

3. Bundesrat, Art. 76 III GG

Wie bei der Bundesregierung handelt es sich um ein Initiativrecht des Bundesrats als **Gesamtorgan**. Um eine Initiative einzuleiten, ist ein Beschluss des Plenums des Bundesrats erforderlich.[15] Für Vorlagen des Bundesrats etabliert Art. 76 III GG zunächst ein entsprechendes Verfahren wie Art. 76 II GG. Nach **Art. 76 III 6 GG** hat der Bundestag in angemessener Frist über die vom Bundesrat eingebrachten Gesetzesinitiativen zu beraten und Beschluss zu fassen.

---

10 Vgl. dazu die Nachweise bei Kersten, in: Dürig/Herzog/Scholz, GG, 95. EL 7.2021, Art. 76 Rn. 113.
11 Vgl. zur unmittelbaren Regierungsvorlage: Degenhart, Staatsrecht I, 36. Aufl. 2020, Rn. 215.
12 Masing/Risse in: v. Mangoldt/Klein/Starck, GG, 7. Aufl. 2018, Bd. II, Art. 76 Rn. 105 ff.; daher ist auch der Begriff „Umgehung" verfehlt, Kersten, in: Dürig/Herzog/Scholz, GG, 95. EL 7.2021, Art. 76 Rn. 113.
13 Degenhart, Staatsrecht I, 36. Aufl. 2020, Rn. 216.
14 Kersten, in: Dürig/Herzog/Scholz, GG, 95. EL 7.2021, Art. 76 Rn. 113.
15 Vgl. nur Masing/Risse in: v. Mangoldt/Klein/Starck, GG, 7. Aufl. 2018, Bd. II, Art. 76 Rn. 49.

II. Diskontinuität

Mit dem Ende einer Wahlperiode greift der **Grundsatz der sachlichen Diskon-tinuität**, demzufolge sich alle parlamentarischen Vorlagen und Beschlussanträge der bisherigen Legislatur erledigen (vgl. § 125 GOBT). Entsprechend verhält es sich mit Gesetzesvorlagen, die **in den Bundestag** eingebracht wurden. Dasselbe Gesetzgebungsvorhaben bedarf in der darauffolgenden Legislatur dann einer neuen Initiative.[16]

III. Verfahrensverstöße

Nach der Rechtsprechung des BVerfG führt **nicht jeder Verstoß** gegen Art. 76 GG auch zur **Nichtigkeit des Gesetzes**. Vielmehr muss es sich um einen Verstoß gegen eine **zwingende Verfassungsnorm** handeln und der Gesetzesbeschluss muss auf eben diesem Verstoß beruhen (**Kausalität**).[17]

Beispiel: Zweifelhaft ist etwa, ob ein Verstoß gegen **Art. 76 II 1 GG** zur Nichtigkeit des Gesetzes führt, wenn bei einer **unmittelbaren Regierungsvorlage** der Bundesrat übergangen wird. Der Wortlaut „sind dem Bundesrat zuzuleiten" spricht für einen Charakter als zwingende Verfahrens-norm. Sinn und Zweck der Vorschriften können sein, dass der Bundesrat ein verfassungsmäßi-ges Recht darauf hat, sich frühzeitig zu einem Vorhaben zu äußern. Umgekehrt ist die bezweckte Stellungnahme weder obligatorisch noch bindend. In systematischer Hinsicht wird weiterhin durch Einspruchs- und Zustimmungsrechte eine rechtsverbindliche Beteiligung des Bundesrats gewahrt, was beides wiederum für einen Charakter als bloße Ordnungsvorschrift spricht. Lässt man diese – als solche nicht unbeachtlichen – Argumente nicht nur bei der „verkappten Regie-rungsvorlage" durchschlagen, muss man sich jedoch fragen, welchen Daseinsgrund Art. 76 II 1 GG jemals hatte. Daher dürfte Art. 76 II 1 GG bei unmittelbaren Regierungsvorlagen nicht nur als bloße Ordnungsvorschrift, sondern als **zwingendes Recht** anzusehen sein; jedenfalls wenn der Bundesrat komplett übergangen wird. Entsprechend führt ein Verstoß zur Nichtigkeit des Geset-zes.[18] Eine andere Frage ist es, ob die **Fristen** für die Stellungnahme (einvernehmlich) überschrit-ten werden können, ohne die Nichtigkeit des Gesetzes auszulösen.[19]

Einen **schweren Fehler** stellt es hingegen dar, die Nichtigkeit eines Gesetzes schon aufgrund eines **Verstoßes gegen das Geschäftsordnungsrecht** – na-

---

16 Statt aller Kersten, in: Dürig/Herzog/Scholz, GG, 95. EL 7.2021, Art. 76 Rn. 116.
17 BVerfG, Beschl. v. 10.5.1977, Az.: 2 BvR 705/75, Rn. 22 = BVerfGE 44, 308 (313).
18 So auch Degenhart, Staatsrecht I, 36. Aufl. 2020, Rn. 215; Kersten, in: Dürig/Herzog/Scholz, GG, 95. EL 7.2021, Art. 76 Rn. 117; wohl auch Masing/Risse in: v. Mangoldt/Klein/Starck, GG, 7. Aufl. 2018, Bd. II, Art. 76 Rn. 103.
19 Dazu Kersten, in: Dürig/Herzog/Scholz, GG, 95. EL 7.2021, Art. 76 Rn. 117

mentlich die GOBT – anzunehmen. Ob ein formelles Gesetz zustande gekommen ist (**Art. 82 I GG**), richtet sich allein nach den Vorschriften des höherrangigen Grundgesetzes.[20] Etwas anderes gilt nur dann, wenn ein Verstoß gegen die fragliche Bestimmung der Geschäftsordnung als Binnenrecht oder gegen ein einfaches Bundesgesetz **zugleich** einen erheblichen **Verfassungsverstoß** bedeutet.[21]

IV. Outsourcing von Entwürfen

Es kommt nicht selten vor, dass die Gesetzentwürfe von **Privaten** (meist spezialisierte Anwaltskanzleien) z. B. auf ministeriale Ausschreibung hin erstellt werden. Dieses „Outsourcing" bietet sich an, wenn ein akuter legislativer Handlungsbedarf besteht, dem innerhalb kürzester Zeitvorgaben mit externem Sachverstand abgeholfen werden muss.[22] Zur Herkunft der Entwürfe schweigt das Grundgesetz.[23] Sie *können* im staatlichen Bereich ausgearbeitet werden, *müssen* es aber nicht. Daher lässt sich im Grundsatz darauf verweisen, dass sich ein Initiativberechtigter i. S. v. Art. 76 I GG Entwürfe von privaten Dritten **formal zu eigen machen** kann und die politische Verantwortung übernimmt, sobald er ein Gesetzgebungsverfahren in Gang setzt.[24]

Sowohl **rechtsstaatliche Verfahrensgrundsätze** als auch das **Demokratieprinzip** werden berührt, wenn es beim Outsourcing zu **Interessenkollisionen** oder einem gesteigerten Einfluss Einzelner auf die Gesetzgebung kommt.[25] Dazu zählt der Fall, in dem ein Gesetzentwurf sinngemäß nur den *Inhalt einer vertragsähnlichen Abrede* des Bundes mit Privaten darstellt. So war etwa das **Atom-Ausstiegsgesetz 2002** aus einem Konsenspapier hervorgegangen, in dem Kernkraftwerkbetreibern eine Restlaufzeit unter Verzicht auf die Geltendmachung von Entschädigungsansprüchen zugestanden wurde.[26] Aufgrund eines „Ankereffekts" kann der so – kanzleiseitig oder vertraglich – festgelegte Entwurf trotz der rechtlichen Entscheidungskompetenz des Bundestags einen **faktischen Vorentscheidungscharakter** aufweisen.[27] Zu einem handfesten Verfassungsverstoß, der die

---

20 Exemplarisch BVerfG, Beschl. v. 14.10.1970, Az.: 1 BvR 307/68, Rn. 45 = BVerfGE 29, 221 (234).
21 Vgl. nur Kersten, in: Dürig/Herzog/Scholz, GG, 95. EL 7.2021, Art. 76 Rn. 118 m. w. N.
22 Kersten, in: Dürig/Herzog/Scholz, GG, 95. EL 7.2021, Art. 76 Rn. 41 m. w. N.
23 Degenhart, Staatsrecht I, 36. Aufl. 2020, Rn. 217.
24 Masing/Risse in: v. Mangoldt/Klein/Starck, GG, 7. Aufl. 2018, Bd. II, Art. 76 Rn. 9.
25 Degenhart, Staatsrecht I, 36. Aufl. 2020, Rn. 217.
26 Degenhart, Staatsrecht I, 36. Aufl. 2020, Rn. 217.
27 Masing/Risse in: v. Mangoldt/Klein/Starck, GG, 7. Aufl. 2018, Bd. II, Art. 76 Rn. 10.

Nichtigkeit des Gesetzes nach sich zieht, dürfte es jedoch erst kommen, wenn der Entwurf ohne nähere Befassung vom Bundestag „einfach abgenickt" wird.[28] Insofern bedarf es hier einer **Abwägungsentscheidung**, ob das beschlossene Gesetz noch das erforderliche Maß an demokratischer Legitimation besitzt.[29]

B. Hauptverfahren, Art. 77 GG

An das Initiativverfahren schließt sich das Hauptverfahren an. **Art. 77 GG** stellt den Kern des Gesetzgebungsverfahrens dar.[30] Schwerpunkt des Hauptverfahrens sind die **Beschlussfassungen** in **Bundestag** und **Bundesrat**. Um die zahlreichen föderalen **Kompetenzkonflikte** zu lösen, werden die Interessen der Länder durch die Beteiligung des Bundesrats berücksichtigt: Er verfügt über **Einspruchs- und Zustimmungsrechte**. Bei Letzteren kann der Bundesrat ein Gesetzgebungsvorhaben gänzlich scheitern lassen. Die Exekutiven der Länder haben deshalb einen erheblichen Einfluss auf die Bundesgesetzgebung. Entsprechend wurde mit dem **Vermittlungsausschuss** eine gemeinsame Institution von Bundestag und Bundesrat geschaffen, deren alleiniger Zweck darin besteht, divergierende Interessen und Meinungen von Bund und Ländern bei einem Gesetzgebungsvorhaben zusammenzuführen.[31]

I. Beschlussfassung im Bundestag

Gemäß Art. 77 I 1 GG werden Bundesgesetze **vom Bundestag beschlossen**. Dem Bundestag kommt die entscheidende Funktion im Gesetzgebungsverfahren zu; ohne einen Gesetzesbeschluss des Bundestags kann **grundsätzlich** kein Gesetz zustande kommen. Der extreme **Ausnahmefall** ist der **Gesetzgebungsnotstand** (Art. 81 GG). Daher bleibt der Bundestag trotz der erheblichen Mitwirkungsrechte des Bundesrats in den Art. 77 II–IV GG das **primär und zentral gesetzgebungsbefugte Organ**.[32] Bundesrat und Vermittlungsausschuss stellen richtigerweise **keine „zweite oder dritte Kammer"** im Gesetzgebungsverfahren dar. Das zeigt allein die Verkündungsformel, nach der nicht Bundestag und Bundesrat gemein-

---

28 Degenhart, Staatsrecht I, 36. Aufl. 2020, Rn. 217.
29 Masing/Risse in: v. Mangoldt/Klein/Starck, GG, 7. Aufl. 2018, Bd. II, Art. 76 Rn. 10.
30 Masing/Risse in: v. Mangoldt/Klein/Starck, GG, 7. Aufl. 2018, Bd. II, Art. 77 Rn. 1.
31 Kersten, in: Dürig/Herzog/Scholz, GG, 95. EL 7.2021, Art. 77 Rn. 1.
32 Masing/Risse in: v. Mangoldt/Klein/Starck, GG, 7. Aufl. 2018, Bd. II, Art. 77 Rn. 5.

sam, sondern „der Bundestag (lediglich) mit Zustimmung des Bundesrats das folgende Gesetz beschlossen hat".[33]

1. Lesungen im Bundestag

Bevor der Bundestag ein Gesetz beschließt, müssen sich dessen Mitglieder über die zu verabschiedenden Inhalte informieren und in einen Diskurs treten. Die Gesetzesvorlage wird deshalb im Bundestag in den **Lesungen** behandelt. Nach der GOBT sind **drei Lesungen üblich**, § 78 ff. GOBT, wobei dort nicht von Lesungen, sondern von **Beratungen** gesprochen wird.

In der **ersten Lesung** wird die Gesetzesvorlage den Abgeordneten und der Öffentlichkeit vorgestellt, um sie dann an die festzulegenden zuständigen Fachausschüsse zu überweisen.[34] Das Nähere regelt § 79 GOBT. Die erste Lesung ist verfassungsrechtlich **nicht erforderlich**. Art. 42 I 1 GG schreibt „nur" vor, dass das Plenum des Bundestags, wenn es verhandelt, öffentlich verhandeln muss; er besagt aber nicht, wann im Plenum öffentlich verhandelt werden muss.[35] Es bleibt hier bei der schon im Initiativverfahren vorgestellten Prämisse: Der Verstoß gegen die Geschäftsordnung allein stellt **keinen Verfassungsverstoß** dar, der die Nichtigkeit des Gesetzes nach sich zieht. Wird allerdings durch Verfahrensverstöße gegen die Geschäftsordnung zugleich das verfassungsmäßige Recht der parlamentarischen Minderheit auf Mitwirkung am Verfahren verletzt, so liegt hierin ein justiziabler Verfassungsverstoß. Verfassungsverstöße dürften nach einer Faustformel dann in Betracht zu ziehen sein, wenn das Verfahren so schwerwiegend fehlerhaft ist, dass eine parlamentarische Beratung praktisch unmöglich und das Gesetzgebungsverfahren zur bloßen Hülse wird.[36] Dennoch gilt es zu beachten, dass auch ein generelles **Erfordernis der mehrmaligen Lesung** (§ 78 GOBT) sich **nicht** aus dem Grundgesetz ergibt. Wenn also das Gesetz in einer einzigen Lesung i.S.v. Beratung beschlossen wird, führt dies allein nicht zur Verfassungswidrigkeit.[37]

Die Fachausschüsse sollen nach Überweisung die weiteren Beratungen und Beschlüsse des Plenums im Hinblick auf die Gesetzesvorlage **vorbereiten**. Dabei kommt ihnen **kein Initiativrecht** zu; Ergänzungen dürfen sie nur im Rahmen der oben genannten Voraussetzungen vornehmen.

---

33 BVerfG, Beschl. v. 25.6.1974, Az.: 2 BvF 2, 3/73, Rn. 76 ff. – Bundesrat = BVerfGE 37, 363 (380 ff.); Kersten, in: Dürig/Herzog/Scholz, GG, 95. EL 7.2021, Art. 77 Rn. 5.

34 Ausführl. Masing/Risse in: v. Mangoldt/Klein/Starck, GG, 7. Aufl. 2018, Bd. II, Art. 77 Rn. 26.

35 BVerfG, Urt. v. 6.3.1952, Az.: 2 BvE 1/51, Rn. 38 = BVerfGE 1, 144 (152).

36 Degenhart, Staatsrecht I, 36. Aufl. 2020, Rn. 221.

37 Degenhart, Staatsrecht I, 36. Aufl. 2020, Rn. 219 verweisend auf BVerfG, Beschl. v. 14.10.1970, Az.: 1 BvR 307/68, Rn. 44 ff. = BVerfGE 29, 221 (234).

Maximilian Herold

Die **zweite Lesung (§ 81 GOBT)** wird teilweise mit der dritten Lesung unter einem Tagesordnungspunkt zusammengefasst, sofern keine Veränderungen am Entwurf vorgenommen werden.[38] In der zweiten Lesung steht die **öffentliche Verhandlung** des Vorhabens im Vordergrund.

Die **dritte Lesung** dient der wiederholten politischen und rechtlichen **Vergewisserung** über den Entwurf.[39]

2. Gesetzesbeschluss

Nach der dritten Lesung erfolgt die **Schlussabstimmung** beziehungsweise der Gesetzesbeschluss des Bundestags. Mit ihm stimmt das **Plenum** über die Ablehnung oder die Annahme des Gesetzes im Ganzen ab (Plenumsentscheidung), Art. 77 I 1 GG.

Es gelten die allgemeinen Grundsätze über die **Mehrheitserfordernisse:** Allgemein genügt für eine Schlussabstimmung die **Mehrheit der abgegebenen Stimmen**, Art. 42 II 1 GG, § 48 II 1 GOBT. Bei Stimmengleichheit wird die Gesetzesvorlage abgelehnt, § 48 II 2 GOBT. Enthaltungen werden nicht mitgezählt.[40] Die einfache **Mehrheit der Mitglieder** des Bundestags (Art. 121 GG, § 48 III GOBT) wird jedoch für Ländergebietsstandsänderungen (Art. 29 VII 2 GG) oder die Einrichtung von Bundesbehörden (Art. 87 III 2 GG) erforderlich. *Verfassungsänderungen* sowie die *Übertragung von Hoheitsrechten* setzen eine **Zweidrittelmehrheit** der gesetzlichen Mitglieder voraus (Art. 79 II, 23 I 3 GG).

3. Beschlussfähigkeit

Die regelmäßige Abwesenheit eines Großteils der Abgeordneten bei der Schlussabstimmung hat oft Zweifel an der Beschlussfähigkeit des Bundestags geschürt. Grundsätzlich regelt § 45 I GOBT, dass der Bundestag beschlussfähig ist, solange mindestens die Hälfte seiner gesetzlichen Mitglieder anwesend ist. Das ist häufig nicht der Fall; für die Wahrung der einfachen Mehrheit der abgegebenen Stimmen auch lange nicht erforderlich. Die **Beschlussunfähigkeit** muss jedoch gem. § 45 II und III GOBT **positiv festgestellt** werden. Ansonsten gilt der Bundestag jedenfalls nach der GOBT als beschlussfähig.

---

38 Näher Masing/Risse in: v. Mangoldt/Klein/Starck, GG, 7. Aufl. 2018, Bd. II, Art. 77 Rn. 36.
39 Ausführl. Kersten, in: Dürig/Herzog/Scholz, GG, 95. EL 7.2021, Art. 77 Rn. 22.
40 Degenhart, Staatsrecht I, 36. Aufl. 2020, Rn. 220.

Maximilian Herold

Weiterführendes Wissen

Diese gängige Regelung bot auch schon dem BVerfG Gelegenheit, zur Verfassungsmäßigkeit dieses Zustands Stellung zu nehmen.[41] In seiner **Entscheidung zur Beschlussfähigkeit des Bundestags** stellte das Gericht darauf ab, dass der Bundestag, gestützt auf seine Geschäftsordnungsautonomie aus Art. 42 I 2 GG, seine Beschlussfähigkeit weitgehend selbst regeln kann. Für die **ausreichende Repräsentation** spricht eine Vermutung. Die Erwägungen hierfür sind **pragmatisch**: Bei Gesetzesvorhaben, für die ein breiter Konsens im gesamten Bundestag besteht, ist das Interesse, überhaupt an der Schlussabstimmung teilzunehmen, gering. Die wesentliche Aufbereitung des Gesetzes unter Einfluss der im Ausschuss spiegelbildlich repräsentierten Fraktionen fand ohnehin schon statt. Handelt es sich hingegen um besonders umstrittene Gesetzesvorlagen, so ist das Bedürfnis besonders hoch, doch noch an der Schlussabstimmung teilzunehmen.

II. Beteiligung des Bundesrats

Nachdem der Bundestag den Gesetzesbeschluss gefällt hat, leitet der Bundestagspräsident diesen gem. Art. 77 I 2 GG unverzüglich an den Bundesrat. Die **Intensität der Beteiligung** des Bundesrats im Gesetzgebungsverfahren hängt nun von der Einordnung als **Einspruchs- oder Zustimmungsgesetz** ab. Die Unterscheidung ergibt sich nicht unmittelbar aus Art. 77 GG, sondern wird dort lediglich vorausgesetzt. Das Verhältnis von Einspruchs- und Zustimmungsgesetzen wurde als **Regel-Ausnahme-Prinzip** formuliert.

1. Einspruchsgesetze, Art. 77 III, IV GG

Grundsätzlich steht dem Bundesrat gegen Gesetzesbeschlüsse des Bundestags nur der **Einspruch** zu. Das folgt aus dem Umkehrschluss, dass die Zustimmungsbedürftigkeit eines Gesetzes positiv normiert ist. Ist die Zustimmung also nicht erforderlich, weil keine einschlägige Zustimmungsbedürftigkeitsklausel existiert, handelt es sich um ein Einspruchsgesetz, vgl. Art. 77 III GG.

Häufig ist jedoch umstritten, ob bei dem fraglichen Gesetz die Zustimmung des Bundesrats erforderlich ist. Dies ist nicht nur „aus formalen Gründen" besonders bedeutsam, sondern weil damit die Handlungsoptionen des Bundesrats bestimmt werden. Besonders prekär ist der Fall, in dem der Bundesrat seine Zustimmung verweigert, obwohl es sich um ein Einspruchsgesetz handelt, da entgegen der Ansicht des Bundesrats keine Zustimmungsbedürftigkeitsklausel greift. Hier riskiert der Bundesrat das **Verstreichen der Frist** zur Anrufung des Vermittlungs-

---

41 BVerfG, Beschl. v. 10.5.1977, Az.: 2 BvR 705/75 – Beschlussfähigkeit = BVerfGE 44, 308.

Maximilian Herold

ausschusses, sodass das Gesetz zustande kommen kann, vgl. Art. 77 II 1, Art. 78 S. 2 GG.

Die **Umdeutung** der Zustimmungsverweigerung in einen Einspruch scheidet nämlich aus: Die Einlegung eines Einspruchs ist gem. Art. 77 III 1 GG **erst nach Beendigung** des Vermittlungsverfahrens möglich. Auch die Einlegung eines Einspruchs verbunden mit der hilfsweisen Anrufung des Vermittlungsausschusses ist keine zulässige Handlungsoption.[42] Will also der Bundesrat bei Unklarheiten über die Zustimmungsbedürftigkeit seine Rechte in jedem Fall wahren, sollte er zwingend den Vermittlungsausschuss anrufen. Erst nach dem das Vermittlungsverfahren beendet ist, kann der Bundesrat beschließen, die Zustimmung zu dem Gesetz zu verweigern (Art. 77 IIa GG) und hilfsweise Einspruch einlegen (Art. 77 III 1 GG).[43]

Die Einspruchseinlegung ist binnen zwei Wochen möglich, Art. 77 III GG. Dieser Einspruch bezieht sich immer auf das **ganze Gesetzesvorhaben** und kann nicht – auch nicht einvernehmlich – auf einzelne Bestimmungen beschränkt werden. Hat der Vermittlungsausschuss erfolgreich einen Einigungsvorschlag hervorgebracht, über den der Bundestag gem. Art. 77 II 5 GG erneut beschlossen hat, so bildet stets dieser die Grundlage des Einspruchs.[44] Hat der Bundesrat nach Beendigung des Vermittlungsverfahrens Einspruch eingelegt, scheitert das Gesetzesvorhaben jedoch nicht unmittelbar. Vielmehr wird der Ball zurück zum Bundestag gespielt: Dieser kann den Einspruch über Art. 77 IV GG **zurückweisen**. Grundsätzlich ist für die Zurückweisung des Einspruchs die **Mehrheit der Mitglieder des Bundestags** erforderlich, Art. 77 IV 1 i.V.m. Art. 121 GG. Hat jedoch der Bundesrat mit Zweidrittelmehrheit die Einlegung des Einspruchs beschlossen, so bedarf es im Bundestag für die Zurückweisung ebenfalls einer Zweidrittelmehrheit der Abstimmenden, die aber zugleich mindestens die Mehrheit seiner gesetzlichen Mitglieder umfassen muss, Art. 77 IV 2 GG (**doppelt qualifizierte Mehrheit**). Sollten die erforderlichen Mehrheiten für die Zurückweisung eines Einspruchs nicht zustande kommen, so ist das Gesetzesvorhaben unweigerlich gescheitert.

---

42 Masing/Risse in: v. Mangoldt/Klein/Starck, GG, 7. Aufl. 2018, Bd. II, Art. 77 Rn. 105.
43 Ausführlich Kersten, in: Dürig/Herzog/Scholz, GG, 95. EL 7.2021, Art. 77 Rn. 97.
44 Masing/Risse in: v. Mangoldt/Klein/Starck, GG, 7. Aufl. 2018, Bd. II, Art. 77 Rn. 101 ff.

Maximilian Herold

2. Zustimmungsgesetze, Art. 77 IIa GG

Die Zustimmungsbedürftigkeit muss **ausdrücklich** normiert sein. Diese Normierungen sind abschließend (**Enumerationsprinzip**). Das Grundgesetz kennt **keine ungeschriebenen** Zustimmungsbedürftigkeiten.

---

i Weiterführendes Wissen

Daher geht die herrschende Lehre davon aus, dass eine Zustimmungsbedürftigkeit aus der „Natur der Sache" oder aufgrund „besonderer Betroffenheit der Interessen der Länder" ausscheidet.[45] Dagegen ist die Rechtsprechung nicht eindeutig: Einerseits betont das BVerfG das **Gebot der strikten Auslegung** der Zustimmungsbedürftigkeitsnormen, hält sich andererseits aber scheinbar die Annahme einer ungeschriebenen Zustimmungsbedürftigkeit offen.[46]

Da oftmals ganze **Gesetzespakete** verabschiedet werden, stellt sich die Frage, wie sich die Zustimmungsbedürftigkeit einer einzelnen Vorschrift auf die übrigen – eigentlich nicht zustimmungsbedürftigen – Bestimmungen auswirkt. Das BVerfG vertrat hier – jedenfalls früher in strenger Hinsicht – die These der gesetzgebungstechnischen Einheit (**Einheitsthese**):[47] Ist innerhalb eines Gesetzespakets nur eine einzelne Regelung (auch eine nebensächliche Verfahrensregelung) als solche zustimmungsbedürftig, so schlägt deren Zustimmungsbedürftigkeit auf die übrigen Bestimmungen gleichsam durch; der Bundesrat hat ein **Veto auf den gesamten Inhalt** des Gesetzes und nicht nur auf die Vorschriften, die die Zustimmungsbedürftigkeit ausgelöst haben.[48] In der Literatur findet sich die gegenteilige **Trennungsthese**.[49] Der Bundestag kann im Rahmen seiner **gesetzgeberischen Gestaltungsfreiheit** die zustimmungsbedürftigen Bestimmungen jedenfalls formal von den zustimmungsfreien Materien beziehungsweise Vorschriften **trennen** und mit unterschiedlichen Gesetzesbeschlüssen verabschieden.

Ebenfalls relevant wird die Reichweite der Zustimmungsbedürftigkeit bei **Änderungsgesetzen**; also solchen Gesetzen, die ein zustimmungsbedürftiges Gesetz verändern. Das BVerfG ist hier der Ansicht des Bundesrats entgegengetre-

---

45 Kersten, in: Dürig/Herzog/Scholz, GG, 95. EL 7.2021, Art. 77 Rn. 96; Masing/Risse in: v. Mangoldt/Klein/Starck, GG, 7. Aufl. 2018, Bd. II, Art. 77 Rn. 49.

46 BVerfG, Beschl. v. 4.5.2010, Az.: 2 BvL 8/07, Rn. 133 = BVerfGE 126, 77 (100); vgl. dazu Kersten, in: Dürig/Herzog/Scholz, GG, 95. EL 7.2021, Art. 77 Rn. 96.

47 Vgl. BVerfG, Beschl. v. 12.11.1958, Az.: 2 BvL 4, 26, 40/56, 1, 7/57, Rn. 89 = BVerfGE 8, 274 (294).

48 Masing/Risse in: v. Mangoldt/Klein/Starck, GG, 7. Aufl. 2018, Bd. II, Art. 77 Rn. 51.

49 Dazu die Nachweise bei Masing/Risse in: v. Mangoldt/Klein/Starck, GG, 7. Aufl. 2018, Bd. II, Art. 77 Rn. 51.

Maximilian Herold

ten, nach der dieser immer eine Mitverantwortung für die Regelungen übernehme und deshalb auch bei deren Änderungen immer zustimmen müsse (Mitverantwortungstheorie). Änderungsgesetze sind nur dann zustimmungspflichtig, soweit sie selbst neue Vorschriften enthalten, die ihrerseits zustimmungsbedürftig sind, oder wenn sie auch konkret Regelungen ändern, die die Zustimmungsbedürftigkeit ausgelöst haben. Das kann jedoch auch der Fall sein, soweit materiell-rechtliche Normen derart geändert werden, dass die verfahrensrechtlichen (zustimmungsbedürftigen) Bestimmungen bei sinnorientierter Auslegung eine **wesentlich andere Bedeutung und Tragweite** erfahren, die von der ursprünglichen Genehmigung durch den Bundesrat nicht mehr gedeckt sind.[50]

Eine zusammenfassende Vorschrift der Zustimmungsbedürftigkeiten gibt es nicht. Stattdessen finden sich – freilich zahlreicher als bei den Gesetzgebungskompetenzen – im ganzen Grundgesetz angeordnete Zustimmungsbedürftigkeiten. Es ist nicht erforderlich, alle auswendig zu lernen. Besonders **klausurrelevante** Zustimmungsbedürftigkeiten sollten kurz hervorgehoben werden.

Weiterführendes Wissen   ℹ

Wichtige Zustimmungsbedürftigkeiten:
-   Art. 72 III 2 GG (Konkurrierende Gesetzgebung),
-   Art. 73 II GG (Gegenstände ausschließlicher Gesetzgebung),
-   Art. 74 II GG (Gegenstände konkurrierender Gesetzgebung),
-   Art. 79 II GG (Grundgesetzänderung),
-   Art. 84 I 3 und 6, V 1 GG (Landesverwaltung unter Bundesaufsicht),
-   Art. 87 III 2 GG (Gegenstände bundeseigener Verwaltung)

III. Vermittlungsverfahren, Art. 77 II GG

Bestehen zwischen Bundestag und Bundesrat **Meinungsverschiedenheiten** bezüglich des Inhalts des Gesetzesbeschlusses, so gibt Art. 77 II GG die Möglichkeit eines Schlichtungsverfahrens her, bevor das Gesetzgebungsverfahren zwangsläufig scheitert. Die **Einleitung** des Vermittlungsverfahrens ist in Art. 77 II GG geregelt. Primär steht es dem Bundesrat zu, die Einberufung des Vermittlungsausschusses zu verlangen, Art. 77 II 1 GG. Wie dargestellt, ist dies auch stets erforderlich, bevor er einen Einspruch einlegen kann. Zur Verweigerung der Zustimmung müsste der Bundesrat hingegen nicht das Vermittlungsverfahren abwarten. Bei solchen Zu-

---

50 Hinsichtlich der Übertragung neuer Aufgaben: BVerfG, Beschl. v. 4.5.2010, Az.: 2 BvL 8/07, Rn. 142 = BVerfGE 126, 77 (100).

Maximilian Herold

stimmungsgesetzen können dann Bundestag und Bundesregierung den Vermittlungsausschuss anrufen, Art. 77 II 4 GG. Voraussetzung hierfür ist wiederum, dass der Bundesrat entweder schon ausdrücklich seine Zustimmung verweigert hat oder bereits hinreichend deutlich geworden ist, dass er in naher Zukunft seine Zustimmung verweigern wird. Das **Schweigen des Bundesrats** ist nach Ablauf einer angemessenen Frist als Zustimmungs**verweigerung** anzuerkennen, vgl. Art. 77 IIa GG. Die Entscheidung über die Einberufung ist in jedem Fall eine Entscheidung des jeweiligen Organs in seiner Gänze.[51]

1. Vermittlungsausschuss

Der Vermittlungsausschuss ist das von Art. 77 II GG vorgesehene Schlichtungsorgan. Er ist ein ständiges gemeinsames **Unterorgan von Bundestag und Bundesrat** und soll im **Wege des politischen Vermittelns** sowie des gegenseitigen Nachgebens für beide Organe akzeptable Lösungen suchen, um ein Gesetzgebungsverfahren zu einem **positiven Abschluss durch Kompromiss** zu bringen.[52] Hinsichtlich seiner Besetzung macht das Grundgesetz selbst nur die Vorgabe, dass der Vermittlungsausschuss „aus Mitgliedern des Bundestags und des Bundesrats gebildet wird".[53]

2. Vermittlungsgegenstand und „Initiativrecht"

Grundsätzlich kann der Vermittlungsausschuss bei allen Gesetzen angerufen werden.[54] Dazu zählen auch „Zustimmungsgesetze" zu völkerrechtlichen Verträgen i. S. v. Art. 59 II GG.

Besonders problematisch ist die Frage, welche Gegenstände der Vermittlungsausschuss in seine Entscheidungsfindung einbeziehen und hiermit seinen Einigungsvorschlag speisen kann. Grundsätzlich besteht Einigkeit, dass dem Vermittlungsausschuss **kein Initiativrecht** zukommt, Art. 76 I GG. Der Bundestag kann den Einigungsvorschlag nach Art. 77 II 5 GG nur noch annehmen oder ab-

---

51 Zum ganzen Komplex: Masing/Risse in: v. Mangoldt/Klein/Starck, GG, 7. Aufl. 2018, Bd. II, Art. 77 Rn. 73, 75, 98.

52 BVerfG, Urt. v. 8.12.2004, Az.: 2 BvE 3/02, Rn. 58 – Vermittlungsausschuss = BVerfGE 112, 118 (137 f.); Masing/Risse in: v. Mangoldt/Klein/Starck, GG, 7. Aufl. 2018, Bd. II, Art. 77 Rn. 56 f.; Kersten, in: Dürig/Herzog/Scholz, GG, 95. EL 7.2021, Art. 77 Rn. 32.

53 Teilweise wird vertreten, dass eine asymmetrische Besetzung zugunsten des Bundestags zulässig sei: Kersten, in: Maunz/Dürig, GG Kommentar, 94. EL 1.2021, Art. 77 Rn. 35.

54 Er kann jedoch niemals die Zustimmungbedürftigkeit als solche klären, Masing/Risse in: v. Mangoldt/Klein/Starck, GG, 7. Aufl. 2018, Bd. II, Art. 77 Rn. 84.

lehnen. Eine inhaltliche Veränderung kann ohne neues Gesetzgebungsverfahren nicht mehr erfolgen.

Die Beurteilungskriterien, wann ein Vermittlungsvorschlag einer eigenen Initiative des Vermittlungsausschusses gleichkommt, haben sich im Laufe der Rechtsprechung präzisiert und tendenziell berschärft.[55] Den Ausgangspunkt der Überlegungen, die der Vermittlungsausschuss anstellen darf, bilden immer der **Gesetzesbeschluss** sowie das **Anrufungsbegehren**, mit dem das anrufende Organ den Vermittlungsgegenstand begrenzen kann.[56]

Fehlt eine Begrenzungsfunktion des Anrufungsbegehrens, ist zumindest ein **Sachzusammenhang** der Ergänzungen zum Gesetzesbeschluss des Bundestags notwendig, da sonst die Parlamentsöffentlichkeit (Art. 42 I 1 GG) umgangen und die Abgeordnetenrechte (Art. 38 I 2 GG) verkürzt werden.[57] Die anfangs großzügige Bestimmung des Sachzusammenhangs hat sich immer mehr auf die **Gesetzgebungsmaterialien** im weitesten Sinne verengt, zu denen sich die Abgeordneten in Ausübung ihrer Rechte auch tatsächlich verhalten konnten.[58]

IV. Zustandekommen von Gesetzen, Art. 78 GG

Art. 78 GG fasst die Prämissen zusammen, unter denen ein Gesetz erfolgreich zustande kommen kann. Ab diesem Zeitpunkt steht der Inhalt des Gesetzes unabänderbar fest. Es greift der **Grundsatz der absoluten Unverrückbarkeit des parlamentarischen Votums.** Lediglich Druckfehler oder ähnliche Oberflächlichkeiten können noch ohne erneutes Durchlaufen eines Gesetzgebungsverfahrens korrigiert werden. Vom Zustandekommen sind zwei wesentliche Aspekte zu unterscheiden: Erstens ist das Gesetz als solches noch nicht existent. Weitere Voraussetzung hierfür wäre seine **Verkündung.** Zweitens ist das Gesetz noch nicht nach außen wirksam i. S. v. rechtsverbindlich. Dafür muss das **Inkrafttreten** stattgefunden haben. Ein zustande gekommenes Gesetz ist **lediglich ausfertigungsreif.**[59]

---

55 Dazu Kersten, in: Dürig/Herzog/Scholz, GG, 95. EL 7.2021, Art. 77 Rn. 83 ff.

56 Masing/Risse in: v. Mangoldt/Klein/Starck, GG, 7. Aufl. 2018, Bd. II, Art. 77 Rn. 85.

57 BVerfG, Beschl. v. 13.5.1986, Az.: 1 BvR 99, 461/85, Rn. 32 = BVerfGE 72, 175 (188 f.).

58 Näher BVerfG, Urt. v. 7.12.1999, Az.: 2 BvR 301/98, Rn. 32 = BVerfGE 101, 297 (307); BVerfG, Beschl. v. 15.1.2008, Az.: 2 BvL 12/01, Rn. 62 = BVerfGE 120, 56 (75 f.); **nicht ausreichend** ist es, wenn Material „nach Struktur und Umfang angemessener parlamentarischer Beratung nicht zugänglich und nach der Art der Einbringung und Behandlung darauf auch gar nicht angelegt" ist, BVerfG, Beschl. v. 8.12.2009, Az.: 2 BvR 758/07, Rn. 61, insbesondere 77 = BVerfGE 125, 204 (132).

59 Vgl. Masing/Risse in: v. Mangoldt/Klein/Starck, GG, 7. Aufl. 2018, Bd. II, Art. 78 Rn. 1 ff.

Maximilian Herold

C. Schlussverfahren, Art. 82 GG

Das Schluss- oder Abschlussverfahren regelt – salopp formuliert – wie das Gesetz vom staatsinternen parlamentarischen Willensbildungsprozess hinaus „auf die Straße gelangt". Hierfür ist die Mitwirkung von **Bundespräsident:in** und **Bundesregierung** entscheidend. Beiden im Hauptverfahren nicht zwangsläufig beteiligten Organen kommt hier eine jedenfalls formale **Schlüsselstellung** zu.

I. Gegenzeichnung, Art. 58 und 82 I 1 GG

Noch bevor das Gesetz zu dem:der Bundespräsidenten:in für die Ausfertigung gelangt, wird die Bundesregierung tätig. Nach Unterrichtung durch das Bundeskanzleramt veranlasst das federführende Ministerium den Druck der Urschrift des Gesetzes bei der Schriftleitung des **Bundesgesetzblatts**. Die Bundesregierung muss das auszufertigende Gesetz dann gegenzeichnen. Das Gegenzeichnungserfordernis bei Gesetzen wird einerseits explizit in **Art. 82 I 1 GG** statuiert. Andererseits bedürfen **sämtliche präsidiale Amtshandlungen** der Gegenzeichnung durch die Regierung, **Art. 58 GG**. Die Gesetzesurkunde wird dabei – jedenfalls in der Staatspraxis – von dem:der Bundeskanzler:in, dem:der Minister:in des federführenden Ministeriums und weiteren beteiligten Bundesministern:innen unterschrieben, vgl. § 29 I GOBReg.

ℹ️ Weiterführendes Wissen

Meist im Schatten des präsidialen Prüfungsrechts wird diskutiert, inwieweit mit dem Recht auf Gegenzeichnung ein **Prüfungsrecht der Bundesregierung** einhergeht. Die wohl h.M. bejaht dies unter Verweis auf die in **Art. 65 GG** enthaltene Ressort- und Richtlinienkompetenz sowie aufgrund der Bindung an Recht und Gesetz, **Art. 20 III, Art. 1 III GG**.[60] Dabei greift bei materiellen Verfassungsverstößen – freilich wie nach h.M. beim Prüfungsrecht des:der Bundespräsidenten:in – die Beschränkung auf eine **Evidenzkontrolle**, die mit der Einschätzungsprärogative des primär gesetzgebungsbefugten Bundestags korrespondiert. Die Mitglieder der Bundesregierung können nicht verpflichtet sein, **sehenden Auges** ein ihres Erachtens materiell verfassungswidriges Gesetz gegenzuzeichnen.[61] Dieser Streit blieb bislang theoretischer Natur, was freilich daran liegt, dass sich der Wille der Mehrheit im Bundestag in der Regierung manifestiert. Sofern je-

---

60 Butzer, in: Dürig/Herzog/Scholz, GG, 95. EL 7.2021, Art. 82 Rn. 102 m.w.N.
61 Verkennend: Butzer, in: Dürig/Herzog/Scholz, GG, 95. EL 7.2021, Art. 82 Rn. 102, richtig: Brenner, in: v. Mangoldt/Klein/Starck, GG, 7. Aufl. 2018, Bd. II, Art. 82 Rn. 29.

Maximilian Herold

doch das Gesetz nicht formell oder evident materiell verfassungswidrig ist, besteht wiederum eine **Pflicht zur Gegenzeichnung**.[62]

II. Ausfertigung, Art. 82 I 1 GG

Nach der Gegenzeichnung der Urschrift des Gesetzes durch die Bundesregierung, wird diese dem:der Bundespräsidenten:in zur Ausfertigung zugeleitet. Der:Die Bundespräsident:in unterschreibt dann ebenfalls die Urschrift des Gesetzes und bescheinigt somit den ordnungsmäßen Ablauf des Gesetzgebungsverfahren sowie die Übereinstimmung des Gesetzestextes mit dem im Verfahren festgestellten Gesetzesinhalt. Mit der Unterschrift geht ebenfalls die **Anordnung zur Verkündung** des Gesetzes einher.[63] Soweit der:die Bundespräsident:in verhindert ist, wird er:sie durch den:die Bundesratspräsidenten:in vertreten, Art. 57 GG.[64]

Klausurtaktik

Die Prüfungspunkte des Art. 82 I 1, II GG (Ausfertigung, Verkündung und Inkrafttreten) werden in Schemata meist unter dem Punkt „Form" dargestellt.

III. Verkündung, Art. 82 I 1 GG

Im Anschluss an die Ausfertigung werden die Gesetze im **Bundesgesetzblatt** verkündet. Die *ausschließliche* Verkündung im Bundesgesetzblatt dient trotz der wohl gegenteiligen laienhaften Wahrnehmung der **Rechtssicherheit**: „Wer ein Gesetz sucht, weiß, wo er suchen muss, und kann zugleich sicher sein, nicht noch an anderer Stelle suchen zu müssen".[65] Die Verkündung schließt das in Art. 76 – 78, 82 GG geregelte Gesetzgebungsverfahren ab. Eine vor Gegenzeichnung und/oder Ausfertigung erfolgte Verkündung ist demnach unwirksam; ferner kann sie nicht nachträglich geheilt werden.[66] Sie ist – nach Aussage des BVerfG – „nicht eine bloße Zutat, sondern ein integrierender Bestandteil des Rechtsetzungsaktes selbst".[67]

---

62 Butzer, in: Dürig/Herzog/Scholz, GG, 95. EL 7.2021, Art. 82 Rn. 104.
63 Vgl. etwa Degenhart, Staatsrecht I, 36. Aufl. 2020, Rn. 235.
64 Zur Frage, inwiefern dem:der Bundespräsidenten:in ein Prüfrecht zusteht, siehe Heilmann, § 13 Bundespräsident:in, C. I. 1. in diesem Lehrbuch.
65 Butzer, in: Dürig/Herzog/Scholz, GG, 95. EL 7.2021, Art. 82 Rn. 236.
66 Brenner, in: v. Mangoldt/Klein/Starck, GG, 7. Aufl. 2018, Bd. II, Art. 82 Rn. 32.
67 BVerfG, Beschl. v. 19. 3. 1958, Az.: 2 BvL 38/56 = BVerfGE 7, 330 (337).

Maximilian Herold

Zwingend muss beachtet werden, dass mit der Verkündung das Gesetz **als Handlungsform rechtlich existent** wird; es ist schon *vor seinem Inkrafttreten* sozusagen **„fertig"**, ohne bereits eine Regelungswirkung zu entfalten.[68] Hierbei handelt es sich nicht nur um terminologische Feinheiten: Das aufgrund der Verkündung rechtlich existente Gesetz kann nämlich jetzt schon **Angriffsgegenstand einer abstrakten Normenkontrolle** nach Art. 93 I Nr. 2 GG sein.[69]

IV. Inkrafttreten, Art. 82 II GG

Wie schon angedeutet, ist von seiner Verkündung insbesondere das Inkrafttreten des Gesetzes zu unterscheiden. Mit dem Inkrafttreten entfaltet das Gesetz **Rechtswirkungen**. Wo das verkündete Gesetz bisher nur als solches rechtlich existent bzw. als Handlungsform in der Welt war, sind jetzt auch die *in ihm enthaltenen Regelungsbefehle verbindlich*. Grundsätzlich genießt der Gesetzgeber **Gestaltungsfreiheit** beim Bestimmen des Inkrafttretens nach **Art. 82 II 1 GG**, wenn er denn davon Gebrauch machen will. An ein anderes Organ übertragen kann er dies jedoch nicht.[70] Wird ein konkreter Kalendertag für das Inkrafttreten bestimmt, so tritt das Gesetz um 0:00 Uhr in Kraft. Es nicht unüblich, dass als Zeitpunkt des Inkrafttretens der **Tag der Verkündung** bestimmt wird. Dies muss wegen der Unterscheidung von Verkündung und Inkrafttreten jedoch **ausdrücklich** bestimmt werden, was allein die Existenz des Art. 82 II 2 GG verdeutlicht. Wenn der Zeitpunkt des Inkrafttretens in die **Vergangenheit** verlegt wird, so löst dies die rechtstaatlichen Vorgaben aus, die sich aus *Rechtssicherheit*, *Vertrauensschutz* und **echter/unechter Rückwirkung** ergeben.[71]

Enthält das Gesetz selbst **keine Bestimmung** hinsichtlich des Zeitpunkts seines Inkrafttretens, greift **Art. 82 II 2 GG**: Es tritt vierzehn Tage nach Ablauf des Tages in Kraft, an dem das das Gesetz enthaltende Bundesgesetzblatt ausgegeben worden ist.

---

68 Brenner, in: v. Mangoldt/Klein/Starck, GG, 7. Aufl. 2018, Bd. II, Art. 82 Rn. 32; Degenhart, Staatsrecht I, 36. Aufl. 2020, Rn. 235.

69 Vgl. nur Degenhart, Staatsrecht I, 36. Aufl. 2020, Rn. 235.

70 Brenner, in: v. Mangoldt/Klein/Starck, GG, 7. Aufl. 2018, Bd. II, Art. 82 Rn. 43.

71 Brenner, in: v. Mangoldt/Klein/Starck, GG, 7. Aufl. 2018, Bd. II, Art. 82 Rn. 45.

Maximilian Herold

D. Gesetzgebungsnotstand, Art. 81 GG

Als eine Art „Sonderform des Gesetzgebungsverfahrens" enthält Art. 81 GG den sogenannten Gesetzgebungsnotstand. Zwar wurde noch nie der Gesetzgebungsnotstand durch den:die Bundespräsidenten:in erklärt, wohl aber besitzt seine **Reservefunktion** eine nicht unerhebliche **Vorwirkung** auf das parlamentarische Verhalten im Kontext der **Vertrauensfrage** und des **Misstrauensvotums.**[72] Es dürfte im Rahmen der Examensvorbereitung genügen, sich die Situation des Art. 81 GG kurz zu vergegenwärtigen.

Auf den Punkt gebracht, wird der **Bundestag** durch Erklärung des Gesetzgebungsnotstands weitestgehend **von seiner Rolle als primär gesetzgebungsbefugtes Organ entbunden**, während die bloßen Mitwirkungsrechte des Bundesrats quasi zum Reserve-Gesetzgebungsrecht erstarken.[73] Unter Einbeziehung des:der Bundespräsidenten:in kann die Bundesregierung dann mithilfe des Bundesrats ohne parlamentarische Mehrheit hinter sich und, ohne einen neuen Bundeskanzler oder eine neue Bundeskanzlerin wählen zu lassen, weiterregieren.[74]

Ein Gesetzgebungsnotstand kann nach **Art. 81 I GG** auf *zwei alternativen Wegen* ausgelöst werden: Nach Art. 81 I 1 GG kann es zum Gesetzgebungsnotstand kommen, wenn eine **Vertrauensfrage** (Art. 68 GG) gescheitert ist, daraufhin weder ein:e neue:r Kanzler:in gewählt noch umgekehrt der Bundestag durch den:die Bundespräsidenten:in aufgelöst wird und eine von der Bundesregierung **als dringlich bezeichnete** Gesetzesvorlage im Bundestag nicht die erforderlichen Mehrheiten erhält. Daneben ist der Gesetzgebungsnotstand nach **Art. 81 I 2 GG** durch Kombination von Vertrauensfrage und Gesetzesvorlage möglich. In beiden Fällen erklärt der:die Bundespräsident:in den Gesetzgebungsnotstand auf Antrag der Bundesregierung mit Zustimmung des Bundesrats. Über **Art. 81 II GG** können *nach Erklärung des Gesetzgebungsnotstands* sodann Gesetze trotz erneuter Ablehnung oder Untätigkeit (Art. 81 II 2 GG) des Bundestags, oder wenn der Bundestag sie nur in einer für die Bundesregierung *als unannehmbar bezeichneten Fassung* annimmt, (in letzterem Fall wie von der Bundesregierung ursprünglich beschlossen) zustande kommen, soweit **nur der Bundesrat** „zustimmt". Art. 81 III und IV GG enthalten hierfür zeitliche und inhaltliche Einschränkungen.

---

72 Brenner, in: v. Mangoldt/Klein/Starck, GG, 7. Aufl. 2018, Bd. II, Art. 81 Rn. 15 m.w.N.
73 Herzog, in: Dürig/Herzog/Scholz, GG, 95. EL 7.2021, Art. 81 Rn. 1.
74 Brenner, in: v. Mangoldt/Klein/Starck, GG, 7. Aufl. 2018, Bd. II, Art. 81 Rn. 7.

E. Darstellung in Klausuren

Die vollumfängliche Darstellung des Gesetzgebungsverfahrens ist in Klausuren nicht angezeigt. Unproblematische Verfahrensabschnitte können in einem feststellenden Satz zur Veranschaulichung der Gliederung des Gutachtens erwähnt werden. Nur die Abschnitte sind zu erläutern, bei deren Ablauf sich ein Problem identifizieren lässt. Das Auswendiglernen des Gesetzgebungsverfahrens ist dafür nicht erforderlich. Wichtig ist nur, sich die groben Strukturen und den Ablauf zu vergegenwärtigen, um die meist kleinteiligen Probleme durch einen handwerklich sauberen Umgang mit den Vorschriften zu lösen.

In Klausuren taucht das Gesetzgebungsverfahren dort auf, wo die formelle Verfassungsmäßigkeit eines Bundesgesetzes zu prüfen ist. Typische prozessuale Einkleidungen sind die konkrete oder abstrakte Normenkontrolle sowie die Jedermann-Verfassungsbeschwerde.[75]

Weiterführende Studienliteratur
– Degenhart, Staatsrecht I, 36. Aufl. 2020, Rn. 206 ff.
– Mager, Staatsrecht I, 9. Aufl. 2021, Rn. 403 ff.
– Bäumerich/Fadavian, Grundfälle zum Gesetzgebungsverfahren, JuS 2017, 1067.
– Tams/Nolte, Das Gesetzgebungsverfahren nach dem Grundgesetz, Jura 2000, 158.
– Frenzel, Das Gesetzgebungsverfahren – Grundlagen, Problemfälle und neuere Entwicklungen, JuS 2010, 119.

Zusammenfassung: Die wichtigsten Punkte
– Der Bundestag ist das primär gesetzgebungsbefugte Organ. Er beschließt Gesetze unter Mitwirkung des Bundesrats. Nur im Gesetzgebungsnotstand kann ein Gesetz ohne Beschluss des Bundestags zustande kommen.
– Das Gesetzgebungsverfahren kann man in **Initiativ-, Haupt- und Schlussverfahren** gliedern.
– Initiativen können die **Bundesregierung**, der **Bundestag** und der **Bundesrat** einbringen. Formal kann sich die „Mitte des Bundestags" auch Regierungsvorlagen zu eigen machen.
– Hinsichtlich des Gesetzgebungsverfahrens und der Mitwirkungsrechte des Bundesrats lassen sich **Einspruchs- und Zustimmungsgesetze** unterscheiden: Einspruchsgesetze sind der Regelfall, während die Zustimmungsbedürftigkeit besonders angeordnet sein muss.
– Zur Lösung der Meinungsverschiedenheiten von Bundestag und Bundesrat gibt es das **Vermittlungsverfahren**. Besonders problematisch ist hier, welche Einigungsvorschläge der Vermittlungsausschuss entwickeln darf.

---

75 Hinsichtlich letzterer in Abgrenzung zur Kommunalverfassungsbeschwerde gilt das unter § 15 Gesetzgebungskompetenzen, H. III. Gesagte.

Maximilian Herold

- Durch Verweigerung der Zustimmung kann der Bundesrat ein Gesetzesvorhaben scheitern lassen. Einen Einspruch kann der Bundestag mit entsprechenden Mehrheiten zurückweisen.
- Die Begriffe Zustandekommen, Verkündung und Inkrafttreten sollten streng voneinander unterschieden werden. Das verkündete Gesetz ist bereits existent und kann als solches angegriffen werden.

Für dieses Kapitel gibt es frei zugängliche interaktive Übungen auf der OpenRewi-Homepage. Hierzu muss einfach der QR-Code gescannt werden.

Maximilian Herold

§ 17 Verfassungsänderungen

A. Die Möglichkeit der Verfassungsänderung

I. Grundsätzliche Bedeutung

Modernen Verfassungen ist gemein, dass sie ein besonderes Verfahren zu ihrer Änderung vorsehen.[1] Durch eine Verfassungsänderung kann die rechtliche Grundordnung der Gesellschaft veränderten sozialen Umständen angepasst werden. So wird sichergestellt, dass die Verfassung über Generationen hinweg die nötige Integrationskraft entfalten kann.[2] Da die Verfassung aber gerade *über* dem einfachen Recht steht und nicht zur Disposition der alltäglichen Politik stehen soll, sind qualifizierte Anforderungen an die Änderung der Verfassung zu stellen.[3] Erst durch ihre erschwerte Veränderbarkeit hebt sich die Verfassung vom einfachen Recht ab.

II. Ausgestaltung im Grundgesetz

Auch das Grundgesetz sieht die Möglichkeit einer Verfassungsänderung **in Art. 79 GG** vor. Die hieran gestellten Anforderungen (Art. 79 I 1, II GG) sind zwar gegenüber jenen des „normalen" Gesetzgebungsverfahrens gesteigert, aber doch nicht so hoch, dass Verfassungsänderungen *de facto* ausscheiden. Vielmehr wird das Grundgesetz – vergleichsweise[4] – regelmäßig geändert. Dieser einfachen Abänderbarkeit wird **allerdings durch Art. 79 III GG eine Grenze** gesetzt. Dort werden einige Prinzipien der Verfassung genannt, die nicht geändert werden dürfen. Diese Verfassungsprinzipien, die die „Identität" des Grundgesetzes ausmachen, werden vom Grundgesetz „ewig" garantiert. Insoweit setzt Art. 79 III GG, der auch als **„Ewigkeitsgarantie"**[5] bezeichnet wird, Verfassungsänderungen in der Bundesrepublik materielle Grenzen.

---

1 Thiele, Der konstituierte Staat, 2021, S. 84, 94.
2 Thiele, Der konstituierte Staat, 2021, S. 85.
3 Thiele, Der konstituierte Staat, 2021, S. 86.
4 Zur Rechtslage in den Vereinigten Staaten von Amerika Thiele, Der konstituierte Staat, 2021, S. 87.
5 Gröpl, Staatsrecht I, 13. Aufl. 2021, § 13 Rn. 788.

1. Formelle Anforderungen

Im Grundsatz gelten die formellen Anforderungen der Art. 76 ff. GG auch für verfassungsändernde Gesetze.[6] Art. 79 I 1, II GG stellt allerdings einige zusätzliche formelle „Hürden" für die Verfassungsänderung auf. Zunächst kann die Verfassung gem. Art. 79 I 1 GG nur durch ein Gesetz geändert werden, das den Wortlaut des Grundgesetzes *ausdrücklich* ändert oder ergänzt.

Des Weiteren sieht Art. 79 II GG qualifizierte Mehrheitserfordernisse vor. Abweichend von Art. 42 II 1 GG ist im Bundestag eine Mehrheit von zwei Dritteln seiner Mitglieder erforderlich (**qualifizierte Mitgliedermehrheit**). Auch der Bundesrat muss mit 2/3 seiner Stimmen zustimmen. Hieraus ergibt sich, dass es sich bei verfassungsändernden Gesetzen um **Zustimmungsgesetze** handelt.[7]

2. Materielle Grenzen

Materielle Grenzen zieht **Art. 79 III GG**, die sogenannte **Ewigkeitsgarantie**. Hiernach sind Verfassungsänderungen unzulässig, durch welche die Gliederung des Bundes in Länder, die grundsätzliche Mitwirkung der Länder bei der Gesetzgebung oder die in den Art. 1 und 20 niedergelegten Grundsätze berührt werden. Kernelemente der Verfassung sind somit änderungsfest.

Weiterführendes Wissen

Natürlich war den Vätern und Müttern der Verfassung bewusst, dass diese Verfassungsvorschrift *allein* eine Beseitigung der verfassungsmäßigen Ordnung nicht verhindern kann.[8] Indem grundlegende Verfassungsentscheidungen in Art. 79 III GG für unabänderlich erklärt wurden, sollte aber sichergestellt werden, dass eine Revolution, durch die grundlegende Prinzipien der Verfassung abgeschafft werden, nicht – wie bei der Machtergreifung der Nationalsozialisten[9] – unter dem „Schutz der Schein-Legalität"[10] stehen könnte. Die Abschaffung der wesentlichen Verfassungsprinzipien sollte fortan nur noch zum Preis eines evidenten (Verfassungs-)Rechtsbruchs zu haben sein.[11]

---

6 Morlok/Michael, Staatsorganisationsrecht, 5. Aufl. 2021, § 15 Rn. 940. Ausführlich zum Gesetzgebungsverfahren Herold, § 16 Gesetzgebungsverfahren in diesem Lehrbuch.
7 Gröpl, Staatsrecht I, 13. Aufl. 2021, § 13 Rn. 785.
8 Dreier, Gilt das Grundgesetz ewig?, 2009, S. 59.
9 Hierzu Wiedmann, § 1 Verfassungsgeschichte, II. 1. in diesem Lehrbuch.
10 So der Abgeordnete des Parlamentarischen Rats Schmid (SPD), zitiert nach: Jahrbuch des öffentlichen Rechts der Gegenwart I (1951), S. 586.
11 Dreier, Gilt das Grundgesetz ewig?, 2009, S. 60.

Jan-Louis Wiedmann

Die Änderungsfestigkeit einiger Verfassungsprinzipien hat einerseits eine wichtige, identitätsstiftende Wirkung für das Grundgesetz, da sie einige Grundprinzipien aufstellt, die nicht verhandelbar sind. Andererseits steht sie in einem Spannungsverhältnis zum Gedanken der Demokratie.[12] Deshalb ist es wichtig, sich die (begrenzte) Reichweite der Ewigkeitsgarantie vor Augen zu führen.[13] Art. 79 III GG ist als Ausnahme vom Demokratieprinzip eng auszulegen[14]:

a) Aufteilung des Bundes in Länder

Unabänderlich ist zunächst die Aufteilung des Bundes in Länder. Art. 79 III GG stellt sich einem Einheitsstaat entgegen.[15] Er enthält dagegen gerade keine Bestandsgarantie der aktuell bestehenden 16 Bundesländer.[16]

Beispiel: Eine Verfassungsänderung, durch die das Land Berlin seine Eigenständigkeit verlöre oder durch die Bayern und Baden-Württemberg zusammengelegt würde, wäre mit Art. 79 III GG vereinbar. Denn Art. 79 III GG gibt nur vor, *dass* es (mindestens zwei) Bundesländer geben muss, denen ein Kernbestand an Kompetenzen verbleibt. Eine Aussage darüber, welche oder wie viele Bundesländer es geben muss, trifft die Ewigkeitsgarantie nicht.

b) Mitwirkung der Länder bei der Gesetzgebung

Verfassungsrechtlich vorgegeben ist zudem die Mitwirkung der Länder bei der Gesetzgebung. Gemeint ist nur die Gesetzgebung *des Bundes*, da ein Kernbestand der Landesgesetzgebungskompetenzen bereits durch den Verweis auf Art. 20 I GG (Bundesstaatsprinzip) gesichert ist (siehe hierzu das Beispiel unter a).[17] Auch insoweit ist nicht vorgegeben, *wie* die Länder zu beteiligen sind. Es wäre also durchaus zulässig, das aktuelle Modell (Beteiligung des Bundesrats an Bundesgesetzen) gegen eine andere Form der Länderbeteiligung auszutauschen. Vorgegeben ist nur, *dass* die Länder eine Rolle bei der Gesetzgebung zu spielen haben.[18]

---

12 Dreier, Gilt das Grundgesetz ewig?, 2009, S. 63: Die Vorschrift sei „Ausdruck eines spezifisch deutschen Misstrauens gegenüber dem Volk"; Morlok/Michael, Staatsorganisationsrecht, 5. Aufl. 2021, § 15 Rn. 941.

13 Hierzu Kment/Fimpel, JURA 2021, 1288 ff.

14 Dreier, Gilt das Grundgesetz ewig?, 2009, S. 67 ff. mit einschlägigen Negativ-Beispielen aus der Rechtsprechung.

15 Kritisch hierzu Dreier, Gilt das Grundgesetz ewig?, 2009, S 68.

16 Morlok/Michael, Staatsorganisationsrecht, 5. Aufl. 2021, § 15 Rn. 941.

17 Dietlein, in: BeckOK GG, 48. Ed. 15.8.2021, Art. 79 Rn. 25.

18 Dietlein, in: BeckOK GG, 48. Ed. 15.8.2021, Art. 79 Rn. 25.

Jan-Louis Wiedmann

c) Die in Art. 1 *und* 20 GG niedergelegten Grundsätze

Unabänderlich sind zudem die in Art. 1 und 20 niedergelegten Grundsätze. Hierbei muss zunächst erkannt werden, dass die einzelnen Grundrechte nicht von der Ewigkeitsgarantie umfasst sind. Art. 79 III GG schützt nur die Grundsätze der Art. 1 *und* 20, nicht die Art. 1 *bis* 20! Die Veränderung oder gar Abschaffung eines Grundrechts ist also nur dann unzulässig, wenn hierdurch gleichzeitig die **Menschenwürdegarantie** (Art. 1 I 1 GG) oder eines der in Art. 20 GG genannten Prinzipien betroffen ist.[19] Eine genaue Bestimmung dessen, was unter Art. 1 GG fällt, bereitet größte Probleme. Jedenfalls Kernelemente wie das Folterverbot, die elementare Rechtsgleichheit aller Menschen, sowie die Ausrichtung des Staates am Wohl des Einzelnen lassen sich hierunter fassen.[20]

Weiterführendes Wissen   🛈

Zudem wohnt nach h.M. jedem Grundrecht jedenfalls ein „Kern" an Menschenwürde inne.[21] Wenn eine grundrechtliche Verbürgung (etwa das Asylgrundrecht[22]) daher *gänzlich* abgeschafft würde, ist zu diskutieren, ob hiervon auch der "Menschenwürdekern" des jeweiligen Grundrechts betroffen ist, was einen Verstoß gegen Art. 79 III GG zur Folge hätte.[23]

Neben Art. 1 GG sind auch die in Art. 20 GG genannten Prinzipien (das **Demokratie-**, das **Bundesstaats-**, das **Republik-**, das **Sozialstaats-** und das **Rechtsstaatsprinzip**) von der Ewigkeitsgarantie umfasst. Diese sind allerdings nur in ihren *Grundzügen* geschützt. Es ist daher durchaus zulässig, Änderungen an der konkreten Ausgestaltung der Staatsstrukturprinzipien vorzunehmen. Entscheidend ist, dass diese *im Grundsatz* **unberührt** bleiben.

Beispiel: Mit Art. 79 III GG wäre es durchaus vereinbar, die Dauer der **Legislaturperiode** von vier auf **fünf Jahre zu verlängern**. Denn auch bei einer Legislaturperiode von fünf Jahren kann man

---

19 Gröpl, Staatsrecht I, 13. Aufl. 2021, § 13 Rn. 790.

20 Einen Überblick über die einzelnen Verbürgungen des Art. 1 I 1 GG liefert Hillgruber, in: Beck-OK GG, 48. Ed. 15.8.2021, Art. 1 Rn. 17 ff.

21 Gröpl, Staatsrecht I, 13. Aufl. 2021, § 13 Rn. 790; kritisch zur Erweiterung des Art. 79 III GG durch die These vom „Menschenwürdekern" der Grundrechte Dreier, Gilt das Grundgesetz ewig?, 2009, S. 71 f.

22 Zum Menschenwürdebezug des Asylgrundrechts siehe Wittreck, in: Dreier, GG, Bd. I, 3. Aufl. 2013, Art. 16a Rn. 9.

23 Das BVerfG hat eine gänzliche Abschaffung des Asylgrundrechts aber mit Art. 79 III GG vereinbar erklärt, BVerfG, Urt. v. 14.5.1996, Az.: 2 BvR 1937, 2315/93 = BVerfGE 94, 49 (103 f.).

Jan-Louis Wiedmann

noch von einer „Demokratie" sprechen – wenngleich sich auch hierüber streiten lässt.[24] Die Grenze des Art. 79 III GG ist erst dann erreicht, wenn die Legislaturperiode so verlängert wird, dass von einer effektiven Bindung der Staatsorgane an den Willen des Volkes nicht mehr gesprochen werden kann. Problematisch wird es ab einer Legislaturperiode von *über* 5 Jahren[25]. Auch eine Verlängerung der *laufenden* Legislaturperiode wird für mit Art. 79 III GG unvereinbar gehalten, weil es sich hierbei um eine „Selbstermächtigung" handele, die mit dem Prinzip der Volksherrschaft unvereinbar sei.[26]

Ob ein verfassungsänderndes Gesetz mit einem der in Art. 20 GG festgehaltenen Prinzipien unvereinbar ist, muss im Einzelfall – auch unter Hinzuziehung der historischen Grundlagen – bestimmt werden. Einhellig wird aber angenommen, dass das in Art. 20 IV GG niedergelegte Widerstandsrecht *nicht* von der Ewigkeitsgarantie umfasst ist, da es erst nachträglich in die Verfassung eingefügt wurde.[27]

d) Die „ewige Ewigkeitsgarantie"?

Zuletzt stellt sich die Frage, ob Art. 79 III GG seinerseits geändert werden kann.[28] Der Wortlaut der Vorschrift spricht nicht klar dagegen. Andererseits würde das Telos der Norm, die „ewige" Absicherung der dort genannten Prinzipien, verfehlt, wenn die Vorschrift selbst geändert werden könnte. Daher ist es überzeugend, auch Art. 79 III GG selbst unter den änderungsfesten Kern des Grundgesetzes zu fassen.[29]

ⓘ Weiterführendes Wissen

Überwiegend wird aber angenommen, dass die Grenze des Art. 79 III GG nicht für den Fall gelten, dass sich das deutsche Volk eine neue Verfassung gibt (Art. 146 GG). Dem ist zuzustimmen. Weniger ausschlaggebend ist hierbei, dass Art. 79 III GG eine Beschränkung der Demokratie darstellt, die nur in engen Grenzen zulässig sein kann.[30] Entscheidend ist vielmehr, dass der pouvoir constituant, das Volk, sich selbst nicht auf Dauer binden kann. Dies wäre mit dem Selbstbestimmungsrecht künftiger Generationen unvereinbar. Ohnehin scheint die Frage sehr theoretisch. Selbst wenn das Grundgesetz den Versuch machen würde, die verfassungsgebende Gewalt auch über die Geltung des Grundgesetzes hinaus zu binden, wäre dieser Versuch wohl kaum mit Erfolg gekrönt. Die Geschichte zeigt, dass sich der Souverän bei Erlass einer neuen Ver-

---

24 Siehe dazu die abweichende Meinung von Chiofalo, § 5.1 Prinzip der Volkssouveränität, B. in diesem Lehrbuch.
25 Brocker, in: BeckOK GG, 48. Ed. 15.8.2021, Art. 39 Rn. 2.3 f. m.w.N.
26 Brocker, in: BeckOK GG, 48. Ed. 15.8.2021, Art. 39 Rn. 2.1.
27 Gröpl, Staatsrecht I, 13. Aufl. 2021, § 13 Rn. 792.
28 Gröpl, Staatsrecht I, 13. Aufl. 2021, § 13 Rn. 793.
29 Gröpl, Staatsrecht I, 13. Aufl. 2021, § 13 Rn. 793.
30 So aber Morlok/Michael, Staatsorganisationsrecht, 5. Aufl. 2021, § 15 Rn. 940.

Jan-Louis Wiedmann

fassung selten an den Vorgaben der Vorgängerverfassung orientiert. So sah man sich bei Erlass der Weimarer Reichsverfassung gerade nicht mehr an die Regeln der Reichsverfassung von 1871 gebunden. Wäre dem anders, so könnte man es mit der *neuen* Verfassung auch gleich bleiben lassen.

Weiterführende Studienliteratur
- Dreier, Gilt das Grundgesetz ewig?, 2009
- Kment/Fimpel, Der (beinahe) unabänderliche Kern des Grundgesetzes – Inhalt und Reichweite des Art. 79 III GG, JURA 2021, 1288.

Zusammenfassung: Die wichtigsten Punkte
- Die Möglichkeit, eine Verfassung zu ändern, ist notwendig, um sicherzustellen, dass die Verfassung auch für künftige Generationen eine legitime Grundordnung darstellt.
- Andererseits muss das Verfassungsänderungsverfahren an besondere Voraussetzungen geknüpft sein, damit die Verfassung dem politischen Alltagsgeschäft entzogen ist.
- Das Grundgesetz trägt dem Rechnung, indem es in Art. 79 I, II GG besondere formelle Voraussetzungen (insbesondere ein **doppelt qualifiziertes Mehrheitserfordernis**) aufstellt. Zudem benennt es in Art. 79 III GG einige unabänderliche Grundsätze, die selbst durch Verfassungsänderung nicht aufgehoben werden können („**Ewigkeitsgarantie**").

Jan-Louis Wiedmann

§ 18 Rechtsverordnungen

A. Allgemeines

Rechtsverordnungen sind **von der Exekutive erlassene Rechtsnormen**. Damit stellen sie zwar abstrakt-generelle Regelungen mit Außenwirkung dar, das heißt Gesetze nach dem materiellen Gesetzesbegriff. Jedoch handelt es sich gerade *nicht* um formelle Gesetze, die von einem Parlament verabschiedet werden, sodass von **„Gesetzen im nur materiellen Sinne"** gesprochen wird. In der Normenhierarchie stehen sie zudem unterhalb der jeweiligen Ebene der Parlamentsgesetze, sodass sie sich im Einklang mit dieser höherrangigen Ebene befinden müssen.[1]

Der wesentliche Unterschied zwischen den beiden Arten von Rechtsnormen liegt im **Normgeber**: Während Gesetze im formellen Sinne vom direkt demokratisch legitimierten Gesetzgeber erlassen werden, sind Rechtsverordnungen Akte der Exekutive, das heißt entweder einer Regierung, eines Ministeriums oder einer Verwaltungsbehörde. Deren demokratische Legitimation wird selbstverständlich mittels personeller Legitimationsketten hergestellt.[2] Rechtsverordnungen stellen damit eine entscheidende Konsequenz der **verzahnten Gewaltenteilung** des Grundgesetzes dar. Gerade zwischen Legislative und Exekutive gibt es besonders enge Verzahnungen, wozu letztlich auch die Möglichkeit der Exekutive gehört, Rechtsverordnungen zu erlassen. Diese Befugnis steht der Exekutive jedoch nicht originär zu, sondern nur auf Grundlage einer **Delegierung** durch den parlamentarischen Gesetzgeber.[3] Um sowohl dem Gewaltenteilungsgrundsatz als auch dem Parlamentsvorbehalt des Grundgesetzes Rechnung zu tragen, ist eine solche Delegation der Legislative an die Exekutive nur unter sehr engen Voraussetzungen möglich. Zunächst bedarf es einer verfassungsmäßigen **Ermächtigungsgrundlage**. Sodann bemisst sich die Rechtmäßigkeit der Rechtsverordnung selbst ebenfalls an bestimmten Voraussetzungen, welche sich zum Teil aus der Ermächtigungsgrundlage ergeben.

---

1 Siehe dazu ausführlich Wiedmann, § 4.1 Das Recht und seine Wirkung in diesem Lehrbuch.
2 Meßerschmidt, JURA 2017, 747 (750). Siehe dazu auch Chiofalo, § 5.1 Prinzip der Volkssouveränität in diesem Lehrbuch.
3 Gröpl, Staatsrecht I, 12. Aufl. 2020, § 16 Rn. 1188–1190.

https://doi.org/10.1515/9783110786965-051

Klausurtaktik !

Für den Fall, dass die Rechtmäßigkeit einer Rechtsverordnung geprüft werden muss, ergibt sich aus dem Vorangegangenen ein zweistufiger Prüfungsaufbau, der z. B. wie folgt aussehen kann:

I. Verfassungsmäßigkeit der Ermächtigungsgrundlage

(nur Prüfung der problematischen Prüfungspunkte)

    1.   **Formelle Verfassungsmäßigkeit**
        a.   Zuständigkeit (Art. 70 ff. GG)
        b.   Verfahren (Art. 76 ff. GG)
        c.   Form (Art. 82 GG)

    2.   **Materielle Verfassungsmäßigkeit**
        a.   Ermächtigungsadressaten
        b.   Parlamentsvorbehalt & Bestimmtheitsgrundsatz
        c.   Sonstiges höherrangiges Recht

II. Rechtmäßigkeit der Rechtsverordnung

    1.   **Formelle Rechtmäßigkeit**
        a.   Zuständigkeit
        b.   Verordnungsverfahren
        c.   Form

    2.   **Materielle Rechtmäßigkeit**
        a.   Ermächtigungsrahmen
        b.   Sonstiges höherrangiges Recht

III. Rechtsfolge: Verfassungswidrigkeit der Ermächtigungsgrundlage und/oder Rechtswidrigkeit der Verordnung

Die folgenden Abschnitte orientieren sich an diesem Prüfungsaufbau.[4] Die Prüfung von Rechtsverordnungen kann jedoch auch nach einem anderen Schema erfolgen, ohne dass dies falsch wäre.[5] Letztlich kommt es darauf an, dass die wichtigen im folgenden thematisierten Prüfungspunkte schlüssig eingebaut und angemessen thematisiert werden.

Die zentrale Vorschrift für den Erlass von Rechtsverordnungen ist **Art. 80 GG**, welcher für einen bestimmten Typ von Rechtsverordnungen die verfassungsrechtliche Grundlage bietet. Der **Anwendungsbereich des Art. 80 GG** umfasst genauer alle Rechtsverordnungen, die aufgrund eines formellen *Bundes*gesetzes erlassen werden können,[6] wobei Ermächtigungsadressaten nur die Bundesregie-

---

4 Für ähnliche Prüfungsaufbauten, siehe Degenhart, Staatsrecht, 36. Aufl. 2020, Rn. 356; von Coelln in: Gröpl/Windthorst/von Coelln, Studienkommentar GG, 4. Aufl. 2020, Art. 80 Rn. 34.
5 Beispielsweise kann die Verfassungsmäßigkeit der Ermächtigungsgrundlage auch inzident im Rahmen der Rechtmäßigkeit der Rechtsverordnung geprüft werden.
6 Gröpl, Staatsrecht I, 12. Aufl. 2020, § 16 Rn. 1193.

rung, ein Bundesministerium oder die Landesregierungen sein können. Dieser Typus von Rechtsverordnungen kann im weiteren Sinne der Gesetzgebung zugeordnet werden.[7] Demgegenüber können auch Verwaltungsbehörden zum Erlass von Rechtsverordnungen ermächtigt werden, jedoch nicht auf der direkten Grundlage von Art. 80 GG.[8]

! Examenswissen

Neben diesen Rechtsverordnungen aufgrund von Bundesgesetzen beinhalten auch alle Landesverfassungen explizite Vorschriften, auf deren Grundlage **landesrechtliche Rechtsverordnungen** erlassen werden können.[9] Besonders (praxis)relevant sind die (in der Regel) auf landesrechtlicher Grundlage basierenden Polizeiverordnungen sowie sonstige Verordnungen auf kommunaler Ebene.[10] Zwar gilt für diese Rechtsverordnungen Art. 80 GG nicht unmittelbar,[11] doch dürfen die landesverfassungsrechtlichen Anforderungen nicht hinter denen des Grundgesetzes zurückstehen,[12] sofern sich diese aus dem Rechtsstaats- oder Demokratieprinzip ergeben.[13] Damit können die meisten der folgenden Ausführungen auch entsprechend für die Prüfung landesverfassungsrechtlicher Rechtsverordnungen herangezogen werden.[14]

B. Die Ermächtigungsgrundlage und ihre Verfassungsmäßigkeit

Damit dem Grundsatz der Gewaltenteilung sowie dem Vorbehalt des Gesetzes Rechnung getragen wird, bedarf es zwingend einer gesetzlichen **Ermächtigungsgrundlage**, mit welcher der parlamentarische Gesetzgeber bestimmte Befugnisse an die Exekutive überträgt. Nach Art. 80 GG muss es sich dabei um ein Gesetz des Bundesgesetzgebers handeln;[15] bei den landesverfassungsrechtlichen Vorschrif-

---

7 Gröpl, Staatsrecht I, 12. Aufl. 2020, § 16 Rn. 1183.

8 Siehe zur Subdelegation ausführlich Bustami, § 18 Rechtsverordnungen, OpenRewi Staatsorganisationsrecht-Lehrbuch (online).

9 Beispiele sind: Art. 53 HmbVerf, Art. 110 RhPfVerf, Art. 101 II BremVerf, Art. 79 Verf ST.

10 Siehe dazu auch Kienle, § 7 Die verwaltungsgerichtliche Normenkontrolle, in: Eisentraut, Verwaltungsrecht in der Klausur, Rn. 23.

11 Voßkuhle/Wischmeyer, JuS 2015, 311 (312).

12 BVerfG, Beschl. v. 19.11.2002, Az.: 2 BvR 329/97, Rn. 51 = BVerfGE 107, 1 (15) – Verwaltungsgemeinschaften.

13 von Coelln, in: Gröpl/Windthorst/von Coelln, Studienkommentar GG, 4. Aufl. 2020, Art. 80 Rn. 3. Dies gilt insbesondere für den Vorbehalt des Gesetzes und das Bestimmtheitsgebot.

14 Zum Landesverfassungsrecht als Prüfungsmaßstab siehe König, § 22 Landesverfassungsgerichtsbarkeit in diesem Lehrbuch.

15 Uhle, in: BeckOK GG, 47. Ed. 15.5.2021, Art. 80 Rn. 3.

ten sind es Gesetze der Landesparlamente. Die Verordnungsermächtigung führt nicht zu einem Kompetenzverlust des Gesetzgebers, denn das Parlament kann jederzeit die Ermächtigung zurückziehen, eine erlassene Verordnung außer Kraft setzen oder Vorschriften der Verordnung ändern.[16]

Zwingende Voraussetzung einer rechtmäßigen Rechtsverordnung ist die **Verfassungsmäßigkeit der Ermächtigungsgrundlage**. Zunächst sind dies alle allgemeinen Anforderungen an die Verfassungsmäßigkeit eines Gesetzes: Es muss **formell** sowie materiell im Einklang mit dem Grundgesetz stehen.[17] Dazu gehören die Gesetzgebungskompetenz des Bundes, ein ordnungsgemäßes Gesetzgebungsverfahren sowie die Formvorschriften des Art. 82 GG. Aber auch **materiell** muss die Ermächtigungsgrundlage mit sämtlichem Verfassungsrecht vereinbar sein, das heißt insbesondere mit den Grundrechten und den Staatsstrukturprinzipien. Darüber hinaus sind einige besondere Voraussetzungen zu beachten, die im Folgenden dargelegt werden.

Klausurtaktik   !

In einer Klausursituation ist auf die Verfassungsmäßigkeit der Ermächtigungsgrundlage nur dann ausführlich einzugehen, wenn Probleme bei einzelnen der Prüfungspunkte ersichtlich sind. Bestehen dagegen keine Probleme auf dieser Ebene, so genügt es, die Verfassungsmäßigkeit der Ermächtigungsgrundlage mangels anderweitiger Hinweise kurz festzustellen, um sodann im Schwerpunkt die formelle und die materielle Rechtmäßigkeit der Rechtsverordnung selbst zu prüfen (unter C.).

I. Ermächtigungsadressaten

Nach Art. 80 I 1 GG können vom Bundesgesetzgeber nur die Bundesregierung, einzelne Bundesministerien oder die Landesregierungen zum Erlass von Rechtsverordnungen ermächtigt werden. Nachgeordnete Verwaltungsbehörden können nur im Wege der Subdelegation ermächtigt werden. Im Falle von Bundesregierung und Bundesministerien handelt es sich bei den daraufhin erlassenen Rechtsverordnungen um Bundesrecht; die Landesregierungen erlassen landesrechtliche Rechtsverordnungen.

Beispiel: Aktuelle Beispiele stellen die zahlreichen Verordnungsermächtigungen durch den Bundestag im Rahmen der Covid-19-Pandemie dar: beispielsweise in § 28c IfSG an die Bundesregie-

---

16 BVerfG, Beschl. v. 15.11.1967, Az.: 2 BvL 7/64 u. a. = BVerfGE 22, 330 (346) – Milchauszahlungspreise.
17 Uhle, in: BeckOK GG, 47. Ed. 15.5.2021, Art. 80 Rn. 7.

rung, in § 5 II 1 Nr. 4 lit. f IfSG an das Bundesgesundheitsministerium (siehe auch zu dessen vorübergehender Verfassungswidrigkeit) und in § 32 IfSG an die Landesregierungen.

II. Parlamentsvorbehalt und Bestimmtheitsgebot

Im Spannungsfeld zwischen Demokratieprinzip und Gewaltenteilungsgrundsatz steht Art. 80 GG in unmittelbarem Zusammenhang mit dem **Parlamentsvorbehalt und der Wesentlichkeitstheorie.** Demnach müssen alle für die Gesellschaft „wesentlichen" Entscheidungen durch den parlamentarischen Gesetzgeber entschieden werden.[18] Der Parlamentsvorbehalt stellt daher sogleich eine Einschränkung der Verordnungsermächtigung dar, um sicherzustellen, dass sich das Parlament nicht seiner demokratisch besonders legitimierten Pflicht entzieht.

Besondere Bedeutung kommt dabei der Voraussetzung in Art. 80 I 2 GG zu: *„Dabei müssen Inhalt, Zweck und Ausmaß der erteilten Ermächtigung im Gesetze bestimmt werden."* Hierbei handelt es sich um eine Ausprägung des **rechtsstaatlichen Bestimmtheitsgebots** und der Wesentlichkeitstheorie.[19] Art. 80 I 2 GG bezieht sich dabei explizit auf den Inhalt (Welcher Sachbereich soll geregelt werden?), auf den Zweck (Welches Ziel soll die Verordnung erreichen?) und auf das Ausmaß der Ermächtigung (Welche Grenzen bestehen?).[20] Dies bedeutet nicht, dass der Gesetzgeber sämtliche Details abschließend vorgeben muss; es muss gerade nicht größtmögliche Bestimmtheit vorliegen, da der Exekutive durch die Verordnungsermächtigung gewisse Entscheidungen in die Hand gegeben werden sollen.[21] Jedoch sind Pauschal- oder Globalermächtigungen, mit denen das Parlament seine gesetzgebende Gewalt faktisch auf die Exekutive überträgt, verboten.[22] Letztlich lassen sich nur schwierig allgemeingültige Maßstäbe für die hinreichende Bestimmtheit festlegen, da sich diese Frage nur im Einzelfall und abhängig von der jeweiligen Materie beantworten lässt.[23]

---

18 BVerfG, Urt. v. 19.9.2018, Az.: 2 BvF 1, 2/15, Rn. 194 = BVerfGE 150, 1 (97) – Zensus 2011; siehe auch: Voßkuhle/Wischmeyer, JuS 2015, 311 (313).

19 Gröpl, Staatsrecht I, 12. Aufl. 2020, § 16 Rn. 1185. Siehe ausführlich zum Verhältnis zwischen Art. 80 I 2 GG und der Wesentlichkeitstheorie Wiedmann, § 5.5 Parlamentsvorbehalt, A. in diesem Lehrbuch.

20 Gröpl, Staatsrecht I, 12. Aufl. 2020, § 16 Rn. 1185.

21 Meßerschmidt, JURA 2017, 747 (750).

22 Gröpl, Staatsrecht I, 12. Aufl. 2020, § 16 Rn. 1185.

23 Meßerschmidt, JURA 2017, 747 (750). Siehe ausführlich zu den Anforderungen Kohal/Wiedmann, § 4.6 Bestimmtheitsgebot in diesem Lehrbuch.

Beispiel: Besonders umstritten in Bezug auf die Einhaltung des Parlamentsvorbehalts sowie des Art. 80 I 2 GG waren zahlreiche der (alten) Verordnungsermächtigungen durch den Bundestag im Rahmen der **Covid-19-Pandemie.**[24] Ein weiteres aktuelles Beispiel stellte die aus Sicht des BVerfG unzureichende Verordnungsermächtigung im Rahmen des § 4 VI des **Bundes-Klimaschutzgesetzes** a. f. dar. Darin hatte es der Bundesgesetzgeber der Bundesregierung überlassen, die jährlich absinkenden, noch zulässigen Jahresemissionsmengen nach dem Jahr 2030 durch Rechtsverordnung festzulegen, ohne nähere Vorgaben zu machen. Das BVerfG stellte dazu fest, dass der Gesetzgeber die Größe der festzulegenden Jahresemissionsmengen selbst hätte bestimmen oder jedenfalls nähere Maßgaben zu deren konkreten Bestimmung durch den Verordnungsgeber hätte treffen müssen.[25]

Klausurtaktik   ❗

Das allgemeine Bestimmtheitsgebot ergibt sich als Ausprägung aus dem Rechtsstaatsprinzip (Art. 20 II, III, 1 III, 28 I 1 GG), ist allerdings als solches explizit an keiner Stelle des Grundgesetzes normiert. Daher gilt zur Abgrenzung: Art. 80 I 2 GG ist der Maßstab dafür, ob eine Rechtsverordnung hinreichend bestimmt ist. Das allgemeine Bestimmtheitsgebot wirft diese Frage ganz allgemein und losgelöst von der Natur der Norm auf.[26]

C. Anforderungen an die Rechtsverordnung selbst

Existiert eine verfassungsmäßige Ermächtigungsgrundlage, so wird der darin bezeichnete Verordnungsgeber wirksam zum Verordnungserlass ermächtigt. Dabei ist der Verordnungsgeber an die Vorgaben in der Verordnungsermächtigung gebunden: Inhalt, Zielsetzung und Grenzen der Ermächtigung sind insofern für ihn verbindlich.[27] Der Gestaltungsspielraum des Verordnungsgebers in Bezug auf die inhaltliche Ausgestaltung ist durch die Grenzen der Ermächtigungsgrundlage deutlich enger als derjenige der Legislative.[28] Daraus ergeben sich sowohl formelle als auch materielle Rechtmäßigkeitskriterien.

---

24 Siehe ausführlich hierzu Wiedmann, § 5.5 Parlamentsvorbehalt, C.II. in diesem Lehrbuch.
25 BVerfG, Beschl. v. 24.3.2021, Az.: 1 BvR 2656/18 u.a., Rn. 259–265 = NJW 2021, 1723 – Klimaschutz. Siehe auch Rösch/Christiansen, JuWissBlog, 3.5.2021 sowie allgemein zum Klimabeschluss Fall 4 im Grundrechte-Fallbuch von OpenRewi.
26 Siehe zur Abgrenzung ausführlicher auch Kohal/Wiedmann, § 4.6 Bestimmtheitsgebot, C. in diesem Lehrbuch.
27 BVerfG, Beschl. v. 1.4.2014, Az.: 2 BvF 1/12, Rn. 45 = BVerfGE 136, 69 (92) – Gigaliner. Dies ergibt sich bereits aus dem Vorbehalt des Gesetzes.
28 BVerfG, Beschl. v. 13.12.1961, Az.: 1 BvR 1137/59 u. a. = BVerfGE 13, 248 (255); Uhle, in: BeckOK GG, 47. Ed. 15.5.2021, Art. 80 Rn. 29a.

Ammar Bustami

I. Formelle Rechtmäßigkeit

Zunächst ergibt sich die **Zuständigkeit** des Verordnungsgebers aus Art. 80 I 1 GG i. V. m. der entsprechenden Ermächtigungsgrundlage – je nachdem welchen Ermächtigungsadressaten das Gesetz adressiert. Das **Verordnungsgebungsverfahren** ist im Detail nicht in Art. 80 GG (und meist auch nicht im einfachen Recht) geregelt.[29] Es richtet sich vielmehr je nach zuständigem Verordnungsgeber nach dessen spezifischem Geschäftsordnungsrecht.

Beispiel: Ist die Bundesregierung ermächtigt, so muss die entsprechende Rechtsverordnung von der Regierung als Kollegialorgan erlassen werden, vgl. §§ 15 I lit. b, 24 GOBReg.[30]

Besonderheiten im **Verfahren** ergeben sich jedoch aus Art. 80 II GG mit Blick auf die **Zustimmungsbedürftigkeit durch den Bundesrat** bei bestimmten Rechtsverordnungen.[31] Diese Vorgaben sind Ausdruck des Bundesstaatsprinzips, welches erfordert, dass die Bundesländer in solchen Bereichen eingebunden werden, die ihre Interessen besonders betreffen.[32]

In Bezug auf die **Form** regelt Art. 82 I 2, II 2 GG, dass Rechtsverordnungen vom entsprechenden Verordnungsgeber ausgefertigt und in der Regel im Bundesgesetzblatt verkündet werden. Vorbehaltlich expliziter Bestimmung treten sie, wie formelle Bundesgesetze, mit dem vierzehnten Tage nach Ablauf des Tages in Kraft, an dem das Bundesgesetzblatt ausgegeben worden ist. Schließlich enthält Art. 80 I 3 GG noch ein besonderes Formerfordernis in Form eines **Zitiergebots**. Demnach muss die Rechtsverordnung die Ermächtigungsgrundlage ausdrücklich benennen. Dieses Zitiergebot dient sowohl der Selbstkontrolle durch die Exekutive als auch der Rechtsklarheit und der Kontrollierbarkeit von Rechtsverordnungen.[33]

---

29 Eine Ausnahme gilt insbesondere für Verordnungen der Polizei und Ordnungsbehörden, siehe auch Kienle, § 7 Die verwaltungsgerichtliche Normenkontrolle, in: Eisentraut, Verwaltungsrecht in der Klausur, Rn. 113.
30 Siehe auch Voßkuhle/Wischmeyer, JuS 2015, 311 (313).
31 Gröpl, Staatsrecht I, 12. Aufl. 2020, § 16 Rn. 1185; Uhle, in: BeckOK GG, 47. Ed. 15.5.2021, Art. 80 Rn. 40a–40d, 42–42a.
32 Siehe dazu ausführlich Bustami, § 18 Rechtsverordnungen, OpenRewi Staatsorganisationsrecht-Lehrbuch (online).
33 Uhle, in: BeckOK GG, 47. Ed. 15.5.2021, Art. 80 Rn. 32; Gröpl, Staatsrecht I, 12. Aufl. 2020, § 16 Rn. 1212.

Ammar Bustami

II. Materielle Rechtmäßigkeit

Materiell ist die Rechtsverordnung zunächst in erster Linie **an der Ermächtigungsgrundlage** zu messen. Sie muss sich im Rahmen des dort vorgegebenen Sachbereichs sowie insbesondere der dortigen Ermächtigungsgrenzen bewegen. Dabei handelt es sich letztlich um Fragen des einfachen Rechts, die anhand des – hinreichend bestimmten – Inhalts der Ermächtigungsgrundlage zu prüfen sind (Tatbestandsvoraussetzungen der Ermächtigungsgrundlage).

Jedoch muss die Rechtsverordnung auch darüber hinaus mit sämtlichem **höherrangigem Recht** vereinbar sein. Da Rechtsverordnungen unterhalb von Parlamentsgesetzen stehen, dürfen sie somit auch nicht gegen sonstiges einfaches Recht verstoßen.[34] Sie müssen aber auch im Einklang mit den Grundrechten und den Staatsstrukturprinzipien stehen. Daher muss der Verordnungsgeber bei Nutzung seines Gestaltungsspielraums selbstverständlich auch den Verhältnismäßigkeitsgrundsatz wahren.

D. Rechtsfolgen von Rechtsverstößen und Rechtsschutz

I. Verfassungswidrigkeit der Ermächtigungsgrundlage

Die **Rechtsfolgen bei Rechtsverstößen** hängen von der Ebene des Verstoßes ab. Erfüllt die **Ermächtigungsgrundlage** nicht alle der verfassungsmäßigen Anforderungen, so ist sie verfassungswidrig und **nichtig** (sogenanntes Nichtigkeitsdogma), was wiederum die Nichtigkeit der darauf gegebenenfalls schon ergangenen Rechtsverordnung zur Folge hat.[35] Jedoch obliegt es in diesem Fall weder den anwendenden Behörden noch den Fachgerichten, selbst zu entscheiden, die Verordnungsermächtigung (und damit die Rechtsverordnung) nicht anzuwenden. Da es sich um ein formelles Gesetz handelt, liegt das **Verwerfungsmonopol beim BVerfG:** Nur dieses hat die Kompetenz, eine solche verfassungswidrige Ermächtigungsgrundlage – im Wege der abstrakten Normenkontrolle, der konkreten Normenkontrolle oder der Verfassungsbeschwerde – für verfassungswidrig und damit nichtig zu erklären. Kommen einem Fachgericht in einem Verfahren Zweifel an der Verfassungsmäßigkeit einer Ermächtigungsgrundlage, so kann es das Ver-

---

34 Voßkuhle/Wischmeyer, JuS 2015, 311 (313).
35 Uhle, in: BeckOK GG, 47. Ed. 15.5.2021, Art. 80 Rn. 29, 36. Siehe zum Nichtigkeitsdogma auch Wiedmann, § 4.1 Das Recht und seine Wirkung, B.I.1. in diesem Lehrbuch.

Ammar Bustami

fahren aussetzen und das Parlamentsgesetz dem BVerfG im Rahmen der **konkreten Normenkontrolle** zur Entscheidung vorlegen.[36]

II. Rechtswidrigkeit der Rechtsverordnung

Ein etwas anderer Fall liegt vor, wenn die **Rechtsverordnung** die an sie gestellten Anforderungen nicht erfüllt. Auch in diesem Fall ist die Rechtsverordnung in der Regel **nichtig**. Dies gilt sowohl bei Verstößen gegen die materiellen Vorgaben der Ermächtigungsgrundlage oder gegen sonstiges höherrangiges Recht als auch bei einem Verstoß gegen das Zitiergebot.[37] Handelt es sich lediglich um Verstöße gegen Geschäftsordnungsvorschriften im Rahmen des Verordnungsgebungsverfahrens, so liegt keine Nichtigkeit vor; die Rechtsverordnung bleibt wirksam.[38]

Im Gegensatz zur Verfassungswidrigkeit der Ermächtigungsgrundlage, besteht in Bezug auf eine ungültige Rechtsverordnung kein Verwerfungsmonopol des BVerfG. Es besteht auch eine **Prüfungs- und Verwerfungskompetenz der Fachgerichte**: Diese können die Verfassungs- und Rechtmäßigkeit einer Rechtsverordnung prüfen und müssen diese bei Rechtsverstößen unangewendet lassen.[39]

❗ Examenswissen

Dabei ist zu unterscheiden: Die Frage nach der Rechtmäßigkeit einer Rechtsverordnung kann sich inzident in einem Verfahren stellen (**Inzidentprüfung**); in diesem Fall lässt das Gericht die Verordnung zwar unangewendet, sie bleibt aber formal wirksam. Eine solche Inzidentprüfung kommt in Betracht, wenn die Rechtsverordnung selbst wiederum eine Ermächtigungsgrundlage für Verwaltungsakte beinhaltet, so beispielsweise bei polizeilichen Gefahrenabwehrverordnungen.[40] Ein weiterer Anwendungsfall sind verwaltungsrechtliche Feststellungsklagen (§ 43 VwGO), wenn das darin feststellungsbedürftige Rechtsverhältnis inzident die Prüfung der Rechtmäßigkeit der zugrundeliegenden Verordnung erfordert.[41]

Daneben eröffnet § 47 VwGO für bestimmte (nur landesrechtliche) Rechtsverordnungen die Möglichkeit einer **verwaltungsgerichtlichen Normenkontrolle** vor den Oberverwaltungsgerich-

---

36 Siehe dazu auch Chiofalo, § 21.4 Konkrete Normenkontrolle in diesem Lehrbuch.
37 BVerfG, Urt. v. 6.7.1999, Az.: 2 BvF 3/90, Rn. 111, 140 f., 158 = BVerfGE 13, 248 (30, 37, 43) – Hennenhaltungsverordnung; siehe hierzu auch: Voßkuhle/Wischmeyer, JuS 2015, 311 (313).
38 Gröpl, Staatsrecht I, 12. Aufl. 2020, § 16 Rn. 1218–1219. Vgl. auch zu Geschäftsordnungsverstößen im Gesetzgebungsverfahren Herold, § 16 Gesetzgebungsverfahren, A.III. in diesem Lehrbuch.
39 Gröpl, Staatsrecht I, 12. Aufl. 2020, § 16 Rn. 1185.
40 Siehe dazu auch Eisentraut, § 2 Die Anfechtungsklage, in: Eisentraut, Verwaltungsrecht in der Klausur, Rn. 1029.
41 Siehe dazu auch Giere, § 6 Die Feststellungsklage, in: Eisentraut, Verwaltungsrecht in der Klausur, Rn. 28.

ten. Dabei handelt es sich um eine prinzipale Normenkontrolle, die bei Ungültigkeit einer Rechtsverordnung die allgemein verbindliche Erklärung von deren Unwirksamkeit zur Folge hat, § 47 V 2 VwGO.[42]

Trotz des nicht vorhandenen Verwerfungsmonopols des BVerfG in Bezug auf Rechtsverordnungen, steht weiterhin auch die Möglichkeit offen, eine Rechtsverordnung im Rahmen einer **abstrakten Normenkontrolle** überprüfen zu lassen.

Weiterführende Studienliteratur
– Voßkuhle/Wischmeyer, Grundwissen – Öffentliches Recht: Die Rechtsverordnung, JuS 2015, 311.
– Meßerschmidt, Rechtsverordnungen: Rechtmäßigkeit und Rechtsschutz, Jura 2016, 747.

Zusammenfassung: Die wichtigsten Punkte
– Rechtsverordnungen sind **Gesetze nach dem materiellen Gesetzesbegriff**, die in der Normenhierarchie unterhalb von (formellen) Parlamentsgesetzen stehen.
– Damit Rechtsverordnungen den Anforderungen des rechtsstaatlichen **Gewaltenteilungsgrundsatzes** sowie dem demokratischen **Parlamentsvorbehalt** Rechnung tragen, bedarf es zu ihrer Wirksamkeit einer Ermächtigungsgrundlage, die sich an den Voraussetzungen des Art. 80 GG messen lassen muss. Für die **Rechtmäßigkeit einer Rechtsverordnung** muss daher sowohl die Ermächtigungsgrundlage verfassungsgemäß sein als auch die Rechtsverordnung selbst im Einklang mit der Ermächtigungsgrundlage sowie sonstigem höherrangigen Recht stehen.
– **Rechtsschutz:** In Bezug auf eine verfassungswidrige gesetzliche Ermächtigungsgrundlage liegt das Verwerfungsmonopol beim BVerfG; verfassungs- und rechtswidrige Rechtsverordnungen selbst können dagegen auch von Fachgerichten, im Rahmen einer verwaltungsgerichtlichen Normenkontrolle oder einer Inzidentprüfung, als nichtig verworfen werden.

Für dieses Kapitel gibt es frei zugängliche interaktive Übungen auf der OpenRewi-Homepage. Hierzu muss einfach der QR-Code gescannt werden.

---

42 Degenhart, Staatsrecht, 36. Aufl. 2020, Rn. 355. Siehe dazu auch Kienle, § 7 Die verwaltungsgerichtliche Normenkontrolle, in: Eisentraut, Verwaltungsrecht in der Klausur.

Ammar Bustami

§ 19 Verwaltungskompetenzen

Die Verwaltungskompetenzen der **Art. 83 ff. GG** regeln die Zuständigkeit von Bund und Ländern für den Vollzug von **Bundesgesetzen**. Das Grundgesetz unterscheidet in Landeseigenverwaltung (Art. 30, 83 f. GG), Bundesauftragsverwaltung (Art. 85 GG) und die Bundesverwaltung (Art. 86 GG).

Der **Begriff der Verwaltung** im Kontext der Art. 83 ff. GG ist durchaus **weit zu verstehen**. Dabei ist zwischen **gesetzesakzessorischer** und **nicht gesetzesakzessorischer** Verwaltung zu unterscheiden. Bei ersterer handelt es sich um die Anwendung von Bundes- oder Landesgesetzen gegenüber dem:der Bürger:in; bei der zweiten um Verwaltung, die eben nicht in der Ausführung von Gesetzen besteht. Neben Verwaltung allgemeiner Art fallen in den Bereich der Art. 83 ff. GG auch die Sonderverwaltung von Bundeswehr (Art. 87 a f. GG) und Bundesbank (Art. 88 GG).

Landesgesetze werden im Umkehrschluss immer nur von Behörden des Landes und **niemals** von Bundesbehörden ausgeführt.[1] Bundesbehörden brauchen immer eine bundesgesetzliche Ermächtigungsgrundlage für eigenes Tätigwerden. Sie können sich nicht auf Landesrecht berufen.

---

1 Dazu BVerfG, Urt. v. 28.2.1961, Az.: 2 BvG 1, 2/60, Rn. 65 = BVerfGE 12, 205 (221); BVerfG, Beschl. v. 11.4.1967, Az.: 2 BvG 1/62, Rn. 41 = BVerfGE 21, 312 (325 ff.).

∂ Open Access. © 2022 Maximilian Herold, publiziert von De Gruyter. [cc] BY-SA Dieses Werk ist lizenziert unter einer Creative Commons Namensnennung-Weitergabe unter gleichen Bedingungen 4.0 International Lizenz.
https://doi.org/10.1515/9783110786965-052

Übersicht Verwaltungskompetenzen

	durch Landesbehörden		durch Bundesbehörden
Vollzug von Landesrecht	Grundsatz aus **Art. 30 GG**: Landesvollzug von Landesrecht		Zwar Bindung von Bundesbehörden an Landesrecht, aber **kein Vollzug von Landesrecht durch Bundesbehörden**
Vollzug von Bundesrecht	**Landeseigene Verwaltung** bzw. Bundesaufsichtsverwaltung gemäß **Art. 84 GG** (Grundsatz aus Art. 83 GG)	**Bundesauftragsverwaltung gemäß Art. 85 GG** (Ausnahme von Art. 83 GG, gesetzliche Anordnung erforderlich)	**Bundeseigenverwaltung gemäß Art. 86, 87 GG**
	1. Wahrnehmungskompetenz (Wer tritt nach außen in Erscheinung?) liegt grundsätzlich beim Land, d. h. den Ländern obliegt die Einrichtung der Behörden sowie die Festlegung der Zuständigkeiten und Verfahren; Sachkompetenz (Wer trifft die Entscheidungen in der Sache?) grundsätzlich auch beim Land **(Abs. 1)** 2. Mit Zustimmung des Bundesrates kann die Bundesregierung Verwaltungsvorschriften erlassen **(Abs. 2)** 3. (bloße) Rechtsaufsicht des Bundes **(Abs. 3 S. 1)** 4. Möglichkeit der Mängelrüge **(Abs. 4)** 5. Einzelfallweisung der Bundesregierung nur durch gesetzliche Ermächtigung **(Abs. 5)**	1. Wahrnehmungskompetenz grundsätzlich beim Land, Sachkompetenz zunächst beim Land aber generelle Möglichkeit der Weisung **(Abs. 1)** 2. Auch hier mit Zustimmung des Bundesrates Erlass von Verwaltungsvorschriften durch die Bundesregierung möglich **(Abs. 2)** 3. Rechts- **und Fachaufsicht** des Bundes **(Abs. 4 S. 1)** 4. Hier grundsätzlich Weisungsrecht des Bundes durch die obersten Bundesbehörden **(Abs. 3)**, Bund kann somit die Sachkompetenz an sich ziehen **P: Schranken des Weisungsrechts?** 1. Inanspruchnahme der Weisungsbefugnis oder Weisung selbst verfassungswidrig (wohl auf Evidenz beschränkt) 2. Gebot der Weisungsklarheit 3. Grundsatz des bundesfreundlichen Verhaltens (vorherige Gelegenheit zur Stellungnahme)	1. Wahrnehmungs- und Sachkompetenz beim Bund **(Art. 86 S. 2 GG)** 2. Erlass von Verwaltungsvorschriften durch Bundesregierung **(Art. 86 S. 1 GG)** **Überblick:** 3. Unterscheidung in **obligatorische** (Art. 87 Abs. 1 S. 1, Abs. 2 S. 1 GG) **und fakultative** (Art. 87 Abs. 1 S. 2, Abs. 3 GG) Bundesverwaltung 4. Unterscheidung zwischen **unmittelbarer** (Vollzug durch eigene Behörden bzw. Organe, deren Rechtsträger der Bund ist) **und mittelbarer** (Vollzug durch selbständige juristische Personen des öffentlichen Rechts als eigene Rechtsträger) Bundesverwaltung 5. Unterscheidung zwischen Bundesverwaltung **mit und ohne Verwaltungsunterbau** (folgen den obersten Bundesbehörden oder Bundesoberbehörden noch Mittel- und Unterbehörden)

A. Landeseigenverwaltung

I. Grundsatz der Art. 30, Art. 83f. GG

Wie Art. 70 I GG konkretisiert Art. 83 GG für die Verwaltungskompetenzen den bereits in Art. 30 GG enthaltenen Grundsatz, nach dem die Länder für die Ausführung der Bundesgesetze als staatliche Aufgabe zuständig sind, soweit nicht das Grundgesetz dem Bund die Verwaltungskompetenz einräumt. Demnach verfügen die Länder über die **Residualkompetenz**. Die Landeseigenverwaltung ist somit die **grundsätzliche Verwaltungsform**.[2] Im Gegensatz zu den Gesetzgebungskompetenzen bleibt die Ausführung der Bundesgesetze auch größtenteils Ländersache.

Gleichzeitig stellen die Gesetzgebungskompetenzen des Bundes die äußerste Grenze seiner Verwaltungskompetenzen dar.[3] Wo der Bund schon nicht gesetzgebungsbefugt ist, können ihm keine Verwaltungskompetenzen zustehen. Umgekehrt darf wegen Art. 83 GG aber **nie** beim Vorliegen einer Gesetzgebungskompetenz des Bundes einfach davon ausgegangen werden, dass dem Bund auch die Verwaltungskompetenz zustünde.[4]

1. Pflicht der Länder zur Ausführung und Recht des Bundes

Trotz der weitgehend eigenverantwortlichen Handhabung der landeseigenen Verwaltung der Bundesgesetze besteht eine grundsätzliche **Pflicht der Länder**, die Gesetze des Bundes ordnungsgemäß auszuführen.[5] Darauf verweist bereits der Wortlaut des Art. 83 GG („[...] führen [...] aus"). Der Bundesgesetzgeber gibt mit seiner Norm einen **verbindlichen Auftrag** an die Länder, sie bundeseinheitlich zu vollziehen.[6] Trotz ihrer Organisationshoheit und Wahrnehmungskompetenz gegenüber dem:der Bürger:in müssen die Länder ihre Verwaltung nach Art, Umfang und Leistungsvermögen entsprechend den Anforderungen sachgerechter Erledigung dieses Bundesauftrags einrichten.[7] Es besteht für sie ein faktisches

---

2 Trute, in: v. Mangoldt/Klein/Starck, GG, 7. Aufl. 2018, Bd. III, Art. 83 Rn. 12.
3 BVerfG, Urt. v. 28.2.1961, Az.: 2 BvG 1, 2/60, Rn. 91 = BVerfGE 12, 205 (229).
4 Kirchhof, in: Dürig/Herzog/Scholz, GG, 95. EL 7.2021, Art. 83 Rn. 74.
5 BVerfG, Beschl. v. 8.4.1987, Az.: 2 BvR 909/82 u.a., Rn. 172 = BVerfGE 75, 108, (150); BVerfG, Urt. v. 10.3.1980, Az.: 2 BvF 3/77, Rn. 113 = BVerfGE 55, 274, (318); BVerfG, Beschl. v. 25.6.1974, Az.: 2 BvF 3/73, Rn. 96 = BVerfGE 37, 363 (385).
6 Kirchhof, in: Dürig/Herzog/Scholz, GG, 95. EL 7.2021, Art. 83 Rn. 168.
7 BVerfG, Urt. v. 10.12.1980, Az.: 2 BvF 3/77, Rn. 113 = BVerfGE 55, 274 (318).

Maximilian Herold

Gebot effektiver Ausführung der Bundesgesetze.[8] Kehrseite der Pflicht der Länder ist ein **Recht des Bundes auf ordnungsgemäße Ausführung seiner Gesetze**, das er im Verfahren des Bund-Länder-Streits als verfassungsrechtliches Recht i. S. v. § 69 i. V. m. § 64 I BVerfGG durchsetzen kann.

2. Ausgestaltung durch die Länder, Art. 84 I GG

Art. 84 I 1 GG konkretisiert die Ausgestaltung durch die Länder als eigene Angelegenheit: Ihnen obliegt im Normalfall die Einrichtung der Behörden und die Regelung des Verwaltungsverfahrens. Der hierdurch entstandene Verwaltungsaufbau ist nie den Bundesorganen im Sinn eines hierarchischen Verwaltungsaufbaus nachgeordnet.[9] Das gilt auch für die Bundesauftragsverwaltung.[10]

Regelt der Bund, gestützt auf die **Gesetzgebungskompetenz aus Art. 84 I 2 GG**, für diese Aspekte etwas anderes, können die Länder über Art. 84 I 2–4 GG **abweichen**. Für diese Kollision gilt nach Art. 84 I 4 GG der *lex-posterior-Grundsatz* des Art. 72 III 3 GG. Theoretisch besteht also für die Einrichtung der Behörden und der Bestimmung des Verwaltungsverfahrens die Möglichkeit der „Ping-Pong Gesetzgebung".[11] Nur nach Art. 84 I 5, 6 GG kann der Bund im **Ausnahmefall** bei der Landeseigenverwaltung mit Zustimmung des Bundesrats bei einem besonderen Bedürfnis ein bundeseinheitliches Verwaltungsverfahren **ohne Abweichungsmöglichkeit** etablieren. Dabei legt schon der Wortlaut nahe, dass hier Restriktion geboten ist und insofern den Bund gesteigerte Begründungsanforderungen treffen, wobei ihm hierfür ein **Beurteilungsspielraum** zuzugestehen ist, der nur auf evidente Verletzungsfälle vom BVerfG überprüft werden kann.[12]

3. Kommunales Durchgriffsverbot des Art. 84 I 7 GG

Unscheinbar findet sich im letzten Satz des Art. 84 I GG das von der Föderalismusreform 2006 eingeführte sogenannte kommunale Durchgriffs- oder **Aufgabenübertragungsverbot**. Sein Pendant für die Bundesauftragsverwaltung bildet Art. 85 I 2 GG. Es gilt daher für sämtlichen Landesvollzug von Bundesgesetzen und stellt die Problemlösung für die **finanziellen Lasten der Gemeinden** dar, die ihnen aufgrund der durch den Bund übertragenen Aufgaben entstanden.

---

8 Trute, in: v. Mangoldt/Klein/Starck, GG, 7. Aufl. 2018, Bd. III, Art. 83 Rn. 75.
9 Degenhart, Staatsrecht I, 36. Aufl. 2020, Rn. 522.
10 Degenhart, Staatsrecht I, 36. Aufl. 2020, Rn. 526.
11 Ipsen, NJW 2006, 2801 (2805).
12 Ausführlich Trute, in: v. Mangoldt/Klein/Starck, GG, 7. Aufl. 2018, Bd. III, Art. 84 Rn. 38 ff.

Maximilian Herold

ℹ Weiterführendes Wissen

Die Landesverfassungen enthalten nur ein **Konnexitätsprinzip** für Aufgaben, die den Gemeinden vom Land übertragen werden. Zwar kann der Bund noch gem. Art. 84 I 2 GG die Einrichtung der Behörden regeln, doch richtet sich die Aufgabenübertragung von ihm allein an die Länder. Sie entscheiden allein, welche Aufgaben sie selbst als unmittelbare Landesverwaltung wahrnehmen und welche sie an die ihnen zugeordneten Kommunen übertragen, wofür dann der **konnexe Finanzausgleich** zu erfolgen hat.[13] Zu beachten ist, dass der Bund zur maßvollen Fortschreibung des Übergangsrechts über Art. 125a I GG befugt ist und daher den Kommunen nach altem Bundesrecht vor Einfügung des Art. 84 I 7 GG zulässigerweise zugewiesene Aufgaben in gewissem Umfang modifizieren kann.[14]

---

4. Erlass von Verwaltungsvorschriften durch den Bund, Art. 84 II GG

Mit Zustimmung des Bundesrats kann die Bundesregierung allgemeine Verwaltungsvorschriften in Akzessorietät zum auszuführenden Bundesgesetz erlassen. Für die **Bundesauftragsverwaltung** findet sich in Art. 85 II 1 GG die parallele Regelung. Verwaltungsvorschriften stellen eigentlich generell-abstrakte verbindliche Anordnungen einer Behörde an nachgeordnete Behörden innerhalb desselben Verwaltungsträgers dar, während durch Art. 84 II GG die Bundesregierung die Bindung eines anderen Verwaltungsträgers erreicht. Es handelt sich hier nicht mehr um intra-, sondern um **intersubjektive Verwaltungsvorschriften**.[15] Durch diese Wirkweise entstehen **Einordnungsschwierigkeiten**, inwiefern die eigentlich als bloßes Binnenrecht zu qualifizierenden Verwaltungsvorschriften nicht doch gerichtlich überprüfbare Rechtsnormen mit Außenwirkung darstellen.[16] Inhaltlich können sie sich jedenfalls auf den Vollzug des materiellen Bundesrechts sowie auf die Behördenorganisation und das Verwaltungsverfahren der Länder nach Art. 84 I GG beziehen.[17] Gewissermaßen besitzen sie eine kompensierende Funktion hinsichtlich des fehlenden (grundsätzlichen) Weisungsrechts und gewähren dem Bund so eine weiche allgemeine Einflussmöglichkeit auf die Landeseigenverwaltung.

---

13 Trute, in: v. Mangoldt/Klein/Starck, GG, 7. Aufl. 2018, Bd. III, Art. 84 Rn. 55 f.
14 Vgl. BVerfG, Urt. v. 9.6.2004, Az.: 1 BvR 636/02, Rn. 111 = BVerfGE 111, 10 (31).
15 Trute, in: v. Mangoldt/Klein/Starck, GG, 7. Aufl. 2018, Bd. III, Art. 84 Rn. 62.
16 Kirchhof, in: Dürig/Herzog/Scholz, GG, 95. EL 7.2021, Art. 84 Rn. 195 ff.
17 Kirchhof, in: Dürig/Herzog/Scholz, GG, 95. EL 7.2021, Art. 84 Rn. 188.

Maximilian Herold

II. Aufsicht durch den Bund

1. Beschränkung auf Rechtsaufsicht, Art. 84 III GG

Die Aufsicht des Bundes ist gem. Art. 84 III GG darauf beschränkt, dass die Länder die Bundesgesetze dem geltenden Recht entsprechend ausüben. Bewertungsmaßstab sind die auszuführenden Normen selbst aber auch alle Normen, die für das zu beaufsichtigende Verhalten als solches gelten.[18] Diese Rechtmäßigkeitskontrolle bleibt **punktueller Natur** und erlaubt dem Bund nur ein Vorgehen bei konkreten Tatbeständen, die einen Fehlvollzug vermuten lassen.[19] Mit der bloßen Rechtsaufsicht in Abgrenzung zur Fachaufsicht verbunden ist, dass dem Bund das Mittel der fachlichen Weisung fehlt. Er kann grundsätzlich nicht dem Land eine bestimmte Sachentscheidung gegenüber dem:der Bürger:in vorgeben, die er für fachlich wie politisch opportun hält. Ihm verbleibt nach Art. 84 III 2 GG, einen **Beauftragten** zu den obersten Landesbehörden oder – mit Zustimmung des Bundesrats – zu den nachgeordneten Behörden zu entsenden. Diese Beauftragten können als Hilfsorgane der Bundesregierung ihrerseits im Verhältnis zum Land Untersuchungen anstellen, indem sie Informationen erheben, Ermittlungen durchführen oder auch Akten einsehen sowie im Ergebnis (unverbindliche) Beanstandungen rechtswidrigen Vollzugs aussprechen können.[20] Eine Weisungsbefugnis fehlt jedoch *a maiore ad minus* auch ihnen.

2. Mängelrügeverfahren des Art. 84 IV GG

Die Mängelrüge des Art. 84 IV GG stellt die Lösung für den Streit zwischen Bund und jeweiligem Land über die Rechtmäßigkeit der Ausführung der Bundesgesetze dar.[21] Stellt die Bundesregierung als Kollegialorgan Mängel bei der Ausführung der Bundesgesetze in den Ländern fest und werden diese nicht beseitigt, so kommt dem **Bundesrat** zunächst eine **Vermittlerrolle** zu. Er entscheidet darüber, ob das Land rechtswidrig gehandelt hat. Dabei ist seine Entscheidung weder abschließend noch verbindlich. Ziel der Entscheidung ist es dennoch, die Beteiligten zunächst **ohne Zwang** zu rechtmäßigem Verhalten zu bewegen und daher politisch heikle Situationen zu entschärfen.[22] Je nach dem, ob sich der Bundesrat in seinem

---

18 Trute, in: v. Mangoldt/Klein/Starck, GG, 7. Aufl. 2018, Bd. III, Art. 84 Rn. 83.
19 Kirchhof, in: Dürig/Herzog/Scholz, GG, 95. EL 7.2021, Art. 84 Rn. 212 m.w.N.
20 Trute, in: v. Mangoldt/Klein/Starck, GG, 7. Aufl. 2018, Bd. III, Art. 84 Rn. 85.
21 Umstritten ist, ob die Mängelrüge selbst zu den Aufsichtsmitteln zählt: dagegen Kirchhof, in: Maunz/Dürig, GG, 93. EL 10.2020, Art. 84 Rn. 2; a.A. scheinbar Trute, in: v. Mangoldt/Klein/Starck, GG, 7. Aufl. 2018, Bd. III, Art. 84 Rn. 86
22 Trute, in: v. Mangoldt/Klein/Starck, GG, 7. Aufl. 2018, Bd. III, Art. 84 Rn. 90 m.w.N.

Beschluss der Bundesregierung anschließt oder nicht, steht entweder der Bundesregierung *oder* dem betroffenen Land zu, gegen den sie dann belastenden Beschluss des Bundesrats gem. Art. 84 IV 2 GG das BVerfG anzurufen und ein Bund-Länder Streitverfahren i.S.v. Art. 93 I Nr. 3 GG zu betreiben.

ℹ Weiterführendes Wissen

Ein **drittes Land** kann aus Gründen der Prozessökonomie sowie der Sicherstellung eines raschen und effektiven Vollzugs von Bundesgesetzen ebenfalls antragsberechtigt und -befugt sein, gegen den Beschluss des Bundesrats vorzugehen.[23] Zu beachten ist die **Monatsfrist des § 70 BVerfGG**. Wenn das Land nicht innerhalb der Frist das BVerfG anruft und den von Bundesregierung und Bundesrat festgestellten Mangel nicht beseitigt, so kommt die Anwendung des Bundeszwangs nach Art. 37 I GG in Betracht.[24]

---

3. Ausnahmefall der Einzelweisung, Art. 84 V GG

Über Art. 84 V GG besteht auch im Rahmen der landeseigenen Verwaltung die Möglichkeit zur Einzelweisung **in besonderen Fällen**. Auf keinen Fall darf Art. 84 V GG mit dem Weisungsrecht aus Art. 85 III GG verwechselt werden! Einzelweisungen sind für die adressierten Länder **rechtsverbindliche** Anordnungen, die für einen konkreten Sachverhalt des Gesetzesvollzugs ergehen, ohne auf Rechtswirkung nach außen gerichtet zu sein.[25] Erforderlich ist eine **bundesgesetzliche Ermächtigungsgrundlage** mit Zustimmung des Bundesrats. Im Gegensatz zum grundsätzlichen Weisungsrecht der Bundesauftragsverwaltung aus Art. 85 III GG, das dort unmittelbar aus dem Grundgesetz folgt, ist eine globale Ermächtigung zur „Einzelweisung" über das Zustimmungsgesetz ohne Begrenzung auf konkrete Vollzugsvorgänge nach Art. 84 V GG ausgeschlossen.[26] Art. 84 V GG hat keine praktische Bedeutung erlangt.[27]

---

23 Kirchhof, in: Dürig/Herzog/Scholz, GG, 95. EL 7.2021, Art. 84 Rn. 252.
24 Trute, in: v. Mangoldt/Klein/Starck, GG, 7. Aufl. 2018, Bd. III, Art. 84 Rn. 91.
25 Vgl. nur Trute, in: v. Mangoldt/Klein/Starck, GG, 7. Aufl. 2018, Bd. III, Art. 84 Rn. 70.
26 Trute, in: v. Mangoldt/Klein/Starck, GG, 7. Aufl. 2018, Bd. III, Art. 84 Rn. 72.
27 Degenhart, Staatsrecht I, 36. Aufl. 2020, Rn. 522.

Maximilian Herold

B. Bundesauftragsverwaltung

I. Ausnahmemodell in Art. 85 GG

In explizit anzuordnenden Fällen (Ausnahme von Art. 83 GG) vollziehen die Länder die Bundesgesetze gem. Art. 85 I 1 GG **im Auftrag des Bundes.** Diese Bundesauftragsverwaltung bringt einen weitaus stärkeren Einfluss des Bundes mit sich, weshalb sie auch als Zwischenform von Landes- und Bundesverwaltung beschrieben wird.[28] Einige Fälle der Auftragsverwaltung schreibt das Grundgesetz als **obligatorisch** vor.

Beispiele: Fälle obligatorischer Auftragsverwaltung sind Art. 90 II, 104a III 2, 108 III 1 GG.

Daneben gewährt das Grundgesetz in anderen Fällen die **fakultative** Anordnung der Auftragsverwaltung durch Bundesgesetz. Der Bund kann also **mittels einfachen Bundesgesetzes**, das meist der Zustimmung des Bundesrats bedarf, zur Bundesauftragsverwaltung greifen, um sich die stärkeren Ingerenzrechte vorzubehalten.

Beispiele: Fälle fakultativer Auftragsverwaltung sind Art. 87b II, 87c, 87d II, 89 II 3 und 4, 120a I GG.

1. Vollzug durch die Länder, Art. 85 I GG

Im Ausgangspunkt bleibt die Verantwortung für die Vollzugstätigkeit noch bei den Ländern. Nur weil ein Fall der Bundesauftragsverwaltung vorliegt, müssen Landesbehörden nicht vor jeder Maßnahme die Anweisung und Genehmigung des Bundes einholen, sondern verfügen zunächst wie bei der landeseigenen Verwaltung über die **Sachkompetenz.**[29] Der Bund kann diese Sachkompetenz hier jedoch an sich ziehen, indem er von seinem Weisungsrecht Gebrauch macht, um damit eine konkrete Verwaltungsentscheidung selbst zu treffen.

Zu beachten ist, dass die **Wahrnehmungskompetenz** bei den Ländern bleibt. Die Länder sind es, die im Verhältnis zu Dritten die rechtsverbindlichen Maßnahmen erlassen.[30] Jenseits der begrenzten Einflussmöglichkeiten des Bun-

---

28 Trute, in: v. Mangoldt/Klein/Starck, GG, 7. Aufl. 2018, Bd. III, Art. 85 Rn. 3e.
29 Vgl. Degenhart, Staatsrecht I, 36. Aufl. 2020, Rn. 526.
30 BVerfG, Urt. v. 19.2.2002, Az.: 2 BvG 2/00, Rn. 76 = BVerfGE 104, 249 (266); BVerfG, Urt. v. 22.5.1990, Az.: 2 BvG 1/88, Rn. 89 = BVerfGE 81, 310 (332).

des über Art. 85 I und II GG verbleiben bei ihnen die **Personalhoheit** und die **Einrichtung der Behörden**.

Ein Konflikt mit der Wahrnehmungskompetenz der Länder entsteht, wenn der Bund zur Ausübung seiner Sachkompetenz nach außen hin tätig wird. Unzulässig ist, dass der Bund **rechtsverbindlich** nach außen handelt.[31] Oft ist es aber erforderlich, dass der Bund zur Ausübung des Weisungsrechts entsprechende Vorbereitungsmaßnahmen trifft. Dazu gehört auch, dass er bei den Adressaten der von den Ländern im Außenverhältnis auszuführenden Verwaltungsentscheidung Auskünfte einholt und Verhandlungen führt.[32]

2. Grundsätzliche Einflussnahme durch den Bund, Art. 85 II GG

Wie über Art. 84 II GG kann der Bund bei der Bundesauftragsverwaltung über Art. 85 II 1 GG durch allgemeine Verwaltungsvorschriften der Bundesregierung mit Zustimmung des Bundesrats Einfluss auf die Vollzugstätigkeit nehmen. Da im Fall der Bundesauftragsverwaltung ein grundsätzliches Weisungsrecht des Bundes besteht, kommt den allgemeinen Verwaltungsvorschriften nur geringe Bedeutung zu. Weiterhin besitzt er gem. Art. 85 II 2 und 3 GG einen unmittelbaren Einfluss auf die Personalhoheit der Länder. Die Regelung einer einheitlichen Ausbildung der Beamten:innen und Angestellten bleibt neben den zahlreichen Vorschriften des allgemeinen Beamtenrechts weitgehend gering. Die Leiter:innen der Mittelbehörden müssen jedoch im Einvernehmen mit der Bundesregierung bestellt werden. Als Mittelbehörden i. S. v. Art. 85 II 3 GG sind nur solche der Sonderverwaltung und gerade nicht diejenigen der allgemeinen Landesverwaltung aufzufassen, auch wenn letztere Auftragsverwaltung betreiben.[33]

II. Aufsicht durch den Bund

1. Inhalt und Grenzen des Weisungsrechts von Art. 85 III GG

Die in Staatspraxis und Klausuren besonders streitträchtigen Fälle spielen sich innerhalb des Weisungsrechts des Bundes über Art. 85 III GG ab. Mit der Weisung kann der Bund dem Land eine konkrete Verwaltungsentscheidung vorschreiben. Hierbei handelt es sich um einzelfallbezogene Regelungen gegenüber dem Land,

---

31 Vgl. dazu Trute, in: v. Mangoldt/Klein/Starck, GG, 7. Aufl. 2018, Bd. III, Art. 85 Rn. 6.

32 Vgl. dazu Degenhart, Staatsrecht I, 36. Aufl. 2020, Rn. 526; teilweise wird angenommen, dass die Verwaltungsvorschriften vorrangig seien: Trute, in: v. Mangoldt/Klein/Starck, GG, 7. Aufl. 2018, Bd. III, Art. 85 Rn. 16. m. w. N.

33 Trute, in: v. Mangoldt/Klein/Starck, GG, 7. Aufl. 2018, Bd. III, Art. 85 Rn. 19 f. m. w. N.

Maximilian Herold

welche gegenständlich **nicht beschränkt** sind und sich wegen der die Recht- und Zweckmäßigkeit umfassenden Aufsichtsform potenziell auf die gesamte Vollzugstätigkeit des Landes im Anwendungsbereich des Art. 85 GG auswirken können.[34]

Mitenthalten sind **Auskunfts- und Informationsrechte** des Bundes für Vorfeldmaßnahmen.[35] Wie oben erläutert, sind diese nicht auf ein Auskunftsverlangen gegenüber den Ländern beschränkt. Unabhängig von der bipolaren Bund-Länder Systematik des Weisungsrechts kann der Bund grundsätzlich auch bei Dritten, sogar wenn diese selbst potenzielle Adressaten der Vollzugshandlung der Länder werden, zur Ausübung der Sachkompetenz Informationen erheben und in Verhandlungen treten.

Weiterführendes Wissen

Virulent wurde eine mögliche Verletzung der Wahrnehmungskompetenz im Fall des **Kernkraftwerks Biblis**.[36] Der Bund übernahm hier faktisch die Geschäftsleitung der Anlage als er mit den Betreibern unmittelbar in Verhandlungen trat. Aufgeworfen wurden mehrere Abgrenzungsfragen zwischen der Wahrnehmungs- und der Sachkompetenz wie auch der konkreten Einordnung informaler Vorbereitungshandlungen. Im Sondervotum zur Entscheidung wird von einer weiten Wahrnehmungskompetenz der Länder ausgegangen. Sie sei verletzt, wenn der Bund zielgerichtet und unmittelbar privates Verhalten (auch ohne Rechtsverbindlichkeit) beeinflusst.[37] In Klausuren sollte an der **Grenze des rechtsverbindlichen Verhaltens** als Maßstab festgehalten werden. Zur Handhabung von Abgrenzungsfragen ist zu ermitteln, ob das informale Handeln durch den Bund im Ergebnis einer rechtsverbindlichen Entscheidung nach außen **materiell gleichkommt**.[38]

Konflikte entstehen auch dann, wenn **das Land der verbindlichen Weisung** die Gefolgschaft mit der Begründung **verweigert**, dass eben diese Weisung rechtswidrig sei oder das Land sodann zu rechtswidrigem Verhalten verpflichte. Die Bindungswirkung der Weisung tritt dem Grunde nach unabhängig von der Beurteilung der Recht- oder Zweckmäßigkeit der mit ihr angewiesenen Ausführung ein, da Sinn und Zweck des Weisungsrechts gerade ist, die Sichtweise des Bun-

---

34 BVerfG, Urt. v. 19.2.2002, Az.: 2 BvG 2/00, Rn. 116 = BVerfGE 104, 249; BVerfG, Urt. v. 22.5.1990, Az.: 2 BvG 1/88, Rn. 96 = BVerfGE 81, 310 (335); zusammenfassend Trute, in: v. Mangoldt/Klein/Starck, GG, 7. Aufl. 2018, Bd. III, Art. 85 Rn. 24 f.

35 Trute, in: v. Mangoldt/Klein/Starck, GG, 7. Aufl. 2018, Bd. III, Art. 85 Rn. 34 m.w.N.

36 BVerfG, Urt. v. 19.2.2002, Az.: 2 BvG 2/00 = BVerfGE 104, 249

37 BVerfG, Urt. v. 19.2.2002, Az.: 2 BvG 2/00, Rn. 103 ff. = BVerfGE 104, 249 (273 ff.); Besprechung bei Sachs, JuS 2002, 1019.

38 BVerfG, Urt. v. 19.2.2002, Az.: 2 BvG 2/00, Rn. 80 = BVerfGE 104, 249 (273 ff.); zu allem Trute, in: v. Mangoldt/Klein/Starck, GG, 7. Aufl. 2018, Bd. III, Art. 85 Rn. 34.

Maximilian Herold

des hinsichtlich des Vollzugs verbindlich zu machen.[39] Daran ändert sich auch nichts, wenn das Land letztlich für das vermeintlich rechtswidrige Handeln gegenüber Dritten selbst haftet.[40] Die Grenze dürfte aber dann erreicht sein, wenn die Weisung selbst schon an evidenten und schweren Fehlern leidet, die auf ihre gänzliche **Nichtigkeit** schließen lassen.[41] Man mag diese Situation mit Fällen des **Rechtsmissbrauchs** durch den Bund umschreiben.[42] Ein solcher liegt vor, wenn die zuständige oberste Bundesbehörde unter grober Missachtung der ihr obliegenden Obhutspflichten zu einem Tun oder Unterlassen anweist, welches im Hinblick auf die damit einhergehende Gefährdung oder Verletzung von Rechtsgütern schlechterdings nicht mehr verantwortet werden kann.[43] Die äußerste Grenze bildet damit das **Rechtsstaatsprinzip** mit einer **Evidenzkontrolle.**

Neben den oben dargestellten Gesichtspunkten ergeben sich für die Weisung davor auch weitere Rechtmäßigkeitsvoraussetzungen. Zunächst fordert Art. 85 III 2 GG ausdrücklich, dass die Weisungen an die obersten Landesbehörden (Ministerien) als **richtige Weisungsadressaten** zu richten sind. In verfahrensmäßiger Hinsicht folgert das BVerfG aus dem **Gebot der Bundestreue**, dass den Bund bei der Inanspruchnahme seines grundsätzlich gegebenen Weisungsrechts **Rücksichtnahmepflichten** treffen.[44] So darf er das Land nicht einfach mit der Weisung „überfallen", sondern hat vorher anzukündigen, dass er die Sachkompetenz an sich ziehen will, und das Land hierbei um **Stellungnahme** zu bitten.[45] In förmlicher Hinsicht muss endlich das **Gebot der Weisungsklarheit** beachtet werden. Für das Land muss erkennbar sein, zu welchem Verwaltungshandeln es konkret und verbindlich angewiesen wird und zu welchem nicht. Dabei sind auch vorangegangene Korrespondenzen ohne verbindliche Anordnung zur Ermittlung des objektiven Sinns der Weisung heranzuziehen. Dass die Weisung nur richtungsgebend, aber eben konkretisierungsbedürftig ist, ist allerdings nicht per se ausgeschlossen.[46]

---

39 Trute, in: v. Mangoldt/Klein/Starck, GG, 7. Aufl. 2018, Bd. III, Art. 85 Rn. 29.

40 Vgl. BVerfG, Urt. v. 22.5.1990, Az.: 2 BvG 1/88, Rn. 89 = BVerfGE 81, 310 (335).

41 Trute, in: v. Mangoldt/Klein/Starck, GG, 7. Aufl. 2018, Bd. III, Art. 85 Rn. 30.

42 Degenhart, Staatsrecht I, 36. Aufl. 2020, Rn. 529.

43 BVerfG, Urt. v. 22.5.1990, Az.: 2 BvG 1/88, Rn. 93 = BVerfGE 81, 310 (333 ff.); vgl. Trute, in: v. Mangoldt/Klein/Starck, GG, 7. Aufl. 2018, Bd. III, Art. 85 Rn. 33.

44 Zu Allem Trute, in: v. Mangoldt/Klein/Starck, GG, 7. Aufl. 2018, Bd. III, Art. 83 Rn. 1 m.w.N.

45 BVerfG, Urt. v. 22.5.1990, Az.: 2 BvG 1/88, Rn. 102 = BVerfGE 81, 310 (337 f.); vgl. ausdrücklich Degenhart, Staatsrecht I, 36. Aufl. 2020, Rn. 529.

46 Letztlich dürften auch die formellen Voraussetzungen nur Extremfälle verfassungswidriger Weisungen erfassen, vgl. BVerfG, Urt. v. 22.5.1990, Az.: 2 BvG 1/88, Rn. 112 = BVerfGE 81, 310 (336 f.); Trute, in: v. Mangoldt/Klein/Starck, GG, 7. Aufl. 2018, Bd. III, Art. 85 Rn. 32.

Maximilian Herold

Weiterführendes Wissen

Die ehemalige **Eisenerzgrube Konrad** in Niedersachsen soll nach Ansicht der Bundesregierung Atommüllendlager werden.[47] Nach Beginn des Planfeststellungsverfahrens weigert sich jedoch der neue Landesumweltminister L, der ein entschiedener Gegner von Atomkraft ist, die Umweltverträglichkeitsprüfung anzuerkennen und das Planfeststellungsverfahren fortzuführen. Die Bundesumweltministerin B teilt die Bedenken nicht und will das Verfahren abschließen lassen. Sie weist nach mehreren Schreiben und Gesprächen, in denen sie auch auf ein mögliches Weisungsrecht ihrerseits hinweist, den L an, das Verfahren weiterzuführen. Aus **Art. 87c i.V.m. Art. 73 I Nr. 14 GG** ergibt sich die fakultative Auftragsverwaltung für die Endlagerung von Atommüll, die in **§ 24 AtG** dann auch angeordnet wurde. Da ein Fall der Auftragsverwaltung vorliegt, besitzt B gegenüber L die Weisungskompetenz aus Art. 85 III GG. Mit der alleinigen Behauptung, dass die Weisung in atomrechtlicher Hinsicht rechtswidrig wäre, weil „nur" die Umweltverträglichkeitsprüfung bisher fehlerhaft gewesen sei, wird L nicht gehört.

2. Recht des angewiesenen Landes und Rechtsweg gegen die Weisung

Von der möglichen evidenten Rechts- bzw. Verfassungswidrigkeit einer Weisung hängt es auch ab, ob das Land in seinen Rechten verletzt ist und wenn ja, wie es eine solche Rechtsverletzung geltend machen kann. Aus **Art. 85 GG** kann, ähnlich wie aus Art. 83 GG für den Bund, auch ein entsprechendes **Recht des Landes** entwickelt werden, dass ihm seine Wahrnehmungskompetenz im Rahmen des Bund-Länder Verhältnisses überlassen bleibt. Es hängt vom Einzelfall ab, ob die rechtswidrige Weisung des Bundes vom Land vor dem BVerfG oder dem BVerwG angegriffen wird. Vor dem BVerfG ist ein **Bund-Länder-Streit** i.S.v. Art. 93 I Nr. 3 GG das einschlägige Verfahren. Das BVerwG könnte wegen § 50 I Nr. 1 VwGO zuständig sein, soweit keine **verfassungsrechtliche Streitigkeit** i.S.v. § 40 I 1 VwGO vorliegt. Auf jeden Fall verfassungsrechtlicher Art sind die Streitigkeiten, die sich um die genuin verfassungsrechtlichen Voraussetzungen des Weisungsrechts drehen, etwa ob überhaupt eine Weisungsbefugnis der Bundesauftragsverwaltung vorliegt, ob das Gebot der Weisungsklarheit eingehalten worden ist oder ob der Bund seiner Pflicht zu bundesfreundlichem Verhalten nachgekommen ist.[48] Sobald also die Verwaltungskompetenzen an sich fraglich werden, wird um die Auslegung von Verfassungsrecht gestritten. Wenn es hingegen allein darum geht, ob die Weisung mit dem geltenden (einfach-rechtlichen) Fachrecht in Einklang steht, handelt es sich um eine nicht-verfassungsrechtliche Streitigkeit, für die der Verwaltungsrechtsweg gemäß § 40 I 1 VwGO eröffnet und das

---

47 BVerfG, Urt. v. 10.4.1991, Az.: 2 BvG 1/91 – Schacht Konrad = BVerfGE 84, 25.
48 BVerfG, Urt. v. 22.5.1990, Az.: 2 BvG 1/88, Rn. 95 ff. = BVerfGE 81, 310 (332 ff.) = NJW 1990, 3007; Kirchhof, in: Dürig/Herzog/Scholz, GG, 95. EL 7.2021, Art. 85 Rn. 73; Ehlers/Schneider, in: Schoch/Schneider, VwGO, 39. EL 7.2020, § 40 Rn. 196.

Maximilian Herold

BVerwG gem. § 50 I Nr. 1 VwGO zuständig ist. In beiden Konstellationen ist jedoch zu beachten, dass es für die Rechtsverletzung des Landes auf Fälle von **evidenten Rechtsverstößen** ankommt, da aus Art. 85 GG eben kein grundsätzlicher Anspruch des Landes auf eine rechtmäßige Weisung folgt.[49]

3. Rechts- und Fachaufsicht, Art. 85 IV GG

Im Gegensatz zu Art. 84 III 1 GG erstreckt Art. 85 IV 1 GG die Aufsicht des Bundes auch auf die Zweckmäßigkeit der Ausführung. Die Aufsicht wird erst nach dem Weisungsrecht erwähnt. Resultat dieser Systematik ist ein theoretischer Streit, ob das Weisungsrecht eine Anwendung der Aufsicht oder ein eigenes Rechtsinstitut darstellt.[50] Ausdrücklich in Art. 85 IV GG genannte Aufsichtsmittel sind die Anforderungen von Berichten und die Aktenvorlage wie auch die **Entsendung von Beauftragten**. Letzteres kann im Gegensatz zu Art. 84 III 2 GG **gegenüber allen Behörden** erfolgen. Zweifelhaft ist für die Bundesauftragsverwaltung, ob dem Beauftragen der Bundesregierung ein **eigenes Anordnungsrecht** zusteht oder ob dieser nur zu Sachverhaltsermittlung und bloßer Beobachtung ermächtigt ist. Der *Charakter der Bundesauftragsverwaltung* sowie das *Interesse an der effektiven Absicherung des Weisungsrechts* sprechen dafür, dem Beauftragen hier eigene Anordnungsrechte zuzugestehen.[51] Letztlich bleibt bei Art. 85 IV GG zweifelhaft, wer überhaupt der Träger der Aufsicht ist. In Betracht kommt die Bundesregierung als **Kollegialorgan** oder allein das fachliche **zuständige Ministerium** als oberste Bundesbehörde. Art. 85 IV 2 GG nennt einerseits für die Aufsichtsmittel noch die Bundesregierung als Kollegialorgan, sodass es eines Kabinettsbeschlusses bedürfte, um von diesen Gebrauch zu machen. Andererseits ist der schärfste Einschnitt in die Kompetenzen der Länder über das Weisungsrecht nach Art. 85 III 1 GG allein den Ministerien überantwortet. Man mag daher *a maiore ad minus* darauf schließen, dass vergleichbare Vorbereitungsmaßnahmen auch vom Weisungsrecht aus Art. 85 III GG umfasst sind und deswegen vom zuständigen Ministerium angeordnet werden können.

---

49 Vgl. dazu Ehlers/Schneider, in: Schoch/Schneider, VwGO, 39. EL 7.2020, § 40 Rn. 196.
50 Trute, in: v. Mangoldt/Klein/Starck, GG, 7. Aufl. 2018, Bd. III, Art. 85 Rn. 22 m.w.N.
51 Trute, in: v. Mangoldt/Klein/Starck, GG, 7. Aufl. 2018, Bd. III, Art. 85 Rn. 41.

C. Bundesverwaltung

I. Ausnahmemodell des Art. 86 GG

Die zweite Ausnahme vom Grundsatz der Landeseigenverwaltung der Bundes-
gesetze bildet neben der Bundesauftragsverwaltung die Bundesverwaltung (auch
Bundeseigenverwaltung). Im Fall der Bundesverwaltung erfolgt der Vollzug der
Bundesgesetze *durch Bundesbehörden* oder dem Bund unmittelbar zurechenbare
Körperschaften oder Anstalten ohne Beteiligung der Länder. Als Ausnahme vom
Regelfall benötigt auch die Bundesverwaltung eine **ausdrückliche Kompetenzzuweisung**. Dabei wird in einigen Fällen die Bundesverwaltung **obligatorisch**
angeordnet, während für andere Sachgebiete die **fakultative** Möglichkeit zur ein-
fachgesetzlichen Anordnung der Bundesverwaltung besteht. Die einzelnen Gegenstände der Bundesverwaltung finden sich jeweils in den Art. 87 ff. GG sowie
der Finanzverfassung.

II. Ungeschriebene Verwaltungskompetenzen des Bundes

Ob sich eine Kompetenz des Bundes zur Bundeseigenverwaltung neben den
geschriebenen Zuweisungen in Art. 86 ff. GG auch als ungeschriebene Verwaltungskompetenz ergeben kann, wird immer noch diskutiert.[52] Soweit man sie mit
der wohl überwiegenden Meinung nicht ausdrücklich ausschließen will, kann
für ihre Kategorien und Voraussetzungen weitestgehend auf die ungeschriebenen Gesetzgebungskompetenzen des Bundes verwiesen werden. Auch für sie gilt
als ungeschriebene Ausnahme vom Grundsatz des Art. 83 GG, dass sie dem Bund
nur unter **engen Voraussetzungen** zuzugestehen sind.[53] So findet sich bei den
Verwaltungskompetenzen eine ungeschriebene **Kompetenz kraft Natur der Sache** wieder. Allein aus dem Gesichtspunkt der „Überregionalität" des Verwaltungshandelns vermag diese jedoch nicht begründet zu werden, sondern auch
hier ist eine engere **Begriffsnotwendigkeit** immanent.[54] Eine Kompetenz kraft
Natur der Sache ergibt sich daher nicht einfach, weil „Rundfunkwellen nicht an
Ländergrenzen aufhören wollen", wohl aber für die Veranstaltung eines Rund-
funkprogramms für Deutsche im Ausland (nationale Repräsentation nach au-

---

52 Vgl. dazu die Nachweise bei Trute, in: v. Mangoldt/Klein/Starck, GG, 7. Aufl. 2018, Bd. III,
Art. 83 Rn. 80.
53 Vgl. BVerfG, Urt. v. 18.6.1967, Az.: 2 BvF 3/62 u. a., Rn. 108 = BVerfGE 22, 180 (216 f.).
54 Degenhart, Staatsrecht I, 36. Aufl. 2020, Rn. 533.

ßen).[55] Besonderer Bedeutung kommt auch der **Annexkompetenz** zu. Sie ist Ausgangspunkt der **Glykol-Sonderdogmatik** des BVerfG, sofern die Informationsfunktion für Warnungen und Empfehlungen im Rahmen der Öffentlichkeitsarbeit von Bundesbehörden nur als Annexkompetenz zur Wahrnehmungskompetenz, der ihnen eigentlich zugewiesenen staatlichen Aufgabe verstanden wird.[56]

III. Formen der Bundesverwaltung

Bei **unmittelbarer Bundesverwaltung** erfolgt die Verwaltungstätigkeit unmittelbar **durch Behörden** des Bundes. Die Bundesrepublik wird durch diese rechtlich unselbstständigen Behörden als deren Rechtsträgerin tätig und wäre entsprechend Partei eines Rechtsstreits. Ferner wird zwischen Staatsverwaltung **mit und ohne eigenen Verwaltungsunterbau** weiter differenziert. Ohne eigenen Verwaltungsunterbau erfolgt eine überregionale Verwaltung durch Zentralbehörden wie die *obersten Bundesbehörden* (Ministerien) oder ihnen nachgeordnete **Bundesoberbehörden**. Der Aufgabenbereich kann von bundesweiter Koordination bis zur unmittelbaren (Verwaltungs-)Rechtsetzung nach außen reichen.

Beispiele: Bundeskartellamt und Bundesanstalt für Finanzdienstleistungsaufsicht (BaFin)

Den **Verwaltungsunterbau** stellen regional zuständige *Mittel- und Unterbehörden* dar. In den Fällen des Art. 87 I 1 GG ist der Verwaltungsunterbau *obligatorisch. Fakultativ* ist er dagegen nach Art. 87 I 2 GG.

Bei der **mittelbaren Bundesverwaltung** wird hingegen eine *selbstständige juristische Person* wie eine Körperschaft oder Anstalt zwischengeschaltet, die dem Bund lediglich zurechenbar ist, ihre rechtliche Selbstständigkeit aber nicht verliert und daher selbst Partei eines entsprechenden Rechtsstreits wäre. Wenn der Bund hier Träger der juristischen Person ist und ihm weitgehende Einflussrechte zustehen, spricht man bei derartigen Anstalten und Körperschaften dennoch von *bundesunmittelbaren Körperschaften und Anstalten*. Insgesamt werden diese Situationen als *mittelbare Bundesverwaltung durch bundesunmittelbare Körperschaften und Anstalten* bezeichnet.

---

55 BVerfG, Urt. v. 28.2.1961, Az.: 2 BvG 1, 2/60, Rn. 162 = BVerfGE 12, 205 (241); vgl. auch Degenhart, Staatsrecht I, 36. Aufl. 2020, Rn. 534.
56 Trute, in: v. Mangoldt/Klein/Starck, GG, 7. Aufl. 2018, Bd. III, Art. 83 Rn. 82 m.w.N; siehe zur Kompetenz zur Informations- und Öffentlichkeitsarbeit der Bundesregierung Chiofalo/Vrielmann, § 12 Bundesregierung, B. II. 3. a) in diesem Lehrbuch.

IV. Erweiterung der Bundesverwaltung über Art. 87 III GG

Etwas versteckt enthält Art. 87 III GG eine generalklauselartige Erweiterungsmöglichkeit der Bundesverwaltung. Er ist dabei selbst **Verwaltungskompetenznorm** und keine bloße Ordnungsvorschrift, wird jedoch durch die spezielleren Anordnungen der Bundesverwaltung verdrängt.[57] Anstelle einzelne Gegenstände fakultativer Bundeseigenverwaltung zu nennen, knüpft Art. 87 III 1 GG an das Vorliegen einer Gesetzgebungskompetenz des Bundes an. Der Bund besitzt dann zumindest die Möglichkeit, die in Art. 87 III 1 GG genannten Formen der Bundeseigenverwaltung zu etablieren. Gleichzeitig vermittelt Art. 87 III 1 GG eine originäre Gesetzgebungskompetenz des Bundes zum Erlass der für die Einrichtung der Verwaltungseinheit **organisatorischen Gesetze.** Letztlich ergibt sich aus einem Umkehrschluss aus Art. 87 III 2 GG, dass über Art. 87 III 1 GG die Errichtung eines **Verwaltungsunterbaus ausgeschlossen** ist. Es bleibt hier bei der Errichtung selbstständiger Bundesoberbehörden, sofern die unmittelbare Bundesverwaltung gewählt wird.[58] Keine eindeutige Aussage enthält Art. 87 III 1 GG aber dahingehend, ob im Rahmen mittelbarer Staatsverwaltung anstelle von Körperschaften und Anstalten des öffentlichen Rechts auch privatrechtliche Organisationsformen gewählt werden können, also eine staatlich beherrschte **juristische Person des Privatrechts** eingerichtet werden kann. Derartige Privatisierungstendenzen der Verwaltung sind allgemein auf dem Vormarsch. Man dürfte für den Bereich der Bundesverwaltung davon ausgehen, dass in Art. 87 III 1 GG die **Aufzählung** der Körperschaften und Anstalten öffentlichen Rechts **keine abschließende** ist, sondern *alle dem Bund zurechenbare Organisationsformen in Betracht kommen*, solange ein allgemeines **Regel-Ausnahme-Prinzip** der öffentlich-rechtlichen Körperschaften und Anstalten zu den staatlich beherrschten juristischen Personen des Privatrechts besteht.[59]

Über Art. 87 III 2 GG kann der Bund bei dringendem Bedarf, wenn also eine Erledigung der betreffenden Aufgabe in anderer organisatorischer Weise nicht möglich ist,[60] beim Erwachsen neuer Aufgaben mit Zustimmung des Bundesrats und der Mehrheit der Mitglieder des Bundestages bundeseigene Mittel- und Unterbehörden schaffen. Ähnlich wie Art. 87 III 1 GG enthält Art. 87 III 2 GG die notwendige organisatorische Gesetzgebungskompetenz.

---

57 Ibler, in: Dürig/Herzog/Scholz, GG, 95. EL 7.2021, Art. 87 Rn. 226 ff.
58 Burgi, in: v. Mangoldt/Klein/Starck, GG, 7. Aufl. 2018, Bd. III, Art. 87 Rn. 105.
59 Burgi, in: v. Mangoldt/Klein/Starck, GG, 7. Aufl. 2018, Bd. III, Art. 87 Rn. 106.
60 Ibler, in: Dürig/Herzog/Scholz, GG, 95. EL 7.2021, Art. 87 Rn. 275.

Maximilian Herold

D. Vollzug von Unionsrecht

Auf den Vollzug des Unionsrechts sind die Verwaltungskompetenzen der Art. 83 ff. GG nicht reibungslos zugeschnitten. Primäres wie sekundäres Unionsrecht sind keine Bundesgesetze. Wohl aber fordern spätestens die **Loyalitätspflichten** der Mitgliedstaaten aus **Art. 4 III EUV**, das Effizienzgebot und das Diskriminierungsverbot, dass das Unionsrecht von den nationalen Behörden ordnungsgemäß vollzogen wird. Keine Probleme bestehen im Ergebnis bei den umsetzungsbedürftigen Richtlinien. Da **Richtlinien** der Union gem. Art. 288 III AEUV verbindlich durch mitgliedstaatlichen Rechtsakt umzusetzen sind, schließen sich bezogen auf die Bundesrepublik Deutschland für eben diesen **nationalgesetzgeberischen Umsetzungsakt** die Gesetzgebungskompetenzen der Art. 70 ff. GG an. Gelangt man für den Gegenstand der Umsetzung dann zu einer Gesetzgebungskompetenz des Bundes, so finden für den Vollzug dieses – die Richtlinie umsetzende – Bundesgesetz die Art. 83 ff. GG wiederum Anwendung. Sind die Länder gesetzgebungsbefugt, wird die Richtlinie durch Landesgesetz umgesetzt, bleibt es beim Vollzug durch die Länder.

❗ Examenswissen

Dagegen schwierig mit den Verwaltungskompetenzen abzustimmen, sind die **unmittelbar geltenden Bestimmungen** des Primärrechts wie auch Verordnungen, Beschlüsse und letztlich auch situativ diejenigen Richtlinien, für die sich die etablierte *Figur der unmittelbaren Anwendbarkeit* als einschlägig erweist. Ein nationalgesetzgeberischer Umsetzungsakt unterbleibt hier. Die wohl überwiegende Meinung will dennoch die **Art. 83 ff. GG analog** anwenden, soweit nicht ohnehin der Bund über Art. 87 III GG seine Verwaltungszuständigkeit erweitern kann, und prüft eine **hypothetische Gesetzgebungskompetenz.**[61]

E. Ministerialfreie Räume

In mehreren Fachbereichen der Verwaltung finden sich ministerialfreie Räume, welche sich dadurch auszeichnen, dass bestimmten Verwaltungsstellen Handlungsenklaven mit **eingeschränkter oder fehlender Weisungsunterworfenheit** gegenüber dem fachlich zuständigen Ministerium zugewiesen sind.[62] Für sie

---

61 Zu allem Trute, in: v. Mangoldt/Klein/Starck, GG, 7. Aufl. 2018, Bd. III, Art. 87 Rn. 57 ff m. w. N.

62 So etwa die Definition bei Burgi, in: v. Mangoldt/Klein/Starck, GG, 7. Aufl. 2018, Bd. III, Art. 86 Rn. 61.

Maximilian Herold

besteht eine **sachliche Unabhängigkeit**, die sie aus der Verwaltungshierarchie teilweise ausgliedert.

Weiterführendes Wissen   i

Ministerialfreie Räume scheinen Bedenken im Hinblick auf **demokratische Legitimationsketten** zu wecken.[63] Im Rahmen von Art. 86 GG wird stellenweise angenommen, dass ministerialfreie Räume mit wenigen Ausnahmen grundsätzlich unzulässig seien, weil die Steuerungsmöglichkeit des Bundes entfiele, die Art. 86 GG voraussetze, womit die demokratische Legitimation der handelnden Stelle zweifelhaft sei.[64] Dagegen ist einzuwenden, dass die verschiedenen Ausprägungen demokratischer Legitimation sich wechselseitig beeinflussen und „nur" ein **gewisses Legitimationsniveau** erforderlich ist, dessen Effektivität auf unterschiedlichen Wegen hergestellt werden kann.[65]. Ein ausnahmsweiser Verzicht auf Einzelweisungen kann so durch eine höhere Regelungsdichte hinsichtlich der durchzuführenden Tätigkeiten oder durch die Einsetzung eines Kollegialorgans kompensiert werden.[66]

Beispiele: Bundesbank (Art. 88 1 GG, § 12 1 BBankG), Bundeskartellamt (§§ 51, 52 GWB), Datenschutzbeauftrage von Bund und Ländern (Art. 51 I DSGVO, § 10 I BDSG), Bundesprüfstelle für jugendgefährdende Medien (§ 19 IV JuSchG)

F. Mischverwaltung, Kooperation und Organleihen

Eine klare Trennung der Verwaltungstätigkeiten von Bund und Ländern ist im föderalen Gefüge oft nicht möglich, auch wenn die Art. 83 ff. GG (wie Art. 70 ff. GG) keine Doppelzuständigkeit kennen. Grundsätzliche **Effizienz- und Wirtschaftlichkeitsaspekte** führen zur Situation, dass Bund und Länder Verwaltungstätigkeiten wechselseitig wahrnehmen wollen oder gar müssen. Ob derartige Verwaltungsformen in Widerspruch zu Art. 83 ff. GG stehen, ist anhand des Einzelfalls zu beurteilen.

---

63 Siehe dazu Chiofalo, § 5.1. Prinzip der Volkssouveränität, A. in diesem Lehrbuch.
64 Wohl Ibler, in: Dürig/Herzog/Scholz, GG, 95. EL 7.2021, Art. 86 Rn. 58.
65 BVerfG, Urt. v. 31.10.1990, Az.: 2 BvF 3/89, Rn. 39 = BVerfGE 83, 60 (72); BVerfG, Urt. v. 21.10.2014, Az.: 2 BvE 5/11, Rn. 132 = BVerfGE 137, 185 (232).
66 Sommermann, in: v. Mangoldt/Klein/Starck, GG, 7. Aufl. 2018, Bd. II, Art. 20 Rn. 170.

Maximilian Herold

I. Dogmatik des Mischverwaltungsverbots

Die in Art. 83 ff. GG statuierten Formen von Verwaltungskompetenzen sind im Ausgangspunkt *abschließend* und *zwingend*.[67] Bund und Ländern können über sie nicht disponieren.[68] Aus dieser Erkenntnis heraus verselbstständigte sich schon immer das schlagwortartige Dogma vom sogenannten **Verbot der Mischverwaltung**. Nach extensiver Lesart könnte man darunter den verfassungsunmittelbaren Ausschluss „jeder Mitplanungs-, Mitverwaltungs- und Mitentscheidungsbefugnisse gleich welcher Art durch Bund *und* Länder" verstehen. Ein so weitgehendes Verständnis vertritt das BVerfG aber nicht. Ausschlaggebend ist vielmehr, dass die Kompetenzen zwischen Bund und Ländern nicht verschoben werden dürfen. Es gilt nur ein **Kompetenzerhaltungsgebot**.[69] Aus ihm können zweierlei Rückschlüsse gezogen werden: Erstens ist hierunter zu verstehen, dass die Verwaltungskompetenzen hinsichtlich ihrer Form und der Einwirkungsrechte des Bundes nicht umgangen werden dürfen (**Umgehungsverbot**). Zweitens bedeutet es, dass eine Zurechnung von Personal und Verwaltungshandlungen zu eigenverantwortlich kompetenten Verwaltungsträgern stattfinden muss, die als solche unter der Bedingung der **Verantwortungsklarheit** eindeutig ersichtlich bleiben muss.[70]

II. Kooperation

Auch außerhalb der vom Grundgesetz genannten Fälle von Gemeinschaftsaufgaben (z. B. Art. 91a – e GG) besteht in der Verwaltungspraxis oftmals ein hohes Bedürfnis an einem **kooperativen Föderalismus**. Die **Vielfalt** dieser Kooperationsformen hinsichtlich ihrer Motive, Form und Intensität des Zusammenwirkens von mehreren Verwaltungsträgern kann hier nur angedeutet werden.[71] Im Ausgangspunkt gilt es immer zu ermitteln, ab wann eine unzulässige Kompetenzverschiebung unter Aufgabe der Verantwortungsklarheit vorliegt oder ob es sich um eine zulässige Kooperation handelt.

---

67 Vgl. dazu nur Degenhart, Staatsrecht I, 36. Aufl. 2020, Rn. 535.
68 BVerfG, Beschl. v. 12.1.1983, Az.: 2 BvL 23/81, Rn. 140 ff. = BVerfGE 63, 1 (39).
69 BVerfG, Beschl. v. 12.1.1983, Az.: 2 BvL 23/81, Rn. 140 ff. = BVerfGE 63, 1 (39).
70 Trute, in: v. Mangoldt/Klein/Starck, GG, 7. Aufl. 2018, Bd. III, Art. 83 Rn. 29 ff.
71 Vgl. nur Trute, in: v. Mangoldt/Klein/Starck, GG, 7. Aufl. 2018, Bd. III, Art. 83 Rn. 36 ff.

III. Organleihen

Keine Kompetenzverschiebung stellt die **Figur der Organleihe** dar.[72] Als Organleihen werden Situationen bezeichnet, in denen ein Organ eines Verwaltungsträgers neben dessen Verwaltungsaufgaben auch diejenigen eines anderen Trägers wahrnimmt, wobei es dem letzteren nicht nur funktionell zugeordnet wird, sondern in organisationsrechtlichen Bezügen als dessen Organ auftritt, was letztlich – im Gegensatz zur Amtshilfe – dann zu einer **Zurechnung der Handlungen** des ausgeliehenen Organs für den fremden Verwaltungsträger als eigene führt.[73] In Fällen der Organleihe ist stets der ausleihende Verwaltungsträger der materiell und prozessual Verantwortliche und nicht mehr derjenige, dem das Organ originär angehört.

Beispiel: Gemäß § 55 II Nr. 1 LKO RLP handelt die janusköpfige Kreisverwaltung bei der Wahrnehmung der Aufgaben der Kommunalaufsicht als Behörde der allgemeinen Landesverwaltung und nicht als eine des Landkreises. Klagegegner im Verwaltungsprozess ist daher das Land.

G. Rechts- und Amtshilfe, Bundesintervention, Bundeszwang

Auch diese Institute bringen eine gewisse Überformung der Verwaltungskompetenzen mit sich. Als Prüfungsstoff dürften sie eher exotisch sein, dennoch sollten die Begrifflichkeiten bekannt sein.

I. Rechts- und Amtshilfe

Die allgemeine Verpflichtung zur Rechts- und Amtshilfe stellt für sich positiv klar, dass die Verwaltungskompetenzen keine unüberwindliche Separierung der Staatsgewalt im Bundesstaat darstellen und lässt daher eine Kooperation von Bund und Ländern zugunsten der „Einheit des Staatsorganismus" für **punktuelle Aushilfen** zu.[74] Eine Legaldefinition enthält die Rahmenvorschrift des **Art. 35 I GG** nicht. Grundsätzlich liegt eine Amtshilfe vor, wenn aufgrund des **Ersuchens** einer zuständigen Behörde (ersuchende Behörde) eine Beistandsleistung einer

---

72 Vgl. nur Trute, in: v. Mangoldt/Klein/Starck, GG, 7. Aufl. 2018, Bd. III, Art. 83 Rn. 34.
73 Trute, in: v. Mangoldt/Klein/Starck, GG, 7. Aufl. 2018, Bd. III, Art. 83 Rn. 34.
74 Dazu v. Danwitz, in: v. Mangoldt/Klein/Starck, GG, 7. Aufl. 2018, Bd. II, Art. 35 Rn. 1

anderen eigentlich unzuständigen Behörde (ersuchte Behörde) im Einzelfall als – oder ergänzend zur – Aufgabe der zuständigen Behörde erbracht wird.

ℹ Weiterführendes Wissen

Umstritten ist die **Spontanhilfe**, die aus Zeitgründen ohne förmliches Amtshilfeersuchen erfolgt. In der Literatur werden teilweise Spontanhilfen als aufgedrängte Hilfsmaßnahmen unter Missachtung von Verfahrensherrschaften und Verwischung von Zuständigkeiten pauschal abgelehnt. Andere verweisen in Konstellationen sachlicher Unzuständigkeit auf die öffentlich-rechtliche GoA.[75] In *Fällen besonderer Dringlichkeit*, innerhalb derer die *angemessene Aufgabenerfüllung* durch die zuständige Behörde ausgeschlossen ist und ein *nicht rückgängig zu machender schwerer Schaden* droht, dürfte die (aufgedrängte) Spontanhilfe grundsätzlich **zulässig** sein, insoweit es sich noch um eine *bloße Hilfeleistung* handelt. Nur wenn die handelnde Behörde sich die Aufgabe wie eine eigene Zuständigkeit anmaßt, um damit ein Hauptverfahren zu leiten, ist eine „Spontanhilfe" als unzulässig abzulehnen. Dann – aber auch nur dann – sollte an dieser Stelle die ohnehin umstrittene Figur der **öffentlich-rechtlichen GoA** unter zwei Hoheitsträgern erörtert werden.[76] Geht auch diese fehl, so ist das anmaßende Handeln schlicht rechtswidrig.

Die Amtshilfe grenzt sich somit von der Organleihe neben der fehlenden Zurechnung des Verhaltens gegenüber Dritten dadurch ab, dass die Amtshilfe auf eine **kleine Aushilfe im Einzelfall** beschränkt ist und keine Übernahme ganzer Aufgabenbereiche auf Dauer erlaubt.[77] Von einer **Rechtshilfe** spricht man, wenn es sich bei der ersuchten Maßnahme um eine **richterliche Tätigkeit** handelt.

II. Bundesintervention

Während im hier nicht näher erörterten Art. 35 II GG für den Eintritt des Bundes bei regionalen Notstands- und Katastrophenhilfen eine Anforderungshandlung der Länder erforderlich ist, gewährt der **überregionale Katastrophennotstand des Art. 35 III GG** dem Bund eine **eigene Handlungsinitiative** und die Befugnis zur **Bundesintervention**.[78] Dabei werden an den Tatbestand des Art. 35 II GG zwei weitere Qualifikationen geknüpft: Erforderlich ist erstens ein **überregionales Ausmaß** und zweitens muss die Ausübung der Befugnisse der Bundesregie-

---

75 Jeweils v. Danwitz, in: v. Mangoldt/Klein/Starck, GG, 7. Aufl. 2018, Bd. II, Art. 35 Rn. 17 m. w. N.

76 So Dederer, in: Dürig/Herzog/Scholz, GG, 95. EL 7.2021, Art. 35 Rn. 46.

77 BVerfG, Beschl. v. 12.1.1983, Az.: 2 BvL 23/81, Rn. 120 = BVerfGE 63, 1 (32); vgl. Danwitz, in: v. Mangoldt/Klein/Starck, GG, 7. Aufl. 2018, Bd. II, Art. 35 Rn. 10.

78 Vgl. v. Danwitz, in: v. Mangoldt/Klein/Starck, GG, 7. Aufl. 2018, Bd. II, Art. 35 Rn. 77.

Maximilian Herold

rung tatsächlich erforderlich sein (**Subsidiarität**).[79] Liegen diese vor, so verfügt die Bundesregierung über drei Interventionsmittel.

Zunächst kann sie andere Landesregierungen anweisen, den vom Katastrophenfall betroffenen Ländern Polizeikräfte zur Verfügung stellen. Im Umkehrschluss zum Fall des inneren Notstandes nach Art. 91 I GG, wo gem. Art. 91 II 1 GG die Bundesregierung unmittelbar die Polizeibehörden der Länder ihren Anweisungen unterstellen kann, ist bei der Bundesintervention ein solcher Durchgriff unzulässig.[80] Als zweite Möglichkeit kann sie Einheiten der Bundespolizei einsetzen, welche allein ihren Weisungen unterliegen.[81] Endlich ermöglicht Art. 35 III GG den Einsatz der Bundeswehr. Hier liegt die besondere verfassungsmäßige Zulassung, die **Art. 87a II GG** für einen **Einsatz der Bundeswehr** fordert. Ein Einsatz im Sinne beider Vorschriften „liegt nicht erst bei einem konkreten Vorgehen mit Zwang, sondern bereits dann vor, wenn personelle oder sachliche Mittel der Streitkräfte in ihrem **Droh- oder Einschüchterungspotential** genutzt werden".[82] Abzustellen ist auf eine *objektive Perspektive* und nicht allein auf die Sicht derjenigen, die einen möglichen Grundrechtseingriff fürchten.[83] Keinen Einsatz der Bundeswehr stellt es hingegen dar, wenn die Bundeswehr nur „in rein technisch-unterstützender Funktion" tätig wird.[84] Hier bleibt es dann im Rahmen einer Amtshilfe nach Art. 35 I GG.[85]

III. Bundeszwang

Der Bundeszwang des Art. 37 GG will als **ultima ratio** die Aufrechterhaltung der bundesstaatlichen Ordnung gewährleisten, sofern ein Land eine ihm obliegende Pflicht nicht erfüllt. Trotz fehlender praktischer Bedeutung hat der Bundeszwang eine unverzichtbare **Reservefunktion**.[86] Für die Ausübung des Bundeszwangs durch die Bundesregierung ist die **Zustimmung des Bundesrats** erforderlich. Dabei spricht Art. 37 I GG undifferenziert nur von „notwendigen Maßnahmen". Hierbei wird der Zweck verfolgt, dass die Bundesregierung in solchen Extremfäl-

---

79 v. Danwitz, in: v. Mangoldt/Klein/Starck, GG, 7. Aufl. 2018, Bd. II, Art. 35 Rn. 77.

80 Etwa Dederer, in: Dürig/Herzog/Scholz, GG, 95. EL 7.2021, Art. 35 Rn. 158.

81 v. Danwitz, in: v. Mangoldt/Klein/Starck, GG, 7. Aufl. 2018, Bd. II, Art. 35 Rn. 82.

82 BVerfG, Beschl. v. 20.3.2013, Az.: 2 BvF 1/05, Rn. 81 = BVerfGE 133, 241 (269).

83 BVerwG, Urt. v. 25.10.2017, Az.: 6 C 46.16, Rn. 44 = BVerwG, NJW 2018, 716, 722.

84 BVerfG, Beschl. v. 20.3.2013, Az.: 2 BvF 1/05, Rn. 80 = BVerfGE 133, 241 (269).

85 Zu allem auch Dederer, in: Dürig/Herzog/Scholz, GG, 95. EL 7.2021, Art. 35 Rn. 160.

86 v. Danwitz, in: v. Mangoldt/Klein/Starck, GG, 7. Aufl. 2018, Bd. II, Art. 37 Rn. 1; vgl. auch Degenhart, Staatsrecht I, 36 Aufl. 2020, Rn. 539.

len flexibel ohne Numerus clausus an Maßnahmen reagieren kann.[87] Umstritten ist, ob die Bundesregierung verpflichtet ist, in ähnlichen Fällen die gleichen Mittel zu ergreifen.[88] Wegen fehlender Staatspraxis und entsprechender Judikatur bestehen hier ingesamt erhebliche Unsicherheiten.[89]

Weiterführende Studienliteratur
- Degenhart, Staatsrecht I, 36. Aufl. 2020, Rn. 517 ff.
- Mager, Staatsrecht I, 9. Aufl. 2021, Rn. 442 ff.
- Voßkuhle/Kaiser, Grundwissen – Öffentliches Recht: Die Ausführung von Bundesgesetzen – Verwaltungskompetenzen, JuS 2017, 316.
- Frenzel, Grundfälle zu den Art. 83 ff. GG, JuS 2012, 1082.

Zusammenfassung: Die wichtigsten Punkte
- Grundsätzlich sind die Länder für den Vollzug von Bundesgesetzen zuständig.
- Es gibt drei wesentliche Arten der Verwaltungskompetenzen: Landeseigenverwaltung, Bundesauftragsverwaltung, Bundesverwaltung.
- Besonders streitträchtig sind Fälle des Weisungsrechts innerhalb der Bundesauftragsverwaltung.
- Unter Wahrung der Kompetenzordnung und Verantwortungsklarheit, können Bund und Länder gemeinsame Einrichtungen betreiben.

Für dieses Kapitel gibt es frei zugängliche interaktive Übungen auf der OpenRewi-Homepage. Hierzu muss einfach der QR-Code gescannt werden.

---

87 Die Bundesregierung besitzt ein **erhebliches Auswahlermessen** wie auch eine **weite Einschätzungsprärogative** bezüglich der Notwendigkeit, dazu v. Danwitz, in: v. Mangoldt/Klein/Starck, GG, 7. Aufl. 2018, Bd. II, Art. 37 Rn. 30.
88 Gegen eine solche Verpflichtung Klein, in: Dürig/Herzog/Scholz, GG, 95. EL 7.2021, Art. 37 Rn. 82; dafür v. Danwitz, in: v. Mangoldt/Klein/Starck, GG, 7. Aufl. 2018, Bd. II, Art. 37 Rn. 29.
89 Auflistung möglicher Maßnahmen bei Klein, in: Dürig/Herzog/Scholz, GG, 95. EL 7.2021, Art. 37 Rn. 82 ff.

Maximilian Herold

6. Kapitel
Verfassungsgerichtsbarkeit

Das 6. Kapitel lenkt den Fokus auf das Prozessrecht, das im öffentlichen Recht ein ständiger Wegbegleiter ist. Um ein Gespür für das Verfassungsprozessrecht zu erhalten, soll in **§ 20 Verfassungsgerichtsbarkeit und das BVerfG** ein kurzer Überblick über das BVerfG gegeben werden. Dabei wird das Gericht zum einen im Staatsgefüge verortet, außerdem wird seine Rolle als Verfassungsorgan erklärt. Im Anschluss wird auf den inneren Aufbau des Gerichts eingegangen und das Verhältnis zum EuGH knapp skizziert. Eine **Übersicht der Verfahrensarten** findet man im kommenden Abschnitt, **unter § 21**. Daran anschließend werden alle relevanten Verfahrensarten umfassend erläutert. Eine Besonderheit erfolgt noch zum Schluss des Kapitels: Das Grundgesetz ist nicht die einzige Verfassung Deutschlands, auch alle 16 Bundesländer haben eigene Landesverfassungen und Landesverfassungsgerichte. Daher wird unter **§ 22 die Landesverfassungsgerichtsbarkeit** in den Mittelpunkt der Betrachtung gestellt.

Für dieses Kapitel gibt es frei zugängliche interaktive Übungen auf der OpenRewi-Homepage. Hierzu muss einfach der jeweilige QR-Code gescannt werden. Zusätzlich kann dieses Kapitel gern kommentiert und verändert werden, dafür einfach den QR-Code scannen. Gleichzeitig führt jeder Link in der PDF-Version des Lehrbuches zur Überarbeitungsmöglichkeit bei der Plattform Wikibooks.

§ 20 Verfassungsgerichtsbarkeit und das BVerfG

In diesem Kapitel soll ein kurzer Überblick über das BVerfG gegeben werden. Dabei wird zum einen dessen Verortung im Staatsgefüge sowie seine Rolle als Verfassungsorgan erklärt, im Anschluss wird auf den inneren Aufbau des Gerichts eingegangen und das Verhältnis zum EuGH knapp skizziert. Eine Übersicht der Verfahrensarten findet man im kommenden Abschnitt.

A. Stellung des BVerfG im Grundgesetz

Das BVerfG übernimmt eine **Doppelrolle** in unserer Verfassung: Es ist zum einen **Gericht** i.S.d. Art. 92 GG und gleichzeitig ist es gem. § 1 BVerfGG ein **Verfassungsorgan** des Bundes. Die Stellung als Verfassungsorgan ergibt sich laut Ansicht des BVerfG nicht nur aus dem einfachen Recht, sondern auch aus dem Grundgesetz.[1]

I. Stellung im Verfassungsgefüge

Das BVerfG ist ein **Verfassungsorgan**. Diese Erkenntnis fällt keineswegs, wie man annehmen könnte, mit der Entstehung des Gerichts zusammen. Die Geschichte des BVerfG ab 1951 ist geprägt von unterschiedlichen Akteur:innen, die der Errichtung eines Verfassungsgerichts kritisch gegenüber standen. So wurde während der **Staatsrechtslehrertagung** 1950 noch eine eher skeptische Haltung gegenüber dem neu zu etablierenden Verfassungsgericht zum Ausdruck gebracht: Eine Mehrheit bevorzugte eine starke Regierung, da ein zu mächtiges Gericht die Exekutive zu sehr beschneiden würde.[2] Aus Sicht der anderen **Verfassungsorgane**, insbesondere der Regierung, war umstritten, inwiefern das BVerfG unabhängig oder im Verhältnis zum Justizministerium agiert.[3] Das BVerfG klärte diesen Streit 1952 und legte die **Status-Denkschrift** vor. Demnach sei das BVerfG oberster Hüter der Verfassung und somit nach Wortlaut und Sinn des Grundgesetzes und des BVerfGG zugleich ein mit höchster Autorität ausgestattetes Verfassungsorgan.[4] Die Ebenbürtigkeit zu den anderen Verfassungsorganen ergebe sich aus den Kompetenzen und der Funktion des Gerichts und sei somit unmittelbar aus der Verfas-

---

1 BVerfG, JöR 1957, 144.
2 Lange, Der Staat 2017, 77 (83 ff. und 87); Chatziathanasiou, RW 2020, 145 (150 f.).
3 Chatziathanasiou, RW 2020, 145 (152 f.).
4 BVerfG, JöR 1957, 144 (144).

sung selbst abzuleiten.[5] Außerdem wird zur Begründung § 1 BVerfGG herangezogen.[6] Als Verfassungsorgan sei das Gericht vom Bundesjustizministerium unabhängig, auch der Haushalt des BVerfG gestalte sich selbstständig.[7] Trotz einiger Kritik, sowohl aus politischen, wie auch aus rechtlichen Gründen, konnte das BVerfG sich durch die Status-Denkschrift emanzipieren und als Verfassungsorgan etablieren.[8]

II. Stellung im Gerichtsgefüge

Neben der Stellung des BVerfG als Verfassungsorgan, ist es eben auch ein **Gericht**. Das folgt aus Art. 92 GG, der das BVerfG der „rechtsprechenden Gewalt" zuordnet.[9] Daraus folgt, dass das BVerfG nur auf Antrag und in Bezug einen konkreten Einzelfall hin tätig werden kann, dabei richterlich unabhängig sein und die nötige Neutralität und Distanz gegenüber den Verfahrensbeteiligten wahren muss.[10]

Weiterführendes Wissen   **i**

Das BVerfG wird nicht den obersten Gerichtshöfen des Bundes, die in Art. 95 GG aufgezählt werden, zugeordnet. Diese sind:
- Bundesgerichtshof
- Bundesverwaltungsgericht
- Bundesfinanzhof
- Bundesarbeitsgericht
- Bundessozialgericht

Das BVerfG ist ein **außerordentliches Gericht**, das nicht über den Instanzenzug erreicht werden kann – denn das BVerfG ist **keine Superrevisionsinstanz**. Trotzdem ist es möglich, dass über die Urteilsverfassungsbeschwerde Urteile anderer Gerichte in Hinblick auf die Verletzung von spezifischem Verfassungsrecht überprüft werden. Prüfungsgegenstand des BVerfG ist gerade nicht, ob die angegriffene Entscheidung generell rechtmäßig ist. Es muss vielmehr eine **Verletzung von spezifischem Verfassungsrecht** vorliegen. Diese kommt erst dann in Betracht,

---

5 BVerfG, JöR 1957, 144 (145).
6 BVerfG, JöR 1957, 144 (145f).
7 BVerfG, JöR 1957, 144 (146).
8 Umfassend zur Status-Denkschrift: Chatziathanasiou, RW 2020, 145; Lange, Der Staat 2017, 77.
9 Walter, in: BeckOK BVerfGG 11. Ed. 1.7.2021, § 1 Rn. 6.
10 Walter, in: BeckOK BVerfGG 11. Ed. 1.7.2021, § 1 Rn. 7.

Valentina Chiofalo und Johannes Siegel

wenn dargelegt ist, dass die Auslegung und Anwendung des einfachen Rechts auf einer grundsätzlich unrichtigen Anschauung der Bedeutung eines Grundrechts beruht; das Gericht etwa den Umfang des Schutzbereichs eines Grundrechts verkannt hat.[11]

B. Organisation des BVerfG

Das BVerfG ist über das BVerfGG und über die Geschäftsordnung des BVerfG organisiert. Es besteht gem. § 2 I, II BVerfGG aus 16 Richter:innen. Die Anforderungen an die Richter:innen und deren Wahl regelt Art. 94 GG in Verbindung mit dem BVerfGG. Demnach müssen alle Richter:innen gem. § 3 II BVerfGG die Befähigung zum Richteramt haben. Gemäß § 2 III BVerfGG werden stets drei Richter:innen aus den obersten Gerichtshöfen des Bundes gewählt. Die Übrigen stammen aus der Wissenschaft und Politik. Sie werden gem. § 5 I 1 BVerfGG je zur Hälfte vom Bundestag und vom Bundesrat gewählt. Gemäß § 9 BVerfGG wählen der Bundestag und der Bundesrat auch abwechselnd die:den Präsident:in und die:den Vizepräsident:in des BVerfG. Im Bundestag besteht gem. § 6 I BVerfGG ein Wahlausschuss, welcher mit einer Dreiviertelmehrheit[12] eine:n Kandidaten:in für die Wahl im Bundestag vorschlägt. In der Praxis hat sich dabei jedoch ein *informelles Wahlvorverfahren* entwickelt. Das bedeutet, dass in der Regel bereits vor der eigentlichen Wahl ein Konsens über die Kandidaten:innen zwischen den großen Parteien im Bundestag getroffen wird. Diese nicht öffentliche Absprache steht seit jeher in der Kritik.[13] Es bleibt außerdem abzuwarten, wie sich das informelle Verfahren in einem Bundestag entwickelt, in dem nicht stets zwei große Parteien die notwendige Dreiviertelmehrheit haben.[14] Für die vom Bundesrat gem. § 7 BVerfGG gewählten Richter:innen besteht ebenso ein informelles Vorverfahren, bei welchem sich die Parteien bereits vor der Wahl auf eine:n Kandidaten:in einigen.[15]

Das BVerfG besteht aus zwei Spruchkörpern, dem **Ersten Senat** und dem **Zweiten Senat** (daher auch „Zwillingsgericht" genannt). Beide Senate bestehen aus je 8 Richter:innen und treten stets als „Das Bundesverfassungsgericht" auf.[16] § 14 I, II BVerfGG sieht eine Spezialisierung der Senate vor, indem diese getrenn-

---

11 BVerfG, Beschl. v. 10.6.1964, Az.: 1 BvR 37/63 = BVerfGE 18, 85 – Spezifisches Verfassungsrecht.
12 Vgl. § 6 II BVerfGG i. V. m. § 6 V BVerfGG.
13 Siehe dazu m. w. N. Haratsch, in: Schmidt-Bleibtreu, BVerfGG, 61. EL 7.2021, § 6 Rn. 2ff.
14 Siehe weiterführend mit Hinweisen auf neue Verfahrensweisen: Kloepfer, NJW 2022, 1509.
15 Haratsch, in: Schmidt-Bleibtreu, BVerfGG, 61. EL 7.2021, § 7 Rn. 1ff.
16 BVerfG, Urt. v. 23.10.1951, Az.: 2 BvG 1/51, Rn. 68 = BVerfGE 1, 14 (29) – Südweststaat.

te inhaltliche Zuständigkeiten haben. Demnach ist der Erste Senat gem. § 14 I BVerfGG vor allem für abstrakte und konkrete Normenkontrollen mit Grundrechtsbezug sowie für Verfassungsbeschwerden zuständig. Der Zweite Senat ist dagegen gem. § 14 II BVerfGG für die übrigen Verfahrensarten, insbesondere für Organstreitverfahren und Bund-Länder-Streits zuständig. Man spricht daher auch vom Ersten Senat als Grundrechtssenat und dem Zweiten Senat als Staatsrechtssenat.[17] In der Praxis hat sich diese Aufteilung jedoch als nicht praktikabel erwiesen, da die Verfassungsbeschwerde mit über 90 % der Verfahren am BVerfG das deutlich häufigere Verfahren ist.[18] Dies führte zu einer starken Überlastung des Ersten Senats, weshalb die strenge Aufteilung aufgeweicht wurde und durch § 14 IV BVerfGG die Möglichkeit geschaffen wurde, die Zuständigkeiten jeweils selbst anzupassen. Somit entscheidet auch der Zweite Senat über Verfassungsbeschwerden.

C. Verhältnis zum EuGH

Grund für viele Diskussionen bietet das Verhältnis zwischen EuGH und BVerfG, das im PSPP-Urteil den aktuellen Höhepunkt fand. Zum ersten Mal in der Geschichte der Gerichtshöfe verweigerte das BVerfG die Umsetzung eines Urteils des EuGH[19] und erklärte sowohl die strittige Maßnahme der EZB, wie auch das EuGH-Urteil für *ultra vires*. Damit wurde einer der vom BVerfG entwickelten Kontrollvorbehalte angewandt.[20] Unabhängig von einer rechtlichen Bewertung[21] des Urteils, ist fraglich, wie das Verhältnis zwischen BVerfG und EuGH heute noch charakterisiert werden kann.

Im Maastricht-Urteil prägte das BVerfG den Ausdruck des Staatenverbunds,[22] daran angelehnt kann das Verhältnis des BVerfG zum EuGH als **Verfassungsgerichtsverbund** beschrieben werden. Der Verbundsbegriff hilft dabei, das Zusammenwirken der Gerichte zu beschreiben und eröffnet die Möglichkeit, so der ehemalige Präsident des BVerfG *Voßkuhle*, „der differenzierten Umschreibung anhand unterschiedlicher Ordnungsgesichtspunkte wie Einheit, Differenz und Viel-

---

17 Klein, in: Festschrift für Klaus Stern, 1997, 1135 (1150).

18 Die eigene Statistik des BVerfG weist für das Jahr 2020 5529 neue Verfahren aus, wovon 5194 Verfassungsbeschwerden waren.

19 EuGH, Urteil v. 11.12.2018, ECLI:EU:C:2018:1000 – Weiss u.a.

20 Calliess, NVwZ 2020, 897 (897 f.). Zu den Kontrollvorbehalten des BVerfG siehe Chiofalo, § 9.4 Europäische Integration in diesem Lehrbuch.

21 Siehe dazu Calliess, NVwZ 2020, 897 oder Ludwigs, EuZW 2020, 530.

22 BVerfG, Urt. v. 12.10.1993, Az.: 2 BvR 2134, 2159/92, 8. LS = BVerfGE 89, 155 – Maastricht.

Valentina Chiofalo und Johannes Siegel

falt, Homogenität und Pluralität, Abgrenzung, Zusammenspiel und Verschränkung. Im Gedanken des Verbundes sind Eigenständigkeit, Rücksichtnahme und
Fähigkeit zu gemeinsamem Handeln gleichermaßen angelegt".[23] Inwiefern an
diesem Modell durch das Vorgehen des BVerfG weiterhin Praxis ist, muss die Zukunft zeigen. Fest steht, dass das BVerfG eine erneute Vorlage im strittigen PSPP-
Verfahren vor den EuGH verpasste, wodurch ein Dialog am Ende scheiterte.[24]

ℹ️ **Weiterführendes Wissen**

Das Verhältnis zwischen BVerfG und EGMR kann ebenso durch den Begriff des **Verfassungs-
gerichtsverbunds** beschrieben werden.[25] Über den Grundsatz der Völkerrechtsfreundlichkeit des
Grundgesetzes wird vom BVerfG ein offener Dialog im Bereich des Menschenrechtsschutz mit
dem EGMR gesucht. So war das BVerfG in Hinblick auf das Urteil des EGMR zur rückwirkenden
Verlängerung der Sicherungsverwahrung[26] sogar dazu bereit, die eigene Rechtsprechungslinie
zu verlassen und dem EGMR zu folgen.[27] Im ersten Urteil des BVerfG entschied dieses noch, dass
die rückwirkende Verlängerung der ersten Unterbringung in der Sicherungsverwahrung verfassungsgemäß sei,[28] worin der EGMR eine Verletzung des Rechts auf Freiheit (Art. 5 EMRK) und des
Grundsatz „keine Strafe ohne Gesetz" (Art. 7 EMRK) erkannte.[29] Im zweiten Urteil vom 4.5.2011
wurden die Regelungen dann für verfassungswidrig erklärt, da das Urteil des EGMR eine „rechtserhebliche Änderung" darstelle und als „Auslegungshilfe für die Bestimmung von Inhalt und
Reichweite von Grundrechten und rechtsstaatlichen Grundsätzen des Grundgesetzes" diene.[30]
Somit hat die EMRK zwar grundsätzlich den Rang eines Bundesrechts, aber wird gleichzeitig bei
der Auslegung der Grundrechte des Grundgesetzes berücksichigt. Dadurch erlangt die EMRK zumindest mittelbar Verfassungsrang.[31]

Weiterführende Studienliteratur
- Chatziathanasiou, Die Status-Denkschrift des Bundesverfassungsgerichts als informaler
  Beitrag zur Entstehung der Verfassungsordnung, RW 2020, 145.
- Duden, Die Wahl der Richterinnen und Richter des BVerfG und der obersten Bundes-
  gerichte, JuS 2019, 859.
- Voßkuhle, Der europäische Verfassungsgerichtsverbund, NVwZ 2010, 1.

---

23 Voßkuhle, TranState Working Papers No. 106 2009, 1 (8).
24 Calliess, NVwZ 2020, 897 (901).
25 Dazu ausführlich: Voßkuhle, NVwZ 2010, 1 (3 ff).
26 EGMR, Urt. v. 17.12.2009, Az.: 19395/04 – Rechtssache M. gegen Deutschland.
27 Walter, in: Dürig/Herzog/Scholz, GG, 95. EL. 7.2021, Art. 93 Rn. 174 f.
28 BVerfG, Urt. v. 21.10.2003, Az.: 2 BvR 2029/01 = BVerfGE 109, 133 – Langfristige Sicherungsverwahrung.
29 EGMR, Urt. v. 17.12.2009, 19395/04 – Rechtssache M. gegen Deutschland.
30 BVerfG, Urt. v. 4.5.2011, Az.: 2 BvR 2365/09, 1. und 2. LS = BVerfGE 128, 326 – EGMR Sicherungsverwahrung.
31 Walter, in: Dürig/Herzog/Scholz, GG, 95. EL. 7.2021, Art. 93 Rn. 173 f.

Valentina Chiofalo und Johannes Siegel

- Calliess, Konfrontation statt Kooperation zwischen BVerfG und EuGH? Zu den Folgen des Karlsruher PSPP-Urteils, NVwZ 2020, 897.

Zusammenfassung: Die wichtigsten Punkte

- Das BVerfG ist ein **Gericht** i.S.d. Art. 92 GG und gleichzeitig **Verfassungsorgan** des Bundes. Die Stellung als Verfassungsorgan ergibt sich laut Ansicht des BVerfG nicht nur aus dem einfachen Recht, sondern auch aus dem Grundgesetz. Den Stand als Verfassungsorgan begründete das Gericht 1952 in der sogenannten Status-Denkschrift.
- Das BVerfG besteht aus **zwei Spruchkörpern,** dem Ersten Senat und dem Zweiten Senat. Beide Senate bestehen aus je 8 Richter:innen. Die Organisation des BVerfG ist im BVerfGG und in der Geschäftsordnung des BVerfG normiert.
- Das BVerfG steht mit dem EuGH in einem **Verfassungsgerichtsverbund** und damit Rücksichtnahme, Eigenständigkeit und Kooperation in den Vordergrund der Beziehung stellt.

Valentina Chiofalo und Johannes Siegel

§ 21 Verfahrensarten vor dem Bundesverfassungsgericht

Im Staatsorganisationsrecht ist es notwendig, die relevanten Verfahren vor dem BVerfG zu kennen. Denn anders als im Zivilrecht oder im Strafrecht, ist im Öffentlichen Recht regelmäßig die Zulässigkeit eines Gerichtsverfahrens zu prüfen (**Verfassungsprozessrecht**). Bei einer Zulässigkeitsprüfung überprüft das Gericht, ob bestimmte Verfahrensvoraussetzungen vorliegen, damit es sich überhaupt inhaltlich mit der Frage des Verfahrens auseinandersetzt. Sollten die Voraussetzungen nicht vorliegen, spricht das Gericht ein Prozessurteil und weist das Verfahren als unzulässig ab. Sobald die Zulässigkeit bejaht wird, spricht das Gericht ein Sachurteil, unabhängig davon, ob das Verfahren der Sache nach begründet oder unbegründet ist. Deswegen spricht man bei den Voraussetzungen der Zulässigkeit auch häufig von „Sachurteilsvoraussetzungen", denn nur, wenn diese gegeben sind, kann das Gericht ein Sachurteil fällen.

In dieser Tabelle werden die vier wichtigsten Verfahrensarten des Staatsorganisationsrechts dargestellt. Dadurch soll verdeutlicht werden, dass sich die einzelnen Voraussetzungen der Zulässigkeitsprüfung durchaus gleichen. Ein systematisches Vorgehen beim Lernen ist daher von Vorteil. Daneben sollte sich zumindest vor dem Examen mit **dem einstweiligen Rechtsschutz** vor dem BVerfG befasst werden. Die **Verfassungsbeschwerde** wird vor allem zu Beginn des Studiums keine Rolle im Staatsorganisationsrecht spielen, sondern wird schwerpunktmäßig in Grundrechts-Klausuren abgefragt. Aufgrund der Prüfungspunkte können jedoch auch hauptsächlich staatsorganisationsrechtliche Probleme (zum Beispiel das ordnungsgemäße Durchlaufen des Gesetzgebungsverfahrens) abgefragt werden.[1] Rund um das Wahlrecht gibt es zwei besondere Verfahrensarten: Die **Nichtanerkennungsbeschwerde** (Art. 93 I Nr. 4c GG), welche Vereinigungen offensteht, die im Wahlvorbereitungsverfahren nicht als Partei anerkannt wurden sowie die **Wahlprüfungsbeschwerde** (Art. 41 II GG), welche sich gegen Entscheidungen des Bundestages im Wahlprüfungsverfahren im Nachgang der Wahl richtet. Letztere ist deutlich prüfungsrelevanter.[2]

---

1 Siehe ausführlich zur Verfassungsbeschwerde gedruckt oder online Linke, § 10 Verfassungsbeschwerde im OpenRewi Grundrechte Lehrbuch oder online Linke, § 21.6 Verfassungsbeschwerde im OpenRewi Staatsorganisationsrecht Lehrbuch.
2 Siehe dazu ausführlich Ramson, § 5.2.1. Wahlen, E. in diesem Lehrbuch.

	Organstreitverfahren	Bund-Länder-Streit	Abstrakte Normenkontrolle	Konkrete Normenkontrolle
I. Vor welchem Gericht?	Zuständigkeit: Art 93 I Nr. 1 GG, § 13 Nr. 5 BVerfGG	Zuständigkeit: Art. 93 I Nr. 3 GG, § 13 Nr. 7 BVerfGG	Zuständigkeit: Art. 93 I Nr. 2 GG, § 13 Nr. 6 BVerfGG	Zuständigkeit: Art. 100 I GG, § 13 Nr. 11 BVerfGG
II: Wer (Gegen wen?)	Antragsteller:in und Antragsgegner: in gem. § 63 BVerfGG	Antragsteller:in und Antragsgegner:in gem. § 68 BVerfGG	Antragsberechtigung gem. § 76 BVerfGG	Vorlageberechtigung: Art. 100 I GG
	Oberste Bundesorgane; Teile dieser Organe; andere Beteiligte, Art. 93 I Nr. 1 GG	für den Bund: Bundesregierung; für ein Land: Landesregierung	Bundesregierung; Landesregierung; ¼ der MdB	Gerichte
III. Wogegen?	Antragsgegenstand: § 64 I BVerfGG	Antragsgegenstand: §§ 69, 64 I BVerfGG	Antragsgegenstand: § 76 I BVerfGG	Vorlagegegenstand: Art. 100 I GG
	rechtserhebliche Maßnahme oder Unterlassung	rechtserhebliche Maßnahme oder Unterlassung	Bundesrecht; Landesrecht	nachkonstitutionelle formelle Bundes- oder Landesgesetze
IV. Warum?	Antragsbefugnis, § 64 I BVerfGG	Antragsbefugnis: §§ 69, 64 I BVerfGG	Antragsgrund: § 76 I BVerfGG	Vorlagegrund: Art. 100 I GG
	Möglichkeit, dass Antragsteller in verfassungsrechtlichen Rechten verletzt ist; oder (wenn Prozessstandschaft) das Organ, dem er angehört, § 64 I BVerfGG	Möglichkeit, dass Antragsteller in verfassungsrechtlichen Rechten verletzt ist	Zweifel an Verfassungsmäßigkeit; kein „für nichtig halten" erforderlich, wie § 76 I BVerfGG fordert. Grund: Art 93 I Nr. 2 GG höherrangig	Gesetz für verfassungswidrig gehalten + Entscheidungserheblichkeit
V. Wie und wann?	Form: § 23 I BVerfGG und Frist: § 64 III BVerfGG	Form: § 23 I BVerfGG und Frist: § 64 III BVerfGG	Form: § 23 I BVerfGG	Form: § 23 I BVerfGG
VI. Berechtigtes Interesse?	Rechtsschutzbedürfnis	Rechtsschutzbedürfnis	Objektives Klarstellungsinteresse	Nicht nötig, der Sache nach enthalten
	Berechtigtes Interesse am Rechtsschutz	Berechtigtes Interesse am Rechtsschutz	Vorliegen eines Kontrollbedürfnisses	–

(Quelle: eigene Darstellung)

Valentina Chiofalo

> **!** **Klausurtaktik**
>
> Im Staatsorganisationsrecht sind vier Verfahren besonders relevant: das Organstreitverfahren (Art. 93 I Nr. 1 GG), der Bund-Länder-Streit (Art. 93 I Nr. 3 GG), die abstrakte (Art. 93 I Nr. 2 GG) und die konkrete Normenkontrolle (Art. 100 I GG). Dabei kann ganz grob folgender Einteilung gefolgt werden:
>
> – Die konkrete und abstrakte **Normenkontrolle** sind einschlägig, wenn die **Verfassungsmäßigkeit von Gesetzen** geprüft werden soll. Bei der **konkreten** Normenkontrolle wirft ein **Gericht** die Frage der Verfassungsmäßigkeit auf. Bei der **abstrakten** Normenkontrolle ist es die **Bundesregierung**, die **Landesregierung** oder 1/4 der **Mitglieder des Bundestages**.
>
> – Die Abgrenzung zwischen Organstreitverfahren und Bund-Länder-Streit kann etwas schwieriger sein. Bei beiden Verfahren geht es um eine „rechtserhebliche **Maßnahme oder ein Unterlassen**", welches den:die Antragsteller:in in den eigenen Rechten verletzt haben könnte. Beim **Bund-Länder-Streit** muss aber zwingend eine **Landesregierung** am Verfahren beteiligt sein, beim **Organstreitverfahren** sind alle Beteiligte hingegen **Bundesorgane**. Somit kann anhand der Beteiligten eine sichere Abgrenzung getroffen werden, sofern es sich beim Antragsgegenstand um eine rechtserhebliche Maßnahme oder Unterlassung handelt.

§ 21.1 Organstreit

Das Organstreitverfahren ist **kontradiktorisch** konzipiert und somit kein objektives Beanstandungsverfahren. Das bedeutet, dass es beim Organstreitverfahren im Unterschied zur abstrakten Normenkontrolle stets zwei sich gegenüberstehende Verfahrensparteien gibt, die über die Auslegung und Anwendung der Verfassung streiten.[1] Die Prüfung beschränkt sich dabei lediglich auf **konkrete Rechtsverletzungen** zwischen den Organen und ausdrücklich nicht auf eine *allgemeine Verfassungsaufsicht*.[2] Das BVerfG trifft im Organstreitverfahren lediglich **Feststellungsentscheidungen**, d.h. dass die Entscheidungen gerade keine rechtsgestaltende Wirkung entfalten. Im Ergebnis erfolgt eine Bindungswirkung der Feststellungsentscheidungen durch das Wiederholungsverbot der beanstandeten Handlungen.[3]

Weiterführendes Wissen

Das Organstreitverfahren ist für den **Minderheitenschutz** im Bundestag von besonderer Bedeutung. Minderheit ist dabei numerisch zu verstehen, also zahlenmäßig kleinere Gruppen im Bundestag, was regelmäßig die Opposition darstellt. Im Wege der **Prozessstandschaft** kann es so dazu kommen, dass eine Minderheit die Rechte des Bundestages gegen die Mehrheit geltend macht. Auf diese Art trägt das Organstreitverfahren im Wege der **Gewaltenteilung** zur gegenseitigen Kontrolle der Verfassungsorgane bei. Die relevanten Normen sind Art. 93 I Nr. 1 GG, § 13 Nr. 5 und §§ 64ff. BVerfGG.[4]

A. Die wichtigsten Streitstände

Beim Organstreitverfahren gibt es mehrere klassische Streitstände, die meistens mit **einzelnen Abgeordneten** verbunden sind.

Wenn ein:e einzelne:r Abgeordnete:r ein Organstreitverfahren betreiben möchte, stellt sich beim **Prüfungspunkt Antragsteller:in** die Frage, ob Abgeordnete unter **§ 63 BVerfGG und Art. 93 I Nr. 1 GG** subsumiert werden können. Der Wortlaut der beiden Normen ist unterschiedlich, wobei § 63 BVerfGG enger ist, da hier neben den ausdrücklich genannten Antragsteller:innen lediglich auf mit eigenen Rechten ausgestattete *Teile* des Bundestages und Bundesrates verwiesen wird. Nach Art. 93 I Nr. 1 GG genügen für *andere Beteiligte*, dass sie durch das

---

1 Maurer, Staatsrecht I, 6. Aufl. 2010, § 20 Rn. 42; Geis/Meier, JuS 2011, 699 (700).
2 BVerfG, Urt. v. 25.3.1999, Az: BvE 5/99 Rn. 13 = BVerfGE 100, 266 (268) – Kosovo.
3 Detterbeck, in: Sachs, GG, 9. Aufl. 2021, Art. 93 Rn. 43f.
4 Siehe weiterführend Chiofalo/Lohman, § 5.4 Minderheitenschutz in diesem Lehrbuch.

Grundgesetz oder durch die Geschäftsordnung eines obersten Bundesorganes mit eigenen Rechten ausgestattet sind. Auf diesen unterschiedlichen Wortlaut ist in der Klausur einzugehen. Einzelne Abgeordnete haben eigene Rechte, wie beispielsweise ihre Statusrechte aus Art. 38 I 2 GG sowie Rederechte, die sich aus der GOBT ergeben, daher können sie als *andere Beteiligte* unter Art. 93 I Nr. 1 GG gefasst werden. Teile eines Organs im Sinne von § 63 BVerfGG müssen **ständige und dauerhafte Untergliederungen** des Organs darstellen, Abgeordnete fallen somit nicht unter § 63 BVerfGG. In diesem Fall ist Art. 93 I Nr. 1 GG zu folgen, da die Verfassung höherrangig ist und es sich bei § 63 BVerfGG nicht um eine Konkretisierung der Anforderungen handelt.

Bei der **Antragsbefugnis** stellt sich ein weiteres Problem für einzelne Abgeordnete. Denn diese können als andere Beteiligte lediglich eigene Rechte, wie Rederechte aus Art. 38 I 2 GG, geltend machen und nicht im Wege der Prozessstandschaft auch Rechte des Bundestages. Daher ist an dieser Stelle abzugrenzen, auf was sich die:der Abgeordnete beruft.

B. Prüfungsschema der Zulässigkeit

Formulierungsbeispiel

„Der Antrag müsste zulässig sein."

 Klausurtaktik*[5]

Für die Zulässigkeitsprüfung muss neben dem GG auch das BVerfGG genutzt werden.

I. Zuständigkeit des BVerfG

Die Zuständigkeit des BVerfG für das Organstreitverfahren ergibt sich aus Art. 93 I Nr. 1 GG und § 13 Nr. 5 BVerfGG.

 Weiterführendes Wissen*

An dieser Stelle muss man sich bereits darüber klar sein, welches Verfahren einschlägig ist. Dabei sind alle Verfahren nach dem sogenanntes Enumerativsystem geregelt (Enumeration = Auf-

---

[5] Die allgemeinen Erklärungen zur Klausurtaktik und einige Weiterführenden Hinweise sind ebenso beim Bund-Länder-Streit, wie auch bei der abstrakten und konkreten Normenkontrolle zu beachten. Diese werden mit einem * versehen.

Johannes Siegel

zählung). Die Zuständigkeit des BVerfG ergibt sich nur, wenn die Streitigkeit in § 13 BVerfGG aufgelistet ist und nicht schon dann, wenn die Streitigkeit Verfassungsrecht betrifft. Dies gilt nicht nur für das Organstreitverfahren, sondern für jegliche Verfahren vor dem BVerfG.

Formulierungsbeispiel

„Das Bundesverfassungsgericht ist nach Art. 93 I Nr. 1 GG und § 13 Nr. 5 BVerfGG für das Organstreitverfahren zuständig."

Klausurtaktik* !

Bei der Zuständigkeitsprüfung wird es regelmäßig keine Probleme geben. Bitte kurz fassen.

II. Antragsteller:in und Antragsgegner:in

Da das Organstreitverfahren ein Verfahren zur Aufklärung von Streiten zwischen Verfassungsorganen ist, ist die klare Benennung von diesen wichtig für den Verlauf der Prüfung. Es kann bei der Frage der beteiligten Organe bereits zu ersten Problemen in der Prüfung kommen.

Klausurtaktik !

Eine weitere geläufige Bezeichnung lautet *Parteifähigkeit*. Diese knüpft an den Umstand an, dass man Partei eines Rechtsstreits wird und ist nicht mit politischen Parteien zu verwechseln.

Wer Antragsteller:in eines Organstreitverfahrens sein kann, ergibt sich aus Art. 93 I Nr. 1 GG und § 63 BVerfGG. Demnach sind ausweislich § 63 BVerfGG folgende Verfassungsorgane unproblematisch antragsberechtigt: **der:die Bundespräsident:in; der Bundestag; der Bundesrat und die Bundesregierung.**

Klausurtaktik !

Sofern in der Klausur eines der in § 63 BVerfGG ausdrücklich genannten Verfassungsorgane einschlägig ist, kann man sich in der Bearbeitung kurz fassen und lediglich auf die Norm verweisen.

Formulierungsbeispiel

„Gemäß Art. 93 I Nr. 1 GG, §§ 13 Nr. 5, 63 BVerfGG kann Antragsteller:in eines Organstreitverfahrens insbesondere die Bundesregierung sein. Vorliegend handelt ebendiese. Die Bundesregierung ist somit taugliche Antragstellerin."

Johannes Siegel

Für die weiteren möglichen Antragsteller:innen fällt auf, dass sich der Wortlaut von Art. 93 I Nr. 1 GG und § 63 BVerfGG unterscheidet. Während Art. 93 I Nr. 1 GG allgemein von obersten Bundesorganen spricht und auch *andere Beteiligte* zulässt, die durch das Grundgesetz oder durch die Geschäftsordnung eines obersten Bundesorganes mit eigenen Rechten ausgestattet sind, erwähnt § 63 BVerfGG neben den ausdrücklich benannten Antragsteller:innen *mit eigenen Rechten ausgestattete Teile dieser Organe.* Dabei beizieht es sich lediglich auf solche Teile des Bundestages oder Bundesrates, die durch deren Geschäftsordnungen mit eigenen Rechten ausgestattet wurden. Das führt dazu, dass die Regelung in § 63 BVerfGG enger ist, als jene aus Art. 93 I Nr. 1 GG.[6]

❗ Klausurtaktik

Im dem Fall, dass ein:e Antrag:steller:in unter Art. 93 I Nr. 1 GG, aber nicht unter § 63 BVerfGG subsumierbar ist muss in der Klausur dieser Normenkonflikt kurz dargestellt und aufgelöst werden.

Im Sinne der Normenhierarchie, wonach das Grundgesetz als Verfassung über dem BVerfGG als einfaches Bundesgesetz steht, kann § 63 BVerfGG die Regelung aus Art. 93 I Nr. 1 GG nicht einschränken.[7] Das BVerfG hält es daher für *unerheblich*, wenn ein oberstes Bundesorgan in § 63 BVerfGG nicht aufgeführt wird.[8] Demnach ist Art. 93 I Nr. 1 GG methodisch im Wege einer verfassungskonformen Auslegung stets hinzuzuziehen, sofern eine Subsumtion unter § 63 BVerfGG problematisch erscheint.

Darüber hinaus gibt es bezüglich verschiedener Antragsteller:innen Streite darüber, ob diese als *Teil eines Organs* oder als *anderer Beteiligter* Antragsteller:in eines Organstreits sein können.[9] Die Einteilung spielt insbesondere im Zusammenhang mit der **Prozessstandschaft** nach § 64 I BVerfGG eine Rolle. Das BVerfG grenzt nicht immer scharf ab, sondern erkennt beispielsweise für **Bundesminister:innen**, dass diese Teile des obersten Verfassungsorgans Bundesregierung seien (vgl. Art. 62 GG) und durch die Geschäftsordnung der Bundesregierung mit eigenen Rechten ausgestattet seien, weshalb sie daher als *andere Beteiligte* nach Art. 93 I Nr. 1 GG im Organstreit parteifähig seien.[10] Um Teil eines Organs zu sein

---

6 Morlok/Michael, Staatsorganisationsrecht, 5. Aufl. 2021, Rn. 1043.
7 Geis/Meier, JuS 2011, 699 (701).
8 BVerfG, Urt. v. 10.6.2014, Az.: 2 BvE /09, Rn. 59 = BVerfGE 136, 277 (299).
9 Geis/Meier, Jus 2011, 699 (701–702); siehe dazu auflistend Gröpl, Staatsrecht I, 31. Aufl. 2021, Rn. 1505 f.
10 BVerfG, Urt. v. 27.2.2018, Az.: 2 BvE 1/16, Rn. 28 = BVerfGE 148, 11 (1140) – Wanka.

muss dabei eine **ständige und dauerhafte Untergliederungen** des Organs bestehen.[11] Als solcher *Teil* des Organs Bundestag ist die **Fraktion** eine taugliche Antragstellerin.[12] In § 10 GOBT werden ihre Voraussetzungen und eigenen Rechte benannt.[13] Dagegen sind als *anderer Beteiligter* im Sinne von Art. 93 I Nr. 1 GG die: der **Präsident:in des Bundestages**[14] und **einzelne Abgeordnete** anerkannt, da für diese gerade nicht eine solche Untergliederung angenommen wird.[15]

Beispiel: Der klassische Streit zwischen der:dem Bundestagspräsident:in und einzelnen Abgeordneten handelt regelmäßig von Ordnungsrufen im Bundestag, dem Entzug des Rederechts oder der Auflösung des Bundestages.

Politische Parteien können ebenfalls als *andere Beteiligte* Antragsteller:innen eines Organstreits sein. Jedoch ist ein Organstreitverfahren lediglich statthaft, wenn die Partei Rechte aus ihrer verfassungsrechtlichen Stellung nach Art. 21 I GG geltend macht.

Klausurtaktik   ❗

Bei der politischen Partei muss deshalb bereits an dieser Stelle im Gutachten kurz auf den Streitgegenstand eingegangen werden, um das statthafte Verfahren in Abgrenzung zur Verfassungsbeschwerde[16] zu bestimmen. Das Organstreitverfahren ist nur einschlägig, wenn der Streit von der verfassungsrechtlichen Stellung der Partei nach Art. 21 I GG handelt. Das ist regelmäßig bei Streitigkeiten rund um Wahlrechtsnormen, staatliche Parteienfinanzierung und Öffentlichkeitsarbeit (sofern ein statthafter Antragsgegner vorliegt) der Fall.[17]

---

11 BVerfG, Urt. v. 12.3.2007, Az.: 2 BvE 1/07 = BVerfGE 117, 359 (367 f.) – Tornadoeinsatz Afghanistan; Gröpl, Staatsrecht I, 31. Aufl. 2021, Rn. 1505.
12 Gröpl, Staatsrecht I, 31. Aufl. 2021, Rn. 1505; Maurer, Staatsrecht I, 6. Aufl. 2010, § 20 Rn. 44.
13 Siehe dazu im Detail Hug, § 5.7 Fraktion in diesem Lehrbuch.
14 Geis/Meier, JuS, 2011, 699 (701 f.); dagegen als Organteil einordnend, Walter, in: BeckOK BVerfGG, § 63 Rn. 15.
15 BVerfG, Beschl. v. 8.6.1982, Az.: 2 BvE 2/82 = BVerfGE 60, 374 (378 f.) – Redefreiheit und Ordnungsrecht; BVerfG, Urt. v. 30.7.2003, Az.: 2 BvR 508/01 u.a., Rn. 39 = BVerfGE 108, 251 (267) mit Verweis auf Art. 93 I Nr. 1 GG; BVerfG, Urt. v. 12.3.2007, Az.: 2 BvE 1/07 = BVerfGE 117, 359 (367 f.) – Tornadoeinsatz Afghanistan; so auch Gröpl, Staatsrecht I, 31. Aufl. 2021, Rn. 1505, Morlok/Michael, Staatsorganisationsrecht, 5. Aufl. 2021, Rn. 1044, a.A dagegen Maurer, Staatsrecht I, 6. Aufl. 2010, § 20 Rn. 44, welcher Abgeordnete als Teile des Organs Bundestag ansieht; zum einzelnen Abgeordneten siehe auch Nellesen/Pützer, JuS 2018, 429 (429 f.).
16 Siehe zur Verfassungsbeschwerde gedruckt oder online Linke, § 10 Verfassungsbeschwerde im OpenRewi Grundrechte Lehrbuch oder online Linke, § 21.6 Verfassungsbeschwerde im OpenRewi Staatsorganisationsrecht Lehrbuch.
17 Geis/Meier, JuS 2011, 699 (702).

Weiterführendes Wissen

Als oberste Bundesorgane nach Art. 93 I Nr. 1 GG sind auch die Bundesversammlung (Art. 54 GG)[18] und der Gemeinsame Ausschuss (Art. 53a GG) allgemein anerkannt, wenngleich sie in der Klausurprüfung seltener einschlägig sind. Weitere Antragsteller:innen: ständige Ausschüsse des Bundestages; Gruppen gem. § 10 IV GOBT; qualifizierte Minderheiten gem. Art. 44 I GG im Zusammenhang mit Untersuchungsausschüssen. Die Prüfung der Verfahrensparteien erfolgt getrennt. Die Anforderungen für die Antragsteller:in gelten ebenso über die Antragsgegner:in.

III. Antragsgegenstand, Art. 93 I Nr. 1 GG, § 64 I BVerfGG

Gegenstand eines Organstreitverfahrens muss gem. § 64 I BVerfGG *eine Maßnahme oder Unterlassung der:des Antragsgegners:in* sein. Für die Maßnahme oder das Unterlassen bestehen gewisse Anforderungen, sodass nicht jede Maßnahme oder jedes Unterlassen taugliches Antragsgegenstand ist. Zum einen muss die Maßnahme oder das Unterlassen die verfassungsrechtlichen Rechte der:des Antragstellers:in verletzen oder unmittelbar gefährden und zum anderen muss sie **rechtserheblich** sein.[19]

Beispiel: Das BVerfG hielt das Unterlassen der Regierung den Bundestag vor einer Tagung über ihre Verhandlungslinie bei der Tagung zu informieren als tauglichen Antragsgegenstand.[20]

! **Klausurtaktik**

Ein Unterlassen kann lediglich dann rechtserheblich sein, wenn zuvor eine Pflicht zum Handeln bestand.

Urteile	Konstellationen/Antragsparteien
Wanka – Entscheidung (2018) und Seehofer – Entscheidung (2020) sowie Spinner – Entscheidung (2014)	Äußerungen von Bundesminister:innen über andere Parteien (Partei gegen Bundesminister:in) Äußerungen des:der Bundespräsident:in über politische Parteien (Partei gegen Bundespräsident:in)
Luftraumüberwachung Türkei (2008) und Evakuierung aus Libyen (2015)	Unterlassung der Beteiligung des Bundestages bei Bundeswehreinsätzen (Fraktion in Prozessstandschaft für Bundestag gegen Bundesregierung)

---

18 Maurer, Staatsrecht I, 6. Aufl. 2010, § 20 Rn. 42; Geis/Meier, JuS 2011, 699 (700).
19 Maurer, Staatsrecht I, 6. Aufl. 2010, § 20 Rn. 46.
20 BVerfG, Beschl. v. 27.4.2021, Az: 2 BvE 4/15, Rn. 55 = BVerfGE 158, 51 (67).

Johannes Siegel

Urteile	Konstellationen/Antragsparteien
Bundestagsauflösung III (2005)	Auflösung des Bundestages (einzelne Abgeordnete gegen Bundespräsident:in)
Oppositionsrechte (2016)	Unterlassung von Maßnahmen zur Sicherung der parlamentarischen Minderheitenrechte im Bundestag (Fraktion gegen Bundestag)
Beliebte Klausurkonstellation ohne zugrundliegendem Urteil zur Prüfung der Prüfungsrechte des:der Bundespräsident:in.	Unterlassung der Ausfertigung eines Gesetzes (beispielsweise Bundestag gegen Bundespräsident:in)

Kein tauglicher Antragsgegenstand sind abstrakte Handlungen anderer Organe losgelöst von den eigenen Rechten der:des Antragstellers:in. Als kontradiktorisches Verfahren muss es stets um einen Streit zwischen zwei Verfahrensparteien gehen.

Formulierungsbeispiel

„Antragsgegenstand kann gem. Art. 93 I Nr. 1 GG, §§ 13 Nr. 5, 64 BVerfGG nur eine rechterhebliche Maßnahme oder ein Unterlassen sein. Eine rechtserhebliche Maßnahme ist…"

IV. Antragsbefugnis, § 64 I BVerfGG

Gemäß § 64 I BVerfGG muss eine Verletzung von Rechten geltend gemacht werden. Dabei muss lediglich die Möglichkeit einer Verletzung oder unmittelbaren Gefährdung vorliegen, sodass diese nicht evident ausgeschlossen werden kann.[21] Rechte sind i.S.d. Organstreits vor allem als Kompetenzen, Antragsrechte und Statusrechte zu verstehen.[22] Dabei ist zu unterscheiden, ob eigene Rechte oder in Prozessstandschaft fremde Rechte geltend gemacht werden.

Klausurtaktik

Zur Möglichkeit der Rechtsverletzung muss in der Klausur auch sauber subsumiert, sodass kurz (!) dargelegt werden muss, dass aus dem Sachverhalt eine Rechtsverletzung nicht ausgeschlossen werden kann.

21 BVerfG, Beschl. v. 21.5.1996, Az.: 2 BvE 1/95 = BVerfGE 94, 351 (362 f.) – Abgeordnetenprüfung; BVerfG, Beschl. v. 28.4.2005, Az.: 2 BvE 1/05, Rn. 8 = BVerfGE 112, 363 (363–368).
22 Detterbeck, in: Sachs, GG, 9. Aufl. 2021, Art. 93 Rn. 48.

1. Eigene Rechte

Der Fall, in dem der:die Antragsteller:in seine:ihre eigenen Rechte geltend macht, ist dabei unproblematisch und kann in der Klausur kurz mit Verweis auf das Recht geprüft werden.

Beispiel: Abgeordnete des Bundestages können Verletzungen ihrer Rederechte aus Art. 38 I 2 GG geltend machen, wenn sie beispielsweise der Auffassung sind, dass ihnen zu Unrecht das Wort entzogen wurde.[23]

! **Klausurtaktik**

Die geltend gemachten Rechte müssen konkret benannt werden. Weiter müssen sie sich aus der Verfassung ergeben. Das heißt, wenn ein Recht, das nicht in der Verfassung steht, von dem:der Antragsteller:in geltend gemacht wird, dann muss dieses zwingend aus der Verfassung abgeleitet werden. Beispielsweise Rechte, die in Geschäftsordnungen stehen, jedoch Ausfluss von Verfassungsrecht sind.

---

2. Fremde Rechte

Darüber hinaus können jedoch auch im Wege der Prozessstandschaft gem. § 64 I BVerfGG fremde Rechte geltend gemacht werden, d. h. dass ein **Teil eines Organs** die Rechte des Organs als Ganzes geltend machen kann. Das ist als Kontrollmechanismus im Sinne der Gewaltenteilung wichtig, da so die Rechte eines Verfassungsorgans auch gegen die Mehrheit geschützt werden können.[24] Eine solche **Prozessstandschaft** erfolgt über die **Fraktionen** für den Bundestag. **Einzelne Abgeordnete** können dagegen **nicht** die Rechte des Bundestages in Prozessstandschaft geltend machen. Sie gelten nicht als Teil des Bundestags im Sinne von § 63 BVerfGG. Die Norm ist eng auszulegen und erfasst lediglich ständig vorhandene Gliederungen des Bundestages.[25]

---

23 BVerfG, Beschl. v. 8.6.1982, Az.: 2 BvE 2/82 = BVerfGE 60, 374 (379 f.) – Redefreiheit und Ordnungsrecht.
24 Ingold, JuS 2020, 118 (119).
25 BVerfG, Urt. v. 12.7.1994, Az.: 2 BvE 3/92 u. a. = BVerfGE 90, 286 (341 ff., ausdrücklich 343) – Out-of-area-Einsätze; BVerfG, Urt. v. 12.3.2007, Az.: 2 BvE 1/07 = BVerfGE 117, 359 (367 f.) – Tornadoeinsatz Afghanistan; Ingold, JuS 2020, 118 (120 f.).

Johannes Siegel

Weiterführendes Wissen   [i]

Die Ablehnung der **Prozessstandschaft** zu Gunsten der einzelnen Abgeordneten durch das BVerfG ist nicht unumstritten,[26] da das BVerfG ausdrücklich erklärt, dass Abgeordnete Teil des Bundestages seien und der Wortlaut von § 63 BVerfGG auch nur von einem Teil spreche.[27] Neben der Fraktion im Bundestag ist eine Prozessstandschaft auch im Zusammenhang mit Untersuchungsausschüssen für eine Minderheit im Sinne von Art. 44 I 1 GG möglich.[28]

Beispiel: Fraktionen machen in Prozessstandschaft für den Bundestag dessen Beteiligungsrechte zu Einsätzen der Bundeswehr gegen die Bundesregierung geltend.[29]

Formulierungsbeispiel

„Indem die Bundespräsidentin XY machte, kann zumindest nicht ausgeschlossen werden, dass das Recht der Bundestagesregierung aus XY verletzt wurde, womit gem. Art. 93 I Nr. 1 GG, §§ 13 Nr. 5, 64 BVerfGG eine ausreichende Beschwerdebefugnis vorliegt. *oder* Eine Verletzung der Rechte des Bundestages müsste gem. Art. 93 I Nr. 1 GG, §§ 13 Nr. 5, 64 BVerfGG zumindest möglich erscheinen. Vorliegend entschied die Bundesregierung ohne Konsultation des Bundestages... Dabei kann zumindest nicht ausgeschlossen werden, dass Rechte des Bundestages verletzt wurden."

V. Form und Frist, §§ 23 I, 64 III BVerfGG

Für das Organstreitverfahren besteht eine Frist von sechs Monaten, ab Bekanntwerden des beanstandeten Verhaltens, § 64 III BVerfGG. Darüber hinaus gilt die Form nach § 23 I BVerfGG, wonach Anträge schriftlich und begründet eingehen müssen.

Formulierungsbeispiel

„Der Antrag muss innerhalb der Sechsmonatsfrist gem. § 64 III BVerfG und unter Einhaltung der Schriftform gem. § 23 I BVerfGG erfolgen."

---

26 Ablehnend Detterbeck, in: Sachs, GG, 9. Aufl. 2021, Art. 93 Rn. 49 m.w.N; siehe dazu auch Ingold, JuS 2020, 118 (120 ff.).
27 BVerfG, Urt. v. 12.3.2007, Az.: 2 BvE 1/07 = BVerfGE 117, 359 (367 f.) – Tornadoeinsatz Afghanistan.
28 BVerfG, Urt. v. 8.4.2002, Az.: 2 BvE 2/01 = BVerfGE 105, 197 (220 f.) – Minderheitsrechte im Untersuchungsausschuss.
29 BVerfG, Urt. v. 12.7.1994, Az.: BvE 3/92, 5/93 u. a. = BVerfGE 90, 86 – Out-of-area-Einsätze.

Johannes Siegel

❗ Klausurtaktik

Wenn ein Antrag per **Fax** eingereicht wird, gilt die Form als **gewahrt**. Wenn der Sachverhalt keinerlei Angaben zur Frist macht, kann davon ausgegangen werden, dass diese eingehalten wurde. (Kritik am Sachverhalt, wie dass er zu dünn sei oder lückenhaft sind im Gutachten nicht zielführend). Eine Einreichung per **E-Mail** oder einer vergleichbaren elektronischen Form mangelt es bislang an einer gesetzlichen Grundlage, sodass diese als **formwidrig** zu betrachten ist.[30] Ein Antrag ist **nicht formwidrig**, wenn es im Sachverhalt heißt, dass das "Bundesverfassungsgericht angerufen wurde". Damit ist nicht gemeint, dass die Bundesregierung/die Landesregierung/die MdB das BVerfG mit dem Telefon angerufen hat, sondern dass sich mit der Fallfrage an das BVerfG gewandt wurde. Dies gilt nicht nur für das Organstreitverfahren, sondern auch für alle anderen Verfahren vor dem BVerfG.

VI. Rechtsschutzbedürfnis

Das Rechtsschutzbedürfnis stellt in der Klausur regelmäßig kein Problem dar, da es durch die Möglichkeit der Rechtsverletzung bereits indiziert wird.[31]

❗ Examenswissen

Sofern sich das beanstandete Verhalten zeitlich überholt hat, der Sachverhalt sich also erledigt hat oder das unterlassene Verhalten nachgeholt wurde, kann es zu Problemen beim Rechtsschutzbedürfnis kommen. Das BVerfG stellte dazu fest, dass der Umstand, dass die beanstandete Rechtsverletzung in der Vergangenheit liege und bereits abgeschlossen sei grundsätzlich nicht zu einem entfallen des Rechtsschutzbedürfnisses führe.[32] Dennoch kann in diesen Fällen ein fortwirkendes Bedürfnis an einer Entscheidung notwendig sein, was bei Wiederholungsgefahr angenommen wird.[33]

VII. Ergebnis

Formulierungsbeispiel

„Das Organstreitverfahren ist mithin zulässig."

---

30 Walter, in: Dürig/Herzog/Scholz, GG, 95. EL. 7.2021, Art. 93 Rn. 385.
31 Maurer, Staatsrecht I, 6. Aufl. 2010, § 20 Rn. 50.
32 BVerfG, Beschl. v. 27.4.2021, Az.: 2 BvE 4/15, Rn. 59 = BVerfGE 158, 51 (67–68).
33 Vgl. dazu BVerfG, Beschl. v. 27.4.2021, Az.: 2 BvE 4/15, Rn. 60 = BVerfGE 158, 51 (68); Detterbeck, in: Sachs, GG, 9. Aufl. 2021, Art. 93 Rn. 50a.

Johannes Siegel

C. Begründetheit im Organstreitverfahren

Es gibt keinen allgemeingültigen Aufbau beim Organstreitverfahren. Zum allgemeinen Umgang mit der Klausurlösung und Begründetheitsprüfung siehe Kapitel zur Methodik.[34] Regelmäßig wird jedoch um Kompetenzen, Handlungen anderer Organe und Statusrechte gestritten.[35]

Klausurtaktik ❗

Daher ist es besonders wichtig, dass die Obersätze sauber herausgearbeitet sind. Im Obersatz muss die Fragestellung der Begründetheitsprüfung prägnant festgehalten werden, sodass die Lösung diese Frage beantwortet. Es bietet sich daher aus didaktischen Gründen an, sich einen Überblick über klassische Klausurkonstellationen in Organstreitverfahren anzusehen.

Im Unterschied zu den Grundrechten ist hervorzuheben, dass in diesen klassischen Konstellationen von Eingriffen in Kompetenzbereiche eines Organs eine Verhältnismäßigkeitsprüfung regelmäßig ausscheidet. Eine Kompetenz liegt regelmäßig vor oder sie liegt nicht vor. Im Zusammenhang mit Statusrechten, insbesondere Minderheitenrechten, und der Opposition können dagegen Rechtfertigungsfragen bei möglichen Ungleichbehandlungen aufkommen.[36]

Beispiel: Die Fragen, ob der Bundestag aufgelöst werden darf, ein Untersuchungsausschuss einberufen werden kann, ob der Bundestag an Entscheidungen über Auslandseinsätze der Bundeswehr beteiligt sein muss oder wie sich der:die Bundespräsident:in über Parteien äußern darf, sind für Rechtfertigungserwägungen regelmäßig nicht offen.

Formulierungsbeispiel

„Der Antrag ist begründet, soweit die Handlung oder Unterlassung der Antragsgegnerin die Antragstellerin in ihren verfassungsrechtlichen Rechten verletzt, vgl. § 67 BVerfGG."

Übersicht klassischer Organstreits
- Prüfungsrecht der:des Bundespräsident:in.[37]
- Rechte der Abgeordneten (Bundestagsauflösung, Rederechte, Statusrechte).[38]

---

34 Kohal, § 23 Methodik der Fallbearbeitung im Staatsorganisationsrecht in diesem Lehrbuch.
35 Detterbeck, in: Sachs, GG, 9. Aufl. 2021, Art. 93 Rn. 48.
36 BVerfG, Urt. v. 3.5.2016, Az.: 2 BvE 4/14, Rn. 95 ff. = BVerfGE 142, 25 (60–64).
37 Heilmann, § 13 Bundespräsident:in, D. I. in diesem Lehrbuch.
38 Linke, § 10.1 Abgeordnete in diesem Lehrbuch.

Johannes Siegel

–   Beteiligung des Bundestages bei Auslandseinsätzen, dabei beispielsweise auch der Parlamentsvorbehalt.[39]
–   Äußerungen der:des Bundespräsidenten:in[40]/der Bundesregierung gegenüber einer Partei.[41]

Anhand dieser Klausurkonstellationen zeigt sich anschaulich, wie Begründetheiten bei Organstreitverfahren aufgebaut sein können, aber auch wie unterschiedlich die Fragestellungen sein können. Es bietet sich daher an, sich mit diesen Klassikern vertraut zu machen, um anhand der gelernten Strukturen besser mit neueren oder unbekannten Prüfungskonstellationen zurechtzukommen.

! Klausurtaktik

Bitte „soweit" beziehungsweise „insoweit" nutzen (und nicht "wenn") – denn die Handlung oder das Unterlassung kann auch nur teilweise die:den Antragsteller:in in ihren:seinen verfassungsrechtlichen Rechten verletzten. Das gilt nicht nur für das Organstreitverfahren, sondern für alle Begründetheitsprüfungen.

Formulierungsbeispiel

„Die Antragsteller:in ist (teilweise) in ihren Rechten aus Art. ... GG verletzt. Insoweit ist das Organstreitverfahren begründet."

Weiterführende Studienliteratur
–   Hellesen/Pützer, Zur Stellung von Bundestagsabgeordneten im Organstreitverfahren, JuS 2018, 429.
–   Ingold, Die Prozessstandschaft in der verfassungsprozessrechtlichen Fallbearbeitung, JuS 2020, 118.

Zusammenfassung: Die wichtigsten Punkte
–   Das Organstreitverfahren ist ein kontradiktorisches Verfahren, in dem sich zwei Verfahrensparteien gegenüberstehen.
–   Im Rahmen der Begründetheit werden die Rechtsverhältnisse der beiden Verfahrensparteien anhand der Verfassung geprüft.
–   Es können auch fremde Rechte, die des Bundestages, im Wege der Prozessstandschaft im eigenen Namen geltend machen.

---

39 Wiedmann/Seidl, § 5.5 Parlamentsvorbehalt, B. III. in diesem Lehrbuch.
40 Heilmann, § 13 Bundespräsident:in, D. II. in diesem Lehrbuch.
41 Chiofalo/Vrielmann, § 12, B. II. 3. a) Bundesregierung in diesem Lehrbuch.

Für dieses Kapitel gibt es frei zugängliche interaktive Übungen auf der OpenRewi-Homepage. Hierzu muss einfach der QR-Code gescannt werden.

Johannes Siegel

§ 21.2 Bund-Länder-Streit

Der Bund-Länder-Streit ist in Art. 93 Abs. 1 Nr. 3 GG, §§ 13 Nr. 7, 68 ff. BVerfGG normiert. Er ähnelt in vielerlei Hinsicht dem Organstreitverfahren. Es handelt sich ebenfalls um ein kontradiktorisches Verfahren, jedoch diesmal zwischen zwei unterschiedlichen Körperschaften, dem Bund und den Ländern,[1] und nicht wie beim Organstreitverfahren zwei Organen einer Körperschaft. Diese strukturellen Ähnlichkeiten spiegeln sich auch rechtlich wider, indem § 69 BVerfGG für den Bund-Länder-Streit die Normen des Organstreitverfahrens verweist. In der Rechtspraxis spielt der Bund-Länder-Streit nur eine untergeordnete Rolle und kommt daher selten zur Anwendung.[2] Das hat vor allem damit zu tun, dass sich bei Streitigkeiten zur Gesetzgebungskompetenz die abstrakte Normenkontrolle im Gegensatz zum Bund-Länder-Streit besser anbietet. Sie hat zum einen kein Fristerfordernis und zum anderen gem. § 78 S. 1 BVerfGG die Möglichkeit einer Nichtigkeitserklärung im Tenor der Entscheidung. Beim Bund-Länder-Streit erfolgt, wie schon beim Organstreitverfahren, lediglich gem. § 67 S. 1 BVerfGG eine Feststellung.

! Examenswissen

Im Rahmen der Verwaltungskompetenzen und der Auftragsverwaltung gem. Art. 85 GG behält der Bund-Länder-Streit weiterhin Bedeutung. So kam es insbesondere im Zusammenhang mit Weisungen durch den Bund zu Verfahren.[3]

A. Prüfungsschema der Zulässigkeit

Formulierungsbeispiel

„Der Antrag müsste zulässig sein."

---

1 Kämmerer, Staatsorganisationsrecht, 4. Aufl. 2022, § 11 Rn. 31.
2 Vgl. Maurer, Staatsrecht I, 6. Aufl. 2010, § 20 Rn. 59; Ipsen/Kaufhold/Wischmeyer, Staatsrecht 1, 33. Aufl. 2021, § 18 Rn. 29; Morlock/Michael, Staatsorganisationsrecht, 5. Aufl. 2021, Rn. 1048.
3 Beispielsweise die beiden Verfahren zu Atomkraftwerken, BVerfG, Urt. v. 22.5.1990, Az.: 2 BvG 1/88 = BVerfGE 81, 310–347 – Kalkar II und BVerfG, Urt. v. 19.2.2002, Az.: 2 BvG 2/00 = BVerfGE 104, 249–287; sowie der Entsorgung von radioaktiven Abfällen, BVerfG, Beschl v. 5.12.2001, Az.: 2 BvG 1/00 = BVerfGE 104, 238–249.

I. Zuständigkeit des BVerfG

Die Zuständigkeit des BVerfG für den Bund-Länder-Streit ergibt sich aus **Art. 93 I Nr. 3 GG** und **§ 13 Nr. 7 BVerfGG.**

Formulierungsbeispiel

„Das Bundesverfassungsgericht ist nach Art. 93 I Nr. 3 GG und § 13 Nr. 7 BVerfGG für den Bund-Länder-Streit zuständig."

II. Antragsteller:in und Antragsgegner:in, § 68 BVerfGG

§ 68 BVerfGG regelt ausdrücklich, dass für den **Bund** lediglich die **Bundesregierung** und für ein **Land** lediglich die **Landesregierung** Antragsteller:in oder Antragsgegner:in sein kann.

Beispiel: Das BVerfG erklärte einen Bund-Länder-Streit aus Schleswig-Holstein zur Schuldenbremse für unzulässig, da er durch das Landesparlament und nicht die Landesregierung, erhoben wurde.[4] Es stellte insbesondere fest, dass eine Beschränkung der Antragstellung auf die Landesregierung mit der Garantie des effektiven Rechtsschutzes, dem Rechtsstaatsprinzip und dem Grundsatz der Bundesstaatlichkeit vereinbar sei.[5] Im Falle eines Konflikts zwischen dem Landesparlament und der Landesregierung stehe dem Parlament auch die Möglichkeit einer *Organklage* (Gemäß des jeweiligen Landesrechts und **nicht** das Organstreitverfahren nach Art. 93 I Nr. 1 GG.[6]) gegen die Regierung auf Durchführung des Bund-Länder-Streits offen.[7]

III. Antragsgegenstand, §§ 69, 64 I BVerfGG

Für den Antragsgegenstand verweist das BVerfGG gem. §§ 69, 64 I BVerfGG auf das Organstreitverfahren.

Klausurtaktik !

Durch den Verweis in § 69 BVerfGG ist die Norm auch stets mitzuzitieren, da sie erst erlaubt die Normen des Organstreits auch für den Bund-Länder-Streit zu verwenden.

---

4 BVerfG, Beschl. v. 19.8.2011, Az.: 2 BvG 1/10, Rn. 34 = BVerfGE 129, 108–124 Rn. 34. (115f.).
5 BVerfG, Beschl. v. 19.8.2011, Az.: 2 BvG 1/10, Rn. 35 = BVerfGE 129, 108–124 Rn. 35. (116).
6 Darüber hinaus existiert subsidiär, also nachrangig, gem. Art. 93 I Nr. 4 GG eine Zuständigkeit für föderative Streitigkeiten.
7 BVerfG, Beschl. v. 19.8.2011, Az.: 2 BvG 1/10, Rn. 38 = BVerfGE 129, 108–124 Rn. 38. (117f.).

Johannes Siegel

Demnach muss gem. §§ 69, 64 I BVerfGG *eine Maßnahme oder Unterlassung des Antragsgegners* vorliegen. Für die Maßnahme oder das Unterlassen bestehen gewisse Anforderungen, sodass nicht jede Maßnahme oder jedes Unterlassen taugliches Antragsgegenstand ist. Zum einen muss die Maßnahme oder das Unterlassen die verfassungsrechtlichen Rechte der:des Antragstellers:in verletzen oder unmittelbar gefährden und zum anderen muss sie rechtserheblich sein.[8]

Beispiel: Der Bund erhält Einnahmen, indem er Funkfrequenzen versteigert. Die Länder sind der Auffassung, dass der Bund diese Einnahmen mit ihnen zu teilen habe. Der Bund behält die Einnahmen jedoch für sich allein und unterlässt es den Ländern einen Anteil auszuzahlen.[9]

IV. Antragsbefugnis, §§ 69, 64 I BVerfGG

Gemäß § 64 I BVerfGG muss eine Verletzung oder unmittelbaren Gefährdung von Rechten geltend gemacht werden. Dabei genügt lediglich die *Möglichkeit* einer Verletzung oder unmittelbaren Gefährdung, sodass diese nicht evident ausgeschlossen werden kann.[10] Taugliche Rechte sind dabei lediglich solche des Landes. Rechte der Regierung können dagegen nicht vorgetragen werden, da sie das Land lediglich im Verfahren vertritt. Ebenso können Rechte des Bundesrates nicht vorgetragen werden. Zwar sind die Länder in ihm vertreten, jedoch handelt es sich beim Bundesrat um ein Organ des Bundes, weswegen für ihn gem. § 63 BVerfGG lediglich der Organstreit offensteht.[11]

V. Form und Frist, §§ 23 I, 69, 64 III BVerfGG

Für die Form und die Frist gilt das gleiche, wie beim Organstreitverfahren, insbesondere die Frist von 6 Monaten ab Kenntnis der Maßnahme gem. §§ 69, 64 III BVerfGG.

---

8 Siehe dazu auch Siegel, § 21.1 Organstreitverfahren, B. III. in diesem Lehrbuch.

9 Stark verkürzt entsprechend des erfolglosen Bund-Länder-Streits zur UMTS-Versteigerung, vgl. BVerfG, Urt. v. 28.3.2002, Az.: 2 BvG 1/01 u. a. = BVerfGE 105, 185 (185–197).

10 BVerfG, Beschl. v. 21.5.1996, Az.: 2 BvE 1/95 = BVerfGE 94, 351 (362f.) – Abgeordnetenprüfung; BVerfG, Beschl. v. 28.4.2005, Az.: 2 BvE 1/05, Rn. 8 = BVerfGE 112, 363 (365).

11 Kämmerer, Staatsorganisationsrecht, 4. Aufl. 2022, § 11 Rn. 37; siehe zum Organstreit Siegel, § 21.1 Organstreitverfahren, B. IV. in diesem Lehrbuch.

Johannes Siegel

VI. Rechtsschutzbedürfnis

Das Rechtsschutzbedürfnis stellt in der Klausur regelmäßig kein Problem dar, da es durch die Möglichkeit der Rechtsverletzung bereits besteht.[12]

VII. Ergebnis

Formulierungsbeispiel

„Der Bund-Länder-Streit ist mithin zulässig."

B. Typischer Aufbau der Begründetheit

Wie bereits zum Organstreitverfahren dargelegt, besteht kein allgemeingültiger Aufbau zur Begründetheit des Bund-Länder-Streits.[13] Eine regelmäßige Konstellation ist die, dass eine verfassungsrechtliche Rechtsverletzung vorgetragen wird, die es dann zu prüfen gilt.

Formulierungsbeispiel

„Der Antrag ist begründet, soweit die Handlung oder Unterlassung des Antragsgegners den Antragsteller in seinen verfassungsrechtlichen Rechten verletzt, vgl. §§ 69, 67 BVerfGG."

Der Schwerpunkt liegt dabei in der Darlegung und Prüfung des konkreten Rechts.

Beispiel: Aufbauend auf dem Beispiel vom Antragsgegenstand (Verteilung der Einnahmen aus der Versteigerung der Funkfrequenzen): Der Antrag ist begründet, wenn der Bund die Pflicht hat, den Ländern einen Anteil zu zahlen. Dafür muss
1. dargelegt werden, wann ein solcher Anspruch besteht, beispielsweise sind gem. Art. 106 III GG gewisse Steuereinnahmen des Bundes aufzuteilen.
2. Geprüft werden, ob vorliegend die Voraussetzungen des Anspruchs erfüllt sind, also ob im Sachverhalt die Einnahmen des Bundes solche aufteilungspflichtigen Steuereinnahmen darstellen.[14]

---

12 Maurer, Staatsrecht I, 6. Aufl. 2010, § 20 Rn. 50.
13 Siehe deshalb entsprechend bei, Siegel, § 21.1 Organstreitverfahren, C. in diesem Lehrbuch.
14 Erneut stark verkürzt entsprechend des erfolglosen Bund-Länder-Streits zur UMTS-Versteigerung, vgl. BVerfG, Urt. v. 28.3.2002, Az.: 2 BvG 1/01 u.a. = BVerfGE 105, 185 (194f.).

Johannes Siegel

Das Ergebnis ist stets zum Abschluss der Prüfung und als Antwort auf den Obersatz anzugeben.

Formulierungsbeispiel

„Die Antragstellerin ist (teilweise) in ihren Rechten aus Art. ... GG verletzt. Insoweit ist der Bund-Länder-Streit begründet."

Zusammenfassung: Die wichtigsten Punkte
- Der Bund-Länder-Streit ist dem Organstreitverfahren sehr ähnlich und verweist über § 69 BVerfGG auf dessen Normen.
- Er behandelt Streit zwischen dem Bund und einem oder mehreren Ländern.

Für dieses Kapitel gibt es frei zugängliche interaktive Übungen auf der OpenRewi-Homepage. Hierzu muss einfach der QR-Code gescannt werden.

Johannes Siegel

§ 21.3 Abstrakte Normenkontrolle

Die abstrakte Normenkontrolle ist ein **objektives Beanstandungsverfahren**, welches in Art. 93 I Nr. 2 GG, § 13 Nr. 6 und in §§ 76 ff. BVerfGG normiert ist. Dabei wird ein Gesetz auf seine Verfassungsmäßigkeit überprüft.

A. Der wichtigste Streitstand

Bei der abstrakten Normenkontrolle gibt es vor allem einen Standardstreit, den alle Studierenden kennen müssen: Im Rahmen des **Antragsgrunds** weicht der **Wortlaut** des Art. 93 I Nr. 2 GG (Antragsteller:in hat **Meinungsverschiedenheiten oder Zweifel** über die förmliche und sachliche Vereinbarkeit von Bundesrecht oder Landesrecht mit dem Grundgesetz) vom Wortlaut des § 76 I Nr. 1 BVerfGG ab (der:die Antragsteller:in hält Bundes- oder Landesrechts aus förmlichen oder sachlichen Gründen mit dem Grundgesetz oder dem sonstigen Bundesrecht **für nichtig**).

§ 76 I BVerfGG enthält somit eine höhere Hürde als Art. 93 I Nr. 2 GG. Sollte also ein **„zweifelnder"** Antrag (Antragsberechtigte haben lediglich Zweifel über die Verfassungsmäßigkeit) vorliegen, muss entschieden werden, ob es sich dabei um einen ausreichenden Antragsgrund handelt. Es ist mithin strittig, ob § 76 I BVerfGG eine Konkretisierung des Art. 93 I Nr. 2 GG darstellt oder die Voraussetzung des Art. 93 I Nr. 2 GG auf unzulässige Weise verengt.

Gegen die Zulässigkeit eines zweifelnden Antrags wird vorgetragen:
- Der klare Wortlaut des § 76 I BVerfGG;
- Art. 94 II 1 GG ermächtigt den Gesetzgeber, die Verfahren vor dem BVerfG näher auszugestalten;
- Regelung erschwert den Zugang zum Verfahrung nur geringfügig.

Für die Zulässigkeit eines zweifelnden Antrags spricht:
- Der Wortlaut der Verfassung ist genauso eindeutig und Verfassung ist höherrangig;
- der systematische Vergleich zu Art. 100 I GG, der gerade verlangt, dass eine Norm für verfassungswidrig gehalten wird;
- Landesregierung/Bundesregierung/Mitglieder des Bundestags sind nicht zwangsläufig Jurist:innen, daher kann auch kein juristisches Urteil verlangt werden (anders als bei der konkreten Normenkontrolle, wo gerade von einem Gericht das Verfahren eingeleitet wird).

Ergebnis: Somit stellt § 76 I BVerfGG **keine zulässige Konkretisierung** des Art. 93 I Nr. 2 GG dar, sondern verengt die Voraussetzung auf unzulässige Weise.[1]

Auf der nächsten Ebene kann gefragt werden, welche Konsequenzen dieses Ergebnis **für § 76 I BVerfGG** hat. Zum einen wird argumentiert, dass § 76 I BVerfGG noch **verfassungskonform ausgelegt** werden kann und somit weiterhin Gültigkeit hat. Auf der anderen Seite verbietet sich eine Auslegung *contra legem*, was eher für eine **Verfassungswidrigkeit und mithin Teilnichtigkeit von § 76 I BVerfGG** sprechen würde. Diese Frage kann in der Klausur in der Regel offenbleiben.

B. Prüfungsschema der Zulässigkeit

Formulierungsbeispiel

„Der Antrag müsste zulässig sein."

I. Zuständigkeit des BVerfG

Die Zuständigkeit des BVerfG für die abstrakte Normenkontrolle ergibt sich aus Art. 93 I Nr. 2 GG und § 13 Nr. 6 BVerfGG.

Formulierungsbeispiel

„Das Bundesverfassungsgericht ist nach Art. 93 I Nr. 2 GG und § 13 Nr. 6 BVerfGG für die abstrakte Normenkontrolle zuständig."

II. Antragsberechtigung gem. Art. 93 I Nr. 2 GG, § 76 BVerfGG

Im Rahmen der Antragsberechtigung wird danach gefragt, ob die Person/die Personengruppe/das Organ den Antrag an das BVerfG überhaupt stellen konnte. Das ergibt sich bei der abstrakten Normenkontrolle aus Art. 93 I Nr. 2 GG, § 76 BVerfGG. Demnach sind die Bundesregierung, die Landesregierung und 1/4 der Abgeordneten berechtigt, einen Antrag beim BVerfG auf abstrakte Normenkontrolle einzureichen.

---

1 Zur weiteren Lektüre: Michael, ZJS 3/2014, 254 (258 ff).

Valentina Chiofalo

Formulierungsbeispiel

„Die Abgeordneten/die Bundesregierung/die Landesregierung müsste(n) auch antragsberechtigt sein. Gemäß Art. 93 I Nr. 2 GG, § 76 BVerfGG sind die Bundesregierung, die Landesregierung und 1/4 der Abgeordneten berechtigt, einen solchen Antrag zu stellen."

Klausurtaktik   !

Nicht antragsberechtigt ist demnach der Bundesrat und „die Fraktion" beziehungsweise „die Opposition" als Einheit. Der Antrag ist immer von den Abgeordneten zu stellen, die die Fraktion bilden. Dieser Punkt sollte aber nur dann umfassend besprochen werden, wenn es Hinweise im Sachverhalt gibt. Grundbedingung einer Normenkontrolle ist nämlich, dass eine einheitliche Rechtsauffassung *tatsächlich* gebildet wird. Über den Fraktionszwang könnte die Zustimmung zur Normenkontrolle allerdings eingefordert werden.

Wenn nicht angegeben ist, wie viele Abgeordnete im Bundestag sitzen, dann ist **§ 1 BWahlG der Ausgangspunkt** der Berechnungen. Demnach besteht der Deutsche Bundestag vorbehaltlich der sich aus diesem Gesetz ergebenden Abweichungen aus 598 Abgeordneten.

III. Antragsgegenstand, Art. 93 I Nr. 2 GG, § 76 I BVerfGG

Der Antragsgegenstand richtet sich nach Art. 93 I Nr. 2 GG, § 76 I BVerfGG und ist mithin **jede Rechtsnorm des Bundes- oder Landesrechts**. Mit Antragsgegenstand ist der „Gegenstand" gemeint, mit dem sich das BVerfG befassen muss. Bei einer abstrakten Normenkontrolle wird die Frage aufgeworfen, ob ein bestimmtes Gesetz/eine Rechtsnorm mit der Verfassung vereinbar ist. Daher ist der „Gegenstand" des Verfahrens die besagte Norm. Art. 93 I Nr. 2 GG und § 76 BVerfGG rekurrieren auf Bundes- oder Landes**recht** – daher können neben formellen Gesetzen auch materielle Gesetze (**Rechtsverordnungen, Satzungen**), sowie vorkonstitutionelles Recht Antragsgegenstand sein.[2] Demgegenüber kann im Rahmen der konkreten Normenkontrolle nur ein formelles Gesetz dem BVerfG vorgelegt werden.[3]

Die Rechtsnorm muss **prinzipiell bereits verkündet, aber noch nicht in Kraft getreten sein**, um ein tauglicher Antragsgegenstand zu sein. Eine Ausnahme liegt vor, wenn es sich um **Zustimmungsgesetze zu völkerrechtlichen Verträgen** handelt. Bereits vor Ausfertigung durch den:die Bundespräsident:in kann ein solches Zustimmungsgesetz vor dem BVerfG überprüft werden.[4] Dadurch soll

---

2 Michael, ZJS 3/2014, 254 (257).
3 Michael, ZJS 3/2014, 254 (257).
4 Michael, ZJS 3/2014, 254 (257).

Valentina Chiofalo

verhindert werden, dass sich die Bundesrepublik durch die Ratifizierung eines verfassungswidrigen Vertrags bindet. **Kein** tauglicher **Antragsgegenstand** sind dagegen mangels Außenwirkung Verwaltungsvorschriften.[5]

Formulierungsbeispiel

„Es müsste ein tauglicher Antragsgegenstand vorliegen. Der Antragsgegenstand einer abstrakten Normenkontrolle kann gem. Art. 93 I Nr. 2 GG, § 76 I BVerfGG jede Rechtsnorm des Bundes- oder Landesrechts sein."

⚠ Examenswissen

Fraglich ist, inwiefern **schlichte Parlamentsbeschlüsse** ein tauglicher Antragsgegenstand sein können. Vertretbar ist, die Überprüfbarkeit dann zu bejahen, soweit Beschlüsse funktionell an die Stelle eines Gesetzes treten.[6] Klausurrelevant ist die Frage, inwiefern **Beschlüsse des Bundestags über den Auslandseinsatz** der Bundeswehr im Normenkontrollverfahren überprüfbar sind. Dafür spricht, dass solche Beschlüsse durchaus als (nicht gesetzesförmiges) Bundesrecht zu qualifizieren sind. Fraglich ist allerdings, ob Parlamentsbeschlüsse zum Auslandseinsatz tatsächlich als funktionelles Äquivalent zu einem Gesetz gewertet werden können. Der Beschluss des Bundestags sorgt vielmehr für eine Legitimationserhöhung und ist somit nicht mit einem Gesetz mit Außenwirkung zu vergleichen. Zustimmungsbeschlüsse zu einem Auslandseinsatz sind daher nicht im Wege der abstrakten Normenkontrolle, sondern über das Organstreitverfahren zu überprüfen.[7]

IV. Antragsgrund, Art. 93 I Nr. 2 GG, 76 I BVerfGG

⚠ Klausurtaktik

Der Antragsgrund wird teilweise Antrags*befugnis* genannt. Da es sich aber um eine objektive Bedingung handelt, die nicht an eine subjektive Rechtsposition gebunden ist, wird Studierenden nahegelegt, das Wort „Antragsgrund" zu nutzen.

Der Antragsgrund bestimmt sich nach Art. 93 I Nr. 2 GG, § 76 I BVerfGG. An dieser Stelle wird gefragt, *wieso* der:die Antragsteller:in die vorgelegte Fallfrage an das

---

[5] BVerfG, Urt. v. 21.02.1961, Az.: 1 BvR 314/60 = BVerfGE 100, 249 (257); Walter, in: Dürig/Herzog/Scholz, GG Kommentar, 95. EL 7.2021, Art. 93 Rn. 237.

[6] Walter kommt zu diesem Schluss, da das BVerfG in der Rundfunkentscheidung den Zustimmungsbeschluss des Bayrischen Landtags zum Staatsvertrag als tauglichen Antragsgegenstand wertete, Walter, in: Dürig/Herzog/Scholz, GG Kommentar, 95. EL 7.2021, Art. 93 Rn. 238.

[7] Walter, in: Dürig/Herzog/Scholz, GG Kommentar, 95. EL 7.2021, Art. 93 Rn. 238.

BVerfG richtet. Problematisch ist, dass der Wortlaut des Art. 93 I Nr. 2 GG (Antragsteller:in hat **Meinungsverschiedenheiten oder Zweifel** über die förmliche und sachliche Vereinbarkeit von Bundesrecht oder Landesrecht mit dem Grundgesetze) vom Wortlaut des § 76 I Nr. 1 BVerfGG (wenn der Antragsteller Bundes- oder Landesrechts aus förmlichen oder sachlichen Gründen mit dem Grundgesetz oder dem sonstigen Bundesrecht **für nichtig hält**) abweicht.[8]

Formulierungsbeispiel

„Es müsste ein tauglicher Antragsgrund vorliegen. Nach Art. 93 I Nr. 2 GG reicht es auch, wenn Meinungsverschiedenheiten oder Zweifel hinsichtlich der Vereinbarkeit einer Norm mit dem Grundgesetz bestehen. Dagegen fordert § 76 I BVerfGG, dass die Norm für nichtig gehalten wird. Somit normiert § 76 I BVerfGG strengere Voraussetzungen für die Zulässigkeit der abstrakten Normenkontrolle als Art. 93 I Nr. 2 GG."

Klausurtaktik !

Der Streit um den unterschiedlichen Wortlaut von § 76 I BVerfGG und Art. 93 I Nr. 2 GG muss nur dann thematisiert werden, wenn der:die Antragsteller:in lediglich Zweifel an der Verfassungsmäßigkeit der Norm hat. Wenn allerdings davon ausgegangen wird, dass die vorgelegte Norm nichtig ist, kann sowohl § 76 I BVerfGG wie auch Art. 93 I Nr. 2 GG als erfüllt angesehen werden, ein Streitentscheid ist daher nicht notwendig. Falls dem Sachverhalt nicht direkt zu entnehmen ist, ob der:die Antragsteller:in lediglich Zweifel hat oder die Norm für nichtig hält, müssen die Angaben im Sachverhalt ordentlich ausgelegt werden.

V. Form und Frist, § 23 I BVerfGG

Die abstrakte Normenkontrolle kennt keine Frist, aber der Antrag muss nach § 23 I BVerfGG schriftlich eingehen und begründet sein.

Formulierungsbeispiel

„Der Antrag ist nicht fristgebunden, muss jedoch die Schriftform des § 23 I BVerfGG einhalten."

VI. Objektives Klarstellungsinteresse

Beim objektiven Klarstellungsinteresse handelt es sich um eine ungeschriebene Zulässigkeitsvoraussetzung. Der:die Antragsteller:in muss ein objektives Interes-

---

8 Siehe ausführlich dazu die Ausführungen in diesem Kapitel unter A. Der wichtigste Streitstand.

Valentina Chiofalo

se an der Klarstellung der Normgültigkeit haben. Dabei wird das Interesse durch den Antrag indiziert, die Beurteilung verläuft prinzipiell großzügig. Vor allem ist keine Subsidiarität der Normenkontrolle gegenüber anderen Rechtsbehelfen anzunehmen. Das Interesse wird dann verneint, wenn die Norm als solche keinen Anwendungsfall mehr hat.[9]

❗ Klausurtaktik

An dieser Stelle wird nicht der Schwerpunkt der Zulässigkeitsprüfung liegen. Bitte möglichst kurz halten.

VII. Ergebnis

Formulierungsbeispiel

„Die abstrakte Normenkontrolle ist mithin zulässig."

C. Typischer Aufbau der Begründetheit

In den meisten Fällen wird der Antragsgegenstand der abstrakten Normenkontrolle ein **formelles Bundesgesetz** sein. Daher ist der vorgestellte Aufbau auf ein Gesetz hin ausgerichtet (und nicht auf eine Rechtsverordnung oder eine Satzung). Handelt es sich beim Antragsgegenstand um ein Landesgesetz, muss die Vereinbarkeit mit dem Grundgesetz und sonstigem Bundesrecht überprüft werden.

❗ Klausurtaktik

Da in verfassungsrechtlichen Klausurfällen in der Regel nur die Kenntnisse im Verfassungsrecht abgeprüft werden sollen, dürfte die Prüfung an sonstigem Bundesrecht in den meisten Fällen unerheblich sein. Sollten sich im Sachverhalt oder Bearbeitungshinweis keine expliziten Hinweise auf die Prüfung am einfachen Bundesrecht finden, sollte die Vereinbarkeit daher nur kurz („mangels anderweitiger Sachverhaltsangaben") festgestellt werden.

❗ Examenswissen

Der Prüfungsmaßstab der abstrakten Normenkontrolle richtet sich nach Art. 93 I Nr. 2 GG: Bundesrecht wird am Grundgesetz, Landesrecht am Grundgesetz und an „sonstigem Bundesrecht"

---

[9] Zur Verneinung eines objektiven Klarstellungsinteresses: Michael, ZJS 3/2014, 254 (261).

gemessen. Bei Verfassungsänderungen gilt der Maßstab des Art. 79 GG.[10] Grundsätzlich anerkannt war, dass das Unionsrechts kein Prüfungsmaßstab bei der Normenkontrolle ist.[11] Allerdings bleibt abzuwarten, wie sich der Prüfungsmaßstab im Lichte der Entscheidungen zu „Recht auf Vergessen I und II" entwickelt. Im Urteil „Recht auf Vergessen II" legte der 1. Senat erstmalig Unionsgrundrechte als Prüfungsmaßstab innerhalb der Verfassungsbeschwerde fest, da der Sachverhalt im vollvereinheitlichten Bereich innerhalb des Unionsrechts lag.[12] Ob sich das auch auf weitere Verfahrensarten erstrecken wird, bleibt abzuwarten.[13]

Formulierungsbeispiel

„Der Antrag ist begründet, insoweit der Antragsgegenstand formell und/oder materiell verfassungswidrig ist."

I. Formelle Verfassungsmäßigkeit

Die formelle Verfassungsmäßigkeit fragt, ob die „Form" der Gesetzgebung eingehalten wurde.

Klausurtaktik

Wichtig ist, dass die formelle Verfassungsmäßigkeit nur dann tiefergehend thematisiert werden muss, wenn im Sachverhalt Probleme angelegt sind. Kein:e Korrektor:in möchte seitenlange Ausführungen über das Gesetzgebungsverfahren lesen, wenn es in diesem Abschnitt keine Problemschwerpunkte gibt.

---

1. Zuständigkeit
Hatte der Bund oder das Land die Kompetenz zur Regelung der Sachmaterie? (Art. 70 ff GG)

2. Verfahren
Wurde das ordentliche Gesetzgebungsverfahren eingehalten? (Art. 76 ff GG)

---

10 Walter, in: Dürig/Herzog/Scholz, GG Kommentar, 95. EL 7.2021, Art. 93 Rn. 250.
11 Walter, in: Dürig/Herzog/Scholz, GG Kommentar, 95. EL 7.2021, Art. 93 Rn. 254 m.w.N.
12 BVerfG, Beschl. v. 6.11.2019, Az.: 1 BvR 276/17 = BVerfGE 152, 216 – Recht auf Vergessen II.
13 Vgl. Brade, VerfBlog, 13.4.2020.

Valentina Chiofalo

3. Form

Wurde das Gesetz gemäß Art. 82 I GG ausgefertigt und verkündet?

II. Materielle Verfassungsmäßigkeit

Bei der materiellen Verfassungsmäßigkeit wird geprüft, ob das Gesetz seinem Inhalt nach gegen die Verfassung verstößt. Es müssen daher die relevanten Artikel im Grundgesetz gefunden werden, an dessen Maßstab dann der Antragsgegenstand gemessen wird.

! **Klausurtaktik**

Im Staatsorganisationsrecht wird sich die materielle Verfassungsmäßigkeit eines Gesetzes häufig an **Art. 38 I 1 GG und an den Staatsstrukturprinzipien** (Art. 20 I GG) messen lassen müssen. Es empfiehlt sich, die relevanten Anknüpfungspunkte im Kopf alle einmal durchzugehen, bevor man in die Prüfung startet. Solche Ausprägungen der Staatsstrukturprinzipien, die möglicherweise einschlägig sind, sollten dann ordentlich angeprüft werden. In späteren Semestern können auch **Grundrechte** Teil der Prüfung sein, die im Wege der abstrakten Normenkontrolle ebenso zur Verfassungswidrigkeit eines Gesetzes führen können. Siehe dazu beispielsweise Fall 3 aus dem Grundrechte-Fallbuch.

---

1. Verstoß gegen Art. XX

Ist das Gesetz seinem Inhalt nach mit Art. XX vereinbar?[14]

a) Umfang des Rechts

Was schützt Art. XX?

b) Beeinträchtigung des Rechts

Wird der von Art. XX geschützte Bereich durch das zu prüfende Gesetz beeinträchtigt?

---

[14] Siehe weiterführend Kohal, § 23 Methodik der Fallbearbeitung im Staatsorganisationsrecht in diesem Lehrbuch.

Valentina Chiofalo

c) Verfassungsrechtliche Rechtfertigung

Diese richtet sich nach dem Verhältnismäßigkeitsgrundsatz[15]:

- Legitimer Zweck: Ist ein vernünftiger Grund oder zwingender Grund ersichtlich?
- Geeignetheit: Fördert das Gesetz den Zweck?
- Erforderlichkeit: Gibt es ein milderes, *aber* gleich effektives Mittel?
- Angemessenheit: Mittel/Zweck-Relation – Welches Rechtsgut wird beeinträchtigt und welches wird geschützt?

2. Gegebenenfalls Verstoß gegen Art. YY

Aufbau genauso wie unter 1.

3. Zwischenergebnis

Formulierungsbeispiel

„Die vorgelegte Rechtsnorm verstößt (nicht) gegen Art. XX/YY und ist insoweit materiell verfassungswidrig (oder verfassungsgemäß)."

III. Ergebnis

Formulierungsbeispiel

„Die abstrakte Normenkontrolle ist somit insoweit begründet, inwieweit der Antragsgegenstand formell und/oder materiell verfassungswidrig ist."

Weiterführendes Wissen   `i`

Außerdem muss bei der Prüfung von **Bundesrechtsverordnungen** der Aufbau leicht abgewandelt werden:[16]

    I. Verfassungsmäßigkeit der Ermächtigungsgrundlage
        1. Formelle Verfassungsmäßigkeit
        2. Materielle Verfassungsmäßigkeit

---

15 Siehe zum Verhältnismäßigkeitsgrundsatz Seidl, § 4.5 Verhältnismäßigkeitsgrundsatz in diesem Lehrbuch.

16 Für weiterführende Informationen siehe Bustami, § 18 Rechtsverordnung in diesem Lehrbuch.

Valentina Chiofalo

II. Rechtmäßigkeit der Rechtsverordnung
    1. Formelle Rechtmäßigkeit
        a) Zuständigkeit
        b) Verfahren
        c) Form
    2. Materielle Rechtmäßigkeit
        a) Ermächtigungsrahmen
        b) Sonstiges höherrangiges Recht

Weiterführende Studienliteratur
- Michael, Normenkontrollen – Teil 2. Fragen der Zulässigkeit: Abstrakte Normenkontrolle, ZJS 2014, 254.
- Geis/Schmidt, Grundfälle zur abstrakten und zur konkreten Normenkontrolle, JuS 2012, 121.

Zusammenfassung: Die wichtigsten Punkte
- Innerhalb des **Antragsgrunds** muss sich mit dem **unterschiedlichen Wortlaut** von Art. 93 I Nr. 2 GG und § 76 I BVerfGG auseinandergesetzt werden.
- Der Aufbau der Zulässigkeit der abstrakten Normenkontrolle ergibt sich im Zweifel aus der Lektüre von Art. 93 I Nr. 2 GG und § 76 I BVerfGG.

Für dieses Kapitel gibt es frei zugängliche interaktive Übungen auf der OpenRewi-Homepage. Hierzu muss einfach der QR-Code gescannt werden.

Valentina Chiofalo

§ 21.4 Konkrete Normenkontrolle

Die konkrete Normenkontrolle ist ein **objektives Beanstandungsverfahren,** welches in **Art. 100 I GG, § 13 Nr. 11 und in §§ 80 ff BVerfGG** normiert ist. Dabei wird ein Gesetz auf seine Verfassungsmäßigkeit hin überprüft. Innerhalb der konkreten Normenkontrolle wird es in der Zulässigkeitsprüfung aller Wahrscheinlichkeit nach weniger strittige Punkte als bei anderen Verfahrensarten geben. Die Prüfung sollte daher eher zügig durchgeführt werden.

A. Prüfungsschema der Zulässigkeit

I. Zuständigkeit des BVerfG

Die Zuständigkeit des BVerfG für die konkrete Normenkontrolle ergibt sich aus Art. 100 I GG und § 13 Nr. 11 BVerfGG.

Formulierungsbeispiel

„Das Bundesverfassungsgericht ist nach Art. 100 I GG und § 13 Nr. 11 BVerfGG für die konkrete Normenkontrolle zuständig."

II. Vorlageberechtigung

Anders als in der abstrakten Normenkontrolle, wird der Prüfungspunkt nicht „Antrags"berechtigung, sondern **Vorlageberechtigung** genannt. Bei einer Vorlage setzt ein **Gericht** das eigene Verfahren aus, um die aufgekommene Rechtsfrage dem dafür zuständigen Gericht *vorzulegen.* Daher unterscheidet sich die Terminologie der konkreten Normenkontrolle von der der abstrakten Normenkontrolle.

Vorlageberechtigt ist jedes Gericht (Art. 100 I GG), auch die jeweiligen LVerfG.[1] Gerichte sind laut BVerfG „alle Spruchstellen, die sachlich unabhängig, in einem formell gültigen Gesetz mit den Aufgaben eines Gerichts betraut und als Gerichte bezeichnet sind".[2] Die bei Gericht tätigen Richter:innen sind gem. Art. 97

---

1 BVerfG, Urt. v. 15.1.1985, Az.: 2 BvR 128/84 = BVerfGE 69, 112 (117).
2 BVerfG, Urt. v. 17.1.1957, Az.: 1 BvL 4/54 = BVerfGE 6, 55 (63) – Steuersplitting; Dederer, in: Dürig/Herzog/Scholz, GG Kommentar, 95. EL 7.2021, Art. 100 Rn. 68.

https://doi.org/10.1515/9783110786965-058

I und II GG sachlich und persönlich unabhängig und üben rechtsprechende Gewalt aus.[3] Daher sind z. B. bei Gericht tätigen Rechtspfleger:innen ausgeschlossen.[4]

III. Vorlagegegenstand

Vorlagegegenstand kann gem. Art 100 I GG nur ein „Gesetz" sein. Damit sind **formelle Gesetze** gemeint, quasi aus „Respekt" vor dem parlamentarischen Gesetzgeber, dessen Entscheidungen nur im Ausnahmefall aufgehoben werden sollen. Anders als bei der abstrakten Normenkontrolle sind **Verordnungen und Satzungen** keine tauglichen Vorlagegegenstände. Grund dafür ist Sinn und Zweck des Art. 100 I GG: Das BVerfG hat das Verwerfungsmonopol, um somit die Rechtseinheit und Rechtssicherheit zu wahren. Laut BVerfG besteht keine Gefahr einer Rechtsunsicherheit oder Rechtszersplitterung bei Nachprüfung von Rechtsverordnungen oder Satzungen durch die einzelnen Gerichte.[5] Prinzipiell sind auch ordentliche Gerichte dazu ermächtigt, untergesetzliche Normen für nichtig zu erklären, wenn diese Möglichkeit durch das fachgesetzliche Verfahrensrecht vorgesehen ist, wie z. B. in § 47 VwGO. Falls dies nicht der Fall ist, scheidet eine diesbezügliche eigenständige Gerichtsentscheidung aus. Den Gerichten steht dann die Möglichkeit der Inzidentprüfung mit der Folge der Nichtanwendung des verfassungswidrigen materiellen Bundes- oder Landesrechts offen.

Beispiel: Würde ein Gericht die Straßenverkehrsordnung für verfassungswidrig halten, kann dies nicht dem BVerfG vorgelegt werden, da es sich dabei gerade nur um ein materielles Gesetz handeln würde (Bundesrechtsverordnung).

Außerdem muss es sich um ein **nachkonstitutionelles** Gesetz handeln. Das heißt, das Gesetz muss nach In-Kraft-Treten der Verfassung verkündet worden sein. Auch vorkonstitutionelle Gesetze können Vorlagegegenstand sein, wenn der Gesetzgeber sie „in seinen Willen" aufgenommen hat. Laut BVerfG ist eine vorkonstitutionelle Norm dann in den Willen des Gesetzgebers aufgenommen, wenn

---

3 Dederer, in: Dürig/Herzog/Scholz, GG Kommentar, 95. EL 7.2021, Art. 100 Rn. 67.
4 Dederer, in: Dürig/Herzog/Scholz, GG Kommentar, 95. EL 7.2021, Art. 100 Rn. 71; BVerfG, Beschl. vom 9.2.1971, Az.: 1 BvL 27/70 = BVerfGE 30, 170 (172) = NJW 1971, 605 (605).
5 Verordnung: BVerfG, Urt. v. 20.3.1952, Az.: 1 BvL 12/51 = NJW 1952, 497 (498) – Normenkontrolle I; Satzung: BVerfG, Beschl. v. 17.6.1953, Az.: 1 BvL 122/52 = BVerfGE 2, 341.

Valentina Chiofalo

sich ein **Bestätigungswille** aus dem Inhalt des Gesetzes selbst oder – bei Gesetzesänderungen – auch aus dem engen sachlichen Zusammenhang zwischen unveränderten und geänderten Normen objektiv erschließen lässt.[6]

Klausurtaktik   ❗

Die Frage nach vorkonstitutionellem Recht ist nicht zu ausführlich gestalten, da es an dieser Stelle regelmäßig keine Probleme geben wird.

Examenswissen   ❗

Vorlagegegenstand sind nur solche Gesetze, die vom deutschen Gesetzgeber erlassen wurden, da nur dieser dem GG verpflichtet ist. Das bedeutet, dass das europäische Primär- und Sekundärrecht keine tauglichen Vorlagegegenstände darstellen.[7] Möglich ist allerdings, dass das entsprechende Zustimmungsgesetz im Zuge der Normenkontrolle überprüft werden kann.[8]

IV. Vorlagegrund

Das vorlegende Gericht muss das Gesetz zwingend für nichtig halten (Art. 100 I GG), der Wortlaut des Art. 100 I GG ist dabei eindeutig. Im Gegensatz zu dem Antragsberechtigten der abstrakten Normenkontrolle haben die Richter:innen eine juristische Ausbildung durchlaufen und sind mithin in der Lage, sich ein juristisches Urteil zu bilden. Einfache Zweifel oder Meinungsverschiedenheiten reichen daher nicht aus, damit ein tauglicher Vorlagegrund vorliegt.[9]

V. Entscheidungserheblichkeit

Außerdem muss es beim ausgesetzten Gerichtsverfahren gerade auf die Verfassungsmäßigkeit der vorgelegten Norm ankommen (Entscheidungserheblichkeit).

---

6 BVerfG, Beschl. v. 17.5.1960, Az.: 2 BvL 11/59 u. a. = BVerfGE 11, 126 – Nachkonstitutioneller Bestätigungswille.

7 Zum Primärrecht BVerfG, Beschl. v. 25.7.1979, Az.: 2 BvL 6/77, 1. und 2. LS = BVerfGE 52, 187 – 'Vielleicht'-Beschluß und zum Sekundärrecht BVerfG, Beschl. v. 22.10.1986, Az.: 2 BvR 197/83, 2. LS = BVerfGE 73, 339 – Solange II; weiterführend: Geis/Schmidt, JuS 2012, 121 (124), Morgenthaler, in: BeckOK GG, 48. Ed. 15.8.2021, Art. 100 Rn. 14.

8 Morgenthaler, in: BeckOK GG, 48. Ed. 15.8.2021, Art. 100 Rn. 14.

9 Michael, ZJS 2015, 356 (359).

Valentina Chiofalo

Je nach Entscheidung des BVerfG über die Verfassungsmäßigkeit des Vorlage-gegenstands müsste die Entscheidung im ausgesetzten Gerichtsverfahren unterschiedlich ausfallen.

Beispiel: Sollte das BVerfG die fragliche Norm für verfassungsmäßig halten, würde das Gericht in der eigenen Sache die Klage abweisen. Wenn die Norm verfassungswidrig ist, würde der Klage stattgegeben werden.

VI. Form und Frist

Die konkrete Normenkontrolle kennt keine Frist, aber der Antrag muss nach § 23 I BVerfGG schriftlich eingehen und begründet sein.

Formulierungsbeispiel

„Der Antrag ist nicht fristgebunden, muss jedoch die Schriftform des § 23 I BVerfGG einhalten."

VII. Zwischenergebnis

Die konkrete Normenkontrolle ist somit zulässig.

B. Typischer Aufbau der Begründetheit

In den meisten Fällen wird der Antragsgegenstand der konkreten Normenkontrolle ein Bundesgesetz sein (Art. 100 I 1 2. Var.). In Abs. 1 sind allerdings noch weitere Fälle der konkreten Normenkontrolle aufgelistet:
–   Neben der Verletzung des GG durch ein Bundesgesetz (Art. 100 I 1 2. Var. GG) kann auch die Verletzung des GG durch ein Landesgesetz (Art. 100 I 2 1. Var. GG) überprüft werden – die Vorlage richtet sich an das BVerfG;
–   Unvereinbarkeit eines Landesgesetzes mit einem Bundesgesetz (Art. 100 I 2 2. Var. GG) – die Vorlage richtet sich an das BVerfG;
–   Verletzung einer LVerf durch ein Landesgesetz (Art. 100 I 1 1. Var. GG) – die Vorlage richtet sich an das jeweilige LVerfG.

! **Examenswissen**

Der Prüfungsmaßstab der konkreten Normenkontrolle richtet sich nach der jeweiligen Variante. Geht es um die **Verletzung des GG** durch ein Bundes- oder Landesgesetz (Art. 100 I 1 2. Var. und Art. 100 I 2 1. Var. GG) bildet „dieses Grundgesetz" den relevanten Maßstab. Das umfasst über

Art. 140 GG die inkorporierten Art. 136–139, 141 WRV.[10] Ähnlich wie bei der abstrakten Normenkontrolle wird auch bei der konkreten Normenkontrolle nicht davon ausgegangen, dass Unionsrecht als Prüfungsmaßstab genutzt werden kann.[11] Fraglich ist allerdings, wie bereits bei der abstrakten Normenkontrolle, wie sich der Prüfungsmaßstab im Lichte der Entscheidungen zu „Recht auf Vergessen I und II" entwickelt.

Ist fraglich, inwiefern ein **Landesgesetz mit einem Bundesgesetz** (Art. 100 I 2 2. Var. GG) vereinbar ist, ist der Prüfungsmaßstab sämtliches Bundesrecht unterhalb des GG.[12] Bei einer möglichen **Verletzung einer LVerf durch ein Landesgesetz** (Art. 100 I 1 1. Var. GG), nutzt das jeweilige LVerfG den Maßstab der eigenen Landesverfassung. Das GG ist dabei nicht Teil des Prüfungsmaßstabs.[13]

Formulierungsbeispiel

„Der Antrag ist begründet, insoweit der Antragsgegenstand formell und/oder materiell verfassungswidrig ist."

I. Formelle Verfassungsmäßigkeit

Die formelle Verfassungsmäßigkeit fragt, ob die „Form" der Gesetzgebung eingehalten wurde. Dabei werden Zuständigkeit, Verfahren und Form des Gesetzgebungsprozesses überprüft. Der Aufbau gestaltet sich parallel zur Prüfung der formellen Verfassungsmäßigkeit der abstrakten Normenkontrolle.[14]

II. Materielle Verfassungsmäßigkeit

Bei der materiellen Verfassungsmäßigkeit wird geprüft, ob das Gesetz seinem Inhalt nach gegen die Verfassung verstößt. Es müssen daher die relevanten Artikel im GG gefunden werden, an dessen Maßstab dann der Antragsgegenstand gemessen wird. Der Aufbau gestaltet sich parallel zur Prüfung der materiellen Verfassungsmäßigkeit der abstrakten Normenkontrolle.[15]

---

10 Dederer, in: Dürig/Herzog/Scholz, GG Kommentar, 95. EL 7.2021, Art. 100 Rn. 213 f.
11 Dederer, in: Dürig/Herzog/Scholz, GG Kommentar, 95. EL 7.2021, Art. 100 Rn. 221 m. w. N.
12 Weiterführend Dederer, in: Dürig/Herzog/Scholz, GG Kommentar, 95. EL 7.2021, Art. 100 Rn. 223 ff.
13 Dederer, in: Dürig/Herzog/Scholz, GG Kommentar, 95. EL 7.2021, Art. 100 Rn. 232 f.
14 Siehe dazu Chiofalo, § 21.3 Abstrakte Normenkontrolle, C. I. in diesem Lehrbuch.
15 Siehe dazu Chiofalo, § 21.3 Abstrakte Normenkontrolle, C. II. in diesem Lehrbuch.

Valentina Chiofalo

! Typische Klausurfehler

Achtung: In der konkreten Normenkontrolle wird die Verfassungsmäßigkeit der fraglichen Norm geprüft. Sofern in der Sachverhaltsdarstellung ein konkreter Lebenssachverhalt dargestellt wird, ist nicht dieser zu prüfen. Es muss sich abstrakt mit der fraglichen Norm auseinandergesetzt werden. Der konkrete Sachverhalt spielt dabei keine Rolle, darf allenfalls exemplarisch herangezogen werden.

Weiterführende Studienliteratur
- Michael, Normenkontrollen – Teil 3. Fragen der Zulässigkeit: Konkrete Normenkontrolle, ZJS 2014, 356.
- Geis/Schmidt, Grundfälle zur abstrakten und zur konkreten Normenkontrolle, JuS 2012, 121.

Zusammenfassung: Die wichtigsten Punkte
- Der Aufbau der konkreten Normenkontrolle gestaltet sich **parallel zur abstrakten Normenkontrolle**. Trotzdem muss bei den einzelnen Prüfungspunkten auf kleinere Abweichungen geachtet werde.
- Innerhalb des Vorlagegrunds ist es, anders als bei der abstrakten Normenkontrolle, unbedingt notwendig, dass das Gericht die **Norm für nichtig hält**.

Für dieses Kapitel gibt es frei zugängliche interaktive Übungen auf der OpenRewi-Homepage. Hierzu muss einfach der QR-Code gescannt werden.

Valentina Chiofalo

§ 21.5 Einstweiliger Rechtsschutz

Die Verfahren vor dem BVerfG können mitunter sehr lange dauern. So beläuft sich etwa die durchschnittliche Verfahrensdauer von Verfassungsbeschwerden in 80 Prozent der Verfahren auf ein Jahr, in zehn Prozent der Verfahren auf zwei Jahre und zehn Prozent der Verfahren sind drei Jahre und länger anhängig.[1] Durch den Zeitablauf sind **irreversible** Zustände im Einzelfall zu befürchten, denen mit dem Erlass einer einstweiligen Anordnung entgegengewirkt werden soll. Dem einstweiligen Rechtsschutz kommt dabei eine Sicherungs- sowie eine Befriedungsfunktion zu.[2] Die Befriedungsfunktion ist in der bis zum Ergehen der Hauptsachentscheidung verbindlichen und abschließenden Regelung zu sehen.[3]

Klausurtaktik   !

Zu erkennen wäre die etwaige Notwendigkeit der Prüfung des einstweiligen Rechtsschutzes innerhalb der Klausur etwa an einem besonders dringenden Begehren, z. B., weil eine Versammlung alsbald stattfinden soll und eine Entscheidung des BVerfG in der Hauptsache bis dahin nicht zu erwarten ist. Im ersten Semester beziehungsweise in Anfängerklausuren ist aber noch nicht davon auszugehen, dass der Sachverhalt um die Prüfung des einstweiligen Rechtsschutzes ergänzt wird. Dies ist wohl eher bei Fortgeschrittenen- oder in Examensklausuren der Fall. So kann z. B. im Rahmen der Prüfung einer Verfassungsbeschwerde auf diesem Wege die Schwierigkeit eines Falles erhöht werden und zwischen den Leistungen der Studierenden differenziert werden. Daher wird im OpenRewi Grundrechte Lehrbuch vertiefter auf die Problematik eingegangen. Dennoch sollten die Grundzüge des einstweiligen Rechtsschutzes bereits dargestellt werden, sollte die Thematik im Rahmen des Staatsorganisationsrechts thematisiert werden. Siehe für die Fallbearbeitung beispielsweise Fall 9 aus dem OpenRewi Grundrechte Fallbuch.

A. Zulässigkeit

Klausurtaktik   !

Für die Studierenden besteht die Problematik, dass die im Rahmen der Zulässigkeit zu prüfenden Punkte in Abhängigkeit vom:von der Ersteller:in der Lösungsskizze deutlich voneinander abwei-

---

1 Siehe BVerfG, Durchschnittliche Verfahrensdauer der Verfassungsbeschwerden der Jahre 2011–2020, Jahresstatistik 2020. Zu berücksichtigen ist dabei, dass das BVerfG bei der Reihenfolge der Bearbeitung der Verfassungsbeschwerden aufgrund seiner besonderen Rolle als Hüter der Verfassung verstärkt andere Kriterien als die chronologische Reihenfolge des Eingangs der Verfahren beachten kann, siehe BVerfG, Beschl. v. 20.8.2015, Az.: 1 BvR 2781/13 u. a., Rn. 31 m. w. N. = NJW 2015, 3361 (3363).
2 BVerfG, Beschl. v. 24.7.2020, Az.: 2 BvR 1285/20, Rn. 3 m. w. N. = BeckRS 2020, 17534.
3 Walter, in: BeckOK BVerfGG, 11. Ed. 1.7.2021, § 32 Rn. 3 m. w. N.

chen können. Es hat sich bisher noch kein einheitliches Prüfungsschema etabliert. Der hier vorgeschlagene Aufbau ist daher nur als ein **Vorschlag** zu verstehen.

Formulierungsbeispiel

„Der Antrag auf einstweiligen Rechtsschutz ist zulässig, wenn alle Sachentscheidungsvoraussetzungen vorliegen."

I. Zuständigkeit

Für den Erlass einer einstweiligen Anordnung ist das BVerfG gem. § 32 I BVerfGG zuständig.

II. Statthaftigkeit

Für den Erlass einer einstweiligen Anordnung verlangt § 32 I BVerfGG einen **„Streitfall"**. Dieser ist gegeben, wenn ein Hauptsacheverfahren anhängig oder zumindest möglich ist.[4] Der einstweilige Rechtsschutz ist demnach akzessorisch zum Hauptsacheverfahren, welches den Streitfall bildet. Ein einstweiliger Rechtsschutz ist bei **allen Verfahrensarten** vor dem BVerfG möglich.

 Weiterführendes Wissen

Eine Ausnahme bildet aber Art. 93 I Nr. 4c GG, siehe dazu § 96a III BVerfGG.

III. Antragsberechtigung

Die Antragsberechtigung richtet sich nach dem Hauptsacheverfahren. Hierfür ist relevant, ob die antragstellende Person des einstweiligen Rechtsschutzverfahrens im Hauptsacheverfahren als Beteiligte:r (antragstellende Person, Antragsgegner:in oder sonstige beteiligte Person, siehe dazu z.B. §§ 36 oder 90 I BVerfGG) anzusehen ist.[5]

---

4 Bäcker, JuS 2013, 119 (120 m.w.N.).
5 BVerfG, Urt. v. 4.5.1971, Az.: 1 BvR 96/71 = juris Rn. 9.

Louisa Linke

IV. Antragsbefugnis

Das BVerfG kann gem. § 32 I BVerfGG eine einstweilige Anordnung zur Abwehr schwerer Nachteile, zur Verhinderung drohender Gewalt oder aus einem anderen wichtigen Grund zum gemeinen Wohl erlassen, sofern dies dringend geboten ist. Demnach ist eine Antragsbefugnis gegeben, wenn es möglich erscheint, dass der antragstellenden Person oder der Allgemeinheit ein schwerer Nachteil droht.[6]

Klausurtaktik !

Zum Teil wird hier bereits ein Anordnungsgrund geprüft. Dieser verlangt, dass die einstweilige Anordnung zur Abwehr eines schweren Nachteils dringend geboten ist, vgl. § 32 I BVerfGG. Nach dem vorliegenden Aufbauvorschlag wird diese Thematik erst in der Begründetheit relevant.[7]

V. Keine Vorwegnahme der Hauptsache

Die Hauptsache darf mit dem Erlass der einstweiligen Anordnung nicht vorweggenommen werden. Deshalb sind Anträge unzulässig, die auf eine endgültige Sachentscheidung abzielen. Dem Sinn und Zweck des einstweiligen Rechtsschutzes entspricht es, einen Zustand lediglich vorläufig zu regeln, mit der Entscheidung des BVerfG soll schließlich die Hauptsache nicht vorentschieden werden.[8] **Ausnahmen** sind aber im Interesse eines effektiven Rechtsschutzes möglich, wenn eine *Entscheidung in der Hauptsache möglicherweise zu spät käme* **und** der *antragstellenden Person kein ausreichender Rechtsschutz auch auf andere Weise gewährt werden kann*[9] oder ihr *ein schwerer, nicht wiedergutmachender Nachteil entstünde*.[10]

Beispiel: Aufgrund der staatlichen Bestimmungen zur Infektionsbekämpfung des Corona-Virus wurden verschiedene Versammlungen angemeldet. Diese wurden jedoch zum Teil verboten. Angesichts des bei Versammlungen meist bald anstehenden Termins, ist zu erwarten, dass das BVerfG in der Hauptsache (nach erfolglosem Durchlaufen des Instanzenzuges) nicht rechtzeitig entscheiden kann. In diesen Fällen kann ausnahmsweise eine einstweilige Anordnung ergehen, die die Hauptsache vorwegnimmt.[11]

---

6 Bäcker, JuS 2013, 119 (121).
7 Siehe auch Bäcker, JuS 2013, 119 (121).
8 BVerfG, Beschl. v. 10.10.2017, Az.: 2 BvR 859/15 u. a., Rn. 11 m. w. N. = NJW 2017, 3584 (3585).
9 BVerfG, Beschl. v. 10.10.2017, Az.: 2 BvR 859/15 u. a., Rn. 11 m. w. N. = NJW 2017, 3584 (3585).
10 BVerfG, Beschl. v. 21.4.2020, Az.: 2 BvQ 21/20, Rn. 2 m. w. N. = BeckRS 2020, 6722.
11 BVerfG, Beschl. v. 15.4.2020, Az.: 1 BvR 828/20, Rn. 8 f. m. w. N. = NJW 2020, 1426 (1426).

VI. Subsidiarität des einstweiligen Rechtsschutzes

Auch im einstweiligen Rechtsschutz ist der Grundsatz der Subsidiarität zu beachten. Der antragstellenden Person darf es nicht möglich sein, ihre gefährdete Rechtsposition auf einem anderen Weg zu sichern.[12] Hierbei ist zu berücksichtigen, ob bereits im fachgerichtlichen Verfahren erfolglos ein Antrag auf einstweiligen Rechtsschutz gestellt wurde.[13]

VII. Rechtsschutzbedürfnis

Im Zeitpunkt der Entscheidung des BVerfG muss ein Rechtsschutzbedürfnis bestehen. Dies wird allerdings indiziert, sofern die übrigen Zulässigkeitsvoraussetzungen vorliegen.[14]

VIII. Form und Frist

Der Antrag muss schriftlich beim BVerfG eingehen (vgl. § 23 I 1 BVerfGG); er ist zu begründen (vgl. § 23 I 2 HS 1 BVerfGG). Eine Frist für den Antrag auf Erlass einer einstweiligen Anordnung sieht das BVerfGG nicht vor.

B. Begründetheit

Formulierungsbeispiel

„Der Antrag auf einstweiligen Rechtsschutz müsste auch begründet sein."

Der Antrag auf einstweiligen Rechtsschutz ist nach § 32 I BVerfGG begründet, wenn dies zur Abwehr schwerer Nachteile, zur Verhinderung drohender Gewalt oder aus einem anderen wichtigen Grund zum gemeinen Wohl dringend geboten ist. Dabei ist das „kann" in § 32 I BVerfGG als ein „muss" zu verstehen.[15]

---

12 Walter, in: BeckOK BVerfGG, 11. Ed. 1.7.2021, § 32 Rn. 39 m.w.N.
13 BVerfG, Beschl. v. 30.8.2020, Az.: 1 BvQ 94/2, Rn. 7 = NVwZ 2020, 1508 (1509).
14 Walter, in: BeckOK BVerfGG, 11. Ed. 1.7.2021, § 32 Rn. 40 m.w.N.
15 Walter, in: BeckOK BVerfGG, 11. Ed. 1.7.2021, § 32 Rn. 82.

I. Offensichtliche Unzulässigkeit oder Unbegründetheit der Hauptsache

Das BVerfG prüft im Rahmen der Begründetheit, ob z.B. die Hauptsache **offensichtlich unzulässig**[16] **oder unbegründet** ist. Sofern der einstweilige Rechtsschutz offensichtlich unzulässig oder unbegründet ist, ist auch der entsprechende Antrag unbegründet. Andersherum ist der Antrag im einstweiligen Rechtsschutz begründet, wenn die Hauptsache **offensichtlich zulässig und begründet** ist.[17] Kann dies jedoch nicht angenommen werden, so ist im nächsten Schritt eine Folgenabwägung vorzunehmen.

Beispiel: Im Zuge der Corona-Pandemie beschloss der Bundestag 2021 eine Änderung des Infektionsschutzgesetzes (IfSG), die unter dem Begriff „Bundesnotbremse" besondere mediale Aufmerksamkeit erfuhr. Darin fanden sich unter anderem Regelungen zu nächtlichen Ausgangsbeschränkungen. Dagegen gerichtete Eilanträge wurden vom BVerfG abgelehnt. Es erachtete die Verfassungsbeschwerden im Hauptsacheverfahren weder für offensichtlich unzulässig noch für offensichtlich unbegründet, insbesondere verwies es darauf, dass offen ist, ob das Gesetzgebungsverfahren ordnungsgemäß durchgeführt wurde und eine Verhältnismäßigkeit gewahrt wurde. Anschließend nahm es die bereits angesprochene Folgenabwägung vor.[18]

II. Folgenabwägung (Doppelhypothese)

Ist der Ausgang des Verfahrens offen, so nimmt das BVerfG eine **Folgenabwägung** im Wege der **Doppelhypothese** vor. Die Erfolgsaussichten in der Hauptsache sind dabei nicht zu berücksichtigen, entscheidend sind die drohenden Nachteile. Abzuwägen sind dabei: die Nachteile, die eintreten würden, würde die einstweilige Anordnung nicht erlassen, aber der Antrag in der Hauptsache Erfolg hätte, mit den Nachteilen, die entstehen würden, würde das BVerfG die begehrte Anordnung erlassen, aber das Hauptsacheverfahren würde letztlich erfolglos bleiben.[19] Dabei müssen Erstere überwiegen.[20] Gemäß dem Wortlaut des § 32 BVerfGG, müssen die

---

16 Die Literatur ist sich nicht einig, ob sich die Offensichtlichkeit auch auf die Zulässigkeit bezieht, zustimmend Walter, in: BeckOK BVerfGG, 11. Ed. 1.7.2021, § 32 Rn. 46; ablehnend Bäcker, JuS 2013, 119 (122).

17 Siehe beispielsweise Graßhof, in: Schmidt-Bleibtreu/Klein/Bethge, Bundesverfassungsgerichtsgesetz, 61. EL 7.2021, § 32 BVerfGG Rn. 99.

18 BVerfG, Beschl. v. 5.5.2021, Az.: 1 BvR 781/21 u.a., Rn. 19, 22, 42 = NVwZ 2021, 789 (790).

19 BVerfG, Urt. v. 13.10.2016, Az.: 2 BvR 1444/16 u.a., Rn. 35 m.w.N. = BeckRS 2016, 52943.

20 Aubel, in: Pieroth/Silberkuhl, Die Verfassungsbeschwerde, 2008, § 32 BVerfGG Rn. 41.

Nachteile, die drohen, als „schwerer Nachteil", „drohende Gewalt" oder „ein anderer wichtiger Grund" qualifiziert werden können.[21]

Beispiel: In den einstweiligen Rechtsschutzverfahren gegen die „Bundesnotbremse" ergab die Folgenabwägung, dass die Nachteile, die entstehen würden, wenn die einstweilige Anordnung versagt wird, die Nachteile nicht überwiegen, die entstehen würden, wenn die Anordnung erlassen wird, die Verfassungsbeschwerde aber kein Erfolg hätte. Abgewogen wurden dabei im ersten Fall die weiterhin bestehenden Beschränkungen der privaten Lebensgestaltung, die auch nicht im Nachhinein kompensiert werden können, gegen die Restriktionen von möglichen Maßnahmen der Infektionsbekämpfung.[22]

Allgemein wendet das BVerfG einen strengen Maßstab an[23], der noch strenger gehandhabt wird, wird eine einstweilige Außer-Kraft-Setzung eines Gesetzes begehrt. In diesem Fall müssen die Nachteile deutlich überwiegen,[24] zudem müssen die Gründe ein besonderes Gewicht aufweisen.[25]

III. Ausnahme von der Folgenabwägung: Summarische Prüfung der Erfolgsaussichten der Hauptsache

Von dieser Folgenabwägung sieht das BVerfG in Ausnahmefällen ab. Es prüft dann summarisch die Erfolgsaussichten in der Hauptsache. Solche Ausnahmefälle nimmt das BVerfG an, wenn mit dem Erlass der einstweiligen Anordnung eine Vorwegnahme der Hauptsache vorliegen würde oder nur in diesem Falle ein effektiver Rechtsschutz gewährt werden kann.[26]

Weiterführende Studienliteratur
- Bäcker, Die einstweilige Anordnung im Verfassungsprozessrecht, JuS 2013, 119.

Zusammenfassung: Die wichtigsten Punkte
- Die Prüfungspunkte im Rahmen der **Zulässigkeit** der einstweiligen Anordnung sind Zuständigkeit, Statthaftigkeit, Antragsberechtigung, Antragsbefugnis, Keine Vorwegnah-

---

21 Graßhof, in: Schmidt-Bleibtreu/Klein/Bethge, Bundesverfassungsgerichtsgesetz, 61. EL 7.2021, § 32 BVerfGG Rn. 57 ff.
22 BVerfG, Beschl. v. 5.5.2021, Az.: 1 BvR 781/21 u. a., Rn. 43 ff., 52 ff. = NVwZ 2021, 789 (791 ff.).
23 BVerfG, Beschl. v. 4.5.2012, Az.: 1 BvR 367/12, Rn. 27 = NJW 2012, 1941 (1942).
24 BVerfG, Beschl. v. 18.5.2016, Az.: 1 BvR 895/16, Rn. 47 = BeckRS 2016, 46065.
25 BVerfG, Beschl. v. 22.5.2001, Az.: 2 BvQ 48/00, Rn. 16 = NJW 2001, 3253 (3253); siehe zuletzt etwa BVerfG, Beschl. v. 24.1.2022, Az.: 1 BvR 2380/21.
26 Walter, in: BeckOK BVerfGG, 11. Ed. 1.7.2021, § 32 Rn. 58 ff. m. w. N.

Louisa Linke

me der Hauptsache, Subsidiarität des einstweiligen Rechtsschutzes, Rechtsschutzbedürfnis und Form.

– Im Rahmen der **Begründetheit** ist zu prüfen, ob das Hauptsacheverfahren *offensichtlich
unzulässig oder unbegründet* ist. Ist dies nicht der Fall ist eine *Folgenabwägung (Doppelhypothese)* vorzunehmen. In diesem Zusammenhang müssen die Nachteile, die eintreten würden, wenn die einstweilige Anordnung nicht erlassen würde, aber der Antrag
in der Hauptsache Erfolg hätte, mit den Nachteilen abgewogen werden, die entstehen
würden, würde das BVerfG die begehrte Anordnung erlassen, aber das Hauptsacheverfahren letztlich erfolglos bleiben. *Ausnahmsweise* findet eine *summarische Prüfung*
der Erfolgsaussichten der Hauptsache statt, wenn mit dem Erlass der einstweiligen Anordnung eine Vorwegnahme der Hauptsache vorliegen würde oder nur in diesem Falle
ein effektiver Rechtsschutz gewährt werden kann.

Louisa Linke

§ 22 Landesverfassungsgerichtsbarkeit

Das Grundgesetz ist nicht die einzige Verfassung in Deutschland. Alle 16 Länder haben eigene Landesverfassungen und Landesverfassungsgerichte (LVerfG). Die **Prüfungsrelevanz** der dazugehörigen Rechtsgebiete ist im Studium und in den Examensprüfungen gering. Es ist jedoch zu erwarten, dass die Bedeutung der Landesverfassungsgerichtsbarkeit für juristische Prüfungen zunimmt, weil einige LVerfG zuletzt durch spektakuläre Entscheidungen in das Licht der Öffentlichkeit gerückt sind. Es ist deshalb ratsam, zumindest mit einer „Notration Landesverfassungsrecht"[1] in die Prüfungen zu gehen.

Beispiel: In 2020 haben beispielsweise die Entscheidungen des Thüringer Verfassungsgerichtshofs[2] und des Verfassungsgerichts des Landes Brandenburg[3] zu den (Geschlechter-)Paritätsgesetzen für Wahllisten auf Landesebene viel Aufsehen erregt.[4] Zudem fällten einige LVerfG auch wegweisende und viel diskutierte Entscheidungen zu Rechtsfragen der Corona-Pandemie.[5]

 Landesspezifisches Wissen für Bayern

In Bayern wird das materielle und prozessuale Landesverfassungsrecht hingegen immer wieder im Examen geprüft.[6]

A. Verfassungsrechtliche Grundlagen

Mit dem Grundgesetz und den 16 Landesverfassungen gibt es eine **Vielzahl von Verfassungsordnungen** in Deutschland, die grundsätzlich voneinander zu

---

1 Wittreck, in: Landesrecht Nordrhein-Westfalen, 2. Aufl. 2020, § 1 Rn. 5.
2 VerfGH Thüringen, Urt. v. 15.7.2020, Az.: 2/20 = LVerfGE 31, 527 = NVwZ 2020, 1266 – Thüringer Paritätsgesetz.
3 VerfG Brandenburg, Urt. v. 23.10.2020, Az.: 9/19 = LVerfGE 31, 97 = NJW 2020, 3579 – Parité-Gesetz Brandenburg.
4 Siehe dazu Ramson, § 5.2.1 Wahlen, C. VII. 2. in diesem Lehrbuch.
5 Vgl. nur in staatsorganisationsrechtlicher Hinsicht StGH Hessen, Urt. v. 27.10.2021, Az.: P. St. 2783, P.St. 2827 = NVwZ 2022, 147 – Corona-Sondervermögen; VerfGH Baden-Württemberg, Urt. v. 9.11.2020, Az.: 1 GR 101/20 = NVwZ-RR 2021, 137 – Quorum für Landtagswahlvorschlag; VerfGH Bayern, Entsch. v. 28.9.2021, Az.: Vf. 74-IVa-21 = BeckRS 2021, 28896 – Maskenpflicht im Landtag.
6 Vgl. die Übersicht zu den bisher gelaufenen Examensklausuren bei Lohse, Landesrecht Bayern, 2. Aufl. 2022, § 1 Rn. 7.

trennen sind.[7] Die Landesverfassungen werden zwar durch die Regelungen des Grundgesetzes inhaltlich begrenzt. In dem durch das Grundgesetz abgesteckten Rahmen können die Länder aber ihre Verfassungsordnung nach ihren Vorstellungen ausgestalten.[8]

I. Einrahmung durch das Grundgesetz

Neben dem Grundgesetz des Bundes verfügt auch jeder der 16 Gliedstaaten über eine eigene **Landesverfassung**. Der Bund ist unter keinen Umständen an eine der Landesverfassungen gebunden, sondern allein an das Grundgesetz (Art. 20 III GG). Die Länder sind hingegen der jeweiligen Landesverfassung *und* nach Art. 20 III GG auch dem Grundgesetz verpflichtet.

Über die Einhaltung der 16 Landesverfassungen wacht jedoch nicht das BVerfG. Stattdessen hat jedes der 16 Länder zu diesem Zweck ein eigenes LVerfG eingerichtet. Die LVerfG sind außerordentliche Gerichte der Länder (vgl. Art. 92 Var. 3 GG). Sie sind zugleich auch **Verfassungsorgane** in ihren Ländern.[9]

1. Die begrenzte Verfassungsautonomie der Länder

Die Länder dürfen ihre Verfassungsordnung kraft ihrer aus dem Bundesstaatsprinzip nach Art. 20 I GG fließenden Eigenstaatlichkeit grundsätzlich frei ausgestalten.[10] Diese Rechtsmacht wird **Verfassungsautonomie der Länder** genannt. Aus der Garantie der Eigenstaatlichkeit erwächst auch die Errichtungskompetenz für die LVerfG und die Rechtssetzungskompetenz für das Landesverfassungsprozessrecht.

Diese Verfassungsautonomie wird allerdings durch den **Vorrang des Bundesrechts** nach Art. 31 GG[11] und die **Homogenitätsklausel** nach Art. 28 I 1 GG be-

---

7 BVerfG, Beschl. v. 11.5.1955, Az.: 1 BvO 1/54, Rn. 39 = BVerfGE 4, 178 – Landesgesetze zur Verwaltungsgerichtsbarkeit.
8 BVerfG, Beschl. v. 29.1.1974, Az.: 2 BvN 1/69, Rn. 34 = BVerfGE 36, 342 – Niedersächsisches Landesbesoldungsgesetz.
9 BVerfG, Beschl. v. 29.1.1974, Az.: 2 BvN 1/69, Rn. 35 = BVerfGE 36, 342 – Niedersächsisches Landesbesoldungsgesetz.
10 BVerfG, Beschl. v. 29.1.1974, Az.: 2 BvN 1/69, Rn. 34 = BVerfGE 36, 342 – Niedersächsisches Landesbesoldungsgesetz; siehe dazu auch Linke, § 6 Bundesstaatsprinzip, B. III. in diesem Lehrbuch.
11 Siehe dazu Herold, § 15 Gesetzgebungskompetenz, G. in diesem Lehrbuch.

grenzt. Auch erhebliche Abweichungen von den Regelungen des Grundgesetzes sind im Rahmen des Art. 28 I 1 GG verfassungsgemäß.

Beispiel: So sind in einigen Landesverfassungen unterschiedliche Formen der direkten Demokratie[12] (z. B. Art. 59 I LV Baden-Württemberg; Art. 3 I LV Nordrhein-Westfalen) vorgesehen, die es auf Bundesebene kaum gibt. Zudem verfügen einige Landesparlamente über ein Selbstauflösungsrecht[13] (z. B. Art. 18 I LV Bayern; Art. 84 I LV Rheinland-Pfalz), das der Bundestag nicht hat.

2. Abgrenzung von BVerfG und den LVerfG

Das **Verhältnis zwischen den LVerfG und dem BVerfG** ist dadurch gekennzeichnet, dass diese grundsätzlich selbstständig nebeneinander stehen, ohne dass ein Gericht über dem Anderen steht.[14] Das BVerfG ist keine reguläre Revisionsinstanz gegen Entscheidungen des jeweiligen LVerfG. Allerdings ist es möglich, Entscheidungen der LVerfG als Akt der öffentlichen Gewalt mittels einer separaten Urteilsverfassungsbeschwerde vom BVerfG kontrollieren zu lassen.[15] Dabei hat das BVerfG den Spielraum der LVerfG bei der Auslegung ihrer Landesverfassung wegen der Verfassungsautonomie der Länder allerdings so weit wie möglich unberührt zu lassen.[16]

Die **Kompetenzbereiche von BVerfG und den LVerfG** unterscheiden sich vor allem hinsichtlich des Prüfungsgegenstands und des Prüfungsmaßstabs. **Prüfungsgegenstand** eines Verfahrens vor dem BVerfG können alle Akte öffentlicher Gewalt des Bundes *und* der Länder beziehungsweise Bundesrecht und Landesrecht sein. Vor den LVerfG können hingegen *nur* Akte öffentlicher Gewalt der Länder beziehungsweise Landesrecht angegriffen werden. Und während das BVerfG anhand des Prüfungsmaßstabs des Grundgesetzes entscheidet, verwenden die LVerfG bei der Rechtsanwendung den Maßstab ihrer jeweiligen Landesverfassung.

! **Klausurtaktik**

In der Klausur bestimmt der einschlägige **Rechtsbehelf** den Prüfungsmaßstab:[17]
– Wenn ein *bundesrechtlicher* Rechtsbehelf (z. B. vor dem BVerfG oder den Bundesgerichten) Gegenstand der Klausur ist, kann nur auf das Grundgesetz zurückgegriffen werden. Wenn aber das BVerfG staatsorganisationsrechtliche Normen eines Landes als Prüfungsgegen-

---

12 Siehe hierzu Linke, § 5.2.2 Abstimmungen, B. in diesem Lehrbuch.
13 Siehe dazu Lohmann, § 10 Bundestag, B. II. in diesem Lehrbuch.
14 BVerfG, Beschl. v. 24.3.1982, Az.: 2 BvH 1/82, Rn. 128 = BVerfGE 60, 175 – Startbahn West.
15 BVerfG, Beschl. v. 9.7.1997, Az.: 2 BvR 389/94, Rn. 39 = BVerfGE 96, 231 – Müllkonzept.
16 BVerfG, Beschl. v. 24.3.1982, Az.: 2 BvH 1/82, Rn. 128 = BVerfGE 60, 175 – Startbahn West.
17 Lohse, Landesrecht Bayern, 2. Aufl. 2022, § 1 Rn. 262.

stand behandelt, darf es nicht unmittelbar den für das Grundgesetz geltenden Maßstab der Art. 38–48 GG oder der Art. 76–82 GG entsprechend anwenden. Vielmehr ist der Prüfungsmaßstab des BVerfG gem. Art. 28 I 1 GG auf die Frage beschränkt, ob die Normen der Landesverfassung den Grundsätzen des republikanischen, demokratischen und sozialen Rechtsstaates im Sinne dieses Grundgesetzes entsprechen.

– Ist ein *landesverfassungsgerichtlicher* Rechtsbehelf zu prüfen, sind die Normen der Landesverfassung anzuwenden.

– Bei *Verfahren vor den Gerichten des Landes* (also insbesondere AG, LG und OLG/KG bzw. VG und OVG/VGH) kann sowohl Landesverfassungsrecht als auch das Grundgesetz relevant werden. Hier können neben den Normen des Grundgesetzes also auch immer solche der Landesverfassung zitiert werden, da die Gerichte des Landes auch an die Landesverfassungen gebunden sind.

II. Ausgestaltung durch das Landesverfassungsrecht

Durch die Landesverfassungen haben die Länder in dem von Art. 28 I 1 GG und Art. 31 GG abgesteckten Rahmen die Möglichkeit, ihr Gemeinwesen nach eigenen Vorstellungen zu gestalten. Die Normen der Landesverfassung haben oftmals den **gleichen Gehalt** wie etwaige Äquivalente im Grundgesetz.[18]

Klausurtaktik !

Kenntnisse über die Unterschiede zwischen wesentlich gleichlautenden Vorschriften von Grundgesetz und Landesverfassung werden realistischerweise nicht erwartet.[19] **Landesverfassungsrechtliche Aufgabenstellungen** müssen daher nicht gefürchtet werden. Es ist jedoch ratsam, sich schon im Vorhinein mit der Systematik der Landesverfassung vertraut zu machen, damit in der Klausur eine rasche Orientierung möglich ist. Dazu kann ein Blick in das Inhaltsverzeichnis schon ausreichen. Zudem sollte die Anwendung der Homogenitätsklausel nach Art. 28 I 1 GG beherrscht werden.

Das **Landesstaatsorganisationsrecht** regelt die Organisation der Staatsgewalt der Länder. Das Staatsorganisationsrecht der Länder ist dem Staatsorganisationsrecht des Bundes sehr ähnlich. Vor allem das Gesetzgebungsverfahren in den Ländern entspricht im Wesentlichen dem Verfahren auf Bundesebene.[20] Eine besondere Rolle in der staatsorganisationsrechtlichen Rechtsprechung der LVerfG spielt das Parlamentsrecht. Ein Großteil der Fallkonstellationen auf Bundesebene

---

18 Frenzel, JuS 2009, 412 (416); Viellechner, in: Landesrecht Bremen, 2018, § 1 Rn. 8.
19 Gröpl, Staatsrecht I, 13. Aufl. 2021, Rn. 1631.
20 Frenzel, JuS 2009, 412 (416).

kann in diesem Bereich problemlos auf die Landesebene übertragen werden – und umgekehrt.

Beispiel: Dies betrifft zum Beispiel Streitigkeiten um Äußerungsbefugnisse von Amtsträger:innen, Ordnungsrufe gegen Abgeordnete[21], Umfang von Frage- und Informationsrechten der Abgeordneten oder die Wahlen zum Parlamentspräsidium[22].

Die Länder können sich auch einen eigenen Grundrechtskatalog geben oder die Grundrechte des Grundgesetzes in ihre Landesverfassung inkorporieren. Die **Landesgrundrechte** werden dabei in der Regel wie im Grundgesetz ausgelegt (vgl. nur Art. 142 GG).

! Klausurtaktik

Die für die Grundrechte des Grundgesetz geltenden Grundsätze (z. B. der Verhältnismäßigkeitsgrundsatz oder das Bestimmtheitsgebot) können bedenkenlos auf die Landesgrundrechte übertragen werden.[23] Auch auf den bekannten Aufbau der Grundrechtsprüfung (insbesondere die Einteilung in Schutzbereich, Eingriff und Rechtfertigung bei Freiheitsgrundrechten) kann zurückgegriffen werden.[24]

Insbesondere wegen der umfassenden Bindung aller Staatsgewalt an die Grundrechte des Grundgesetzes (Art. 1 III GG) sind die **Landesgrundrechte** praktisch weitgehend wirkungslos.[25] Allenfalls die Prozessgrundrechte (wie das Recht auf rechtliches Gehör, vgl. Art. 103 I GG) haben in der Spruchpraxis der LVerfG eine gewisse Bedeutung.[26] Ob die Landesgrundrechte praktisch wirksam werden, hängt darüber hinaus maßgeblich davon ab, ob ihre Verletzung mithilfe einer **Individualverfassungsbeschwerde** zum LVerfG gerügt werden kann. Ist dies nicht der Fall, können die Landesgrundrechte allenfalls als Staatszielbestimmung bei der Auslegung und Anwendung von Normen berücksichtigt werden.

---

21 Siehe hierzu VerfG Mecklenburg-Vorpommern, Urt. v. 19.12.2019, Az.: 1/19 = NordÖR 2020, 279 – Ordnungsruf.

22 Siehe hierzu VerfGH Nordrhein-Westfalen, Beschl. v. 25.10.2016, Az.: 6/16 = NVwZ-RR 2017, 217 – Piraten.

23 Frenzel, JuS 2009, 412 (416).

24 Classen, in: Landesrecht Mecklenburg-Vorpommern, 4. Aufl. 2020, § 1 Rn. 9.

25 Gröpl, in: Landesrecht Saarland, 3. Aufl. 2017, § 1 Rn. 21.

26 Wittreck, in: Landesrecht Nordrhein-Westfalen, 2. Aufl. 2020, § 1 Rn. 73.

Paul Anton König

Landesspezifisches Wissen für Bremen, Hamburg, Niedersachsen und Schleswig-Holstein `i`

Zu den Ländern, die **keine Individualverfassungsbeschwerde** zulassen, gehören 2022 Bremen, Hamburg, Niedersachsen und Schleswig-Holstein.

B. Landesverfassungsprozessrecht

Prüfungsrelevanter als das materielle Landesverfassungsrecht ist das Prozessrecht der LVerfG. Die **Rechtsgrundlagen** sind in den Landesverfassungen sowie in den jeweiligen Landesverfassungsgerichtsgesetzen normiert. Auch hier gilt: Das Prozessrecht der Landesverfassungsgerichtsbarkeit ist dem Verfassungsprozessrecht des Bundes ähnlich.[27]

> **Beispiel:** Auch die LVerfG haben ein Verwerfungsmonopol für formelle Landesgesetze. Überdies sind auch die LVerfG keine Superrevisionsinstanzen.

Klausurtaktik `!`

Da die Verfahrensarten und Prüfungsstrukturen weitgehend mit denen des Verfassungsprozessrechts des Bundes übereinstimmen, ist es regelmäßig nicht vonnöten, das Landesverfassungsprozessrecht vertiefend zu lernen. Vielmehr sollte in der Prüfung versucht werden, die Prüfungsstrukturen des Verfassungsprozessrechts des Bundes auf die Landesebene zu übertragen. Zudem ist es notwendig, die relevanten Normen des Landesrechts sorgfältig zu lesen, um etwaige landesrechtliche Besonderheiten berücksichtigen zu können.

I. Zuständigkeiten

Die unterschiedlichen LVerfG unterscheiden sich untereinander erheblich hinsichtlich ihrer **Zuständigkeiten**. Maßgebliches Unterscheidungskriterium ist, ob allein staatsorganisationsrechtliche Streitigkeiten statthaft sind (Modell der „Staatsgerichtshöfe") oder ob auch Individualrechtsschutz durch eine Individualverfassungsbeschwerde gewährleistet wird (Modell der „Verfassungsgerichte").

---

27 Gröpl, Staatsrecht I, 13. Aufl. 2021, Rn. 1631.

Paul Anton König

Klausurtaktik

In Klausuren, die nicht auf einen bestimmten Rechtsbehelf festgelegt sind, kann es Pluspunkte einbringen, einen landesverfassungsgerichtlichen Rechtsbehelf zumindest in Betracht zu ziehen.

II. Akte öffentlicher Gewalt des Landes als Prüfungsgegenstand

Die LVerfG prüfen nur **Akte öffentlicher Gewalt des Landes**, in dessen Kompetenzbereich sie errichtet wurden. Damit unterliegen vor allem Landesrechtsnormen der Kontrolle der LVerfG, aber auch hoheitliches Verhalten der drei Landesgewalten. Eine unmittelbare Prüfung von Akten öffentlicher Gewalt des Bundes, also auch von Bundesrecht, ist hingegen ausgeschlossen.

 Examenswissen

Umstritten ist, inwieweit das LVerfG die Landesgewalten auch bei der **Anwendung von Bundesrecht** kontrollieren darf. Das betrifft besonders Gerichtsentscheidungen, die auf Grundlage von bundesrechtlichen Verfahrensvorschriften (also VwGO, ZPO, StPO, SGG, FGO oder FamFG) ergehen. Würde eine entsprechende Kompetenz verneint, wären fast alle gerichtlichen Entscheidungen der Prüfung durch die LVerfG entzogen.[28] Das BVerfG[29] hält die landesverfassungsgerichtliche Kontrolle unter folgenden Voraussetzungen für zulässig:

    A. Zulässigkeit
        I. Zuständigkeit des LVerfG
        II. Vorlageberechtigung/Parteifähigkeit
        III. Vorlagegegenstand/Antragsgegenstand
            1. Prüfungsgegenstand
                a) Akte der Landesstaatsgewalt
                b) die nicht (auch) auf der Ausübung von Bundesstaatsgewalt beruhen bereits gegeben, wenn ein Bundesgericht den konkreten Streitgegenstand des Ausgangsverfahrens geprüft hat
                c) keine vollständige Determinierung durch Bundesrecht (= verbleibende Spielräume für Behörden und Gerichte)
            2. Prüfungsmaßstab: gültiges Landesverfassungsrecht
            3. Rechtswegerschöpfung nach Maßgabe des Bundesrechts
        IV. Vorlagebefugnis/Antragsbefugnis
        V. ggf. Form und Frist
        VI. ggf. Rechtsschutzbedürfnis/Klarstellungsinteresse

---

28 Classen, in: Landesrecht Mecklenburg-Vorpommern, 4. Aufl. 2020, § 1 Rn. 9.
29 BVerfG, Beschl. v. 15.10.1997, Az.: 2 BvN 1/95, Rn. 84 = BVerfGE 96, 345 – Landesverfassungsgerichte; kritisch mit überzeugender Gegenkonzeption Sacksofsky, in: Landesrecht Hessen, 9. Aufl. 2019, § 2 Rn. 49 ff.

Paul Anton König

III. Landesverfassungsrecht als Prüfungsmaßstab

Wegen der nach Art. 28 I 1 GG begrenzten Verfassungsautonomie der Länder können LVerfG Akte öffentlicher Gewalt des Landes nur am **Maßstab der Landesverfassung** prüfen.

Examenswissen

Die LVerfG sind als Teil der Rechtsprechung aber auch an das Grundgesetz (Art. 20 III GG) und insbesondere an dessen Grundrechte (Art. 1 III GG) in der Auslegung durch das BVerfG[30] (vgl. § 31 I BVerfGG) gebunden. Damit wird das Grundgesetz aber noch nicht zum Prüfungsmaßstab der LVerfG.[31] Von dieser **Bindung an die Auslegung durch das BVerfG** bei der Anwendung der Landesverfassung kann sich das LVerfG nur mittels einer Divergenzvorlage nach Art. 100 III GG lösen. Ansonsten bleibt den LVerfG keine Möglichkeit für eine wegweisende Neuinterpretation einer Norm, die den gleichen Gehalt wie eine Norm des Grundgesetzes hat. Es verbleibt lediglich ein gewisser **Spielraum bei der Subsumtion.**[32]

Beispiel: Ein LVerfG kann den Gehalt der Menschenwürdegarantie nicht neu definieren. Es kann aber die Aufrechterhaltung der Untersuchungshaft gegen Angeklagte, die den Abschluss des Strafverfahrens mit an Sicherheit grenzender Wahrscheinlichkeit nicht erleben werden, als Verletzung der Menschenwürde nach der Objektformel des BVerfG einordnen.[33]

Klausurtaktik

Es ist empfehlenswert, in der Klausur ein Bewusstsein dafür zu demonstrieren, dass die LVerfG einen **speziellen Prüfungsmaßstab** anwenden. Dies ist beispielsweise der Fall, weil dieser durch Art. 28 I 1 GG beschränkt ist. Hierfür bietet es sich an, der Begründetheitsprüfung den Prüfungspunkt „Prüfungsmaßstab" voranzustellen, unter dem der gewählte Prüfungsmaßstab erläutert wird.

---

30 BVerfG, Beschl. v. 15.10.1997, Az.: 2 BvN 1/95, Rn. 99 = BVerfGE 96, 345 – Landesverfassungsgerichte; kritisch Wittreck, in: Landesrecht Nordrhein-Westfalen, 2. Aufl. 2020, § 1 Rn. 67.
31 Benda/Klein, Verfassungsprozessrecht, 4. Aufl. 2020, Rn. 55.
32 Mager, Staatsrecht I, 9. Aufl. 2021, Rn. 591.
33 VerfGH Berlin, Beschl. v. 12.1.1993, Az.: 55/92, Rn. 24 ff. = LVerfGE 1, 56 = NJW 1993, 515 – Honecker.

Paul Anton König

C. Schnittstellen mit dem Prozessrecht des Bundes

Auch in den Fällen, in denen ein bundesrechtliches Verfahren Gegenstand der Klausur ist, können kleinere Probleme mit Bezug zur Landesverfassungsgerichtsbarkeit auftauchen.

I. Verfassungsprozessrecht des Bundes

Organstreitverfahren zwischen Antragsteller:innen oder Verfassungsorganen innerhalb eines Landes (**Landesorganstreitverfahren**) sind vor dem BVerfG nach Art. 93 I Nr. 4 HS 2 GG unzulässig, soweit nicht der Rechtsweg zum LVerfG zuvor erschöpft wurde.

> **❗ Examenswissen**
>
> Ausnahmsweise können Landesorganstreitverfahren vor dem Bundesverfassungsgericht zulässig sein, wenn in § 71 I Nr. 3 BVerfGG genannte Antragsteller:innen nach dem Landesverfassungsprozessrecht **nicht antragsberechtigt** sind.[34]

Beispiel: Dies kann relevant werden, wenn im jeweiligen Land politischen Parteien oder einzelnen Abgeordneten die Antragsberechtigung versagt wird.[35]

Nach § 90 III BVerfGG berührt es die Zulässigkeit der **Individualverfassungsbeschwerde** zum BVerfG gem. Art. 93 I Nr. 4a GG nicht, wenn sowohl eine Verfassungsbeschwerde zum BVerfG als auch zum zuständigen LVerfG erhoben wird. Die Landesverfassungsbeschwerde gehört mithin nicht zum Rechtsweg im Sinne des § 90 II 1 BVerfGG.

> **❗ Examenswissen**
>
> Die Erhebung der Individualverfassungsbeschwerde zum LVerfG hemmt deshalb auch die Frist nach § 93 BVerfGG nicht.[36] Die Entscheidung, nur eine Individualverfassungsbeschwerde zum LVerfG zu erheben, sollte deshalb gut überlegt sein.

---

34 Fleury, Verfassungsprozessrecht, 10. Aufl. 2017, Rn. 72.
35 BVerfG, Urt. v. 6.2.1956, Az.: 2 BvH 1/55, Rn. 14 = BVerfGE 4, 375 – Schwerpunktparteien.
36 BVerfG, Beschl. v. 1.6.2006, Az.: 1 BvR 1096/05, Rn. 10 = BVerfGK 8, 169 – Verfassungsautonomie der Länder.

Paul Anton König

Die **Kommunalverfassungsbeschwerde** vor dem BVerfG gem. Art. 93 I Nr. 4b GG ist nach § 91 S. 2 BVerfGG gegenüber dem Rechtsschutz durch die LVerfG subsidiär. Mithin ist dem BVerfGG die Kommunalverfassungsbeschwerde gegen Landesgesetze in den meisten Ländern entzogen. Daher hat die Kommunalverfassungsbeschwerde zu den LVerfG eine hohe praktische Relevanz.[37]

Examenswissen

Die Kommunalverfassungsbeschwerde zum BVerfG ist dennoch **ausnahmsweise zulässig**, soweit
- Bundesrecht Beschwerdegegenstand ist *oder*
- nach dem Landesrecht die Kommunalverfassungsbeschwerden zum LVerfG generell nicht statthaft sind *oder*
- der landesverfassungsrechtliche Gewährleistungsgehalt der kommunalen Selbstverwaltungsgarantie hinter dem Schutzniveau des Art. 28 II 1 GG zurückbleibt[38].

Einfache Gerichte können Landesrecht, das sie für unvereinbar mit dem *Grundgesetz* halten, dem BVerfG mit der **konkreten Normenkontrolle** (Art. 93 I Nr. 5 GG; Art. 100 I 1 Alt. 2 GG)[39] vorlegen. Hält ein Gericht das Gesetz für unvereinbar mit der *Landesverfassung*, kann es auch das LVerfG damit befassen (Art. 100 I 1 Alt. 1 GG). Die Vorlagen an das BVerfG und an das zuständige LVerfG können gleichzeitig oder nacheinander erfolgen. Aber auch die LVerfG selbst sind berechtigt, dem BVerfGG eine grundgesetzwidrige Norm vorzulegen (Art. 93 I Nr. 5; Art. 100 I 1 Alt. 2 GG; § 80 I BVerfGG).

Examenswissen

Wenn ein LVerfG von der Rechtsprechung des BVerfG oder anderer LVerfG abweichen will, ist es verpflichtet, die Sache dem BVerfG vorzulegen, Art. 100 III GG. Diese sogenannte **Divergenzvorlage** soll die Rechtseinheit und Rechtssicherheit bei der Auslegung des Grundgesetzes sichern.[40] Unterlässt ein LVerfG die Divergenzvorlage, liegt regelmäßig ein Verletzung des Rechts auf den: die gesetzliche:n Richter:in nach Art. 101 I 2 GG vor.

---

37 Rausch, in: Landesrecht Baden-Württemberg, 2020, § 5 Rn. 47.
38 BVerfG, Urt. v. 21.11.2017, Az.: 2 BvR 2177/16, Rn. 60 = BVerfGE 147, 185 – KiFöG-LSA.
39 Siehe dazu Chiofalo, § 21.4 Konkrete Normenkontrolle, in diesem Lehrbuch.
40 Sacksofsky, in: Landesrecht Hessen, 9. Aufl. 2019, § 2 Rn. 1; Viellechner, in: Landesrecht Bremen, 2018, § 1 Rn. 8.

Paul Anton König

II. Verwaltungsprozessrecht des Bundes

Die Landesverfassungsgerichtsbarkeit kann auch das Verwaltungsprozessrecht beeinflussen. Nach § 47 III VwGO prüft das OVG oder der VGH im Rahmen der **verwaltungsgerichtlichen Normenkontrolle** nach § 47 VwGO Rechtsvorschriften nicht hinsichtlich der Vereinbarkeit mit Landesrecht, soweit eine abschließende Kontrolle durch das LVerfG landesrechtlich angeordnet[41] ist.

! **Klausurtaktik**

Nur der Bayerische Verfassungsgerichtshof entscheidet im Popularklageverfahren nach Art. 98 S. 4 LV BY; Art. 55 I 1 VerfGHG BY abschließend über die Vereinbarkeit am Maßstab der Bayerischen Landesverfassung (str.).[42] § 47 III VwGO sollte daher – wenn überhaupt – nur kurz angesprochen werden, um sodann darauf hinzuweisen, dass das LVerfG **keine abschließende Entscheidung** trifft.

---

§ 183 VwGO regelt die verwaltungsprozessualen **Rechtsfolgen der Nichtigkeit von Landesrecht** infolge einer Entscheidung eines LVerfG. Danach werden rechtskräftige Entscheidungen, die auf nichtigem Landesrecht beruhen, aufrechterhalten, dürfen aber nicht vollstreckt werden.

---

i **Landesspezifisches Wissen für Hessen und Rheinland-Pfalz**

Allein Hessen (§ 40 IV StGHG Hessen) und Rheinland-Pfalz (§ 26 IV 1, 2 VerfGHG Rheinland-Pfalz) haben landeseigene Regelungen über die **Wiederaufnahme von Verfahren** getroffen.

Weiterführende Studienliteratur
- Gundling, Landesverfassungsgerichtsbarkeit – Eine kurze Einführung, ZLVR 2018, 68.
- Pohlreich, Die Rechtsprechung des Bundesverfassungsgerichts zu seinem Verhältnis zu den Landesverfassungsgerichten, in: Linien der Rechtsprechung des Bundesverfassungsgerichts, Bd. III 2014, 37.
- Hillgruber/Goos, Verfassungsprozessrecht, 5. Aufl. 2020, Rn. 1101–1156.

---

[41] Zur Rechtslage in allen Ländern siehe Ziekow, in: Sodan/Ziekow, VwGO, 5. Aufl. 2018, § 47 Rn. 315 ff..

[42] VerfGH Bayern, Entsch. v. 11.4.2002, Az.: Vf. 20-VI-00, Rn. 27 f. = BayVBl 2002, 492 – Städtische Beitragssatzung.

Paul Anton König

– Die Abschnitte zum Landesverfassungsrecht in der Reihe NomosStudienbuch Landesrecht für Baden-Württemberg, Bayern, Brandenburg, Bremen, Hessen, Mecklenburg-Vorpommern, Niedersachsen, Nordrhein-Westfalen, Rheinland-Pfalz, Saarland und Thüringen.

Zusammenfassung: Die wichtigsten Punkte
– Die Landesverfassungsgerichtsbarkeit bietet eine weitere **Rechtsschutzmöglichkeit** gegen Akte **öffentlicher Gewalt der Länder.**
– Die nach Art. 28 I 1 GG beschränkte Verfassungsautonomie der Länder begrenzt auch die Kompetenzen der Landesverfassungsgerichte.
– Der **Prüfungsmaßstab** der Landesverfassungsgerichte ist die **Landesverfassung,** während das BVerfG am Maßstab des Grundgesetzes entscheidet.
– Das Wissen und die Strukturen des materiellen und prozessualen Verfassungsrechts des Bundes können meist auf das Landesverfassungsrecht übertragen werden.

Für dieses Kapitel gibt es frei zugängliche interaktive Übungen auf der OpenRewi-Homepage. Hierzu muss einfach der QR-Code gescannt werden.

Paul Anton König

7. Kapitel
Die Fallbearbeitung im Staatsorganisationsrecht

Zu guter Letzt soll den Studierenden die Methodik der Fallbearbeitung im Staatsorganisationsrecht nähergebracht werden. Die Durchsicht von Prüfungsarbeiten im Staatsorganisationsrecht zeigt oftmals, dass die Mehrheit der Bearbeiter:innen ein großes Fundament an dogmatischen Wissen aufzeigen, die **gutachterliche Darstellung** dieses Wissen aber **oftmals schwerfällt**. Hier zeigt sich die besondere Schwierigkeit der staatsorganisationsrechtlichen Fallbearbeitung. Während das Gutachten im Strafrecht sehr schematisch abläuft und damit kaum Gliederungsfragen offenbleiben, fehlen solche festen Schemata im Staatsorganisationsrecht, insbesondere innerhalb der Begründetheit (beziehungsweise materiellen Rechtmäßigkeit). Hier zeigt sich, dass die Bezeichnung des öffentlichen Rechts als „prüfungsschematafreundlichstes Rechtsgebiet" nicht nur Vorteile mit sich bringt.[1] Der fehlende Rückgriff auf Schemata kann gerade auch verunsichern und verlangt ein besonderes Maß an **Eigenregie**.

Dieses Kapitel kann gern kommentiert und verändert werden. Hierzu einfach den QR-Code scannen. Gleichzeitig führt jeder Link in der PDF-Version des Lehrbuches zur Überarbeitungsmöglichkeit bei der Plattform Wikibooks.

---

1 Valerius, Einführung in den Gutachtenstil, 4. Aufl. 2017, S. 179.

§ 23 Methodik der Fallbearbeitung im Staatsorganisationsrecht

Auch was die Bearbeitungsleistung angeht zeigen Klausuren im Verfassungsrecht Eigenheiten auf. Insbesondere wird ein hohes Maß an eigenständiger Argumentation abverlangt, was auf die wenig determinierungsscharfen Normen zurückzuführen ist. Anders als im Zivil- und Strafrecht spielen zudem prozessuale Fragen regelmäßig eine Rolle.

A. Aufbauprobleme in der Zulässigkeit

Innerhalb der Zulässigkeit kann auf bewährte Schemata zurückgegriffen werden. Die relevantesten Verfahrensarten (Organstreit, Bund-Länder-Streit und abstrakte Normenkontrolle) ähneln sich dabei zu einem großen Teil. Es sollte schnell festgestellt werden, ob ein **kontradiktorisches Verfahren** einschlägig ist oder nicht.

Die Zulässigkeit ist, gleich nach dem Deckblatt, für den **Ersteindruck der Klausur** von großer Bedeutung. Zumeist tauchen hier nur wenige Probleme auf, die regelmäßig bereits durch achtsames Subsumieren in den Griff zu bekommen sind.

B. Grundlagen der Falllösungstechnik

Es bietet sich an, bereits frühzeitig mit einer **Ritualisierung** der folgenden Schritte zu beginnen. Als Grundlagen der Falllösung dienen sie zur schnellen Sortierung der Bearbeitungsaufgabe.

I. Bearbeiter:innenvermerk genau lesen

Noch vor der eigentlichen Lektüre des Sachverhalts, sollte der Bearbeiter:innenvermerk gelesen werden. So kann der Fokus dann, bei der Erfassung des Sachverhalts, bereits auf die Fallfrage angepasst werden. **Teilweise** schränkt die Aufgabenstellung den Bearbeitungsumfang massiv ein.

Beispiel: Der Sachverhalt beinhaltet detaillierte Angaben über die Abstimmungsverhältnisse zu einem zu erlassenden Gesetz. Die Aufgabenstellung lautet: „Prüfen Sie, ob das Gesetz verfas-

https://doi.org/10.1515/9783110786965-061

sungskonform ist. Die formelle Rechtmäßigkeit ist gegeben." Hier ist es fatal, Mehrheitsverhält-nisse und dergleichen zu prüfen.

II. Prozessualer Einstieg?

Anders als in den anderen Rechtsgebieten wird im öffentlichen Recht **regelmäßig** eine Zulässigkeitsprüfung erwartet. Regelmäßig bedeutet in diesem Fall aber nicht immer. Die Differenzierung, ob nun eine Zulässigkeitsprüfung stattfinden muss, oder eben nicht, bereitet oftmals Probleme. Aufgrund der knappen Zeit und dem Grundsatz, dass überflüssige Ausführungen als fehlerhaft zu werten sind, ist man gut beraten, hier kurz innezuhalten und sich genau zu überlegen, was nun geprüft werden muss.

Denkbar sind damit folgende Klausurkonstellationen:

1. Prüfung von Zulässigkeit und Begründetheit („Klassiker")

Beispiele für Aufgabenstellungen, die die Prüfung der Zulässigkeit und Begrün-detheit indizieren: „Wie wird das BVerfG entscheiden?"; „Prüfen Sie die Erfolgs-aussichten eines möglichen Vorgehens vor dem BVerfG."; „Wie kann gegen das Gesetz/andere Maßnahme vorgegangen werden?"

2. Ausschließliche Prüfung der Zulässigkeit

Beispiele für diesen Klausurtyp sind: „Welches Verfahren ist vorliegend einschlä-gig?"; „Wäre hier eine abstrakte Normenkontrolle zulässig?"; „Ist die Klage zuläs-sig?" Dieser Fall tritt allerdings nur äußerst selten ein.

3. Prüfung der Begründetheit, beziehungsweise Rechtmäßigkeitsprüfung

Diese Konstellation bereitet erfahrungsgemäß die meisten Schwierigkeiten, kommt aber äußerst häufig vor.

Für das weitere Verständnis sollte zunächst verinnerlicht werden, dass die „Begründetheit" nichts anderes ist als eine reine Rechtmäßigkeitsprüfung.

Sofern nur nach der Begründetheit gefragt wird, ist es **falsch**, das Gutachten mit „B. Begründetheit" zu beginnen. Der Prüfungspunkt B. ist niemals der erste Punkt eines Gutachtens (sondern, wenn überhaupt, A.).

Jaschar Kohal

Beispiele

- „Erstellen Sie ein wissenschaftliches Gutachten zu den materiellrechtlichen Fragen."
- „Der X sucht den Rechtsanwalt Y auf und möchte wissen, ob das Gesetz wirklich verfassungskonform ist. Schreiben Sie das dazugehörige Gutachten."

! **Klausurtaktik**

Besonders trickreich ist der Bearbeiter:innenvermerk: **„Erstellen Sie ein Gutachten zu den aufgeworfenen Rechtsfragen";** Hier findet keine Prüfung der Zulässigkeit statt, außer es wurden eben solche Fragen im Sachverhalt auch aufgeworfen. Letzterer Fall ist untypisch und selten.

III. Fiktive:n Prüfer:in vorstellen

Insbesondere in den Anfangssemestern ist es ein großes Problem, einen Überblick über das zu bekommen, was vertieft vorgetragen werden muss und was im Feststellungsstil (Urteilsstil) kurz und knapp dargelegt werden sollte.

Beachte: In der rechtswissenschaftlichen Methodik gelten überflüssige Ausführungen/die Beantwortung nicht gestellter Probleme als **falsch** und führen **unweigerlich zu teilweise massivem Punktabzug.**

Beispiel: Der Sachverhalt problematisiert den Zählwert der Wahlstimme. Bearbeiter:in möchte mit Wissen glänzen und tätigt weitreichende Ausführungen zu den weiteren Punkten des Art. 38 I 1 GG. Diese sind überflüssig und falsch. Hier werden Punkte (und Zeit) verschenkt.

Wenngleich das universitäre Gutachten sehr theorielastig ist, sollte der praktische Nutzen des Gutachtens (diese sind letztlich die notwendigen Vorarbeiten für ein Urteil!) im Auge behalten werden. Allzu theoretische Ausführungen sind damit zu unterlassen.

Beispiel: Bearbeiter:in möchte aufzeigen, dass die Vorlesung besonders tief verinnerlicht wurde und schreibt in die Klausurlösung weitgehende Ausführungen zur Auslegungsmethodik mit Wörtern wie „original intend". Solche, eher philosophischen Fragen, sind regelmäßig fehl am Platz.

Weitere Beispiele: Der Wahlrechtsgrundsatz der Erfolgswertgleichheit ist im Fall problematisch, es werden aber breite Ausführungen zu sämtlichen Wahlrechtsgrundsätzen getätigt; Ausführungen zu Art. 103 II GG, obgleich keine Strafnorm vorliegt; breite Ausführungen zum Rechtsstaatsprinzip, obwohl speziellere Normen (wie z. B. Art. 80 GG) einschlägig sind.

IV. Lösungstaktiken und Notfalllösung

Sollte die abgefragte Problematik kein Standardproblem darstellen, so bietet sich folgendes Vorgehen an, welches auch als Notfalllösung in Betracht gezogen werden kann.

1. Auslegungsmethoden konsultieren

Auch wenn das Verfassungsrecht, wie eben erläutert, eher unbestimmt ist, gilt auch hier, dass zunächst der Gesetzeswortlaut das Maß aller Dinge ist. Sofern der Wortlaut unergiebig ist (was oftmals der Fall sein dürfte), sind die weiteren, bekannten Auslegungsmethoden heranzuziehen.

Die Darlegung und Anwendung von Auslegungsmethoden wirkt auf Prüflinge oftmals wie eine lästige Formalität und dilettantisch. Es bietet sich an, die Auslegungsmethoden bereits frühzeitig als mächtige Werkzeuge zur Falllösung zu betrachten und sie regelmäßig anzuwenden.

2. Entscheidungsmaßstab erläutern

Das konkrete Ergebnis in der Bearbeitung ist oftmals nachrangig. Ähnlich wie bei einer Mathematikklausur ist der „Rechenweg", in unserem Fall also der Begründungsweg, von Interesse. Entsprechend sind immer **Operatoren und Operationalisierungsmaßstäbe** zu erläutern.

Folgende Gedankenpunkte helfen bei der Erläuterung:

1. Punkt: Was genau ist das Rechtsproblem?

2. Punkt: Wie genau sieht eine **allgemeine Regel** aus, um dieses Rechtsproblem zu lösen?

3. Punkt: Vorstellen dieser allgemeinen Regel (= **Operator**)

4. Punkt: Anwenden des Operators (=**Determinierung**)

Selbst wenn der Operator nicht gut ist und das Ergebnis letztlich nicht überzeugt: Die Ausführungen zeigen dem:der Korrektor:in, dass der:die Bearbeiter:in die Methodik des rechtswissenschaftlichen Denkens verstanden hat. Das führt automatisch zu Punkten.

V. Notfalllösung erstellen und vom Ergebnis her denken

Tritt der Fall ein, dass keine Lösung zu einem Problem bekannt ist oder ad hoc gefunden wird, so bietet sich eine Notfalllösung an.

Jaschar Kohal

Ein juristisches Problem kann, vom Ergebnis her gedacht, eigentlich nur auf drei Arten gelöst werden: Positiv, negativ oder differenziert positiv/negativ. Eine streitige Problematik ist damit immer in das eine oder andere Extrem aufzulösen, oder aber, es wird ein differenzierter Mittelweg vorgeschlagen. Es bietet sich an, vom Ergebnis her zu denken und dann eine Argumentation zu diesem Ergebnis hin aufzubauen.

Beispiel: Ob eine Verfassungsbeschwerde per E-Mail eingereicht werden kann, ist umstritten. Es existieren, grob, nur drei mögliche Lösungen: Dies ist möglich, dies ist nicht möglich, dies ist nur unter bestimmten Bedingungen möglich. Für jeden Weg kann eine Argumentation überlegt werden. Damit wurden bereits tiefergreifende Ausführungen mittels rechtswissenschaftlicher Methodik getätigt, was den:die Korrektor:in bereits besänftigt.

VI. Ruhe bewahren

Sie werden nicht die einzige Person mit Problemen sein!

VII. Ritualisieren der Bearbeitungsschritte

Jede:r geht letztlich anders an eine Klausur heran. Es ist hilfreich, sich frühzeitig für einen Weg, bei welchem man sich besonders wohlfühlt, zu entscheiden und die Arbeitsschritte zu ritualisieren.

VIII. Vorschlag: Leitfaden Klausurlösung

1) Ruhe bewahren!
2) Den Bearbeiter:innenvermerk/ die Aufgabenstellung zweimal lesen – prozessualer Einstieg notwendig?
3) Den Sachverhalt lesen.
4) Den Sachverhalt ein zweites Mal lesen und Assoziationen möglicher Probleme auf Papier bringen.
5) Sachverhalt erneut lesen und, wenn nötig, skizzieren (Strichmännchen, Zeitstrahl etc., im Staatsorganisationsrecht eher selten notwendig).
6) Klausurlösung gliedern und bei der Gliederung bereits Schwerpunkte kennzeichnen.
7) Prüfen, ob alle im Sachverhalt angesprochenen Probleme in der Lösungsskizze enthalten sind.

Jaschar Kohal

8) Reinschrift anfertigen und dabei die Schwerpunktsetzung beachten. Hierbei gilt es die Zeit im Auge zu behalten.

Sofern **Zulässigkeit und Begründetheit** zu prüfen sind, kann man auch zunächst mit der Begründetheit auf einem separaten Zettel beginnen und die Klausurblätter später in die richtige Reihenfolge bringen.

C. Begründetheit beziehungsweise inhaltliche Prüfung

Die Begründetheit, beziehungsweise die eigentliche Rechtmäßigkeitsprüfung, stellt regelmäßig den Schwerpunkt einer Staatsorganisationsrechtsklausur dar. Hier zeigen sich Aufbauprobleme insbesondere bei der Prüfung der Staatsstrukturprinzipien. Zur besseren Darstellung soll das hier vorgeschlagene Aufbauschema von einem Beispiel begleitet werden.

Fallbeispiel

Die Bundesregierung beschließt, dass die bereits geltende 5 %-Hürde auf 10 % angehoben wird. Begründet wird dies damit, dass nur so eine drohende Zersplitterung des Parlaments aufzuhalten sei. Das Gesetz wird in den Bundestag gebracht und mehrheitlich angenommen. Immer mehr kleinere Parteien stoßen ins Parlament vor und behindern die Arbeit der Regierung massiv. Ist die neue 10 %-Hürde verfassungsgemäß? Formelle Gesichtspunkte des Gesetzgebungsverfahrens sind nicht zu prüfen.

1. Schritt: Benennung des einschlägigen Prinzips

Das gesamte Prüfungsprogramm läuft nach dem Prinzip „von allgemeinen Beschreibungen, zu speziellen Beschreibungen". Entsprechend ist zunächst das einschlägige Prinzip möglichst allgemein und abstrakt zu beschreiben. Als Überschrift bietet sich damit der Name des Prinzips an.

Fallbeispiel

Die Anhebung der Hürde auf 10 % ist dann verfassungsgemäß, wenn sie im Einklang mit dem Grundgesetz ist, mithin insbesondere kein Staatsstrukturprinzip verletzt. Vorliegend kommt ein Verstoß gegen Art. 38 I 1 GG in der Ausprägung der Wahlrechtsgleichheit in Betracht.

    1) Wahlrechtsgleichheit: Die Wahlrechtsgleichheit des Art. 38 I 1 GG kennt insbesondere eine Zählwert- und Erfolgswertgleichheit. Die Zählwertgleichheit regelt, dass jede Stimme gleich viel zählt, während der Erfolgswert das Gewicht zwischen der Anzahl der Stimmen und der Macht im Parlament, beziehungsweise die Anzahl der Mandate, garantiert. Hierbei muss ebenfalls Gleichheit gewahrt sein, theoretisch also jede Stimme denselben Einfluss auf die Regierungskonstellation im Parlament haben. Vorliegend möchte die Regierung die Sperrklausel auf 10 %

anheben. Der Erfolgswert aller Parteien, die weniger als 10 % der Stimmen bei einer Wahl erreichen, resultiert folglich auf 0. Das Prinzip der Erfolgswertgleichheit ist somit tangiert.

2. Schritt: Abstrakte Darstellung möglicher Einschränkungen und Grenzen dieses Prinzips

Staatsstrukturprinzipien gelten nicht uferlos und unterliegen immanenten Einschränkungen. Diese Einschränkungen sind hier darzulegen.

Fallbeispiel

Fraglich verweilt indessen, ob jede Erfolgswertungleichheit schlichtweg verboten ist. Legitimiert wird die Einschränkung auf eine bestimmte Prozentklausel durch zwingende Gründe, konkret durch die Funktionsfähigkeit des Parlaments. Insbesondere die Erfahrungen zu Zeiten der Weimarer Reichsverfassung, der eine solche Einschränkung durch Sperrklausel fremd war, zeigten, dass dies zur Entstehung von Splitterparteien führen kann, welche die Regierungsfähigkeit stark einschränkt.

3. Schritt: Hier findet die Anwendung auf den konkreten Sachverhalt statt, entsprechend die eigentliche Subsumtion. Als Überschrift bietet sich „Anwendung auf den Fall" an. Hier sind die meisten Punkte zu holen. Es sollte besonders sauber subsumiert werden.

Keine Subsumtion ist: „Dies ist hier der Fall" oder „So liegt der Fall auch hier".

Fallbeispiel

Die Bundesregierung argumentiert vorliegend, dass eine drohende Zersplitterung die Funktionsfähigkeit des Parlaments einschränke.

Ab hier ist nun ganz konkret auf den Sachverhalt einzugehen und unter den oben entwickelten Gesichtspunkten zu subsumieren.

Fallbeispiel

Aufgabe einer Demokratie ist jedoch auch gerade der Vorgang der gemeinsamen Konsensbildung im Zuge eines Diskurses und die damit einhergehende Repräsentation des gesamten deutschen Volkes. Es bedarf damit einer besonders dezidierten Begründung. Bloße Schwierigkeiten oder behauptete Instabilitäten (die Bundesregierung hat die Existenz dieser vorliegend nicht näher begründet) sind damit zu pauschal.

Festzuhalten ist, dass eine angemessene Klausel zur Stabilisierung des Parlaments anzuwenden ist. Diese steht im Spannungsverhältnis zum Demokratieprinzip, Art. 20 II 1 GG. Ein schonender Ausgleich ist bereits bei 5 % erreicht, bedenkt man, dass diese 5 % eine Fraktion bilden können, wo der größte Teil der politischen Arbeit stattfindet, mithin von einer wirklichen Behinderung der politischen Arbeit nur in Ausnahmefällen auszugehen ist. Diese Behinderung steht der Opposition als ihr gutes Recht regelmäßig auch zu, stellt ergo keinen „Instabilitätsgrund" dar. Die Anhebung der Klausel auf 10 % erscheint insofern unangemessen, da ein zu großer Teil der Bevölkerung nicht repräsentiert wird.

D. Typische Fehlerquellen (Überblick)

Hier ein Überblick typischer Fehler (beispielhaft):

- Genau zitieren: **Nicht:** „Das BVerfG ist zuständig nach Art. 93 GG, 65 ff. BVerfGG", **sondern:** „Das BVerfG ist zuständig nach Art. 93 I Nr. 1 GG, §§ 13 Nr. 5, 63 ff. BVerfGG".
- Genau lesen: Art. 79 III GG schützt nur die **Grundsätze** des Art. 1 **und** Art. 20 GG (nicht Art. 1 **bis** Art. 20 GG). Das bedeutet auch, dass die einzelnen Artikel theoretisch frei geändert werden können, sofern die **Grundsätze** nicht angegriffen werden. Ohne weiteres möglich sind z. B. auch Erweiterungen der Normen, welche final zur „Besserstellung" führen.
- Genau bestimmen: Art. 103 GG und Art. 20 GG beinhaltet jeweils unterschiedliche Bestimmtheitsgebote: Art. 103 II GG gilt nur für das **Strafrecht**, Art. 20 III GG für **alle anderen Normen**. Niemals beide gleichzeitig zitieren!

Weiterführende Studienliteratur
- Brian Valerius, Einführung in den Gutachtenstil, 4. Aufl. 2017.
- JuS-Tutorium, Staatsorganisationsrecht (abrufbar als Klausurenfinder unter https://rsw. beck.de/zeitschriften/jus/klausurfinder).

Zusammenfassung: Die wichtigsten Punkte
- Es gibt häufig keine festen Prüfungsschema im Staatsorganisationsrecht.
- Die Gutachtentechnik genau anwenden!
- Der Bearbeiter:innenvermerk ist von großer Wichtigkeit im Staatsorganisationsrecht, insbesondere die Frage, ob ein prozessualer Einstieg vonnöten ist oder eine rein inhaltliche Prüfung verlangt wird.

Jaschar Kohal

Stichwortverzeichnis

Valentina Chiofalo, Jaschar Kohal und Louisa Linke

Valentina Chiofalo, Jaschar Kohal und Louisa Linke

Valentina Chiofalo, Jaschar Kohal und Louisa Linke

Valentina Chiofalo, Jaschar Kohal und Louisa Linke

Valentina Chiofalo, Jaschar Kohal und Louisa Linke

Valentina Chiofalo, Jaschar Kohal und Louisa Linke